ZHONGGUO SHEHUI ZUZHI
NIAN JIAN

# 中国社会组织年鉴 2015

中国社会组织年鉴编委会 编

# 中国社会组织年鉴 2015

《中国社会组织年鉴》编委会　编

中国社会出版社

# 编 辑 说 明

一、《中国社会组织年鉴2015》是由中华人民共和国民政部主办，民间组织管理局组织、主持编纂，中国社会出版社编辑出版的全面反映我国社会组织事业发展历程和成就的大型权威性、资料性、综合性工具书。本书对社会组织登记管理机关干部、从事社会组织研究和教学的人员、社会组织各界人士，以及国际社会了解和研究我国社会组织事业的发展状况，具有重要的参考价值。

二、本书主要收录了2014年度中央及地方各级有关部门制定发布的有关社会组织登记管理的政策法规，同时收录了民政部及部分地方省市领导的重要论述，全国和各省、自治区、直辖市及计划单列市社会组织工作综述，有关社会组织建设、发展和管理的调查研究报告等。

三、本书大部分内容按照文件发布时间，各省、自治区、直辖市行政序列编排。在编辑过程中，得到了各省、自治区、直辖市、计划单列市的社会组织登记管理机关有关领导和同志的大力支持和积极协助，在此深表谢意。由于水平有限，难免有疏漏之处，敬请批评指正。

四、本书由“公平发展　公共治理”项目资助出版。

《中国社会组织年鉴2015》编辑委员会

2015年6月

# 《中国社会组织年鉴 2015》编委会名单

# 目　录

## 第一编　政策法规

财政部　国家税务总局关于非营利组织免税资格认定管理
有关问题的通知（财税〔2014〕13号）………………………………（3）
中央机构编制委员会办公室　工业和信息化部关于印发
《党政机关、事业单位和社会组织网上名称管理暂行
办法》的通知……………………………………………………………（6）
民政部关于贯彻落实国务院取消全国性社会团体分支机构、
代表机构登记行政审批项目的决定有关问题的通知
（民发〔2014〕38号）……………………………………………（13）
关于做好政府购买残疾人服务试点工作的意见………………………（15）
国务院办公厅关于做好2014年全国普通高等学校毕业生
就业创业工作的通知（国办发〔2014〕22号）……………………（20）
国家税务总局　财政部　人力资源社会保障部　教育部
民政部关于支持和促进重点群体创业就业有关税收政策
具体实施问题的公告（国家税务总局公告2014年第34号）……（26）
中共中央组织部关于规范退（离）休领导干部在社会团体
兼职问题的通知（中组发〔2014〕11号）…………………………（30）
民政部　财政部关于取消社会团体会费标准备案规范
会费管理的通知（民发〔2014〕166号）…………………………（33）
财政部、发展改革委、民政部、全国老龄办关于做好
政府购买养老服务工作的通知（财社〔2014〕105号）…………（35）
教育部　财政部　民政部关于加强中央部门所属高校教育
基金会财务管理的若干意见（教财〔2014〕3号）………………（39）
民政部　中央编办　发展改革委　工业和信息化部　商务部

人民银行　工商总局　全国工商联关于推进行业协会商会诚信自律建设工作的意见（民发〔2014〕225号） ……………… (44)
民政部　财政部关于加强社会组织反腐倡廉工作的意见（民发〔2014〕227号） …………………………………………… (49)
国务院办公厅关于进一步动员社会各方面力量参与扶贫开发的意见（国办发〔2014〕58号） ………………………………… (52)
中国残疾人联合会　民政部关于促进助残社会组织发展的指导意见（残联发〔2014〕66号） ………………………………… (57)
国务院关于促进慈善事业健康发展的指导意见（国发〔2014〕61号） …………………………………………… (60)
财政部　民政部关于支持和规范社会组织承接政府购买服务的通知（财综〔2014〕87号） ………………………………… (68)
财政部　民政部　工商总局关于印发《政府购买服务管理办法（暂行）》的通知（财综〔2014〕96号） …………………… (71)
最高人民法院关于审理环境民事公益诉讼案件适用法律若干问题的解释 ……………………………………………… (78)
民政部　财政部　人民银行关于加强社会团体分支（代表）机构财务管理的通知（民发〔2014〕259号） ……………………… (83)
最高人民法院　民政部　环境保护部关于贯彻实施环境民事公益诉讼制度的通知（法〔2014〕352号） ……………………… (85)
关于印发《北京市社会组织评比达标表彰活动管理暂行规定》的通知（京评组发〔2014〕1号） ……………………… (87)
北京市人民政府办公厅关于政府向社会力量购买服务的实施意见（京政办发〔2014〕34号） ………………………………… (91)
天津市人民政府办公厅转发市财政局关于政府向社会力量购买服务管理办法的通知（津政办发〔2014〕19号） …………… (96)
山西省人民政府关于印发《山西省政府购买服务暂行办法》的通知 ……………………………………………………… (102)
山西省民政厅关于开展政府购买社会组织服务工作的指导意见（晋民发〔2014〕51号） ……………………………… (108)
内蒙古自治区党委办公厅　自治区人民政府办公厅关于清理规范全区党政机关干部兼任社会组织职务的通知（内党办发电〔2014〕11号） ……………………………………… (111)
吉林省人民政府办公厅关于政府向社会力量购买服务的

实施意见（吉政办发〔2014〕6号） …………………………… (114)
吉林省人民政府关于取消、下放和调整行政审批项目的
决定（吉政发〔2014〕7号） ………………………………… (119)
黑龙江省人民政府办公厅转发民政厅《关于培育和发展城乡
社区社会组织意见的通知》（黑政办发〔2014〕61号） ………… (120)
中共上海市委办公厅　上海市人民政府办公厅转发《市民政局
关于完善社会组织综合监管体系促进社会组织健康发展的
指导意见》的通知（沪委办发〔2014〕13号） ……………… (124)
上海市人民政府办公厅关于转发市民政局制订的《上海市
社会组织直接登记管理若干规定》的通知
（沪府办〔2014〕18号） ………………………………………… (129)
上海市嘉定区人民政府关于印发《嘉定区政府购买社会组织
服务实施办法（试行)》的通知（嘉府发〔2014〕59号） …… (131)
上海市嘉定区人民政府关于印发《嘉定区加快公益慈善类、
城乡社区服务类社会组织培育发展的实施意见》的
通知（嘉府发〔2014〕64号） ………………………………… (136)
中共江苏省委　江苏省人民政府关于进一步简政放权加快转变
政府职能的实施意见（苏发〔2014〕14号） ………………… (140)
浙江省人民政府办公厅关于政府向社会力量购买服务的实施
意见（浙政办发〔2014〕72号） ……………………………… (148)
安徽省关于印发2014年全省社会组织管理工作要点的通知
（皖社管组字〔2014〕1号） ………………………………… (154)
安徽省关于印发《全省社会组织改革发展工作督查报告》的通知
（皖社管组字〔2014〕6号） ………………………………… (159)
安徽省关于加强基层社会组织管理能力建设的意见
（民办字〔2014〕76号） ……………………………………… (168)
安徽省关于印发《社会团体依法规范管理集中推进行动实施
方案》的通知（民管字〔2014〕143号） ……………………… (170)
安徽省人民政府办公厅关于开展政策落实八个专项集中推进
行动的通知（皖政办秘〔2014〕129号） ……………………… (175)
福建省人民政府关于取消、下放和调整一批省级行政审批
项目的通知（闽政〔2014〕6号） …………………………… (184)
福建省人民政府关于推进政府购买服务的实施意见
（闽政〔2014〕33号） ………………………………………… (190)

河南省人民政府办公厅关于四类社会组织直接登记的通知
（豫政办〔2014〕122号） …………………………………………（196）
湖北省人民政府办公厅印发关于政府向社会力量购买服务
实施意见（试行）的通知（鄂办发〔2014〕1号）………………（199）
中共湖北省委组织部　湖北省民政厅关于印发《湖北省
关于规范退（离）休领导干部在社会团体兼任职务的
规定》的通知 ………………………………………………………（205）
中共湖南省委办公厅　湖南省人民政府办公厅关于加强和
创新社会组织建设与管理的意见（湘办发〔2014〕7号）………（209）
中共湖南省委组织部　中共湖南省社会组织工作委员会关于
加强社会组织党的建设工作的意见（湘组发〔2014〕3号）……（214）
湖南省人民政府关于推进政府购买服务工作的实施意见
（湘政发〔2014〕20号）……………………………………………（219）
广西壮族自治区人民政府办公厅关于政府购买服务的
实施意见（桂政办发〔2014〕30号） ……………………………（226）
中共海南省委办公厅　海南省人民政府办公厅关于培育发展
和规范管理社会组织的意见（琼办发〔2014〕42号） …………（248）
重庆市民办非学历教育培训机构管理暂行办法
（重庆市人民政府令第281号） ……………………………………（252）
中共重庆市委办公厅　重庆市人民政府办公厅关于印发
《重庆市全面清理规范行业协会工作方案》的通知
（渝委办〔2014〕36号）……………………………………………（262）
四川省人民政府办公厅关于推进政府向社会力量购买服务
工作的意见（川办发〔2014〕67号） ……………………………（267）
云南省民政厅关于印发《云南省社会组织登记办法》的通知
（云南省民政厅公告第2号） ………………………………………（273）
云南省人民政府办公厅关于建立云南省培育发展社会组织工作
联席会议制度的通知（云政办函〔2014〕70号） ………………（276）
云南省民政厅关于取消社会团体设立分支（代表）机构审批的
通知（云民民〔2014〕58号） ……………………………………（278）
云南省民政厅　中国建设银行云南省分行关于简化社会组织
成立验资程序的通知（云民民〔2014〕95号）……………………（280）
中共陕西省民政厅党组关于清理在职党政机关领导干部兼任
社会团体领导职务意见的请示（陕民党组字〔2014〕3号）……（283）

陕西省民政厅关于报送清理规范党政机关领导干部兼（担）任
社会团体领导职务情况的函（陕民函〔2014〕68 号） ………（287）
陕西省民政厅关于印发《陕西省民政厅开展境外非政府组织
调查摸底工作方案》的通知（陕民办发〔2014〕65 号） ………（290）
陕西省民政厅关于取消全省性社会团体分支机构、代表机构
登记行政审批项目有关问题的通知
（陕民发〔2014〕17 号） ………（293）
中共陕西省民政厅党组关于清理规范党政机关领导干部兼（担）
任社会团体领导职务工作情况的报告
（陕民党组字〔2014〕16 号） ………（295）
陕西省民政厅关于进一步加强社会团体登记管理工作的通知
（陕民发〔2014〕35 号） ………（298）
陕西省民政厅关于加强全省社会组织孵化基地建设的指导
意见（陕民发〔2014〕38 号） ………（305）
中共陕西省民政厅党组关于退离休省级领导在社会团体和
基金会兼职的整改意见（陕民党组字〔2014〕32 号） ………（310）
中共陕西省民政厅党组落实中央巡视组关于领导干部兼职清理
工作的报告（陕民党组字〔2014〕37 号） ………（313）
陕西省民政厅　财政厅关于加强社会组织反腐倡廉工作的
通知（陕民发〔2014〕60 号） ………（318）
宁夏回族自治区党委办公厅　人民政府办公厅印发《关于改革
社会组织管理制度激发社会组织活力的意见》的通知
（宁党办发〔2014〕71 号） ………（322）
大连市关于印发大连市政府向社会力量购买服务实施
办法（暂行）的通知（大政办发〔2014〕76 号） ………（328）
中共大连市委办公厅　大连市人民政府办公厅关于印发
《大连市党政机关办协会等有关问题整改方案》的通知
（大委办传〔2014〕14 号） ………（334）

## 第二编　重要讲话和论述

改革社会组织管理制度　激发和释放社会发展活力
……… 民政部部长　李立国（355）
简政放权应发挥社会组织积极作用

…………………………………………… 民政部部长　李立国（360）
发挥行业协会商会服务经济发展的功能作用
…………………………………………… 民政部副部长　顾朝曦（363）
努力推进社会组织诚信建设
…………………………………………… 民政部副部长　顾朝曦（368）
充分发挥社会组织在城市治理中的积极作用
…………………………………………… 民政部副部长　顾朝曦（373）
着力加强社会组织反腐倡廉建设
…………………………… 中央纪委驻民政部纪检组组长　曲淑辉（379）
徐立全、方春明在安徽省社会组织管理工作领导小组（扩大）
会议上讲话 ……………………………………………………………（385）
熊建平在浙江省民政工作会议上的讲话 ……………………………（392）
袁家军在浙江省政府购买服务工作联席会议第一次全体会议上的
讲话要点 ………………………………………………………………（400）
更好发挥政府在全面深化改革中的作用（学习贯彻十八届
三中全会精神） ……………………………………………… 鹿心社（402）

## 第三编　工作综述

2014 年北京市社会组织建设与管理工作综述 ……………………（409）
2014 年天津市社会组织建设与管理工作综述 ……………………（413）
2014 年河北省社会组织建设与管理工作综述 ……………………（418）
2014 年山西省社会组织建设与管理工作综述 ……………………（422）
2014 年内蒙古自治区社会组织建设与管理工作综述 ……………（425）
2014 年辽宁省社会组织建设与管理工作综述 ……………………（428）
2014 年吉林省社会组织建设与管理工作综述 ……………………（431）
2013 年黑龙江省社会组织建设与管理工作综述 …………………（435）
2014 年度上海市社会组织建设与管理工作综述 …………………（440）
2014 年江苏省社会组织建设与管理工作综述 ……………………（445）
2014 年浙江省社会组织建设与管理工作综述 ……………………（450）
2014 年安徽省社会组织建设与管理工作综述 ……………………（454）
2014 年福建省社会组织建设与管理工作综述 ……………………（458）
2014 年江西省社会组织建设与管理工作综述 ……………………（461）
2014 年山东省社会组织建设与管理工作综述 ……………………（465）

2014 年河南省社会组织建设与管理工作综述 ………………………… (469)
2014 年湖北省社会组织建设与管理工作综述 ………………………… (472)
2014 年湖南省社会组织建设与管理工作综述 ………………………… (476)
2014 年广东省社会组织建设与管理工作综述 ………………………… (482)
2014 年广西壮族自治区社会组织建设与管理工作综述 ……………… (488)
2014 年海南省社会组织建设与管理工作综述 ………………………… (492)
2014 年重庆市社会组织建设与管理工作概述 ………………………… (494)
2014 年四川省社会组织建设与管理工作综述 ………………………… (498)
2014 年贵州省社会组织建设与管理工作综述 ………………………… (502)
2014 年云南省社会组织建设与管理工作综述 ………………………… (504)
2014 年西藏自治区社会组织建设与管理工作综述 …………………… (509)
2014 年陕西省社会组织建设与管理工作综述 ………………………… (512)
2014 年甘肃省社会组织建设与管理工作综述 ………………………… (516)
2014 年青海省社会组织建设与管理工作综述 ………………………… (521)
2014 年宁夏回族自治区民间组织管理局工作综述 …………………… (524)
2014 年新疆维吾尔自治区社会组织建设与管理工作综述 …………… (528)
2014 年新疆生产建设兵团社会组织建设与管理工作综述 …………… (531)
2014 年深圳市社会组织建设与管理工作综述 ………………………… (534)
2014 年大连市社会组织建设与管理工作综述 ………………………… (538)
2014 年青岛市社会组织建设与管理工作综述 ………………………… (543)
2014 年厦门市社会组织建设与管理工作综述 ………………………… (547)
2014 年宁波市社会组织建设与管理工作综述 ………………………… (551)

## 第四编　调研报告

关于发挥行业协会商会在经济发展新常态中积极作用的
调研报告 ……………………………… 民政部民间组织管理局 (557)
关于泰安市培育发展基层社会组织的调研报告
……………………………………… 民政部民间组织管理局 (563)
以购买服务为抓手　以社会组织为载体　推动民政简政放权　转变职能
——南京市民政局转变职能调研报告 … 民政部民间组织管理局 (570)
上海市社会组织人才工作调研报告 ……… 民政部民间组织管理局 (575)
对社会组织年检制度改革的思考 …… 北京市社会团体管理办公室 (583)
天津市社会组织服务型党组织建设情况调查与对策研究

……………………………… 中共天津市社会组织工作委员会
中共天津市委党校党建教研部课题组（589）
山西省公益事业发展环境的特点及优化途径
…………………………………………… 山西省民间组织管理局（596）
赴西部调研社会组织登记管理改革情况报告
………………………………… 内蒙古自治区民间组织管理局（603）
城乡社区服务类社会组织发展研究
——以黑龙江省为例 ………………… 黑龙江省民间组织管理局（608）
江苏依法规范和引导社会组织健康发展研究
…………………………………………… 江苏省民间组织管理局（633）
社会组织党建工作长效机制研究 ……………………… 浙江省民政厅（642）
加强社会组织建设推动落实政府购买服务工作 …… 浙江省民政厅（647）
安徽省社会组织改革发展工作督查调研报告
……………………… 安徽省社会组织管理工作领导小组办公室（650）
关于社会组织培育发展与规范管理的调研报告
……………………………………………… 福建省民政厅课题组（659）
社会组织第三方评估机制研究
…………………………………………… 江西省民间组织管理局（666）
社会组织评估研究
——以 2013 年省管社会组织评估试点为例
…………………………………………… 山东省民间组织管理局（711）
关于湖北省乡镇“七站八所”改制后运行情况的调研报告
…………………………………………… 湖北省民间组织管理局（717）
打好“社会组织牌”，筑牢“社区顶梁柱”
…………………………………………… 湖南省民间组织管理局（727）
加强广西社会组织管理改革创新的调查与思考
……………………………… 广西壮族自治区民间组织管理局（732）
海南省社会组织现状与培育发展对策 …… 海南省民间组织管理局（735）
加强社会组织党建工作的对策和建议 …… 重庆市民间组织管理局（743）
社会组织的税收优惠政策研究 ………… 四川省民间组织管理局（747）
关于福彩公益金支持社会组织建设发展的调研
与思考 ……………………………… 陕西省民间组织管理局（755）
关于陕西社会组织服务管理机构建设发展的思考
…………………………………………… 陕西省民间组织管理局（762）

陕西省行业协会商会发展情况汇报 ……… 陕西省民间组织管理局（766）
完善社会组织扶持引导政策研究
——社会组织项目建设及发展 ………… 陕西省民间组织管理局（771）
深化社会组织改革、激发社会组织活力
………………………………………………… 甘肃省民间组织管理局（776）
全区社会组织党员管理工作调研报告
………………………………………… 宁夏回族自治区社会组织工委（782）
关于进一步激发社会组织活力的调研报告
………………………………………………… 青岛市民间组织管理局（787）
促进社会力量参与社会管理的实践与思考
………………………………………………………… 厦门市民政局（793）

## 第五编　购买服务专题工作

天津市购买服务专题工作 ……………………………………………………（799）
政府引导　项目带动　推进政府购买服务大发展
——吉林省长春市宽城区政府购买服务做法 ………………………（801）
聚焦重点　政策引领　形成社会组织发展新常态
——上海市嘉定区扶持社会组织发展经验 …………………………（803）
搭平台　建机制　求实效　推动政府购买社会组织
服务工作规范科学发展
——上海市杨浦区政府购买社会组织服务的实践探索 ……………（806）
江苏省民政厅推进政府购买服务工作情况 …………………………（809）
安徽省专题工作经验做法总结报告 …………………………………（813）
开展“政社互动”加快推进政府购买社会组织服务
…………………………………………………… 江西省吉安市民政局（815）
山东省有关政府向社会组织购买服务及财政支持社会组织
发展的情况 ……………………………… 山东省社会组织管理局（817）
力推政府购买服务　提升社会组织服务活力
……………………… 河南省郑州市政府购买社会组服务事迹材料（819）
深化管理体制改革　激发社会组织活力
………………………………………… 湖北省宜昌市夷陵区民政局（823）
广东省专题工作 ……………………………………………………………（825）
2014 年广西财政支持社会组织工作情况 ……………………………（828）

海南省专题工作 …………………………………………………………………… (830)
重庆市加大投入积极支持社会组织发展 …………………………………………… (832)
深圳市专题工作 …………………………………………………………………… (834)
厦门市政府购买服务2014年工作总结和2015年工作计划 ………… (837)

## 附　录

一、2014年中国社会组织发展统计数据……………………………………… (842)
二、社会组织历年统计资料 ………………………………………………… (877)
三、2014年社会组织十件大事…………………………………………… (878)

# ·第一编·

# 政策法规

# 财政部　国家税务总局关于非营利组织免税资格认定管理有关问题的通知

（财税〔2014〕13号　2014年1月29日）

各省、自治区、直辖市、计划单列市财政厅（局）、国家税务局、地方税务局，新疆生产建设兵团财务局：

根据《中华人民共和国企业所得税法》（以下简称《企业所得税法》）第二十六条及《中华人民共和国企业所得税法实施条例》（以下简称《实施条例》）第八十四条的规定，现对非营利组织免税资格认定管理有关问题明确如下：

一、依据本通知认定的符合条件的非营利组织，必须同时满足以下条件：

（一）依照国家有关法律法规设立或登记的事业单位、社会团体、基金会、民办非企业单位、宗教活动场所以及财政部、国家税务总局认定的其他组织；

（二）从事公益性或者非营利性活动；

（三）取得的收入除用于与该组织有关的、合理的支出外，全部用于登记核定或者章程规定的公益性或者非营利性事业；

（四）财产及其孳息不用于分配，但不包括合理的工资薪金支出；

（五）按照登记核定或者章程规定，该组织注销后的剩余财产用于公益性或者非营利性目的，或者由登记管理机关转赠给与该组织性质、宗旨相同的组织，并向社会公告；

（六）投入人对投入该组织的财产不保留或者享有任何财产权利，本款所称投入人是指除各级人民政府及其部门外的法人、自然人和其他组织；

（七）工作人员工资福利开支控制在规定的比例内，不变相分配该组织的财产，其中：工作人员平均工资薪金水平不得超过上年度税务登记所在地人均工资水平的两倍，工作人员福利按照国家有关规定执行；

（八）除当年新设立或登记的事业单位、社会团体、基金会及民办非企业单位外，事业单位、社会团体、基金会及民办非企业单位申请前年度的检查结论为“合格”；

（九）对取得的应纳税收入及其有关的成本、费用、损失应与免税收入及其有关的成本、费用、损失分别核算。

二、经省级（含省级）以上登记管理机关批准设立或登记的非营利组织，凡符合规定条件的，应向其所在地省级税务主管机关提出免税资格申请，并提供本通知规定的相关材料；经市（地）级或县级登记管理机关批准设立或登记的非营利组织，凡符合规定条件的，分别向其所在地市（地）级或县级税务主管机关提出免税资格申请，并提供本通知规定的相关材料。

财政、税务部门按照上述管理权限，对非营利组织享受免税的资格联合进行审核确认，并定期予以公布。

三、申请享受免税资格的非营利组织，需报送以下材料：

（一）申请报告；

（二）事业单位、社会团体、基金会、民办非企业单位的组织章程或宗教活动场所的管理制度；

（三）税务登记证复印件；

（四）非营利组织登记证复印件；

（五）申请前年度的资金来源及使用情况、公益活动和非营利活动的明细情况；

（六）具有资质的中介机构鉴证的申请前会计年度的财务报表和审计报告；

（七）登记管理机关出具的事业单位、社会团体、基金会、民办非企业单位申请前年度的年度检查结论；

（八）财政、税务部门要求提供的其他材料。

四、非营利组织免税优惠资格的有效期为五年。非营利组织应在期满前三个月内提出复审申请，不提出复审申请或复审不合格的，其享受免税优惠的资格到期自动失效。

非营利组织免税资格复审，按照初次申请免税优惠资格的规定办理。

五、非营利组织必须按照《中华人民共和国税收征收管理法》（以下简称《税收征管法》）及《中华人民共和国税收征收管理法实施细则》（以下简称《实施细则》）等有关规定，办理税务登记，按期进行纳税申报。取得免税资格的非营利组织应按照规定向主管税务机关办理免税手续，免税条件发生变化的，应当自发生变化之日起十五日内向主管税务机关报告；不再符合免税条件的，应当依法履行纳税义务；未依法纳税的，主管税务机关应当予以追缴。取得免税资格的非营利组织注销时，剩余财产处置违反本通知第一条第五项规定的，主管税务机关应追缴其应纳企业所得税款。

主管税务机关应根据非营利组织报送的纳税申报表及有关资料进行审查，当年符合《企业所得税法》及其《实施条例》和有关规定免税条件的收入，免予征收企业所得税；当年不符合免税条件的收入，照章征收企业所得税。主管税务机关在执行税收优惠政策过程中，发现非营利组织不再具备本通知规定的免税条件的，应及时报告核准该非营利组织免税资格的财政、税务部门，由其进行复核。

核准非营利组织免税资格的财政、税务部门根据本通知规定的管理权限，对非营利组织的免税优惠资格进行复核，复核不合格的，取消其享受免税优惠的资格。

六、已认定的享受免税优惠政策的非营利组织有下述情况之一的，应取消其资格：

（一）事业单位、社会团体、基金会及民办非企业单位逾期未参加年检或年度检查结论为“不合格”的；

（二）在申请认定过程中提供虚假信息的；

（三）有逃避缴纳税款或帮助他人逃避缴纳税款行为的；

（四）通过关联交易或非关联交易和服务活动，变相转移、隐匿、分配该组织财产的；

（五）因违反《税收征管法》及其《实施细则》而受到税务机关处罚的；

（六）受到登记管理机关处罚的。

因上述第（一）项规定的情形被取消免税优惠资格的非营利组织，财政、税务部门在一年内不再受理该组织的认定申请；因上述规定的除第（一）项以外的其他情形被取消免税优惠资格的非营利组织，财政、税务部门在五年内不再受理该组织的认定申请。

七、本通知自2013年1月1日起执行。《财政部国家税务总局关于非营利组织免税资格认定管理有关问题的通知》（财税〔2009〕123号）同时废止。

# 中央机构编制委员会办公室 工业和信息化部关于印发《党政机关、事业单位和社会组织网上名称管理暂行办法》的通知

各省、自治区、直辖市编办、通信管理局，新疆生产建设兵团编办、各副省级市编办：

为推进我国信息化和电子政务建设，规范党政机关、事业单位和社会组织网上名称的注册、使用、变更和注销，提高党政机关、事业单位和社会组织网上名称的规范性和权威性，保障公众的知情权和监督权，中央机构编制委员会办公室、工业和信息化部联合制定了《党政机关、事业单位和社会组织网上名称管理暂行办法》。现印发给你们，请遵照执行。

中央编办 工业和信息化部

2014 年 2 月 20 日

## 党政机关、事业单位和社会组织网上名称管理暂行办法

### 第一章 总 则

**第一条** 为规范党政机关、事业单位和社会组织网上名称管理，保护党政机关、事业单位和社会组织的网上名称不受侵犯，依据《国务院行政机构设置和编制管理条例》、《地方各级人民政府机构设置和编制管理条例》、《事业单位登记管理暂行条例》、《社会团体登记管理条例》、《互联网信息服务管理办法》、《中国互联网络域名管理办法》和《非经营性互联网信息服务备案管理办法》等规定，制定本办法。

**第二条** 在中华人民共和国境内管理和使用网上名称，应当遵守本办法。

本办法所称网上名称是指党政机关、事业单位和社会组织在互联网络

中使用的中英文域名和网站名称等。域名是指互联网络上识别和定位计算机、与该计算机互联网协议（IP）地址相对应的层次结构式的字符标识。网站名称是指用于网站识别的字符标识。

**第三条** 国务院机构编制管理机关负责制定党政机关、事业单位和社会组织网上名称规范，并对各级机构编制管理机关网上名称管理工作进行指导和监督，同时根据互联网络及相关技术发展对网上名称的管理范围进行适当调整。

地方各级机构编制管理机关按照管理权限做好网上名称管理工作，并对下级机构编制管理机关的网上名称管理工作进行指导和监督。

国务院工业和信息化主管部门负责中国互联网络域名管理工作，省级通信管理机关对互联网络域名服务活动实施监督管理，对互联网站进行备案管理。

国务院机构编制管理机关设立专门的网上名称管理机构（以下简称管理机构），负责党政机关、事业单位和社会组织网上名称的管理工作。管理机构委托网上名称服务机构（以下简称服务机构）开展网上名称注册服务工作，并指导党政机关、事业单位和社会组织按照国务院工业和信息化主管部门的要求开展域名注册和网站备案工作。

**第四条** 国家对党政机关、事业单位和社会组织的网上名称实行注册管理，不采用先到先得的原则。党政机关、事业单位和社会组织依法注册、使用网上名称。

民族自治地方的党政机关、事业单位和社会组织的网站名称，依照民族自治地方自治条例规定，使用汉语言文字的同时，还可使用当地通用的一种或多种语言文字。

**第五条** 管理机构应当建立严格的网上名称管理制度，并对网上名称的注册和使用实行监督管理。

管理机构应当建立健全网络与信息安全技术保障制度和具体措施，建立网上名称争议解决机制以及服务质量监督和投诉处理机制。

## 第二章 注册和使用

**第六条** 中文和英文网上名称至少分别包含汉字或数字（0－9）和字母（A－Z，a－z，大小写等价）或数字（0－9），也可同时包含连字符（－），但不得以连字符（－）开头或结尾。

**第七条** 党政机关、事业单位和社会组织注册域名，开办网站，需注册网上名称。

注册、使用中文网上名称，应当符合以下基本要求：

（一）中文各级域名的总长度不超过31个字符；

（二）以机构全称、规范简称作为中文网上名称时，应当与国家机关批准的名称相一致；

（三）以机构习惯简称作为中文网上名称时，应当与习惯称谓相一致。以习惯简称作为中文网上名称时，政务域名原则上包括行政区划。公益域名原则上包括行政区划、所属行业（教育、科技等）、组织形式（院、所、校、中心等）；

（四）以其他名称作为中文网上名称时，其含义应当与其职能或业务范围相一致；

（五）党政机关、依法承担行政职能的事业单位和社会组织的中文政务域名应当以“. 政务”、“. 政务 . cn”结尾；

（六）不承担行政职能的事业单位和社会组织的中文域名，以“. 公益”、“. 公益 . cn”结尾。因工作需要使用“. 政务”、“. 政务 . cn”结尾的域名时，须经上级主管机关报同级机构编制管理机关批准；

（七）当注册的中文网上名称可能出现引起歧义或混淆时，应当冠以行政区划或其核心职能加以区分；

注册、使用英文网上名称，应当符合以下基本要求：

（一）英文各级域名的总长度不超过63个字符；

（二）以注册单位的英文名称作为英文网上名称时，英文网上名称应当与国家机关批准的英文名称的首字母顺序组合相一致；

（三）以注册单位的机构全称、规范简称、习惯简称的汉语拼音全称或其首字母缩写作为英文网上名称时，应当与该机构相应名称的汉语拼音全称或其首字母顺序组合相一致；

（四）以其他名称作为英文网上名称时，其含义应当与其职能或业务范围相一致；

（五）当使用英文网上名称可能出现引起歧义或混淆时，应当冠以行政区划或其核心职能加以区分。

**第八条** 申请注册含有各级行政区划的全称、规范简称和其他习惯简称的网上名称，应当提供国家机关批准的文件。

申请注册含有本级行政区划名称的网上名称时，如果该行政区划名称存在同名或同音不同字等情况，应当冠以行政区划的全称或规范简称。

**第九条** 两个以上不同行政区划层级的申请人申请同一个网上名称或容易引起混淆的相似网上名称，且均符合申请条件的，区划层级高的申请人可以优先获得该网上名称。两个以上同一行政区划层级的申请人申请同一个网上名称或容易引起混淆的相似网上名称，且均符合申请条件的，其核心职能与申请的网上名称更具有相关性的申请人可以优先获得该网上名称。

**第十条** 党政机关、事业单位和社会组织注册网上名称，不得有下列情形：

（一）违反宪法或法律法规规定的；

（二）危害国家安全，泄露国家秘密，颠覆国家政权，破坏国家统一的；

（三）损害国家荣誉和利益的，损害公共利益的；

（四）煽动民族仇恨、民族歧视，破坏民族团结的；

（五）破坏国家宗教政策，宣扬邪教和封建迷信的；

（六）散布谣言，扰乱社会秩序，破坏社会稳定的；

（七）散布淫秽、色情、赌博、暴力、凶杀、恐怖或者教唆犯罪的；

（八）侮辱或者诽谤他人，侵害他人合法权益的；

（九）违反管理机构预留保护、限制注册、商标保护等相关政策的；

（十）含有法律、行政法规禁止的其他内容的。

**第十一条** 党政机关、事业单位和社会组织可以注册一个或多个网上名称，但应当指定首选网上名称，并在其网站首页显著位置标明本机构全称和网上名称。

**第十二条** 党政机关、事业单位和社会组织可以通过纸质申请或在线申请方式向服务机构提交网上名称注册申请。注册单位应当提交以下材料：

（一）网上名称注册申请表和注册协议；

（二）有效的法人登记证书或其他关于注册资格的证明文件（如组织机构代码证书等）；

（三）申请政务域名的事业单位和社会组织提交履行行政职能的证明文件；

（四）法定代表人、注册联系人的身份证明文件；

（五）将其注册信息交由管理机构向公众提供查询服务的同意书；

（六）管理机构要求的其他材料。

上述材料应当真实、有效、准确和完整并加盖注册单位公章。

**第十三条** 网上名称注册事项包括：

（一）机构类型和名称；

（二）主要职能或业务范围；

（三）申请的网上名称；

（四）网站 IP 地址；

（五）网站主机部署的物理地址（境内注册单位的物理地址应当设在境内）。

**第十四条** 党政机关、事业单位和社会组织对其下一级域名注册和使用的真实性、合法性、有效性负责并参照本办法进行审核，同时向相应的机构编制管理机关备案。

**第十五条** 管理机构应当依据法律法规向党政机关、事业单位和社会组织颁发网上名称《标识证书》。服务机构应当依据核准的《标识证书》注册网上名称，并指导党政机关、事业单位和社会组织按照国务院工业和信息化主管部门的要求开展域名注册和网站备案工作。注册单位应当按照核准的网上名称进行域名注册和网站备案，并将《标识证书》编号放在其网站底部中间显著位置。

**第十六条** 管理机构应当公开网上名称注册的相关数据。

**第十七条** 未经管理机构批准，任何单位或个人不得擅自注册或使用同党政机关、事业单位和社会组织已注册的网上名称相同或存在形似、含义相似、发音相似等容易引起公众混淆的网上名称。

## 第三章 定期报告、变更和注销

**第十八条** 网上名称实行定期报告制度。注册单位应当定期向管理机构报告网上名称的使用情况，管理机构对网上名称的规范性、有效性进行审核。定期报告和审核事项包括以下内容：

（一）注册单位的网上名称是否与其职能或业务范围相符，是否符合国家有关规定、是否经过审核；

（二）注册单位是否在其网站首页显著位置标明本机构申请的网上名称；

（三）注册单位是否按规定缴纳有关注册服务费用；

（四）注册单位网站是否履行备案手续；

（五）管理机构要求的其他事项。

**第十九条** 未按要求定期报告的，管理机构可暂停解析或注销相关域名。

**第二十条** 注册单位合并、分立、划转、转制或注册的其他事项发生变更的，自变更之日起三十日内向服务机构申请变更。注册单位应当提交以下材料：

（一）网上名称变更申请表；

（二）有效的法人登记证书或其他关于注册资格的证明文件（如组织机构代码证书等）；

（三）管理机构要求的其他证明文件。

服务机构应当自收到变更申请之日起三个工作日内完成初审并向管理机构提交变更请求，管理机构自收到变更请求之日起两个工作日内完成复审，复审通过的网上名称变更生效。

**第二十一条** 注册单位可以向服务机构申请注销网上名称。

注册单位撤销、终止、解散、主体性质发生变化不具备注册网上名称资格或其他应注销网上名称情形发生的，自撤销、终止、解散、主体性质发生变化或其他注销网上名称情形发生之日起九十日内向服务机构申请办理注销；注册单位未在规定时间内申请注销的，管理机构按照有关规定予以注销。

**第二十二条** 未经管理机构批准，注册单位不得转让网上名称或以任何形式许可他人使用。

**第二十三条** 管理机构在网上及时公布网上名称的注册、变更和注销等相关信息。

## 第四章 监督管理

**第二十四条** 注册单位有下列情形之一的，管理机构可采取警告、通知限期改正、暂停使用、注销登记等措施：

（一）以虚假信息骗取网上名称注册的；

（二）擅自出租、出借、转让网上名称的；

（三）不按照有关规定定期报告、变更、注销网上名称或审核未通过的；

（四）其他未按规定注册、使用网上名称的。

**第二十五条** 对于抢注、盗用、冒用或造成党政机关、事业单位和社会组织的网上名称不能被正常解析、解析错误的组织和个人，管理机构和服务机构应当立即停止解析并注销其网上名称，告知相关机构依法追究其法律责任。

**第二十六条** 管理机构应当配合有关部门查处注册单位违法行为，对于滥用职权、玩忽职守、徇私舞弊的工作人员，应当依法追究法律责任。

## 第五章　争议解决

**第二十七条**　在网上名称的申请、使用、变更或注销过程中发生争议，应当由争议双方先行协商。协商不一致的，可由管理机构协调解决，也可以提交管理机构认可的争议解决机构，或者向中国有管辖权的人民法院提起诉讼。争议双方也可以基于仲裁条款提请中国的仲裁机构仲裁。

**第二十八条**　争议期间，网上名称注册事项、解析服务等保持不变；争议解决后，网上名称注册事项、解析服务按照最终有效的争议处理结果执行。

## 第六章　附　则

**第二十九条**　本办法所规定期间开始的日，不计算在期间内。期间届满的最后一日是节假日的，以节假日后的第一日为期间届满的日期。

**第三十条**　本办法由中央机构编制委员会办公室会同工业和信息化部解释。

**第三十一条**　本办法自2014年3月1日起施行。

# 民政部关于贯彻落实国务院取消全国性社会团体分支机构、代表机构登记行政审批项目的决定有关问题的通知

（民发〔2014〕38号）

各全国性社会团体：

2013年11月8日，《国务院关于取消和下放一批行政审批项目的决定》（国发〔2013〕44号）（以下简称《决定》）取消了民政部对全国性社会团体分支机构、代表机构设立登记、变更登记和注销登记的行政审批项目。为贯彻落实《决定》的要求，深入推进社会团体登记管理制度改革，切实转变政府职能，进一步激发社会团体活力，更好地发挥其在经济社会发展中的积极作用，现就有关事项通知如下。

一、自《决定》发布之日起，我部不再受理全国性社会团体分支机构（包括专项基金管理机构）、代表机构的设立、变更、注销登记的申请，不再换发上述机构的登记证书，不再出具分支机构、代表机构刻制印章的证明。

二、全国性社会团体根据本团体章程规定的宗旨和业务范围，可以自行决定分支机构、代表机构的设立、变更和终止。前述决定应当经理事会或者常务理事会讨论通过，制作会议纪要，妥善保存原始资料。

三、社会团体的分支机构、代表机构是社会团体的组成部分，不具有法人资格，不得另行制订章程，在社会团体授权的范围内开展活动、发展会员，法律责任由设立该分支机构、代表机构的社会团体承担。

四、社会团体不得设立地域性分支机构，不得在分支机构、代表机构下再设立分支机构、代表机构。

五、社会团体的分支机构、代表机构名称不得以各类法人组织的名称命名，不得在名称中使用“中国”、“中华”、“全国”、“国家”等字样，开展活动应当使用冠有所属社会团体名称的规范全称。

六、社会团体应当建立健全管理制度，切实加强对其分支机构、代表机构的监督管理。社会团体应当将分支机构、代表机构的财务、账户纳入

社会团体统一管理，不得以设立分支机构、代表机构的名义收取或变相收取管理费、赞助费等，不得将上述机构委托其他组织运营，确保分支机构、代表机构依法办事，按章程开展活动。

七、社会团体应当在年度工作报告中将其分支机构、代表机构的名称、负责人、住所、设立程序、开展活动等有关情况报送业务主管单位和登记管理机关（直接登记的社会团体报送登记管理机关），接受年度检查，不得弄虚作假。同时，应当将上述信息及时向社会公开，自觉接受社会监督。

取消行政审批后出现的新情况、新问题，请及时向我部反映。我部将根据工作需要，协调有关部门另行制定有关后续服务管理措施。

民政部

2014 年 2 月 26 日

# 关于做好政府购买残疾人服务试点工作的意见

各省、自治区、直辖市、计划单列市财政厅局、民政厅局、住房和城乡建设厅局、人力资源和社会保障厅局、卫生计生委、残疾人联合会，新疆生产建设兵团财务局、民政局、建设局、人力资源和社会保障局、卫生局、残疾人联合会：

为深入贯彻党的十八大和十八届三中全会精神，有效落实《国务院办公厅关于政府向社会力量购买服务的指导意见》国办发〔2013〕96号，积极推动政府购买残疾人服务工作的有序发展，现就做好政府购买残疾人服务试点工作通知如下：

## 一、基本原则

政府购买残疾人服务应按照政府主导、部门负责、社会参与、市场推动、共同监督为原则，突出残疾人服务公共性和公益性，优先设立受益面广、受益对象直接的政府购买服务项目。切实转变政府职能，促进政事分开、政社分开，创新残疾人服务供给机制和方式，提升残疾人服务的社会化、专业化、市场化水平，提高政府投入残疾人服务资金的使用效益，促进残疾人公共服务资源的优化配置，为广大残疾人提供优质高效的基本公共服务。

## 二、工作目标

以探索和完善政府购买残疾人服务的服务内容、购买方式、标准规范、监管机制、绩效评价和保障措施等为重点，通过试点，总结经验，摸索规律，完善措施，逐步实现残疾人服务资源的优化配置，提升广大残疾人享受公共服务的满意度。力争到2020年，在全国基本建立比较完善的政府购买残疾人服务机制，形成残疾人公共服务资源高效配置的服务体系和供给体系，显著提高残疾人公共服务水平和质量。

## 三、试点任务

一明确购买主体。政府购买残疾人服务的主体是承担残疾人公共服务职责的各级行政机关和参照公务员法管理的事业单位，具有行政管理职能的事业单位及纳入行政编制管理、经费由财政负担的群团组织。

二确定承接主体。各地可根据国办发〔2013〕96 号文件确定的原则和残疾人服务的要求规定承接主体的具体条件。购买工作应按照政府采购法律制度规定，根据服务项目的采购需求特点，选择适用采购方式确定承接主体，严禁转包行为。鼓励各级残疾人联合会组织以下简称“残联组织”所属符合承接主体条件的残疾人服务机构、社会组织平等参与政府购买残疾人服务工作，并逐步推动其职能的转变。

三探索试点项目。政府购买残疾人服务的内容为适合市场化方式提供、社会力量能够承担的公共服务。根据当前残疾人服务实际，各地可选取残疾儿童筛查、诊断、抢救性康复、残疾人康复辅具配置辅助器具适配、残疾人照料服务、有劳动能力的残疾劳动者就业培训与岗位提供、残疾人家庭无障碍改造等服务项目集中开展试点工作。有条件的地方可根据实际情况，适当扩大服务项目范围，并逐步总结经验，加强政府购买服务项目的动态管理。

四制定指导性目录。各地要按照转变政府职能的要求，根据试点项目范围，结合本地经济社会发展水平、财政承受能力和残疾人类别化、个性化基本服务需求，制定政府购买残疾人服务的指导性目录，明确服务种类、性质和内容，细化目录清单，并在总结试点经验基础上，及时进行动态调整。

五规范服务标准。各地应根据所购买残疾人服务的项目特点，制定统一明确、操作性强、便于考核的基本服务标准，方便承接主体掌握，便于购买主体监管。购买主体要及时对服务标准的执行情况进行梳理，总结经验，逐步完善服务标准体系。在残疾人服务标准体系制定过程中，可将残联组织确定的相关服务规范标准纳入其中。

六提供资金保障。各地要按照国办发〔2013〕96 号文件要求，通过既有财政预算安排的用于残疾人事业方面的资金，统筹解决政府购买残疾人服务所需资金。要科学测算服务项目和补助标准，合理编制政府购买残疾人服务资金预算。随着政府提供残疾人服务的发展所需增加的资金，应按照预算管理要求列入财政预算。

七健全监管机制。各地要加强政府购买残疾人服务的监督管理，完善事前、事中和事后监管体系，要严格遵守相关财政财务管理规定，确保政府购买残疾人服务资金规范管理和使用，不得截留、挪用和滞留资金。购买主体要严格按照政府购买服务的操作规程，公平、公正、公开选择承接主体，建立健全内部监督管理制度，按规定公开购买服务相关信息，自觉接受社会监督。承接主体应健全财务制度，严格按照服务合同履行服务任务，保障服务数量、质量和效果。服务完成后，购买主体应委托第三方独立审计机构对金额较大、服务对象较多的项目进行审计，并出具审计报告。

八加强绩效评价。各地要建立健全由购买主体、残疾人服务对象以及第三方组成的综合评审机制，发挥残联组织作为重要的第三方的作用，加强购买残疾人服务项目绩效评价。在绩效评价体系中，要重视受益对象的评价和确认，加大受益对象评价的比重，突出对一定比例的受益对象的抽样调查。政府购买残疾人服务的绩效评价结果要向社会公布，并作为政府选择购买残疾人服务承接主体、编制以后年度政府购买残疾人服务项目与预算的重要参考依据。

## 四、工作要求

一健全工作机制。建立健全政府统一领导、残工委统筹协调、财政部门与政府职能部门牵头、残联组织推动、社会广泛参与的工作机制。要定期研究政府购买残疾人服务的重要事项，及时研究解决试点工作中出现的问题。定期在相关部门间汇总通报政府购买残疾人服务的工作情况。

二确定试点地区。根据现实工作基础，确定优先开展相关试点项目的试点城市或地区。原则上，每个省、自治区、直辖市都要选择 1 到 2 个地区或城市开展试点工作，取得经验后再逐步扩大范围。具体试点地区范围，由省级财政部门、职能部门会同残联组织研究确定，报中央相应部门备案。

三及时跟进总结。要及时总结试点经验，完善试点工作，制定并逐步完善试点工作措施和实施办法。在总结经验的基础上，将政府购买残疾人服务逐步扩展到残疾人社会保障、医疗、康复、法律维权、教育、就业、扶贫、文化、体育、托养、照料、住房保障和无障碍服务等各个领域中的服务项目。

四加强分类指导。财政部门与政府职能部门、残联组织要加强对不同地区、不同项目、不同服务的分类指导工作。试点地区要切实加强调查研究，认真总结经验，及时发现并解决实施过程中出现的问题，试点进展情况和工作中遇到的重大问题，及时报财政部、职能部委和中国残联。

五做好培训宣传。充分利用各种宣传媒体，广泛宣传实施政府购买残疾人服务工作的指导思想、重要意义、主要内容、政策措施、示范典型，充分调动社会参与的积极性，为推进试点工作营造良好的舆论氛围。

财政部
民政部
住房和城乡建设部
人力资源社会保障部
国家卫生和计划生育委员会
中国残疾人联合会
2014 年 4 月 23 日

**附件：**

## 政府购买残疾人服务试点项目目录

一、残疾人康复辅具配置辅助器具适配服务

1. 假肢、矫形器装配
2. 助听器验配、调试、维护维修
3. 低视力助视器适配
4. 残疾人生活自助及护理用具适配
5. 轮椅适配
6. 其他辅助器具适配

二、残疾儿童抢救性康复服务

1. 残疾儿童康复训练
2. 残疾儿童治疗
3. 0 – 6 岁儿童残疾初筛、复筛、诊断

三、残疾人照料服务

1. 机构托养服务
2. 机构供养服务
3. 居家托养服务
4. 日间照料服务
5. 生活照料服务

四、残疾人就业培训与岗位提供服务

五、残疾人家庭无障碍改造服务

1. 住宅公共空间无障碍改造
2. 乡村民居无障碍改造
3. 卧室无障碍改造
4. 卫生间无障碍改造
5. 厨房无障碍改造

# 国务院办公厅关于做好 2014 年全国普通高等学校毕业生就业创业工作的通知

（国办发〔2014〕22 号　2014 年 5 月 9 日）

各省、自治区、直辖市人民政府，国务院各部委、各直属机构：

为进一步做好 2014 年全国普通高等学校毕业生（以下简称高校毕业生）就业创业工作，经国务院同意，现就有关问题通知如下：

## 一、高度重视高校毕业生就业创业工作

高校毕业生是国家宝贵的人才资源。做好高校毕业生就业创业工作，对于保持就业形势稳定，促进经济社会健康发展具有重要意义。近年来，各地区、各有关部门认真贯彻落实党中央、国务院的决策部署，高校毕业生就业创业工作取得积极进展。2014 年，全国高校毕业生数量继续增加，就业工作任务十分艰巨。对此，党中央、国务院高度重视。党的十八届三中全会、中央经济工作会议对做好当前和今后一段时期高校毕业生就业创业工作提出明确要求，国务院对做好今年高校毕业生就业创业工作作出新的部署。各地区、各部门要切实将思想和行动统一到党中央、国务院的决策部署上来，充分认识做好高校毕业生就业创业工作的重要性和紧迫性，聚焦重点难点，继续把高校毕业生就业创业摆在就业工作的首要位置和整个经济社会发展的重要位置。要多方位拓宽就业渠道，结合产业转型升级开发更多适合高校毕业生的就业岗位，尤其要加快发展就业吸纳能力强的服务业，着力发展研发设计、现代物流、融资租赁、检验检测等对高校毕业生需求比较集中的生产性服务业，同时加快发展各类生活性服务业，拓展新领域，发展新业态，不断提高服务业从业人员比重。要充分发挥市场配置人力资源的决定性作用，着力改革创新，完善政策措施，强化就业创业服务，改善就业创业环境，引导高校毕业生转变就业观念，力争实现高校毕业生就业和创业比例都有所提高，确保高校毕业生就业形势稳定。

## 二、鼓励高校毕业生到城乡基层就业

各地区要结合城镇化进程和公共服务均等化要求，充分挖掘教育、劳动就业、社会保障、医疗卫生、住房保障、社会工作、文化体育及残疾人服务、农技推广等基层公共管理和服务领域的就业潜力，吸纳高校毕业生就业。要结合推进农业科技创新、健全农业社会化服务体系等，引导更多高校毕业生投身现代农业。全面落实高校毕业生到中西部地区和艰苦边远地区县以下基层单位就业的学费补偿和助学贷款代偿政策，尚未制定学费补偿和助学贷款代偿办法的地区，要在年内出台。高校毕业生在中西部地区和艰苦边远地区县以下基层单位从事专业技术工作，申报相应职称时，可不参加职称外语考试或放宽外语成绩要求。充分挖掘社会组织吸纳高校毕业生就业潜力，对到省会及省会以下城市的社会团体、基金会、民办非企业单位就业的高校毕业生，所在地的公共就业人才服务机构要协助办理落户手续，在专业技术职称评定方面享受与国有企事业单位同类人员同等待遇。继续统筹实施好大学生村官、“三支一扶”等各类基层服务项目，健全鼓励高校毕业生到基层工作的服务保障机制。各地要为高校毕业生参加实习、见习、志愿服务等活动创造条件，并将参加实习、见习、志愿服务等活动作为高校毕业生求职的实践经历。要加大工作力度，健全体制机制，鼓励支持更多高校毕业生参军入伍。

## 三、鼓励小型微型企业吸纳高校毕业生就业

各地区、各有关部门要认真落实《国务院关于进一步支持小型微型企业健康发展的意见》（国发〔2012〕14号），为小型微型企业发展创造良好环境，推动小型微型企业在转型升级过程中创造更多岗位吸纳高校毕业生就业。对小型微型企业新招用毕业年度高校毕业生，签订1年以上劳动合同并按时足额缴纳社会保险费的，给予1年的社会保险补贴，政策执行期限截至2015年年底。科技型小型微型企业招收毕业年度高校毕业生达到一定比例的，可申请最高不超过200万元的小额担保贷款，并享受财政贴息。对小型微型企业新招用高校毕业生按规定开展岗前培训的，各地要根据当地物价水平，适当提高培训费补贴标准。

## 四、实施大学生创业引领计划

2014年至2017年，在全国范围内实施大学生创业引领计划。通过提供创业服务，落实创业扶持政策，提升创业能力，帮助和扶持更多高校毕

业生自主创业，逐步提高高校毕业生创业比例。各地要采取措施，确保符合条件的高校毕业生都能得到创业指导、创业培训、工商登记、融资服务、税收优惠、场地扶持等各项服务和政策优惠。各高校要广泛开展创新创业教育，将创业教育课程纳入学分管理，有关部门要研发适合高校毕业生特点的创业培训课程，根据需求开展创业培训，提升高校毕业生创业意识和创业能力。各地公共就业人才服务机构要为自主创业的高校毕业生做好人事代理、档案保管、社会保险办理和接续、职称评定、权益保障等服务。

各地区、各有关部门要进一步落实和完善工商登记、场地支持、税费减免等各项创业扶持政策。拓宽高校毕业生创办企业出资方式，简化工商注册登记手续。鼓励各地充分利用现有资源建设大学生创业园、创业孵化基地和小企业创业基地，为高校毕业生提供创业经营场所支持。对高校毕业生创办的小型微型企业，按规定落实好减半征收企业所得税、月销售额不超过 2 万元的暂免征收增值税和营业税等税收优惠政策。对从事个体经营的高校毕业生和毕业年度内的高校毕业生，按规定享受相关税收优惠政策。留学回国的高校毕业生自主创业，符合条件的，可享受现行高校毕业生创业扶持政策。

各银行业金融机构要积极探索和创新符合高校毕业生创业实际需求特点的金融产品和服务方式，本着风险可控和方便高校毕业生享受政策的原则，降低贷款门槛，优化贷款审批流程，提升贷款审批效率。要通过进一步完善抵押、质押、联保、保证和信用贷款等多种方式，多途径为高校毕业生解决反担保难问题，切实落实银行贷款和财政贴息。在电子商务网络平台开办“网店”的高校毕业生，可享受小额担保贷款和贴息政策。充分发挥中小企业发展专项资金的积极作用，推动改善创业环境。鼓励企业、行业协会、群团组织、天使投资人等以多种方式向自主创业大学生提供资金支持，设立重点面向扶持高校毕业生创业的天使投资和创业投资基金。对支持创业早期企业的投资，符合条件的，可享受创业投资企业相关企业所得税优惠政策。

## 五、深入实施离校未就业高校毕业生就业促进计划

各地区要将离校未就业高校毕业生全部纳入公共就业人才服务范围，采取有效措施，力争使每一名有就业意愿的未就业高校毕业生在毕业半年内都能实现就业或参加到就业准备活动中。各有关部门、各高校要密切协作，做好未就业高校毕业生离校前后信息衔接和服务接续，切实保证服务

不断线。教育部门要将有就业意愿的离校未就业高校毕业生的实名信息及时提供给人力资源社会保障部门。人力资源社会保障部门要建立离校未就业高校毕业生实名信息数据库，全面实行实名制就业服务。各级公共就业人才服务机构和基层就业服务平台要及时主动与实名登记的未就业高校毕业生联系，摸清就业需求，提供有针对性的就业服务。教育部门和高校要加强对离校未就业高校毕业生的跟踪服务，为有就业意愿的高校毕业生持续提供岗位信息和求职指导。

各地区要结合本地产业发展需要和高校毕业生就业见习意愿及需求，扩大就业见习规模，提升就业见习质量，确保凡有见习需求的高校毕业生都能得到见习机会。根据当地物价水平，适当提高见习人员见习期间基本生活补助标准。高校毕业生见习期间参加职业培训的，按现行政策享受职业培训补贴。

各地区要继续推动离校未就业高校毕业生技能就业专项行动，结合当地产业发展和高校毕业生需求，创新职业培训课程，提高职业培训的针对性和实效性。在高校毕业生集中的城市，要提升改造一批适应高校毕业生特点的职业技能公共实训基地。国家级重点技工院校和培训实力雄厚的职业培训机构，要选择一批适合高校毕业生的培训项目，及时向社会公布。

## 六、加强就业指导、就业服务和就业援助

各地区、各有关部门、各高校要根据高校毕业生特点和求职需求，创新服务方式，改进服务措施，提高服务质量，促进更多的高校毕业生通过市场实现就业。加强网络信息服务，建立健全全国公共就业信息服务平台，加快招聘信息全国联网，更多开展网络招聘，为用人单位招聘和高校毕业生求职提供高效便捷的就业信息服务。积极开展公共就业人才服务进校园活动，为高校毕业生送政策、送指导、送信息，特别是要让高校毕业生知晓获取就业政策和岗位信息的渠道。精心组织民营企业招聘周、高校毕业生就业服务月、就业服务周、部分大中城市联合招聘高校毕业生专场活动和每季度的全国高校毕业生网络招聘月等专项服务活动，搭建供需信息平台，积极促进对接。高校要加强就业指导课程和学科建设，积极聘请专家学者、企业人力资源经理、优秀校友担任就业导师。

各地区、各高校要将零就业家庭、优抚对象家庭、农村贫困户、城乡低保家庭以及残疾等就业困难的高校毕业生列为重点对象实施重点帮扶。享受城乡居民最低生活保障家庭的毕业年度内高校毕业生的求职补贴要在离校前全部发放到位，求职补贴标准较低的要适当调高标准。各地可结合

本地实际将残疾高校毕业生纳入享受求职补贴对象范围。党政机关、事业单位、国有企业要带头招录残疾高校毕业生。离校未就业高校毕业生实现灵活就业的，在公共就业人才服务机构办理实名登记并按规定缴纳社会保险费的，给予一定数额的社会保险补贴，补贴数额原则上不超过其实际缴费的2/3，最长不超过2年，所需资金从就业专项资金中列支。

## 七、进一步创造公平的就业环境

各地区、各有关部门要积极采取措施，促进就业公平。用人单位招聘不得设置民族、种族、性别、宗教信仰等歧视性条件，不得将院校作为限制性条件。省会及以下城市用人单位招聘应届毕业生不得将户籍作为限制性条件。国有企业招聘应届高校毕业生，除涉密等特殊岗位外，要实行公开招聘，招聘应届高校毕业生信息要在政府网站公开发布，报名时间不少于7天；对拟聘人员应进行公示，明确监督渠道，公示期不少于7天。各地区、各有关部门要严厉打击非法中介和虚假招聘，依法纠正性别、民族等就业歧视现象。加大对企业用工行为的监督检查力度，对企业招用高校毕业生不签订劳动合同、不按时足额缴纳社会保险费、不按时支付工资等违法行为，及时予以查处，切实维护高校毕业生的合法权益。

各地区、各有关部门要消除高校毕业生在不同地区、不同类型单位之间流动就业的制度性障碍。省会及以下城市要放开对吸收高校毕业生落户的限制，简化有关手续，应届毕业生凭《普通高等学校毕业证书》、《全国普通高等学校毕业生就业报到证》、与用人单位签订的《就业协议书》或劳动（聘用）合同办理落户手续；非应届毕业生凭与用人单位签订的劳动（聘用）合同和《普通高等学校毕业证书》办理落户手续。高校毕业生到小型微型企业就业、自主创业的，其档案可由当地市、县一级的公共就业人才服务机构免费保管。办理高校毕业生档案转递手续，转正定级表、调整改派手续不再作为接收审核档案的必备材料。

## 八、推动创新高校人才培养机制

深化教育改革，积极调整教育结构，加快发展现代职业教育，深化校企合作、工学结合，培养生产、建设、服务、管理一线的应用型和技能型人才。高校要明确办学定位，突出办学特色，加强就业教育，提高人才培养质量。各高校自2014年起要发布高校毕业生就业质量年度报告，完善就业与招生计划、人才培养、经费拨款、院校设置的联动机制，充分听取行业主管部门、经济部门、就业部门以及有关行业组织的意见，促进人才培养更好地适应经济社会发展需要。有关部门要开展产业升级人才需求预测研究，健全岗位需求统计调查制度，适时向社会发布行业人才需求信息，引导高校优化学科专业结构，探索制定行业岗位标准，促进高校依据市场需求完善专业培养课程。

## 九、加大宣传工作力度

各地区、各有关部门、各高校要高度重视宣传工作。要大力宣传党和政府对高校毕业生就业创业工作的重视和采取的政策措施，大力宣传高校毕业生到基层和中小微企业就业创业的先进事迹和典型经验，以正确的舆论导向引导社会各方面全面客观地看待当前就业形势，共同关心高校毕业生就业创业工作。教育部门和高校要将就业创业政策宣传到每一名高校毕业生，引导高校毕业生转变就业观念，以积极向上的心态走向社会，先就业、再择业，在平凡的岗位上创造不平凡的业绩。人力资源社会保障部门要深入用人单位进行政策宣传，引导用人单位履行社会责任，挖掘就业岗位吸纳更多高校毕业生就业。要在充分利用报纸、广播、电视等传统媒体的基础上，积极探索使用微博、微信、手机客户端等新媒体，深入解读促进高校毕业生就业创业的各项优惠政策。同时，密切关注舆情动态，及时了解和回应社会关切，掌握舆论主导权。

## 十、加强对高校毕业生就业创业工作的组织领导

各地要将高校毕业生就业工作列入政府政绩考核内容，进一步健全政府促进就业责任制度，在制定经济社会发展规划、调整产业结构和产业布局时，把高校毕业生就业作为重要目标予以考虑。要切实加大就业专项资金的投入力度，确保各项促进高校毕业生就业创业政策落到实处。就业工作联席会议成员单位要切实履行职责，加强协作配合，共同做好高校毕业生就业创业工作。各地区、各有关部门要按照本通知精神，制定具体措施，切实抓好贯彻落实。

# 国家税务总局　财政部　人力资源社会保障部　教育部　民政部关于支持和促进重点群体创业就业有关税收政策具体实施问题的公告

（国家税务总局公告2014年第34号　2014年5月30日）

为贯彻落实《财政部国家税务总局人力资源社会保障部关于继续实施支持和促进重点群体创业就业有关税收政策的通知》（财税〔2014〕39号）精神，现将创业就业有关税收政策的具体实施意见公告如下：

## 一、个体经营税收政策

（一）申请

1. 在人力资源社会保障部门公共就业服务机构登记失业半年以上的人员、零就业家庭或享受城市居民最低生活保障家庭劳动年龄内的登记失业人员，可持《就业失业登记证》、个体工商户登记执照和税务登记证向创业地县以上（含县级，下同）人力资源社会保障部门提出申请。县以上人力资源社会保障部门应当按照财税〔2014〕39号文件的规定，核实创业人员是否享受过税收扶持政策。核实后，对符合条件人员在《就业失业登记证》上注明“自主创业税收政策”。

2. 毕业年度高校毕业生在校期间创业的，可注册登录教育部大学生创业服务网（网址：http：//cy. ncss. org. cn），提交《高校毕业生自主创业证》申请表，由所在高校进行网上信息审核确认，学校所在地省级教育行政部门依据学生学籍学历电子注册数据库，对高校毕业生身份、学籍学历、是否是应届高校毕业生等信息进行核实后，向高校毕业生发放《高校毕业生自主创业证》，并在数据库中将其标注为“已领取《高校毕业生自主创业证》”。高校毕业生持《高校毕业生自主创业证》向创业地人力资源社会保障部门提出申请，由创业地人力资源社会保障部门相应核发《就业失业登记证》。

3. 毕业年度高校毕业生离校后创业的，可凭毕业证，直接向创业地县以上人力资源社会保障部门提出申请。县以上人力资源社会保障部门在对人员范围、就业失业状态、已享受政策情况核实后，对符合条件人员相应核发《就业失业登记证》，并注明“自主创业税收政策”。

（二）税款减免顺序及额度

符合条件人员从事个体经营的，按照财税〔2014〕39号文件第一条的规定，在年度减免税限额内，依次扣减营业税、城市维护建设税、教育费附加、地方教育附加和个人所得税。纳税人的实际经营期不足一年的，应当以实际月份换算其减免税限额。换算公式为：减免税限额 = 年度减免税限额 ÷ 12 × 实际经营月数。

纳税人实际应缴纳的营业税、城市维护建设税、教育费附加、地方教育附加和个人所得税小于减免税限额的，以实际应缴纳的营业税、城市维护建设税、教育费附加、地方教育附加和个人所得税税额为限；实际应缴纳的营业税、城市维护建设税、教育费附加、地方教育附加和个人所得税大于减免税限额的，以减免税限额为限。

（三）税收减免备案

纳税人在享受税收优惠政策后的当月，持《就业失业登记证》（注明“自主创业税收政策”或附着《高校毕业生自主创业证》）和税务机关要求的相关材料向其主管税务机关备案。

## 二、企业、民办非企业单位吸纳税收政策

（一）申请

符合条件的企业、民办非企业单位持下列材料向县以上人力资源社会保障部门递交申请：

1. 新招用人员持有的《就业失业登记证》。

2. 企业、民办非企业单位与新招用持《就业失业登记证》人员签订的劳动合同（副本），企业、民办非企业单位为职工缴纳的社会保险费记录。

3. 《持〈就业失业登记证〉人员本年度实际工作时间表》（见附件）。

4. 人力资源社会保障部门要求的其他材料。

其中，劳动就业服务企业要提交《劳动就业服务企业证书》，民办非企业单位提交《民办非企业单位登记证书》。

县以上人力资源社会保障部门接到企业、民办非企业单位报送的材料后，应当按照财税〔2014〕39号文件的规定，重点核实以下情况：

1. 新招用人员是否属于享受税收优惠政策人员范围，以前是否已享受过税收优惠政策；

2. 企业、民办非企业单位是否与新招用人员签订了 1 年以上期限劳动合同，为新招用人员缴纳社会保险费的记录；

3. 企业、民办非企业单位的经营范围是否符合税收政策规定。

核实后，对符合条件的人员，在《就业失业登记证》上注明“企业吸纳税收政策”，对符合条件的企业、民办非企业单位核发《企业实体吸纳失业人员认定证明》。

（二）税款减免顺序及额度

1. 纳税人按本单位吸纳人数和签订的劳动合同时间核定本单位减免税总额，在减免税总额内每月依次扣减营业税、城市维护建设税、教育费附加和地方教育附加。纳税人实际应缴纳的营业税、城市维护建设税、教育费附加和地方教育附加小于核定减免税总额的，以实际应缴纳的营业税、城市维护建设税、教育费附加、地方教育附加为限；实际应缴纳的营业税、城市维护建设税、教育费附加和地方教育附加大于核定减免税总额的，以核定减免税总额为限。

纳税年度终了，如果纳税人实际减免的营业税、城市维护建设税、教育费附加和地方教育附加小于核定的减免税总额，纳税人在企业所得税汇算清缴时，以差额部分扣减企业所得税。当年扣减不足的，不再结转以后年度扣减。

减免税总额 = ∑每名失业人员本年度在本企业工作月份 ÷ 12 × 定额

企业、民办非企业单位自吸纳失业人员的次月起享受税收优惠政策。

2. 第二年及以后年度当年新招用人员、原招用人员及其工作时间按上述程序和办法执行。每名失业人员享受税收优惠政策的期限最长不超过 3 年。

（三）税收减免备案

1. 经县以上人力资源社会保障部门核实后，纳税人依法享受税收优惠政策。纳税人持县以上人力资源社会保障部门核发的《企业实体吸纳失业人员认定证明》《持〈就业失业登记证〉人员本年度实际工作时间表》和税务机关要求的其他材料，在享受税收优惠政策后的当月向主管税务机关备案。

2. 企业、民办非企业单位纳税年度终了前招用失业人员发生变化的，应当在人员变化次月按照前项规定重新备案。

## 三、管理

（一）严格各项凭证的审核发放。任何单位或个人不得伪造、涂改、转让、出租相关凭证，违者将依法予以惩处；对采取上述手段已经获取减免税的企业、民办非企业单位和个人，主管税务机关要追缴其已减免的税款，并依法予以处罚；对出借、转让《就业失业登记证》的人员，主管人力资源社会保障部门要收回其《就业失业登记证》并记录在案。

（二）《就业失业登记证》采用实名制，限持证者本人使用。创业人员从事个体经营的，《就业失业登记证》由本人保管；被用人单位录用的，享受税收优惠政策期间，证件由用人单位保管。《就业失业登记证》由人力资源社会保障部统一样式，各省、自治区、直辖市人力资源社会保障部门负责印制，统一编号备案，作为审核劳动者就业失业状况和享受政策情况的有效凭证。

（三）《企业实体吸纳失业人员认定证明》由人力资源社会保障部统一式样，各省、自治区、直辖市人力资源社会保障部门统一印制，统一编号备案。

（四）《高校毕业生自主创业证》采用实名制，限持证者本人使用。《高校毕业生自主创业证》由教育部统一样式，各省、自治区、直辖市教育行政部门负责印制，其中注明申领人姓名、身份证号、毕业院校等信息，并粘贴申领人本人照片。

（五）县以上税务、财政、人力资源社会保障、教育、民政部门要建立劳动者就业信息交换和协查制度。人力资源社会保障部建立全国统一的就业信息平台，供各级人力资源社会保障、税务、财政、民政部门查询《就业失业登记证》信息。地方各级人力资源社会保障部门要及时将《就业失业登记证》信息（包括发放信息和内容更新信息）按规定上报人力资源社会保障部。教育部门要按季将《高校毕业生自主创业证》发放情况以电子、纸质文件等形式通报同级人力资源社会保障部门和税务机关。

（六）主管税务机关应当在纳税人备案时，在《就业失业登记证》中加盖戳记，注明减免税所属时间。各级税务机关对《就业失业登记证》有疑问的，可提请同级人力资源社会保障部门予以协查，同级人力资源社会保障部门应根据具体情况规定合理的工作时限，并在时限内将协查结果通报提请协查的税务机关。

**四、本公告自2014年1月1日起施行。**《国家税务总局财政部人力资源社会保障部教育部关于支持和促进就业有关税收政策具体实施问题的公告》（国家税务总局公告2010年第25号）同时废止。

特此公告。

# 中共中央组织部关于规范退（离）休领导干部在社会团体兼职问题的通知

（中组发〔2014〕11号）

各省、自治区、直辖市党委组织部，中央和国家机关各部委、各人民团体组织人事部门，新疆生产建设兵团党委组织部，各中管金融企业党委，部分国有重要骨干企业党组（党委），部分高等学校党委：

当前，领导干部退（离）休后在各类社会团体兼职，或参与成立新的社会团体的情况有所增多。大多数退（离）休领导干部热心参与社会公益事业，积极发挥个人业务专长和经验优势，不求回报，无私奉献，为促进社会团体健康有序发展、推动和谐社会建设作出了贡献。但也有一些退（离）休领导干部以兼职为名，利用个人影响找地方、部门和企事业单位要钱要车要办公场所，甚至领取较高薪酬，造成了不好的社会影响，干部群众对此多有反映。为认真贯彻执行中央八项规定和从严管理干部的精神，对退（离）休领导干部在社会团体兼职行为要进一步从严规范，引导和发挥好他们的作用。经中央批准，现就有关问题通知如下。

一、退（离）休领导干部在社会团体兼任职务（包括领导职务和名誉职务、常务理事、理事等），须按干部管理权限审批或备案后方可兼职。确因工作需要，本人又无其他兼职，且所兼职社会团体的业务与原工作业务或特长相关的，经批准可兼任1个社会团体职务；任期届满拟连任的，必须重新履行有关审批手续，兼职不超过两届；兼职的任职年龄界限为70周岁。

除工作特殊需要外，不得兼任社会团体法定代表人，不得牵头成立新的社会团体或兼任境外社会团体职务。

二、经批准兼任社会团体职务的，兼职期间要发挥好政治把关、经验指导、业务传授等方面的作用，促进社会团体健康有序发展。不得利用个人影响要求党政机关、企事业单位提供办公用房、车辆、资金等；不得以社会团体名义违规从事营利性活动；不得强行要求入会或违规收费、摊派、强制服务、干预会员单位生产经营活动等。

三、兼职不得领取社会团体的薪酬、奖金、津贴等报酬和获取其他额外利益，也不得领取各种名目的补贴等，确属需要的工作经费，要从严控制，不得超过规定标准和实际支出。

四、兼职期间的履职情况、是否取酬和报销有关工作费用等，干部本人应每年年底以书面形式报所在单位党委（党组）。对领取报酬，或履行职责不当的，干部所在单位应责令其辞去社会团体职务。兼职期间违规领取的报酬，应按中央纪委有关规定执行。

五、中央管理的干部退（离）休后兼任社会团体职务，须由干部所在单位党委（党组）审批并报中央组织部备案同意后方可兼职。确需由中央管理的干部兼任职务的社会团体，必须在国家、地区、行业和经济、政治、社会生活中起重要作用，在国内外有一定影响。

备案报告应在社会团体召开有关会议进行选举或决定任命前30日报中央组织部，需说明以下情况：（1）社会团体的基本情况，包括登记事项、宗旨、业务范围和成立时间等内容。（2）领导干部原任职务，兼职的理由，是否兼任法定代表人；本人是否已在其他社会团体中兼职；社会团体召开有关会议进行选举或决定任命的时间。兼职须由社会团体出具邀请函；所兼职的社会团体有业务主管单位的，须有业务主管单位的书面意见。(3）如领导干部已兼任社会团体职务，任期届满拟连任的，需说明干部本人已兼职的时间和任期；如领导干部属新兼任社会团体会长（理事长）职务，需说明原任会长（理事长）不再担任的原因。(4）附拟兼职干部的《干部任免审批表》和社会团体现任领导干部名单一式三份，社会团体章程和社会团体登记证书副本复印件各一份。

六、各地区各部门各单位要根据本通知精神制定相应的管理和审批办法，并对退（离）休领导干部在社会团体兼职情况进行摸底和清理规范。凡未经批准在社会团体兼任职务的，符合规定的，须在本通知下发后半年内履行有关审批手续；不符合规定的，应由本人在半年内辞去所兼任的职务。经批准已在社会团体兼任职务的，应对兼职任期、年龄、履职情况以及是否取酬等情况进行审核并予以规范。

七、本通知适用于各级各类党政机关退（离）休干部。国有企事业单位退（离）休领导人员，参照本通知有关规定执行。

八、本通知自发布之日起施行。以往规定与本通知不一致的，按照本通知执行。

请各地区各部门各单位于2015年1月前将清理规范工作总结报送中央组织部，并填写《中央管理的干部退（离）休后在社会团体兼职有关情况统计表》《中央管理的干部退（离）休后在社会团体兼职有关情况统计汇总表》《规范退（离）休领导干部在社会团体兼职有关情况统计表》。

中共中央组织部

2014年6月25日

# 民政部　财政部关于取消社会团体会费标准备案规范会费管理的通知

（民发〔2014〕166号）

各省、自治区、直辖市民政厅（局）、财政厅（局），各计划单列市民政局、财政局，新疆生产建设兵团民政局、财务局：

为切实转变政府职能，简政放权，推进社会团体依法自治，激发社会团体活力，现就社会团体会费有关事项通知如下：

一、自《通知》发布之日起，社会团体通过的会费标准，不再报送业务主管单位、社会团体登记管理机关和财政部门备案。

二、经社会团体登记管理机关批准成立的社会团体，可以向个人会员和单位会员收取会费。

三、社会团体可以依据章程规定的业务范围、工作成本等因素，合理制定会费标准。

会费标准的额度应当明确，不得具有浮动性。

四、社会团体制定或者修改会费标准，应当召开会员大会或者会员代表大会，应当有2/3以上会员或者会员代表出席，并经出席会员或者会员代表1/2以上表决通过，表决采取无记名投票方式进行。

除会员大会或者会员代表大会以外，不得采取任何其他形式制定或者修改会费标准。

五、社会团体应当自通过会费标准决议之日起30日内，将决议向全体会员公开。

六、社会团体会费应当主要用于为会员提供服务以及按照该社会团体宗旨开展的各项业务活动等支出。

社会团体应当每年向会员公布会费收支情况，定期接受会员大会或者会员代表大会的审查，并在社会团体年检时填报会费收支情况。

七、社会团体收取会费，应当按照规定使用财政部和省（自治区、直辖市）财政部门印（监）制的社会团体会费收据。除会费以外，其他收入不得使用社会团体会费收据。

八、社会团体会费标准的制定、修改，以及会费收取、使用和管理不符合本通知规定的，社会团体登记管理机关可以依据《社会团体登记管理条例》的有关规定，给予相应处罚。

社会团体登记管理机关和财政部门应当对社会团体会费的收支情况进行监督检查，发现问题，及时处理。

九、社会团体收取会费不符合本通知第三条、第四条、第六条规定的，社会团体会员有权拒绝缴纳，并可以向有关部门举报。

《民政部 财政部关于调整社会团体会费政策等有关问题的通知》（民发〔2003〕95 号）、《民政部 财政部关于进一步明确社会团体会费政策的通知》（民发〔2006〕123 号）自本通知印发之日起同时废止。

民政部　财政部

2014 年 7 月 25 日

# 财政部、发展改革委、民政部、全国老龄办关于做好政府购买养老服务工作的通知

（财社〔2014〕105号）

各省、自治区、直辖市、计划单列市财政厅（局）、发展改革委、民政厅（局）、老龄办，新疆生产建设兵团财务局、发展改革委、民政局、老龄办：

为贯彻党的十八届三中全会关于推广政府购买服务的战略部署，落实《国务院关于加快发展养老服务业的若干意见》（国发〔2013〕35号）和《国务院办公厅关于政府向社会力量购买服务的指导意见》（国办发〔2013〕96号），加快推进政府购买养老服务工作，现就有关问题通知如下：

## 一、把握政府购买养老服务的基本原则

（一）坚持需求导向，注重创新机制

以老年人基本养老服务需求为导向，将政府购买服务与满足老年人基本养老服务需求相结合，重点安排与老年人生活照料、康复护理等密切相关的项目，优先保障经济困难的孤寡、失能、高龄等老年人的服务需求，加大对基层和农村养老服务的支持，并逐步拓展政府购买养老服务的领域和范围。立足各地经济社会发展实际，积极探索，不断创新政府购买养老服务机制，改进购买服务的方式方法。

（二）坚持政府引导，培育市场主体

政府要加强对购买养老服务的组织领导、制度设计、政策支持、财政投入和监督管理。充分发挥市场配置资源的决定性作用，将推进政府购买养老服务与逐步使社会力量成为发展养老服务业的主体相结合，与培育专业化养老服务组织相结合，按照公开、公平、公正原则，坚持费随事转，通过竞争择优的方式选择承接政府购买养老服务的社会力量，确保具备条

件的社会力量平等参与竞争。

（三）坚持规范操作，注重绩效评估

明确各方责任、权利和义务，建立以项目申报、项目评审、资质审核、组织采购、合同签订、项目监管、绩效评估等为主要内容的规范化购买流程，有序开展工作。加强绩效管理，建立评估机制和动态调整机制，降低成本，提高效率，增强政府购买养老服务的针对性和有效性。

（四）坚持体制创新，完善政策体系

要做好相关政策的完善和相互衔接，推进政事分开、政社分开，坚持与事业单位改革相衔接，推进管办分离，放开市场准入。凡社会能够提供的养老服务，尽可能交给社会力量承担。要及时总结行之有效的管理办法和政策措施，尽快形成各方衔接配套、操作性强的政府购买养老服务政策体系。

## 二、明确政府购买养老服务的工作目标

“十二五”时期，政府购买养老服务工作有序推开，相关制度建设取得有效进展。到2020年，基本建立比较完善的政府购买养老服务制度，促进形成与经济社会发展相适应、高效合理的养老服务资源配置机制和供给机制，支持和参与养老服务的社会氛围更加浓厚，养老服务水平和质量显著提高，推动建成功能完善、规模适度、覆盖城乡的养老服务体系。

## 三、积极有序地开展政府购买养老服务工作

（一）明确购买主体

政府购买养老服务的主体是承担养老服务的各级行政机关和参照公务员法管理、具有行政管理职能的事业单位。纳入行政编制管理且经费由财政负担的群团组织，也可根据实际需要，通过购买服务方式提供养老服务。

（二）界定承接主体

各地可根据国办发〔2013〕96 号文件确定的原则和养老服务的要求，规定承接主体的具体条件。购买工作应按照政府采购法律制度规定，根据服务项目的采购需求特点，选择适用采购方式确定承接主体，严禁转包行为。

（三）确定购买内容

政府购买养老服务内容应突出公共性和公益性，按照量力而行、尽力

而为、可持续的原则确定。各地要全面梳理现行由财政支出安排的各类养老服务项目，凡适合市场化方式提供、社会力量能够承担的，应按照转变政府职能要求，通过政府购买服务方式提供方便可及、价格合理的养老服务。要根据养老服务的性质、对象、特点和地方实际情况，重点选取生活照料、康复护理和养老服务人员培养等方面开展政府购买服务工作。在购买居家养老服务方面，主要包括为符合政府资助条件的老年人购买助餐、助浴、助洁、助急、助医、护理等上门服务，以及养老服务网络信息建设；在购买社区养老服务方面，主要包括为老年人购买社区日间照料、老年康复文体活动等服务；在购买机构养老服务方面，主要为“三无”（无劳动能力，无生活来源，无赡养人和扶养人或者其赡养人和扶养人确无赡养和扶养能力）老人、低收入老人、经济困难的失能半失能老人购买机构供养、护理服务；在购买养老服务人员培养方面，主要包括为养老护理人员购买职业培训、职业教育和继续教育等；在养老评估方面，主要包括老年人能力评估和服务需求评估的组织实施、养老服务评价等。

各地要根据养老服务的项目范围，结合本地经济社会发展水平、财政承受能力和老年人基本服务需求，制定政府购买养老服务的指导性目录，明确服务种类、性质和内容，细化目录清单，并根据实际情况变化，及时进行动态调整。对不属于政府职责范围内的服务项目，政府不得向社会力量购买。

（四）规范服务标准

各地应根据所购买养老服务的项目特点，制定统一明确、操作性强、便于考核的基本服务标准，方便承接主体掌握，便于购买主体监管。购买主体要及时对服务标准的执行情况进行梳理，总结经验，逐步完善服务标准体系。

（五）提供资金保障

政府购买养老服务资金在现有养老支出预算安排中统筹考虑。对于新增的养老服务内容，地方各级财政要在科学测算养老服务项目和补助标准基础上，列入同级财政预算。

（六）健全监管机制

各地要加强政府购买养老服务的监督管理，完善事前、事中和事后监管体系，要严格遵守相关财政财务管理规定，确保政府购买养老服务资金规范管理和使用，不得截留、挪用和滞留。购买主体要严格按照政府购买服务的操作规程，公平、公正、公开选择承接主体，建立健全内部监督管理制度，按规定公开购买服务相关信息，自觉接受社会监督。承接主体应健全财务制度，严格按照服务合同履行服务任务，保障服务数量、质量和效果。服务完成后，购买主体应委托第三方独立审计机构对金额较大、服务对象较多的项目进行审计，并出具审计报告。

（七）加强绩效评价

各地要建立健全由购买主体、养老服务对象以及第三方组成的综合评审机制，加强购买养老服务项目绩效评价。在绩效评价体系中，要更侧重受益对象对养老服务的满意度评价。政府购买养老服务的绩效评价结果要向社会公布，并作为政府选择购买养老服务承接主体、编制以后年度政府购买养老服务项目与预算的重要参考依据，建立承接主体的动态调整机制。

## 四、落实政府购买养老服务的工作责任

各地要高度重视政府购买养老服务工作，要建立健全政府统一领导、财政部门牵头、民政等有关职能部门协同、社会广泛参与的工作机制。财政部门和其他政府职能部门要加强对不同地区、不同项目、不同服务的分类指导工作，定期研究政府购买养老服务的重要事项，及时发现、研究和解决工作中出现的问题。同时，要充分利用各种宣传媒体，广泛宣传实施政府购买养老服务工作的重要意义、主要内容、政策措施，充分调动社会参与的积极性，为推进养老服务工作营造良好的舆论氛围。

财政部
国家发展改革委员会
民政部
全国老龄工作委员会办公室
2014 年 8 月 26 日

# 教育部　财政部　民政部<br>关于加强中央部门所属高校教育基金会<br>财务管理的若干意见

（教财〔2014〕3号　2014年9月18日）

有关部门（单位）教育司（局），各中央部门所属高校，各中央部门所属高校教育发展基金会：

为加强中央部门所属高等学校（以下简称学校）教育基金会（以下简称基金会）财务管理，规范财务行为，维护捐赠人、受益人和基金会的合法权益，进一步促进基金会健康发展，根据《公益事业捐赠法》《高等教育法》《基金会管理条例》及国家其他有关法律法规，现就加强基金会财务管理提出以下意见。

## 一、完善治理结构，保障内控体系健全有效

1. 基金会作为学校多元化筹资体系的重要组成部分和接受社会公益捐赠的窗口，围绕学校办学目标开展活动，通过筹资、投资等方式为学校办学活动提供经费等支持。

2. 学校应当支持基金会的运行和发展，促进基金会的能力建设。

3. 基金会资金的募集、管理和使用计划、基金会财务收支预算、决算等重大事项，应当经理事会讨论决定。

4. 基金会财务工作在基金会理事会领导下开展，并接受业务主管单位和学校财务部门的业务指导和监督。

5. 基金会应当建立健全内部控制体系，严格执行不相容职务的分离制度，严格贯彻决策、执行和监督相分离制度，有效控制各类风险。

6. 基金会应当配备具有专业资格的专职财会人员。财会人员数量应当满足不相容职务分离的要求。会计岗位、出纳岗位和投资岗位的人员不得相互兼任。

7. 基金会应当将所有分支机构、代表机构、专项基金以及各项业务活动纳入统一管理。分支机构的运行情况和财务状况应当在基金会年报中反

映和说明。

8. 基金会应当支持监事依照章程规定的程序检查财务和会计资料，列席理事会会议，向理事会提出质询和建议，并向登记管理机关、业务主管单位以及税务、会计主管部门反映情况。

## 二、加强财务管理，规范会计核算工作

9. 基金会执行《民间非营利组织会计制度》，依法进行会计核算，建立健全内部会计监督制度，保证会计资料合法、真实、准确、完整。

10. 基金会应当开设独立、合法的银行账户。

11. 基金会获得的各类收入应当及时足额地纳入账户核算，不得长期挂账，不得“坐收坐支”，更不得形成“账外资金”和“小金库”。

12. 基金会收到捐赠后应当据实开具捐赠票据。捐赠人不需要捐赠票据的，或者匿名捐赠的，也应开具捐赠票据，由基金会留存备查。

13. 基金会接受现金捐赠，收款人和开票人应当由两人以上分别承担，所收取的现金应及时入账。

14. 基金会接受非现金捐赠，应当在实际收到并确认公允价值后开具捐赠票据。受赠财产未经基金会验收确认，由捐赠人直接转移给受助人或者其他第三方的，不得作为基金会的捐赠收入，不得开具捐赠票据。

15. 基金会接受非现金捐赠时，在捐赠人提供了发票、报关单或其他凭据的情况下，应当以相关凭据作为确认入账价值的依据；在捐赠方不能提供凭据的情况下，应以其他确认捐赠财产的证明，作为确认入账价值的依据。

16. 基金会接受捐赠的固定资产、股权、无形资产、文物文化资产，没有发票、报关单或其他凭据作为入账依据的，应当以具有合法资质的第三方机构的评估作为确认入账价值的依据。无法评估或经评估无法确认价格的，基金会不得计入捐赠收入，不得开具捐赠票据，应当另外造册登记。

## 三、加强筹资过程管理，促进筹资专业化

17. 基金会接受捐赠，必须与捐赠人明确权利义务，订立书面捐赠协议。

18. 基金会接受捐赠应确保公益性。附加对捐赠人构成利益回报条件的赠与和不符合公益性质的赠与，不应确认为公益捐赠，不得开具捐赠票据。

19. 基金会应当严格区分交换交易收入和捐赠收入。通过出售物资、提供服务、授权使用或转让资产包括无形资产等交换交易取得的收入，应当计入商品销售收入、提供服务收入等，不得计入捐赠收入，不得开具公益事业捐赠票据。对于协议或合同中载明知识产权归捐赠人或除学校外第三方的研究类合同，不应确认为捐赠合同，收入不得确认为捐赠收入。

20. 基金会接受捐赠过程中，如果涉及学校建筑、设施、场所的冠名事项以及学校内部机构冠名事项，应当征得学校同意。

21. 基金会不得将本组织的名称、公益项目品牌等用于非公益目的。

22. 基金会不得直接宣传、促销、销售企业的产品和品牌。

23. 基金会可以筹资设立支持附属学校和附属单位发展的基金，但不得收取与入学挂钩的赞助费、捐赠款，不得以接受捐赠的名义乱收费。

24. 基金会应当加强对筹资过程的管理和监督，推动筹资活动的专业化。

## 四、规范投资行为，防范和控制财务风险

25. 基金会应当加强资产管理，配备资产管理人员，建立定期盘点制度，对非现金资产应该进行登记和管理，做到账实相符、账表相符。

26. 基金会资产保值增值应当遵循合法、安全、有效的原则，建立投资责任体系和追踪问责机制，明确投资止损原则，通过有效的过程管理控制投资风险。

27. 基金会可用于保值增值的资产限于非限定性资产和在保值增值期间暂不需要拨付的限定性资产。捐赠人对于其捐赠款投资有限制性意见的，基金会不能违背捐赠人意愿开展投资活动。基金会应保持资金的流动性，投资活动不得影响公益支出的实现。

28. 基金会投资决策与执行应当分离。建立规范的投资决策议事规则，投资计划必须经过理事会决策同意方可执行。理事会授权投资委员会开展投资活动的，投资计划也必须报理事会决策，投资结果必须向理事会汇报，投资责任仍由理事会承担。每一项投资决策都必须经过表决，决策记录应载明投资事项、提请投资人的意见和签名、参与表决人的意见和签名，表决结果存书面档案。

29. 基金会进行委托投资的，应当委托银行或者其他金融机构进行。

30. 基金会的资金不得投向期货、期权等衍生金融工具，不得提供任何形式的经济担保或财产担保。

31. 基金会投资收益必须全部足额纳入统一账户进行管理，并确保用

于符合公益宗旨的方向。

## 五、合理使用捐赠资金，促进教育事业发展

32. 基金会应当将接受的捐赠财产用于资助符合其宗旨和业务范围的活动和事业。基金会与捐赠人订立了捐赠协议的，应当按照协议约定使用。如需改变用途，应当征得捐赠人书面同意。

33. 捐赠协议和募捐公告中约定可从捐赠收入中列支工作人员工资福利和行政办公支出的，按照约定列支；没有约定的，不得列支。基金会工作人员工资福利和行政办公支出应当符合《基金会管理条例》要求，累计不得超过当年总支出的10%。

34. 基金会用于公益事业的支出应当按照有关规定使用。公募基金会每年用于从事章程规定的公益事业支出，不得低于上一年总收入的70%；非公募基金会每年用于从事章程规定的公益事业支出，不得低于上一年基金余额的8%。基金会工作人员在学校有薪金收入的，不得再从基金会取得收入。

35. 基金会资助学校的项目，在使用时可转至学校进行财务明细核算。学校对于基金会转来的资助项目，应当准确完整及时地提供经费使用情况。

36. 基金会在使用经费时，应当主要通过银行进行支付，减少现金的使用。

37. 基金会不得向个人、企业直接提供与公益活动无关的借款，不得资助以盈利为目的活动。

## 六、健全信息公开制度，自觉接受社会监督

38. 基金会应当建立定期财务报告制度，准确、完整、及时地反映基金会财务状况、业务活动和现金流量情况。

39. 基金会应当按照登记管理机关、业务主管单位的要求进行审计，并自觉接受税务、会计等主管部门的监督。

40. 基金会应当于每年3月31日前向登记管理机关报送上一年度工作报告，接受年度检查，同时抄报业务主管单位；通过登记管理机关年度检查后，要将年度工作报告在登记管理机关指定的媒体及基金会网站上公布。

41. 基金会的信息公布工作，应当符合《基金会信息公布办法》《关于规范基金会行为的若干规定（试行）》的要求。

42. 捐赠人有权查询捐赠财产的使用、管理情况。对于捐赠人的查询，基金会应及时如实答复。

43. 学校应当协助基金会就审计中发现的问题进行整改，促进工作的规范化。

# 民政部 中央编办 发展改革委 工业和信息化部 商务部 人民银行 工商总局 全国工商联关于推进行业协会商会诚信自律建设工作的意见

（民发〔2014〕225 号 2014 年 10 月 31 日）

各省、自治区、直辖市及新疆生产建设兵团民政厅（局）、编办、发展改革委、工业和信息化主管部门、商务厅（局）、工商局、工商联，中国人民银行上海总部，各分行、营业管理部，各省会（首府）城市中心支行，各副省级城市中心支行，各全国性行业协会商会：

行业协会商会诚信自律建设，对于加强和改进行业协会商会管理，提高行业协会商会公信力，推进行业自律体系和社会信用体系建设，促进社会主义市场经济健康发展具有重要意义。为贯彻落实国务院《关于促进市场公平竞争维护市场正常秩序的若干意见》（国发〔2014〕20 号）和《社会信用体系建设规划纲要（2014—2020 年）》（国发〔2014〕21 号）精神，现就推进行业协会商会诚信自律建设工作提出以下意见。

## 一、支持行业协会商会参与行业信用建设

### （一）建立健全会员企业信用档案

行业协会商会可以根据自身实际情况，研究制定会员企业信用信息收集标准，建立行业内部信用信息收集渠道，建立健全会员企业信用档案，依法收集、记录和整理会员企业在生产、经营中产生的有关信用信息。有条件的行业协会商会可以收集会员企业交易伙伴的信用信息，建立会员企业交易伙伴信用信息数据库，帮助会员企业减少生产和经营风险。

### （二）积极开展会员企业信用评价

支持行业协会商会根据各自行业特点，加强与有资质的第三方信用服务机构合作，依法开展行业信用评价工作。信用评价工作要以服务会员企业、促进行业自律、提高行业信用水平为宗旨，遵循会员企业自愿参加的

原则。行业协会商会要优化评价指标体系，完善评价操作流程，提升行业信用评价效率，评价方法、标准、结果等应当公开发布并提供查询服务。要依托新闻媒体、内部刊物和协会网站，积极宣传推广信用评价结果，提高诚信会员企业在政府、市场与社会中的接受度和知名度。

（三）加强会员企业信用信息共享和应用

行业协会商会要主动与行业主管部门、国家统一信用信息平台、征信机构以及有上下游产业关系的行业组织进行对接，建立信用信息交换共享机制，为会员企业提供多层次、全方位的信用信息服务。行业协会商会提供的会员企业信用信息，征信机构可予以记载。行业协会商会要加强会员企业信用信息的应用，将会员企业信用信息作为评先评优、市场拓展、行业扶持和奖励等工作的重要参考，加强与商业银行、保险机构等金融机构的合作，帮助信用良好的会员企业获取更多的业务优惠、便利和市场机会。

（四）帮助会员企业提高信用管理能力

行业协会商会可以通过举办培训班、研讨会等方式，加强会员企业信用管理专业知识培训，使会员企业了解、掌握企业信用管理知识，增强信用风险防范能力。可以协助会员企业建立客户档案、开展客户诚信评价，建立科学的信用管理流程和信用风险管理制度，提升会员企业综合竞争力，形成有效的信用风险防范机制。

## 二、推动行业协会商会建立健全行业自律机制

（五）健全行业自律规约

行业协会商会要根据行业发展要求，研究制定自律规约，积极规范会员企业生产和经营行为，引导本行业的经营者依法竞争，自觉维护市场竞争秩序，充分发挥市场监管中的自律作用。制定自律规约要体现公平公正、诚实信用和正当竞争的原则，不得含有排除、限制竞争的内容，要广泛征求行业企业和有关部门的意见建议，经过专家研究论证，并召开会员（代表）大会审议通过后颁布实施。对于没有制定自律规约的行业协会商会，要抓紧研究制定符合本行业特点的自律规约；已经制定或实施自律规约的行业协会商会，要认真总结经验，不断改进完善，使之更符合实际，针对性更强。行业协会商会要加强自律规约的执行与监督，对违反自律规约的，按照情节轻重，实行警告、行业内通报批评、公开谴责、取消会员资格、向有关部门通报等惩戒措施。推动行业协会商会建立的行业性约束

和惩戒机制与政府、市场、社会形成的约束和惩戒机制相衔接，形成联动效应。

（六）制定行业职业道德准则

行业协会商会要按照社会主义核心价值观要求，研究制定行业职业道德准则，规范从业人员职业行为，全面提高从业人员的思想道德素质、科学文化素质和技术业务素质，培育从业人员的职业道德和职业精神，营造诚信执业良好氛围。加大行业职业道德准则宣传力度，推动行业从业人员严格遵守行业职业道德准则。对于违背行业职业道德准则的从业人员，探索建立行业惩戒机制。推动会员企业履行社会责任，探索建立与国际标准相一致、符合行业特点的社会责任指标和评价体系，发布行业社会责任报告，提升行业社会责任绩效。

（七）规范行业发展秩序

支持行业协会商会开展标准化工作。鼓励行业协会商会制定发布本行业的产品和服务标准，积极参与制定国家标准、行业规划和政策法规，不断提高行业产品和服务的质量。行业协会商会要发挥专业调解作用，积极协调会员企业之间、会员企业与其他经济组织之间关系，维护会员和行业整体利益。支持行业协会商会代表会员企业开展反倾销、反补贴、保障措施的调查、申诉、应诉工作，参与协调贸易争议。

## 三、加强行业协会商会自身建设

（八）完善法人治理

行业协会商会要以章程为核心，建立健全现代法人治理结构和运行机制。要把诚信自律建设内容纳入行业协会商会章程，提高行业协会商会依法自治水平。落实民主选举、差额选举制度，扩大直选范围。建立健全会员（代表）大会、理事会和监事会（监事）制度。完善人事、财务、档案、资产、活动管理、机构管理等各项内部管理制度。行业协会商会负责人和理事会成员要严格按照民主程序选举产生。鼓励选举企业家担任理事长（会长）。探索实行行业协会商会理事长（会长）轮值制。秘书长可以通过选举、聘任或向社会公开招聘等方式产生。

（九）实行信息公开

行业协会商会要主动向会员公开年度工作报告、财务工作报告、会费收支情况以及经理事会研究认为有必要向会员公开的其他信息；向社会公开登记事项、章程、组织机构、接受捐赠、承接政府转移职能以及政府购买服务事项等信息，增加透明度和公信力。行业协会商会要依托统一的信息平台或者自身官方网站进行信息公开，自觉接受会员、新闻媒体和社会公众监督。鼓励广大行业协会商会不断丰富信息公开内容，扩大信息公开范围，创新信息公开方式。

（十）推行诚信承诺

行业协会商会成立登记后，应签署诚信承诺书，并向社会公开诚信承诺书内容。要重点围绕服务内容、服务方式、服务对象和收费标准等进行公开承诺，做到不强制入会，不强行服务，不搞乱评比、乱培训、乱表彰，不超出章程规定的业务范围开展活动。鼓励行业协会商会积极培育诚信服务品牌，增强诚信服务意识，拓展诚信服务内容，创新诚信服务方式，不断提升诚信服务能力。

## 四、完善保障措施

（十一）加强组织领导

各地要将行业协会商会诚信自律建设与社会组织管理制度改革结合起来，作为一项重要工作纳入议事日程。各级民政、机构编制、发展改革、工业和信息化、商务、金融、工商、工商联等部门和单位要按照本意见的要求，切实加强组织领导，明确职责分工，落实工作责任，形成工作合力。鼓励行业协会商会设立专门的诚信自律工作机构。全国性行业协会商会要发挥带头作用，探索建立健全与国民经济行业发展相适应、覆盖全面、运行有效、作用明显的诚信自律建设体系。

（十二）建立奖惩机制

各级民政部门要会同有关部门依托全国社会组织法人单位信息资源库建设，收集、整合行业协会商会各类信用信息，建立行业协会商会信用档案。对诚信自律良好的行业协会商会，在年度检查、等级评估、税收优惠、职能转移、购买服务等事项中，实行优先办理、简化程序和重点支持等激励政策。对存在多次失信或者严重失信并造成严重后果的，纳入“黑名单”进行管理，采取取消税收减免资格、降低评估等级、限制参与承接政府转移职能和购买服务项目等措施，加大惩戒力度。通过信用奖惩机制，使守信者处处受益、失信者寸步难行。

（十三）做好宣传引导

组织行业协会商会深入开展以诚信自律创建为主题的教育活动，引导行业协会商会将诚信自律建设作为自觉追求和普遍行动。充分发挥电视、广播、报纸、网络等媒体的宣传引导作用，树立行业协会商会诚信自律典型，使广大行业协会商会学有榜样、赶有目标。建立行业协会商会失信行为的舆情监测机制，及时回应社会关切。

# 民政部　财政部关于加强社会组织反腐倡廉工作的意见

（民发〔2014〕227 号　2014 年 11 月 6 日）

各省、自治区、直辖市民政厅（局）、财政厅（局），新疆生产建设兵团民政局、财政局：

社会组织是党和政府联系人民群众的桥梁和纽带，是国家治理体系和治理能力现代化的有机组成部分。社会组织反腐倡廉工作，既是改革社会组织管理制度、促进社会组织健康有序发展的必然要求，又是加强和创新社会治理、建立健全覆盖全社会的惩治和预防腐败体系的重要内容。为深入贯彻落实党的十八大，十八届二中、三中、四中全会精神和国务院第二次廉政工作会议要求，现就加强社会组织反腐倡廉工作提出以下意见。

## 一、健全社会组织民主机制

社会组织要以章程为核心，建立健全现代法人治理结构和运行机制。落实民主选举、差额选举制度，扩大直选范围。规范社会组织民主议事、民主决策的范围、程序和方法。涉及社会组织人、财、物等重大事项的决策，要经过民主程序，不得由个人专断。进行改选换届的会员（代表）大会、理事会须有符合法定人数的会员（代表）、理事出席方能召开，不得以通讯方式召开。会员（代表）大会、理事会民主决议事项，不得以鼓掌方式进行表决。鼓励选举企业家担任行业协会商会理事长（会长）。探索实行行业协会商会理事长（会长）轮值制。社会组织要设立监事会或者监事，建立健全内部监督约束机制。推进社会组织诚信建设，建立社会组织信用体系，提高社会组织自治自律水平。

## 二、加强社会组织财务管理

社会组织要按照《中华人民共和国会计法》和《民间非营利组织会计制度》（财会〔2004〕7 号）等规定，严格财务管理。社会组织财务收支必须全部纳入单位法定账户，不得使用其他单位或个人的银行账户进行账务往来，不得账外建账，不得设立“小金库”。社会组织分支（代表）机构不得开设银行基本账户。以社会组织分支（代表）机构名义举办的会议、展览、培训等各类活动所发生的经费往来，必须纳入社会组织法定账户统一管理，不得进入其他单位或个人账户。社会组织不得将自身经费收支与行政机关及企事业单位经费收支混管，不得将收入用于弥补行政经费不足或发放行政机关工作人员各项补贴。社会组织对承接政府职能转移和政府购买服务的经费，要专款专用，不得违规使用。社会组织各项收入除用于组织管理成本和其他合理支出外，应当全部用于章程规定的非营利性事业，盈余不得分配。社会组织财务人员应持证上岗，会计不得兼任出纳，社会组织负责人直系亲属不得担任会计、出纳。社会组织应定期向会员（代表）大会、理事会报告财务收支情况，自觉接受监督。

## 三、规范社会组织商业行为

社会组织开展经营服务性收费项目，不得转包或者委托与社会组织负责人、分支（代表）机构负责人有直接利益关系的企事业单位或其他组织实施。社会组织应当在资产、机构、人员等方面与所举办经济实体分开，和所举办经济实体之间发生经济往来，应当按照等价交换的原则收取价款、支付费用。社会团体依法所得不得投入会员企业进行营利。社会团体不得通过转包、承包等方式，向其分支（代表）机构、专项基金管理机构收取或者变相收取管理费用。基金会不得资助以营利为目的的开展的活动，不得直接宣传、促销、销售企业的产品和品牌，不得为企业及其产品提供信誉和质量担保。社会组织不得利用业务主管部门影响或者行政资源牟利、不得利用所掌握的会员信息、行业数据、捐赠人和受赠人信息等不当牟利。社会组织不得违反规定设立评比达标表彰项目和进行收费，严禁以各种方式强制企业或者个人入会、摊派会费、派捐索捐、强拉赞助。

## 四、实行社会组织信息公开制度

基金会要严格按规定向社会公开公益活动和募集资金的详细使用计划，公益资助项目的申请、评审程序，以及年度工作报告和财务审计报告等信息。社会团体要主动向会员公开年度工作报告、财务工作报告、会费收支情况以及经理事会研究认为有必要向会员公开的其他信息，向社会公开登记事项、章程、组织机构、接受捐赠、承接政府转移职能以及政府购买服务事项等信息。民办非企业单位要重点向服务对象公开服务承诺、服务收费标准等信息。各级登记管理机关要制定社会组织信息公开办法，建立或者利用有公信力的公共信息平台，为社会组织发布信息和社会监督创造条件。

## 五、强化社会组织审计和执法监督

对社会组织使用的财政资金以及接受社会捐赠、资助的资金，审计机关依法加强审计监督。对社会组织依法获取的其他收入，通过社会审计机构依法进行审计监督。社会组织要按规定进行年度审计、换届审计和法定代表人离任审计，并将审计结论向会员（代表）大会或者理事会、监事会（监事）报告。登记管理机关根据工作需要对社会组织进行专项审计。对于违背注册会计师执业准则，帮助社会组织做假账、假报表和出具虚假审计报告的会计师事务所，登记管理机关一经发现，要通报财政部门和注册会计师行业组织，并由相关部门和单位给予相应处分。加强对社会组织反腐倡廉建设工作的监督检查，加大执法查处力度。完善投诉举报受理机制，畅通社会监督渠道。发现社会组织存在腐败隐患的，及时督促整改；确有违法违纪行为的，交由相关机关依纪依法对直接责任人和相关人员给予相应党纪政纪处分，构成犯罪的，依法追究刑事责任。

## 六、加强社会组织廉洁自律教育

社会组织要把廉洁自律教育作为一项基础性工作，常抓不懈，着力增强教育的针对性和实效性。社会组织法定代表人为本组织反腐倡廉工作第一责任人。要深入开展中国特色社会主义和中国梦教育、理想信念和宗旨教育、社会主义核心价值体系教育，加强党纪国法、廉政法规和道德教育。社会组织党组织要推动党员干部严格执行廉洁自律规定，落实党内监督制度，充分发挥党员干部的模范引导作用。社会组织要加强廉洁文化建设，将廉洁自律理念融入到各项工作中去。

各地、各单位要高度重视，加强组织领导，做好统筹协调，按照本意见要求，落实好加强社会组织反腐倡廉工作的各项任务。各级民政部门要严格按照中央有关文件精神，加强社会组织负责人任（兼）职审核，对未按规定报批的领导干部，不得办理相关手续。各级民政、财政等部门要建立工作联动机制，形成工作合力，加强工作研究，采取有力措施，不断解决社会组织反腐倡廉工作中遇到的新情况、新问题，确保社会组织健康有序发展。

# 国务院办公厅关于进一步动员社会各方面力量参与扶贫开发的意见

（国办发〔2014〕58 号）

各省、自治区、直辖市人民政府，国务院各部委、各直属机构：

广泛动员全社会力量共同参与扶贫开发，是我国扶贫开发事业的成功经验，是中国特色扶贫开发道路的重要特征。改革开放以来，各级党政机关、军队和武警部队、国有企事业单位等率先开展定点扶贫，东部发达地区与西部贫困地区结对扶贫协作，对推动社会扶贫发挥了重要引领作用。民营企业、社会组织和个人通过多种方式积极参与扶贫开发，社会扶贫日益显示出巨大发展潜力。但还存在着组织动员不够、政策支持不足、体制机制不完善等问题。为打好新时期扶贫攻坚战，进一步动员社会各方面力量参与扶贫开发，全面推进社会扶贫体制机制创新，经国务院同意，现提出以下意见：

## 一、总体要求和基本原则

（一）总体要求

坚持以邓小平理论、“三个代表”重要思想、科学发展观为指导，深入贯彻党的十八大和十八届二中、三中、四中全会精神，全面落实党中央、国务院关于扶贫开发的决策部署，大力弘扬社会主义核心价值观，大兴友善互助、守望相助的社会风尚，创新完善人人皆愿为、人人皆可为、人人皆能为的社会扶贫参与机制，形成政府、市场、社会协同推进的大扶贫格局。

（二）基本原则

——坚持政府引导。健全组织动员机制，搭建社会参与平台，完善政策支撑体系，营造良好社会氛围。

——坚持多元主体。充分发挥各类市场主体、社会组织和社会各界作用，多种形式推进，形成强大合力。

——坚持群众参与。充分尊重帮扶双方意愿，促进交流互动，激发贫困群众内生动力，充分调动社会各方面力量参与扶贫的积极性。

——坚持精准扶贫。推动社会扶贫资源动员规范化、配置精准化和使用专业化，真扶贫、扶真贫，切实惠及贫困群众。

## 二、培育多元社会扶贫主体

（三）大力倡导民营企业扶贫

鼓励民营企业积极承担社会责任，充分激发市场活力，发挥资金、技术、市场、管理等优势，通过资源开发、产业培育、市场开拓、村企共建等多种形式到贫困地区投资兴业、培训技能、吸纳就业、捐资助贫，参与扶贫开发，发挥辐射和带动作用。

（四）积极引导社会组织扶贫

支持社会团体、基金会、民办非企业单位等各类组织积极从事扶贫开发事业。地方各级政府和有关部门要对社会组织开展扶贫活动提供信息服务、业务指导，鼓励其参与社会扶贫资源动员、配置和使用等环节，建设充满活力的社会组织参与扶贫机制。加强国际减贫交流合作。

（五）广泛动员个人扶贫

积极倡导“我为人人、人人为我”的全民公益理念，开展丰富多样的体验走访等社会实践活动，畅通社会各阶层交流交融、互帮互助的渠道。引导广大社会成员和港澳同胞、台湾同胞、华侨及海外人士，通过爱心捐赠、志愿服务、结对帮扶等多种形式参与扶贫。

（六）深化定点扶贫工作

承担定点扶贫任务的单位要发挥各自优势，多渠道筹措帮扶资源，创新帮扶形式，帮助协调解决定点扶贫地区经济社会发展中的突出问题，做到帮扶重心下移，措施到位有效，直接帮扶到县到村。定期选派优秀中青年干部挂职扶贫、驻村帮扶。定点扶贫单位负责同志要高度重视本单位定点扶贫工作，深入开展调研，加强对定点扶贫工作的组织领导。

（七）强化东西部扶贫协作

协作双方要强化协调联系机制，继续坚持开展市县结对、部门对口帮扶。注重发挥市场机制作用，按照优势互补、互利共赢、长期合作、共同发展的原则，通过政府引导、企业协作、社会帮扶、人才交流、职业培训等多种形式深化全方位扶贫协作，推动产业转型升级，促进贫困地区加快发展，带动贫困群众脱贫致富。协作双方建立定期联系机制，加大协作支持力度。加强东西部地区党政干部、专业技术人才双向挂职交流，引导人才向西部艰苦边远地区流动。各省（区、市）要根据实际情况，在本地区组织开展区域性结对帮扶工作。

## 三、创新参与方式

（八）开展扶贫志愿行动

鼓励和支持青年学生、专业技术人才、退休人员和社会各界人士参与扶贫志愿者行动，建立扶贫志愿者组织，构建贫困地区扶贫志愿者服务网络。组织和支持各类志愿者参与扶贫调研、支教支医、文化下乡、科技推广等扶贫活动。

（九）打造扶贫公益品牌

继续发挥“光彩事业”、“希望工程”、“母亲水窖”、“幸福工程”、“母亲健康快车”、“贫困地区儿童营养改善”、“春蕾计划”、“集善工程”、“爱心包裹”、“扶贫志愿者行动计划”等扶贫公益品牌效应，积极引导社会各方面资源向贫困地区聚集，动员社会各方面力量参与“雨露计划”、扶贫小额信贷和易地扶贫搬迁等扶贫开发重点项目，不断打造针对贫困地区留守妇女、儿童、老人、残疾人等特殊群体的一对一结对、手拉手帮扶等扶贫公益新品牌。

（十）构建信息服务平台

以贫困村、贫困户建档立卡信息为基础，结合集中连片特殊困难地区区域发展与扶贫攻坚规划，按照科学扶贫、精准扶贫的要求，制定不同层次、不同类别的社会扶贫项目规划，为社会扶贫提供准确的需求信息，推进扶贫资源供给与扶贫需求的有效对接，进一步提高社会扶贫资源配置与使用效率。

（十一）推进政府购买服务

加快推进面向社会购买服务，支持参与社会扶贫的各类主体通过公开竞争的方式，积极参加政府面向社会购买服务工作，政府部门择优确定扶贫项目和具体实施机构。支持社会组织承担扶贫项目的实施。

## 四、完善保障措施

（十二）落实优惠政策

按照国家税收法律及有关规定，全面落实扶贫捐赠税前扣除、税收减免等扶贫公益事业税收优惠政策，以及各类市场主体到贫困地区投资兴业、带动就业增收的相关支持政策。降低扶贫社会组织注册门槛，简化登记程序，对符合条件的社会组织给予公益性捐赠税前扣除资格。对积极参与扶贫开发、带动贫困群众脱贫致富、符合信贷条件的各类企业给予信贷支持，并按有关规定给予财政贴息等政策扶持。鼓励有条件的企业自主设立扶贫公益基金。

（十三）建立激励体系

以国务院扶贫开发领导小组名义定期开展社会扶贫表彰，让积极参与社会扶贫的各类主体政治上有荣誉、事业上有发展、社会上受尊重。对贡献突出的企业、社会组织和各界人士，在尊重其意愿前提下可给予项目冠名等激励措施。

（十四）加强宣传工作

把扶贫纳入基本国情教育范畴，大力弘扬社会主义核心价值观，开展扶贫系列宣传活动。创新社会扶贫宣传形式，拓宽宣传渠道，加强舆论引导，统筹推进社会扶贫先进事迹宣传报道工作，宣传最美扶贫人物，推出扶贫公益广告，倡导社会扶贫参与理念，营造扶贫济困的浓厚社会氛围。

（十五）改进管理服务

地方各级政府和有关部门要适应社会扶贫体制机制改革创新需要，深入调查研究，强化服务意识，搭建社会参与平台，提高社会扶贫工作的管理服务能力。完善定点扶贫和东西部扶贫协作工作考核评估制度。加强对社会扶贫资源筹集、配置和使用的规范管理。建立科学、透明的社会扶贫监测评估机制，推动社会扶贫实施第三方监测评估。创新监测评估方法，公开评估结果，增强社会扶贫公信力和影响力。加强贫困地区基层组织建设，开发贫困地区人力资源，提高农村致富带头人和贫困群众的创业就业能力。充分尊重贫困群众的主体地位和首创精神，把贫困地区的内生动力和外部帮扶有机结合，不断提高贫困地区和贫困群众的自我发展能力。

（十六）加强组织动员

国务院各部门和有关单位要密切合作，加强协调动员，按照职能分工落实相关政策，推进各项工作。扶贫部门要加强社会扶贫工作的组织指导和协调服务。财政、税务、金融部门要落实财税和金融支持政策措施。人力资源社会保障部门要落实挂职扶贫干部、驻村帮扶干部和专业技术人员相关待遇。民政部门要将扶贫济困作为促进慈善事业发展的重点领域，支持社会组织加强自身能力建设，提高管理和服务水平。工会、共青团、妇联、残联、工商联要发挥各自优势积极参与扶贫工作。地方各级政府要完善工作体系，建立工作机制，落实工作责任。要汇全国之力、聚各方之财、集全民之智，加快推进扶贫开发进程。

国务院办公厅
2014 年 11 月 19 日

# 中国残疾人联合会 民政部 关于促进助残社会组织发展的指导意见

（残联发〔2014〕66号 2014年11月20日）

各省、自治区、直辖市及计划单列市残联、民政厅（局），新疆生产建设兵团残联、民政局：

多年来，助残社会组织为维护残疾人合法权益、健全残疾人公共服务体系、促进残疾人事业发展、实现残疾人安居乐业、衣食无忧、过上幸福美好生活目标作出了积极贡献。但从总体看，由于认识的局限性、体制机制不健全、扶持力度不够、规范管理不到位等原因，助残社会组织依然存在数量少、规模小、服务质量参差不齐、作用发挥有待提高等问题，与广大残疾人的迫切需求和创新社会治理的要求相比还有较大差距。为贯彻落实党的十八大和十八届三中、四中全会精神，进一步引导助残社会组织健康有序规范发展，更好地满足残疾人多层次、个性化、类别化需求，现就促进助残社会组织发展提出如下意见：

## 一、改革登记管理制度

贯彻落实《国务院机构改革和职能转变方案》有关精神，将助残社会组织纳入公益慈善类等社会组织范畴，实行直接登记制度。重点引导在残疾人基本生活、医疗康复、教育就业、托养服务、扶贫济困、法律救助、文化体育、无障碍建设、社工服务等方面提供服务的社会组织，成立这些社会组织可直接向民政部门依法申请登记。在法律法规允许的范围内，积极做好基层助残社会组织登记服务工作，简化登记程序，为助残社会组织登记提供便利条件。

## 二、推进政府购买服务

贯彻落实《国务院办公厅关于政府向社会力量购买服务的指导意见》（国办发〔2013〕96号）和财政部、民政部、中国残联等部门《关于做好政府购买残疾人服务试点工作的意见》（财社〔2014〕13号）的精神，积极开展政府购买助残社会组织服务试点工作并逐步推广试点经验，将适合由社会组织开展的残疾人服务工作通过购买服务项目、服务岗位等形式交由助残社会组织承担。不断探索和完善政府购买助残社会组织服务的服务内容、服务方式、标准规范、监管机制、绩效评价和保障措施等。各级残联、民政部门要积极会同财政等部门不断完善政府向社会组织购买残疾人服务的目录，制定具备承接项目资质的助残社会组织的规范和标准，为政府购买残疾人服务提供服务平台和依据，推动政府购买服务规范化、制度化、法制化。



## 三、优化发展环境

建立健全助残社会组织孵化培育机制，支持助残社会组织优先进驻现有社会组织孵化培育中心，探索整合利用各级残联、民政部门现有综合服务设施或服务场地，为初创期助残社会组织提供支持。加大财政金融支持力度，建立健全财政性资金对助残社会组织的扶持机制。积极协调有关部门落实促进助残社会组织发展的各项财税优惠政策。鼓励有条件的助残社会组织参与国际合作与交流。激励、引导各种社会力量、社会资金资助支持或捐资设立助残社会组织。充分利用各种媒体，广泛宣传促进助残社会组织发展的重要意义、主要内容、政策措施，加强助残社会组织理论研究和文化建设，营造关心、理解、支持助残社会组织健康有序发展的良好社会氛围。

## 四、加强规范管理

进一步做好助残社会组织的年度检查和等级评估工作，并将其结果作为承接政府购买服务、接受财政补贴、享受相关优惠政策等的重要依据。加大执法监察力度，加强资金监管，建立和完善退出机制。强化基础管理建设，充分发挥民政部门社会组织管理信息系统和各级残联助残社会组织统计台账信息系统作用，为促进助残社会组织发展提供基础信息保障。引导助残社会组织在自愿基础上成立自律性联合组织，发挥管理服务中的枢纽作用，建立助残社会组织服务标准、行为准则和行业自律规则，增强自我约束、自我管理、自我监督能力。推进信息公开，加强职业道德建设和廉洁自律建设，提升助残社会组织公信力。将助残社会组织公益服务和自律建设情况纳入征信管理系统，建立奖诚信罚失信的奖惩机制。

## 五、强化自身建设

督促助残社会组织建立健全以章程为核心的各项规章制度，完善现代社会组织法人治理结构，建立健全民主机制，推进民主选举、民主决策、民主管理、民主监督，加强法治化、规范化建设，提升依法治理能力。帮助助残社会组织加大员工的培养和优秀人才的引进力度，畅通员工职称评定渠道，不断提升其专业水平和服务能力。建立助残社会组织专家人才库和专家咨询评审委员会，为开展助残社会组织工作提供人才和智力支持。加强助残社会组织党建工作，充分发挥党组织战斗堡垒作用和党员先锋模范作用。推进协商民主机制建设，鼓励助残社会组织依法依规参政议政，提高其对残疾人公共事务的参与度。

## 六、建立健全各司其职、协调配合的工作机制

各级残联及所属的残疾人服务机构、有关残疾人专门协会要充分利用在残疾人服务领域的资源和专业优势，开展助残社会组织的业务指导、人员培训、政策咨询、智力引进、服务购买等工作，协助政府相关部门做好助残社会组织的服务管理。各级社会组织登记管理机关要切实履行职责，将促进助残社会组织发展作为推动政府职能转变、完善社会服务体系、创新社会治理体制的重要内容，重点培育、优先发展，强化评估、规范和监督，加强与相关部门的统筹协调。各级残联、民政部门要加强合作、及时沟通、明确职责、密切配合，共同推进助残社会组织健康有序可持续发展。

本意见所称助残社会组织，是指在民政部门依法登记，以为残疾人提供服务、增进残疾人福利、促进残疾人平等参与社会生活和共享社会发展成果为宗旨，以开展残疾人所需的各项服务为主要业务的社会团体、民办非企业单位和基金会。

# 国务院关于促进慈善事业健康发展的指导意见

（国发〔2014〕61 号）

各省、自治区、直辖市人民政府，国务院各部委、各直属机构：

改革开放以来，我国慈善事业蓬勃兴起，以慈善组织为代表的各类慈善力量迅速发展壮大，社会慈善意识明显增强，各类慈善活动积极踊跃，在灾害救助、贫困救济、医疗救助、教育救助、扶老助残和其他公益事业领域发挥了积极作用。但是，我国慈善事业依然存在政策法规体系不够健全、监督管理措施不够完善、慈善活动不够规范、社会氛围不够浓厚、与社会救助工作衔接不够紧密等问题，影响了慈善事业的健康发展。根据党的十八大、十八届三中、四中全会精神和国务院决策部署，为进一步加强和改进慈善工作，统筹慈善和社会救助两方面资源，更好地保障和改善困难群众民生，现提出以下意见。

## 总体要求

（一）指导思想

以邓小平理论、“三个代表”重要思想、科学发展观为指导，坚持政府推动、社会实施、公众参与、专业运作，鼓励支持与强化监管并重，推动慈善事业健康发展，努力形成与社会救助工作紧密衔接，在扶贫济困、改善民生、弘扬中华民族传统美德和社会主义核心价值观等方面充分发挥作用的慈善事业发展新格局。

（二）基本原则

突出扶贫济困。鼓励、支持和引导慈善组织和其他社会力量从帮助困难群众解决最直接、最现实、最紧迫的问题入手，在扶贫济困、为困难群众救急解难等领域广泛开展慈善帮扶，与政府的社会救助形成合力，有效发挥重要补充作用。

坚持改革创新。在慈善事业体制机制、运行方式、慈善事业与社会救助对接等方面大胆探索，畅通社会各方面参与慈善和社会救助的渠道，大力优化慈善事业发展环境，使各类慈善资源、社会救助资源充分发挥作用。

确保公开透明。慈善组织以及其他社会力量开展慈善活动，要充分尊重捐赠人意愿，依据有关规定及时充分公开慈善资源的募集、管理和使用情况。慈善组织要切实履行信息公开责任，接受行政监督、社会监督和舆论监督。

强化规范管理。加快完善相关法规政策，规范和引导慈善事业健康发展。依法依规对自然人、法人和其他组织开展的慈善活动进行监管，及时查处和纠正违法违规活动，确保慈善事业在法制化轨道上运行。

（三）发展目标

到2020年，慈善监管体系健全有效，扶持政策基本完善，体制机制协调顺畅，慈善行为规范有序，慈善活动公开透明，社会捐赠积极踊跃，志愿服务广泛开展，全社会支持慈善、参与慈善的氛围更加浓厚，慈善事业对社会救助体系形成有力补充，成为全面建成小康社会的重要力量。

## 扶贫济困

### 二、鼓励和支持以为重点开展慈善活动

扶贫济困是慈善事业的重要领域，在政府保障困难群众基本生活的同时，鼓励和支持社会力量以扶贫济困为重点开展慈善活动，有利于更好地满足困难群众多样化、多层次的需求，帮助他们摆脱困境、改善生活，形成慈善事业与社会救助的有效衔接和功能互补，共同编密织牢社会生活安全网。

（一）鼓励社会各界开展慈善活动

鼓励社会各界以各类社会救助对象为重点，广泛开展扶贫济困、赈灾救孤、扶老助残、助学助医等慈善活动。党政机关、事业单位要广泛动员干部职工积极参与各类慈善活动，发挥带头示范作用。工会、共青团、妇联等人民团体要充分发挥密切联系群众的优势，动员社会公众为慈善事业捐赠资金、物资和提供志愿服务等。各全国性社会团体在发挥自身优势、开展慈善活动时，要主动接受社会监督，在公开透明、规范管理、服务困难群众等方面作出表率。各类慈善组织要进一步面向困难群体开展符合其

宗旨的慈善活动。倡导各类企业将慈善精神融入企业文化建设，把参与慈善作为履行社会责任的重要方面，通过捐赠、支持志愿服务、设立基金会等方式，开展形式多样的慈善活动，在更广泛的领域为社会作出贡献。鼓励有条件的宗教团体和宗教活动场所依法依规开展各类慈善活动。提倡在单位内部、城乡社区开展群众性互助互济活动。充分发挥家庭、个人、志愿者在慈善活动中的积极作用。

（二）鼓励开展形式多样的社会捐赠和志愿服务

鼓励和支持社会公众通过捐款捐物、慈善消费和慈善义演、义拍、义卖、义展、义诊、义赛等方式为困难群众奉献爱心。探索捐赠知识产权收益、技术、股权、有价证券等新型捐赠方式，鼓励设立慈善信托，抓紧制定政策措施，积极推进有条件的地方开展试点。动员社会公众积极参与志愿服务，构建形式多样、内容丰富、机制健全、覆盖城乡的志愿服务体系。倡导社会力量兴办公益性医疗、教育、养老、残障康复、文化体育等方面的机构和设施，为慈善事业提供更多的资金支持和服务载体。加快出台有效措施，引导社会公众积极捐赠家庭闲置物品。广泛设立社会捐助站点，创新发展慈善超市，发挥网络捐赠技术优势，方便群众就近就便开展捐赠。

（三）健全社会救助和慈善资源信息对接机制

要建立民政部门与其他社会救助管理部门之间的信息共享机制，同时建立和完善民政部门与慈善组织、社会服务机构之间的衔接机制，形成社会救助和慈善资源的信息有效对接。对于经过社会救助后仍需要帮扶的救助对象，民政部门要及时与慈善组织、社会服务机构协商，实现政府救助与社会帮扶有机结合，做到因情施救、各有侧重、互相补充。社会救助信息和慈善资源信息应同时向审计等政府有关部门开放。

（四）落实和完善减免税政策

落实企业和个人公益性捐赠所得税税前扣除政策，企业发生的公益性捐赠支出，在年度利润总额12%以内的部分，准予在计算应纳税所得额时扣除；个人公益性捐赠额未超过纳税义务人申报的应纳税所得额30%的部分，可以从其应纳税所得额中扣除。研究完善慈善组织企业所得税优惠政策，切实惠及符合条件的慈善组织。对境外向我国境内依法设立的慈善组织无偿捐赠的直接用于慈善事业的物资，在有关法律及政策规定的范围内享受进口税收优惠。有关部门要大力宣传慈善捐赠减免税的资格和条件。

（五）加大社会支持力度

鼓励企事业单位为慈善活动提供场所和便利条件、按规定给予优惠。

倡导金融机构根据慈善事业的特点和需求创新金融产品和服务方式，积极探索金融资本支持慈善事业发展的政策渠道。支持慈善组织为慈善对象购买保险产品，鼓励商业保险公司捐助慈善事业。完善公益广告等平台的管理办法，鼓励新闻媒体为慈善组织的信息公开提供帮助支持和费用优惠。

规范组织

## 三、培育和规范各类慈善组织

慈善组织是现代慈善事业的重要主体，大力发展各类慈善组织，规范慈善组织行为、确保慈善活动公开透明，是促进慈善事业健康发展的有效保证。

### （一）鼓励兴办慈善组织

优先发展具有扶贫济困功能的各类慈善组织。积极探索培育网络慈善等新的慈善形态，引导和规范其健康发展。稳妥推进慈善组织直接登记，逐步下放符合条件的慈善组织登记管理权限。地方政府和社会力量可通过实施公益创投等多种方式，为初创期慈善组织提供资金支持和能力建设服务。要加快出台有关措施，以扶贫济困类项目为重点，加大政府财政资金向社会组织购买服务力度。

### （二）切实加强慈善组织自我管理

慈善组织要建立健全内部治理结构，完善决策、执行、监督制度和决策机构议事规则，加强内部控制和内部审计，确保人员、财产、慈善活动按照组织章程有序运作。基金会工作人员工资福利和行政办公支出等管理成本不得超过当年总支出的10%，其他慈善组织的管理成本可参照基金会执行。列入管理成本的支出类别按民政部规定执行。捐赠协议约定从捐赠财产中列支管理成本的，可按照约定执行。

### （三）依法依规开展募捐活动

引导慈善组织重点围绕扶贫济困开展募捐活动。具有公募资格的慈善组织，面向社会开展的募捐活动应与其宗旨、业务范围相一致；新闻媒体、企事业单位等和不具有公募资格的慈善组织，以慈善名义开展募捐活动的，必须联合具有公募资格的组织进行；广播、电视、报刊及互联网信息服务提供者、电信运营商，应当对利用其平台发起募捐活动的慈善组织的合法性进行验证，包括查验登记证书、募捐主体资格证明材料。慈善组织要加强对募捐活动的管理，向捐赠者开具捐赠票据，开展项目所需成本要按规定列支并向捐赠人说明。任何组织和个人不得以慈善名义敛财。

（四）严格规范使用捐赠款物

慈善组织应将募得款物按照协议或承诺，及时用于相关慈善项目，除不可抗力或捐赠人同意外，不得以任何理由延误。未经捐赠人同意，不得擅自更改款物用途。倡导募用分离，制定有关激励扶持政策，支持在款物募集方面有优势的慈善组织将募得款物用于资助有服务专长的慈善组织运作项目。慈善组织要科学设计慈善项目，优化实施流程，努力降低运行成本，提高慈善资源使用效益。

（五）强化慈善组织信息公开责任

公开内容。慈善组织应向社会公开组织章程、组织机构代码、登记证书号码、负责人信息、年度工作报告、经审计的财务会计报告和开展募捐、接受捐赠、捐赠款物使用、慈善项目实施、资产保值增值等情况以及依法应当公开的其他信息。信息公开应当真实、准确、完整、及时，不得有虚假记载、误导性陈述或者重大遗漏。对于涉及国家安全、个人隐私等依法不予公开的信息和捐赠人或受益人与慈善组织协议约定不得公开的信息，不得公开。慈善组织不予公开的信息，应当接受政府有关部门的监督检查。

公开时限。慈善组织应及时公开款物募集情况，募捐周期大于 6 个月的，应当每 3 个月向社会公开一次，募捐活动结束后 3 个月内应全面公开；应及时公开慈善项目运作、受赠款物的使用情况，项目运行周期大于 6 个月的，应当每 3 个月向社会公开一次，项目结束后 3 个月内应全面公开。

公开途径。慈善组织应通过自身官方网站或批准其登记的民政部门认可的信息网站进行信息发布；应向社会公开联系方式，及时回应捐赠人及利益相关方的询问。慈善组织应对其公开信息和答复信息的真实性负责。

## 监督管理

### 四、加强对慈善组织和慈善活动的监督管理

（一）加强政府有关部门的监督管理

民政部门要严格执行慈善组织年检制度和评估制度。要围绕慈善组织募捐活动、财产管理和使用、信息公开等内容，建立健全并落实日常监督检查制度、重大慈善项目专项检查制度、慈善组织及其负责人信用记录制度，并依法对违法违规行为进行处罚。财政、税务部门要依法对慈善组织

的财务会计、享受税收优惠和使用公益事业捐赠统一票据等情况进行监督管理。其他政府部门要在各自职责范围内对慈善组织和慈善活动进行监督管理。

（二）公开监督管理信息

民政部门要通过信息网站等途径向社会公开慈善事业发展和慈善组织、慈善活动相关信息，具体包括各类慈善组织名单及其设立、变更、评估、年检、注销、撤销登记信息和政府扶持鼓励政策措施、购买社会组织服务信息、受奖励及处罚信息、本行政区域慈善事业发展年度统计信息以及依法应当公开的其他信息。

（三）强化慈善行业自律

要推动建立慈善领域联合型、行业性组织，建立健全行业标准和行为准则，增强行业自我约束、自我管理、自我监督能力。鼓励第三方专业机构根据民政部门委托，按照民政部门制定的评估规程和评估指标，对慈善组织开展评估。相关政府部门要将评估结果作为政府购买服务、评选表彰的参考依据。

（四）加强社会监督

畅通社会公众对慈善活动中不良行为的投诉举报渠道，任何单位或个人发现任何组织或个人在慈善活动中有违法违规行为的，可以向该组织或个人所属的慈善领域联合型、行业性组织投诉，或向民政部门及其他政府部门举报。相关行业性组织要依据行业自律规则，在职责范围内及时协调处理投诉事宜。相关政府部门要在各自职责范围内及时调查核实，情况属实的要依法查处。切实保障捐赠人对捐赠财产使用情况的监督权利，捐赠人对慈善组织、其他受赠主体和受益人使用捐赠财产持有异议的，除向有关方面投诉举报外，还可以依法向人民法院提起诉讼。支持新闻媒体对慈善组织、慈善活动进行监督，对违法违规及不良现象和行为进行曝光，充分发挥舆论监督作用。

（五）建立健全责任追究制度

民政部门作为慈善事业主管部门，要会同有关部门建立健全责任追究制度。对慈善组织按照“谁登记、谁管理”的原则，由批准登记的民政部门会同有关部门对其违规开展募捐活动、违反约定使用捐赠款物、拒不履行信息公开责任、资助或从事危害国家安全和公共利益活动等违法违规行为依法进行查处；对于慈善组织或其负责人的负面信用记录，要予以曝光。对其他社会组织和个人按照属地管辖的原则，由所在地的民政部门会同有关部门对其以慈善为名组织实施的违反法律法规、违背公序良俗的行为和无正当理由拒不兑现或不完全兑现捐赠承诺、以诽谤造谣等方式损害慈善组织及其从业人员声誉等其他违法违规行为依法及时查处。对政府有关部门及其工作人员滥用职权、徇私舞弊或者玩忽职守、敷衍塞责造成严重后果的，要依法追究责任。

## 组织领导

### 五、加强对慈善工作的组织领导

（一）建立健全组织协调机制

各级政府要将发展慈善事业作为社会建设的重要内容，纳入国民经济和社会发展总体规划和相关专项规划，加强慈善与社会救助、社会福利、社会保险等社会保障制度的衔接。各有关部门要建立健全慈善工作组织协调机制，及时解决慈善事业发展中遇到的突出困难和问题。

（二）完善慈善表彰奖励制度

国家对为慈善事业发展作出突出贡献、社会影响较大的个人、法人或者组织予以表彰。民政部要根据慈善事业发展的实际情况，及时修订完善“中华慈善奖”评选表彰办法，组织实施好评选表彰工作，在全社会营造良好的慈善氛围。各省（区、市）人民政府可按国家有关规定建立慈善表彰奖励制度。要抓紧出台有关措施，完善公民志愿服务记录制度，按照国家有关规定建立完善志愿者嘉许和回馈制度，鼓励更多的人参加志愿服务活动。

（三）完善慈善人才培养政策

要加快培养慈善事业发展急需的理论研究、高级管理、项目实施、专业服务和宣传推广等人才。加强慈善从业人员劳动权益保护和职业教育培训，逐步建立健全以慈善从业人员职称评定、信用记录、社会保险等为主要内容的人力资源管理体系，合理确定慈善行业工作人员工资待遇水平。

（四）加大对慈善工作的宣传力度

要充分利用报刊、广播、电视等媒体和互联网，以群众喜闻乐见的方式，大力宣传各类慈行善举和正面典型，以及慈善事业在服务困难群众、促进社会文明进步等方面的积极贡献，引导社会公众关心慈善、支持慈善、参与慈善。要着力推动慈善文化进机关、进企业、进学校、进社区、进乡村，弘扬中华民族团结友爱、互助共济的传统美德，为慈善事业发展营造良好社会氛围。

各省（区、市）人民政府要根据本意见要求，结合实际，研究制定配套落实政策。国务院相关部门要根据本部门职责研究制定具体政策措施。民政部要会同有关部门加强对本意见执行情况的监督检查，及时向国务院报告。

国务院

2014 年 11 月 24 日

# 财政部　民政部关于支持和规范社会组织承接政府购买服务的通知

（财综〔2014〕87号　2014年11月25日）

各省、自治区、直辖市、计划单列市财政厅（局）、民政厅（局），新疆生产建设兵团财务局、民政局：

为全面贯彻落实党的十八届三中全会精神，加快转变政府职能，推广政府购买服务，激发社会组织活力，根据《中共中央关于全面深化改革若干重大问题的决定》、《国务院办公厅关于政府向社会力量购买服务的指导意见》（国办发〔2013〕96号）有关要求，现就支持和规范社会组织承接政府购买服务有关工作通知如下：

## 一、充分认识社会组织在政府购买服务中的重要作用

党的十八届三中全会提出，适合由社会组织提供的公共服务和解决的事项，交由社会组织承担，对社会组织承接政府购买服务工作提出了新的更高要求。

改革开放以来，我国社会组织稳步发展，秉持非营利性、公益性和公共性原则，在教育科技、健康卫生、文化体育、社会福利、社会治理等公共服务领域发挥了重要作用，已成为社会治理和社会事业的重要主体。充分发挥社会组织在公共服务供给中的独特功能和积极作用，有利于加快转变政府职能，创新公共服务供给方式，提高公共服务供给水平和效率；有利于培育和引导社会组织，加快形成政社分开、权责明确、依法自治的现代社会组织体制；有利于推动整合利用社会资源，增强公众参与意识，激发社会发展活力。

随着政府购买服务工作的推进，社会组织承接政府公共服务能力不足的问题日益显现。突出表现为，社会组织在数量、规模等方面相对滞后，专业素质不够高，内部治理不健全，政社不分、管办一体、责任不清，独立运作能力较弱，社会公信力偏低，筹集和整合社会资源能力不强，这些问题成为影响社会组织承接政府购买服务工作的重要因素。各地要认真贯

彻落实党的十八届三中全会精神，按照国办发〔2013〕96号文件的要求，在推广政府购买服务改革中，将提升社会组织公共服务能力作为开展政府购买服务的基础性工作，支持和引导社会组织健康有序发展，充分发挥社会组织在承接政府购买服务中的主体作用。

## 二、加大对社会组织承接政府购买服务的支持力度

（一）加强社会组织培育发展。加快培育一批独立公正、行为规范、运作有序、公信力强、适应社会主义市场经济发展要求的社会组织。重点培育和优先发展行业协会商会类、科技类、公益慈善类、城乡社区服务类社会组织。统筹利用现有公共服务设施，以适当方式为社会组织开展服务创造必要条件，大力支持社会组织积极参与政府购买公共服务活动。各地要根据本地区经济社会发展情况和社会组织需要，为社会组织充分发挥作用给予政策支持和引导，提升社会组织自主发展、自我管理、筹资和社会服务等能力。鼓励采取孵化培育、人员培训、项目指导、公益创投等多种途径和方式，提升社会组织承接政府购买服务的能力。

（二）按照突出公共性和公益性原则，逐步扩大承接政府购买服务的范围和规模。充分发挥社会组织在公共服务供给中的独特功能和作用，在购买民生保障、社会治理、行业管理等公共服务项目时，同等条件下优先向社会组织购买。在民生保障领域，重点购买社会事业、社会福利、社会救助等服务项目。在社会治理领域，重点购买社区服务、社会工作、法律援助、特殊群体服务、矛盾调解等服务项目。在行业管理领域，重点购买行业规范、行业评价、行业统计、行业标准、职业评价、等级评定等服务项目。公平对待社会组织承接政府购买服务，鼓励社会组织进入法律法规未禁入的公共服务行业和领域，形成公共服务供给的多元化发展格局，满足人民群众多样化需求。

（三）探索多种有效方式，加大社会组织承接政府购买服务支持力度。按照政府采购法和国办发〔2013〕96号文件规定，采用公开招标、邀请招标、竞争性谈判、单一来源采购等方式确定承接主体，有针对性地培育和发展一批社会组织，促进社会组织的发展。有条件的地方可推广利用财政资金支持社会组织参与服务示范项目，逐步加大政府向社会组织购买服务的力度，适合采取市场化方式提供、社会组织能够承担的公共服务，都可以由社会组织参与、承接，所需资金按照预算管理要求在财政预算安排中统筹考虑。引导、支持社会组织募集资金参与服务。贯彻落实国家对社会组织各项税收优惠政策，符合条件的社会组织按照有关税收法律法规规

定，享受相关税收优惠。

## 三、进一步建立健全社会组织承接政府购买服务信用记录管理机制

（一）社会组织承接政府购买服务应当具备以下条件：具有独立承担民事责任的能力；具有开展工作所必需的条件，具有固定的办公场所，有必要的专职工作人员；具有健全的法人治理结构，完善的内部管理、信息公开和民主监督制度；有完善的财务核算和资产管理制度，有依法缴纳税收、社会保险费的良好记录；近三年内无重大违法记录；法律、行政法规规定的其他条件。

（二）社会组织在承接政府购买服务时，应当按要求提供登记证书、年检结论、年度报告、财务审计报告、依法缴纳税收和社会保险费，无重大违法记录的声明等相关证明材料，供购买主体审查。购买主体可根据购买内容的特点规定社会组织的特定条件，但不得对承接主体实行歧视性差别待遇。

（三）按照公开、公正、公平原则，推进社会组织登记管理和承接政府购买服务的信息公开和信息共享，加强政府向社会组织购买服务的绩效管理和绩效评价。建立健全由购买主体、服务对象及专业机构组成的综合性评价机制。各级财政部门要配合购买主体及相关机构加强政府购买服务活动的监管和绩效评价，在推广政府购买服务过程中，对守信社会组织予以支持和激励，对失信社会组织予以限制和禁止。各级民政部门要建立完善社会组织信用体系，协助核实社会组织的资质及相关条件，及时收录承接政府购买服务的社会组织绩效评价结果和对违法社会组织的处罚决定等内容，每年按时向社会公布社会组织名录和信用记录。有关部门要将社会组织承接政府购买服务情况纳入年检、评估和执法工作体系，加大对违法违规行为的执法监管力度。

## 四、切实做好社会组织承接政府购买服务的组织实施

各地要建立健全部门联动机制，统筹规划、协调指导政府向社会组织购买服务工作。及时披露、公开信息，鼓励社会监督，充分调动社会参与的积极性。要结合实际，制定支持和规范社会组织承接政府购买服务的具体政策，确保工作落到实处，取得成效。切实加强调查研究，认真总结好经验、好做法，及时发现并解决政府向社会组织购买服务工作中出现的问题。

执行中遇到的新情况和重大问题，以及有关意见和建议，请及时报送财政部、民政部。

# 财政部　民政部　工商总局关于印发《政府购买服务管理办法(暂行)》的通知

（财综〔2014〕96 号　2014 年 12 月 15 日）

党中央有关部门，国务院各部委、各直属机构，全国人大常委会办公厅，全国政协办公厅，高法院，高检院，有关人民团体，各民主党派中央，全国工商联，各省、自治区、直辖市、计划单列市财政厅（局）、民政厅（局）、工商行政管理局，新疆生产建设兵团财务局、民政局、工商行政管理局：

根据党的十八届三中全会有关精神和《国务院办公厅关于政府向社会力量购买服务的指导意见》（国办发〔2013〕96 号）部署，为加快推进政府购买服务改革，我们制定了《政府购买服务管理办法（暂行）》。现印发给你们，请认真贯彻执行。

**附件**

## 政府购买服务管理办法（暂行）

### 第一章　总　则

**第一条**　为了进一步转变政府职能，推广和规范政府购买服务，更好发挥市场在资源配置中的决定性作用，根据《中华人民共和国预算法》、《中华人民共和国政府采购法》、《中共中央关于全面深化改革若干重大问题的决定》、《国务院办公厅关于政府向社会力量购买服务的指导意见》（国办发〔2013〕96 号）等有关要求和规定，制定本办法。

**第二条**　本办法所称政府购买服务，是指通过发挥市场机制作用，把政府直接提供的一部分公共服务事项以及政府履职所需服务事项，按照一定的方式和程序，交由具备条件的社会力量和事业单位承担，并由政府根据合同约定向其支付费用。

政府购买服务范围应当根据政府职能性质确定，并与经济社会发展水平相适应。属于事务性管理服务的，应当引入竞争机制，通过政府购买服务方式提供。

**第三条** 政府购买服务遵循以下基本原则：

（一）积极稳妥，有序实施。从实际出发，准确把握社会公共服务需求，充分发挥政府主导作用，探索多种有效方式，加大社会组织承接政府购买服务支持力度，增强社会组织平等参与承接政府购买公共服务的能力，有序引导社会力量参与服务供给，形成改善公共服务的合力。

（二）科学安排，注重实效。突出公共性和公益性，重点考虑、优先安排与改善民生密切相关、有利于转变政府职能的领域和项目，明确权利义务，切实提高财政资金使用效率。

（三）公开择优，以事定费。按照公开、公平、公正原则，坚持费随事转，通过公平竞争择优选择方式确定政府购买服务的承接主体，建立优胜劣汰的动态调整机制。

（四）改革创新，完善机制。坚持与事业单位改革、社会组织改革相衔接，推进政事分开、政社分开，放宽市场准入，凡是社会能办好的，都交给社会力量承担，不断完善体制机制。

## 第二章　购买主体和承接主体

**第四条** 政府购买服务的主体（以下简称购买主体）是各级行政机关和具有行政管理职能的事业单位。

**第五条** 党的机关、纳入行政编制管理且经费由财政负担的群团组织向社会提供的公共服务以及履职服务，可以根据实际需要，按照本办法规定实施购买服务。

**第六条** 承接政府购买服务的主体（以下简称承接主体），包括在登记管理部门登记或经国务院批准免予登记的社会组织、按事业单位分类改革应划入公益二类或转为企业的事业单位，依法在工商管理或行业主管部门登记成立的企业、机构等社会力量。

**第七条** 承接主体应当具备以下条件：

（一）依法设立，具有独立承担民事责任的能力；

（二）治理结构健全，内部管理和监督制度完善；

（三）具有独立、健全的财务管理、会计核算和资产管理制度；

（四）具备提供服务所必需的设施、人员和专业技术能力；

（五）具有依法缴纳税收和社会保障资金的良好记录；

（六）前三年内无重大违法记录，通过年检或按要求履行年度报告公示义务，信用状况良好，未被列入经营异常名录或者严重违法企业名单；

（七）符合国家有关政事分开、政社分开、政企分开的要求；

（八）法律、法规规定以及购买服务项目要求的其他条件。

**第八条** 承接主体的资质及具体条件，由购买主体根据第六条、第七条规定，结合购买服务内容具体需求确定。

**第九条** 政府购买服务应当与事业单位改革相结合，推动事业单位与主管部门理顺关系和去行政化，推进有条件的事业单位转为企业或社会组织。

事业单位承接政府购买服务的，应按照“费随事转”原则，相应调整财政预算保障方式，防止出现既通过财政拨款养人办事，同时又花钱购买服务的行为。

**第十条** 购买主体应当在公平竞争的原则下鼓励行业协会商会参与承接政府购买服务，培育发展社会组织，提升社会组织承担公共服务能力，推动行业协会商会与行政机构脱钩。

**第十一条** 购买主体应当保障各类承接主体平等竞争，不得以不合理的条件对承接主体实行差别化歧视。

## 第三章　购买内容及指导目录

**第十二条** 政府购买服务的内容为适合采取市场化方式提供、社会力量能够承担的服务事项。政府新增或临时性、阶段性的服务事项，适合社会力量承担的，应当按照政府购买服务的方式进行。不属于政府职能范围，以及应当由政府直接提供、不适合社会力量承担的服务事项，不得向社会力量购买。

**第十三条** 各级财政部门负责制定本级政府购买服务指导性目录，确定政府购买服务的种类、性质和内容。

财政部门制定政府购买服务指导性目录，应当充分征求相关部门意见，并根据经济社会发展变化、政府职能转变及公众需求等情况及时进行动态调整。

**第十四条** 除法律法规另有规定外，下列服务应当纳入政府购买服务指导性目录：

（一）基本公共服务。公共教育、劳动就业、人才服务、社会保险、社会救助、养老服务、儿童福利服务、残疾人服务、优抚安置、医疗卫生、人口和计划生育、住房保障、公共文化、公共体育、公共安全、公共交通运输、三农服务、环境治理、城市维护等领域适宜由社会力量承担的服务事项。

（二）社会管理性服务。社区建设、社会组织建设与管理、社会工作服务、法律援助、扶贫济困、防灾救灾、人民调解、社区矫正、流动人口管理、安置帮教、志愿服务运营管理、公共公益宣传等领域适宜由社会力量承担的服务事项。

（三）行业管理与协调性服务。行业职业资格和水平测试管理、行业规范、行业投诉等领域适宜由社会力量承担的服务事项。

（四）技术性服务。科研和技术推广、行业规划、行业调查、行业统计分析、检验检疫检测、监测服务、会计审计服务等领域适宜由社会力量承担的服务事项。

（五）政府履职所需辅助性事项。法律服务、课题研究、政策（立法）调研草拟论证、战略和政策研究、综合性规划编制、标准评价指标制定、社会调查、会议经贸活动和展览服务、监督检查、评估、绩效评价、工程服务、项目评审、财务审计、咨询、技术业务培训、信息化建设与管理、后勤管理等领域中适宜由社会力量承担的服务事项。

（六）其他适宜由社会力量承担的服务事项。

**第十五条** 纳入指导性目录的服务事项，应当实施购买服务。

## 第四章 购买方式及程序

**第十六条** 购买主体应当根据购买内容的供求特点、市场发育程度等因素，按照方式灵活、程序简便、公开透明、竞争有序、结果评价的原则组织实施政府购买服务。

**第十七条** 购买主体应当按照政府采购法的有关规定，采用公开招标、邀请招标、竞争性谈判、单一来源采购等方式确定承接主体。

与政府购买服务相关的采购限额标准、公开招标数额标准、采购方式审核、信息公开、质疑投诉等按照政府采购相关法律制度规定执行。

**第十八条** 购买主体应当在购买预算下达后，根据政府采购管理要求编制政府采购实施计划，报同级政府采购监管部门备案后开展采购活动。

购买主体应当及时向社会公告购买内容、规模、对承接主体的资质要求和应提交的相关材料等相关信息。

**第十九条** 按规定程序确定承接主体后，购买主体应当与承接主体签订合同，并可根据服务项目的需求特点，采取购买、委托、租赁、特许经营、战略合作等形式。

合同应当明确购买服务的内容、期限、数量、质量、价格等要求，以及资金结算方式、双方的权利义务事项和违约责任等内容。

**第二十条** 购买主体应当加强购买合同管理，督促承接主体严格履行合同，及时了解掌握购买项目实施进度，严格按照国库集中支付管理有关规定和合同执行进度支付款项，并根据实际需求和合同规定积极帮助承接主体做好与相关政府部门、服务对象的沟通、协调。

**第二十一条** 承接主体应当按合同履行提供服务的义务，认真组织实施服务项目，按时完成服务项目任务，保证服务数量、质量和效果，主动接受有关部门、服务对象及社会监督，严禁转包行为。

**第二十二条** 承接主体完成合同约定的服务事项后，购买主体应当及时组织对履约情况进行检查验收，并依据现行财政财务管理制度加强管理。

## 第五章 预算及财务管理

**第二十三条** 政府购买服务所需资金，应当在既有财政预算中统筹安排。购买主体应当在现有财政资金安排的基础上，按规定逐步增加政府购买服务资金比例。对预算已安排资金且明确通过购买方式提供的服务项目，按相关规定执行；对预算已安排资金但尚未明确通过购买方式提供的服务项目，可以根据实际情况转为通过政府购买服务方式实施。

**第二十四条** 购买主体应当充分发挥行业主管部门、行业组织和专业咨询评估机构、专家等专业优势，结合项目特点和相关经费预算，综合物价、工资、税费等因素，合理测算安排政府购买服务所需支出。

**第二十五条** 财政部门在布置年度预算编制工作时，应当对购买服务相关预算安排提出明确要求，在预算报表中制定专门的购买服务项目表。

购买主体应当按要求填报购买服务项目表，并将列入集中采购目录或采购限额标准以上的政府购买服务项目同时反映在政府采购预算中，与部门预算一并报送财政部门审核。

**第二十六条** 财政部门负责政府购买服务管理的机构对购买主体填报的政府购买服务项目表进行审核。

**第二十七条** 财政部门审核后的购买服务项目表，随部门预算批复一并下达给相关购买主体。购买主体应当按照财政部门下达的购买服务项目表，组织实施购买服务工作。

**第二十八条** 承接主体应当建立政府购买服务台账，记录相关文件、工作计划方案、项目和资金批复、项目进展和资金支付、工作汇报总结、重大活动和其他有关资料信息，接受和配合相关部门对资金使用情况进行监督检查及绩效评价。

**第二十九条** 承接主体应当建立健全财务制度，严格遵守相关财政财务规定，对购买服务的项目资金进行规范的财务管理和会计核算，加强自身监督，确保资金规范管理和使用。

**第三十条** 承接主体应当建立健全财务报告制度，按要求向购买主体提供资金的使用情况、项目执行情况、成果总结等材料。

## 第六章 绩效和监督管理

**第三十一条** 财政部门应当按照建立全过程预算绩效管理机制的要求，加强成本效益分析，推进政府购买服务绩效评价工作。

财政部门应当推动建立由购买主体、服务对象及专业机构组成的综合性评价机制，推进第三方评价，按照过程评价与结果评价、短期效果评价与长远效果评价、社会效益评价与经济效益评价相结合的原则，对购买服务项目数量、质量和资金使用绩效等进行考核评价。评价结果作为选择承接主体的重要参考依据。

**第三十二条** 财政、审计等有关部门应当加强对政府购买服务的监督、审计，确保政府购买服务资金规范管理和合理使用。对截留、挪用和滞留资金以及其他违反本办法规定的行为，依照《中华人民共和国政府采购法》、《财政违法行为处罚处分条例》等国家有关规定追究法律责任；涉嫌犯罪的，依法移交司法机关处理。

**第三十三条** 民政、工商管理及行业主管等部门应当按照职责分工将承接主体承接政府购买服务行为信用记录纳入年检（报）、评估、执法等监管体系，不断健全守信激励和失信惩戒机制。

**第三十四条** 购买主体应当加强服务项目标准体系建设，科学设定服务需求和目标要求，建立服务项目定价体系和质量标准体系，合理编制规范性服务标准文本。

**第三十五条** 购买主体应当建立监督检查机制，加强对政府购买服务的全过程监督，积极配合有关部门将承接主体的承接政府购买服务行为纳入年检（报）、评估、执法等监管体系。

**第三十六条** 财政部门和购买主体应当按照《中华人民共和国政府信息公开条例》、《政府采购信息公告管理办法》以及预算公开的相关规定，公开财政预算及部门和单位的政府购买服务活动的相关信息，涉及国家秘密、商业秘密和个人隐私的信息除外。

**第三十七条** 财政部门应当会同相关部门、购买主体建立承接主体承接政府购买服务行为信用记录，对弄虚作假、冒领财政资金以及有其他违法违规行为的承接主体，依法给予行政处罚，并列入政府购买服务黑名单。

## 第七章 附 则

**第三十八条** 本办法由财政部会同有关部门负责解释。

**第三十九条** 本办法自2015年1月1日起施行。

# 最高人民法院关于审理环境民事公益诉讼案件适用法律若干问题的解释

（2014 年 12 月 8 日最高人民法院审判委员会第 1631 次会议通过　自 2015 年 1 月 7 日起施行）

为正确审理环境民事公益诉讼案件，根据《中华人民共和国民事诉讼法》《中华人民共和国侵权责任法》《中华人民共和国环境保护法》等法律的规定，结合审判实践，制定本解释。

**第一条**　法律规定的机关和有关组织依据民事诉讼法第五十五条、环境保护法第五十八条等法律的规定，对已经损害社会公共利益或者具有损害社会公共利益重大风险的污染环境、破坏生态的行为提起诉讼，符合民事诉讼法第一百一十九条第二项、第三项、第四项规定的，人民法院应予受理。

**第二条**　依照法律、法规的规定，在设区的市级以上人民政府民政部门登记的社会团体、民办非企业单位以及基金会等，可以认定为环境保护法第五十八条规定的社会组织。

**第三条**　设区的市，自治州、盟、地区，不设区的地级市，直辖市的区以上人民政府民政部门，可以认定为环境保护法第五十八条规定的“设区的市级以上人民政府民政部门”。

**第四条**　社会组织章程确定的宗旨和主要业务范围是维护社会公共利益，且从事环境保护公益活动的，可以认定为环境保护法第五十八条规定的“专门从事环境保护公益活动”。

社会组织提起的诉讼所涉及的社会公共利益，应与其宗旨和业务范围具有关联性。

**第五条**　社会组织在提起诉讼前五年内未因从事业务活动违反法律、法规的规定受过行政、刑事处罚的，可以认定为环境保护法第五十八条规定的“无违法记录”。

**第六条**　第一审环境民事公益诉讼案件由污染环境、破坏生态行为发生地、损害结果地或者被告住所地的中级以上人民法院管辖。

中级人民法院认为确有必要的，可以在报请高级人民法院批准后，裁定将本院管辖的第一审环境民事公益诉讼案件交由基层人民法院审理。

同一原告或者不同原告对同一污染环境、破坏生态行为分别向两个以上有管辖权的人民法院提起环境民事公益诉讼的，由最先立案的人民法院管辖，必要时由共同上级人民法院指定管辖。

**第七条** 经最高人民法院批准，高级人民法院可以根据本辖区环境和生态保护的实际情况，在辖区内确定部分中级人民法院受理第一审环境民事公益诉讼案件。

中级人民法院管辖环境民事公益诉讼案件的区域由高级人民法院确定。

**第八条** 提起环境民事公益诉讼应当提交下列材料：

（一）符合民事诉讼法第一百二十一条规定的起诉状，并按照被告人数提出副本；

（二）被告的行为已经损害社会公共利益或者具有损害社会公共利益重大风险的初步证明材料；

（三）社会组织提起诉讼的，应当提交社会组织登记证书、章程、起诉前连续五年的年度工作报告书或者年检报告书，以及由其法定代表人或者负责人签字并加盖公章的无违法记录的声明。

**第九条** 人民法院认为原告提出的诉讼请求不足以保护社会公共利益的，可以向其释明变更或者增加停止侵害、恢复原状等诉讼请求。

**第十条** 人民法院受理环境民事公益诉讼后，应当在立案之日起五日内将起诉状副本发送被告，并公告案件受理情况。

有权提起诉讼的其他机关和社会组织在公告之日起三十日内申请参加诉讼，经审查符合法定条件的，人民法院应当将其列为共同原告；逾期申请的，不予准许。

公民、法人和其他组织以人身、财产受到损害为由申请参加诉讼的，告知其另行起诉。

**第十一条** 检察机关、负有环境保护监督管理职责的部门及其他机关、社会组织、企业事业单位依据民事诉讼法第十五条的规定，可以通过提供法律咨询、提交书面意见、协助调查取证等方式支持社会组织依法提起环境民事公益诉讼。

**第十二条** 人民法院受理环境民事公益诉讼后，应当在十日内告知对被告行为负有环境保护监督管理职责的部门。

**第十三条** 原告请求被告提供其排放的主要污染物名称、排放方式、排放浓度和总量、超标排放情况以及防治污染设施的建设和运行情况等环境信息，法律、法规、规章规定被告应当持有或者有证据证明被告持有而拒不提供，如果原告主张相关事实不利于被告的，人民法院可以推定该主张成立。

**第十四条** 对于审理环境民事公益诉讼案件需要的证据，人民法院认为必要的，应当调查收集。

对于应当由原告承担举证责任且为维护社会公共利益所必要的专门性问题，人民法院可以委托具备资格的鉴定人进行鉴定。

**第十五条** 当事人申请通知有专门知识的人出庭，就鉴定人作出的鉴定意见或者就因果关系、生态环境修复方式、生态环境修复费用以及生态环境受到损害至恢复原状期间服务功能的损失等专门性问题提出意见的，人民法院可以准许。



前款规定的专家意见经质证，可以作为认定事实的根据。

**第十六条** 原告在诉讼过程中承认的对己方不利的事实和认可的证据，人民法院认为损害社会公共利益的，应当不予确认。

**第十七条** 环境民事公益诉讼案件审理过程中，被告以反诉方式提出诉讼请求的，人民法院不予受理。

**第十八条** 对污染环境、破坏生态，已经损害社会公共利益或者具有损害社会公共利益重大风险的行为，原告可以请求被告承担停止侵害、排除妨碍、消除危险、恢复原状、赔偿损失、赔礼道歉等民事责任。

**第十九条** 原告为防止生态环境损害的发生和扩大，请求被告停止侵害、排除妨碍、消除危险的，人民法院可以依法予以支持。

原告为停止侵害、排除妨碍、消除危险采取合理预防、处置措施而发生的费用，请求被告承担的，人民法院可以依法予以支持。

**第二十条** 原告请求恢复原状的，人民法院可以依法判决被告将生态环境修复到损害发生之前的状态和功能。无法完全修复的，可以准许采用替代性修复方式。

人民法院可以在判决被告修复生态环境的同时，确定被告不履行修复义务时应承担的生态环境修复费用；也可以直接判决被告承担生态环境修复费用。

生态环境修复费用包括制定、实施修复方案的费用和监测、监管等费用。

**第二十一条** 原告请求被告赔偿生态环境受到损害至恢复原状期间服务功能损失的，人民法院可以依法予以支持。

**第二十二条** 原告请求被告承担检验、鉴定费用，合理的律师费以及为诉讼支出的其他合理费用的，人民法院可以依法予以支持。

**第二十三条** 生态环境修复费用难以确定或者确定具体数额所需鉴定费用明显过高的，人民法院可以结合污染环境、破坏生态的范围和程度、生态环境的稀缺性、生态环境恢复的难易程度、防治污染设备的运行成本、被告因侵害行为所获得的利益以及过错程度等因素，并可以参考负有环境保护监督管理职责的部门的意见、专家意见等，予以合理确定。

**第二十四条** 人民法院判决被告承担的生态环境修复费用、生态环境受到损害至恢复原状期间服务功能损失等款项，应当用于修复被损害的生态环境。

其他环境民事公益诉讼中败诉原告所需承担的调查取证、专家咨询、检验、鉴定等必要费用，可以酌情从上述款项中支付。

**第二十五条** 环境民事公益诉讼当事人达成调解协议或者自行达成和解协议后，人民法院应当将协议内容公告，公告期间不少于三十日。

公告期满后，人民法院审查认为调解协议或者和解协议的内容不损害社会公共利益的，应当出具调解书。当事人以达成和解协议为由申请撤诉的，不予准许。

调解书应当写明诉讼请求、案件的基本事实和协议内容，并应当公开。

**第二十六条** 负有环境保护监督管理职责的部门依法履行监管职责而使原告诉讼请求全部实现，原告申请撤诉的，人民法院应予准许。

**第二十七条** 法庭辩论终结后，原告申请撤诉的，人民法院不予准许，但本解释第二十六条规定的情形除外。

**第二十八条** 环境民事公益诉讼案件的裁判生效后，有权提起诉讼的其他机关和社会组织就同一污染环境、破坏生态行为另行起诉，有下列情形之一的，人民法院应予受理：

（一）前案原告的起诉被裁定驳回的；

（二）前案原告申请撤诉被裁定准许的，但本解释第二十六条规定的情形除外。

环境民事公益诉讼案件的裁判生效后，有证据证明存在前案审理时未发现的损害，有权提起诉讼的机关和社会组织另行起诉的，人民法院应予受理。

**第二十九条** 法律规定的机关和社会组织提起环境民事公益诉讼的，不影响因同一污染环境、破坏生态行为受到人身、财产损害的公民、法人和其他组织依据民事诉讼法第一百一十九条的规定提起诉讼。

**第三十条** 已为环境民事公益诉讼生效裁判认定的事实，因同一污染环境、破坏生态行为依据民事诉讼法第一百一十九条规定提起诉讼的原告、被告均无需举证证明，但原告对该事实有异议并有相反证据足以推翻的除外。

对于环境民事公益诉讼生效裁判就被告是否存在法律规定的不承担责任或者减轻责任的情形、行为与损害之间是否存在因果关系、被告承担责任的大小等所作的认定，因同一污染环境、破坏生态行为依据民事诉讼法第一百一十九条规定提起诉讼的原告主张适用的，人民法院应予支持，但被告有相反证据足以推翻的除外。被告主张直接适用对其有利的认定的，人民法院不予支持，被告仍应举证证明。

**第三十一条** 被告因污染环境、破坏生态在环境民事公益诉讼和其他民事诉讼中均承担责任，其财产不足以履行全部义务的，应当先履行其他民事诉讼生效裁判所确定的义务，但法律另有规定的除外。

**第三十二条** 发生法律效力的环境民事公益诉讼案件的裁判，需要采取强制执行措施的，应当移送执行。

**第三十三条** 原告交纳诉讼费用确有困难，依法申请缓交的，人民法院应予准许。

败诉或者部分败诉的原告申请减交或者免交诉讼费用的，人民法院应当依照《诉讼费用交纳办法》的规定，视原告的经济状况和案件的审理情况决定是否准许。

**第三十四条** 社会组织有通过诉讼违法收受财物等牟取经济利益行为的，人民法院可以根据情节轻重依法收缴其非法所得、予以罚款；涉嫌犯罪的，依法移送有关机关处理。

社会组织通过诉讼牟取经济利益的，人民法院应当向登记管理机关或者有关机关发送司法建议，由其依法处理。

**第三十五条** 本解释施行前最高人民法院发布的司法解释和规范性文件，与本解释不一致的，以本解释为准。

# 民政部　财政部　人民银行关于加强社会团体分支（代表）机构财务管理的通知

（民发〔2014〕259 号　2014 年 12 月 16 日）

各省、自治区、直辖市民政厅（局）、财政厅（局），各计划单列市民政局、财政局，新疆生产建设兵团民政局、财务局，中国人民银行上海总部，各分行、营业管理部，各省会（首府）城市中心支行，深圳市中心支行，国家开发银行，各政策性银行、国有商业银行、股份制商业银行，中国邮政储蓄银行：

为加强社会团体分支（代表）机构财务管理，根据《社会团体登记管理条例》、《民间非营利组织会计制度》以及有关法规政策，现就社会团体分支（代表）机构财务管理有关事宜通知如下：

一、社会团体分支（代表）机构属于社会团体的组成部分，不具有法人资格，法律责任由设立该分支（代表）机构的社会团体承担。

社会团体分支（代表）机构的全部收支应当纳入社会团体财务统一核算、管理，不得计入其他单位、组织或个人账户。

二、社会团体分支（代表）机构不得开设银行账户。

本通知下发前社会团体分支（代表）机构已经开立的银行账户，应当在分支（代表）机构登记证书有效期满后撤销。

三、社会团体开立专用存款账户的名称可以为社会团体名称后加分支（代表）机构名称，专用存款账户的预留签章应与专用存款账户名称一致。

四、内部独立核算的社会团体分支（代表）机构，应单独设置会计账簿，按照《民间非营利组织会计制度》和社会团体的要求进行会计核算，定期向社会团体报告收支情况，并在每一会计年度终了时将会计报表并入社会团体会计报表。

五、社会团体分支（代表）机构在社会团体授权范围内可以依据社会团体会费标准代表社会团体收取会费，其收取的会费属于该社会团体所有，应当缴入社会团体对应账户统一核算。

分支（代表）机构不得单独制定会费标准，不得截留会费收入。

六、社会团体分支（代表）机构经社会团体授权可以代表社会团体接受捐赠收入，捐赠收入应当缴入社会团体对应账户统一核算。

分支（代表）机构不得自行接受捐赠收入，不得截留捐赠收入。

七、内部独立核算的社会团体分支（代表）机构使用的会费收据、捐赠票据等由社会团体提供，按照法律法规和社会团体的规定使用，并接受有关政府部门和社会团体的监督管理。

八、社会团体的财务会计报告编制范围和审计报告审计范围应当包含所有分支（代表）机构的全部收支。

九、社会团体应当建立分支（代表）机构财务管理制度，加强内部监督，规范分支（代表）机构的财务管理。

十、各地社会团体登记管理机关、财政、审计、人民银行等部门应当按照部门职责依法对社会团体分支（代表）机构的财务、账户管理情况进行监督检查。发现违法违规问题，依法做出处理。

本通知自下发之日起执行。

请中国人民银行上海总部，各分行、营业管理部、省会（首府）城市中心支行、深圳市中心支行将本通知转发至辖区内人民银行分支机构和银行业金融机构。

# 最高人民法院　民政部<br>环境保护部关于贯彻实施环境民事公益诉讼制度的通知

（法〔2014〕352号）

各省、自治区、直辖市高级人民法院、民政厅（局）、环境保护厅（局）、新疆维吾尔自治区高级人民法院生产建设兵团分院、民政局、环境保护局：

为正确实施《中华人民共和国民事诉讼法》、《中华人民共和国环境保护法》、《最高人民法院关于审理环境民事公益诉讼案件适用法律若干问题的解释》，现就贯彻实施环境民事公益诉讼制度有关事项通知如下：

一、人民法院受理和审理社会组织提起的环境民事公益诉讼，可根据案件需要向社会组织的登记管理机关查询或者核实社会组织的基本信息，包括名称、住所、成立时间、宗旨、业务范围、法定代表人或者负责人、存续状态、年检信息、从事业务活动的情况以及登记管理机关掌握的违法记录等，有关登记管理机关应及时将相关信息向人民法院反馈。

二、社会组织存在通过诉讼牟取经济利益情形的，人民法院应向其登记管理机关发送司法建议，由登记管理机关依法对其进行查处，查处结果应向社会公布并通报人民法院。

三、人民法院受理环境民事公益诉讼后，应当在十日内通报对被告行为负有监督管理职责的环境保护主管部门。环境保护主管部门收到人民法院受理环境民事公益诉讼案件线索后，可以根据案件线索开展核查；发现被告行为构成环境行政违法的，应当依法予以处理，并将处理结果通报人民法院。

四、人民法院因审理案件需要，向负有监督管理职责的环境保护主管部门调取涉及被告的环境影响评价文件及其批复、环境许可和监管、污染物排放情况、行政处罚及处罚依据等证据材料的，相关部门应及时向人民法院提交，法律法规规定不得对外提供的材料除外。

五、环境民事公益诉讼当事人达成调解协议或者自行达成和解协议的，人民法院应当将协议内容告知负有监督管理职责的环境保护主管部门。相关部门对协议约定的修复费用、修复方式等内容有意见和建议的，应及时向人民法院提出。

六、人民法院可以判决被告自行组织修复生态环境，可以委托第三方修复生态环境，必要时也可以商请负有监督管理职责的环境保护主管部门共同组织修复生态环境。对生态环境损害修复结果，人民法院可以委托具有环境损害评估等相关资质的鉴定机构进行鉴定，必要时可以商请负有监督管理职责的环境保护主管部门协助审查。

七、人民法院判决被告承担的生态环境修复费用、生态环境受到损害至恢复原状期间服务功能损失等款项，应当用于修复被损害的生态环境。提起环境民事公益诉讼的原告在诉讼中所需的调查取证、专家咨询、检验、鉴定等必要费用，可以酌情从上述款项中支付。

八、人民法院应将判决执行情况及时告知提起环境民事公益诉讼的社会组织。

各级人民法院、民政部门、环境保护部门应认真遵照执行。对于实施工作中存在的问题和建议，请分别及时报告最高人民法院、民政部、环境保护部。

最高人民法院
民政部
环境保护部
2014 年 12 月 26 日

# 关于印发《北京市社会组织评比达标表彰活动管理暂行规定》的通知

（京评组发〔2014〕1号）

各区、县委，各区、县政府，市委、市政府各部委办局，各总公司，各人民团体，各高等院校，各社会组织：

为规范社会组织评比达标表彰活动，提高社会组织公信力，促进社会组织健康有序发展，依据《社会组织评比达标表彰活动管理暂行规定》（国评组发〔2012〕2号）和《北京市加强评比达标表彰活动管理实施细则》（京办发〔2012〕3号），经市政府批准，现将《北京市社会组织评比达标表彰活动管理暂行规定》印发给你们，请认真遵照执行。

加强对社会组织评比达标表彰活动的管理，是我市深入开展党的群众路线教育实践活动的重要举措，是贯彻落实中央八项规定的重要措施，各区县、各部门、各社会组织一定要高度重视，切实加强组织领导，严格执行此规定，确保各项要求落到实处。贯彻中遇到的问题及时上报。

北京市评比达标表彰工作协调小组

2014年1月30日

## 北京市社会组织评比达标表彰活动管理暂行规定

**第一条** 为规范社会组织评比达标表彰活动，建立健全相关管理制度，提高社会组织公信力，促进社会组织健康有序发展，根据相关法律法规、中央和市委市政府有关规定，制定本规定。

**第二条** 本规定中评比达标表彰活动是指在北京市依法登记的社会团体、基金会、民办非企业单位等社会组织举办的下列活动：

（一）以行业、学科或专业领域内的集体或个人为评选对象的各类评比达标表彰活动；

（二）以产品、文艺作品、学术成果、服务、管理体系为评选对象的各类评比达标表彰活动；

（三）其他评比达标表彰活动。

属于业务活动性质的资质评定、等级评定、技术考核，以内设机构和工作人员为对象的社会组织内部考核评比，以及社会组织根据《国家科学技术奖励条例》设立的奖项，不适用本规定。

**第三条** 社会组织开展评比达标表彰活动应当遵守以下原则：

（一）合法性原则。符合国家法律、法规、规章和政策，符合国家利益和社会公共利益，符合社会组织章程规定的宗旨和业务范围，不得超出其活动地域和业务领域。

（二）注重实效原则。要坚持面向基层，注重实效，力戒形式主义，严格控制数量，防止过多过滥。每个社会组织原则上只能设 1 项评比达标表彰项目。

（三）非营利性原则。不得向评选对象收取或摊派费用，不得以任何形式与营利性机构合作举办或者委托营利性机构举办。

（四）公开公平公正原则。做到奖项设置合理，评选条件和程序严格公正，评选过程公开透明。

（五）文明节俭原则。举办的活动以精神奖励为主，物质奖励为辅，注重社会效益，坚持勤俭节约，禁止铺张浪费。

**第四条** 社会组织申请设立评比达标表彰项目应当符合以下要求：

（一）遵纪守法、运作规范，组织机构健全、内部制度完善，最近三次年度检查为合格，或者最近一次年度检查合格且社会组织评估结果为 3A 以上；

（二）执行《民间非营利组织会计制度》，实行独立会计核算，有开展评比达标表彰活动所必需的经费；

（三）项目名称与项目内容相符合，未经批准不得冠以“首都”、“北京（市）”等字样；

（四）项目设置科学，规模适当，评选周期原则上不低于两年，原则上不再设立子项目。

**第五条** 市民政局是全市社会组织评比达标表彰活动工作的审核和管理部门，在市评比达标表彰工作协调小组领导下开展工作，会同业务主管单位、行业管理部门、纪检监察等相关部门，负责全市社会组织评比达标表彰活动的政策指导、统筹协调、审核管理、监督检查。

**第六条** 社会组织评比达标表彰项目原则上每年集中审核一次。社会组织应于每年 10 月 1 日至 12 月 31 日向市民政局提出申请，申请事项包括项目名称、设立依据、评选周期、评选范围、评选数量、奖项设置、评选条件、经费来源等。

**第七条** 社会组织评比达标表彰项目的审批一般按以下程序进行：

（一）社会组织向市民政局提交评比达标表彰项目申请，市民政局征求相关部门意见后，提出审核意见。

（二）宗教、政治、法律、涉外四类社会组织开展评比达标表彰活动需由业务主管单位出具初审意见后，向市民政局提交申请。

（三）市民政局报市评比达标表彰工作协调小组，待市委市政府审批后，向社会公布评比达标表彰项目审批结果。

**第八条** 社会组织应严格按照批准的事项开展评比达标表彰活动，并在适当范围内公示，未经批准不得变更。如需变更名称、评选范围、奖项设置、评选周期等内容，应向市民政局提交变更申请。

**第九条** 社会组织应将评比达标表彰活动的评选结果进行公布。活动结束后，向市民政局提交评比达标表彰活动总结报告。

**第十条** 社会组织取消评比达标表彰项目的，应向参评单位通报，并向市民政局进行书面报告。无正当理由由连续两个评选周期未开展的，该项目视为自动取消。

**第十一条** 市民政局建立信息数据库，将评比达标表彰活动情况纳入社会组织年度检查和社会组织评估的内容，与年检结论和评估结果挂钩。

**第十二条** 市民政局通过群众举报、抽查审计等手段加强对社会组织开展评比达标表彰活动的监管，发现违法违规问题，及时会同业务主管单位、行业管理部门、纪检监察等相关部门进行调查处理。

**第十三条** 社会组织有下列情形之一的，由市民政局视情节轻重责令改正、限期停止评比达标表彰活动、撤销评比达标表彰项目、降低评估等级、给予年度检查不合格决定。

（一）申报评比达标表彰项目时弄虚作假的；

（二）不严格按照批准的活动事项开展评比达标表彰活动的；

（三）向参评对象收取或变相收取费用的；

（四）以营利为目的，将活动委托营利机构承办的；

（五）未经批准擅自开展评比达标表彰活动的；

（六）评比达标表彰项目对推动工作失去实际意义或者造成社会负面影响、群众反映比较强烈的。

**第十四条** 未经批准，社会组织不得与境外组织合作举办评比达标表彰活动。未经批准，社会组织不得参与境外组织举办的评比达标表彰活动。评比表彰境外人员应征求有关部门意见。原则上不批准境外组织机构在本市举办评比达标表彰活动。

**第十五条** 本规定由市民政局负责解释。

**第十六条** 本规定自发布之日起实施。以前未经批准的社会组织评比达标表彰项目，应当一律停止。确需开展的，应当按照本规定提出申请。未提出申请或者申请未予批准的，不得继续开展评比达标表彰活动。

# 北京市人民政府办公厅关于政府向社会力量购买服务的实施意见

（京政办发〔2014〕34号）

各区、县人民政府，市政府各委、办、局，各市属机构：

为贯彻落实《国务院办公厅关于政府向社会力量购买服务的指导意见》（国办发〔2013〕96号），进一步转变政府职能，创新公共服务供给模式，加大政府向社会力量购买服务（以下简称政府购买服务）的力度，积极构建公平、优质、高效的公共服务体系，结合本市实际，现就政府购买服务工作提出如下实施意见。

## 一、充分认识政府购买服务的重要性

政府购买服务，是通过发挥市场机制作用，把政府直接向社会公众提供的公共服务等事项，按照一定的方式和程序，交由具备条件的社会力量承担，并由政府根据服务数量和质量向其支付费用。

（一）政府购买服务是转变政府职能的迫切需要。将部分公共服务从“直接举办、直接提供”转为“购买服务、监督质量”，有利于充分发挥财政资金使用效益，切实降低行政成本，进一步提高公共服务水平和效率，对深化社会领域改革，推动政府职能转变，加快建设高效透明的服务型政府具有重要意义。

（二）政府购买服务是健全完善公共服务体系的重要途径。为有效解决一些领域公共服务缺位、规模不足、质量不高、发展不平衡、专业性不强等问题，必须进一步强化政府公共服务职能，通过创新公共服务供给模式，整合利用社会资源，构建多层次、多方式的公共服务供给体系。

（三）政府购买服务是促进社会力量发展的重要举措。释放有效需求，放开公共服务市场准入，创新服务业态，充分调动社会组织、企业等社会力量参与社会治理、提供公共服务的积极性，促进其健康发展。

## 二、政府购买服务的总体思路

（一）指导思想

全面贯彻落实党的十八大、十八届三中全会精神和习近平总书记系列重要讲话特别是考察北京工作时的重要讲话精神，准确把握首都城市战略定位，加快转变政府职能，推进政事分开和政社分开，进一步放开公共服务市场准入，改革创新公共服务提供机制和方式，推动建立公平、优质、高效的公共服务体系，满足公众日益增长的公共服务需求。

（二）基本原则

1. 明确重点，注重实效。进一步明确政府公共服务职能，准确把握社会公共服务需求，把政府购买服务的重点放在公共服务缺位、水平不高、效率不高的领域。按照有利于转变政府职能，有利于降低服务成本，有利于提升服务水平和资金使用效益的原则，推进政府购买服务工作，确保取得实效。

2. 积极推进，稳步实施。基本公共服务领域要逐步加大政府购买力度；非基本公共服务领域要更多更好地发挥社会力量作用。制定政府购买服务指导性目录，逐步扩大购买服务的范围和规模，有序引导社会力量参与服务供给。各区县政府、各部门要改革创新公共服务供给方式，积极探索政府购买服务新形式。

3. 公开透明，竞争择优。及时公布政府购买服务指导性目录、年度计划和绩效评价结果等信息，主动接受社会监督。按照竞争择优原则选择承接政府购买服务的社会力量，研究制定有利于承接主体多元化的政府购买服务政策，并建立优胜劣汰的奖惩机制。

4. 统筹协调，完善机制。建立机构编制管理与政府购买服务的协调机制，对可以通过政府购买服务方式提供服务的，不再增设机构或增加人员。将深化政府购买服务工作与事业单位改革有机衔接，推动事业单位与主管部门理顺关系和去行政化，并根据实际及时调整机构编制和经费。

（三）工作目标

2014 年，出台政府购买服务指导性目录，初步建立基本政策制度，形成统一有效的工作机制。到 2017 年，建立比较完善的政府购买服务制度，形成与本市经济社会发展水平相适应、高效合理的公共服务资源配置体系和供给体系，公共服务水平和质量显著提高。

## 三、积极稳妥开展政府购买服务工作

（一）购买内容

政府购买服务的内容为政府职责范围内、适合采取市场化方式提供、社会力量能够承担的公共服务、事务性管理服务以及履行政府职责所需的辅助性服务。与保障和改善民生密切相关领域的公共服务项目应重点考虑、优先安排。应由政府直接提供、不适合社会力量承担的公共服务，以及不属于政府职责范围的服务项目，不得向社会力量购买。

对政府购买服务内容实行指导性目录管理，并根据经济社会发展水平和公共服务需求动态调整。对指导性目录范围内适合社会力量承担的服务项目，原则上应采取政府购买服务的方式提供。

（二）购买主体

政府购买服务的主体是各级行政机关和参照公务员法管理、具有行政管理职能的事业单位，以及纳入行政编制管理且经费由财政负担的群团组织。其他机关事业单位使用财政性资金购买服务参照执行。

（三）承接主体

承接政府购买服务的主体包括依法在民政部门登记成立或经国务院批准免予登记的社会组织，以及依法在工商管理或行业主管部门登记成立的企业、机构等社会力量。符合条件的事业单位也可作为承接主体，但要与社会力量公开平等竞争。

承接主体应具有独立承担民事责任的能力，具备提供服务所必需的设施、人员和专业技术能力，具有健全的内部治理结构、财务会计和资产管理制度，具有良好的社会和商业信誉，具有依法缴纳税收和社会保险的良好记录，并符合登记管理部门依法认定的其他条件。承接主体的具体条件由购买主体会同财政部门根据购买服务的内容确定，但不得附加与服务无关的限制条件。

（四）购买程序

具有购买服务需求的部门和单位应在编制年度预算时提出政府购买服务的项目，编报年度项目预算，并将年度计划向社会发布。政府采购范围内的服务项目要严格按照政府采购流程购买；政府采购范围外的服务项目可参照政府采购有关规定购买，也可采取合同、委托等方式购买。购买主体应与承接主体签订合同，监督项目实施；承接主体要严格履行合同义务，按时完成服务项目任务，保证服务数量、质量和效果，严禁转包行为。

（五）预算管理

政府购买服务所需资金坚持“以事定费”，按照现行预算管理办法列入购买主体部门预算，不单独设立专项资金；坚持“费随事转”，原有服务项目转为政府购买服务方式的，及时调整原有相关支出预算。

（六）绩效管理

购买主体要对承接主体提供服务的数量、质量、服务对象满意度等进行绩效评价。财政部门要对重点领域和重点项目政府购买服务资金使用效益进行监督检查和绩效评价。充分发挥服务对象和第三方在确定购买内容和绩效评价工作中的作用，建立社会力量承接政府购买服务的信用体系。

## 四、保障措施

（一）加强组织领导

加强政府购买服务工作的组织领导，按照“政府统一领导，财政部门牵头，业务部门分工配合”的原则，建立全市统筹协调机制，形成各负其责、齐抓共管的工作格局，确保工作规范有序开展。

（二）明确职责分工

市政府有关部门要根据职责分工，深入开展调研，认真听取具有购买服务需求的部门和单位意见建议，进一步研究细化政府购买服务的政策措施。财政部门负责牵头建立健全政府购买服务制度，制定政府购买服务预算管理办法，组织编制并发布政府购买服务指导性目录，做好政府购买服务的预算资金管理、绩效评价等工作。机构编制部门负责制定与政府购买服务相衔接的机构编制管理办法，参与编制政府购买服务指导性目录。民政、工商管理及行业主管部门负责制定承接主体条件标准，并将其服务质量和效果纳入社会组织评估和年检的工作内容。民政、社会建设部门负责研究制定促进社会组织发展的政府购买服务具体政策。监察、审计部门负责加强对政府购买服务工作的监督和审计。具有购买服务需求的部门和单位要建立健全相关工作制度，认真做好组织实施工作，并对购买服务项目进行监督管理和绩效评价。

各区县政府要认真落实政府购买服务工作，结合本地实际，制定具体实施意见和办法，按照事权范围编制本区域的政府购买服务目录，并报市财政局备案。市财政局要会同有关部门加强对各区县开展政府购买服务工作的指导和监督，积极推动相关工作顺利开展。

（三）做好宣传引导

各区县政府、各部门要向社会公众广泛宣传政府购买服务的目的、意义和相关要求，做好政策解读，加强舆论引导，充分调动社会力量的积极性，积极营造良好的社会氛围。

北京市人民政府办公厅
2014 年 6 月 6 日

# 天津市人民政府办公厅转发市财政局关于政府向社会力量购买服务管理办法的通知

（津政办发〔2014〕19 号）

各区、县人民政府，各委、局，各直属单位：

市财政局《关于政府向社会力量购买服务管理办法》已经市人民政府同意，现转发给你们，请照此执行。

2014 年 2 月 13 日
市财政局

## 关于政府向社会力量购买服务管理办法

### 第一章　总　则

**第一条**　为进一步推动政府职能转变，加强和创新社会管理，优化公共资源配置，提高公共服务水平，根据《国务院办公厅关于政府向社会力量购买服务的指导意见》（国办发〔2013〕96 号），结合我市实际，制定本办法。

**第二条**　政府向社会力量购买服务（以下简称政府购买服务），是通过发挥市场机制作用，把政府直接向社会公众提供的一部分公共服务事项，按照一定的方式和程序，交由具备条件的社会力量承担，并由政府根据服务数量和质量向其支付费用。

**第三条**　政府购买服务的指导思想是：以邓小平理论、“三个代表”重要思想、科学发展观为指导，按照党的十八届三中全会精神以及我市加强和创新社会管理工作要求，进一步放开公共服务市场准入，改革创新公共服务提供机制和方式，支持社会力量承接政府职能转移，探索服务多元化供给模式，通过向社会力量购买服务，提高政府公共服务供给效率和质量，促进全市经济、政治、文化、社会协调发展。

**第四条** 政府购买服务遵循的基本原则是：

（一）统筹兼顾，注重实效。准确把握社会公共服务需求，充分发挥政府主导作用，有序引导社会力量参与服务供给，形成改善公共服务的合力。坚持精打细算，实施政府购买服务绩效评价，切实提高财政资金使用效率，把有限的资金用到人民群众最需要的地方，确保取得实效。

（二）公开择优，以事定费。按照公开、公平、公正原则，坚持费随事转，通过竞争择优的方式选择承接政府购买服务的社会力量，确保具备条件的社会力量平等参与竞争。加强监督检查和科学评估，建立优胜劣汰的动态调整机制，使群众享受到丰富、优质、高效的公共服务。

（三）改革创新，完善机制。坚持与事业单位改革相衔接，推进政事分开、政社分开，放开市场准入，释放改革红利，凡社会能办好的，尽可能交给社会力量承担。及时总结改革实践经验，借鉴国内外有益成果，积极推动政府购买服务的健康发展，为加快形成公共服务提供新机制。

**第五条** 我市实施政府购买服务的目标任务是："十二五"时期，在全市范围内推进政府购买服务工作，选取重点领域探索具有我市特色的政府购买服务模式，建立相关制度体系。到2020年，显著提升公共服务水平和质量，建立健全比较完善的政府购买服务制度和机制，形成与我市经济社会发展相适应、高效合理的公共服务资源配置体系和供给体系。

## 第二章 政府购买服务主体及内容

**第六条** 政府购买服务的主体（以下简称购买主体）是全市各级行政机关和参照公务员法管理、具有行政管理职能的事业单位。纳入行政编制管理且经费由财政负担的群团组织，也可根据实际需要，通过购买服务方式提供公共服务。

**第七条** 承接政府购买服务的主体（以下简称承接主体）包括依法在民政部门登记成立或经国务院批准免予登记的社会组织，以及依法在工商部门或行业主管部门登记成立的企业、机构等社会力量。承接主体应具备下列条件：

（一）依法设立的社会组织、企业、机构等社会力量，能独立承担民事责任；

（二）治理结构健全，内部管理和监督制度完善；

（三）具有独立的财务管理、财务核算和资产管理制度；

（四）具备提供公共服务所必需的设施、人员和专业技术的能力；

（五）有依法缴纳税收和社会保险的良好记录；

（六）在参与政府购买服务前3年内无重大违法记录，年检或资质审查合格，社会信誉和商业信誉良好；

（七）相关法律、法规规定的其他条件。

**第八条** 政府购买服务的内容为适合采取市场化方式提供、社会力量能够承担的公共服务，突出公共性和公益性。凡适合由社会力量承担的公共服务，都可以交由社会力量提供。下列事项可通过政府购买服务的方式，逐步交由社会力量承担：

（一）基本公共服务事项。基本公共教育、公共就业服务、社会救助、社会福利、基本养老服务、优抚安置服务、基本医疗卫生、人口和计划生育服务、基本住房保障、公共文化、公共体育、基本公共安全服务、残疾人基本公共服务、环境保护、交通运输、人才服务、粮油储备等领域适宜由社会力量承担的基本公共服务事项。

（二）社会管理服务事项。社会组织管理、社区事务、社工服务、法律援助、慈善救济、公益服务、人民调解、社区矫正、安置帮教、公共公益宣传等领域适宜由社会力量承担的公共服务事项。

（三）行业管理与协调事项。行业职业资格认定、处理行业投诉等领域适宜由社会力量承担的公共服务事项。

（四）技术服务事项。科研、行业规划、行业规范、行业调查、行业统计分析、资产评估、检验检疫检测、监测服务等领域适宜由社会力量承担的公共服务事项。

（五）政府消耗性服务事项。公车租赁服务、机关物业管理服务、会议服务以及其他适宜由社会力量承担的机关后勤服务事项。

（六）政府履职所需辅助性事项。法律服务、课题研究、政策（立法）调研草拟论证、监督、评估、绩效评价、工程服务、项目评审、咨询、技术业务培训、审计服务等领域适宜由社会力量承担的公共服务事项。

（七）其他适宜由社会力量承担的公共服务事项。

**第九条** 应当由政府直接提供、不适合社会力量承担的公共服务，以及不属于政府职责范围的服务项目，不得向社会力量购买。

**第十条** 财政部门应会同有关部门在准确把握公众需求的基础上，充分考虑各购买主体履行职责所需的服务内容，拟定年度政府购买服务目录，明确政府购买服务的种类、性质和内容，根据实际及时进行动态调整，每年向社会公布。

## 第三章 政府购买服务程序

**第十一条** 政府购买服务原则上按照部门预算和政府采购的程序、方式组织实施，建立项目申报、项目评审、预算编报、组织采购、过程监控、绩效评价的规范化流程。

**第十二条** 购买主体应结合自身职能和业务需要，根据政府购买服务目录，开展项目论证和遴选工作，合理确定购买内容和具体项目。

**第十三条** 购买主体在编制年度部门预算时，科学测算购买服务成本，明确购买服务的数量、价格、可行性报告、目标和评价标准等，编报政府购买服务预算，经财政部门审核后确定。

**第十四条** 购买主体根据部门预算确定的采购项目，原则上应当编制政府采购预算和计划，通过公开招标、邀请招标、竞争性谈判、单一来源、询价等方式确定承接主体，严禁转包行为。对具有特殊性、不符合竞争性条件的，经政府采购管理部门审批，可以采取委托、特许经营、战略合作等方式进行购买。

**第十五条** 购买主体应与承接主体签订购买服务合同，明确购买服务的范围、内容、服务要求、服务期限、资金支付方式、权利义务和违约责任等。购买主体应按照合同支付资金，并对服务成果进行检查验收。承接主体应严格履行合同义务，按时完成服务项目任务，保证服务数量、质量和效果。

**第十六条** 财政部门应督促购买主体加强对承接主体提供服务的全过程进行跟踪监管，重点围绕购买服务合同目标，有序开展执行监控，发现偏离合同目标的要及时采取措施予以纠正，确保提供服务数量、质量和合同目标的实现。

**第十七条** 购买主体应健全绩效评价指标体系，将服务对象满意度作为一项重要评价指标，对购买服务项目数量、质量和资金使用绩效等进行考核评价。财政部门应加强对绩效评价工作的组织指导，根据需要选择部分项目开展重点评价和再评价。逐步引入第三方评审机构进行综合绩效考评，形成由购买主体、服务对象及第三方组成的综合性评审机制。

**第十八条** 加强政府购买服务绩效评价结果应用，评价结果向社会公布，并作为以后年度编制政府购买服务预算和选择承接主体的重要参考依据。

## 第四章　资金管理

**第十九条**　政府购买服务所需资金应在年度预算中统筹考虑，购买主体的部门预算应体现本部门购买服务对应的资金规模和资金来源，所需支出主要通过盘活存量财政资金予以安排，既包括专项资金也包括基本支出中的公用经费。对于重大项目、重大民生事项或因工作需要临时确定的重要事项，确定为政府购买服务的，按照有关规定办理预算调整变更手续。

**第二十条**　财政部门应根据购买服务合同确立的付费方式和时间要求，按照现有政府采购和国库集中支付有关规定拨付资金，确保规范管理和安全使用。加强政府购买服务预算执行分析，严格审核政府购买服务决算，确保数据真实准确。

**第二十一条**　加大对社会服务机构扶持力度，以财政资金为引导，设立培育发展社会服务机构专项资金。专项资金用于对新设立且主要服务于社会福利、公益慈善等领域的机构给予一次性补助；对服务项目绩效评价结果较好，成效明显、群众满意的社会服务机构，采取“以奖代补”方式给予资金扶持；通过建设社会服务机构孵化园、开展专业辅导、组织公益创投等形式，加强对社会服务机构的培育扶持。

## 第五章　工作分工

**第二十二条**　按照“政府主导、部门负责、社会参与、共同监督”的要求，建立政府统一领导，财政部门牵头，民政、工商以及行业主管部门协同，职能部门履职，监督部门保障的工作机制，规范有序地开展政府购买服务工作。

（一）财政部门负责建立健全政府购买服务制度，制定政府购买服务目录，监督、指导各类购买主体依法开展购买服务工作，牵头做好购买服务的采购管理、资金管理、监督检查和绩效评价等工作。

（二）机构编制管理部门负责根据政府职能转变和机构改革工作方案制定政府转移职能目录，明确职能转移事项。

（三）发展改革部门负责会同有关部门编制和实施政府投资计划，推动政府投资项目列入政府购买服务计划，参与政府购买服务绩效评价。

（四）民政部门负责对承接政府购买服务项目的社会组织进行资质审查，扶持社会组织、评估服务项目、推进社会组织标准化建设，参与政府购买服务绩效评价。

（五）工商部门负责将承接政府购买服务行为纳入评估、执法等监管体系。

（六）监察部门负责对政府购买服务工作进行监督，参与政府购买服务绩效评价。

（七）审计部门负责对政府购买服务资金使用情况进行审计监督，参与政府购买服务绩效评价。

（八）购买主体负责购买服务的具体组织实施，并会同发展改革、财政等部门对承接主体（除社会组织外）进行资质审查，对承接主体提供的服务进行跟踪与监督，在项目完成后组织考核评估和验收。

（九）承接主体应认真履行购买服务合同规定，采取有效措施增强服务能力，提高服务水平，确保提供服务的数量和质量达到预期目标。

## 第六章　监督检查

**第二十三条**　各有关部门应严格遵守相关财政财务管理规定，确保政府购买服务资金规范管理和使用，不得截留、挪用和滞留资金。

**第二十四条**　购买主体应建立健全内部监督管理制度，及时将购买服务项目、内容、要求、采购结果、预决算信息以及绩效评价结果等向社会公开，自觉接受财政、监察、审计等部门检查和社会监督。

**第二十五条**　承接主体应当健全财务报告制度，并由具有合法资质的注册会计师对财务报告进行审计。

**第二十六条**　民政、工商及行业主管等部门联合财政部门、购买主体负责建立信用记录和应用制度，不断健全守信激励和失信惩戒机制。

**第二十七条**　建立政府购买服务退出机制，绩效评价结果较差的承接主体不得参加下一年度政府购买服务项目竞标，弄虚作假、冒领财政资金的承接主体在3年内不得参与政府购买服务。

**第二十八条**　任何单位和个人有权对政府购买服务活动中的违法违规行为进行监督和检举，有关部门应当依照各自职责积极回应、及时处理。

## 第七章　附　则

**第二十九条**　本办法自发布之日起施行，有效期5年。

# 山西省人民政府关于印发《山西省政府购买服务暂行办法》的通知

各市、县人民政府，省人民政府各委、办、厅、局：

《山西省政府购买服务暂行办法》已经省人民政府同意，现印发给你们，请遵照执行。

山西省人民政府办公厅

2014 年 5 月 16 日

## 山西省政府购买服务暂行办法

### 第一章　总　则

**第一条**　为全面贯彻落实党的十八大和十八届三中全会精神，切实转变政府职能，深化行政体制改革，为人民群众提供更好的公共服务，进一步提高财政资金使用效益，根据《国务院办公厅关于政府向社会力量购买服务的指导意见》（国办发〔2013〕96 号）等有关要求，结合我省实际，制定本办法。

**第二条**　政府向社会力量购买服务（以下简称政府购买服务）是指通过发挥市场机制作用，把政府直接向社会公众提供的一部分公共服务事项，按照一定的方式和程序，交由具备条件的社会力量承担，并由政府根据服务数量和质量向其支付费用。政府在履行职责中所需要的辅助性服务事项，参照本办法组织实施。

**第三条**　政府购买服务根据《中华人民共和国预算法》、《中华人民共和国政府采购法》等法律法规组织实施。

### 第二章　购买主体与承接主体

**第四条**　政府购买服务的主体是各级行政机关及参照《中华人民共和国公务员法》管理、具有行政管理职能的事业单位。其他纳入行政编制管理且经费由财政负担的群团组织，也可根据实际需要，按照本办法的规定购买服务。

**第五条** 承接政府购买服务的主体（以下简称承接主体）包括依法在民政部门登记成立或经国务院批准免予登记的社会组织，以及依法在工商管理或行业主管部门登记成立的企业、机构等社会力量。

**第六条** 承接主体应具备以下条件：

（一）具有独立承担民事责任的能力；

（二）具有健全的内部治理结构，独立、健全的财务管理、会计核算和资产管理制度；

（三）具备提供公共服务所必需的设施、人员和专业技术的能力；

（四）具有良好的社会和商业信誉，有依法缴纳税收和社会保险的良好记录；

（五）参与政府购买服务活动前，在经营活动中无重大违法违纪记录；

（六）法律、行政法规规定的其他条件。

具体承接购买服务的条件可由购买主体根据购买服务项目的性质和质量要求在前款范围内确定。鼓励中小微企业积极参与政府购买服务活动，相关扶持政策执行有关规定。

**第七条** 承接主体应当符合有关政事分开、政社分开、政企分开的要求。

**第八条** 在符合本办法第六条、第七条规定的条件下，未参照《中华人民共和国公务员法》管理且不具备行政管理职能的事业单位可与具备条件的社会力量公开、平等参与竞争。

**第九条** 通过购买服务推动行业协会、商会与行政机关脱钩。过渡期内，通过政府购买服务方式给予行业协会、商会适当支持，但要相应核减财政直接拨款。过渡期结束后，行业协会、商会完全纳入承接政府购买服务的主体，按照有关行业组织规定管理，不再直接拨付财政经费。

## 第三章 政府购买服务的内容

**第十条** 政府购买服务的内容为适合采取市场化方式提供、社会力量能够承担的公共服务，突出公共性和公益性。在教育、就业、社保、医疗卫生、住房保障、文化体育及残疾人服务等基本公共服务领域，要逐步加大政府购买服务的力度。

非基本公共服务领域，要更多更好地发挥社会力量的作用，凡适合社会力量承担的，都可以通过直接委托、承包、采购等方式交给社会力量承担。但对应当由政府直接提供、不适合社会力量承担的公共服务，以及不属于政府职责范围的服务项目，政府不得向社会力量购买。

**第十一条** 对于政府新增的或临时性、阶段性的服务和管理职能或事项，凡适合社会力量承担的，都应按照政府购买服务的方式进行，不再增加新的财政供养机构和人员。

**第十二条** 下列事项可以纳入政府购买服务指导性目录：

（一）公共服务。公共教育、劳动就业、人才服务、社会保险、社会救助、社会福利、养老服务、优抚安置、医疗卫生、计划生育、住房保障、文化体育、公共安全、环境保护、交通运输、服务“三农”、残疾人服务等领域适宜由社会力量承担的服务事项。

（二）社会管理。社会组织建设与管理、社区事务、社工服务、法律援助、慈善救济、公益服务、人民调解、社区矫正、安置帮教、公益宣传等领域适宜由社会力量承担的服务事项。

（三）行业管理与协调。处理行业投诉等领域适宜由社会力量承担的服务事项。

（四）技术服务。科研，行业规划，行业规范，行业调查，行业统计分析，资产评估，检验、检疫、检测等领域适合由社会力量承担的服务事项。

（五）按政府转移职能要求其他适宜由社会力量承担的服务事项。

政府履职所需辅助性事项，包括：法律服务，课题研究，政策（立法）调研、草拟、决策论证，会议、经贸活动和展览服务，监督、评估，绩效评价，工程服务，项目评审，咨询，技术服务、业务培训，审计服务等也可以纳入政府购买服务指导目录。

法律法规另有规定，或涉及国家安全、保密事项以及司法审判、行政行为等不适合向社会力量购买的服务项目按有关规定执行。

**第十三条** 省级财政部门要按照本办法的规定，结合实际，制定并公布操作性强、详实合理、便于管理的《山西省政府购买服务指导目录》，并定期修订。

## 第四章 政府购买服务的资金管理

**第十四条** 政府购买服务工作所需资金在既有财政预算安排中统筹考虑。随着政府提供服务发展所需增加的资金，按照预算管理要求纳入财政预算，同时研究制定政府购买公共服务预算管理办法，进一步提高财政资金使用效益，完善公共财政体系建设。

**第十五条** 财政部门要按照结构优化、服务改革、注重绩效和公开公正的原则做好政府购买服务的预算管理工作。

**第十六条** 财政部门要理清购买服务与机构编制管理和财政经费安排的关系，按照“费随事转”的原则，禁止一边购买服务，一边养人办事。

**第十七条** 政府购买服务所需资金的支付，执行国库集中支付的相关管理规定。

## 第五章 政府购买服务的方式和程序

**第十八条** 政府购买服务按以下方式进行：

属于政府采购范围的，应统一纳入采购程序，通过公开招标、邀请招标、竞争性评审、询价、单一来源采购等方式确定承接主体。

具有特殊性、不符合竞争条件的，可以采取委托、特许经营、战略合作等方式进行购买。

**第十九条** 政府购买服务按以下程序进行：

购买主体应根据当年政府购买服务目录，确定购买项目。

购买主体按所需购买服务项目的具体内容、承接标准、资金预算、评价方法和服务要求等内容编制年度购买服务计划，经主管部门批准后，报同级财政部门审核。

按规定向社会公开采购信息，按政府采购有关规定向社会力量开展购买服务工作。

购买主体应及时与承接主体签订购买服务合同，明确购买服务的范围、标的、数量、质量要求以及服务期限、资金支付方式、权利义务和违约责任等内容，严禁转包行为。购买主体要将购买合同及时报同级财政部门备案。

购买主体应当按照购买合同规定和服务标准组织履约验收，验收合格后支付资金。

**第二十条** 鼓励购买主体根据实际情况探索多元化的购买形式。购买主体可根据服务的性质、内容和服务对象等，采用服务外包、政府补贴或凭单等形式购买服务。

对于现阶段市场能够提供但无法形成有效竞争的服务项目，购买主体可以采取大额项目分包、新增项目另授等措施，有针对性地培育和发展社会组织，为政府购买服务培育多元承接主体，建立良性的市场竞争关系。

## 第六章 政府购买服务的绩效评审

**第二十一条** 购买主体应会同财政部门，围绕购买服务流程、专业方法、质量控制、监督管理、需求评估、成本核算、招投标管理、绩效考核、能力建设等环节，做好相关标准的研究和制定，逐步建立科学合理、协调配套的购买服务标准体系。

**第二十二条** 绩效评审范围包括购买主体购买服务的财政资金使用绩效和承接项目的社会力量的服务绩效两个方面。评审结果向社会公布并作为以后年度编制政府购买服务预算安排及选择政府购买服务承接主体的重要依据。

**第二十三条** 建立健全由购买主体、服务对象及第三方组成的综合性评审机制，对购买服务项目数量、质量和资金使用绩效等进行考核评审。鼓励有条件的地方积极推进第三方评审。

## 第七章 政府购买服务的监督

**第二十四条** 建立健全政府统一领导，财政部门牵头，机构编制、监察、审计、民政、工商管理等部门配合，行业主管部门协同，社会力量广泛参与的工作机制。同时加强社会工作行业组织建设，发挥其在推动政府购买服务工作中的积极作用。

财政部门负责建立健全政府购买服务制度，制定政府购买服务目录，监督、指导购买主体依法开展购买服务工作，牵头做好政府购买服务的资金管理、监督检查和绩效评价等工作。

机构编制部门按照国务院统一部署，负责修订政府转移职能目录，明确政府职能转移事项。

民政、工商管理及行业主管部门等社会组织管理机构负责核实作为服务供应方的社会组织的资质及相关条件，将承接政府购买服务行为纳入年检、评估、执法等监管体系，参与政府购买服务绩效评价。

监察部门负责对政府购买服务工作进行监督，参与政府购买服务绩效评价。

审计部门负责对政府购买服务资金的使用情况进行审计监督，参与政府购买服务绩效评价。

购买主体负责对社会力量提供的服务进行跟踪监督，在项目完成后组织考核评估和验收。

**第二十五条** 承接主体应当对购买服务的项目资金进行规范的财务管理和会计核算，接受并配合相关部门对资金使用情况进行监督检查和绩效评价，按要求提供资金的使用情况以及项目执行情况的报告、成果总结等其他材料。

**第二十六条** 购买主体、财政部门应切实加强过程监管，按照政府购买服务合同要求，对专业服务过程、任务完成和资金使用情况等进行督促检查。

## 第八章 附 则

**第二十七条** 本办法自2014年6月1日起实施。

# 山西省民政厅关于开展政府购买社会组织服务工作的指导意见

（晋民发〔2014〕51号）

省属各社会组织、各市民政局：

为贯彻落实《山西省人民政府办公厅关于印发山西省政府购买服务暂行办法的通知》（晋政办发〔2014〕39号）精神，结合我省社会组织发展和管理工作实际，提出以下指导意见：

## 一、充分认识政府向社会组织购买服务的重要性

推行政府向社会组织购买服务是创新公共服务提供方式、加快服务业发展、引导有效需求的重要途径，对于深化社会领域改革，推动政府职能转变，整合利用社会资源，增强公众参与意识，激发社会组织活力，都具有重要意义。各地民政部门要结合当地实际，因地制宜、积极稳妥地推进政府向社会组织购买服务工作。推进政府购买社会组织公共服务是一项复杂工程和长期任务，需要从社会转型发展的历史方位来思考，从推动我省转型跨越发展的大局来谋划，深刻把握内涵，确保政府有限的购买资源能够投入到居民群众最直接、最急需、最基本的公共服务中去。各社会组织要加强自身建设，完善法人治理结构，规范自身行为，努力提高公信力，提升专业性，体现公共性，增强竞争力，发挥积极性，主动承接政府转移职能。

## 二、正确把握政府向社会组织购买服务的总体方向

（一）指导思想

以邓小平理论、“三个代表”重要思想、科学发展观为指导，深入贯彻落实党的党的十八大和十八届三中全会精神，牢牢把握加快转变政府职能、推进政事分开和政社分开、在改善民生和创新管理中加强社会组织建设、激发社会组织活力、推动适合由社会组织提供的公共服务和解决的事项交由社会组织承担的要求，科学规划、注重实效，逐步建立政府购买社

会组织服务的长效机制。

（二）基本原则

1. 积极稳妥，有序实施。准确把握社会公共服务需求，有序引导社会组织参与服务供给，形成改善公共服务的合力，要精心筹划，严密组织，确定条件成熟的事项和领域，制定科学合理的实施方案，保证工作流程可控、成本费用降低，服务质量可靠。

2. 明晰责权，加强协调。明确民政部门、社会组织、服务对象等在购买、提供和享受服务过程中的权利和责任，协调好三方的关系。

3. 公开透明，强化监督。根据财政部门制定出的《山西省政府购买服务指导目录》和预算资金安排，各级民政部门要主动向社会公开购买服务的项目、标准、服务效果等内容，为社会组织参与竞争和社会监督创造良好环境。

（三）目标任务

加快积极培育社会组织步伐，支持和发展志愿服务组织，加大对社会组织的政策扶持和资金支持力度，完善政府向社会组织购买服务的具体措施和配套政策。完成行业协会商会与行政机关脱钩工作，引导和规范社会组织承接政府转移职能、开展公益服务和中介服务。在推进城乡要素平等交换和公共资源均衡配置中引导社会组织在农村兴办各类事业。争取在2020年以前在全省基本建立比较完善的政府向社会组织购买服务制度，培育出一大批独立公正、行为规范、运作有序，代表性强、公信力高，适应社会主义市场经济发展要求的新型社会组织，充分发挥其职能作用。

## 三、规范有序开展政府向社会组织购买服务工作

（一）承接政府购买服务的社会组织应具备的资质条件

1. 在民政部门依法登记注册、具有独立承担民事责任的能力；

2. 具有健全的法人治理结构、完善的内部制度和财务资产管理制度，没有年检不合格和基本合格记录；

3. 通过社会组织评估并获得3A以上等级，具有良好的社会信誉的可优先承接服务；

4. 具有提供服务所必需的设备和专业技术能力；

5. 符合《山西省政府购买服务暂行办法》中承接主体的其他条件。

（二）购买内容

1.《山西省政府购买服务暂行办法》中涉及公共服务、社会管理、行

业管理与协调、技术服务以及政府履职所需辅助性事项等适合由社会组织承接的服务内容；

2. 按照我省社会体制改革任务总体安排，将行业技术标准与规范制定、行业准入审查、资产项目评估、行业学术和科技成果评审推广、行检行评、行业调查等职能纳入政府购买社会组织服务范围。

## 四、扎实推进政府向社会组织购买服务工作

（一）加强组织领导

各级民政部门要切实加强对政府购买社会组织服务的组织和指导。要把政府向社会组织购买服务工作列入重要议事日程，加强统筹协调，立足当地实际认真制定并逐步完善政府向社会组织购买服务的政策措施和实施办法。

（二）严格监督管理

各级民政部门要严格遵守相关财政财务管理规定，确保政府向社会组织购买服务资金规范管理和使用，不得截留、挪用和滞留资金。要通过各种公共媒体及时公开披露政府购买社会组织服务工作的相关信息，主动接受社会公众的监督，坚决杜绝政府购买社会组织服务过程中的违法违纪行为。

（三）做好宣传引导

各级民政部门要广泛宣传政府向社会组织购买服务工作的重要性、总体方向和相关要求，做好政策解读，加强舆论引导，主动回应群众关切，充分调动社会组织参与的积极性。

2014 年 7 月 28 日

山西省人民政府办公厅

# 内蒙古自治区党委办公厅
# 自治区人民政府办公厅
# 关于清理规范全区党政机关干部
# 兼任社会组织职务的通知

（内党办发电〔2014〕11号）

各盟市委，盟行政公署、市人民政府，自治区各部、委、办、厅、局和各人民团体，各大企事业单位：

清理规范党政机关干部兼任社会组织职务，是贯彻落实党的十八大精神，加快形成政社分开、权责明确、依法自治的现代社会组织体制的必然要求，是推进社会组织管理改革的重要内容，也是加强党风廉政建设的重要举措。为从严控制和规范管理我区党政机关干部兼任社会组织职务，引导社会组织健康有序发展，按照自治区党委党的群众路线教育实践活动整改工作要求，现就清理规范全区党政机关干部兼任社会组织职务有关事宜通知如下。

## 一、清理规范的对象

全区各级党的机关、人大机关、行政机关、政协机关、审判机关、检察机关、民主党派、工商联及其内设机构的在职和退（离）休干部，参照公务员法管理的直属事业单位和工会、共青团、妇联等人民团体及其内设机构的在职和退（离）休干部，国有企事业单位的在职和退（离）休领导人员，凡在民政部门依法登记的社会团体、基金会、民办非企业单位中担任职务（含名誉职务和常务理事、理事）的，均为此次清理规范的对象。

## 二、清理规范的原则

从严控制党政机关干部兼任社会组织职务。禁止党政机关干部在行业协会商会、工商经济类的联合性社会团体任职；禁止在职党政机关干部兼任基金会领导职务，禁止在职党政机关干部担任民办非企业单位负责人。

对确因工作需要兼任社会组织职务的，必须按规定程序审批，同时按以下要求从严掌握：

（一）一人只能兼任一个社会组织职务；

（二）兼职任期不得超过两届，年龄不得超过70周岁；

（三）未按规定程序审批不得参加社会组织职务选举；

（四）党政机关干部职务发生变化或兼任的社会组织职务届满后，仍需继续兼任的，应按干部管理权限重新办理审批手续；

（五）在社会组织兼职的党政机关干部应严格自律，禁止在社会组织中领取任何报酬和津贴，严禁利用个人影响为社会组织谋取不当利益。

## 三、清理规范的方法步骤和时限

对不符合兼职规定在有关社会组织兼职的党政机关干部，必须在2014年9月30日前由兼职干部本人向其兼职的社会组织提出辞职申请，并配合社会组织做好工作交接和换届变更等工作。社会组织要及时将退出的党政机关干部情况报告登记管理机关。换届变更备案手续于2014年10月31日前完成。

对符合兼职规定且已在社会组织担任职务的党政机关干部，必须按规定重新办理兼职审批手续。具体程序为：由社会组织提出拟任意见，报民政部门确认后，民政部门出具《党政机关干部兼任社会组织职务审批表》，按干部管理权限报组织人事部门履行审批手续。兼职干部审批工作于2014年10月31日结束。

盟市、旗县（市、区）清理规范工作情况要在2014年10月31日前报自治区党委组织部、民政厅，同时上报相关统计表纸质件和电子版。

## 四、工作要求

一要明确职责。各级组织人事部门、民政部门、干部所在单位和社会组织要加强沟通协调，共同做好清理规范工作。组织人事部门要认真履行审批职能，严格按相关规定履行审批手续，把好兼职干部的审批关；民政部门要充分发挥社会组织登记管理职能，做好兼职干部的审核、备案工作，监督社会组织严格履行干部兼职工作的相关手续；兼职干部所在单位党组织要加强对干部兼职工作的管理监督，摸清干部兼职底数，及时纠正本单位干部违规兼职行为；社会组织要对本组织内的兼职干部进行核实确认，并按要求及时履行兼职干部的清退和重新审批程序。

二要健全机制。各地区各部门要建立健全党政机关干部兼任社会组织职务管理的长效机制，做到清理规范与促进发展相结合，监督管理与培育扶持相结合，既把不符合兼职规定的党政机关干部清退出去，同时也要建立严格的兼职审批制度，使党政机关干部清退出去，同时也要建立严格的兼职审批制度，使党政机关干部兼任社会组织职务工作制度化、规范化、促进社会组织健康有序发展。

三要严肃纪律。在社会组织中兼职的党政机关干部，凡在清理范围之内的，要坚决清理，不得搞迁就照顾；按规定符合党政机关干部兼职条件的，必须重新履行审批手续。对违反兼职规定的党政机关干部、相关单位和社会组织，要限期改正，责令兼职干部辞去在社会组织的职务。逾期未按规定退出和办理审批手续的，按照有关规定对兼职干部、相关单位、社会组织进行严肃处理。

此项工作时间要求紧，工作程序复杂，各地区各部门必须高度重视，抓紧组织实施，确保按时完成工作任务。

中共内蒙古自治区委员会办公厅
内蒙古自治区人民政府办公厅
2014 年 9 月 1 日

# 吉林省人民政府办公厅关于政府向社会力量购买服务的实施意见

吉政办发〔2014〕6号

各市（州）人民政府，长白山管委会，各县（市）人民政府，省政府各厅委办、各直属机构：

为贯彻落实《国务院办公厅关于政府向社会力量购买服务的指导意见》（国办发〔2013〕96号）精神，结合我省实际，经省政府同意，提出以下实施意见：

## 一、充分认识政府向社会力量购买服务的重要性

“十一五”以来，我省加快推进公共服务体系建设，公共服务财政投入显著增加，公共服务提供主体和提供方式逐步多样化，全省公共服务覆盖面和服务水平明显改善。但与发达省份相比，我省公共服务水平和均等化程度仍存在一定差距，财政投入不足、发展不平衡、体制机制不完善的问题仍然十分突出，服务规模和质量尚难以满足人民群众日益增长的公共服务需求，迫切需要政府进一步强化公共服务职能，创新公共服务供给模式，有效动员社会力量，构建多层次、多方式的公共服务供给体系，提供更加方便、快捷、优质、高效的公共服务。政府向社会力量购买服务，就是通过发挥市场机制作用，把政府直接向社会公众提供的一部分公共服务事项，按照一定的方式和程序，交由具备条件的社会力量承担，并由政府根据服务数量和质量向其支付费用。推行政府向社会力量购买服务是创新公共服务提供方式、加快服务业发展、引导有效需求的重要途径，对于深化社会领域改革，推动政府职能转变，整合利用社会资源，增强公众参与意识，激发经济社会活力，增加公共服务供给，提高公共服务水平和效率，都具有重要意义。各地要结合当地实际，因地制宜、积极稳妥地推进政府向社会力量购买服务工作，创新和完善公共服务供给模式，加快建设服务型政府。

## 二、正确把握政府向社会力量购买服务的总体方向

（一）指导思想

以邓小平理论、“三个代表”重要思想、科学发展观为指导，深入贯彻落实党的十八届三中全会和省委十届三次会议精神，牢牢把握加快转变政府职能、推进政事分开和政社分开、在改善民生和创新管理中加强社会建设的要求，进一步放开公共服务市场准入，改革创新公共服务提供机制和方式，努力为广大人民群众提供优质高效的公共服务。

（二）基本原则

1. 积极稳妥，有序实施。准确把握社会公共服务需求，充分发挥政府主导作用，有序引导社会力量参与服务供给，形成改善公共服务的合力。

2. 科学安排，注重实效。坚持精打细算，明确权利义务，切实提高财政资金使用效率，把有限的资金用在刀刃上，用到人民群众最需要的地方，确保取得实实在在的成效。

3. 公开择优，以事定费。按照公开、公平、公正原则，坚持费随事转，通过竞争择优的方式选择承接政府购买服务的社会力量，确保具备条件的社会力量平等参与竞争。加强监督检查和科学评估，建立优胜劣汰的动态调整机制。

4. 改革创新，健全机制。坚持与转变政府职能、机构精简、事业单位分类改革相衔接，推进政事分开、政社分开，放开市场准入，凡社会能办好的，尽可能交给社会力量承担，原则上不再增设新的机构和编制，逐步将“养人”支出转向“办事”支出。要坚决防止一边购买服务，一边又养人办事。创新公共服务供给方式，有效解决一些领域公共服务产品短缺、质量和效率不高等问题。及时总结经验，借鉴国内其他省份和国外有益成果，积极推动政府向社会力量购买服务的健康发展，加快形成公共服务的新机制。

（三）目标任务

“十二五”时期，政府向社会力量购买服务工作在全省逐步推开，统一有效的购买服务平台和机制初步形成，相关制度法规建设取得明显进展。到2020年，在全省基本建立比较完善的政府向社会力量购买服务制度，形成与经济社会发展相适应、高效合理的公共服务资源配置体系和供给体系，公共服务水平和质量显著提高。

## 三、规范有序开展政府向社会力量购买服务工作

（一）购买主体

政府向社会力量购买服务的主体是各级行政机关和参照公务员法管理、具有行政管理职能的事业单位。纳入行政编制管理且经费由财政负担的群团组织，也可根据实际需要，通过购买服务方式提供公共服务。

（二）承接主体

承接政府购买服务的主体包括依法在民政部门登记成立或经国务院批准免予登记的社会组织，以及依法在工商管理或行业主管部门登记成立的企业、机构等社会力量。承接政府购买服务的主体应具有独立承担民事责任的能力，具备提供服务所必需的设施、人员和专业技术的能力，具有健全的内部治理结构、财务会计和资产管理制度，具有良好的社会和商业信誉，具有依法缴纳税收和社会保险的良好记录，并符合登记管理部门依法认定的其他条件。承接主体的具体条件由购买主体会同财政部门根据购买服务项目的性质和质量要求确定。

（三）购买内容

政府向社会力量购买服务的内容为适合采取市场化方式提供、社会力量能够承担的公共服务，突出公共性和公益性。除法律、法规另有规定，或涉及国家安全、保密事项以及司法审判、行政决策、行政许可、行政审批、行政执法、行政强制等事项外，下列事项原则上可通过政府向社会力量购买服务的方式，逐步转由社会力量承担：

1. 公共服务类事项。公共教育、劳动就业服务、人才服务、社会保险、社会救助、社会福利、养老服务、优抚安置服务、医疗卫生、人口和计划生育服务、住房保障、公共文化、公共体育、公共安全、残疾人服务、环境保护、交通运输、服务三农等领域适宜由社会力量承担的服务事项。

2. 社会管理类事项。社区建设、社会组织建设与管理、社工服务、法律援助、慈善救济、公益服务、人民调解、社区矫正、流动人口管理服务、安置帮教、公共公益宣传等领域适宜由社会力量承担的服务事项。

3. 行业管理与协调类事项。行业职业资格认定、处理行业投诉等领域适宜由社会力量承担的服务事项。

4. 技术服务类事项。科研、行业规划、行业规范、行业调查、行业统计分析、资产评估、检验检疫检测、监测服务等领域适宜由社会力量承担

的服务事项。

5. 政府履职所需辅助性事项。法律服务、课题研究、政策（立法）调研草拟论证、会议经贸活动和展览服务、监督、评估、绩效评价、工程服务、项目评审、咨询、技术业务培训、审计服务等领域适宜由社会力量承担的服务事项。

6. 其他适宜由社会力量承担的公共服务事项。

对应当由政府直接提供、不适合社会力量承担的公共服务，以及不属于政府职责范围的服务项目，政府不得向社会力量购买。对于政府新增的或临时性、阶段性的服务和管理职能或事项，凡适合社会力量承担的，都应按照政府购买服务的方式进行，不再增加新的财政供养机构和人员。各级政府要逐步加大政府向社会力量购买服务的力度，按照有利于转变政府职能，有利于降低服务成本，有利于提升服务质量水平和资金效益的原则，在充分听取社会各界意见基础上，研究制定本级政府每年度向社会力量购买服务的指导性目录。政府向社会力量购买服务指导性目录应按规定向社会公布，并要根据实际进行调整。

（四）购买机制

各级政府要按照公开、公平、公正原则，建立健全政府向社会力量购买服务机制，及时、充分向社会公布购买的服务项目、内容以及对承接主体的要求和绩效评价标准等信息，建立健全项目申报、预算编报、组织采购、项目监管、绩效评价的规范化流程。购买工作应按照政府采购法的有关规定，采用公开招标、邀请招标、竞争性谈判、单一来源、询价等方式确定承接主体，严禁转包行为。购买主体要按照合同管理要求，与承接主体签订合同，明确所购买服务的范围、标的、数量、质量要求，以及服务期限、资金支付方式、权利义务和违约责任等，按照合同要求支付资金，并加强对服务提供全过程的跟踪监管和对服务成果的检查验收。承接主体要严格履行合同义务，按时完成服务项目任务，保证服务数量、质量和效果。

（五）资金管理

政府向社会力量购买服务所需资金在既有财政预算安排中统筹考虑。随着政府提供公共服务的发展需要增加的资金，应按照预算管理要求列入财政预算。要加强政府购买服务预算制度建设，推进预算信息公开，确保政府购买服务预算资金安全、规范、有效。

（六）绩效管理

加强政府向社会力量购买服务的绩效管理，严格绩效评价机制。建立健全由购买主体、服务对象及第三方组成的综合性评审机制，对购买服务项目数量、质量和资金使用绩效等进行考核评价。评价结果向社会公布，并作为以后年度编制政府向社会力量购买服务预算和选择政府购买服务承接主体的重要参考依据。

## 四、扎实推进政府向社会力量购买服务工作

（一）加强组织领导

各地要按照政府主导、部门负责、社会参与、共同监督的要求，切实加强对政府购买服务的组织和指导。要把政府向社会力量购买服务工作列入重要议事日程，加强统筹协调，立足当地实际认真制定并逐步完善政府向社会力量购买服务的政策措施和实施办法，并抄送省财政厅。省财政厅要会同有关部门加强对各地开展政府向社会力量购买服务工作的指导和监督，总结推广成功经验，积极推动相关制度法规建设。

（二）健全工作机制

各级政府可根据本地区实际情况，建立“政府统一领导，财政部门牵头，编制、人力资源社会保障、民政、工商管理以及行业主管部门协同，职能部门履职，监督部门保障”的工作机制，拟定购买服务指导性目录，确定购买服务计划，指导监督购买服务工作。相关职能部门要加强协调沟通，做到各负其责、齐抓共管。省直各部门对列入省政府向社会力量购买服务指导性目录的事项，原则上要通过向社会力量购买服务的办法操作实施。

（三）严格监督管理

各地、各部门和单位要严格遵守相关财政财务管理规定，确保政府向社会力量购买服务资金规范管理和使用，不得截留、挪用和滞留资金。购买主体应建立健全内部监督管理制度。承接主体应当健全财务报告制度，并由具有合法资质的注册会计师对财务报告进行审计。财政、监察、审计等部门要加强对政府向社会力量购买服务的监督。

（四）做好宣传引导

各地、各部门和单位要广泛宣传政府向社会力量购买服务工作的重要性、总体方向和相关要求，做好政策解读，加强舆论引导，主动回应群众关切，充分调动社会参与的积极性。

2014 年 2 月 22 日

# 吉林省人民政府关于取消、下放和调整行政审批项目的决定

吉政发〔2014〕7号

各市（州）人民政府，长白山管委会，各县（市）人民政府，省政府各厅委办、各直属机构：

为贯彻落实党的十八届三中全会和省委十届三次全会关于深化行政管理体制改革、推进简政放权的部署，省政府对各部门执行的行政审批项目进行了清理。经广泛征求意见和认真研究论证，省政府决定，取消（暂停）省级行政审批项目59项，下放（委托下放）行政审批项目25项，取消和下放行政审批项目子项20项，对9项行政审批项目实行分级管理。

各有关部门要切实加强取消、下放和调整行政审批项目的后续监管，做到放管结合。要及时做好下放项目的授权委托、手续移交、落实衔接等工作。对转为日常管理的项目要继续保留在省政府政务大厅统一办理。各级政府部门对承接的审批项目要切实履行工作职责，认真做好落实和衔接工作，承接的项目要全部纳入各级政务大厅集中办理，公开项目名称、设立依据、申请条件、审批程序、审批时限、收费标准以及需要提交申请材料的目录和示范文本等事项，进一步优化审批流程，减少审批环节，提高审批效率。

各地、各部门要按照深化行政体制改革、加快政府职能转变的要求，进一步加大简政放权力度，激发市场主体创造力、释放社会活力、增加经济发展内生动力，坚定不移地推进行政审批制度改革。

附件：1. 省政府决定取消（暂停）的行政审批项目目录（59项）（略）
2. 省政府决定下放（委托下放）的行政审批项目目录（25项）（略）
3. 省政府决定取消和下放的行政审批项目子项目录（20项）（略）
4. 省政府决定实行分级管理的行政审批项目目录（9项）（略）

吉林省人民政府

2014年3月31日

# 黑龙江省人民政府办公厅转发民政厅《关于培育和发展城乡社区社会组织意见的通知》

（黑政办发〔2014〕61 号）

## 省民政厅关于培育和发展城乡社区社会组织的意见

为进一步加大城乡社区社会组织培育扶持力度，激发社会组织活力，拓宽规范管理范围，提升管理服务水平，根据《社会团体登记管理条例》（国务院令第 250 号）和《民办非企业单位登记管理暂行条例》（国务院令第 251 号）等相关规定，现结合我省实际提出如下意见。

### 一、充分认识培育和发展城乡社区社会组织的重要意义

城乡社区社会组织，是指在本省行政区域内，以街道、乡（镇）或者社区（村）地域为活动范围，由本社区（村）范围内单位或个人自愿组成或举办的，以满足社区居民（村民）需求为目的，依法开展活动，提供社会服务的具有社会团体和民办非企业单位性质与特点的社会组织，包括城乡社区社会团体和城乡社区民办非企业单位。城乡社区社会组织具有非营利性、群众性、服务性的特点。

随着我省经济社会的快速发展和城乡社区居（村）民物质文化生活水平的逐步提高，各种城乡社区文体、服务、公益、慈善、志愿等社会组织大量涌现，已成为完善城乡社区自治功能、发展社区互助服务、促进和谐社区建设的重要力量。加强城乡社区社会组织管理与发展，有利于提高城乡社区治理水平，提高居（村）民自我管理、自我教育、自我服务水平；有利于推动政府职能转移，促进行政功能与城乡社区自治功能的良好互动和对接；有利于加强城乡社区社会工作及社工人才队伍建设，提升城乡居民的生活幸福指数。各级政府民政部门要充分认识培育发展和规范管理城

乡社区社会组织的重要性和紧迫性，进一步解放思想，开拓创新，积极引导城乡社区社会组织健康发展，为促进我省经济社会秩序健康发展服务。

## 二、准确把握城乡社区社会组织建设的指导思想和目标任务

（一）指导思想

全面贯彻党的十八大和十八届三中、四中全会精神，认真落实党中央、国务院和省委、省政府关于社会组织改革的各项决策部署，紧紧围绕全面激发社会组织活力、加快推进现代社会组织体制建设，积极探索发展符合我省广大城乡社区需求的社会组织。完善城乡社区社会组织的服务功能，充分发挥城乡社区社会组织的作用，提升城乡社区社会组织的整体质量。

（二）目标任务

1. 进一步加大培育扶持力度。要切实改变城乡社区社会组织规模小、能力弱、发展不均衡、社会认知度低的状况，不断增加数量，扩大规模，使城乡社区社会组织参与社区建设的作用显著增强。力争到2016年底，初步形成发展有序、覆盖广泛、布局合理的城乡社区社会组织体系。

2. 提高登记率和备案率。县（区）级政府民政部门要加强对城乡社区社会组织的指导，创新工作方法，提高服务水平，加快推进登记备案工作，2015年年底前应基本完成现有城乡社区社会组织的登记和备案。

3. 建设服务平台，培育和推广典型。各地要及时掌握辖区内城乡社区社会组织的发展状况，并注重培育、树立先进典型，发挥典型的辐射带动作用。力争每个城乡社区培育1—2个活动规范有序、作用发挥明显、社会影响力强的示范性城乡社区社会组织。要逐步建立社会组织服务平台，力争在具备条件的城乡社区设立“社区社会组织办公中心”、“社区社会组织孵化服务站”或“社区社会组织服务中心”，在每个城乡社区确定一名社会组织建设专职指导员。中心（孵化站）和指导员共同负责城乡社区社会组织的培育、指导等工作。

4. 理顺管理体制。按照社会组织登记管理的政策法规规定，县（区）级政府民政部门对城乡社区社会组织实行直接登记备案，社区进行日常活动的指导，形成分工负责、相互协调、运转高效的城乡社区社会组织管理体制。

## 三、积极稳妥地做好城乡社区社会组织的管理工作

(一) 备案管理

全省城乡社区社会组织符合登记条件的，依法向县（区）级政府民政部门申请登记，民政部门实行直接登记。全省城乡社区社会组织暂不具备登记条件的，在不违背《社会团体登记管理条例》和《民办非企业单位登记管理暂行条例》基本原则的前提下，适当放宽条件、简化程序，实行备案管理，把城乡社区社会组织纳入制度化、规范化轨道。

1. 备案方式：

城乡社区社会组织的备案，由发起人或举办者直接向县（区）级政府民政部门申请，民政部门履行登记管理和业务主管一体化职能。相关法律法规规定需前置审批的仍按照双重管理体制进行管理。申请备案的城乡社区社会组织，由负责人填写《黑龙江省城乡社区社会组织备案表》，报县（区）级政府民政部门备案。经备案的城乡社区社会组织名称、活动场所、主要负责人发生变化的，应及时向民政部门报告；需要解散的，由备案部门取消备案。城乡社区社会组织免于公告。

2. 申请设立城乡社区社会组织，发起人应提交下列材料：

①备案申请书；

②活动场所证明；

③拟任负责人基本情况和身份证复印件；

④章程草案。

(二) 监督管理

各备案机关和社区，对经备案的城乡社区社会组织要在积极培育和引导其发展的同时，加强管理和监督，确保其在国家宪法和法律法规允许的范围内，按照章程积极开展健康有益的活动。

## 四、科学有效地制定工作措施

(一) 加大培育力度

各级政府民政部门要加强对城乡社区社会组织发展的政策指导，积极协调相关职能部门，支持城乡社区社会组织参与社会服务和社会治理，推进政府购买服务，重点发展公益慈善性、社会福利性、社会服务性的城乡社区社会组织。要依托城乡社区社会组织，推进多元化服务，满足居（村）民多样化的需求。

（二）强化分类管理

要根据城乡社区社会组织的性质、规模、业务范围、成员与服务对象的不同，加强分类指导与管理。要建立科学的城乡社区社会组织日常管理制度和运行机制，积极引导城乡社区社会组织规范运作，使其逐步走向制度化、规范化管理轨道。要注重加强宏观调控，不断优化城乡社区社会组织的结构和布局。要依法管理城乡社区社会组织，坚决依法取缔假借城乡社区社会组织之名，开展非法活动的组织。

（三）优化发展能力

坚持以社区需求为导向，以完善社区自治功能、促进居（村）民的全面发展为目标，不断优化城乡社区社会组织发展能力。各级政府民政部门要通过帮助城乡社区社会组织转换机制、强化功能，切实增强城乡社区社会组织整合资源能力，不断提高城乡社区社会组织发展水平，使城乡社区社会组织在促进城乡社区经济社会发展和参与基层社会治理中发挥更大的作用。

# 中共上海市委办公厅 上海市人民政府办公厅转发《市民政局关于完善社会组织综合监管体系促进社会组织健康发展的指导意见》的通知

（沪委办发〔2014〕13 号）

各区、县党委和人民政府，市委、市人民政府各部、委、办、局，各市级机关，各人民团体：

《市民政局关于完善社会组织综合监管体系促进社会组织健康发展的指导意见》已经市委、市人民政府同意，现转发给你们，请认真贯彻执行。

中共上海市委办公厅
上海市人民政府办公厅
2014 年 3 月 24 日

## 市民政局关于完善社会组织综合监管体系促进社会组织健康发展的指导意见

近年来，本市社会组织稳步发展，在促进经济发展、繁荣社会事业、参与社会管理和公共服务、发展社会主义民主政治、扩大对外交往等方面发挥着日益重要的作用。但社会组织发展和管理仍存在一些薄弱环节，不能完全适应上海经济社会发展需要。为创新社会治理体制，加快推进社会组织管理制度改革，现就完善本市社会组织综合监管体系，促进社会组织健康发展提出如下指导意见。

### 一、指导思想、基本原则和总体目标

（一）指导思想

以邓小平理论、“三个代表”重要思想、科学发展观为指导，深入贯

彻落实党的十八大及十八届二中、三中全会精神和习近平总书记系列讲话精神，紧紧围绕上海经济社会发展大局，以明确政府和社会权责为基础，以社会组织依法自治为核心，以激发社会组织活力为重点，以发挥社会组织作用为目的，坚持发展与监督并重、宽进与严管并重、活力与秩序并重，加快形成政社分开、权责明确、依法自治的现代社会组织体制，加快形成统一登记、各司其职、协调配合、分级负责、依法监管的社会组织管理体制，促进社会组织健康发展。

（二）基本原则

1. 坚持依法监管。完善政策法规，运用法治思维和法治方式，发挥政策保障、制度规范、法律约束作用，形成政府依法监管、社会组织依法自治、社会公众依法监督的管理格局。

2. 坚持多元治理。加强党的领导，发挥政府主导作用，尊重社会组织主体地位，尊重基层首创，鼓励和支持社会各方参与，实现政府、社会组织、社会公众良性互动的治理局面。

3. 坚持分类指导。尊重社会组织发展和成长规律，根据社会组织的不同类型、不同性质、不同发展阶段，实行分类登记管理和指导，提升社会组织监管的科学性和有效性。

（三）总体目标

通过改革社会组织管理制度，提升政府事中、事后监管水平，引导社会组织自律自治，拓宽社会公众参与渠道，推动社会组织自我监督、法律监管、政府监管、社会公众监督有效衔接，逐步实现社会组织自律自治有方、法律监管有力、政府监管有效、社会公众监督有序的现代社会组织综合监管体系。

## 二、工作重点

（一）促进社会组织自律自治

健全内部治理机制。深入推进政社分开，强化社会组织法人地位和责任。健全以章程为核心的独立自主、权责明确、运转协调、制衡有效的社会组织内部治理机制，完善社会组织会员（代表）大会、理事会、监事（会）制度，推动各项内部民主监督机制有效运作。建立社会组织负责人管理制度，明确负责人资格、产生程序、任职年限等。完善社会组织资金管理制度和终止后剩余财产处理制度，严格执行《民间非营利组织会计制度》。

建立重大事项报告制度。引导社会组织将重大事项报告制度纳入章程，社会组织召开重大会议、主要负责人发生变化、设立分支（代表）机构、接受大额捐赠、开展涉外活动等重大事项及在活动中发现重要社情动态、发生重大突发事件，应及时向登记管理机关、业务主管单位（行业主管部门）报告。

加大信息公开力度。以公开为原则、不公开为例外，主动公开章程、接受捐赠和资助情况及接受捐赠和资助财产使用管理情况等，自觉接受社会监督。同时，利用报刊、网站、微博、网上社区等渠道主动公开信息，社会团体重点向会员公开内部运作、重大活动、财务收支情况等信息；民办非企业单位重点向服务对象公开服务承诺、服务收费标准等信息；基金会重点向社会公开募捐活动、接受捐赠和资助财产使用管理情况等信息。支持专业机构对社会组织公开信息进行分析和监测。

促进同业规范。鼓励同类型、同性质、同行业、同领域的社会组织建立联合性的枢纽组织，制定和执行自律公约，实现社会组织自我服务、自我管理、自我教育。依托枢纽组织、社会组织服务中心、孵化基地等平台，在提供支持和服务中规范社会组织发展。发挥工会、共青团、妇联和科协、社联、文联、残联等群众团体的桥梁和纽带作用，团结引领相关领域社会组织。

（二）完善法律监管

认真贯彻落实《社会团体登记管理条例》、《民办非企业单位登记管理暂行条例》、《基金会管理条例》等法规政策，及时制定和完善本市相关法规政策。颁布社会组织建设制度规范，加强对社会组织活动和行为的引导。制定社会组织中长期发展规划，将社会组织建设和发展纳入全市经济社会发展总体布局，加强规划引导。逐步完善社会组织综合监管法规政策体系，确保政府依法行政、有效履职，社会组织依法自治、自觉接受监督，社会公众依法监督、有序参与。

（三）改善政府监管

明确部门管理职责。按照形成统一登记、各司其职、协调配合、分级负责、依法监管的社会组织管理体制要求，登记管理机关主要负责社会组织的法人登记、法人治理指导、执法监察等，依法履行社会组织登记备案、年检评估、监督检查、执法查处等职责，指导社会组织加强自身建设、信息公开及能力建设等。继续担任业务主管单位的党政机关和授权组织仍负责前置审查、业务指导、日常管理等，切实履行社会组织登记和年检初审等职责，监督社会组织依法按章开展活动，指导社会组织做好党建工作、加强财务和人事管理、开展对外交往等，协同开展违法查处、组织清算等。不再担任业务主管单位的相关行业主管部门主要负责对在主管领域内活动的社会组织进行行业指导、行业服务、行业监管等，通过制定行业活动指南和服务管理规范等方式，加强对本部门授权、委托、转移事项和购买服务项目进行监管，协助做好相关社会组织登记审查、违法查处等。公安、国家安全、财政、税务、人力资源社会保障、审计、外事、质量技监、金融、物价等相关职能部门依法做好对社会组织相关专项事务的服务和管理工作。相关部门之间要建立社会组织登记、执法等重要事项通报、协作制度。

深化日常监管。完善社会组织登记审查程序，对章程宗旨、业务范围、发起人背景、法人资质进行严格审核把关。完善社会组织分类评估制度，加大评估结果运用，以评促建，推动社会组织不断加强自身建设。完善社会组织年检制度，加强部门协同，强化财务审计和现场检查，加大对年检发现问题的督促整改力度。完善多部门联动执法机制，畅通信息收集和反馈网络，及时查处社会组织违法违规活动和非法社会组织。完善撤销、注销登记制度，健全社会组织退出机制。

建立分类监管机制。建立社会组织信用体系，按照守法诚信情况对社会组织实行分类监管，加强对严重失信社会组织的监管，引导社会组织规范运作、诚信执业，营造守信受益、失信惩戒的社会环境。突出重点，对行业协会商会类社会组织侧重于维护市场经济秩序和收费行为的监管，对科技类社会组织侧重于科研资源使用和交流培训的监管，对公益慈善类社会组织侧重于资金筹集和使用情况的监管，对城乡社区服务类社会组织侧重于服务和引导工作的监管。

（四）引导社会公众参与监督

拓展政务信息发布渠道。利用报刊、政府网站等渠道，通过发布社会组织登记成立公告、年检结果公告、评估公示及编制社会组织发展报告书等形式，及时公开社会组织基本情况、年检结论、评估等级、立功受奖及受处罚情况等信息。同时，依法答复公民、法人或其他组织信息公开申请，保障社会公众知情权、参与权、监督权。

搭建社会公众参与平台。通过设立网上信箱、公众问答、网上调查、政策征询等方式，接受社会公众关于社会组织的投诉举报和建言献策。通过搭建政社合作平台，加强与媒体、公众的互动交流。探索运用微信、微博等，及时发布相关信息，扩大社会公众参与监督渠道。

建立舆情收集和回应机制。进一步加大有关社会组织的舆情监测，加强分析研判，及时回应社会关切，解疑释惑，积极引导。

## 三、保障措施

（一）完善工作机制

建立健全党委和政府领导下相关部门参加的社会组织工作机制，加强统筹规划、研究协调、督促检查。将社会组织的发展和管理情况列入党委和政府社会建设绩效考核重要内容，完善考核评价指标体系。

（二）发挥党建引领作用

完善社会组织党建管理体制，创新社会组织党组织设置方式和工作方式，把党建工作与登记管理工作相结合，提升党建工作有效性。团结凝聚社会组织领军人才，拓宽其参与协商渠道，发挥其参政议政作用。深化党群共建，支持工会、共青团、妇联等在社会组织中开展工作。

（三）加强队伍建设

切实转变政府职能，充实基层管理力量，提供与职责任务相适应的相关保障。加强业务培训和岗位锻炼，提高工作人员能力素质，提升服务管理水平。

（四）提供信息化支撑

完善社会组织信息库，加快各类信息电子化、标准化建设。建立和完善社会组织信息化应用平台，推动资源整合、业务协同、信息公开和共享，实现相关信息上下互通、左右联动、内外同步。

上海市民政局

2014 年 2 月 10 日

# 上海市人民政府办公厅关于转发市民政局制订的《上海市社会组织直接登记管理若干规定》的通知

（沪府办〔2014〕18号）

各区、县人民政府，市政府有关委、办、局：

市民政局制订的《上海市社会组织直接登记管理若干规定》已经市政府同意，现转发给你们，请认真按照执行。

上海市人民政府办公厅
2014年3月14日

## 上海市社会组织直接登记管理若干规定

**第一条** 为激发社会组织活力，促进社会组织健康有序发展，根据法律、法规和国家有关规定，结合本市实际情况，制定本规定。

**第二条** 本规定适用于全市范围内行业协会商会类、科技类、公益慈善类、城乡社区服务类等社会组织（以下统称“社会组织”）的登记管理。政治法律类、宗教类、涉外类等社会组织的登记仍实行双重管理。

行业协会商会类社会组织，是指由企业及其他经济组织自愿组成，实行行业服务和自律管理的社会团体。

科技类社会组织，是指自然科学、技术科学领域的学术性、科普性、综合性社会组织。

公益慈善类社会组织，是指从事社会福利、救灾救助、社会保障及社会事务的社会服务类社会组织和教育、卫生、文化、体育、生态环境等社会事业类社会组织。

城乡社区服务类社会组织，是指围绕城乡社区居民的多样化需求提供服务的社会组织。

**第三条** 市、区（县）民政部门是同级社会组织的登记管理机关。

**第四条** 成立社会组织，申请人可直接向登记管理机关依法申请登记。

成立社会组织需要行业资质许可的，申请人应当在取得行业主管部门的资质许可后，向登记管理机关依法申请登记。

成立社会组织，申请人应当向登记管理机关提交《社会组织自律承诺书》，并按规定提交相关申请材料。

登记管理机关应当自收到全部有效文件之日起30个工作日内，作出准予成立或不予成立的决定。准予成立登记的，发放准予成立决定书，并颁发社会组织法人登记证书；不予成立的，应当书面说明理由。

**第五条** 社会组织的登记事项需要变更或者修改章程的，应当自变更发生或者章程修改之日起30日内，直接向登记管理机关申请变更登记或者章程核准。登记管理机关应当自收到全部有效文件之日起5个工作日内，作出准予变更（核准）或不予变更（核准）的决定。

**第六条** 社会组织需要注销的，应当在完成清算工作后，直接向登记管理机关申请注销登记。登记管理机关应当自收到全部有效文件之日起10个工作日内，作出准予注销或不予注销的决定。

**第七条** 登记管理机关受理成立、变更和注销登记申请，对需要征询意见的，应当以征询函的形式征询相关部门意见，相关部门应当予以配合。

**第八条** 社会组织应当健全以章程为核心的独立自主、权责明确、运转协调、制衡有效的社会组织内部治理机制，完善自律承诺，主动履行重大事项报告和信息披露，依法接受登记管理机关的年度检查和各相关部门的管理和监督。

**第九条** 本规定未尽事宜，按照国家和本市有关社会组织登记管理的规定执行。

**第十条** 本规定自2014年4月1日起施行，有效期至2019年3月31日。

上海市民政局

2014年3月7

# 上海市嘉定区人民政府关于印发《嘉定区政府购买社会组织服务实施办法（试行）》的通知

（嘉府发〔2014〕59 号）

各镇人民政府，区政府各委、办、局、街道办事处，嘉定新城、嘉定工业区、菊园新区管委会：

《嘉定区政府购买社会组织服务实施办法（试行）》已经区政府研究同意，现印发给你们，请认真按照执行。

上海市嘉定区人民政府
2014 年 12 月 13 日

## 嘉定区政府购买社会组织服务实施办法（试行）

为贯彻《国务院办公厅关于政府向社会力量购买服务的指导意见》（国办发〔2013〕96 号）、《关于做好政府购买服务工作有关问题的通知》（财综〔2013〕111 号）精神，进一步转变政府职能，规范政府购买社会组织服务行为，提高政府公共服务供给效率和质量，根据区委办、区府办《关于加强本区社会组织建设的实施意见》的通知要求（嘉委办〔2011〕32 号），结合本区实际，制定本实施办法。

### 一、指导思想

以党的十八大和十八届三中全会精神为指导，全面贯彻落实科学发展观，围绕创新社会治理的要求，加快政府职能转变，大力培育公益性社会组织，充分调动社会组织参与社会公共管理和民生服务的积极性，规范政府购买社会组织服务行为，提高政府购买公共服务效益，促进政社合作和政社互动，逐步形成党委领导、政府负责、社会协同、公众参与、法治保障的社会管理新格局。

## 二、基本内涵

政府购买社会组织服务，是指政府将面向公众提供的公共服务事项，通过直接拨款或公开招标并以市场化、契约化的方式，交给有资质的社会服务机构来完成，最后根据择定者或中标者所提供的公共服务的数量和质量，按照一定的程序和标准进行评估后支付服务费用的行为。

## 三、实施原则

（一）政府主导，社会参与。通过政府编制发布项目、落实资金、强化监督等方式，确保政府主导作用发挥到位。通过引入市场机制等举措引导社会组织有序参与，充分发挥社会组织在公共服务中的协同作用。

（二）转移职能，稳妥推进。政府各部门要加快职能转移，合理界定项目服务内容和要求，明晰政府、社会组织、服务对象在购买、提供和享受社会公共服务过程中的权利和义务。

（三）需求导向，项目推动。以社区居民的需求为导向，挖掘、设计公益服务项目，在购买服务的内容、流程等方面充分体现便民、利民、惠民的原则，基本实现社会公共服务需求与社会组织公共服务供给的相对平衡。

（四）公平公正，竞争守信。通过竞争性方式选择承接政府购买服务的社会组织，实现“多中选好、好中选优”，保证社会效益的最大化，提高公共财政资金的使用效率和公共福利的效益。

（五）公开透明，强化监督。向社会公开购买社会组织服务项目、资金使用、服务效果等内容，要探索建立多方参与政府购买社会组织服务监管方式，增强服务的针对性和有效性。

## 四、重点领域

（一）社会服务领域。社会保障、救灾救助、扶老助残、医疗卫生、文体科普、妇幼保护、法律服务、支教助学、生态环境、促进就业、拥军优属、社区服务、专业帮教等公益性服务工作。

（二）社会事务领域。评估、调查、培训、鉴定、调解、维稳等事务性工作。通过提供中介服务、反映合理诉求、平衡各方利益、开展行业自律，促进社会和谐、经济可持续发展。

（三）其他领域。政府履行职能所需的辅助性事项及其他需要社会组织参与的公共管理或公益服务项目。

## 五、购买主体

政府向社会组织购买服务的主体（以下简称购买主体）为：本区各级行政机关，参照公务员法管理、具有行政管理职能的事业单位和纳入行政编制且经费由财政负担的群团组织；本区各镇人民政府、街道办事处、嘉定工业区和菊园新区管委会。

## 六、承接主体

参与政府购买服务的社会组织应具备以下条件：

（一）具有独立法人资格，依法登记的社会团体、民办非企业单位。

（二）具有公益性、非营利性，内部治理结构完善，各种规章制度健全，拥有良好的社会公信力和较强的公益项目运营管理能力。

（三）独立的财务管理、财务核算和资产管理制度，具有依法缴纳税收、社会保险金的良好记录。

（四）有专职工作人员（需提交劳动合同和社保缴纳证明）；有固定的办公场所及合法稳定的收入。

（五）连续 2 年年检合格，且 3 年内无违约、不履行或被中止、撤销政府购买服务项目行为的，5 年内无重大违法违规行为的。

## 七、购买方式

根据政府采购的有关规定，由项目购买方根据实际需求项目金额选择确定购买方式。具体有：

（一）公开招标；

（二）邀请招标；

（三）竞争性谈判；

（四）单一来源采购；

（五）询价；

（六）国务院政府采购监督管理部门认定的其他采购方式。

政府购买社会组织服务的项目，首次立项的实施期一般不超过一年，第二次开始一般应实施 2—3 年，可以一次招标，逐年签约，每年评估。

## 八、项目监管

项目购买方（购买主体）要加强立项指导、中期检查和结项评估等工作，监督中标社会组织按时保质完成项目。项目实施的阶段性成果或结项总结情况，及时向领导小组办公室反馈。

中标社会组织（承接主体）要按计划进度要求实施完成项目任务。建立项目进度反馈制度和工作台账（包括公共服务项目的情景展示、公益记录和会计账簿等），及时向项目购买方报告项目的进度和成果。项目资金必须专款专用，不得挪作他用。

政府购买服务项目的绩效评估，根据合同约定和项目购买方提出的评估标准，以项目实施效果、满意度测评和资金审计为重点，开展评估验收，并形成书面报告。

项目标的金额在10万元以下（含10万元）的，可由中标服务提供方提交自评（总结）报告，由项目购买方自行组织实施评估验收，结果报领导小组办公室。项目标的金额在10万元以上的，由中标社会组织提交中期报告和自评（总结）报告，由领导小组办公室委托第三方评估机构组织专家实施评估验收，结果报领导小组办公室。

对按照合同约定完成任务的社会组织，经项目购买方提出，领导小组同意，可在次年评审时酌情放宽条件优先立项；对未按进度要求结项的，项目购买方可根据合同约定直接予以中止或撤项，并不再继续拨付资金；被撤项的项目，还需酌情收回部分拨付资金，中标社会组织在一定时限内将不能承接政府购买服务项目。

## 九、领导机构

为进一步加强对政府购买社会组织服务工作的领导和协调，明确部门职责，研究推进工作，在区级层面建立政府购买社会组织服务工作领导小组，区纪委（监察局）、社工委（社建办）、发改委、财政局、税务局、审计局、民政局、人社局、质监局、机管局、编办等委办单位作为成员单位，领导小组办公室设在区民政局（社团局）。各成员单位的职责分工为：

区纪委（监察局）负责对政府购买服务工作实施监察；对各业务主管单位转移职能、委托社会组织承接公共服务事项的执行情况进行监察；

区社工委（社建办）协调各街镇年度政府购买服务的范围及内容，以及各委办单位需在社区实施的项目；

区发改委、区编办编制政府转移职能目录、政府购买社会组织服务目录，形成制度安排；

区财政局研究建立政府购买服务资金分配方案和实施办法，负责对实施项目财政资金使用情况进行绩效评估，对各主管单位申报的公共服务项目经费进行预算安排，按规定办理政府采购手续，对实施项目根据进度拨付资金；

区税务局主要负责非营利组织免税资格认定，研究和落实社会组织税收优惠政策；

区审计局负责对公共服务项目经费预算执行情况实施监督；

区民政局结合社会组织年检、规范化建设评估和社会组织诚信建设等情况，编制具备承接政府转移职能和购买服务资质的社会组织目录；

区人社局主要负责研究社会组织劳动人事制度和相关政策，负责社会组织专职人员的劳动关系、社会保险管理和劳动人事争议处理；

区质监局负责制定政府购买服务项目的质量服务体系；

区机管局（区政府采购中心）组织落实政府购买服务集中采购项目的采购活动和公示。

领导小组各成员单位结合职能，具体指导并视情况参与政府购买服务项目的评审和评估验收工作。

## 十、工作要求

（一）加强组织领导。区领导小组及成员单位要切实履行职责分工，做好组织、指导、协调和服务工作。区各主管单位及各街镇要充分认识政府购买服务工作的重要意义，列入各部门工作议事日程。要进一步转变观念，认真梳理可委托社会组织承接事项，明确服务标准，加强项目管理。区各相关部门要抓紧制定有关配套文件，促进具体制度及政策间的科学衔接、规范操作和有效落地。

（二）稳步有序推进。政府购买服务工作涉及领域广、范围大、资金多，应本着解放思想、实事求是的方针，先行试点积累经验，先易后难突出重点，由点到面稳步推进。

（三）加强舆论宣传。充分利用广播、电视、网络、报纸等传媒手段，广泛宣传政府购买服务工作，扩大公众知晓度和社会参与面，加强公众监督，努力营造良好的舆论环境。

## 十一、其他

（一）本实施办法自 2015 年 1 月 1 日起试行。国家、上海市如有新的规定出台，按新规定执行。

（二）本实施办法由区民政局、区财政局按照职责范围负责解释。

# 上海市嘉定区人民政府关于印发《嘉定区加快公益慈善类、城乡社区服务类社会组织培育发展的实施意见》的通知

（嘉府发〔2014〕64号）

各镇人民政府，区政府各委、办、局、街道办事处，嘉定新城、嘉定工业区、菊园新区管委会：

《嘉定区加快公益慈善类、城乡社区服务类社会组织培育发展的实施意见》已经区政府研究同意，现印发给你们，请认真按照执行。

上海市嘉定区人民政府
2014年12月28日

## 嘉定区加快公益慈善类、城乡社区服务类社会组织培育发展的实施意见

为进一步促进公益慈善类、城乡社区服务类社会组织发展，发挥其在参与社会治理、社区服务和公益事业中的积极作用，根据区委办、区府办《关于加强本区社会组织建设的实施意见》（嘉委办〔2011〕32号）、《嘉定区政府购买社会组织服务实施办法（试行）》（嘉府发〔2014〕59号）的有关规定，现就加快我区培育公益慈善类、城乡社区服务类社会组织（以下称“两类组织”）提出如下意见。

### 一、组织界定

本意见所称公益慈善类社会组织，是指从事社会福利、救灾救助、社会保障及社会事务的社会服务类社会组织和教育、卫生、文化、体育、生态环境等社会事业类社会组织（民办学校、医院、培训机构除外）。

城乡社区服务类社会组织，是指以社区居民为主要服务对象，以满足社会公众民生需求为目的，从事社区民生服务，参与社区公共事务管理的各类社会组织。

## 二、指导思想

以党的十八大和十八届二中、三中、四中全会精神为指导，以加快形成党委领导、政府负责、社会协同、公众参与、法治保障的社会管理体制为目标，坚持培育发展与监督管理并举方针，通过明确重点领域、优化扶持政策、加强培育指导、落实绩效评估等途径，优先发展和重点扶持两类组织，引导鼓励其积极参与公共服务，保障民生福祉，创新社会治理方式，激发社会组织活力。

## 三、主要措施

对两类组织给予以下优惠政策：

（一）优先享受财政资助。两类组织属于本区优先给予财政资金扶持的重点发展领域的社会组织。对新成立的两类组织，给予一次性开办费补贴；对尚不具备登记条件，且从事社会服务、公益慈善和社区事务的社会组织，给予一次性运营补贴。获得社会组织规范化建设评估等级的上述两类社会组织，对聘用大学生（全日制大学本科及以上）和社会工作者（取得社会工作者资格证书的非退休人员），给予人员经费补贴；对无条件设立财务机构、无专职财会人员的，提供免费代记账服务。具体资助条件、要求、程序等按照《嘉定区促进社会组织发展财政资金扶持办法（试行）》（嘉民〔2013〕70号）的规定执行。

（二）优先获得项目扶持。两类组织获得3A及以上评估等级的，优先获得承接政府购买服务项目的资格。通过招投标、创投、定向委托等形式，承接社区公益服务项目，为社会公众在安老、助残、扶幼、济困、帮教、调解、文体、卫生、环保等领域提供服务与帮助。对于未承接政府购买服务项目，但已自行开展相关公益性服务项目，且获得较好社会影响的社会组织，可给予适当的奖励或补贴。

（三）优先入驻孵化基地。我区的社会组织孵化基地是嘉定区社会组织公益实践园。实践园的重要功能之一是培育孵化两类组织，尤其鼓励、吸引萌芽型和初创型的两类组织入驻实践园，并享受培育孵化的一系列优惠政策，如免费使用实践园内办公场所；优先享受实践园提供的登记代办，党建、团建代管，人事、财务代理等服务；免费使用实践园内公共活动场所等公共资源；免费参加实践园举办的相关业务讲座和技能培训等。

（四）适当降低准入门槛。两类组织属于本市直接登记范畴，在不违背《社会团体登记管理条例》和《民办非企业单位登记管理暂行条例》基本原则的前提下，适当放宽准入条件，简化登记程序。开办资金可酌情降低，但不得少于5000元人民币。申请成立登记时将住所设在经认定的各级社会组织孵化园的上述两类组织，如拥有相对固定的办公位置，且不影响其正常开展章程所规定的业务活动的，可视为已具备必要的场所。

（五）适当提高人才待遇。两类组织除了享受区财政资金扶持办法规定的人员经费补贴外，其工作人员被认定为社会组织人才的，纳入本区优秀人才范围，在购房租房、薪酬福利、就业补贴等方面享受同等优惠待遇。在购买服务时适当加大两类组织用于管理经费和人员经费的比重。

## 四、工作保障

（一）切实加强组织领导。要充分发挥嘉定区社会组织建设与管理联席会议制度的作用，切实加强对社会组织工作的领导；将公益慈善类、城乡社区服务类社会组织培育发展工作纳入区国民经济和社会发展五年规划，分期制定三年行动计划；加快构建“统一登记、各司其职、协调配合、分级负责、依法监管”的社会组织管理体制，加强社会组织综合监管体系建设。各街镇要将社会组织培育发展工作列入重要议事日程，研究制定本地区社会组织培育发展规划，明确重点扶持对象和具体扶持措施。自2015年起，区政府在实施年度民政工作考核时，将适当增加对街镇培育两类组织工作的考核比重。

（二）保障培育扶持经费。整合现有财政扶持政策资源，进一步加大资金支持力度。建立嘉定区社会组织发展专项资金，重点支持公益慈善类、城乡社区服务类社会组织能力建设和公益项目实施。该专项资金自2015年起，采用按上年度常住人口数统筹、区镇1∶1配套。2015年度向街镇每人每年10元统筹，由财政财力结算，以后每年统筹标准由区社会组织建设与管理联席会议确定。各街镇可相应建立专项资金，用于对社区社会组织规范化管理、业务培训和指导，以及提升能力建设。专项资金可委托街镇社会组织服务中心管理运作，由财政部门直接拨付。具体实施细则由区财政局、区民政局等牵头另行制定。

（三）推进政府购买服务。加快制定政府职能转移目录、政府购买服务目录和社会组织目录。政府购买服务资金列入各级政府部门预算，建立与政府职能转移、社会组织发展需要相衔接的财政投入增长机制，加大街镇财政对社会组织支持力度。建立科学合理的购买服务标准，合理核定人力资源成本和管理运营成本，形成定价机制。积极完善政府购买服务机制，规范政府购买行为，加强政府购买服务项目的前期评审、中期监督和后期评估。

（四）搭建社企供需平台。推动建立社会组织与企业、基金会之间的供需对接。由政府主导，为两类组织与企业、基金会搭建公开、公正、公平的供需对接平台，进一步鼓励倡导诸如公益伙伴日、公益活动月等活动的开展，加强公益理念的传播。开展公益性社会组织筹资渠道和筹资能力等方面的培训，提升公益性社会组织的筹资意识和能力。

（五）发挥中心枢纽作用。推进街镇社会组织服务中心的建设，进一步完善社会组织服务中心枢纽功能，推动本区域社会组织发展，协助街镇发现社区需求，帮助承接公共服务项目的社会组织落地，发挥服务、管理、预警等作用。扩大社区群众活动团队备案范围，将活动在社区，开展公益服务性、文体娱乐性和参与社区协同管理等活动，具有社会团体或民办非企业单位性质，但不具备登记条件的组织，均纳入备案范围，加强对备案组织的培育和管理。

（六）注重正面宣传引导。利用广播、电视、报纸、网络等多种形式加强对服务能力强、公信力高、影响力大的两类组织服务品牌的宣传推广。总结两类组织发展成功经验，通过经验交流、表彰先进、树立典型等形式广泛宣传，扩大社会认知度，增强全社会公益慈善意识，引导公众积极参与社区公益活动。

# 中共江苏省委　江苏省人民政府关于进一步简政放权加快转变政府职能的实施意见

（苏发〔2014〕14号）

按照中央关于全面深化改革的决策部署，为深入推进简政放权，切实转变政府职能，强化权力运行制约监督，推进政府治理能力现代化，现提出如下实施意见。

## 一、总体要求

以邓小平理论、“三个代表”重要思想、科学发展观为指导，贯彻落实习近平总书记系列重要讲话精神，按照使市场在资源配置中起决定性作用和更好发挥政府作用的要求，进一步理顺政府与市场、政府与社会、政府层级间的关系，以简政放权为核心、提升政府治理能力为目标，推动政府职能向创造良好发展环境、提供优质公共服务、维护社会公平正义转变。全面清理政府职权，科学配置行政权力，深化行政审批制度改革，规范权力运行流程，加强和改进事中事后监管，配套推进相关改革，建立以5张清单、1个平台、7项相关改革举措为主要内容的简政放权、转变职能基本架构，加快形成权界清晰、分工合理、权责一致、运转高效、法治保障的地方政府机构职能体系。

以深化行政审批制度改革作为政府职能转变的重要抓手和突破口，着力推进“减、转、放、免”，使本届政府任期内省政府部门行政审批项目减少三分之一以上，保留的一般性审批项目办结时限总体缩短一半以上，企业负担显著减轻，行政效率明显提高，市场活力和社会创造力有效释放，政府公共服务、市场监管、社会管理、环境保护职责不断强化，职能履行方式更加科学，行政权力运行更加规范，努力把江苏打造成行政效率最高、审批事项最少、发展环境最优、市场活力最强的地区之一。

## 二、大力推进简政放权，全面深化行政审批制度改革

1. 继续精简行政审批事项，建立行政审批事项目录清单。进一步取消

和下放行政审批事项，重点是与经济增长、促进就业创业密切相关的审批事项，同时大幅减少和简化前置性审批。继续清理各类资质资格审批项目，加大取消下放力度。全面清理非行政许可审批事项，面向公民、法人或其他组织的非行政许可审批事项，取消是原则，调整是例外，例外必从严，确需保留的必须通过法定程序调整为行政许可，其余一律废止。面向市县政府等方面的非行政许可审批事项能取消的取消，能下放的下放，确需保留的，按程序调整为政府内部管理事项，并提出规范管理的办法。今后不再保留“非行政许可审批”这一审批类别，凡增加公民、法人和其他组织义务和责任的事项，必须通过法定程序，以法定形式设定。2014 年省级再取消和下放两批行政审批事项。在完成全面摸底核实工作的基础上，2014 年下半年公布省政府各部门行政审批事项目录清单。各市、县（市、区）也要在 2014 年年底前公布本地区行政审批事项目录清单。加强行政审批事项目录管理，2014 年年内出台行政审批事项目录清单管理办法，建立行政审批事项目录管理系统，实行目录化、标准化、动态化管理。未经省政府审查确认并向社会公布，任何省政府部门均不能设定新的行政审批事项，实现“目录之外无审批”。

2. 全面梳理政府职权，建立政府行政权力清单。从 2014 年 7 月开始，集中对各级政府部门的行政权力进行全面梳理，10 月份将省级行政权力事项以清单的形式通过省政务服务大厅网上平台向社会公布，主动接受社会监督。通过开展试点、以点带面，实现市县联动、上下协同，2014 年底前各市、县（市、区）公布清理后的政府行政权力清单。在行政权力清理过程中，按照职权法定、转变职能和简政放权的要求，研究提出现有行政权力取消、下放、转移、整合、加强的意见。加强行政权力清单管理，梳理规范权力名称、编码和运行流程，限制行政裁量，明晰权责主体，确保权力清单真实准确完整，做到“法无授权不可为”。

进一步向基层政府下放权力，直接面向基层、量大面广、由地方管理更方便有效的经济社会事项，一律下放地方和基层管理。凡设定依据规定由县级以上行政机关实施的行政审批事项，除省、市本级事项和需省、市政府统筹协调、综合平衡的事项外，一律交给县级人民政府直接审批。对下级政府不使用省财政资金承担的项目，在符合国家和省规定的情况下，一律交由下级政府直接审批。进一步扩大省直管县（市）、经济发达镇行政管理体制改革试点单位的经济社会管理权限。下放到设区市的权限，同时下放到省直管县（市），下放到县（市）的权限，同时下放到行政管理体制改革试点镇。

3. 深化投资审批制度改革，建立投资审批“负面清单”。修订出台《省政府核准的投资项目管理办法》，并根据国家修订情况及时修订省政府核准的投资项目目录。项目核准机关不得干预企业的投资自主权，项目的市场前景、经济效益、资金来源、产品技术方案等均由企业自主决策、自担风险。修订企业投资项目备案暂行办法，简化备案方式和内容，缩短流程和时限，防止以备案的名义变相审批。制定省外商投资项目核准和备案管理办法、境外投资项目备案管理办法，简化核准、备案程序、时限和条件。将符合条件的县级政府外商投资项目核准权扩至3亿美元。对已取消和下放核准权的项目，相关部门要同步下放一批土地预审和环境影响评价等审批权限。主动学习对接上海自贸区，制定外商投资准入“负面清单”制度改革试点意见，在苏南部分市县和开发区开展试点，2014年内向社会公布“负面清单”。扩大“负面清单”管理的适用领域，实行统一的市场准入制度，清单之外领域各类市场主体可依法平等进入。

4. 清理项目资金，建立政府部门专项资金管理清单。对上级补助和本级预算安排，具有指定用途的项目资金进行清理和规范。10月底前公布省级政府部门专项资金管理清单，各市、县（市、区）在年底前公布。逐步减少专项转移支付资金，2015年省对地方的专项转移支付项目减少三分之一左右，增加一般性转移支付规模和比例。推行因素法分配专项资金，并逐步从事前申请转变为事中、事后奖励。改革财政性资金对竞争性领域的支持方式，逐步减少、退出竞争性领域的无偿支持政策。

5. 减少收费项目，建立行政事业性收费目录清单。对行政事业性收费进行全面清理，清理取消不合法不合理的行政事业性收费项目，降低收费标准，完善收费公示、听证制度，严格征收管理，除国家规定外，把所有非税收入全部纳入预算管理，在此基础上10月底前公布省级行政事业性收费和政府性基金项目目录清单并组织实施，实行“目录之外无收费”。各市、县（市、区）也要在年底前做好行政事业性收费的清理及收费清单的公布工作。对涉企行政事业性收费进行全面梳理，下大力气切实减轻企业负担。清理规范行政审批中介服务收费。绝大多数具备竞争条件的行政审批中介服务，收费标准一律由市场决定；因安全、技术等特殊原因，确需政府定价的极少数行政审批中介服务，按照保本微利原则严格核定服务成本，制定服务价格，实行定价目录管理。部门设定的行政审批中介服务，按照“谁设定、谁付费”的原则，2015年试行由部门承担相关成本，免费向审批管理对象提供服务。

## 三、完善政务服务体系，打造阳光便捷的服务平台

6. 完善政务服务平台建设。打造网上办事大厅和实体大厅“线上线下、虚实一体”的政务服务平台。加快省政务服务中心网上平台建设，将网上平台建设成集行政审批、便民服务、政务公开、效能监察等为一体的网上办事大厅，实现对权力运行进行全程、实时监控。加快建设省政务服务中心办事大厅，2014 年底中心一期工程建成后，全面实行省级行政审批服务“三集中三到位”，即部门行政审批职能向一个处室集中，承担审批职能的处室向省政务服务中心集中，行政审批事项向电子政务平台集中，做到审批事项进驻中心到位、授权到位、电子监察到位。积极探索推进政务服务中心与公共资源交易中心一体化管理模式。2015 年上半年整合工程建设项目招投标、土地使用权和矿业权出让、国有产权交易、政府采购等平台，建立健全统一规范、上下衔接的公共资源交易平台。2015 年制定全省政务服务中心建设标准和管理办法，推进政务服务规范化建设，规范和统一服务名称、标识和运行机制等，建立管理、监督、评价和责任追究机制，健全违法行政责任追究制度，强化对行政不作为、乱作为的问责。健全完善覆盖全省、上下联动、功能完备、便捷高效的省市县乡（镇）村五级政务服务体系，普遍开通 12345 便民服务热线，着力强化乡（镇）村基层便民服务平台建设。建立绩效评价制度，优化编制资源配置，确保政务服务工作管理规范、运转有序、阳光透明、高效廉洁。

7. 规范优化行政审批服务。2014 年底前向社会公开行政审批事项的设定依据、受理部门、提交材料清单、审批环节、审批时限、审核标准、收费项目等，让社会公众在办理审批事项时有据可依、有章可循。推行首问首办负责制、一次告知制、限时办结制、服务承诺制、实时评价制等，推广无锡市“容缺预审制”、常州市“联合踏勘制”做法，进一步减少中间层级和交叉环节，简化审批流程，压缩办理时限，提高行政效能。实行“一个窗口受理、一站式服务”模式，实现“一次申请、一张表格、一套材料、一次办结”。涉及两个及两个以上部门审批的项目，2015 年全部实行并联审批。建立岗位职责清晰、流程优化、审批权限明确、工作标准具体的行政审批运行机制。

8. 规范行政审批中介服务。对现有行政审批前置环节的技术审查、评估、鉴证、咨询等有偿中介服务进行全面清理，着力解决中介评估环节多、耗时长、收费乱、走过场、垄断性强等突出问题，能取消的取消，确需保留的要规范时限和收费，并向社会公布。要打破部门行政垄断和地区

垄断，引入竞争机制，鼓励符合资质的中介机构全面进入，不得指定或变相指定中介服务机构或部门下属事业单位、社会组织实施中介服务。2015年制定加强行政审批中介服务机构监管办法，进一步规范行政审批中介服务行为。

9. 完善行政权力网上公开透明运行机制。实现省市县三级行政机关、所有行政权力、电子监察监控的网上“三个全覆盖”，切实做到“全上网、真上网”。加快实现行政权力网上运行工作与各部门核心业务工作、与政务服务中心审批和服务事项办理、与行政绩效管理“三个融合”。健全政府法制监督应用平台，加强对行政权力网上运行情况的实时监控，及时纠正违法不当行为。拓展行政权力网上公开透明运行功能，逐步将重大行政决策事项和人财物等内部管理事项纳入网上运行系统。

10. 深入推进政府信息公开。全面贯彻实施政府信息公开条例，加大重点领域、重大事项信息公开力度。省政府于2014年、市县政府于2015年实现财政预决算、部门预决算和“三公”经费除涉密部门和涉密事项外全部公开。建立健全信息公开和政策解读制度，完善各部门例行新闻发布机制和主动信息发布机制。加强政府网站建设和管理。积极探索利用政务微博、微信等新媒体，及时发布各类权威政务信息。加强电子政务建设，完善标准化服务和管理运行机制，实现政务信息互联互通和资源共享。

## 四、配套推进相关改革，更好发挥政府作用

11. 强化事中事后监管。在推进简政放权、减少行政审批事项的同时，各级政府机关要坚持“放、管结合”，转变管理理念，改进工作方式，加强事中事后监管。2014年制定我省加强事中事后监管的办法，创新监管方式，综合运用法律、市场和技术手段强化平时监管，加快构建行政监管、信用管理、行业自律、社会监督、公众参与的综合监管体系，建立横向到边、纵向到底的监管网络和科学有效的监管机制，把该管的事情管住管好。2014年有关部门要在食品安全、环境保护、工程建设等关键领域出台监管办法，加大处罚力度。明确部门职责分工，建立多部门协同监管机制。建立科学、规范的抽查制度、责任追溯制度、经营异常名录和违法经营者黑名单制度。完善常态化监管机制，采取随机抽查、飞行检查、专项督查、事后稽查和绩效评价等方式，提高监管水平。维护市场公平交易秩序，严厉惩处垄断和不正当竞争行为，打击制售假冒伪劣商品行为，加大知识产权保护力度。加强社会诚信体系建设，推行信用承诺、信用报告、信用审查制度，加强信用基础和信用监管平台建设，建立跨部门、跨地

区、跨行业的失信行为联合惩戒制度。

12. 推进监管执法体制改革。推进综合执法，减少执法层级，推动市场监管重心下移，建立权责统一、权威高效的行政执法体制。整合规范行政执法主体，推进城市管理、文化等领域跨部门、跨行业综合执法。积极推进县（市、区）政府市场监管体制改革，探索综合设置市场监管机构，原则上不另设执法队伍。经济发达、城镇化水平较高的乡镇，根据需要和条件可推广昆山市张浦镇行政体制改革做法，通过法定程序行使部分行政执法权，实行综合执法。消除多层重复执法，由基层监管的事项，省政府部门原则上不设具有独立法人资格的执法队伍；同一执法职责，市或市辖区只在一个层级设置执法队伍。加强重点领域基层执法力量，县（市、区）市场监管部门要将机关人员编制压缩20%，以充实一线执法力量。规范行政执法程序，全面落实行政执法责任制和执法经费由财政保障制度，切实做到严格规范公正文明执法。完善行政执法与刑事司法衔接机制，完善案件移送标准和程序，细化并严格执行执法协作相关规定。

13. 促进社会组织健康发展。着眼于激发社会组织活力，让适合由社会组织提供的公共服务和解决的事项交由社会组织承担，为政府部门向社会组织、行业协会转移职能创造条件。2014 年起实施行业协会商会类、科技类、公益慈善类、城乡社区服务类社会组织直接登记制度，试行行业协会一业多会。大力培育有利于经济社会发展的各类社会团体、民办非企业单位和基金会。2014 年制定政社脱钩方案，开展行业协会商会与行政机关脱钩试点工作，严格按规定限制现职和退离休公务员在社会组织中任职，加快实现各类社会组织在职能、机构、人员、财务等方面与行政机关脱钩，切实解决社会组织行政化倾向严重、会员不合理负担多以及依赖政府开展活动等问题。健全社会组织管理制度，引导社会组织完善法人治理结构，加强登记审查和日常行为监管，建立登记管理机关、行业主管部门与相关部门联合执法体制，依法查处社会组织违法行为和非法组织。加快形成政社分开、权责明确、依法自治的现代社会组织体制，以及统一登记、各司其职、协调配合、分级负责、依法监管的社会组织管理体制。

14. 推行政府购买服务制度。将可由社会组织和企业承担的事务性管理工作、适合由社会组织和企业提供的公共服务、社会组织和企业通过自律能够解决的事项通过购买服务转移给社会组织承担。推广宿迁市资格资质去行政化改革办法。重点梳理一批教育培训、标准研制、调研统计、行业评比、资质认证、等级评定、公信证明、学术和科技成果预审、专业技术职称和职业资格评定等方面的事项，按照“费随事转”的原则，转移给社会组织。以部门职能为依据，统筹确定购买服务的主体、范围、种类和内容，主要购买以社会公众为直接服务对象的公共服务、政府事务性管理服务以及政府履行职责中所需的辅助性服务，购买服务的费用列入部门年度政府采购预算。2015 年底前出台政府向社会转移职能的实施方案，搞好与政府购买服务工作的衔接，推动政府由服务生产者向组织监管者转变。

15. 全面推行政府绩效管理制度。2014 年底前基本建立省市县机关绩效管理基本制度和工作体系，2015 年形成覆盖全省、导向明确、规范管用、具有江苏特色的机关绩效管理体系，强化对政府部门自身的管理，制定规范奖惩办法，引导和促进政府部门转变职能。有序组织公众参与评价，探索第三方评估，提高政府工作的透明度和公信力。完善发展成果考核评价体系，加大资源消耗、环境损害、生态效益、产能过剩、科技创新、安全生产、新增债务等指标的权重，更加重视劳动就业、居民收入、社会保障、人民健康状况。对绩效评估群众满意度低的单位跟踪督办，限时整改。

16. 健全责任追究机制。围绕推动责任落实、转变政府职能、提升行政效能、优化发展环境等方面，强化行政问责工作。严格落实部门责任，各有关部门要认真履行职责，实行岗位责任制，细化、明确各级各类岗位职责，主要负责人为第一责任人，具体负责人为直接责任人，部门工作推进不力的，第一责任人和直接责任人必须承担责任。对事关发展环境、百姓民生、政令畅通的突出问题，要加大行政问责力度，监督整改落实。对发生严重破坏发展环境、损害群众利益案件的，以及群众、企业投诉较多未能及时妥善处理的，要对其主要负责人和相关责任人一并实施问责。

17. 深化地方政府机构改革。积极稳妥实施大部门制，科学规范部门职责，优化政府机构设置和职能配置。根据简政放权情况，按照同一件事情由一个部门负责的原则，每年解决一批部门职责交叉和分散问题，巩固行政审批制度改革成果。2014 年整合地方卫生和计划生育、广电新闻出版、食品药品监管、不动产登记等职责，将工商、质监省级以下垂直管理改为地方政府分级管理，完成机构改革涉及部门的职责调整工作。2015 年基本完成业务相同或相近的检验、检测、认证机构整合工作。在市场监管、农业农村管理、交通运输、城市规划建设和市政管理等领域加大机构和职责整合力度。省辖市政府机关行政编制统一精简 10%，用于充实市场监管、民生保障、环境保护等重点方面和基层一线的人员力量。加快事业单位分类改革，建立事业单位法人治理结构，推进有条件的事业单位转为企业或社会组织。

全省各级党委政府要充分认识以简政放权为核心、加快转变政府职能的重大意义，认真落实本意见提出的各项措施和要求。各地各部门领导班子要统一思想、高度重视，主要领导亲自抓、负总责，确保各项任务顺利推进。相关改革牵头部门要按照职责分工加强组织协调和督促指导，加大推动力度。政府法制部门要依法对涉及的法规、规章和规范性文件进行相应调整完善。监察部门要发挥监察职能，加强行政问责力度，对工作推进不力的地方、部门及其负责人进行问责。承担改革试点任务的市、县和部门要科学制订方案计划，扎实推进落实。省委办公厅、省政府办公厅要加强对本意见落实工作的督促检查，确保各项任务和措施落实到位，取得实效。

# 浙江省人民政府办公厅关于政府向社会力量购买服务的实施意见

（浙政办发〔2014〕72号）

各市、县（市、区）人民政府，省政府直属各单位：

政府向社会力量购买服务（以下简称政府购买服务），就是通过发挥市场机制作用，把政府直接向社会公众提供的一部分公共服务事项，按照一定的方式和程序，交由具备条件的社会力量承担，并由政府根据服务数量和质量向其支付费用。为规范和推进政府购买服务，进一步加快政府职能转变，提高公共服务供给水平和效率，根据《国务院办公厅关于政府向社会力量购买服务的指导意见》（国办发〔2013〕96号）和省委十三届四次全会精神，经省政府同意，制定本实施意见。

## 一、总体要求和目标任务

### （一）总体要求

以邓小平理论、“三个代表”重要思想、科学发展观为指导，深入贯彻落实党的十八大和十八届三中全会、省委十三届四次全会精神，牢牢把握加快转变政府职能、推进政事分开和政社分开、在改善民生和创新管理中加强社会建设的要求，进一步放开公共服务市场准入，改革创新公共服务提供机制和方式，构建多层次、多方式的公共服务供给体系，努力为人民群众提供优质高效的公共服务。政府购买服务要坚持积极稳妥、有序实施，科学安排、注重实效，公开择优、以事定费，改革创新、完善机制的基本原则。

### （二）目标任务

“十二五”时期，政府购买服务工作在全省各地、各部门逐步推开，在完成制定制度、搭建平台和开展试点工作的基础上，初步形成统一有效的机制和平台，相关法规制度建设取得明显进展。2017年在全省基本建立比较完善的政府购买服务制度，形成与经济社会发展相适应的公共服务资源配置体系和供给体系，公共服务水平和质量显著提高。

## 二、政府购买服务的购买主体和承接主体

（三）购买主体

政府购买服务的主体是经费由财政承担的各级行政机关和参照公务员法管理、具有行政管理职能的事业单位。纳入行政编制管理且经费由财政负担的群团组织，也可以根据实际需要，通过购买服务方式提供公共服务。

（四）承接主体

承接政府购买服务的主体包括依法在民政部门登记成立或经国务院批准免予登记的社会组织，以及依法在工商行政管理或行业主管部门登记成立的企业、其他经济组织、机构等社会力量。承接主体应具有独立承担民事责任的能力，具备提供服务所必需的设施、人员和专业技术的能力，具有健全的内部治理结构、财务会计和资产管理制度，具有良好的社会和商业信誉，具有依法缴纳税收和社会保险的良好记录，并符合登记管理部门依法认定的其他条件。承接主体的具体条件由购买主体会同财政部门根据服务项目的性质和质量要求确定。鼓励提供特定公共服务的事业单位作为政府购买服务的承接主体，与具备条件的社会力量公开、公平参与政府购买服务的竞争。

## 三、政府购买服务的内容和目录

（五）购买内容

政府购买服务的内容为适合采取市场化方式提供、社会力量能够承担的公共服务及政府履职中所需的辅助性服务，突出公共性、公益性和辅助性。教育、就业、农业、社会保障、医疗卫生、住房保障、计划生育、文化、体育、残疾人服务、公益性岗位等基本公共服务领域，要逐步加大政府购买服务的力度。非基本公共服务领域，要更多更好地发挥社会力量的作用，凡适合社会力量承担的，都可通过委托、承包、采购等方式交给社会力量承担。应当由政府直接提供、不适合社会力量承担的公共服务，以及不属于政府职责范围的服务项目，政府不得向社会力量购买。

（六）购买目录

按照有利于转变政府职能、有利于降低服务成本、有利于提升服务质量水平和资金效益的原则，在充分听取社会各界意见的基础上，由省财政厅牵头研究制订并及时动态调整全省政府购买服务的指导目录。各地、各

部门要根据指导目录，坚持“先易后难、积极稳妥”的原则，制订具体实施目录，明确购买服务的种类、性质和具体项目，并根据实际情况变化及时进行动态调整。

## 四、政府购买服务的流程和方式

（七）购买流程

建立健全以程序规范、合同约束、全程监管、信息公开为主要内容，相互衔接、有机统一的政府购买服务机制，规范项目申报、项目评审、组织采购、资质审查、合同签订、项目监管、绩效评估、经费兑付一体化流程。



（八）购买方式

政府购买服务应纳入政府采购管理，按照公开择优、以事定费的原则，采用公开招标、邀请招标、竞争性谈判、单一来源、询价等方式确定承接主体，严禁转包行为。针对不同特点的服务项目，要探索与之相适应的采购方式、评审机制和合同类型，按照方式灵活、程序简便的原则组织开展政府购买服务工作。购买主体要按照合同管理要求，与承接主体签订购买服务合同、支付资金。承接主体要严格履行合同义务，保证服务数量、质量和效果。

## 五、政府购买服务的资金管理和信息公开

（九）资金来源

政府购买服务所需资金，从购买主体部门预算安排的公用经费或经批准使用的专项经费既有预算中统筹安排。随着政府提供公共服务的发展所需增加的资金，按照预算管理要求列入财政预算。

（十）资金支付

政府购买服务资金实行国库集中支付。各部门依据购买服务合同或协议，按现行的部门预算政府采购资金支付程序支付，或根据政府购买服务的不同形式，经财政部门审核同意后，通过其他国库集中支付程序支付。

（十一）绩效评价

建立健全由购买主体、服务对象及第三方专业机构组成的综合性评审机制，强化综合评价，确保购买服务效果。绩效评价结果应当作为编制政府购买服务年度预算、社会组织资质管理、承接主体选择等方面的重要依据。

（十二）信息公开

充分利用和整合现有政府网络平台资源，建立集政策咨询、申报审

批、日常监管、信息服务于一体，内容全面、方便快捷的政府购买服务平台。及时发布政府购买服务有关政策制度、购买目录、承接主体条件、采购结果、绩效评价结果等信息，广泛接受社会监督。

## 六、组织保障

（十三）加强组织领导

按照政府主导、部门负责、社会参与、共同监督的要求，建立由政府分管领导担任总召集人的政府购买服务工作联席会议制度。各级政府和各有关部门要广泛宣传政府购买服务工作的目的、意义、目标任务和相关要求，做好政策解读，加强舆论引导，主动回应群众关切，充分调动社会参与的积极性。

（十四）健全工作机制

各地要加强统筹协调，建立“政府统一领导，财政部门牵头，机构编制、民政、工商管理、审计以及行业主管部门协同，职能部门履职，监督部门保障”的工作机制，做到各负其责又互相衔接，共同推进政府购买服务工作。各级政府要立足当地实际认真制订政府购买服务的政策措施和实施办法，并抄送上一级政府财政部门。各级财政部门负责建立健全政府购买服务制度，会同各购买主体研究制订政府购买服务目录，监督、指导各类购买主体依法开展购买服务工作，牵头做好政府购买服务的资金管理、采购管理、监督检查和绩效评价等工作；牵头建立政府购买服务统一信息发布平台及购买服务项目管理系统。各级机构编制部门负责推进政府职能梳理，推动公办事业单位与主管部门理顺关系和去行政化，按照事业单位改革的要求推进有条件的事业单位转为企业或社会组织，探索研究提出通过购买服务方式促进事业单位分类改革的意见和措施，逐步实现事业单位由“养人”向“办事”的转变。各级民政、工商管理以及行业主管部门要按照职责分工，培养和壮大社会力量，支持社会组织、企业、其他经济组织等社会力量参与政府购买服务工作；要深化社会组织管理制度改革，清理和废除妨碍公平竞争的各项规定和做法。

（十五）严格监督管理

各地、各部门要严格遵守财政财务管理规定，确保政府购买服务资金规范管理和使用，不得截留、挪用和滞留资金。购买主体要对承接主体提供的服务进行跟踪监督，在项目完成后组织开展验收和考核评估，并建立健全内部监督管理制度，按规定公开购买服务相关信息，自觉接受社会监督。承接主体应当健全财务报告制度，并由具有合法资质的注册会计师对财务报告进行审计。各级财政部门要加强对政府购买服务实施工作的组织指导，严格预算资金管理和采购活动监管；各级监察部门要加强行政监察；各级审计部门要加强对政府购买服务中财政资金的真实性、合法性及效益的监督；各级民政、工商管理以及行业主管部门要按照职能分工，加强对承接主体的资质审查，将承接政府购买服务行为纳入年度报告、评估、执法等监管体系。

附件：浙江省政府购买服务工作联席会议制度

浙江省人民政府办公厅

2014 年 6 月 5 日

附件

## 浙江省政府购买服务工作联席会议制度

为加快推进我省政府购买服务工作，加强工作指导、协调和服务，增进部门之间的协调配合，经省政府同意，建立浙江省政府购买服务工作联席会议（以下简称联席会议）制度。

### 一、主要职责

（一）在省政府领导下，研究拟订浙江省推进政府购买服务工作的重大政策措施和目标任务，向省政府提出建议；

（二）督促检查各地、各部门相关政策落实情况和目标任务完成情况；

（三）协调解决政策落实中的难点问题；

（四）研究确定年度工作要点和阶段性工作计划；

（五）定期向省政府汇报政府购买服务工作情况，并及时通报各地、各部门。

### 二、成员单位

联席会议由省委、省人大常委会、省政府、省政协办公厅，省委组织部、省委宣传部、省编委办、省发改委、省教育厅、省科技厅、省民政厅、省财政厅、省人力社保厅、省国土资源厅、省农业厅、省文化厅、省卫生计生委、省审计厅、省地税局、省工商局、省体育局、省法制办、省国税局等23个部门和单位组成，省财政厅为牵头单位。联席会议总召集人由常务副省长担任，省政府办公厅主任和省财政厅厅长担任联席会议召集人，其他成员单位有关负责人为联席会议成员。联席会议成员因工作变动需要调整的，由所在单位提出、联席会议确定。

联席会议办公室设在省财政厅，承担日常工作。联席会议办公室设主任1名，副主任若干名。办公室主任由省财政厅1名厅级领导兼任，副主任由省财政厅、省编委办、省民政厅、省工商局、省法制办、省人力社保厅等单位相关处室主要负责人兼任。各成员单位相关处室负责人为联络员。

## 三、工作规则

联席会议原则上每年召开一次全体会议，学习贯彻中央、省委、省政府关于政府购买服务工作的指示及有关会议、文件精神；议定年度工作计划、任务指标和阶段性工作安排；通报工作进展情况，分析存在的问题，提出完善政策措施的建议；研究其他事项。经省政府同意，可邀请有关单位列席全体会议。定期召开汇报会，汇报有关政策落实和工作任务完成情况，总结推广各地、各部门政府购买服务工作的经验做法，分析存在的突出问题，为省政府决策提供参考。会议由召集人代表联席会议汇报，联席会议有关组成人员及办公室相关人员参加。联席会议办公室根据年度工作计划和阶段性工作安排，报请联席会议召集人同意，可以不定期组织各成员单位或部分成员单位召开专门会议，开展联合调研，并及时向联席会议各成员单位通报工作情况。

对政府购买服务工作中的重大问题及对策建议，应经联席会议讨论通过，并征得有关成员单位同意后报省政府。遇有意见分歧的，由召集人或联席会议办公室主任负责协调；协调后仍不能形成一致意见的，将有关意见和理由报省政府决定。联席会议以会议纪要形式确认会议议定事项，经与会单位同意后印发各成员单位并报省政府。

## 四、工作要求

各成员单位要按照职责分工，指导和督促本系统开展调查研究，主动研究政府购买服务有关问题，认真落实联席会议议定事项，扎实开展工作。要加强协作、互通信息，合力发挥联席会议作用，形成反应灵敏、配合密切的长效工作机制。联席会议办公室根据工作进展情况，负责有关信息收集，并按各成员单位要求及时提供资料信息。

# 安徽省关于印发2014年全省社会组织管理工作要点的通知

（皖社管组字〔2014〕1号）

各市社会组织管理工作领导小组，广德、宿松县社会组织管理工作领导小组，省社会组织管理工作领导小组各成员单位：

《2014年全省社会组织管理工作要点》已经3月27日省社会组织管理工作领导小组（扩大）会议审议通过，现予印发，请结合实际抓好落实。

安徽省社会组织管理工作领导小组

2014年4月3日

## 2014年全省社会组织管理工作要点

2014年全省社会组织管理工作的总体要求是：以党的十八大和十八届二中、三中全会精神为指导，坚持培育发展和管理监督并重，深入贯彻落实“皖办发〔2013〕9号”文件和省社会组织管理工作领导小组（扩大）会议精神，加快形成政社分开、权责明确、依法自治的现代社会组织体制，加快建立统一登记、各司其职、协调配合、分级负责、依法监管的社会组织管理体制，推动社会组织健康有序发展，充分发挥社会组织提供服务、反映诉求、规范行为的作用。

### 一、落实中央和省委关于社会组织工作的决策部署

三中全会要求：激发社会组织活力。正确处理政府和社会关系，加快实施政社分开，推进社会组织明确权责、依法自治、发挥作用。适合由社会组织提供的公共服务和解决的事项，交由社会组织承担。限期实现行业协会商会与行政机关真正脱钩，重点培育和优先发展行业协会商会类、科技类、公益慈善类、城乡社区服务类社会组织，成立时直接依法申请登记。《中共安徽省委关于贯彻落实党的十八届三中全会精神全面深化改革的意见》明确提出：加大政府购买服务力度，建立严格的监督评价淘汰机

制，引导社会组织加强自身建设，提高社会组织承接政府转移职能、开展公益服务和中介服务的能力。各级各部门要认真学习领会中央和省委关于改革社会组织管理制度的精神，强化措施、狠抓落实，深入推进全省社会组织改革发展。

## 二、加强对社会组织管理工作的组织领导

各级党委、政府要将社会组织管理工作摆上应有的位置，纳入经常性议事日程，切实加强组织领导。完善各级社会组织管理工作领导小组工作机制，推进领导小组及其办公室工作的制度化，加强对社会组织管理工作的统一领导和综合协调。登记管理机关与行业主管部门（业务主管单位）和相关职能部门之间要加强沟通协调，建立健全联动工作机制，根据工作需要，出台相关规范性文件，加强和规范社会组织管理，解决社会组织管理中存在的突出问题。召开一次全省社会组织登记管理机关工作会议，传达贯彻全国会议精神，总结部署相关工作。召开一次省属行业主管部门（业务主管单位）社会组织管理工作联络员会议，通报交流社会组织管理工作情况。开展一次联合调研督查，对各地贯彻落实中央和省委决策部署、促进社会组织改革发展情况进行督查指导。

## 三、巩固社会组织管理制度改革成果

各级民政部门要完善直接登记办法，修订登记指南，规范登记程序，全面落实社会组织直接登记制度，并分类逐步推进新老体制的衔接过渡。省民政厅要适时通报各地社会组织直接登记情况，通过会议、培训等形式，加强非公募基金会、异地商会登记权限下放后的管理工作。发挥省级福彩公益金项目的导向作用，继续择优资助一批社区枢纽型社会组织，并实地考察确认一批示范单位；鼓励市、县两级配套支持，大力推进社区枢纽型社会组织建设。相关部门要认真落实《安徽省关于从严控制和规范管理党政机关领导干部兼任社会组织领导职务的暂行规定》，做好党政机关领导干部兼任社会组织领导职务的清理整顿工作，积极推进社会组织在职能、机构、工作人员、资产和财务等方面与政府及部门、企事业单位脱钩，促进社会组织社会化。鼓励支持各地改革创新社会组织管理制度。

## 四、完善社会组织培育扶持政策

要认真落实《国务院办公厅关于政府向社会力量购买服务的指导意见》、《安徽省人民政府办公厅关于政府向社会力量购买服务的实施意见》，

省编办要研究制定政府向社会组织转移职能的指导意见和转移事项目录；省财政厅要研究制定政府向社会组织购买服务的指导意见和服务事项目录；省民政厅要结合年度检查、等级评估和日常管理工作情况，编制发布具备承接政府转移职能和购买服务资质的社会组织目录。指导社会组织做好中央财政项目的申报和执行工作，组织实施省级福彩公益金资助社会组织项目，督促各地落实福彩公益金资助社会组织政策。比照中央财政支持社会组织参与社会服务的做法，推进建立各级财政对社会组织提供公共服务的资助、补贴和奖励机制。推进各级社会组织孵化基地建设。相关部门要做好社会组织免税资格和公益性捐赠税前扣除资格认定工作。鼓励支持各地创新社会组织培育扶持政策。

## 五、强化社会组织监督管理

完善法律监督、政府监督、社会监督和自我监督相结合的社会组织监管体系。加快推进信息化建设，完善“安徽省社会组织管理信息系统”功能，全面推行网上登记和年检。规范社会组织档案管理，建立和完善电子档案。督促指导各地建立和完善社会组织评估机制，实现评估工作常态化，省民政厅要适时通报各地社会组织评估情况，督促各地努力完成“十二五”期间社会组织评估目标。严格社会组织年检标准和要求，提高年检实效。加强社会组织执法监察，建立执法队伍，完善联合执法机制，依法查处非法社会组织和社会组织非法活动。有关部门要完善和落实社会组织涉外活动报告制度，加强社会组织涉外活动和境外非政府组织在皖活动监管。引导社会组织加强自律，创新自律管理制度，研究社会组织信用体系建设，规范社会组织行为。

## 六、推进社会组织党建工作

贯彻落实“皖办发〔2013〕9号”文件有关要求，发挥部门优势，加强协调配合，形成工作合力，做到社会组织党建工作与社会组织管理同部署、同推进、同考核。按照应建尽建要求，在社会组织中开展集中组建党组织活动，扩大党的组织覆盖和工作覆盖。从今年起，将党建工作情况纳入社会组织年检内容。以第二批党的群众路线教育实践活动为契机，在社会组织中开展以“比作用发挥，争创服务型党组织；比诚信奉献，争做优秀共产党员”为主要内容的“双比双争”活动，引导社会组织党组织和党员在服务社会、促进发展中发挥作用。

## 七、提高社会组织建设质量

完善社会组织设立指引，优化社会组织结构布局，鼓励发展行业协会商会类、科技类、公益慈善类、城乡社区服务类社会组织。修订社会组织章程和管理制度格式文本，指导社会组织优化内部治理结构。有关部门要将社会组织人才纳入地方人才发展规划，落实社会组织从业人员职称评定、工资福利、社会保险等相关政策，促进社会组织从业人员专业化、职业化。引入竞争机制，开展一业多会试点工作，总结试点经验，研究具体办法，逐步探索推广。有关部门要开展社会组织建设地方标准的调研、论证和编制工作。

## 八、引导社会组织发挥作用

动员广大社会组织深入学习贯彻党的十八届三中全会精神，主动投身“五大建设”，自觉服务美好安徽建设。继续开展行业协会行业自律和诚信创建活动，发挥提供服务、反映诉求、规范行为的作用。继续开展民办非企业单位塑造品牌与服务社会活动，扩大服务范围，创新服务模式，丰富服务内容，提升服务质量，努力打造服务品牌。继续开展社会组织建立美好乡村联系点活动，把美好乡村建设作为检验社会组织服务经济社会发展能力的平台和载体。充分发挥社会组织在平安建设中的积极作用，创新和优化社会治理模式。按照分类指导的方针，深入发动各类社会组织发挥自身优势，服务经济社会发展，主动承担社会责任，积极投身公益慈善事业，弘扬社会组织的正能量。鼓励社会组织发布年度社会责任报告。加强社会组织宣传，发挥各级社会组织网络平台和刊物的宣传阵地作用，扩大社会组织的社会认知度。

## 九、贯彻国家关于社会组织工作的法规政策

紧紧围绕《国务院机构改革和职能转变方案》的实施进程，积极做好《社会团体登记管理条例》等法规政策修订出台后的宣传贯彻工作。适时分类举办登记管理机关、社会组织、行业主管部门（业务主管单位）和相关职能部门专（兼）职工作人员培训，学习领会法规政策精神。研究制定《安徽省社会团体登记管理办法》和相关政策的具体实施意见，确保国家的相关法规政策在我省全面贯彻落实。要牢牢把握改革的契机，加大舆论宣传，积极争取各方面的支持，努力营造有利于社会组织健康发展的良好环境。

## 十、提升社会组织登记管理机关自身能力建设

为适应社会组织管理制度改革、管理职能调整的形势，满足社会组织快速增长的服务需求，要高度重视社会组织管理队伍建设，健全省、市、县三级社会组织管理服务机构，配备与其业务相适应的工作人员，落实经费保障，全面加强思想作风、素质能力建设，努力打造一支适应新时期社会组织建设与发展的登记管理队伍，进一步提升服务能力和水平。

# 安徽省关于印发《全省社会组织改革发展工作督查报告》的通知

（皖社管组字〔2014〕6号）

各市、县（市、区）社会组织管理工作领导小组，省社会组织管理工作领导小组各成员单位：

2014年5、6月份，省社会组织管理工作领导小组组织开展了全省社会组织管理工作综合督查调研，形成了《全省社会组织改革发展工作督查报告》，已报省委、省政府领导。现将《全省社会组织改革发展工作督查报告》印发给你们，请结合实际抓好落实。

安徽省社会组织管理工作领导小组

2014年10月19日

## 全省社会组织改革发展工作督查报告

根据2014年工作要点，5、6月份，省社会组织管理工作领导小组从省委办公厅、省委督查室、省委组织部、省委政法委、省公安厅、省民政厅、省财政厅、省质监局、省社科联、人民银行合肥市中心支行等10个单位抽调人员，组成6个组，分别对全省16个省辖市和2个省直管县贯彻落实《中共安徽省委办公厅、安徽省人民政府办公厅关于加强和创新社会组织建设与管理的意见》（皖办发〔2013〕9号，以下简称“9号文件”）、全面深化社会组织改革工作进行了综合督查调研。督查组采取听取汇报、座谈交流、实地查看等多种方式，从十个方面进行了督查调研，促进了地方党委政府和相关部门对社会组织改革发展工作的重视和支持，达到了掌握情况、发现问题、推进工作的预期效果。现将相关情况报告如下：

### 一、全省社会组织改革发展基本情况

省两办“9号文件”出台后，各地强化措施，狠抓落实，合肥、铜陵、淮北、滁州、阜阳、蚌埠、安庆、黄山等8个市党委政府或领导小组印发

了贯彻落实的文件，全面深化社会组织管理体制改革，进一步激发社会组织活力。合肥、铜陵、淮北 3 个市，抓住机遇、深化改革、扎实工作、勇于创新，社会组织管理工作取得显著成效，被民政部评为首批“全国社会组织建设创新示范区”。

截至目前，全省依法登记的社会组织已达 22356 个，按组织类型分，社会团体 12503 个，民办非企业单位 9774 个，基金会 79 个；按登记层级分，省级 1297 个，市级 5956 个，县级 15103 个。另外，全省还备案城乡基层社会组织 5663 个。

据统计，全省社会团体拥有单位会员 82.4 万个、个人会员 520.1 万个，已成为党和政府联系人民群众的桥梁和纽带；全省各类社会组织拥有总资产约 330.5 亿元，服务社会年总支出约 121.7 亿元，已成为扩大公共服务、促进经济发展不可或缺的重要力量；全省各类社会组织聘用专职工作人员、从业人员 24.9 万人，已成为扩大社会就业的重要载体。

（一）社会组织直接登记情况

党的十八届二中全会和十二届全国人大一次会议审议通过的《国务院机构改革和职能转变方案》规定，成立行业协会商会类、科技类、公益慈善类、城乡社区服务类社会组织，直接向民政部门依法申请登记。本着解放思想，深化改革，“9 号文件”规定：除政治法律类、宗教类社会组织和境外非政府组织在皖代表机构等外，其他各类社会组织按照分级负责的原则，由各级人民政府民政部门实行直接登记。“9 号文件”出台后，省民政厅分类制定了社会组织直接登记办法，修订了登记指南，要求对直接登记范围内的新增社会组织全部实行直接登记。各地认真落实社会组织直接登记制度，合肥、亳州、宿州、淮南、六安、马鞍山、安庆、黄山等 8 个市制定了直接登记实施办法或程序规定，为社会组织提供便捷、规范的登记服务。截至目前，全省直接登记社会组织 1546 个（其中省级 61 个，市级 534 个，县级 951 个），比 2013 年底增长 875 个，增长率 130%。合肥、淮北、亳州、宣城等 4 个市直接登记工作进展较快，登记数量均已超过 100 个。各级政府部门和广大社会组织普遍反映，实行直接登记，进一步促进了社会组织的培育发展。

（二）政社分开情况

“9 号文件”规定，“现职公务员和具有行政管理职能的事业单位工作人员不得在行业协会商会、工商经济类的联合性社会团体、民办非企业单位和基金会兼任领导职务；严格限制上述人员在其他类型社会组织兼任领导职务，确因工作需要兼任的，应按照干部管理权限从严审批。规范退（离）休人员在社会组织担任领导职务”。为贯彻这一规定，省纪委、省委组织部、省委老干局、省监察厅、省民政厅联合印发了《安徽省关于从严控制和规范管理党政机关领导干部兼任社会组织领导职务的暂行规定》（皖组字〔2013〕18 号），并在全省开展党政机关领导干部社会组织兼职专项清理整顿工作。各地组织部门、民政部门等高度重视、通力合作，在省相关部门的统一部署和指导下，制定清理整顿方案，按时间节点扎实开展清理整顿工作。截至目前，市、县两级已有 1336 名县处级以上领导干部退出了社会组织领导职务。合肥市政社分开工作启动早，2007 年就制定了行业协会管理办法，对行业协会实行直接登记，推进行业协会从职能、机构、人员、资产、财务等方面与政府部门脱钩。安庆市政社分开工作力度大，党委政府领导亲自抓，行业协会、工商经济类联合性社团基本实现了与政府部门脱钩。

（三）政府向社会组织转移职能和购买服务情况

十八届三中全会《决定》提出，“适合由社会组织提供的公共服务和解决的事项，交由社会组织承担。”省政府《关于进一步深化行政审批制度改革的意见》（皖政〔2014〕37 号）进一步明确，“可由社会组织承担的事务性管理工作、适合由社会组织提供的公共服务、社会组织通过自律能够解决的事项，转移给社会组织承担”。各地根据要求，加快政府职能转变，2013 年以来，各级政府向社会组织转移职能达到 487 项，为社会组织健康发展和发挥作用拓展了空间。国务院办公厅《关于政府向社会力量购买服务的指导意见》（国办发〔2013〕96 号）出台后，省政府办公厅印发了《关于政府向社会力量购买服务的实施意见》（皖政办〔2013〕46 号），省财政厅制定了政府向社会力量购买服务的指导目录和流程规范。各地根据要求，全面启动政府购买服务工作，2013 年以来，各级政府向作为首要承接主体的社会组织购买服务达到 245 项，总资金 2.3 亿元，为社会组织发展提供了可持续的资金支持。铜陵市政府购买社会组织服务工作 2012 年就开始启动，工作机制逐步完善，今年仅市本级安排的购买服务资金就达到 7300 万元。合肥、淮北、亳州、蚌埠、滁州、六安、马鞍山、宣城、黄山、广德等 10 个市（省直管县）制定了政府购买服务的具体办法。铜陵、黄山、滁州等 3 个市已制定或正在研究制定社会组织承接政府转移职能和购买服务资质的认定办法。

（四）地方财政资金和福彩公益金支持社会组织参与社会服务情况

在全国政府购买服务工作会议上，财政部副部长刘昆讲话指出：要积极培育发展社会组织，加大对社会组织的培育扶持和财政支持力度。“9号文件”也明确规定：推进公共财政对社会组织的资助、补贴和奖励，可从福彩公益金中安排资金资助基层社会组织开展公益服务活动。各地认真贯彻落实相关精神，2013年以来，市县两级共安排财政资金9465万元资助社会组织，其中市级8701万元，县级764万元；共安排福彩公益金8387万元资助社会组织，其中市级7800万元，县级587万元。合肥、安庆等市对于每个新成立的公益慈善类、城乡社区服务类社会组织分别给予2万元的一次性开办补助。合肥市政府出资400万元成立了全省首个社会组织发展基金会。铜陵市投资298万元建成了社会组织培育中心；合肥市包河区投资300万元建成了社会组织孵化园；芜湖市镜湖区也投资建设了社会组织孵化基地。淮南、蚌埠、马鞍山、芜湖、黄山、安庆等6个市出台政策，每年从福彩公益金中安排一定资金资助社会组织开展公益服务。

（五）社会组织党建情况

加强社会组织党建是扩大党的组织覆盖和工作覆盖、巩固党在社会组织领域执政基础的迫切需要，也是保证社会组织发展正确方向的必然要求。按照中央和省委要求，市、县两级党委均成立了非公经济和社会组织工委，建立健全党委统一领导，组织部门、非公经济和社会组织工委牵头抓总，相关部门各司其职、相互配合的社会组织党建工作机制，合力推进社会组织党建工作。截至目前，全省从业人员中有党员的社会组织数量为10997个，党员35256人，已建社会组织党组织1197个，其中单独组建的社会组织党组织694个。合肥、淮北、宿州、黄山等4个市在社会组织中已建党组织均超过100个，工作进展较快。

（六）社区枢纽型社会组织建设情况

建设社区枢纽型社会组织（社区社会组织联合会、促进会、服务中心等），是我省社会组织改革发展的一项创举，得到了民政部的肯定。“9号文件”要求，探索建立城乡社区枢纽（联合）型社会组织，增强社区自治服务功能。2013年12月，省民政厅印发《关于培育发展社区枢纽（联合）型社会组织的指导意见》后，各地通过项目资助、资金支持、业务培训、经验交流、示范创建等方式，加快推进社区枢纽型社会组织建设，充分发挥社会组织参与社区服务和居民自治的积极作用。截至目前，全省已建成社区枢纽型社会组织总数458个。合肥市财政对每个新成立的社区枢纽型社会组织给予5万元的一次性开办补助，包河区社区枢纽型社会组织覆盖率已达到100%。淮南、阜阳、蚌埠、安庆等4个市利用福彩公益金或财政资金对社区枢纽型社会组织建设予以资金补助。淮北、铜陵、池州、宿州、亳州、六安、宣城、黄山等8个市制定了培育发展社区枢纽型社会组织的工作方案，设定了工作进度和目标。培育发展社区枢纽型社会组织，有利于健全社区党组织为核心、居民自治组织为主体、社会组织为补充的组织体系，有利于发挥社会组织在社区服务中整合资源、联系协调、化解矛盾的积极作用，有利于提升社区建设、服务、自治的综合功能。淮南市田家庵区新村社区负责人介绍，该社区原是“法轮功”重灾区，通过枢纽型组织培育发展社区社会组织，开展丰富多彩的社区文体活动，培养居民健康向上的生活情趣，参与法轮功活动的人数大量减少了。

（七）社会组织综合监管情况

实践证明，社会组织是社会建设的重要组成部分，加强监管十分重要。各地坚持一手抓积极引导发展、一手抓严格依法监管的原则，完善法律监督、政府监督、社会监督、自我监督相结合的监管体系，健全登记审查、年度检查、等级评估、执法监察“四位一体”的监管模式，对政治法律类、宗教类社会组织严格落实双重管理体制，切实加强社会组织综合监管。2013年以来，全省查处社会组织违法违规问题66件，依法分别予以了行政处罚。加强社会组织涉外活动监管，省民政厅印发了《关于进一步落实社会组织涉外活动报告制度的通知》。芜湖市民政局将2014年确定为“社会组织建设年”，通过开展建设年活动，提升社会组织服务能力，规范社会组织运作行为。安庆市民政局开展社会组织自律与诚信建设活动，提升社会组织自律性、诚信度。宿松县民政局每年年检时，聘请会计师事务所对社会影响较大的社会组织财务状况进行监督检查。

（八）社会组织评估情况

评估工作，是加强社会组织监管的制度创新，也是促进社会组织提升服务能力和规范化建设水平的有效途径。“9号文件”要求加快完善社会组织评估机制，各地先后成立评估机构、制定评估指标、明确评估程序，完善政府指导、社会参与、独立运作的工作机制，因地制宜推进评估工作。截至目前，全省已有995个社会组织申报参加评估，共有461个社会组织获得A级以上评估等级，其中3A级以上322个。亳州、马鞍山、滁州、宣城、全椒等5个市（县）财政安排了评估工作专项经费。铜陵、合肥、马鞍山、蚌埠等4个市对获得3A以上评估等级的社会组织分别予以一定的资金奖励。淮北、池州等市社会组织评估工作启动早、力度大、运作规范，淮北全市参评率达到44%，池州市本级参评率达到46%。全椒县印发了评估工作方案，社会组织参评率超过了30%。

（九）社会组织管理信息化建设情况

信息化建设是提高工作效能、提升服务水平的必然要求，也是缓解管理力量不足矛盾的有效措施。“9号文件”要求，建立管理信息平台，提升服务管理水平。省民政厅将社会组织信息化纳入民政业务信息化建设的总体规划，建成了全省互联互通的社会组织管理信息化平台。“安徽省社会组织管理信息系统”实现了网上办公、数据库建设、统计分析三大功能的融合，服务对象覆盖省、市、县三级，已有8个市试行网上年检，6个市试行网上登记，其中淮南市本级社会组织年检全部实现网上办理。加快社会组织宣传平台建设，省本级、8个省辖市、13个县已建成社会组织信息服务网站。淮南市本级及所辖7个县区均已建立社会组织管理服务网站或网页。淮北市50%以上的社会组织都建立了自己的网站或网页，并与“淮北市社会组织信息网”链接，形成了综合信息服务平台。

（十）组织领导情况

社会组织覆盖经济社会生活的各个方面，社会组织管理工作涉及登记管理机关、业务主管单位（行业主管部门）和相关职能部门，为落实“9号文件”精神，建立健全“统一登记、各司其职、协调配合、分级负责、依法监管”的社会组织管理体制，各级党委、政府先后成立了社会组织管理工作领导小组，加强对社会组织工作的统一领导和综合协调。截至目前，16个省辖市、2个省直管县均已成立领导小组，县级领导小组已成立78个，覆盖率74%，其中合肥、淮北、亳州、宿州、阜阳、淮南、滁州、宣城、铜陵、池州、黄山等11个市的县级领导小组已全部组建。

## 二、督查调研中发现的问题

通过查阅资料、座谈交流、实地查看等途径，发现全省社会组织改革发展工作还存在一些问题。主要表现在：

（一）社会组织发展不足

从数量上看，截至目前全省登记的各级各类社会组织总数22356个，万人拥有社会组织数量3.24个，未达到全国平均水平。从质量上看，不少社会组织，特别是县级社会组织无专职工作人员、无稳定的经费来源渠道、无经常性服务活动，参与社会治理和提供公共服务能力不强。

（二）社会组织发展环境有待改善

政府向社会组织转移职能和购买服务进展不平衡，公共财政对社会组织参与社会服务的支持力度不够，社会组织孵化基地数量和规模不大，社会组织税收优惠政策落实不到位，社会组织领用财税票据困难，政府部门对社会组织的干预、限制或歧视时有发生。

（三）政社分开在思想上仍有较大的阻力

部分地区和单位对党政领导干部兼任社会组织领导职务清理整顿工作态度不够积极，少数领导干部不配合清理整顿工作，不愿意退出社会组织领导职务。不少社会组织还没有从机构、职能、人员、资产、财务等方面与党政机关脱钩，有的部门甚至把社会组织资金收缴财政专户管理，致使社会组织没有独立的账户和法人财产权。

（四）社会组织党建工作基础薄弱

有的地方对社会组织党建工作重要性和紧迫性认识不足，重视不够。部分社会组织专职工作人员少，专职工作人员中的党员更少，组建党组织难度较大。有些社会组织负责人对开展党建工作缺乏积极性和主动性。一些已建党组织的社会组织，党建工作与业务工作结合不紧密，党组织和党员发挥作用不明显。

（五）各地社会组织管理工作发展不平衡

“9 号文件”出台后，部分地区至今尚未研究制定贯彻落实的措施，社会组织管理工作没有摆上应有的位置，改革意识不强，创新动力不足，工作力度不大，整体工作没有明显成效。

（六）登记管理力量不能适应社会组织改革发展的需要

一是机构不健全。目前，还有 1 个市（黄山市）、47 个县（市、区）没有社会组织登记管理机构。二是人员不足。省、市、县三级专职社会组织登记管理工作人员合计只有 92 人，平均每个登记管理机关不足 1 人，仅能应付日常的咨询、登记、年检、变更、换届、注销等业务，对于等级评估、执法监察、培育发展等重点工作往往力不从心。三是经费没有保障。全省大多数社会组织登记管理机构，特别是县一级基本上都没有登记、年检、评估、执法等专项业务经费。

## 三、几点建议

为深入贯彻中央和省委省政府改革社会组织制度、激发社会组织活力、加快建立现代社会组织体制的一系列决策部署，进一步落实“9 号文件”，更好地推进全省社会组织改革发展，结合实际，提出以下建议：

（一）加大社会组织培育扶持力度

通过财政预算、福彩公益金资助等方式筹集资金，设立省、市两级社会组织发展基金会（公募基金会），为全省公益慈善类和城乡社区服务类社会组织提供资金支持、项目指导、业务培训等服务；采取分级试点、省市共建等办法，建设省、市、县、社区四级公益慈善类和城乡社区服务类社会组织孵化基地，为符合条件的初创期社会组织提供人力、物力和财力支持；加大宣传力度，加强工作协调，加快社会组织免税资格和公益性捐赠税前扣除资格审核认定；抓紧研究制定办法，切实解决社会组织会费发票、捐赠发票、税务发票等票据的领用难问题。

（二）探索社会组织协商民主途径

根据党的十八届三中全会关于拓宽社会组织参与协商民主渠道的精神，在全省各级党的代表大会、人民代表大会适当安排社会组织代表名额，在各级人民政协设立社会组织界别，合理确定委员的比例和数量，积极推荐优秀的社会组织负责人担任党代表、人大代表和政协委员。

（三）推进政社分开

认真落实《安徽省关于从严控制和规范管理党政机关领导干部兼任社会组织领导职务的暂行规定》（皖组字〔2013〕18号）、《安徽省关于进一步规范退（离）休领导干部在社会团体兼职问题的通知》（皖组字〔2014〕16号）等文件，从严控制和规范管理党政机关领导干部（含退离休领导干部）在社会组织兼职。各级党委组织部门和各单位党委（党组）要坚持标准，对于不符合条件的兼职要求一律不予批准；各级民政部门要严把登记、换届两个关节，对于没有按干部管理权限审批或备案同意的领导干部一律不予登记或备案。争取国家有关部门支持，将我省列入“国家行业协会商会与行政机关脱钩试点省”，限期实现行业协会商会从职能、机构、人员、资产和财务等方面与行政机关脱钩，促进行业协会明确权责、依法自治、发挥作用。

（四）创新社会组织党建管理体制

落实“9号文件”规定，探索结合业务抓党建的工作机制，配备专职党务工作者，逐步健全社会组织党建管理体制，形成齐抓共管的格局。加大社会组织党建工作力度，大力推进党组织和党的工作“两个覆盖”，采取单独组建、联合组建、挂靠组建、区域或行业统建等方式，抓好在社会组织集中组建党组织工作，提高党组织组建率；向社会组织选派党建工作指导员或联络员，指导和推动社会组织开展党建工作，不断提高整体水平。

（五）规范社会组织监管

发挥各级社会组织管理工作领导小组的统一领导和综合协调作用，完善“各司其职、协调配合”的管理体制，登记管理机关、行业主管部门和有关职能部门要相互配合，协调一致，形成合力，最大限度地提高监管实效。健全负责人管理、资金管理、活动管理等各项管理制度，建立执法队伍，提供执法条件，及时查处非法社会组织和社会组织违法违规行为。完善“小范围协调机制”，加强境外非政府组织在皖活动监管和我省社会组织涉外活动监管。

（六）加强社会组织登记管理机构建设

社会组织管理制度改革特别是实行直接登记后，登记管理机关的职责、任务大幅增加，现有的管理力量与工作任务严重不相适应，积累了一定的风险和隐患。根据中央对“社会组织”概念的界定，将各级社会组织管理机构统一定名为“社会组织管理局”。根据“9号文件”相关规定和省民政厅《关于加强基层社会组织管理能力建设的意见》（民办字〔2014〕76号），健全各级社会组织管理机构，配备与其业务相适应的登记、管理、执法人员，提升管理服务水平。

# 安徽省关于加强基层社会组织管理能力建设的意见

（民办字〔2014〕76号）

各市、县（市、区）民政局：

党的十八大以来，社会组织管理制度改革不断深化，民政部门的社会组织管理职责不断加强、管理任务不断加重。为进一步提升社会组织管理服务水平，有效激发社会组织活力，充分发挥社会组织参与社会治理、提供公共服务的积极作用，现就加强基层社会组织管理能力建设提出如下意见。

## 一、深刻认识加强基层社会组织管理能力建设的重要性和紧迫性

（一）社会组织健康发展和发挥作用上升为党和国家的发展战略

党的十八大提出“加快形成政社分开、权责明确、依法自治的现代社会组织体制”的目标，明确要求“引导社会组织健康有序发展，充分发挥群众参与社会管理的基础作用”。十八届二中、三中全会分别对改革社会组织管理制度、激发社会组织活力作出战略部署。《中共安徽省委关于贯彻落实党的十八届三中全会精神全面深化改革的意见》围绕“创新社会治理体制”，又对我省的社会组织改革发展作出了具体部署。社会组织健康有序发展和发挥积极作用显得日益重要，社会组织工作逐步上升为党和国家的发展战略。

（二）民政部门的社会组织管理职责日益加强、管理任务日益加重

《中共安徽省委办公厅、安徽省人民政府办公厅关于加强和创新社会组织建设与管理的意见》规定，“除政治法律类、宗教类社会组织和境外非政府组织在皖代表机构等外，其他各类社会组织按照分级负责的原则，由各级人民政府民政部门实行直接登记。”实行直接登记管理的社会组织占我省社会组织总量的80%以上，仍实行业务主管单位和登记管理机关双重管理的社会组织不足20%。实行直接登记后，民政部门的社会组织登记

审查、监督管理、执法监察等职责得到加强，同时新增了很多其他管理职责。中办发〔1999〕34号文件要求社会组织业务主管单位承担“申请登记初审、思想政治工作、党的建设、财务和人事管理、研讨活动、对外交往、接受境外捐赠资助、按照章程积极开展活动”等8项管理职责，《社会团体登记管理条例》等三个社会组织管理法规要求业务主管单位承担“成立（变更、注销）登记前的审查、开展活动的监督指导、协助违法行为查处、年检初审、组织清算”等5项管理职责。实行直接登记制度后，原业务主管单位承担的管理职责大都由民政部门承接。

（三）提供必要保障

各级民政部门要根据社会组织管理服务工作的需要，主动协调财政部门安排和落实社会组织登记、管理、评估、执法等专项经费，配备必要的登记管理和执法设备，建立管理信息平台，加强管理队伍的思想作风、素质能力建设，努力提升社会组织管理服务水平。

## 二、加强督查考核，确保基层社会组织管理能力建设取得成效

社会组织管理工作，是省民政厅确定的四项民政重点工作之一。各级民政部门要高度重视，将管理服务能力建设作为当前社会组织改革发展工作的头等大事和基本支撑。各级民政部门主要负责人对社会组织管理能力建设要亲自过问、亲自抓，定期听取进展情况汇报，协调解决困难和问题，为社会组织管理工作提供必要的人、财、物保障，切实提高管理服务能力。

省民政厅将适时对各地社会组织管理能力建设情况进行督查和通报，并将社会组织管理能力建设情况作为民政工作总体评估的重点指标之一。

# 安徽省关于印发《社会团体依法规范管理集中推进行动实施方案》的通知

（民管字〔2014〕143 号）

各市、省直管县民政局、组织部、编办、发展改革委、监察局、财政局、审计局，省直相关单位：

经省政府同意，现将《社会团体依法规范管理集中推进行动实施方案》印发给你们，请认真组织实施并结合实际制订具体方案，抓好贯彻落实。

安徽省民政厅　中共安徽省委组织部
安徽省机构编制委员会办公室
安徽省发展和改革委员会　安徽省监察厅
安徽省财政厅　安徽省审计厅

## 社会团体依法规范管理集中推进行动实施方案

为扎实开展我省社会团体依法规范管理集中推进行动，根据省政府办公厅《关于开展政策落实八个专项集中推进行动的通知》（皖政办秘〔2014〕129 号），制订本实施方案。

### 一、目标任务

通过集中推进行动，推进政社分开，规范收费行为，完善内部治理，建立长效机制，促进社会团体健康有序发展。

### 二、实施时间

从现在起到 2014 年年底。

### 三、责任单位

省民政厅为牵头责任单位，省委组织部、省编办、省发展改革委、省监察厅、省财政厅、省审计厅等为协同配合责任单位。

## 四、主要内容和职责分工

（一）广泛宣传动员，全面部署集中推进行动

由省民政厅牵头，省委组织部、省编办、省发展改革委、省监察厅、省财政厅、省审计厅配合，适时召开社会团体依法规范管理集中推进行动动员大会，学习宣传集中推进行动实施方案，进行集中推进行动动员和部署。参会人员包括牵头单位和配合单位相关负责人，省直业务主管单位（行业主管部门）分管负责人，部分全省性行业协会商会、工商经济类联合性社会团体负责人（会长或秘书长），各省辖市、省直管县组织部、编办、发展改革委、监察局、财政局、审计局分管负责人，各省辖市、省直管县民政局局长和分管副局长（省民政厅牵头负责，省直相关部门负责）。各省辖市、省直管县比照省里做法，由民政部门牵头、相关部门配合，召开集中推进行动动员大会。同时，要加大对专项行动的目标任务、政策措施、典型经验、工作进展情况的宣传，在全省营造集中推进行动的良好氛围（各级民政部门牵头负责，各级相关部门负责，2014 年 12 月底前完成）。

（二）深入开展干部［包括退（离）休领导干部］兼职清理工作，积极推进行业协会商会与行政机关脱钩

1. 各地、各单位要认真贯彻落实省纪委、省委组织部、省委老干部局、省监察厅、省民政厅《关于印发〈安徽省关于从严控制和规范管理党政机关领导干部兼任社会组织领导职务的暂行规定〉的通知》（皖组字〔2013〕18 号），在职领导干部不得在行业协会商会、工商经济类联合性社会团体兼职，在其他类型社会团体兼职应符合相关规定并按干部管理权限审批或任前备案。各地、各单位要对照有关文件要求，在巩固前一阶段已经开展的领导干部在社会组织兼职专项清理工作成果的基础上，进一步深入推进领导干部兼职清理整顿工作。按照省委组织部、省委老干部局、省民政厅《关于进一步规范退（离）休领导干部在社会团体兼职问题的通知》（皖组字〔2014〕16 号），进一步开展退（离）休领导干部［包括企事业单位退（离）休领导干部］在社会团体兼职清理整顿工作。各地、各单位每月 20 日前向省委组织部报送工作进展情况，11 月底前报送工作总结（各级党委组织部门牵头负责，各级相关部门负责，2014 年 11 月底前完成）。

2. 各级党委组织部门、各单位党组（党委）要按照规定，从严控制领

导干部在社会团体兼职的审批［各级党委组织部门牵头负责，各级相关部门和单位党组（党委）负责］；未按规定办理兼职审批或备案手续的，不得作为社会团体拟任负责人参加选举，各级民政部门不得办理登记或备案手续［各级民政部门牵头负责，各级相关部门和单位党组（党委）负责］。12 月底前，各级相关部门和单位要建立领导干部在社会团体兼职的台账，各级党委组织部门、民政部门要分别建立领导干部在社会团体兼职的汇总台账［各级党委组织部门会同民政部门牵头负责，各级相关部门和单位党组（党委）负责，2014 年 12 月底前完成］。

3. 各级党政机关不得任意向社会团体输送权力和利益，各级机构编制部门要依据省政府《关于进一步深化行政审批制度改革的意见》（皖政〔2014〕37 号），结合推进行政权力清单制度建设，将可由社会组织承担的事务性管理工作、适合由社会组织提供的公共服务、社会组织通过自律能够解决的事项，转移给社会组织承担，建立起规范的转移职能制度，按照公开、公平、公正的原则，采取委托、承包、采购等方式向社会团体购买服务（各级机构编制部门会同财政、民政部门牵头负责，各级相关部门负责）。积极推进行业协会商会与行政机关脱钩，争取将我省列入“国家行业协会商会与行政机关脱钩试点省”，按照国家批复意见，争取提前完成脱钩任务（省发展改革委会同省民政厅牵头负责，省直相关部门负责）。

（三）认真开展收费行为排查清理工作，加强规范管理

1. 审核处理社会团体不规范收费行为。各级民政部门、财政部门要按照分级负责的原则，于 2014 年 12 月底前完成社会团体收费清理工作（各级民政部门牵头负责，各级财政部门负责，2014 年 12 月底前完成）。对于会费标准制定或修改程序不规范、标准不合理不明确、收支情况不公开、票据使用不规范、超范围收取会费等问题，责令其限期改正，并将相关情况报送其业务主管单位（行业主管部门）。对拒不整改的，依据相关法律法规予以行政处罚（各级民政部门牵头负责，各级财政部门负责，2014 年 12 月底前完成）。

2. 清理社会团体会费票据的发放和使用情况。各级财政部门要全面清理 2013 年以来社会团体会费票据的发放和使用情况，统计票据发放数量、会费收取数额等信息，审核有无超标准超范围收费、有无其他收入使用会费票据等情况，发现问题要及时督促整改（各级财政部门牵头负责，各级民政部门负责，2014 年 12 月底前完成）。各省辖市、省直管县财政部门每月 20 日前向省财政厅报送工作进展情况，12 月 20 日前报送清理工作总结（各级财政部门牵头负责，各级民政部门负责，2014 年 12 月底前完成）。

3. 建立和完善社会团体会费票据管理制度。各级财政部门要建立票据发放、使用、缴销等管理制度，建立信息互通机制，定期向登记管理机关通报票据发放和缴销情况，并作为社会团体年度检查和行政处罚的依据之一（各级财政部门牵头负责，各级民政部门负责，2014 年 12 月底前完成）。

（四）规范内部治理，强化综合监管

1. 各级民政部门要指导社会团体健全会员大会（会员代表大会）、理事会、监事会制度，实行决策、执行、监督分立，完善以章程为核心的独立自主、权责明确、运转协调、有效制衡的法人治理结构。全省性行业协会商会、工商经济类联合性社会团体要积极探索成立监事会，强化内部监管，其他类型社会团体可根据实际情况成立监事会或设立监事，加强社会团体内部监督（省民政厅牵头负责，省直业务主管单位负责，2014 年 12 月底前完成）。

2. 各级社会团体要加强诚信自律建设，继续开展行业协会行业自律与诚信创建活动，行业协会商会、工商经济类联合性社会团体围绕服务内容、服务方式、服务对象和收费标准等向全体会员公开承诺，承诺做到不强制入会、不摊派会费、不强行服务，不搞乱评比、乱培训、乱表彰等，不超出章程规定的业务范围开展活动。要完善规范社会团体评比达标表彰活动管理办法，严格规范和控制社会团体评比达标表彰活动。全省性社会团体举办评比达标表彰项目，应当经会员大会（会员代表大会）审议通过，并报业务主管单位（行业主管部门）批准，不得收取任何费用。其他社会团体一律不得举办评比达标表彰活动［各级民政部门牵头负责，各级社会团体业务主管单位（行业主管部门）负责］。

（五）制定规范管理意见，建立长效机制

本着标本兼治的原则，着手制定加强社会团体管理的规范性意见，特别是要将行业协会商会与行政机关脱钩、采取政府购买服务的方式建立政府委托性财务审计制度、规范社会团体内部运作程序、社会团体承接政府职能转移和购买服务资质认定以及不规范行为登记建档的“黑名单”制度等纳入长效管理机制，2014 年 12 月底前，报请省委、省政府审定后印发（省民政厅牵头负责，省委组织部、省编办、省发展改革委、省监察厅、省财政厅、省审计厅负责，2014 年 12 月底前完成）。

## 五、有关要求

（一）提高认识，加强领导。社会团体是国家治理体系和治理能力现代化的有机组成部分，是社会治理的重要主体和依托。社会团体依法规范管理集中推进行动是加强社会团体管理的重要举措，其实质是要改变社会团体寄生在老体制上的附属物现象，把扭曲掉的社会团体功能正本清源，对于促进社会团体健康有序发展具有重要意义。各地、各单位要充分认识集中推进行动的重要性，加强组织领导，提供必要的人、财、物保障，确保集中推进行动扎实有效开展，务求取得实效。

（二）明确责任，注重协调。牵头责任单位和各协同配合责任单位要各司其职、各负其责，按照任务分工，加强联系沟通，注重协调配合，针对存在的突出问题，迅速采取有效行动，切实抓好整改落实，确保年底前集中推进行动取得实效。

（三）强化督查，狠抓落实。各省辖市、省直管县每月 25 日前向省民政厅报送工作进展情况，12 月 25 日前报送集中推进行动总结，省民政厅汇总后按要求及时报送省政府。省直各单位要加强对市县集中推进行动的指导和督查，狠抓工作落实，发现问题及时纠正。省里将适时对集中推进行动开展督查。

# 安徽省人民政府办公厅关于开展政策落实八个专项集中推进行动的通知

（皖政办秘〔2014〕129号）

各市、省直管县人民政府，省政府有关部门：

今年5、6月份，省政府开展了贯彻“三严三实”要求全面推进政策落实督查，有力推动了中央和省稳增长调结构促改革惠民生政策措施落实，取得了明显成效。督查中，也发现一些地方和部门存在政策学习不够、宣传不力、传递不及时、落实不到位等问题。当前，推动发展不是缺思路、缺政策，而是缺落实；不是缺部署、缺要求，而是缺推进。实质上反映的是干部作风问题，必须下决心予以解决。为此，省政府决定，从现在起到今年底，按照习近平总书记在中央政治局第16次集体学习时关于加强改进作风制度建设的要求，在全省范围内开展政策落实八个专项集中推进行动。现就有关事项通知如下：

## 一、具体内容

（一）开展金融服务“三农”和实体经济政策集中推进行动

进一步深化金融改革，创新金融产品，强化金融服务，优化金融环境，形成金融与经济良性互动，为推动“三农”和实体经济发展提供有力的金融支持。

1. 开展“金融政策集中宣讲月”活动。组织开展为期一个月的金融政策宣讲月活动，通过新闻媒体、政府门户网站和企业信息服务平台广泛发布各类金融政策；将金融政策汇编成册，在各级行政服务中心、中小企业服务中心等场所免费投放；分类举办金融机构专场政策宣讲活动，邀请专家现场解读政策；组织企业与交易所、保险机构专场对接，帮助企业熟悉了解并运用上市、保险直投等政策；组织开展送金融政策下乡进企等活动，提高金融政策知晓度。

2. 建立政策落实“一事一议上门谈”活动。在现有与“一行三局”定期会商的基础上，就合意贷款规模、定向降准、小微企业倒贷、银行收费等具体问题，坚持一事一议原则，由省政府金融办牵头与监管机构和有关金融机构协商，及时协调解决政策落实问题。

3. 建立政策落实定期通报制度。按照政策落实主体，分类细化政策操作步骤和序时目标，制定落实台账制度。在此基础上，引入第三方评估机构，客观评估金融政策执行效果，在安徽日报、中安在线等有关新闻媒体上及时公布有关主体政策执行成效，接受社会监督。

4. 开展金融服务收费专项检查。围绕建立涉企金融收费清单制度，组织开展金融服务收费专项检查，重点排查金融机构涉贷收费、担保评估、登记收费等行为，进一步清理不合理收费，降低企业融资成本。

（二）开展涉企收费专项清理集中推进行动

进一步加强收费监管，减少收费事项，规范收费行为，降低收费标准，减轻企业负担，优化经济发展环境。

1. 开展涉企收费政策集中宣传。通过免费发放政策汇编、收费目录清单、在门户网站等媒体开设宣传专栏等方式，向企业广泛宣传涉企收费监管政策和收费减免措施，重点宣传各级已经取消的收费项目、降低的收费标准等。集中宣传活动期间，各地积极开展收费服务进企业活动，把政策交给企业，努力提高企业的维权意识，营造全社会关心企业发展的氛围。

2. 全面建立涉企收费清单制度。全面建立涉企收费清单制度，重新审核收费项目、收费标准，明确服务标准和监管责任，构建项目法定、权责一致、简政放权、公开透明的收费监管体系。今年11月底前，公布省级涉企收费清单。12月底前，各市、县都要公布涉企收费清单，实行“涉企收费进清单，清单以外无收费”。

3. 组织第三方评估。8月底前，各级政府要组织第三方对涉企收费状况进行评估，全面掌握企业收费负担情况和反映的突出问题，为完善收费监管政策、科学编制收费清单提供合理化建议。收费清单实施后，通过专家评审和第三方调查，对收费清单制度的执行效果进行系统评价。

4. 组织涉企收费专项检查。重点检查涉企收费问题较为突出的部门及行业，对拒不执行收费监管政策、擅自向企业开口子收费、自行设立行政审批前置服务项目并收费的、继续收取已经取消或减免的收费，以及只收费不服务或不按规定提供服务的，一律按乱收费从重查处。健全价格投诉举报系统，建立社会公开监督机制。

5. 建立涉企收费问责和考核制度。各级政府在建立收费清单制度的同时，同步建立涉企收费问责制度，明确主管部门与下属单位、行业组织、资质管理的中介机构之间的权责关系，对清单之外收费和不按清单收费的，严肃追究行业主管部门和相关部门、单位主要负责人、直接责任人的行政责任。

（三）开展社会团体依法规范管理集中推进行动

进一步加强社会团体监督管理，规范收费行为，公开财务收支，加强审计监督。

1. 对领导干部在社会团体兼职进行摸排清理。针对领导干部（包括离退休领导干部）兼任社会团体领导职务问题，严格实行在职党政机关领导干部不得在行业协会商会、工商经济类的联合性社会团体兼任领导职务；离退休领导干部在社会团体兼任职务，须按干部管理权限审批或备案。未按规定办理兼职审批、备案手续的，各级登记管理机关不得办理登记。违规兼职的要及时清退。加快推进政社分开，推进社会团体与行政机关脱钩。

2. 开展社会团体收费行为排查清理。针对企业反映变相强制收费问题，全面集中排查清理社会团体的会费收取和使用情况。加强社会团体会费票据管理，全面清理近3年票据的使用情况。清理情况作为下达年度检查结论的重要依据，对社会团体违规收费行为，严格处罚，该清退的清退、该整改的整改、该停止活动的停止活动、该撤销的撤销。建立政府委托性财务审计制度，采取购买服务的方式，在社会团体换届、变更法定代表人时，由登记管理机关会同行业主管部门（业务主管单位）组织对其进行财务审计。

3. 规范内部治理。针对管理不规范问题，指导社会团体健全会员大会（会员代表大会）、理事会、监事会制度，完善以章程为核心的独立自主、权责明确、运转协调、有效制衡的法人治理结构。强化社会团体登记审查、年度检查、等级评估、执法监督等监管措施；加强诚信自律建设，探索建立“黑名单”制度，提高社会团体诚信度和公信力；开展社会团体承接政府职能和购买服务资质认定工作，定期发布具备资质社会团体名录。

4. 研究制定关于社会团体规范管理的意见，报省委、省政府审定后下发。

（四）开展落实鼓励就业创业政策集中推进行动

以推进高校毕业生和服务民营经济为重点，进一步落实鼓励就业创业政策，营造公平的就业创业环境，确保全省就业水平有提高。

1. 开展就业创业政策专题宣传活动。针对就业创业政策宣传有盲点的问题，编写就业创业政策汇编，印发青年创业服务手册，通过门户网站、新闻媒体、就业服务场所等多种渠道开设就业创业政策落实专栏，加强宣传、咨询服务，主动接受社会和公众监督；每个市组织不少于3场未就业高校毕业生恳谈会，每个县举办不少于5场民营企业政策对话会，提升政策知晓率。

2. 开展小额担保贷款政策集中推进活动。针对就业创业小额担保贷款政策落实难、贴息难问题，积极争取中央贴息资金，拓宽资金渠道，多方筹集地方贴息资金，确保小额担保贷款及财政贴息政策应贷尽贷、应贴尽贴；实施安徽青年创业小额贷款项目，加大对高校毕业生创业的支持力度。

3. 组织税收优惠政策落实大排查活动。针对税收优惠政策落实不力问题，开展税收政策落实大排查活动，强化部门沟通协调、健全信息比对机制、优化税收审定流程，确保失业人员、高校毕业生、退役士兵、残疾人的就业创业税收优惠政策落实到位。

4. 组织企业用工服务专项活动。针对企业招工难问题，建设城乡劳动力资源库，深化皖江皖北对接机制和重大项目用工服务联动机制，帮助企业精准招工；实施技能人才振兴计划，开展“工学一体”就业就学试点，为促进企业转型升级提供高素质技能人才；全面落实服务民营企业用工的紧缺专业就业补助政策和职业介绍补贴政策、吸纳高校毕业生的职业培训补贴和社会保险补贴政策，统筹使用失业保险基金用于职业介绍和职业培训补贴，引导社会力量为企业用工服务，引导高校毕业生到企业就业。

5. 建设就业创业政策网上经办系统。针对就业创业政策申报手续繁琐、时间长等问题，建设融合权力公开、网上办事、电子监察、信息查询、互动交流、上下联动于一体的网上经办系统，提供就业创业政策网上申请、网上受理、网上反馈、网上评价的“一站式”服务。

（五）开展落实民营企业市场准入政策集中推进行动

废除对民营企业各种形式的不合理规定，消除各种隐性壁垒，切实解决民间投资“三门”问题，鼓励和引导民间投资发展，让社会资本释放巨大活力。

1. 制定民营企业进入特许经营领域办法。针对民营企业进入特许经营领域缺少法律法规护航问题，制定出台《安徽省基础设施和公用事业特许经营暂行办法》，确定我省基础设施和公用事业领域特许经营的范围、原则、管理体制、决策程序、协议框架、权利义务、风险分配和权利救济等基本内容。

2. 开展准入限制集中清理专项行动。针对部分行业和领域存在隐形壁垒和不合理附加条件的问题，重点在城市基础设施、交通运输、石油石化、电力通讯、社会事业、节能环保、农林水等领域，开展民间资本市场准入规则中不适当的资金、技术、资质等限制性条件清理行动，落实公平公正的政策待遇。

3. 推进民间投资示范试点。针对民营企业市场准入政策难以落到实处问题，重点做好首批28个省级试点项目的协调落实，鼓励和吸引社会资本特别是民间投资以PPP等方式参与建设营运。完善吸引民间资本参与机制，重点在进入门槛较低的教育、卫生、文化旅游、交通运输、新能源、市政工程等领域，继续谋划筛选第二批项目。扩大项目覆盖面，力争全省每个地级市都有一定数量的城市基础设施和公用事业等领域的项目向民营资本开放。

4. 加强民营企业市场准入条件专题宣传。编写各类投资项目市场准入条件汇编，印发服务指南，加强咨询服务；开展民营经济政策进县城、进园区、进企业活动，举办政策宣讲会、答疑会，主动接受社会和公众监督；同时通过各级、各类媒体多渠道宣传民营资本进入各行业的准入规则和程序，切实提高政策的知晓率和落实率。

（六）开展精简项目前置审批条件集中推进行动

以转变职能为核心，进一步简政放权、放管结合，结合行政权力清单制度建设，着力清理和简化前置行政审批条件，提高行政审批效率，促进企业投资创业，切实优化营商环境。

1. 开展工商登记“先照后证”先行先试试点。选择1—2个市（县）开展工商登记“先照后证”试点工作，提高市场准入效率。清理取消没有法律、行政法规和国务院决定作为设定依据的工商登记前置审批事项。将工商登记的部分前置审批事项改为后置监管内容。制定工商登记前置审批事项清单。总结先行先试工作，推广先行先试经验。

2. 开展企业投资项目审批前置条件清理规范行动。进一步完善投资项目核准和备案管理办法，下放核准权限、缩小核准范围。全面清理项目审批、核准、备案和开工前相关前置条件的设置依据，取消没有法律法规和规章依据的前置审批条件。有序推行项目审批、核准前置审批事项并行审核办法，优化项目审批流程，清理互为前置的条件。

3. 开展涉费行政审批前置服务事项清理规范行动。针对行政审批前置服务收费清理所涉及的行政审批等项目，精简前置服务事项，列出保留服务事项清单。

（七）开展规范公共资源交易集中推进行动

建立统一规范的公共资源交易平台，规范各类公共资源交易活动，提高公共资源配置质量和效益，约束和规范权力运行。

1. 省市共建安徽合肥公共资源交易中心。根据省委省政府关于公共资源交易管理体制改革工作的部署和国家关于建立统一规范的公共资源交易平台的要求，依托合肥市公共资源交易中心现有基础和成功运行经验，将其拓展为省市合一的公共资源交易中心，为省级与合肥市级各类公共资源交易活动提供规范的场所、设施和服务。

2. 出台公共资源交易管理办法。针对省市县监管体制不顺畅、部分地区存在“管办不分”、交易中心自行代理等问题，制定《安徽省公共资源交易管理暂行办法》，以省政府规章形式出台，从法律制度层面明确管办分离、集中交易、规范运行、依法监督的公共资源交易管理机制，明确交易中心的服务职能。

3. 完善公共资源交易管理制度。针对省级公共资源交易部门为主，以及各行业，各市、县交易规则不统一问题，制定全省各类公共资源交易的管理制度、省级公共资源集中交易进场目录、交易平台运行和服务标准等管理制度。

4. 建设省公共资源交易综合评标专家库。针对当前各地专家库建设没有按照国家专业分类标准、库容量小、“常委专家”现象、评标专家的保密性差、管理不规范以及地位不合法等问题，整合全省各地和行业库专家资源，建设统一的省公共资源交易综合评标专家库，省、市、县公共资源交易项目的评审专家，须从省公共资源交易综合评标专家库中随机抽取。

5. 建立公共资源交易电子化信息系统。针对公共资源交易环节多、保密难、效率低问题，率先在安徽合肥公共资源交易中心建立全流程电子化公共资源交易信息服务系统，实现招标、投标、资格审查、远程评标定标、中标、成交等公共资源交易活动全流程电子化。

（八）开展交通运输安全管理集中推进行动

压实交通运输安全主体责任，落实各项安全管理制度和措施，促进交通运输安全形势持续稳定好转。

1. 开展公路安全设施隐患整治专项行动。针对部分公路、桥梁、隧道安全设施缺失、错位和不到位的问题，逐段逐点排查公路标志、标线、护栏、减速设施、视线诱导等安全设施的设置情况，对排查出的隐患和问题提出治理措施，明确责任单位和完成时限，切实消除安全隐患，改善公路通行环境。

2. 开展道路运输市场“打非治违”专项行动。针对部分道路运输企业和从业人员违法违规经营行为，通过联合执法，严厉打击客运车辆无证营运、不按照规定线路行驶、不落实夜间停车休息制度，旅游包车未取得包车证或持空白包车证营运等行为；加强危险化学品运输安全监管，严禁非危险化学品运输车辆从事危险化学品运输，督促危险化学品运输车辆安装紧急切断装置。

3. 开展交通秩序治理专项行动。结合公安机关正在进行的“防事故保平安专项行动”、“打四非查四违专项行动”等专项工作，在全省范围开展交通秩序专项治理，最大限度地把交警警力投放到路面，加强巡查管控，重拳整治交通乱象，严查重处“三超一疲劳”、酒后驾驶、涉牌涉证、非法改装等严重道路交通违法行为，特别是对7座以上客车坚持逢车必查，严禁客运车辆凌晨2—5时违规运行，始终保持对道路交通违法违规行为的高压态势。

4. 开展联合治超专项行动。针对部分货物运输车辆恶意超限超载现象，加大《安徽省治理货物运输车辆超限超载条例》宣传贯彻力度，压实市、县人民政府的主体责任，严格路面执法，强化源头治超，落实责任倒查追究制度，严查车货总重超过75吨或超过规定标准100%的车辆，确保治理超限超载工作取得实效。

5. 开展水上交通安全专项检查。针对部分渡船、客班船违法航行和部分涉水工程不按程序施工等问题，督促县级以上人民政府落实水上交通安全责任，加大水上交通安全巡查、检查力度，严厉打击超载航行、积载不当等违法违规行为；强化涉水工程日常监管，督促建设（业主）单位及时办理相关行政许可手续，履行通航安全管理责任，落实施工水域通航安全措施，改善水上通航环境。

## 二、有关要求

### （一）加强组织领导

结合省政府领导分工和相关单位职能，每个专项集中推进行动，由相关省政府领导牵头，同时明确牵头责任单位、有关协同配合责任单位。牵头责任单位主要负责同志要亲自过问，加强协调调度，督促抓好落实，对推进过程中出现的困难和问题要靠前指挥，帮助解决。重大问题及时报请牵头省政府领导协调解决、推进。

（二）切实尽职履责

各级政府和有关部门要针对存在的突出问题，迅速采取有效行动，切实抓好整改落实，确保年底前取得明显成果。牵头责任单位要会同有关部门进一步明确细化具体内容、职责分工、完成时限和工作要求，制定具体明确的工作实施方案，并于 8 月 15 日前送省政府办公厅。需要增加协同配合责任单位的，由牵头责任单位提出，并在实施方案中明确。各协同配合责任单位要积极履行职责，主动完成各项工作任务。

（三）坚持立行立改

对属于一个部门职责范围且能解决的具体问题，有关部门要立即整改到位。对跨部门需要协调解决的问题，牵头单位要主动协调，有关部门要积极落实，尽快解决。对一时不能解决的问题，要明确时限和要求，限期加以解决。对需要完善政策、制度的，要尽快出台制度规范。

（四）强化督促检查

每月 30 日前，牵头责任单位要将进展情况报省政府办公厅（对应秘书室）。年底前，牵头责任单位要将专项集中推进行动成果报省政府。

附件：开展政策落实八个专项集中推进行动任务分解表

安徽省人民政府办公厅

2014 年 8 月 4 日

附件

# 开展政策落实八个专项集中推进行动任务分解表

| 专项行动 | 牵头领导 | 牵头责任单位 | 协同配合责任单位 |
| --- | --- | --- | --- |
| 金融服务“三农”和实体经济政策集中推进行动 | 詹夏来 | 省政府金融办 | 人行合肥中心支行、安徽银监局、安徽保监局、安徽证监局、省发展改革委、省经济和信息化委、省财政厅、省农委等 |
| 涉企收费专项清理集中推进行动 | 詹夏来 | 省物价局 | 省财政厅、省经济和信息化委、安徽银监局等 |

续表

| 专项行动 | 牵头领导 | 牵头责任单位 | 协同配合责任单位 |
| --- | --- | --- | --- |
| 社会团体依法规范管理集中推进行动 | 詹夏来<br>梁卫国 | 省民政厅 | 省委组织部、省编办、省监察厅、省财政厅、省审计厅等 |
| 落实鼓励就业创业政策集中推进行动 | 杨振超 | 省人力资源社会保障厅 | 省经济和信息化委、省教育厅、省财政厅、省工商局、省地税局、人行合肥中心支行、省国税局等 |
| 落实民营企业市场准入政策集中推进行动 | 詹夏来 | 省发展改革委 | 省经济和信息化委、省教育厅、省环保厅、省住房城乡建设厅、省交通运输厅、省水利厅、省卫生计生委、省通信管理局、省工商联等 |
| 精简项目前置审批条件集中推进行动 | 詹夏来 | 省编办 | 省发展改革委、省工商局、省物价局、省法制办、省政务公开办等 |
| 规范公共资源交易集中推进行动 | 詹夏来 | 省发展改革委 | 省编办、省财政厅等 |
| 交通运输安全管理集中推进行动 | 陈树隆<br>方春明 | 省公安厅、省交通运输厅 | 省教育厅、省经济和信息化委、省农委、省安全监管局等 |

# 福建省人民政府关于取消、下放和调整一批省级行政审批项目的通知

（闽政〔2014〕6号）

各市、县（区）人民政府，平潭综合实验区管委会，省人民政府各部门、各直属机构，各大企业，各高等院校：

为深入贯彻落实《国务院关于取消和下放一批行政审批项目的决定》（国发〔2013〕44号）和《中共福建省委 福建省人民政府关于印发〈2014年全省深化重点领域改革工作方案〉的通知》（闽委〔2013〕31号）精神，结合承接国家下放的行政审批项目，省政府对省级行政审批项目开展了新一轮的清理、调整，决定取消4项省级行政审批项目、下放8项省级行政审批项目、调整30项省级行政审批项目（含承接国家下放的项目），现予以公布。

对取消和下放管理层级的行政审批项目，各级各部门要抓紧做好落实和衔接工作。下放审批权限要注重有序推进，符合基层经济社会发展需要，提升基层审批业务承接能力。要健全监督制约机制，加强对行政审批权运行的监督，切实做到放、管结合，努力营造公平竞争、优胜劣汰的市场环境。要围绕发挥市场在资源配置中的决定性作用，全面推进服务型政府建设，加快转变政府职能，不断提高政府管理科学化、规范化水平。

附件：1. 取消的省级行政审批项目

2. 下放的省级行政审批项目

3. 调整的省级行政审批项目

福建省人民政府

2014年1月29日

附件1

## 取消的省级行政审批项目（4项）

| 序号 | 事项名称 | 实施机关 | 备注 |
|---|---|---|---|
| 1 | 劳动教养人员所外执行核准 | 省司法厅 | |
| 2 | 劳动教养人员提前解除劳动教养、减少或延长劳动教养期限审批 | 省司法厅 | |
| 3 | 劳动教养人员所外就医审批 | 省司法厅 | |
| 4 | 互联网上网服务营业场所全省连锁经营企业设立审批 | 省文化厅 | |

附件2

## 下放的省级行政审批项目（8项）

| 序号 | 事项名称 | 实施机关 | 备注 |
|---|---|---|---|
| 1 | 超限运输车辆行驶公路审批（跨省、设区市） | 省交通运输厅 | 下放设区市公路局。 |
| 2 | 动物、动物产品检疫（含国内放蜂的检疫） | 省农业厅 | 下放县级动物卫生监督机构。 |
| 3 | 工商领域企业投资项目核准 | 省经信委 | 部分下放。将以下项目下放到设区市。（1）企业投资煤矿技改项目；（2）除由国家核准以及跨设区市之外的电网工程项目；（3）企业投资除稀土矿山开发项目和已探明工业储量5000万吨及以上规模的铁矿开发项目外的其他矿山开发项目（不含煤矿）核准；（4）有中方控股（含相对控股）要求的总投资（含增资）3亿美元以下的外资鼓励类项目。 |

续表

| 序号 | 事项名称 | 实施机关 | 备注 |
|---|---|---|---|
| 4 | 省内地方性公募基金会和非公募基金会的设立、变更和注销登记 | 省民政厅 | 部分下放。非公募基金会的登记下放到县级以上民政部门，执行分级管理。 |
| 5 | 省级和跨行政区社会团体成立、变更、注销登记 | 省民政厅 | 部分下放。异地商会登记下放到县级以上民政部门，执行分级管理。 |
| 6 | 船舶登记 | 省交通运输厅 | 部分下放。将内河船舶登记下放到设区市地方海事局。 |
| 7 | 特殊占用、挖掘、使用公路及公路用地、建筑控制区行为审批 | 省交通运输厅 | 部分下放。将“特殊占用、挖掘、使用普通公路及普通公路用地、建筑控制区行为审批”下放到设区市公路管理局。 |
| 8 | 水土保持方案审批 | 省水利厅 | 部分下放。将占地5公顷以下和挖填土方5万立方米以下的省级立项项目下放由市级审批。 |

附件3

## 调整的省级行政审批项目（30项）

| 序号 | 事项名称 | 实施机关 | 备注 |
|---|---|---|---|
| 1 | 小汽车专控商品审批 | 省财政厅 | 调整为部门一般管理事项。 |
| 2 | 农业机械推广鉴定证书核发 | 省农业厅 | 调整为部门一般管理事项。 |
| 3 | 无公害农产品产地认定 | 省农业厅 | |
| 4 | 执业兽医资格认定 | 省农业厅 | 此四项为国家下放到省级的事项，调整为部门一般管理事项。 |

续表

| 序号 | 事项名称 | 实施机关 | 备注 |
| --- | --- | --- | --- |
| 5 | 农作物种子检验员资格考核评定 | 省农业厅 | |
| 6 | 食用菌菌种检验员资格认定 | 省农业厅 | |
| 7 | 草种检验员资格认定 | 省农业厅 | |
| 8 | 工商领域企业投资项目核准 | 省经信委 | 部分取消。将“企业投资年产50万吨以下煤炭液化项目核准”和“制盐项目核准”，改为备案管理。 |
| 9 | 省级和跨行政区社会团体成立、变更、注销登记 | 省民政厅 | 部分取消。对应国家取消全省性社会团体其分支机构的成立、变更、注销登记。 |
| 10 | 音像制作单位、电子出版物制作单位设立及变更名称、业务范围，兼并或者合并、分立审批 | 省新闻出版广电局 | 部分取消。取消有关电子出版物制作单位的审批，并更名“音像制作单位设立及变更名称、业务范围，兼并或者合并、分立审批”。 |
| 11 | 农作物（草种）种子生产、经营许可 | 省农业厅 | 部分取消。取消草种生产、经营许可，并更名为“农作物种子生产、经营许可”。 |
| 12 | 演出经纪机构设立许可 | 省文化厅 | 承接国家下放的“台湾地区投资者在内地投资设立合资、合作经营的演出经纪机构审批”和“港、澳投资者在内地投资设立合资、合作、独资经营的演出经纪机构审批”，更名为“演出经纪机构（含涉港澳台）设立许可”。 |
| 13 | 省级许可的工业产品生产许可证核发（含食品、食品添加剂、食品相关产品、化妆品） | 省质监局 | 食品、食品添加剂、化妆品的审批事项划入药品食品监督管理局，更名为“省级许可的工业产品生产许可证核发（食品相关产品）”。 |

续表

| 序号 | 事项名称 | 实施机关 | 备注 |
|---|---|---|---|
| 14 | 全国性批发企业向医疗机构销售麻醉药品和第一类精神药品的审批 | 省食品药品监督管理局 | 承接国家下放的“区域性批发企业需就近向其他省、自治区、直辖市行政区域内的取得麻醉药品和第一类精神药品使用资格的医疗机构销售麻醉药品和第一类精神药品的审批”权限，更名为“批发企业向医疗机构销售麻醉药品和第一类精神药品的审批”。 |
| 15 | 国家二级保护农业野生植物采集、出售、收购审批 | 省农业厅 | 承接国家下放的“采集农业主管部门管理的国家一级保护野生植物审批”，更名为“国家保护农业野生植物采集、出售、收购审批”。 |
| 16 | 饲料生产许可 | 省农业厅 | 承接国家下放的“设立饲料添加剂、添加剂预混合饲料生产企业审批”，更名为“饲料和饲料添加剂生产许可”。 |
| 17 | 食盐定点生产企业审批 | 省经信委 | 承接国家下放。 |
| 18 | 外商投资道路运输立项审批 | 省交通运输厅 | 承接国家下放。 |
| 19 | 房地产价格评估机构资质认定 | 省住建厅 | 省政府第127号令，从物价局审批事项中，划入住建厅。 |
| 20 | 音像复制单位、电子出版物复制单位设立及变更业务范围或兼并、合并、分立审批 | 省新闻出版广电局 | 承接国家下放。 |
| 21 | 向国外申请专利专项资金资助中第三方检索机构认定 | 省知识产权局 | 承接国家下放。 |
| 22 | 建设项目竣工环境保护设施验收 | 省环保厅 | 《环境保护法》和《建设项目环境保护管理条例》规定。 |
| 23 | 放射性同位素转让审批 | 省环保厅 | 《放射性污染防治法》和《放射性同位素与射线装置安全和防护条例》规定。 |

续表

| 序号 | 事项名称 | 实施机关 | 备注 |
| --- | --- | --- | --- |
| 24 | 林木种子检验员考核评定 | 省林业厅 | 承接国家下放。 |
| 25 | 食品和食品添加剂生产许可 | 省食品药品监督管理局 | 机构改革中从质监局划入，作为新增审批事项。 |
| 26 | 重大动物疾病病料采集审批 | 省农业厅 | 承接国家下放。 |
| 27 | 美术品进出口经营活动审批 | 省文化厅 | 承接国家下放。 |
| 28 | 考古发掘单位保留少量出土文物留作科研标本许可 | 省文化厅 | 承接国家下放。 |
| 29 | 涉港澳台演出场所经营单位审批 | 省文化厅 | 承接国家下放“港、澳投资者在内地投资设立合资、合作、独资经营的演出场所经营单位审批”和“台湾地区投资者在内地投资设立合资、合作经营的演出场所经营单位审批”。 |
| 30 | 进入渔业部门管理的国家级自然保护区核心区从事科学研究观测、调查活动审批 | 省海洋渔业厅 | 承接国家下放。 |

# 福建省人民政府关于推进政府购买服务的实施意见

（闽政〔2014〕33号）

各市、县（区）人民政府，平潭综合实验区管委会，省人民政府各部门、各直属机构，各大企业，各高等院校：

为贯彻党的十八届三中全会通过的《中共中央关于全面深化改革若干重大问题的决定》和《国务院办公厅关于政府向社会力量购买服务的指导意见》（国办发〔2013〕96号），进一步转变政府职能，深化公共服务改革，探索公共服务多元化供给模式，提高政府公共服务质量，现就推进我省政府购买服务工作制定如下实施意见。

## 一、基本原则

政府购买服务应突出公共性和公益性，进一步放开公共服务市场准入，把政府直接向社会提供的一部分服务，按照一定的方式和程序，交由具备条件的社会力量承担，并由政府根据服务的数量和质量向其支付费用。

政府购买服务的基本原则是：

——积极稳妥，先易后难。从各地实际出发，准确把握社会公共服务需求，稳步推进工作开展。条件成熟的购买项目先行先试，条件不够完备的项目要深入研究，条件成熟后再实施。

——公开择优，注重实效。按照公开、公平、公正原则，通过竞争择优等方式选择政府购买服务承接主体。坚持费随事转，切实提高财政资金使用效率和公共服务质量。

——改革创新，完善机制。坚持政府购买服务和培育承接主体并重，支持行业协会、商会等社会组织参与政府购买服务，提升社会组织公共服务能力。鼓励通过政府购买服务推动事业单位与主管部门理顺关系，推进有条件的事业单位转为企业或社会组织。逐步理清政府购买服务与事业单位财政经费安排的关系，禁止一边购买服务，一边养人办事。

## 二、目标任务

“十二五”时期，各地逐步推进政府购买服务工作，初步形成统一有效的购买服务平台和制度机制。2014 年要在社会救助、职业技能培训、学前教育、公共体育服务等领域开展政府购买服务试点，2015 年覆盖到每一个事业类型。到 2020 年，在全省基本建立比较完善的政府购买服务制度，形成适应经济社会发展、高效合理的公共服务资源配置体系和供给体系，公共服务水平和质量显著提高。

## 三、规范实施

（一）确认购买主体

政府购买服务的主体是各级行政机关、参照公务员法管理且具有行政管理职能的事业单位。其他纳入行政编制管理且经费由财政负担的群团组织，根据实际需要实施购买服务。

（责任单位：各主管部门、省财政厅、省编办，各设区市人民政府、平潭综合实验区管委会）

（二）选择承接主体

政府购买服务的承接主体包括依法在民政部门登记成立或经国务院批准免予登记的社会组织，以及依法在工商行政管理或行业主管部门登记成立的企业、机构等。承担有公共服务职能的具备条件的公益二类事业单位和从事经营活动的事业单位可以成为承接主体。承接主体应符合国家有关政事分开、政社分开、政企分开的要求，并具备以下基本条件：

1. 依法设立，具有独立承担民事责任的能力；
2. 治理结构健全，内部管理和监督制度完善；
3. 具有独立、健全的财务管理、会计核算和资产管理制度；
4. 具备提供公共服务所必需的设施、人员和专业技术能力；
5. 具有依法缴纳税收和社会保险资金的良好记录；
6. 在参与政府购买服务前三年内无重大违法违纪行为，资质审查合格，社会信誉、商业信誉良好；
7. 符合登记管理部门依法认定的其他条件；
8. 法律法规规定以及购买服务项目要求的其他条件。

承接主体的具体条件由购买主体会同财政部门根据购买服务的内容确定。

政府购买服务的承接主体在履行政府购买服务合同过程中有违约行为的，应承担相应责任，并在信用体系中予以记录，在三年内不得再承接政府购买服务等活动。

（责任单位：各主管部门、省财政厅、省民政厅、省工商局、省编办，各设区市人民政府、平潭综合实验区管委会）

（三）确定购买内容

除法律法规另有规定，以及涉及国家安全、保密事项、行政行为或应当由政府直接提供的事项外，下列事项全部或部分内容要逐步加大政府购买服务的力度。

1. 一般性公共服务。公共教育服务、劳动就业服务、人才服务、社会保险、社会救助、社会福利、养老服务、优抚安置服务、医疗卫生、人口和计划生育服务、市政公用基础设施等社会公用设施管理维护、住房保障、公共文化、公共体育、公共安全、残疾人服务、环境保护、交通运输、服务三农、战略物资储备等事项。

2. 社会管理性服务。社区建设、社会组织管理服务、社工服务、法律援助、慈善救济、人民调解、社区矫正、流动人口管理服务、安置帮教、公益宣传等事项。

3. 技术服务。科研、行业规划研究、行业规范、行业产品标准和服务标准研究、数据调查、数据处理、统计分析、资产评估、审计服务、检验检疫检测、监测服务等事项。

4. 政府履职所需辅助性事项。经济和社会发展规划研究、经济形势分析宣传、法制宣传、法律服务、课题研究、政策（立法）调研草拟论证、会议经贸活动和展览服务、评估、绩效评价、工程服务、项目评审、咨询、专业技术审查、公共信息系统开发与软硬件维护、技术业务培训、公众档案整理、后勤保障等事项。

5. 其他适宜由社会力量承担的服务事项。

（责任单位：省财政厅、各主管部门、省编办，各设区市人民政府、平潭综合实验区管委会）

（四）制定购买目录

省级及设区市、平潭综合实验区财政部门应会同有关部门在把握公众需求的基础上，分别制定本级、本辖区购买服务目录，报同级人民政府审定后公布，明确政府购买服务的种类、性质和内容，并根据政府职能转变和经济社会发展情况及时进行动态调整。

（责任单位：省财政厅、各主管部门、省编办，各设区市人民政府、平潭综合实验区管委会）

（五）规范购买程序

各级各部门要结合实际情况，建立政府购买服务机制，确保项目申报、项目审定、组织采购、资质审核、合同签订、履约监管、绩效评估等流程公开、公平、公正。

1. 项目申报。购买主体应在编制下一年度预算时，按照财政部门统一要求，参照公布的政府购买服务目录，结合同级党委、政府工作部署以及部门预算安排、本单位工作实际等因素，编制年度购买服务计划，报同级财政部门。财政部门按照有关政策规定，组织力量对购买主体报送的购买服务计划及具体项目统一审定。

2. 项目公示。政府购买服务计划审核确定后，购买主体及时按照政府采购要求在政府采购公共信息平台及部门的门户网站上向全社会公布购买服务项目的预算资金、主要内容、承接标准和目标要求等信息。

3. 购买方式。选择承接主体既要考虑项目费用，也要注重服务能力、专业素质和服务质量。购买主体将所需购买的服务事项及具体要求通过政府采购公共信息平台向全社会公布后，根据《中华人民共和国政府采购法》和《政府采购非招标采购方式管理办法》（财政部 74 号令）的规定和项目的实际情况分类处置。根据服务项目的需求特点，采用公开招标、邀请招标、竞争性谈判、单一来源、询价等方式确定承接主体。对于有服务区域范围要求、但本地区承接主体无法形成有效竞争的服务项目，可按照《财政部关于进一步推进和完善服务项目政府采购有关问题的通知》（财库〔2014〕37 号）的规定，采取大额项目拆分采购等措施。

4. 合同签订。购买主体按照合同管理要求，根据采购文件的相关条款与承接主体签订合同，确定双方权利义务。合同中除应明确服务项目、范围、标的、要求、期限、权利义务和违约责任等内容外，还应按照资金支付与服务质量挂钩原则明确支付方式，严禁转包行为。根据购买服务项目的需求特点，购买合同可以采用购买、委托、租赁、雇佣等合同，财政部门在此基础上制定发布相应的合同范本。购买主体要及时将签订后的购买合同报同级财政部门备案。

5. 执行管理。承接主体要认真履行合同规定，采取有效措施增强服务能力，提高服务水平，确保服务的数量、质量等达到预期目标。购买主体应当按照购买合同规定的服务标准组织履约验收，验收完成后，购买主体应当将验收情况在部门的门户网站上向社会公开。政府购买服务所需资金由购买主体依据购买服务合同，按现行的政府采购资金支付程序支付。

（责任单位：各主管部门、省财政厅，各设区市人民政府、平潭综合实验区管委会）

（六）落实资金安排

政府购买服务所需资金按照以事定费的原则，在既有财政预算中统筹安排。随着政府提供公共服务的发展需增加资金的，应列入财政预算，严格资金管理。

购买主体应结合项目特点，综合物价水平、工资水平、社会保障缴费、税收等因素，合理测算并安排购买资金，既要节约财政资金，又要保证承接主体的运营成本及合理回报，还要确保提供优质高效的服务。

（责任单位：各主管部门、省财政厅，各设区市人民政府、平潭综合实验区管委会）

（七）完善绩效评审

承接主体应当对购买服务的项目资金进行规范的财务管理和会计核算，接受并配合相关部门对资金使用情况进行监督检查和绩效评价，按要求提供资金使用情况、项目执行情况报告以及成果总结等材料。

购买主体应会同财政部门，将政府购买服务资金纳入财政资金绩效管理体系，并围绕购买服务流程、需求评估、成本核算、专业方法、质量控制、招投标管理、监督管理、绩效评审、能力建设等环节，做好相关标准的研究制定，逐步建立科学合理、协调配套的购买服务标准体系。

推进建立由购买主体、服务对象及第三方组成的综合性评审机制工作，对购买服务项目的数量、质量和资金使用绩效等进行考核评审。鼓励有条件的地方积极推进第三方评审。坚持过程评审与结果评审、短期效果评审与长远效果评审、社会效益评审与经济效益评审相结合，确保评审工作的全面性、客观性和科学性。评审结果向社会公布，并作为以后选择政府购买服务承接主体的重要依据。

（责任单位：各主管部门、省财政厅、省审计厅、省编办，各设区市人民政府、平潭综合实验区管委会）

（八）强化监督管理

购买主体、财政部门应切实加强过程监管，按照政府购买服务合同要求，对专业服务过程、任务完成和资金使用情况等进行督促检查。

财政部门要加强对政府购买服务工作的组织指导，严格资金监管。监察、审计等部门要加强监督，确保政府购买服务资金规范管理和合理使用。对任何截留、挪用和滞留资金以及其他违法违规行为，按规定予以处罚、处分或移交司法机关处理。

民政、工商行政管理及行业主管等部门应按照职责分工将承接政府购买服务行为纳入年检、评估、执法等监管体系，联合财政部门、购买主体建立相应的信用记录和应用制度，不断健全守信激励和失信惩戒机制。

推进政府购买服务信息公开，购买主体及时将购买的服务项目、服务标准、服务内容、资金安排、绩效评价标准和结果等信息通过政府采购公共信息平台向社会公开，提高透明度，主动回应社会关切，接受社会监督。

（责任单位：各主管部门、省财政厅、省民政厅、省工商局、省监察厅、省审计厅，各设区市人民政府、平潭综合实验区管委会）

## 四、组织保障

政府购买服务由政府统一领导，财政部门牵头，民政、工商行政管理以及行业主管部门协同，职能部门履职，监督部门保障。各市、县（区）人民政府应根据本地区实际情况，把政府购买服务工作列入重要议事日程，制定购买服务计划，先组织试点后推广，分步实施，稳步推进，认真制定并逐步完善政府购买服务的政策措施和实施办法，并抄送上一级政府财政部门。省财政厅要会同有关部门加强对各地开展政府购买服务工作的指导和监督，总结推广成功经验，积极推动相关制度法规建设。各市、县（区）人民政府、平潭综合实验区管委会和省直有关部门要广泛宣传政府购买服务工作的目的意义、目标任务和相关要求，做好政策解读，加强舆论引导，主动回应群众关切，充分调动社会参与的积极性。

福建省人民政府
2014 年7 月29 日

# 河南省人民政府办公厅关于四类社会组织直接登记的通知

（豫政办〔2014〕122号）

各市、县人民政府，省人民政府各部门：

为加快推进社会组织管理体制改革，促进我省社会组织健康有序发展，根据《中共中央关于全面深化改革若干重大问题的决定》和《国务院办公厅关于实施国务院机构改革和职能转变方案任务分工的通知》（国办发〔2013〕22号）要求，决定于2014年9月1日起，在全省范围内开展行业协会商会类、科技类、公益慈善类、城乡社区服务类等四类社会组织直接向民政部门依法申请登记工作。经省政府同意，现将有关事项通知如下。

## 一、直接登记的社会组织范围

本通知所指社会组织包括社会团体、民办非企业单位和基金会。

（一）行业协会商会类。主要是指从事相同性质经济活动的经济组织、个体工商户自愿组成，实行行业服务和自律管理的行业协会或商会；具有相同籍贯的企业、企业家由于企业发展需要，自愿发起成立的地域性商会以及异地商会。

（二）科技类。主要是指专门从事科学研究与技术开发、科技咨询与服务、科技成果评估、科学技术知识交流与普及等业务的社会组织。

（三）公益慈善类。主要是指从事扶贫济困、救孤助残、助老扶弱、赈灾救援以及教育、卫生、文化、体育、环境保护等公益服务活动的社会组织。

（四）城乡社区服务类。主要是指为城乡社区居民提供公益服务、慈善救助、文化娱乐、社区协同管理等服务的基层社会组织。

## 二、直接登记的程序和提交的材料

（一）名称预登记。社会组织申请直接登记，均应办理名称预登记。

举办者须提交《河南省直接登记社会组织名称预登记申请表》，并附所成立社会组织的有关情况介绍。登记管理机关要做好名称预登记的审查工作，对符合直接登记和名称管理等有关规定的，及时核发名称预登记通知书。社会组织举办者可凭通知书办理银行开户和验资手续。对不易界定是否属于直接登记范围以及情况复杂不易把握的，登记管理机关可视实际情况向相关政府职能部门、有关单位征询意见，也可委托专业机构提出评估意见，必要时可召开论证会征求意见，有关意见作为社会组织登记审批的依据。

（二）成立登记。社会组织申请成立登记，所需材料仍按《社会团体登记管理条例》（国务院令第250号）、《基金会管理条例》（国务院令第400号）、《民办非企业单位登记管理暂行条例》（国务院令第251号）等规定提交，由登记管理机关直接受理，不再需要业务主管单位审查同意。

（三）核发证书。对经审查符合条件的社会组织，登记管理机关要及时制发准予成立的许可文书和登记证书。许可文书由登记管理机关统一抄送职能相关的政府部门。登记证书仍使用由民政部制定的标准式样，业务主管单位一栏标注“直接登记”字样。

社会组织经核准登记后，应当及时将有关情况报告职能相关的业务主管单位，建立联系，接受指导，争取支持和帮助。

## 三、加强日常监督管理

（一）各级民政部门负责直接登记社会组织的成立、变更、注销登记，负责社会组织年检和评估工作，对社会组织开展活动进行日常监督，负责指导社会组织党建工作，对社会组织的违法行为依法实施行政处罚，对非法社会组织依法予以取缔。

（二）各级政府职能部门和经政府授权的组织是直接登记社会组织的业务指导单位，原则上不再负责直接登记社会组织登记前的审查工作，但要按照政府职责分工和授权，继续对已登记社会组织进行工作指导，并通过制定导向性政策、实施资金扶持、转变职能、购买服务等方式支持社会组织发展，协助登记管理机关及其他有关部门查处社会组织的违法违规行为，促进社会组织依法、规范、有序发展。

（三）建立联合监管机制，通过制定社会组织负责人管理、资金管理、活动管理、信息公开、年度检查等制度，引导社会组织建立健全以章程为核心的内部治理结构和管理制度，逐步实现社会组织自愿成立、自我运作、自聘人员、自理会务，促进社会组织依法自治、健康发展。

## 四、工作要求

（一）加强组织领导。开展社会组织直接登记工作是转变政府职能、健全社会组织管理制度的重要举措。各地、各有关部门要切实加强领导，周密部署，精心谋划，明确责任，确保直接登记工作顺利完成。

（二）强化服务管理。直接登记主要是简化注册登记环节的前置审批，不涉及后续服务管理过程中部门职责分工的调整。各地、各有关部门要密切配合，加强协作，按职能分工做好社会组织服务管理工作。

（三）加强工作衔接。直接登记的社会组织，其变更登记、注销登记等涉及社会组织主体资格的行政审批行为均按直接登记的要求办理。此前已登记的社会组织，其后续的服务管理仍按原规定执行。

河南省人民政府办公厅

2014 年 8 月 27 日

# 湖北省人民政府办公厅印发关于政府向社会力量购买服务实施意见（试行）的通知

（鄂办发〔2014〕1号）

各市、州、县人民政府，省政府各部门：

《关于政府向社会力量购买服务的实施意见（试行）》已经省人民政府同意，现印发给你们，请结合实际，认真贯彻执行。

2014年1月27日

## 关于政府向社会力量购买服务的实施意见（试行）

为了贯彻落实《国务院办公厅关于政府向社会力量购买服务的指导意见》（国办发〔2013〕96号），加强和创新社会管理，推进政府职能转变，改进政府提供公共服务方式，加大政府购买服务力度。经省人民政府同意，现就政府向社会力量购买服务提出如下实施意见。

### 一、充分认识政府向社会力量购买服务的重要意义

改革开放以来，全省公共服务体系和制度建设不断推进，公共服务提供主体和提供方式逐步多样化，初步形成了政府主导、社会参与、公办民办并举的公共服务供给模式。同时，与人民群众日益增长的公共服务需求相比，需要政府进一步强化公共服务职能，创新公共服务供给模式，有效动员社会力量，构建多层次、多方式的公共服务供给体系，提供更加方便、快捷、优质、高效的公共服务。政府向社会力量购买服务，就是通过发挥市场机制作用，把政府直接向社会公众提供的一部分公共服务事项，按照一定的方式和程序，交由具备条件的社会力量承担，并由政府根据服务数量和质量向其支付费用。

近年来，我省立足实际和工作需要，在一些领域开展了向社会力量购买服务的探索。实行农村税费改革以来，全省建立了农村公益性服务“以

钱养事”新机制，政府通过购买服务给予支持；在深化医药卫生体制改革工作中，鼓励政府购买非公立医疗机构提供的服务，这些都为全省推进政府向社会力量购买服务积累了经验。实践证明，推行政府向社会力量购买服务是创新公共服务提供方式、加快服务业发展、引导有效需求的重要途径，对于深化社会领域改革，推动政府职能转变，整合利用社会资源，增强公众参与意识，激发经济社会活力，增加公共服务供给，提高公共服务水平，都具有重要意义。各地、各部门要将思想和行动统一到党中央、国务院的决策部署上来，结合经济社会发展状况和人民群众实际需求，因地制宜、积极稳妥地推进政府向社会力量购买服务工作，不断创新和完善公共服务供给模式，加快建设服务型政府。

## 二、正确把握政府向社会力量购买服务的总体方向

（一）指导思想

以邓小平理论、“三个代表”重要思想、科学发展观为指导，深入贯彻落实党的十八大和十八届三中全会精神，牢牢把握加快转变政府职能、推进政事分开和政社分开、在改善民生和创新管理中加强社会建设的要求，进一步放宽公共服务市场准入，改革创新公共服务提供机制和方式，推动具有湖北特点的公共服务体系建设和发展，努力为全省广大人民群众提供优质高效的公共服务。

（二）基本原则

1. 积极稳妥。充分考虑全省经济发展水平和财力状况，按照先易后难、试行完善的原则，积极稳妥地推进。有序引导社会力量参与服务供给，按照公开、公平、公正原则通过竞争择优的方式选择承接政府购买服务的社会力量，确保具备条件的社会力量平等参与竞争。

2. 注重绩效。要强化绩效理念，把有限的资金用在刀刃上，坚持精打细算，实施购买服务绩效评价，切实提高财政资金使用效率和政府购买服务的综合效益。

3. 改革创新。坚持“以钱养事”改革方向，并与分类推进事业单位改革相衔接，与加强和创新社会管理、推进相关领域的体制机制改革相结合，与建立完善公共财政体系相适应，推进政事分开、政社分开，加快建立多元参与、形式多样的公共服务提供新机制。

4. 分级实施。各地根据实际情况，因地制宜确定政府购买服务的内容，分级组织实施。

（三）目标任务

“十二五”时期，全省各级政府向社会力量购买服务工作有序推进，初步形成统一的购买服务平台和工作机制，相关制度建设取得明显进展。到2020年，全省基本建立比较完善的政府向社会力量购买服务制度，形成与经济社会发展相适应、高效合理的公共服务资源配置体系和供给体系，公共服务水平和质量显著提高。

## 三、规范有序开展政府向社会力量购买服务工作

（一）购买主体

政府向社会力量购买服务的主体是各级行政机关、参照公务员法管理且具有行政管理职能的事业单位和纳入行政编制管理且经费由财政负担的群团组织。在事业单位分类改革完成以前，根据工作需要，经主管部门同意，部分履行行政职能的事业单位可暂作为政府购买服务的主体，通过购买服务的方式提供公共服务。

（二）承接主体

承接政府购买服务的主体包括依法在民政部门登记成立或经国务院批准免予登记的社会组织，以及依法在工商管理或行业主管部门登记成立的企业、机构等社会力量。

承接政府购买服务的主体应具有独立承担民事责任的能力，具备提供服务所必需的设施、人员和专业技术的能力，具有健全的内部治理结构、财务会计和资产管理制度，具有良好的社会和商业信誉，具有依法缴纳税收和社会保险的良好记录，并符合登记管理部门依法认定的其他条件。承接主体的具体条件由购买主体商同级财政部门根据购买服务项目的性质和质量要求确定。

（三）购买内容

政府向社会力量购买服务的内容为适合采取市场化方式提供、社会力量能够承担的公共服务，突出公共性和公益性。教育、就业、社保、医疗卫生、住房保障、文化体育及残疾人服务等基本公共服务领域，要逐步加大政府向社会力量购买服务的力度。非基本公共服务领域，要更多更好地发挥社会力量的作用，凡属事务性管理服务，原则上都要引入竞争机制，通过合同、委托等方式向社会力量购买。

各地、各有关部门要按照有利于转变政府职能，有利于降低服务成本，有利于提升服务质量水平和资金效益的原则，研究制定政府向社会

力量购买服务的指导性目录，明确政府购买服务的种类、性质和内容，并在总结试点的基础上，根据经济社会发展和政府职能转变，及时进行动态调整。

（四）购买机制

1. 公布目录。财政部门会同购买主体按照公开、公平、公正的原则，编制年度购买服务指导目录并向社会公布（2014 年省级政府向社会力量购买服务指导目录见附件），鼓励购买主体在指导目录以外，根据工作实际需要，依法依规开展政府向社会力量购买服务。

2. 信息发布。购买主体向社会公开购买服务项目的具体内容、承接主体的要求、绩效评价方式、政府采购方式和购买流程等信息。

3. 政府采购。购买主体按照《中华人民共和国政府采购法》的规定，采取公开招标、邀请招标、竞争性谈判、单一来源采购、询价等方式确定承接主体，签订政府购买服务的政府采购合同，明确所购买服务的范围、标的、数量、质量要求，以及服务期限、资金支付方式、权利义务和违约责任等。

4. 项目实施。承接主体按照合同约定组织项目实施，购买主体按照合同约定对服务提供全过程跟踪监管，按照合同要求支付资金。

5. 检查验收。项目实施完毕后，购买主体对服务成果进行检查验收，办理资金结算。

6. 绩效评价。建立健全由购买主体、服务对象及第三方组成的综合性评审机制，对购买服务项目的数量、质量和资金使用绩效进行考核评价。评价结果由购买主体向社会公开，并作为下一年度编制政府向社会力量购买服务预算和选择政府购买服务承接主体的重要参考依据。

（五）资金管理

政府向社会力量购买服务所需资金由购买主体在部门预算中统筹安排，按照预算编制程序纳入政府年度预算。政府购买资金按照国库集中支付的规定执行。各地各部门要把有限的财政资金用到人民群众最需要的地方，严格资金管理，确保公开、透明、规范、有效。

## 四、工作要求

（一）加强组织领导

推进政府向社会力量购买服务，事关人民群众的切身利益，是保障和改善民生的一项重要工作。各地、各部门要加强统筹协调，大胆探索，积极创新，加快推进政府购买服务工作。

（二）健全工作机制

政府向社会力量购买服务工作由各级政府统一领导，财政部门牵头协调，购买主体组织实施，职能部门履行职责，监督部门提供保障，各负其责，齐抓共管。财政部门牵头负责建立健全政府向社会力量购买服务制度，指导购买主体依法开展购买服务工作，做好资金管理、绩效评价和监督检查工作。购买主体为政府向社会力量购买服务组织实施的责任主体，负责具体组织实施工作，对承接主体提供的服务进行跟踪监督，项目实施完成后组织考核验收。监察、审计机关和民政、工商等相关部门按照各自的职能，为试点工作提供保障。

（三）严格监督管理

各地、各部门要严格遵守相关财政财务管理规定，确保政府向社会力量购买服务资金规范管理和使用。购买主体应建立健全内部监督管理制度，按规定公开购买服务相关信息，自觉接受社会监督。承接主体应当健全财务报告制度，并由具有合法资质的注册会计师对财务报告进行审计。

（四）做好宣传引导

广泛宣传政府向社会力量购买服务的目的、意义和相关要求，做好政策解读，加强舆论引导，回应群众关切，充分调动社会参与的积极性，营造和谐有序的工作氛围。

**附件**

# 2014年省级政府向社会力量购买服务指导目录

## 一、基本公共服务事项

（一）教育类。包括教育基础设施管理维护、全省性校长和教师培训等。

（二）就业类。包括就业培训、公益性人才交流活动等。

（三）社会保障类。包括社会福利服务项目、公益性养老服务项目等。

（四）医疗卫生类。包括基本公共卫生服务补助、医疗救助和大病保险等。

（五）文化类。包括公益性文艺演出、公益性艺术品创作、文化遗产保护等。

（六）体育类。包括农民体育健身工程、国民体质监测服务等。

（七）残疾人服务类。包括残疾人公益岗位、残疾人康复服务、公益性助残项目等。

（八）农业类。包括农产品质量安全监测服务、农民种养技能培训等。

## 二、其他事项（政府部门购买服务事项）

（一）技术性服务类。包括课题研究、会计代理、资产评估、项目评审、绩效评价、社会审计等。

（二）辅助性服务类。包括会议承接、培训组织实施、文件资料印刷、物业管理、公务用车、公务定点接待等。

湖北省人民政府办公厅

2014 年 1 月 27 日

# 中共湖北省委组织部　湖北省民政厅关于印发《湖北省关于规范退（离）休领导干部在社会团体兼任职务的规定》的通知

各市、州、县党委组织部、民政局，省委各部委、省级国家机关各委办厅局、各人民团体组织人事部门：

为深入贯彻中组部《关于规范退（离）休领导干部在社会团体兼职问题的通知》（中组发〔2014〕11号）精神，进一步规范退（离）休领导干部在社会团体兼职问题，引导和发挥好退（离）休干部的作用，省委组织部、省民政厅研究制定了《湖北省关于规范退（离）休领导干部在社会团体兼任职务的规定》（以下简称《规定》）。现将《规定》印发你们，请遵照执行。

各地各单位要认真学习《规定》，通过各种途径把《规定》精神宣传到各类社团和各位退（离）休领导干部。要根据《规定》要求对退（离）休领导干部在社会团体兼职情况进行摸底和清理规范。社会团体业务主管单位要切实履行责任，督促所主管的社会团体按《规定》要求及时开展清理规范活动。凡未经批准在社会团体兼任职务、符合《规定》的，须在今年11月底以前履行有关审批手续；不符合《规定》的，本人应在11月底以前按《规定》辞去有关职务。经批准已在社会团体兼任职务的，应对兼职社团数、任期、年龄、履职情况以及是否取酬等情况进行审核并予以规范。

请各县（市、区）组织、民政部门于2014年11月30日以前将清理规范工作总结及有关统计表格（附后）上报市州组织、民政部门，各市州组织、民政部门于2014年12月15日以前将本地区清理规范工作总结及有关统计表格分别报送省委组织部、省民政厅。省直各单位、人民团体于2014年12月15日以前将所主管社会团体的清理规范工作总结及有关统计表格分别报送省委组织部、省民政厅。实行直接登记的全省社会团体12月15日以前将清理规范工作总结及有关统计表格报送省民政厅，由省民政厅汇总后转报省委组织部。

附件：1. 退（离）休干部在社会团体兼职有关情况统计表（略）

2. 党政机关退（离）休干部（含参公管理人员）在社会团体兼职有关情况统计汇总表（略）

3. 国有企业规范退（离）休领导干部在社会团体兼职有关情况统计汇总表（略）

4. 未列入参公管理的事业单位退（离）休干部在社会团体兼职有关情况统计汇总表（略）

中共湖北省委组织部　湖北省民政厅

2014 年 9 月 1 日

# 湖北省关于规范退（离）休领导干部在社会团体兼任职务的规定

**第一条**　为了进一步规范退（离）休领导干部兼任社会团体职务行为，切实加强党风廉政建设，促进社会组织健康有序发展，依据《中共中央组织部关于规范退（离）休领导干部在社会团体兼职问题的通知》（中组发〔2014〕11 号）精神，结合我省实际，制定本规定。

**第二条**　本规定所称社会团体领导职务是指社会团体的正副会长（理事长、主席）、秘书长、分支机构（代表机构）的正副会长（主任委员），所称社会团体职务包括领导职务和名誉职务、常务理事、理事等。

**第三条**　退（离）休领导干部确因工作需要，本人又无其他兼职，且所兼职社会团体的业务与原工作业务或特长相关的，经批准可兼任 1 个社会团体职务；任期届满拟连任的，必须重新履行有关审批手续，兼职不超过两届；兼职的任职年龄界限为 70 周岁。

除工作特殊需要外，退（离）休领导干部不得兼任社会团体法定代表人，不得牵头成立新的社会团体或兼任境外社会团体职务。

**第四条**　退（离）休的党政领导干部和具有行政管理职能的事业单位领导干部不得在行业协会商会和以企业会员为主的社会团体（含分支机构、代表机构）、境外非政府组织分支（代表）机构兼任职务。

**第五条**　退（离）休领导干部兼任社会团体职务，应在社会团体理事会（新筹备成立社会团体的筹备组）讨论通过后，经干部所在单位党委（党组）同意、社会团体的业务主管单位审核后（实行直接登记的社会团体除外），送社会组织登记管理机关核准，再按照干部管理权限履行报批手续。

其中，中央管理干部由省委审批并报中央组织部备案同意。备案报告应在社会团体召开有关会议进行选举或决定任命前30日报中央组织部，需说明以下情况：（1）社会团体的基本情况，包括登记事项、宗旨、业务范围和成立时间等内容。（2）领导干部原任职务，兼职的原因，是否兼任法定代表人；本人是否已在其他社会团体中兼职；社会团体召开有关会议进行选举或决定任命的时间。兼职须由社会团体出具邀请函；所兼职的社会团体有业务主管单位的，须有业务主管单位的书面意见。（3）如领导干部已兼任社会团体职务，任期届满拟连任的，须说明干部本人已兼职的时间和任期；如领导干部属新兼任社会团体会长（理事长）职务，须说明原任会长（理事长）不再担任的原因。（4）附拟兼职干部的《干部任免审批表》和社会团体现任领导干部名单一式三份，社会团体章程和社会团体登记证书副本复印件各一份。

省管干部报省委组织部审批，报批报告需详细说明退（离）休领导干部原任职务、是否兼任其他社会团体领导职务、兼职理由、社会团体出具的兼职邀请函、是否取酬等情况。

其他干部按干部管理权限报批，报批报告内容参照省管干部执行。

**第六条** 经批准兼职的人选，按照有关社会团体章程的规定履行程序后，须报经社会组织登记管理机关登记和备案后才能任职。

**第七条** 社会团体在筹备成立、换届或届中调整涉及退（离）休领导干部兼职的，必须在召开会员代表大会（或会员大会）之前30日办理兼职审批手续。未办审批手续的，不能作为候选人参与选举，否则相关选举事项无效，登记管理机关不予办理登记手续。

**第八条** 退（离）休领导干部经批准兼任社会团体职务的，不得在社会团体领取薪酬、奖金、津贴等报酬或获取其他额外利益，也不得领取各种名目的补贴等。确属需要的工作经费，要从严控制，不得超过规定的标准和实际支出。

**第九条** 经批准兼任社会团体职务的退（离）休领导干部，兼职期间要发挥好政治把关、经验指导、业务传授等方面的作用，促进社会团体健康有序发展。不得利用个人影响要求党政机关、企事业单位提供办公用房、车辆、资金等；不得以社会团体名义违规从事营利性活动；不得强行要求入会或违规收费、摊派、强制服务、干预会员单位生产经营活动等。

**第十条** 在社会团体兼任领导职务的退（离）休领导干部，应每年底将兼职期间的履职情况、是否取酬和报销有关费用等情况，以书面形式报所在单位党委（党组）。对领取报酬或履行职责不当的，干部所在单位应责令其辞去社会团体职务。兼职期间违规领取的报酬，应按纪检部门有关规定执行。对不如实报告的，将根据具体情况追究责任。

**第十一条** 兼任社会团体职务的在职领导干部到龄退休后，应在一个月之内报告并辞去所兼职务，确需兼职的，应按照本规定履行程序。

**第十二条** 各有关部门和单位党委（党组）要各司其职，严格按照本规定认真审核把关，对违规审批的，将追究有关人员责任。

**第十三条** 本规定适用于各级各类党政机关所有退（离）休干部。国有企事业单位退（离）休领导人员，参照本规定执行。

**第十四条** 本规定自 2014 年 9 月 1 日起施行。此前与本规定不一致的，按照本规定执行。

# 中共湖南省委办公厅　湖南省人民政府办公厅关于加强和创新社会组织建设与管理的意见

（湘办发〔2014〕7号）

为创新社会治理，充分发挥社会组织在全面建成小康社会中的积极作用，加快形成政社分开、权责明确、依法自治的现代社会组织体制，经省委、省人民政府同意，现就我省加强和创新社会组织建设与管理提出如下意见。

## 一、指导思想、基本原则和总体目标

1. 指导思想。以邓小平理论、“三个代表”重要思想、科学发展观为指导，深入贯彻党的十八大、十八届三中全会精神，围绕健全和完善“党委领导、政府负责、社会协同、公众参与”的社会管理格局，坚持培育发展和管理监督并重，创新社会组织登记管理体制，完善社会组织培育扶持政策，提高社会组织建设质量，充分发挥社会组织在经济社会发展中的积极作用，为促进我省社会和谐，群众安居乐业，全面建成小康社会作出积极贡献。

2. 基本原则。以服务经济社会发展、满足人民群众物质文化需求为出发点，重点培育、优先发展、科学规范行业协会商会类、科技类、公益慈善类、城乡社区服务类社会组织；加强社会组织管理和服务，做到依法监督、规范运行、发挥作用。

3. 总体目标。加快建立统一登记、各司其职、协调配合、分级负责、依法监管的社会组织管理体制。力争到2020年，建立与全省经济社会发展相适应的现代社会组织体系，全省社会组织总量达到4万个以上，平均每万人拥有社会组织5个以上（其中长株潭地区达到每万人7个以上），初步形成发展有序、门类齐全、层次多样、覆盖广泛、服务有效的发展格局，实现全省社会组织数量稳步增长，质量显著提升，作用明显发挥，成为政府职能转变的主要承接者、党的政策的重要执行者和社会道德的自觉践行者。

## 二、改革创新社会组织登记管理体制

4. 实行直接登记管理制度。除依据法律法规需前置行政审批及政治法律类、宗教类社会组织和境外非政府组织在湘代表机构等外，其他各类社会组织按照分级负责的原则，由各级人民政府民政部门实行直接登记。登记管理机关、行业主管部门及相关职能部门在各自职责范围内依法对社会组织进行业务指导和管理服务。民政部门依法登记后，及时向社会公布。

5. 下放登记审批权限。市州、县市区民政部门可以登记基金会和异地商会。允许民办非企业单位以某一服务品牌在其活动区域内形成连锁服务。社会团体的分支（代表）机构、内设机构根据其章程、业务范围和会员主体自行设立。

6. 降低登记准入门槛。除法律法规规定有注册资金量要求的，各级社会组织登记管理机关要结合实际，适当放宽社会组织登记注册资金量和会员最低要求量。特别是对于公益慈善类、社会福利类、社会服务类和城乡社区服务类社会组织，可比照现行规定和要求适当降低登记门槛。

7. 引入竞争机制。探索一业多会，对行业性、专业性、自然科学学术性的社会团体，突破“一业一会”限制，可按国民经济行业分类的小类标准设立行业协会，允许同一行业按产业链各个环节、经营方式和服务类型设立行业协会。鼓励行业协会适度竞争，优胜劣汰。

8. 简化登记审批程序。取消社会团体的筹备批复阶段，将社会团体的筹备成立和正式成立合并为直接申请成立登记，并将资料完备、条件成熟的社会团体申请审批时限由原来的 60 日缩短为 30 个工作日。城乡社区社会组织既可以申请登记，也可以备案，增强社区自治服务功能。

9. 实行政社分开。按照政社分开、管办分离的原则，分类推进各类社会组织特别是行业协会商会在机构、人员、财务等方面与行政机关脱钩，切实解决行政化倾向问题。严格执行中央和省关于党政机关领导干部不兼任社会团体领导职务的有关规定。政府部门应尊重社会组织的法人主体地位，依法保护社会组织的财产权和合法收入，不得干预社会组织的人事、资产、财务等内部事务。

## 三、加大对社会组织的培育扶持力度

10. 建立政府职能转移和购买服务制度。按照推进政府职能转变、建设服务型政府的要求，将政府部门不应行使和可由社会组织承担的事务性管理工作、适合由社会组织提供的公共服务、社会组织通过自律能够解决的事项，转移给社会组织，更好地发挥社会力量在公共事务管理中的作用。按照政府机构改革和职能转变的要求，由各级机构编制部门和民政部门牵头编制政府向社会组织转移职能目录，明确转移职能的部门、事项及方式。各级财政部门牵头编制政府向社会组织购买服务目录，制订相应的实施办法，明确政府向社会组织购买服务的基本原则、实施范围和主体、承接对象和条件、购买形式、操作流程、支付方式和职责分工等，政府向社会组织购买服务所需资金在既有预算安排中统筹考虑。各级民政部门牵头编制社会组织目录，明确具备资质条件承接政府转移职能和购买服务的社会组织。

11. 加大资金扶持和税收优惠力度。支持社会组织参与社会管理和公共服务，落实公益性、福利性社会组织的税收减免政策。依法登记的社会组织除享受国家规定的税收优惠政策外，省级政府税政权限内的税收政策依法实行倾斜。社会组织免税资格和公益性捐赠税前扣除资格申报认定每半年办理一次。逐步建立公共财政对社会组织提供公共服务的支持、资助和奖励机制，将符合条件的社会组织纳入政府产业扶持和社会事业发展扶持政策范围。各地各部门可采取政府投资或利用现有场所建设社会组织孵化基地，为初创时期社会组织提供人力、物力和财力支持。完善福利彩票公益金资助社会组织开展公益服务等扶持政策，鼓励金融机构为符合条件的社会组织提供信贷支持，拓宽社会组织筹资渠道。

12. 推进社会组织参政议政。各级政府及相关部门应加强与社会组织的联系沟通，建立政府部门与社会组织沟通协调机制。在制定政策、实施重大决策等过程中，要注重广泛听取社会组织的意见和建议，提高社会组织对公共事务的参与度。增加全省各级党代表大会、人民代表大会和政协全会中社会组织代表、委员的比例，探索在政协设立“社会组织”界别，科学确定适当的委员名额比例，充分发挥社会组织在扩大群众参与、反映群众诉求方面的积极作用。

## 四、完善社会组织内部治理机制

13. 优化社会组织法人治理结构。引导各类社会组织加强自身建设，建立健全独立自主、权责明确、运转协调、有效制衡的法人治理结构。完善会员（会员代表）大会、理事会、监事会制度，实行决策、执行、监督分立。科学合理确定社会组织的执行机构规模和表决方式。

14. 加强社会组织人才队伍建设。加大社会组织专业人才培育和引进力度，促进社会组织人才队伍职业化、专业化和年轻化。制定社会组织专职（从业）人员培训规划，建立社会组织人才培训长效机制，提高社会组织专职（从业）人员工作水平。支持社会组织相关人员参加社会工作专业人才职业资格考试或考评，不断提高职业素质和专业水平。鼓励社会组织根据工作需要聘用持有职业资格证书或专业技术职务任职资格证书的社会工作专业人才，重视解决社会组织专职人员的社会保障问题，按照国家有关规定办理社会保险事宜。

15. 加强社会组织党建和党群工作。健全社会组织党建管理体制，依托民政部门建立社会组织党工委，推进在业务主管部门或行业建立党委（党总支）的工作，建立健全社会组织党建工作网络。探索建立结合业务抓党建的“双培”工作机制，将社会组织中的骨干培养成中共党员，将社会组织中的中共党员培养成社会组织骨干。坚持“应建必建、应派必派”原则，抓好社会组织党组织组建工作，选派党建工作指导员或联络员，指导社会组织开展党建工作。加强社会组织党建规范化建设，探索促进社会组织健康发展的有效途径和作用发挥方式，建设服务型社会组织党组织。建立健全社会组织工会、共青团和妇联等群团组织，以党组织建设带动工会、共青团、妇联组织建设。

## 五、健全社会组织监督管理体系

16. 建立部门联合监管机制。有关部门要依法履行服务指导和监督管理职能，依法承担相应管理责任。建立社会组织登记管理服务综合信息平台。各级民政部门负责社会组织发展和管理的统筹协调、政策制定、宏观指导，依法履行登记备案、年度检查、日常监管、执法查处等职能，指导社会组织信息公开和等级评估，为社会组织提供党建指导和人才、外事服务，年度检查要注意听取有关部门对社会组织的工作评价，并作为年度检查结论的重要依据；教育、科技、文化、卫生、商务、经信及工商联、经协办等行业主管单位要制定完善社会组织在本行业的活动指南和管理服务规范，通过转移职能、项目委托、资金扶持、购买服务、发布信息等方式引导社会组织健康发展；财政、税务、人力资源和社会保障、公安、金融、审计等相关职能部门要依照法律法规和有关规定，负责社会组织与其相关专项事务的管理服务。

17. 建立健全退出机制。健全社会组织负责人管理、资金管理、年度检查、查处退出等制度，对社会组织出现完成章程规定的宗旨、自行解散、分立合并和由于其他原因终止等情形之一的，应先按规定完成清算，再按规定办理注销手续。根据社会组织管理有关法律法规和政策规定，符合撤销登记条件的，由登记管理机关依法依规撤销登记。

18. 建立健全评估机制。各级民政部门应建立健全社会组织评估指标体系、评估制度和评估工作机制，坚持先建后评、以评促建、评建结合、重在建设，注重发挥评估的导向、激励和约束作用。到2016年，全面完成全省社会组织的等级评估。等级评估要听取相关部门的意见建议，等级评估经费由各级财政列入预算，不得以任何形式向受评对象收取。

19. 建立信息披露机制。搭建面向公众的社会组织公共信息披露平台，完善社会公众投诉举报机制，畅通新闻媒体、社会公众和会员监督社会组织的渠道，促进社会组织诚信建设。

## 六、强化社会组织建设管理工作保障

20. 加强组织领导。各级党委、政府要将加强和创新社会组织建设与管理工作列入重要议事日程，明确专人负责，层层落实责任，切实把加强和创新社会组织建设与管理工作落到实处。要按照相对独立、统一协调、力量匹配的要求，根据工作任务、社会组织数量等因素，加强登记管理机关建设，提高登记管理队伍素质，改进服务工作，提升管理效能。

21. 建立责任考核制度。将社会组织培育发展和规范管理纳入各级党委、政府社会建设绩效考核内容，完善考核评价指标体系，定期对社会组织培育发展情况进行考核，并接受社会监督。

22. 加强政策过渡期间的管理。直接登记类社会组织的原业务主管部门，要本着积极推进、稳步过渡的原则，继续履行业务主管职责，确保到2015年底前，完成新老体制的衔接过渡。

# 中共湖南省委组织部 中共湖南省社会组织工作委员会 关于加强社会组织党的建设工作的意见

（湘组发〔2014〕3 号）

各市州、县市区委组织部、社会组织党工委：

社会组织是党和政府联系人民群众的桥梁和纽带，是推进社会事业健康发展、加快全面建设小康社会的重要力量。近年来，全省各级党组织扎实推进社会组织党建工作，取得了明显成效，但社会组织党建工作仍然是基层党建工作的一个薄弱环节。为深入贯彻落实党的十八大和十八届三中全会精神，进一步加强全省社会组织党建工作，促进社会组织健康发展，根据《中国共产党章程》有关规定和中央、省委有关文件精神，结合工作实际，现就进一步加强社会组织党建工作提出如下意见。

## 一、建立健全社会组织党建工作管理体制

1. 健全领导机构。各市州、县市区要依托民政部门成立社会组织党的工作机构，配备人员，落实好工作经费。社会组织数量较多、具备条件的乡镇（街道），要明确社会组织党建工作机构。所主管社会组织党组织数量较多的业务主管单位，可按照行业、专业等类别成立社会组织党委（党总支）。社会组织党工委在地方党委组织部门指导下开展工作，具体负责本地区社会组织党建工作，指导业务主管单位党组织抓好所主管社会组织党建工作；指导下级社会组织党工委抓好社会组织党建工作。

2. 明确管理体制。按照有利于加强党的领导、有利于加强党员教育管理、有利于开展党的活动的原则，分级负责，分类管理，理顺党组织隶属关系。对行业准入条件比较严格、专业性较强的社会组织，由业务主管部门党组织管理；成立行业协会党组织的，可依托行业协会党组织进行管理。对在民政部门直接登记的社会组织，由同级民政部门（社会组织登记管理机构）党组织管理。对在工商部门登记的社会中介组织，有业务主管单位的，由业务主管单位党组织管理，对无业务主管单位的，由所在地党

组织管理。对专业性不强、规模较小、分布广泛，且与乡镇（街道）、村（社区）联系紧密的社会组织，由所属乡镇（街道）、村（社区）党组织管理。对一些社会影响大、党员数量多的社会组织党组织，可改变隶属关系，由各级社会组织党工委直接管理。

3. 完善工作机制。要健全完善社会组织党建工作机制，形成党委统一领导，组织部门牵头协调，社会组织党工委具体负责，相关单位和部门相互配合、齐抓共管的工作机制。各级党委要把社会组织党建工作纳入党的建设总体布局，把社会组织党建工作的情况和成效，列为民政部门和相关职能部门党组织抓基层党建工作考核评价的重要内容。党委组织部门要加强统筹协调和工作指导。各级民政部门要在社会组织成立、变更的登记中，督促具备条件的社会组织建立党组织，并把社会组织党组织设置情况作为社会组织年度检查的重要内容。社会组织党工委要严格落实党建工作责任，切实发挥职能作用，加强调查研究和督促指导。各地各相关部门党组织每年至少听取一次社会组织党建工作汇报，并进行专题研究，着力抓好所属的社会组织党建工作。社会组织党工委领导班子成员要带头建立社会组织党建工作联系点，指导和帮助社会组织党组织开展党建工作。

## 二、扩大社会组织党组织和党的工作覆盖

4. 创新组织覆盖方式。积极探索务实管用、灵活便捷的党组织设置形式和工作方式。从业人员中有3名以上正式党员的社会组织，都要单独组建党组织；党员人数不足3名的，按照地域相邻、行业相近、便于活动的原则，建立联合党组织。对目前没有党员的社会组织，可先由所在地党组织或主管单位党组织选派党建工作指导员，帮助其先行建立工会、共青团等群众组织，帮助做好培养入党积极分子和发展党员工作，为建立党组织创造条件。创新党组织设置方式，对以机关事业单位人员为主体组成的社会组织，要建立功能型党组织，党员按照一方隶属，双向管理，双边活动的原则，进行有效管理，党员不重复交纳党费，不重复进行党内统计。

5. 加强动态管理。依托社会组织登记机关"登记申报、年检年报"制度，实行社会组织党建工作与业务工作"同登记、同年检、同评估"，推动社会组织党组织组建工作常态化、规范化。对已建立党组织的，要不断巩固提高，发挥作用，对软弱涣散党组织要认真整顿。对已建立党组织的社会组织因各种原因被注销、不再开展活动的，应按规定程序及时撤销党组织，并将其所属党员的组织关系及时转入其居住地或新就业单位党组织进行管理。

## 三、探索社会组织党组织和党员发挥作用的方法和途径

6. 把握党组织的职责任务。社会组织党组织要围绕贯彻党的方针政策、引导和监督遵守国家法律法规、团结凝聚职工群众、维护各方合法权益、促进健康发展等职能探索发挥作用的途径和方法，保证社会组织坚持正确政治方向，实现科学发展。要发挥好组织协调作用，党组织负责人要积极参与涉及从业人员切身利益、发展规划等重大问题决策，党员从业人员要向业务负责人建言献策，发动党员并带领其他从业人员努力做好业务工作，提高经济效益和社会效益，并积极出主意、想办法，协调处理好本单位遇到的困难和问题。要发挥好引导监督作用，通过宣传党的路线、方针、政策和国家法律法规，引导经营管理者正确认识和处理好国家利益与自身利益的关系，依法经营，诚实守信，维护员工的合法权益。要发挥好团结凝聚作用，加强对工会、共青团等群众组织的领导，加强思想政治工作和文化建设，开展健康向上、生动活泼、富有吸引力和影响力的活动。

7. 建立双向互动工作机制。探索建立社会组织党组织负责人参加或列席重要会议、党组织与理事会共同学习、沟通协商和恳谈等制度，推动党组织多渠道参加与影响社会组织重大问题决策。按照“小型、业余、分散、务实”的原则，紧紧围绕社会组织业务工作，因地制宜、灵活多样地开展党的活动，把党的活动融入到社会组织日常管理各环节、执业活动全过程和文化建设各方面，使党组织建设与社会组织发展互促共进。

8. 创新党员活动方式。通过党员示范岗、党员责任区、党员承诺、设岗定责等多种形式，为社会组织党员加强党性锻炼搭建平台，激励党员发挥先锋模范作用。组织党员积极开展建言献策、化解矛盾、推动发展环境优化等服务活动，促进社会组织健康发展。深化党员直接联系服务群众工作，注重发挥社会组织中党员从业人员（会员）的专业优势，广泛开展以党员为骨干的各类志愿服务活动，组织和引导他们在协调利益、规范服务、化解社会矛盾、帮扶弱势群体、维护社会稳定等工作中发挥积极作用。

9. 探索开展开放式党组织活动。认真落实党的组织生活制度，推进党务公开，督促指导社会组织党组织按期换届。创新党组织活动方式，除党章规定的党内活动外，提倡党群工作一体化。注重结合社会组织年会、换届、重大活动等时间节点，开展党建主题活动。推动社会组织党组织与其他单位党组织开展结对共建活动。充分利用社会组织网站、手机信息平台等渠道，通过开设党建专栏、网上党建园地、网上党校，发送党建微博、

微信、手机报等方式，拓展党的活动阵地，增强党组织活动的吸引力和影响力。

## 四、加强社会组织党组织领导班子和党员队伍建设

10. 选优配强基层党组织书记。注重把党性强、业务精、善于团结群众、热爱党务工作的社会组织业务骨干，特别是主要负责人中的党员，选拔到社会组织党组织书记岗位上来。对暂时没有合适党组织书记人选的，可以由上级党组织选派或面向社会公开选聘。对不胜任工作的党组织书记要及时进行调整。各地要把社会组织党组织书记纳入党员干部教育培训总体规划和年度计划，依托各级党校、行政学院等阵地开展培训工作，提升党组织书记的能力素质。各级社会组织党工委和业务主管（挂靠）单位每年要对所主管（挂靠）的社会组织党组织书记轮训一次，时间一般不少于3天。新任党组织书记要在半年内完成任职培训。

11. 壮大党务工作者队伍。努力建设素质优良、结构合理、数量充足、专兼职结合的社会组织党务工作者队伍。规模较大、党员人数较多的社会组织，要配备专职党务工作者。按照党性强、作风实、熟悉党建工作的标准，从各级党政机关、国有企事业单位党员干部和退休干部、复转军人党员中选派人员担任社会组织党建工作指导员，充分发挥其组织宣传、联系服务、协调指导作用。切实加强对党建工作指导员、联络员的教育管理服务。探索设立党建工作论坛，为党务工作者搭建工作交流平台。

12. 做好发展党员和党员教育管理服务工作。认真做好在社会组织专职工作人员中发展党员工作，严把入口，保证质量，不断壮大社会组织党员队伍。注意培养发展符合条件的社会组织主要出资人、单位负责人入党，把主要出资人、单位负责人中的党员培养成党组织书记。加强党员教育培训，实施“双培”工程，把党员培养成为业务骨干，把业务骨干培养成为党员。严肃党内组织生活，严格执行“三会一课”、党性定期分析、民主评议党员、“一会四评”等制度，对参加组织生活不积极的党员要严加教育，经教育不改的要严肃处理。探索党员“一方隶属、多重管理”模式，引导组织关系在原单位的党员积极参加所在社会组织党组织活动，发挥先锋模范作用。健全党内激励、关怀、帮扶机制，从思想、工作、生活上关心社会组织党员，把社会组织中生活困难党员纳入各级党员关怀帮扶基金的帮扶范围，增强党员的归属感和荣誉感。

13. 落实管理和激励措施。研究制定社会组织党务工作者管理的具体规定，建立考评机制，落实激励政策，推进社会组织党务工作者规范化管

理。有条件的地方和单位，上级党组织可给予党组织书记和党务工作者适当的工作津贴。对表现突出、符合条件的党组织书记，可推荐为各级党代会代表、人大代表、政协委员人选。

## 五、强化社会组织党建工作保障

14. 保障党组织活动经费。采取税前列支、财政扶持、社会支持、党员自愿捐助等办法，多渠道解决社会组织党组织工作经费问题。建立党费拨返制度，对于社会组织党组织缴纳的党费，可全额返还给社会组织党组织用于党建活动经费。各级党组织也可从留存党费中下拨部分党费支持社会组织党建工作。社会组织每年应从管理费中列支部分资金，作为党组织活动经费。

15. 加强活动阵地建设。按照有场所、有设施、有标志、有党旗、有书报、有制度的“六有”标准，推进社会组织党组织活动场所规范化建设。各级党委要加强区域性、开放性、综合性党群服务中心建设，统筹整合城乡、机关、企事业单位等各方面资源和设施，为社会组织党组织提供活动阵地。社会组织党组织要积极争取社会组织负责人的支持，为党组织开展活动提供场地保障。

中共湖南省委组织部　中共湖南省社会组织工作委员会

2014 年 3 月 12 日

# 湖南省人民政府关于推进政府购买服务工作的实施意见

（湘政发〔2014〕20 号）

各市州、县市区人民政府，省政府各厅委、各直属机构：

根据《国务院办公厅关于政府向社会力量购买服务的指导意见》（国办发〔2013〕96 号），结合我省实际，现就加快推进政府购买服务工作提出以下实施意见。

## 一、总体要求

（一）指导思想

坚持以邓小平理论、“三个代表”重要思想、科学发展观为指导，深入贯彻落实党的十八大和十八届三中全会精神，积极推进政府职能转变和政事、政社分开，努力创新公共服务提供机制和方式，引导社会力量提供优质高效的公共服务，不断满足广大人民群众日益增长的个性化、多样化的公共服务需求。

（二）基本原则

坚持政府主导，社会参与。各级政府按照事权与支出责任相统一的原则，在准确把握公众需求的基础上，研究制定指导性目录，有效引导并培育社会力量参与服务供给，加强对政府购买服务工作的组织领导、政策支持、财政投入和监督管理。

坚持因地制宜，稳步推进。注重与当地社会力量发展情况和服务需求相适应，突出重点、以点带面，在深入调研的基础上，科学制定具体改革方案，按照选择试点、扩大范围、全面推开的步骤稳步推进。充分尊重地方基层的首创精神，在不新增财政资金的前提下，有条件的地区、部门可以探索试点。

坚持公开透明，择优选取。按照公开、公平、公正原则，完善政府购买服务的各项程序规定。将政府购买服务资金纳入预算，严格资金管理，加强绩效评价。及时充分向社会公开购买服务的项目内容、承接主体条件、绩效评价标准等信息，确保社会力量公平参与竞争。

坚持鼓励创新，完善制度。正确处理当前和长远、全局和局部的关系，正确对待利益格局调整，积极创新、大胆探索。通过政府购买服务，推动公办事业单位与主管部门理顺关系和去行政化。既立足当前，目前政府购买服务工作的重点是鼓励和推进改革；又兼顾长远，在实践中不断总结经验，注重体制机制建设，为建立完善的政府购买服务制度体系打下基础。

（三）工作目标

全省政府购买服务工作按照“先行试点、稳步推开、深化改革”的思路推进。

1. 先行试点。重点是探索模式、建立制度、宣传发动、打好基础。根据中央有关精神，制定出台我省政府购买服务实施意见，明确试点方案，研究解决现行政府采购、预算编制、会计处理、国库支付等技术性管理问题，强化监督考核。加强舆论引导，广泛宣传政府购买服务工作的重要意义、目标任务和相关要求，做好政策解读，增进政府、社会与市场主体共识。在适合采取市场化方式提供、社会力量能够承担的公共服务中重点考虑、优先安排与保障和改善民生密切相关的领域和项目，结合事业单位分类改革和政府职能转变先行试点。重点推进保障性住房后续管理、机关后勤服务、养老服务、环境监测、新建公路养护、法律援助、社区矫正等试点项目。试点项目实施方案由购买主体研究制订并报同级财政部门审核后实施。

2. 稳步推开。重点是放开市场准入、突破利益藩篱、扩大购买范围、创新提供方式。凡社会能办好的，尽量交给社会力量承担；凡通过购买服务能实施的，尽快组织实施。在准确把握公众需求的基础上，财政部门牵头制定政府购买服务指导性目录，逐步形成统一的政府购买服务管理平台和购买机制，为政府购买服务工作的顺利推进创造条件。购买主体应会同财政部门，围绕购买服务流程、招投标管理、专业方法、质量控制、监督管理、需求评估、成本核算、绩效考核、能力建设等环节，做好相关标准研制，逐步建立科学合理、协调配套的购买服务标准体系。相关改革实施部门做好政府购买服务与政府职能转变、事业单位分类改革、行业协会商会脱钩等相关改革的衔接，按照国务院关于“财政供养人员只减不增”的要求，在有效增加公共服务供给的同时，积极完善通过政府购买服务方式支持改革的政策措施，实现“费随事转”。

3. 深化改革。重点是通过深化政府购买服务改革，加快推进政府职能转变、事业单位分类改革、社会管理体制创新，形成与经济社会发展相适应、高效合理的公共服务资源配置体系和供给体系。通过鼓励社会组织参与购买服务，与建设“党委领导、政府负责、社会协同、公众参与、法治保障”的社会管理体制以及加快形成“政社分开、权责明确、依法自治”的现代社会组织体制同步推进，努力实现政府与社会组织在公共服务领域的合作共赢。通过加大政府购买服务力度，推动公办事业单位与主管部门理顺关系和去行政化，推进有条件的事业单位转为企业或社会组织，加快转变政府职能。

## 二、规范有序开展政府购买服务工作

(一) 购买主体

政府购买服务的主体是各级行政机关和参照公务员法管理、具有行政管理职能的事业单位。纳入行政编制管理且经费由财政负担的群团组织，也可根据实际需要，实施购买服务。

(二) 购买内容

政府购买服务的内容为适合采取市场化方式提供、社会力量能够承担的服务和管理事项，突出公共性和公益性。对不属于政府职能范围，以及应当由政府直接提供、不适合社会力量承担的管理及服务事项，不得向社会力量购买。除法律法规另有规定，或涉及国家安全、保密事项以及司法审判、行政行为等不适合向社会力量购买的服务项目外，下列事项可以纳入政府购买服务范围：

1. 公共服务事项。公共教育、就业服务、人才服务、社会保险、社会救助、社会福利、养老服务、医疗卫生、人口和计划生育服务、住房保障、公共文化、公共体育、公共安全、残疾人服务、环境保护、交通运输、服务“三农”等领域适宜由社会力量承担的服务事项。

2. 社会管理服务事项。社区建设、社会组织评估、社工服务、法律援助、慈善救济、防灾救灾、公益服务、人民调解、社区矫正、流动人口管理服务、安置帮教、公共公益宣传等领域适宜由社会力量承担的服务事项。

3. 行业管理与协调事项。行业职业资格认定、处理行业投诉等领域适宜由社会力量承担的服务事项。

4. 技术服务事项。科研、行业规划、行业规范、行业调查、行业统计分析、资产清查、社会审计、资产评估、拍卖、检验检疫检测、监测服务等领域适宜由社会力量承担的服务事项。

5. 政府履职所需辅助性事项。政府机关信息化建设，包括门户网站建设和办公自动化等，法律服务、课题研究、政策（立法）调研草拟论证、会议经贸活动和展览服务、监督、评估、绩效评价、工程服务、项目评审、咨询、技术业务培训、审计服务等领域适宜由社会力量承担的服务事项。

6. 其他适宜由社会力量承担的公共服务事项。对政府新增或临时性、阶段性的服务和管理职能或事项，凡适合社会力量承担的，都应按照政府购买服务的方式进行，不再增加新的财政供养机构和人员。

（三）承接主体

承接政府购买服务的主体包括依法在民政部门登记成立或经国务院批准免予登记的社会组织，以及依法在工商行政管理部门登记注册的企业或在其他行业主管部门登记成立的机构等。承接政府购买服务的主体需要符合以下条件：一是依法设立，能独立承担民事责任；二是治理结构健全，内部管理、监督制度和信息公开制度完善；三是具有独立、健全的财务管理、会计核算和资产管理制度；四是具备提供公共服务所必需的设施、人员和专业技术能力；五是有依法缴纳税收和社会保障资金的良好记录；六是在参与政府购买服务竞争前三年内无重大违法违纪行为，通过年检（报）、资质审查合格，社会信誉、商业信誉良好，获得3A及以上评估等级的社会组织可优先获得政府购买服务资格；七是法律、法规规定以及购买服务项目要求的其他条件。承接主体符合国家有关政事分开、政社分开、政企分开的要求。

承担有公共服务职能的公益性事业单位在符合前述条件、不新增财政供养人员编制的情况下可以成为承接主体，并与具备条件的社会力量公开、平等参与竞争。具体承接购买服务的条件由购买主体会同财政部门根据购买服务的要求确定。

（四）购买程序

按照公开、公平、公正原则，完善政府购买服务的各项程序规定，建立以制定目录、确定项目、公开信息、选择承接、签订合同、履约管理、资金支付等为主要内容的规范化购买流程，有序开展工作。

1. 制定目录。财政部门会同有关部门，在准确把握公众需求的基础上，根据本地区经济社会发展水平、政府转变职能要求、财力水平等因素，制定政府购买服务指导性目录，明确政府购买服务的种类、性质和内容。

2. 确定项目。购买主体根据政府购买服务目录，结合同级政府工作部署、部门预算安排以及本单位实际，综合物价水平、工资水平、社会保障规定、税费成本等因素，编制政府购买服务项目预算，报同级财政部门。财政部门按照有关政策规定，组织力量对购买主体报送的政府购买服务项目预算及具体项目统一审核确定。

3. 公开信息。政府购买服务项目审核确定后，购买主体及时按有关程序向社会公开购买服务项目的预算资金、主要内容、承接标准和目标要求等信息。

4. 选择承接。购买主体应根据购买内容的市场发育程度、服务供给特点等因素，按照方式灵活、程序简便、竞争有序、结果评价的原则，通过公开招标、邀请招标、竞争性谈判、询价、单一来源采购等方式确定承接主体。也可以根据具体的政府购买服务项目实施需求，采用委托、承包等方式选择承接主体。条件成熟时，将政府购买服务项目纳入公共资源交易中心交易。

5. 签订合同。购买主体应依法依规与承接主体签订购买服务合同，明确购买服务的范围、标的、数量、质量要求以及服务期限、资金支付方式、权利义务和违约责任等内容，严禁转包行为。合同报同级财政部门备案。

6. 履约管理。购买主体要加强履约管理，督促承接主体严格履行合同，同时，及时掌握购买项目实施进度和资金运作情况，根据实际需求帮助承接主体做好与相关政府部门、服务对象的沟通、协调工作，确保服务项目任务按时完成，保证服务数量、质量和效果。

7. 资金支付。承接主体实施合同约定的服务事项后，购买主体应及时组织对合同履约情况进行检查验收，并按照合同约定，按现行政府采购资金支付程序支付。也可以根据政府购买服务的不同形式，由财政部门审核购买服务合同后，采取其他支付方式。

（五）绩效评价

各级财政部门和相关购买主体应按照《湖南省人民政府关于全面推进预算绩效管理的意见》（湘政发〔2012〕33 号）规定，将预算绩效管理的要求贯穿于购买服务预算编制、执行、监督、评价和问责的全过程，确保财政资金使用效益和公共服务的质量效果。探索建立由购买主体、服务对象及第三方组成的综合性评审机制，对购买服务项目数量、质量和资金使用效率等进行评价。评价结果向社会公布，并作为以后年度编制政府购买服务预算和选择承接主体的重要依据。

（六）资金安排

政府购买服务所需资金按照"以事定费"的原则，从部门预算安排的专项资金中统筹安排，一般不新设专项资金。确需新增的购买服务资金，从严审核，实行竞争性分配，选择质优价廉的公共服务。省级相关专项资金要对试点地方、试点项目倾斜支持，对于改革成功、成效好的，优先安排，鼓励相关地方、部门做好试点工作。

## 三、组织实施

（一）加强组织领导

政府购买服务是一项新的综合性改革工作，是全面深化改革的重要举措和方向，政策性强，涉及面广，任务艰巨，要按照政府主导、部门负责、社会参与、共同监督的要求，切实加强组织实施。建立省推进政府购买服务工作联席会议制度，负责统筹协调改革的各项工作，研究决定改革的重大政策问题，审定并组织实施改革方案。联席会议办公室设在省财政厅，负责承担具体日常工作，交流改革情况，研究共性问题，提出工作建议，协调组织落实各项改革任务。联席会议成员单位要密切配合、形成工作合力。省财政厅应会同省有关部门加强对各市州、县市区政府购买服务工作的指导和监督，总结推广成功经验，积极推动相关法规制度建设。市州、县市区政府负责组织本地区推进政府购买服务工作，结合实际制定具体实施办法。

（二）明确职责分工

建立"政府统一领导，财政部门牵头，民政、工商以及行业主管部门协同，职能部门履职，监督部门保障"的工作机制。各部门具体分工如下：

财政部门负责牵头建立政府购买服务制度，拟订购买服务目录，确定购买服务计划，制定绩效评价办法，建立健全由购买主体、服务对象及第三方组成的综合性评审机制，监督、指导购买主体依法开展购买服务工作。

机构编制部门负责牵头加快推进事业单位分类改革，推进有条件的事业单位转为企业或社会组织。

民政、工商等社会力量登记管理部门负责制定培育社会组织、企业和机构等社会力量的政策措施，对承接服务项目的社会力量进行分类管理，制定具体办法，并按照职能分工将承接政府购买服务行为纳入年检（报）、评估、执法等监管体系。发改、民政部门会同国资委等有关部门负责制定行业协会商会与行政机关脱钩方案。

购买主体根据需要提出相关专业方面的合理资质要求，负责组织实施。对社会力量提供服务进行跟踪监督，在项目完成后，引入第三方组织考核评估和验收。

监察部门负责对政府购买服务工作进行监督。

审计部门负责对政府购买服务项目的真实、合法、效益情况进行审计监督。

（三）严格监督管理

财政、监察、审计部门应加强对政府购买服务的监督，严禁层层转包、豪华购买、暗箱操作等违法违规行为，确保政府购买服务资金规范管理和使用，对任何截留、挪用和滞留资金以及违法违规行为，按规定予以处理、处罚、处分或移交司法机关处理。民政、工商部门和行业主管部门等应建立相应的信用记录和应用制度，不断健全守信激励和失信惩戒机制。购买主体应建立健全内部监督管理制度，按规定公开购买服务相关信息，自觉接受社会监督。强化政府购买服务的社会监督，及时披露、公开与政府购买服务相关的信息。同时，建立政府购买服务退出机制，对弄虚作假、冒领财政资金的承接主体，依法给予行政处罚，三年之内不得参与政府购买服务。

（四）加强宣传引导

各地各有关部门要切实加大宣传力度，充分利用广播、电视、网络、报刊等媒体，做好政策解读，加强舆论引导，营造良好的舆论环境。

湖南省人民政府

2014 年 6 月 28 日

# 广西壮族自治区人民政府办公厅关于政府购买服务的实施意见

（桂政办发〔2014〕30号）

各市、县人民政府，自治区农垦局，自治区人民政府各组成部门、各直属机构：

为规范和推进政府购买服务，加快政府职能转变，促进服务业发展和服务型政府建设，提高政府公共服务水平和财政资金使用效益，给人民群众提供更好的公共服务，根据《中共中央关于全面深化改革若干重大问题的决定》（中发〔2013〕12号）和《国务院办公厅关于政府向社会力量购买服务的指导意见》（国办发〔2013〕96号）精神，经自治区人民政府同意，现就政府购买服务提出以下实施意见。

## 一、开展政府购买服务的总体要求

政府购买服务，是通过发挥市场机制作用，把政府直接向社会公众提供的一部分公共服务事项和政府履行职责所需的辅助性服务事项，按照一定的方式和程序，从市场中组织供给，并由政府根据服务数量和质量支付费用的市场交易行为。建立规范的政府购买服务制度，着力提高政府提供公共服务和履行职能的效率和质量，是进一步转变政府职能、推进服务型政府建设、创新社会治理的重大举措。

（一）指导思想

要以邓小平理论、“三个代表”重要思想、科学发展观为指导，深入贯彻落实党的十八大和十八届三中全会精神，牢牢把握加快转变政府职能、推进政事政社分开、改善民生和创新管理的要求，引入市场竞争机制，进一步放开公共服务市场准入，创新公共服务提供机制和方式，推动现代公共服务体系建设和发展，努力为人民群众提供优质高效的公共服务。

（二）基本原则

1. 公开透明，竞争择优。加强政府购买服务制度建设，确保制度规范、统一、公开、公平、透明，逐步将政府购买服务纳入政府采购范围，公开购买服务具体项目和内容，以竞争性方式为主择优选择公共服务供给方。

2. 强化预算，权责明确。政府购买服务经费要纳入财政预算管理，严格并强化预算约束。明确服务购买方、供给方在政府购买服务过程中的权利和责任。明确各有关部门在推行政府购买服务中的职责分工，建立协调配合机制。

3. 加强监管，注重绩效。建立购买服务绩效评价体系，研究细化验收标准，强化日常监管考核，确保供给方按照合同约定提高服务的质量和效率，建立由购买主体、服务对象及第三方组成的综合性评审机制。

4. 积极稳妥，分步实施。政府购买服务要结合我区政府职能转变、事业单位分类改革、财政支出管理、公共服务市场化等系列改革进度，在深入调研的基础上，科学制订方案，按照选择试点、扩大范围、全面覆盖的步骤积极、稳步推进。

（三）工作目标

按照“一年探索试点、两年提升扩面、三年全面推广”的步骤稳步推进政府购买服务工作。

1. 2014 年探索试点。重在明确改革方向，确立基本行为规范，开展宣传发动，先行试点。优先选择部分公共性和公益性强、购买意愿足、市场供给条件比较成熟、社会力量能够承担的项目，结合政府职能转变和事业单位分类改革工作开展政府购买服务试点。

2. 2015 年提升扩面。在总结分析上一年试点经验的基础上，进一步扩大试点范围。初步构建起“规范统一、公开公正、运转高效”的体制机制，实现政府购买服务市场体系的良性运行。

3. 2016 年全面推广。进一步完善政府购买服务制度，形成与政府职能相匹配、与经济社会发展相适应、高效合理的公共服务资源配置体系和供给体系，全面推广政府购买服务。

## 二、政府购买服务的购买主体和供给主体

（一）购买主体

政府购买服务的主体是各级行政机关和经费由财政负担的承担行政管理职能的事业单位。纳入机构编制管理且经费由财政负担的群团组织，也可根据实际需要，通过购买服务方式提供公共服务和履行职责所需的辅助

性服务。

（二）供给主体

政府购买服务的供给主体包括在民政部门登记或经国务院批准免予登记的社会组织，以及依法在工商管理或行业主管部门登记成立的企业、机构等。供给主体应具备以下条件：

1. 依法设立，能独立承担民事责任。

2. 治理结构健全，内部管理和监督制度完善。

3. 具有独立的财务管理、会计核算和资产管理制度。

4. 具备提供公共服务所必需的设施、人员和专业技术能力。

5. 具有依法缴纳税收和社会保障资金的良好记录。

6. 在参与政府购买服务活动前 3 年内无重大违法违纪行为，通过年检、资质审查合格，社会信誉、商业信誉良好。

7. 法律、法规规定以及购买服务项目要求的其他条件。

## 三、政府购买服务的购买内容

（一）购买内容

政府购买服务的内容为适合采取市场化方式组织提供、社会能够承担的公共服务和政府履职所需的辅助性服务，突出公共性和公益性。除法律法规另有规定，或涉及国家安全、保密事项、司法审判以及行政决策、行政许可、行政审批、行政强制等行政行为不适合购买，以及不属于政府职能的服务项目外，下列事项可通过政府购买服务的方式，从市场组织供给：

1. 基本公共服务事项。基本公共教育、劳动就业服务、人才服务、社会保险、社会救助、社会福利、基本养老服务、优抚安置服务、基本医疗卫生、人口和计划生育服务、基本住房保障、公共文化、公共体育、基本公共安全服务、残疾人基本公共服务、离退休干部服务、职业疗养服务、环境保护、交通运输、服务三农等领域。

2. 社会治理服务事项。区划地名管理、社会组织管理、社区事务、社工服务、法律援助、慈善救济、公益服务、人民调解、社区矫正、安置帮教、公共公益宣传等领域。

3. 行业管理与协调事项。行业职业资格认定、处理行业投诉等领域。

4. 技术服务事项。科研、行业规划、行业规范、行业调查、行业统计分析、资产评估、检验检疫检测、监测服务等领域。

5. 政府履职所需辅助性事项。法律服务、课题研究、政策（立法）调研草拟论证、会议经贸活动和展览服务、监督、评估、绩效评价、工程服务、项目评审、咨询、技术业务培训、审计服务、后勤服务、会务服务以及林业、公路、港航、地勘、新闻出版等领域。

6. 其他适宜由市场供给的公共服务事项。

（二）指导目录

财政部门会同有关部门根据本地区经济社会发展水平、政府履职需要以及财力水平等因素，制定政府购买服务指导性目录，明确政府购买服务的种类、性质和内容，并根据客观实际的变化需要及时动态调整。符合政府采购规范标准的服务项目要逐步纳入政府采购目录（服务类）中。

## 四、政府购买服务的购买程序

（一）政府购买服务计划的编制

购买主体应当根据政府购买服务指导目录，结合本年度本部门工作任务和实际，在编制部门预算时，按照民生优先、先易后难、突出重点的原则，同步编制本部门细化到具体项目的年度购买服务计划，作为部门预算的组成部分报同级财政部门审核。

（二）政府购买服务的审核和批复

财政部门按照部门预算和政府采购预算的审核程序和时间要求，对部门政府购买服务项目计划进行审核和批复。

（三）政府购买服务项目的组织实施

购买主体根据批复的部门预算及政府购买服务项目计划，制定“政府购买服务具体项目实施方案”；按照《中华人民共和国政府采购法》和《中华人民共和国合同法》等法律规范的相关规定，通过公开招标、邀请招标、竞争性谈判、询价、单一来源采购等方式确定供给主体，并及时与之签订购买服务合同，明确服务供给的时间、范围、内容、服务要求、绩效目标、考核标准、资金支付和违约责任等内容，严禁转包行为，并将合同报同级财政部门备案。购买主体要对供给主体提供的服务实行全过程跟踪监管，依据合同约定条款对服务机构提供的服务进行检查验收，并建立应急工作机制，应对服务过程中的特殊情况。服务供给主体要严格按照合同约定提供各项服务，保证服务数量和质量。

## 五、加强资金管理

（一）严格政府购买服务资金的预算管理

根据现行财政财务管理制度，政府购买服务所需资金是从部门预算安排的公用经费或经批准使用的专项经费既有预算中统筹安排。因政府提供公共服务发展水平提高所需增加的财政资金安排，必须按照预算管理制度规范要求办理。政府购买服务所需支付的资金，由各部门依据购买服务合同按现行的部门预算政府采购资金支付程序支付；也可以根据政府购买服务的不同形式，由财政部门审核购买服务合同后采取其他支付方式。对实行购买服务后工作任务减少了的购买主体，要及时调整相关机构设置和人员编制，逐步将“养人”支出转向“办事”支出，避免产生既“养人”又“养事”的“两头占”现象。同时要防止购买主体将本应由自身承担的职责，通过政府购买服务方式转嫁给市场供给方承担。

（二）强化政府购买服务资金的绩效管理

购买主体要对政府购买服务项目实施全过程的绩效目标管理。实施购买前，要认真制订购买服务项目的绩效目标，尽量细化考核标准；项目实施过程中，要对项目实时绩效跟踪；项目结束后，要对绩效目标的实现程度、资金使用、服务质量、协作状况等实行严格绩效考核，必要时引入第三方实施绩效考核。绩效考核结果作为以后年度财政安排购买服务资金的重要依据。

## 六、协力开展工作

（一）加强领导，扎实推进

全区推进政府购买服务工作在自治区人民政府的统一领导下进行。各市、县政府要把政府购买服务工作列入重要议事日程，制定本地区切实可行的实施方案，扎实推进，组织开展好政府购买服务工作。自治区对各市县政府购买服务工作进行指导和监督。

（二）明确分工，协调配合

建立“政府统一领导，财政部门牵头，民政、工商管理以及行业主管部门协同，职能部门履职，监督部门保障”的工作机制，规范有序开展政府购买服务工作。

1. 财政部门牵头负责建立健全政府购买服务制度，监督、指导各类购买主体依法开展购买服务工作，做好政府购买服务的资金管理、监督检查和绩效评价；牵头负责对政府购买服务的范围和目录进行审核。

2. 机构编制部门配合财政部门做好政府购买服务的范围和目录进行审核。

3. 民政、工商管理以及行业主管等部门要按照职责分工，将提供政府购买服务行为纳入年检、评估、执法等监管体系。社会组织登记管理机关负责核实社会组织的资质及相关条件，向购买主体提供社会组织名录。

4. 监察、审计部门负责对政府购买服务工作和资金使用情况进行监督、审计。

5. 购买主体负责购买服务的具体组织实施。要建立健全内部监督管理制度，公开本部门经批准的政府购买服务事项，对供给主体提供的服务进行跟踪监督，在项目完成后组织考核评估和验收。

（三）严肃纪律，加强督查

财政、监察、审计等部门要加强对政府购买服务的监督，确保政府购买服务资金规范管理和使用，不得截留、挪用和滞留资金。对违法违规行为，按规定予以处罚、处分或移送司法机关处理。对在政府购买服务工作中做出突出贡献、取得良好社会和经济效益的社会组织，可给予表彰。同时，建立政府购买服务退出机制，对弄虚作假、冒领财政资金的供给主体，三年之内不得参与政府购买服务。

（四）加强宣传，营造氛围

各级各有关部门要广泛宣传政府购买服务工作的目的、意义、目标任务和相关要求，做好政策解读，加强舆论引导，主动回应群众关切，充分调动社会参与性。要认真总结和推广在政府购买服务工作方面探索积累的经验和做法，营造良好的工作氛围。

附件：政府购买服务指导目录

广西壮族自治区人民政府办公厅

2014 年 4 月 8 日

附件

# 政府购买服务指导目录

| 代码/目录 | 一级目录（6类） | 二级目录（57款） | 三级目录（314项） |
|---|---|---|---|
| A | 基本公共服务事项 | A19项 | |
| A01 | | 基本公共教育类 | |
| A0101 | | | 公共教育规划和政策研究、宣传服务 |
| A0102 | | | 公共教育资讯收集与统计分析 |
| A0103 | | | 公共教育基础设施维护 |
| A0104 | | | 全区性学生竞赛、活动的组织和实施工作 |
| A0105 | | | 其他政府委托的教育服务 |
| A02 | | 劳动就业服务类 | |
| A0201 | | | 劳动就业规划、就业服务规划、创业服务体系建设规划和政策研究、咨询及宣传服务 |
| A0202 | | | 就业信息发布、职业指导和职业介绍、就业失业登记、社区就业援助“一对一”帮、就业服务专题活动、数字化就业社区建设 |
| A0203 | | | 公共就业服务网络建设、运行和维护服务 |
| A0204 | | | 就业和失业信息的收集与统计分析 |
| A0205 | | | 农村劳动力转移辅助性工作 |
| A0206 | | | 政府组织的就业培训、岗位提升培训、创业培训 |
| A0207 | | | 技能培训项目第三方监督、技能培训项目第三方考评验收 |
| A0208 | | | 创业型城市、街道（乡镇）、社区创建第三方评估 |
| A0209 | | | 劳动力资源调查和统计 |
| A0210 | | | 全区统一的公益性就业（社保）电话咨询服务 |
| A0211 | | | 其他政府委托的公共就业服务 |

续表

| 代码/目录 | 一级目录（6类） | 二级目录（57款） | 三级目录（314项） |
|---|---|---|---|
| A | 基本公共服务事项 | A19项 | |
| A03 | | 人才服务类 | |
| A0301 | | | 政府委托的人才信息收集统计分析 |
| A0302 | | | 高层次人才引进配套服务 |
| A0303 | | | 政府举办的公益性人才交流活动的组织与实施 |
| A0304 | | | 高校毕业生就业指导及公益性招聘活动 |
| A0305 | | | 高校毕业生档案托管服务辅助性管理工作 |
| A0306 | | | 公益性网上人才服务信息平台的基础设施建设及维护管理 |
| A0307 | | | 流动人员人事档案管理 |
| A0308 | | | 其他政府委托的公共人才服务 |
| A04 | | 社会保险类 | |
| A0401 | | | 社会保险经办服务 |
| A0402 | | | 社会保险稽核服务 |
| A0403 | | | 社会保险类法律事务服务 |
| A0404 | | | 社会保险社会化管理服务 |
| A0405 | | | 其他政府委托的社会保险类服务 |
| A05 | | 社会救助类 | |
| A0501 | | | 社会救助政策研究、规划、咨询、宣传服务 |
| A0502 | | | 对社会救助对象入户调查、经济状况核对以及灾情信息的收集、核实 |
| A0503 | | | 社会救助信息系统、自然灾害应急指挥系统建设及维护 |
| A0504 | | | 社会救助的组织与实施等辅助性工作（包括医疗救助、心理咨询、群众转移安置、救助款物管理等） |
| A0505 | | | 公办救助机构监管的辅助性工作 |
| A0506 | | | 政府组织的群众性应急救助培训 |
| A0507 | | | 政府开展的社会救助专业人才培训 |

续表

| 代码/目录 | 一级目录 | 二级目录 | 三级目录 |
| --- | --- | --- | --- |
| | (6类) | (57款) | (314项) |
| A | 基本公共服务事项 | A19项 | |
| A0508 | | | 其他政府委托的社会救助服务 |
| A06 | | 社会福利类 | |
| A0601 | | | 社会福利政策研究、规划、咨询及宣传服务 |
| A0602 | | | 公办社会福利设施管理与维护服务 |
| A0603 | | | 社会福利服务对象信息收集等辅助性动态管理工作 |
| A0604 | | | 社会福利服务项目的组织实施 |
| A0605 | | | 政府委托的养老护理员、孤残儿童护理员等专业资质岗位的职业培训 |
| A0606 | | | 婚姻登记业务咨询和婚姻家庭辅导服务 |
| A0607 | | | 为社区居民提供公益便民利民社区服务 |
| A0608 | | | 为流乞人员提供生活照料、医疗救治、心理疏导、教育矫治、行为干预、专业社会工作服务、康复训练和技能培训等专业救助服务 |
| A0609 | | | 其他政府委托的社会福利服务 |
| A07 | | 基本养老服务类 | |
| A0701 | | | 基本养老政策研究、规划、咨询及宣传服务 |
| A0702 | | | 公办养老设施管理与维护服务 |
| A0703 | | | 基本养老信息收集、信息系统建设及维护等管理工作 |
| A0704 | | | 养老服务和服务机构评估、老年人身体状况的评估 |
| A0705 | | | 养老机构管理服务人员培训 |
| A0706 | | | 公益性养老项目的实施与管理 |
| A0707 | | | 12349社区为老服务信息平台提供居家养老服务 |
| A0708 | | | 基层老年协会提供的养老互助服务 |

续表

| 代码/目录 | 一级目录 | 二级目录 | 三级目录 |
| --- | --- | --- | --- |
| | （6类） | （57款） | （314项） |
| A | 基本公共服务事项 | A19项 | |
| A0709 | | | 其他政府委托的基本养老服务 |
| A08 | | 优抚安置服务类 | |
| A0801 | | | 优抚安置政策研究、规划、咨询及宣传服务 |
| A0802 | | | 残疾军人辅具改造服务 |
| A0803 | | | 优抚安置设施维护服务 |
| A0804 | | | 退役士兵职业教育和技能培训 |
| A0805 | | | 优抚安置信息系统建设及维护 |
| A0806 | | | 其他政府委托的优抚安置服务 |
| A09 | | 基本医疗卫生类 | |
| A0901 | | | 基本医疗卫生规划、政策、法规、标准研究、咨询、宣传服务及基本公共卫生服务项目考核评估 |
| A0902 | | | 政府组织的基本医疗卫生信息采集、发布辅助性工作及信息系统运行维护工作 |
| A0903 | | | 政府组织的群众健康检查服务 |
| A0904 | | | 突发公共事件卫生应急处置辅助性工作 |
| A0905 | | | 对灾害事故实施紧急医学救援的辅助性工作 |
| A0906 | | | 政府组织的重大疾病预防辅助性工作 |
| A0907 | | | 公共卫生状况的评估 |
| A0908 | | | 公共医疗卫生知识普及与推广 |
| A0909 | | | 公共医疗卫生项目的实施与管理 |
| A0910 | | | 政府组织的公共医疗卫生交流合作 |
| A0911 | | | 公共医疗卫生成果推广应用 |
| A0912 | | | 食品安全标准规划、研究咨询及宣传 |
| A0913 | | | 其他政府委托的医疗卫生服务 |
| A10 | | 人口和计划生育服务类 | |

续表

| 代码/目录 | 一级目录 | 二级目录 | 三级目录 |
|---|---|---|---|
| | (6类) | (57款) | (314项) |
| A | 基本公共服务事项 | A19项 | |
| A1001 | | | 人口和计划生育政策研究、影视宣传制作服务 |
| A1002 | | | 为符合条件的育龄夫妇免费提供计划生育、优生优育技术服务 |
| A1003 | | | 为城乡居民免费提供计划生育、优生优育、生殖健康等科普宣传教育和咨询服务 |
| A1004 | | | 其他政府委托的人口和计划生育服务 |
| A11 | | 基本住房保障类 | |
| A1101 | | | 保障性住房规划和政策研究、宣传服务 |
| A1102 | | | 保障性住房对象资格信息采集与管理辅助性工作 |
| A1103 | | | 保障性住房信息（房源信息等）征集与发布等辅助性服务 |
| A1104 | | | 保障性住房使用监督的辅助性工作 |
| A1105 | | | 保障性住房后期管理服务 |
| A1106 | | | 其他政府委托的住房保障服务 |
| A12 | | 公共文化类 | |
| A1201 | | | 公共文化资讯收集与统计分析 |
| A1202 | | | 公共文化基础设施的管理与维护服务 |
| A1203 | | | 政府举办的大型公益性文艺演出 |
| A1204 | | | 政府组织的公益性艺术品创作 |
| A1205 | | | 政府组织的文化交流合作与推广 |
| A1206 | | | 文物保护的辅助性工作 |
| A1207 | | | 政府组织的大型群众性文化活动的组织与实施 |
| A1208 | | | 其他政府委托的文化服务 |
| A1209 | | | 其他政府文化治理事务服务事项 |
| A13 | | 公共体育类 | |
| A1301 | | | 公共体育规划和政策研究、宣传服务 |
| A1302 | | | 公共体育基础设施的管理和维护服务 |

续表

| 代码/目录 | 一级目录（6类） | 二级目录（57款） | 三级目录（314项） |
|---|---|---|---|
| A | 基本公共服务事项 | A19 项 | |
| A1303 | | | 公共体育资讯收集与统计分析 |
| A1304 | | | 政府组织的体育职业技能再培训 |
| A1305 | | | 政府组织的国民体质测试及指导服务 |
| A1306 | | | 其他政府委托的体育类服务 |
| A14 | | 基本公共安全服务类 | |
| A1401 | | | 公共安全政策研究、宣传辅助服务 |
| A1402 | | | 食品药品安全监管辅助服务 |
| A1403 | | | 社会治安辅助服务 |
| A1404 | | | 交通安全辅助服务 |
| A1405 | | | 公共消防基础设施和维护管理辅助服务 |
| A1406 | | | 校园安全辅助服务和校车服务 |
| A1407 | | | 其他政府委托的基本公共安全服务 |
| A15 | | 残疾人基本公共服务类 | |
| A1501 | | | 残疾人社会保障和服务体系建设规划和政策研究、宣传服务 |
| A1502 | | | 残疾人专职干事（委员）公益岗位 |
| A1503 | | | 残疾人康复、托养（照料）服务 |
| A1504 | | | 残疾人职业技能培训及其项目的第三方评估 |
| A1505 | | | 针对残疾人的职业心理咨询、职业介绍、职业指导和职业适应评估 |
| A1506 | | | 公益性助残项目的实施与管理 |
| A1507 | | | 残疾人信息收集、统计分析等辅助性工作 |
| A1508 | | | 其他政府委托的残疾人基本公共服务 |
| A16 | | 环境保护类 | |
| A1601 | | | 资源节约环境保护规划和政策研究、宣传服务 |
| A1602 | | | 政府组织的资源环境评估服务 |

续表

| 代码/目录 | 一级目录 | 二级目录 | 三级目录 |
|---|---|---|---|
| | （6类） | （57款） | （314项） |
| A | 基本公共服务事项 | A19项 | |
| A1603 | | | 政府组织的资源节约环境保护教育、培训 |
| A1604 | | | 政府组织的资源节约环境保护考核、监督检查 |
| A1605 | | | 政府委托的资源节约监测及公共环境监测设施建设 |
| A1606 | | | 生态环境事故鉴定辅助性工作 |
| A1607 | | | 政府组织的资源节约环境保护科技成果推广 |
| A1608 | | | 其他政府委托的资源节约环境保护服务 |
| A17 | | 交通运输类 | |
| A1701 | | | 交通运输规划和政策研究、咨询及宣传服务 |
| A1702 | | | 政府组织的交通运输人才培训 |
| A1703 | | | 政府委托的公共交通运输基础设施维护与管理 |
| A1704 | | | 政府委托的重点物资和紧急客货运输服务 |
| A1705 | | | 其他政府委托的交通运输服务 |
| A18 | | 服务三农类 | |
| A1801 | | | 三农规划和政策研究、宣传服务 |
| A1802 | | | 农产品供需、价格信息收集、统计分析、咨询服务 |
| A1803 | | | 政府委托的服务三农项目实施与管理 |
| A1804 | | | 政府委托的农村公共基础设施建设维护与管理服务 |
| A1805 | | | 政府组织的农民种养技能培训及指导 |
| A1806 | | | 无公害农产品和地理标志产品认证管理的辅助性工作 |
| A1807 | | | 农业突发公共事件的调查评估 |

续表

| 代码/目录 | 一级目录<br>（6 类） | 二级目录<br>（57 款） | 三级目录<br>（314 项） |
|---|---|---|---|
| A | 基本公共服务事项 | A19 项 | |
| A1808 | | | 政府组织的三农灾害性救助辅助性工作 |
| A1809 | | | 农产品质量安全风险评估 |
| A1810 | | | 动物重大疫病和农作物重大病虫害监测预警与防控辅助性工作 |
| A1811 | | | 其他政府委托的服务三农事项 |
| A19 | | 其他 | 其他政府基本公共服务事项 |
| B | 社会治理服务事项 | B12 项 | |
| B01 | | 区划地名管理类 | |
| B0101 | | | 区划界线地名管理政策、规划研究及宣传服务 |
| B0102 | | | 地名公共服务平台建设及维护管理 |
| B0103 | | | 行政区域界线界桩设置与管理维护 |
| B0104 | | | 其他政府委托的区划地名界线管理服务 |
| B02 | | 社会组织管理类 | |
| B0201 | | | 社会组织管理服务政策研究、规划、咨询及宣传服务 |
| B0202 | | | 社会组织发展数据采集、统计分析及档案管理 |
| B0203 | | | 社会组织管理信息系统建设及维护 |
| B0204 | | | 政府开展社会组织专业化人才培训 |
| B0205 | | | 社会组织评估 |
| B0206 | | | 其他政府委托的社会组织管理服务 |
| B03 | | 社区事务类 | |
| B0301 | | | 社区管理服务政策研究、规划及宣传服务 |
| B0302 | | | 政府委托的社区调查、社区管理服务信息收集 |

续表

| 代码/目录 | 一级目录 | 二级目录 | 三级目录 |
|---|---|---|---|
| | （6类） | （57款） | （314项） |
| A | 基本公共服务事项 | A19项 | |
| B0303 | | | 政府委托的扶老助残、困难群体服务、未成年人教育、外来人口管理、心理疏导与慰藉等社区服务项目组织与实施 |
| B0304 | | | 政府委托的社区人才培训 |
| B0305 | | | 政府委托的社区戒毒社区康复类 |
| B0306 | | | 退休人员社区管理和服务 |
| B0307 | | | 社区公共服务设施、文体活动场所等公共设施的管理与维护 |
| B0308 | | | 社区管理服务信息系统建设及维护 |
| B0309 | | | 其他政府委托的社区服务 |
| B04 | | 社工服务类 | |
| B0401 | | | 社工服务规划和政策研究服务 |
| B0402 | | | 政府组织的社工人才的培养 |
| B0403 | | | 政府委托社工服务项目的组织实施 |
| B0404 | | | 社会工作服务信息系统建设及维护 |
| B0405 | | | 社工队伍监督管理的辅助性工作 |
| B0406 | | | 其他政府委托的社工服务 |
| B05 | | 法律援助类 | |
| B0501 | | | 法律援助规划及政策研究服务 |
| B0502 | | | 政府委托的法律援助项目的实施服务 |
| B0503 | | | 法律援助政策宣传与咨询 |
| B0504 | | | 法律援助工作信息化建设及维护 |
| B0505 | | | 法律援助对象情况信息收集等辅助性动态管理工作 |
| B0506 | | | 政府委托的法律援助人才的培训 |
| B0507 | | | 其他政府委托的法律援助服务 |
| B06 | | 慈善救济类 | |
| B0601 | | | 慈善救济的引导政策研究服务 |
| B0602 | | | 慈善救济监管及服务 |
| B0603 | | | 政府委托的慈善救济组织与实施 |
| B0604 | | | 政府委托的慈善公益宣传 |
| B0605 | | | 捐助站辅助性服务工作 |

续表

| 代码/目录 | 一级目录<br>（6 类） | 二级目录<br>（57 款） | 三级目录<br>（314 项） |
|---|---|---|---|
| A | 基本公共服务事项 | A19 项 | |
| B0606 | | | 政府实施的慈善救济项目评估和对慈善组织评估 |
| B0607 | | | 其他政府委托的慈善救济服务 |
| B07 | | 公益服务类 | |
| B0701 | | | 政府举办的公益服务的组织实施辅助性工作 |
| B0702 | | | 公益项目的策划和组织 |
| B0703 | | | 公益服务绩效评价 |
| B0704 | | | 其他政府委托的公益服务 |
| B08 | | 人民调解类 | |
| B0801 | | | 人民调解政策研究、咨询及宣传服务 |
| B0802 | | | 人民调解服务辅助性工作 |
| B0803 | | | 政府组织的人民调解队伍培训 |
| B0804 | | | 其他政府委托的人民调解服务 |
| B09 | | 社区矫正类 | |
| B0901 | | | 社区矫正政策研究、咨询及宣传服务 |
| B0902 | | | 政府设立的社区矫正中心的维护与管理服务 |
| B0903 | | | 政府委托的矫正项目实施与日常管理 |
| B0904 | | | 被矫正人员信息的收集等辅助性工作 |
| B0905 | | | 政府委托的矫正工作队伍的日常管理及培训 |
| B0906 | | | 社区矫正政策的宣传和咨询 |
| B0907 | | | 被矫正人员就业指导与推荐 |
| B0908 | | | 政府委托的矫正人员开展社区服务工作的组织与管理 |
| B0909 | | | 其他政府委托的社区矫正服务 |
| B10 | | 安置帮教类 | |
| B1001 | | | 安置帮教政策的宣传和咨询 |
| B1002 | | | 安置帮教队伍的建设与培训 |
| B1003 | | | 政府委托的安置帮教项目的实施与管理（包括职业技能、就业、心理咨询等指导） |

续表

| 代码/目录 | 一级目录（6 类） | 二级目录（57 款） | 三级目录（314 项） |
|---|---|---|---|
| A | 基本公共服务事项 | A19 项 | |
| B1004 | | | 其他政府委托的安置帮教事项 |
| B11 | | 公共公益宣传类 | |
| B1101 | | | 政策法规宣传等辅助性工作 |
| B1102 | | | 公共宣传、公益性宣传规划研究 |
| B1103 | | | 政府举办的专题公益宣传活动的其他辅助性服务 |
| B1104 | | | 政府宣传人才队伍的培训 |
| B1105 | | | 宣传效果评估 |
| B1106 | | | 其他政府委托的宣传服务 |
| B12 | | 其他 | 其他政府社会治理事务服务事项 |
| C | 行业管理与协调事项 | C3 项 | |
| C01 | | 行业、职业资格认定类 | |
| C0101 | | | 行业从业资格标准和政策研究服务 |
| C0102 | | | 政府组织的行业信息收集与发布服务 |
| C0103 | | | 行业准入技术标准制定辅助性工作 |
| C0104 | | | 从业资格认定纠纷的技术服务及调解处理 |
| C0105 | | | 产业政策符合性审核、行业准入条件审核 |
| C0106 | | | 其他政府委托的行业资格认定和准入辅助性工作 |
| C02 | | 处理行业投诉类 | |
| C0201 | | | 行业管理政策研究、宣传服务 |
| C0202 | | | 政府设立的行业投诉举报热线、网站平台的维护和申诉受理服务（包括知识产权、司法鉴定、民营企业、政府采购、销售彩票、消费者、产品质量） |
| C0203 | | | 政府委托开展的行业投诉数据统计与分析服务 |
| C0204 | | | 其他政府委托的行业投诉处理服务 |

续表

| 代码/目录 | 一级目录<br>(6类) | 二级目录<br>(57款) | 三级目录<br>(314项) |
|---|---|---|---|
| A | 基本公共服务事项 | A19项 | |
| C03 | | 其他 | 其他行业管理与协调事项 |
| D | 技术服务事项 | D9项 | |
| D01 | | 科研类 | |
| D0101 | | | 科技发展规划和政策研究、宣传服务 |
| D0102 | | | 基础性科学技术研究、咨询、信息检索及成果转化服务 |
| D0103 | | | 基础性科学人才再培训 |
| D0104 | | | 政府组织的科学技术交流与合作 |
| D0105 | | | 科研能力管理与评估 |
| D0106 | | | 政府组织的科研资讯收集与统计分析 |
| D0107 | | | 科普知识的普及与推广 |
| D0108 | | | 其他政府委托的科研服务 |
| D02 | | 行业规划类 | |
| D0201 | | | 政府组织的行业布局等总体规划研究服务 |
| D0202 | | | 政府委托的专项性规划的研究 |
| D0203 | | | 政府委托的行业规划评估服务 |
| D0204 | | | 其他政府委托的行业规划服务 |
| D03 | | 行业规范类 | |
| D0301 | | | 政府组织的行业规范研究服务 |
| D0302 | | | 政府开展的行业规范评估 |
| D0303 | | | 其他政府委托的行业规范服务 |
| D04 | | 行业调查类 | |
| D0401 | | | 政府组织的经济社会发展情况调查 |
| D0402 | | | 政府组织的经营状况调查 |
| D0403 | | | 政府组织的社会诚信度调查 |
| D0404 | | | 政府组织的服务满意度调查 |
| D0405 | | | 政府组织的安全生产情况调查 |
| D0406 | | | 政府组织的反倾销反补贴反垄断调查 |
| D0407 | | | 其他政府委托的行业调查服务 |
| D05 | | 行业统计分析类 | |
| D0501 | | | 行业统计指标研究、制订等辅助性工作 |

续表

| 代码/目录 | 一级目录 | 二级目录 | 三级目录 |
|---|---|---|---|
| | （6类） | （57款） | （314项） |
| A | 基本公共服务事项 | A19项 | |
| D0502 | | | 政府组织的发展评估 |
| D0503 | | | 其他政府委托的行业统计分析服务 |
| D06 | | 资产评估类 | |
| D0601 | | | 政府因资产转让、拍卖和税费征缴而实施的资产评估服务 |
| D0602 | | | 其他政府委托的资产评估服务 |
| D07 | | 检验/检疫/检测类 | |
| D0701 | | | 食品安全监督抽检工作 |
| D0702 | | | 产品强制检验辅助性工作 |
| D0703 | | | 强制性卫生检疫辅助性工作 |
| D0704 | | | 区域性防范疫情开展的动植物检疫辅助性工作 |
| D0705 | | | 强制性动植物检疫辅助性工作 |
| D0706 | | | 其他政府委托的检验、检疫、检测服务 |
| D08 | | 监测服务类 | |
| D0801 | | | 食品安全风险监测及评估工作 |
| D0802 | | | 自然环境监测辅助服务 |
| D0803 | | | 社会治理监测辅助服务 |
| D0804 | | | 经济运行监测辅助性工作 |
| D0805 | | | 公共医疗卫生监测 |
| D0806 | | | 社会发展监测 |
| D0807 | | | 其他政府委托的监测服务 |
| D09 | | 其他 | 其他技术服务事项 |
| E | 政府履职所需辅助性事项 | E13项 | |
| E01 | | 法律服务类 | |
| E0101 | | | 行政诉讼代理应诉法律服务 |
| E0102 | | | 政府法律顾问服务 |
| E0103 | | | 政府法律咨询服务 |
| E0104 | | | 政府非诉讼法律代理服务（含文书和证明） |

续表

| 代码/目录 | 一级目录<br>（6类） | 二级目录<br>（57款） | 三级目录<br>（314项） |
|---|---|---|---|
| A | 基本公共服务事项 | A19项 | |
| E0105 | | | 行政调解辅助性工作 |
| E0106 | | | 司法救助辅助性工作 |
| E0107 | | | 其他政府委托的法律服务 |
| E02 | | 课题研究类 | |
| E0201 | | | 政府决策、执行、监督等方面的通用课题研究 |
| E0202 | | | 政治建设、经济建设、社会建设、文化建设等方面的专项性课题研究 |
| E0203 | | | 其他政府委托的课题研究服务 |
| E03 | | 政策（立法）调研、草拟、论证类 | |
| E0301 | | | 立法机关的公共政策调研、草拟、论证等的辅助性工作 |
| E0302 | | | 行政机关的公共政策调研、草拟、论证等的辅助性工作 |
| E0303 | | | 司法机关的公共政策调研、草拟、论证等的辅助性工作 |
| E0304 | | | 工青妇等群团组织政策调研、草拟、论证等的辅助性工作 |
| E0305 | | | 其他政府委托的调研、草拟、论证工作 |
| E04 | | 会议、经贸活动和展览服务类 | |
| E0401 | | | 会场布置、人员接送等辅助性工作及服务 |
| E0402 | | | 经贸活动、展览活动的组织、策划等辅助性工作及服务 |
| E0403 | | | 展览活动组展设计和实施 |
| E0404 | | | 经贸活动项目对接、汇总和跟踪服务 |

续表

| 代码/目录 | 一级目录（6类） | 二级目录（57款） | 三级目录（314项） |
|---|---|---|---|
| A | 基本公共服务事项 | A19项 | |
| E0405 | | | 其他政府委托的会议、经贸活动和展览服务 |
| E05 | | 监督类 | |
| E0501 | | | 人大监督的政策性技术性监督辅助工作 |
| E0502 | | | 行政监督的政策性技术性监督辅助工作 |
| E0503 | | | 司法监督的政策性技术性监督辅助工作 |
| E0504 | | | 工青妇等群团组织监督的政策性技术性监督辅助工作 |
| E0505 | | | 重大事项的第三方监督 |
| E0506 | | | 其他政府委托的政策性技术性监督辅助工作 |
| E06 | | 评估类 | |
| E0601 | | | 行政政策的决策风险、实施效果等政策评估服务 |
| E0602 | | | 社会治理、公共服务、重大民生项目执行情况和实施效果等项目评估服务 |
| E0603 | | | 自然灾害及重大社会事件等突发公共事件影响评估服务 |
| E0604 | | | 其他政府委托的评估服务 |
| E07 | | 绩效评价类 | |
| E0701 | | | 政策实施绩效评价辅助性工作 |
| E0702 | | | 资金使用绩效评价辅助性工作 |
| E0703 | | | 政府行政效能绩效评价辅助性工作 |
| E0704 | | | 其他政府委托的绩效评价服务 |
| E08 | | 工程服务类 | |
| E0801 | | | 公共工程规划 |
| E0802 | | | 公共工程可行性研究报告草拟辅助性工作 |
| E0803 | | | 公共工程安全监管辅助性工作 |

续表

| 代码/目录 | 一级目录<br>（6类） | 二级目录<br>（57款） | 三级目录<br>（314项） |
|---|---|---|---|
| A | 基本公共服务事项 | A19项 | |
| E0804 | | | 公共工程的概（预）、结（决）算审核工作 |
| E0805 | | | 公共工程评价 |
| E0806 | | | 其他政府委托的公共工程管理服务 |
| E09 | | 项目评审类 | |
| E0901 | | | 公共项目规划、设计、可行性研究等专家评审服务 |
| E0902 | | | 政府资金申报的专家评审服务 |
| E0903 | | | 政府设立奖项的专家评审服务 |
| E0904 | | | 重大事项第三方评审服务 |
| E0905 | | | 其他政府委托的评审服务 |
| E10 | | 咨询类 | |
| E1001 | | | 立法咨询 |
| E1002 | | | 司法咨询 |
| E1003 | | | 行政咨询 |
| E1004 | | | 其他政府委托的咨询服务 |
| E11 | | 技术业务培训类 | |
| E1101 | | | 政府工作人员专业技能培训服务 |
| E1102 | | | 其他政府委托的技术业务培训服务 |
| E12 | | 审计服务类 | |
| E1201 | | | 因审计力量不足聘请审计人员服务 |
| E1202 | | | 重大事项第三方审计服务 |
| E1203 | | | 其他政府委托的审计服务 |
| E13 | | 其他 | 政府履职所需其他辅助性服务 |
| F | 其他事项 | 其他政府向社会购买公共服务事项 | 其他政府向社会购买公共服务事项 |

# 中共海南省委办公厅<br>海南省人民政府办公厅关于培育<br>发展和规范管理社会组织的意见

（琼办发〔2014〕42号）

为贯彻落实党的十八大和十八届三中、四中全会精神，以及省第六次党代会精神，着眼于国家治理体系和治理能力现代化目标，全力推进社会组织改革与发展，优化发展环境，促进社会组织健康有序发展。现就我省培育发展和规范管理社会组织提出如下意见。

## 一、总体思路和目标

（一）总体思路。以邓小平理论、“三个代表”重要思想、科学发展观为指导，深入贯彻习近平总书记系列重要讲话精神，推进社会组织登记管理制度改革，坚持统筹协调，分步实施，有序推进；坚持培育发展，规范引导，增强服务；坚持突出重点，分类指导，分级负责；坚持放宽准入，加强自律，依法监管，形成政社分开、权责明确、依法自治的现代社会组织体制，充分发挥社会组织在社会建设中的重要作用。

（二）总体目标。力争到2020年，形成与我省经济社会发展相适应，布局合理、结构优化、功能完善、作用明显的社会组织体系。

## 二、重点培育发展四类社会组织

（一）行业协会商会类社会组织。重点培育发展服务我省支柱产业、优势产业、新兴产业的行业协会商会，发挥其服务企业、促进产业、招商引资、助推经济的作用。

（二）科技类社会组织。充分发挥科技类社会组织专家荟萃的特点和优势，开展学术研究，普及科学知识，提高全民科学素质。通过科研攻关、新产品研发、技术创新、高新技术成果（专利）转让等方式，推动科技进步。

（三）公益慈善类社会组织。积极发展面向社会公众，具有社会性、保障性和非营利性特点的公益慈善类社会组织。发挥公益慈善类社会组织在扶贫济困、抢险救灾、化解矛盾、公益捐赠等方面的作用。

（四）城乡社区服务类社会组织。重点培育发展满足居民多种需求的城乡社区服务类社会组织，推动城乡社区精神文明建设。支持城乡社区社会组织参与社区自治，发挥其团结社区群众、化解社会矛盾、促进社区和谐的作用。

## 三、改革登记管理制度

（一）对四类社会组织实行直接登记。成立行业协会商会类、科技类、公益慈善类、城乡社区服务类社会组织，实行直接向各级民政部门依法申请登记。

（二）适当实行“一业多会”。取消“一业一会”限制，允许同一行政区域、同一行业内成立若干个业务范围相同或者相似的社会团体。

（三）下放异地商会登记权限。将异地商会成立登记的审批权从省民政部门下延至市县民政部门。

（四）取消两项审批事项。申请成立社会团体时，取消筹备审批环节。社会团体、基金会设立分支（代表）机构和内设机构，取消登记审批，只需报送各级民政部门备案。

（五）推进政社分开。按照政社分开、管办分离的原则，分类推进各类社会组织在机构、人员、财务、职能等方面与行政机关脱钩。现职公务员一律不得兼任行业协会商会、基金会负责人。严格限制现职公务员在其他类型社会组织兼任负责人，确因特殊情况需兼任的，应按照干部管理权限从严审批。

## 四、制定扶持政策措施

（一）向社会组织转移职能和购买服务。各级政府部门要结合深化行政人事制度改革的发展要求，逐步将政府的事务性、技术性、辅助性职能等，通过授权、委托及其他方式依法转移给有相应资质、公信力高的社会组织承担。符合条件的，由政府向其购买服务，扶持社会组织发展。

（二）给予资金扶持和落实税收优惠政策。逐步建立公共财政支持社会组织发展的机制，加大资金扶持力度，培育和扶持一批社会信誉好、影响力大的社会组织。推动建立省、市县级社会组织发展孵化基地，为初创期的社会组织提供人力、物力和财力支持。落实好非营利组织免税和公益性捐赠税前扣除的优惠政策。

（三）拓宽社会组织参政议政渠道。建立社会组织参政议政机制。适当增加社会组织代表在党代会代表、人大代表和政协委员中的比例。各级政府在制定有关社会管理政策、进行重大决策等过程中，应邀请社会组织代表参加相关听证会、论证会，听取相关社会组织的意见。提高社会组织对公共事务的参与度。

## 五、强化监督管理

（一）推进社会组织法制建设。加快推进社会组织法制建设，推动制定和完善相关地方性法规和规章，严格依法监管，强化法律监督。建立完善的综合执法制度，实现社会组织日常监督与执法查处的有机结合。依法查处社会组织违法违规行为，取缔非法社会组织。严格执行国家有关法律法规，切实加强对境外非政府组织在琼活动的监督管理。

（二）完善监督管理制度。建立社会组织负责人管理制度，规范负责人资格、产生程序、任职年限等。完善社会组织资金管理制度和终止后剩余财产处理制度。制定社会组织会费收取、网络募捐、项目合作、不动产捐赠等行为规范和活动准则。建立和完善社会组织征信体系，规范社会组织信息公开的机制和方式，有效整合社会组织资源，实现资源共享，对严重违法违规的社会组织实行“黑名单”管理。建立和完善社会组织退出机制，对组织机构不健全、管理混乱、连续两年未提交年度报告的社会组织劝其退出或撤销。优化年度报告制度，提高年度报告效能。建立社会组织评估指标体系，完善评估工作机制，发挥评估的导向作用。建立健全第三方评估制度，增强评估功效。

（三）注重内部管理和行业自律。引导社会组织完善以章程为核心的独立自主、权责明确、运转协调、制衡有效的法人治理结构。健全会员（代表）大会、理事会、监事会制度，实行决策、执行与监督分立。建立民主选举、民主决策、民主管理、民主监督的自治机制。坚持诚信原则，制定行业规范，开展行业自律，增强诚信守法意识，推行服务承诺制，提高社会公信力。

## 六、保障措施

（一）加强社会组织党组织建设。完善社会组织党建工作管理体制，理顺社会组织党建管理关系。充分发挥各级社会组织党工委组织、指导、协调的作用，提高社会组织党建工作的科学化水平。采取单独建、联合建、挂靠建、区域或行业统建等形式，抓好社会组织党组织的组建工作，不断提高社会组织党组织的覆盖率。支持工会、共青团、妇联等人民团体在社会组织开展工作，提高社会组织党的工作覆盖面。

（二）建立统筹协调的工作机制。建立由各级党委、政府领导牵头，组织、宣传、编制、商贸、公安、监察、民政、司法、财政、人力资源和社会保障、外事、法制、工商、税务、工商联等部门密切配合、齐抓共管的协调机制，统筹解决制约社会组织发展的困难和问题。将社会组织培育发展和规范管理工作，纳入市县党委、政府社会建设绩效考核的重要内容定期进行考核，并完善考核评价指标体系，以推动社会组织管理的规范化、制度化。

（三）加强登记管理机构队伍建设。各级政府部门要重视解决社会组织登记管理部门的人员、经费、执法等实际问题，加强人力、物力和财力支持，配备必要的专职工作人员，建立定期培训制度，提高工作人员的能力和水平。

2014 年 12 月 6 日

# 重庆市民办非学历教育培训机构管理暂行办法

（重庆市人民政府令第 281 号）

《重庆市民办非学历教育培训机构管理暂行办法》已经 2014 年 6 月 25 日市人民政府第 50 次常务会议通过，现予公布，自公布之日起施行。

市　长　黄奇帆

2014 年 7 月 8 日

## 重庆市民办非学历教育培训机构管理暂行办法

### 第一章　总　则

**第一条**　为规范民办非学历教育培训机构的教育培训活动，促进本市民办教育培训市场健康发展，根据《中华人民共和国民办教育促进法》，国务院《民办非企业单位登记管理暂行条例》、《公司登记管理条例》等法律、法规，结合本市实际，制定本办法。

**第二条**　本市行政区域内民办非学历教育培训机构的举办及其教育培训活动的监督管理，适用本办法。法律、法规另有规定的除外。

本办法所称民办非学历教育培训机构是指国家机构以外的社会组织或者个人，利用非国家财政性经费，面向社会举办的不具备学历教育资格，以文化教育或者职业技能培训为主的学校及其他教育培训机构。

**第三条**　市人民政府负责本市民办非学历教育的领导，研究民办非学历教育发展中的重大问题，促进本市民办教育健康发展。

区县（自治县）人民政府是本行政区域内民办非学历教育培训机构管理的责任主体，负责本行政区域内民办非学历教育培训机构的统筹管理，加强监管能力建设，组织开展专项行动，协调处理突发事件。

**第四条**　教育行政部门负责文化教育类民办非学历教育培训机构的监

督管理；人力资源社会保障部门负责职业培训类民办非学历教育培训机构的监督管理。

民政部门负责非营利性民办非学历教育培训机构的登记管理；工商行政管理部门负责营利性民办非学历教育培训机构的登记管理。

公安、物价等其他有关职能部门按照各自职责，加强对民办非学历教育培训机构的消防安全、收费行为等的监督管理。

**第五条** 民办非学历教育培训机构的监督管理遵循属地管理与分类管理相结合的原则，实行“谁审批、谁监管，谁举办、谁负责”的责任追究制度。

## 第二章 设立、变更、终止

**第六条** 设立民办非学历教育培训机构应当根据办学性质、管理方式等的不同，依照有关法律、行政法规进行登记。

非营利性民办非学历教育培训机构应当依法登记为民办非企业单位；营利性民办非学历教育培训机构应当依法登记为企业法人。

同一民办非学历教育培训机构不得既登记为民办非企业单位又登记为企业法人。

**第七条** 设立非营利性民办非学历教育培训机构的，申请人应当按照国家有关规定，向教育行政部门或者人力资源社会保障部门办理审批手续，取得办学许可证后，向民政部门依法办理民办非企业单位法人登记。

**第八条** 设立营利性民办非学历教育培训机构的，申请人应当向设立地区县（自治县）工商行政管理部门提出登记申请。

工商行政管理部门应当将有关申请材料送同级教育行政部门或者人力资源社会保障部门征求意见；教育行政部门、人力资源社会保障部门应当自收到申请材料之日起30日内反馈书面意见，不同意设立的，应当说明理由。

工商行政管理部门应当在收到教育行政部门或者人力资源社会保障部门反馈的书面意见后作出是否准予登记的决定。作出准予登记决定的，颁发营业执照，并抄送教育行政部门或者人力资源社会保障部门；作出不予登记决定的，应当书面告知理由。

工商行政管理部门核准营利性民办非学历教育培训机构名称应当符合《企业名称登记管理规定》等有关法律、法规的规定，名称中应当含有“培训”字样，不得出现“学校”“学院”等字样。

**第九条** 市、区县（自治县）教育行政部门、人力资源社会保障部门对民办非学历教育培训机构的审批、审核权限，按照国家和本市有关规定执行。

由区县（自治县）教育行政部门、人力资源社会保障部门审批、审核的民办非学历教育培训机构，区县（自治县）教育行政部门、人力资源社会保障部门应当按照相关规定报送市教育行政部门、市人力资源社会保障部门备案。

**第十条** 教育行政部门或者人力资源社会保障部门应当按照《中华人民共和国民办教育促进法》和其他有关法律、法规的规定，对申请人是否符合设立条件及设置标准进行审查。

**第十一条** 民办非学历教育培训机构的设置标准由市教育行政部门、市人力资源社会保障部门会同市民政部门、市工商行政管理部门制定，报市政府批准后执行。

制定民办非学历教育培训机构设置标准应当科学、合理，与不同类别、不同规模教育培训机构实际需要相适应，并向社会公开征求意见。

**第十二条** 民办非学历教育培训机构的举办人、负责人、名称、办学场所、办学类型等发生变更的，应当依法办理变更手续。

区县（自治县）教育行政部门或者人力资源社会保障部门审批的非营利性民办非学历教育培训机构，跨区县（自治县）增设办学场所的，应当向新增办学场所所在地区县（自治县）教育行政部门或者人力资源社会保障部门提出申请，依法办理审批手续。

区县（自治县）教育行政部门或者人力资源社会保障部门管理的营利性民办非学历教育培训机构，跨区县（自治县）新增办学场所的，应当依法向新增办学场所所在地区县（自治县）工商行政管理部门办理登记手续；工商行政管理部门在办理登记手续时，应当按照本办法第八条的规定，征求同级教育行政部门或者人力资源社会保障部门的意见。

**第十三条** 民办非学历教育培训机构依法终止办学的，应当妥善安置教育培训对象，依法进行财务清算，申请注销有关行政许可和注册登记。

## 第三章 监督管理

**第十四条** 市、区县（自治县）人民政府应当建立民办非学历教育培训监管工作联席会议制度，召集同级教育、人力社保、工商、民政、物价、公安等有关职能部门对民办非学历教育培训监管中的重大政策问题、突发事件、专项行动等进行研究、协调、处理、部署。

教育、人力社保、工商、民政、物价、公安等有关职能部门应当加强沟通协调，建立联合监管、信息共享、联席共商的工作机制，确保监管到位。

乡镇人民政府（街道办事处）应当在区县（自治县）人民政府领导下，配合教育行政部门、人力资源社会保障部门加强辖区内民办非学历教育培训机构的日常管理。

**第十五条** 教育行政部门应当按照职责，加强对文化教育类民办非学历教育培训机构的指导、监督和管理：

（一）制定完善设置标准；

（二）建立健全从事教育培训活动的专项评估制度；

（三）按照国家有关规定对设立非营利性教育培训机构进行审批；

（四）对设立营利性教育培训机构是否符合规定的条件和设置标准进行审核，并向同级工商行政管理部门反馈书面意见；

（五）对教育培训机构的教学活动，培训费专用存款账户开设和使用情况进行日常监管、专项检查；

（六）对教育培训机构挪用办学经费、恶意终止办学等行为依法进行查处；

（七）配合同级民政部门，对未经登记擅自以民办非企业单位名义进行教育培训活动的机构进行查处；

（八）配合同级工商行政管理部门，对未经登记擅自从事营利性教育培训活动的机构进行查处；

（九）将教育培训机构的日常监管、检查评估、投诉处理、依法查处违法违规行为等情况，及时通报同级民政部门、工商行政管理部门。

**第十六条** 人力资源社会保障部门应当按照职责，加强对职业培训类民办非学历教育培训机构的指导、监督和管理：

（一）制定完善设置标准；

（二）建立健全从事教育培训活动的专项评估制度；

（三）按照国家有关规定对设立非营利性教育培训机构进行审批；

（四）对设立营利性教育培训机构是否符合规定的条件和设置标准进行审核，并向同级工商行政管理部门反馈书面意见；

（五）对教育培训机构的培训活动，培训费专用存款账户开设和使用进行日常管理、专项检查；

（六）对教育培训机构挪用办学经费、恶意终止办学等行为依法进行查处；

（七）配合同级民政部门，对未经登记擅自以民办非企业单位名义进行教育培训活动的机构进行查处；

（八）配合同级工商行政管理部门，对未经登记擅自从事营利性教育培训活动的机构进行查处；

（九）将教育培训机构的日常监管、检查评估、投诉处理、依法查处违法违规行为等情况，及时通报同级民政部门、工商行政管理部门。

**第十七条** 民政部门应当按照职责，加强对非营利性民办非学历教育培训机构的指导、监督和管理：

（一）依法办理教育培训机构设立、变更、注销登记；

（二）对教育培训机构的登记事项进行监督检查；

（三）会同同级教育行政部门、人力资源社会保障部门组织开展民办非企业单位规范化建设评估；

（四）会同同级教育行政部门、人力资源社会保障部门对未经登记擅自以民办非企业单位名义进行教育培训活动的组织或者个人依法进行查处；

（五）将教育培训机构的设立、变更、注销登记情况，投诉处理情况以及依法查处违法违规行为情况通报同级教育行政部门、人力资源社会保障部门。

**第十八条** 工商行政管理部门应当按照职责，加强对民办非学历教育培训机构的指导、监督和管理：

（一）依法办理营利性民办非学历教育培训机构设立、变更、注销登记；

（二）对营利性民办非学历教育培训机构的登记事项进行监督检查；

（三）对民办非学历教育培训机构的招生培训广告宣传依法进行监管；

（四）会同同级教育行政部门、人力资源社会保障部门对未经登记擅自从事营利性非学历教育培训活动的组织或者个人依法进行查处；

（五）配合同级教育行政部门、人力资源社会保障部门对从事营利性非学历教育培训活动的组织和个人的违法违规行为进行查处；

（六）将营利性民办非学历教育培训机构的设立、变更、注销登记情况，投诉处理情况以及依法查处违法违规行为的情况通报同级教育行政部门、人力资源社会保障部门。

**第十九条** 民办非学历教育培训机构应当建立健全法人治理结构，完善各项规章制度，规范内部管理，确保教育培训质量，依法开展教育培训活动。

民办非学历教育培训机构应当按照核定的名称、性质、培养目标、办学层次、专业设置、办学形式、办学场所、证书发放等要求开展教育培训活动。

从事教育咨询或者教育类家政服务等的经营性机构不得从事或者变相从事教育培训活动。

**第二十条** 民办非学历教育培训机构应当将办学许可证、民办非企业单位登记证书或者营业执照等放置在其主要办学场所的显著位置，做到亮证办学。

**第二十一条** 民办非学历教育培训机构发布招生简章和招生培训广告，应当在发布前将招生简章和招生培训广告的内容、发布形式和相关证明材料报教育行政部门或者人力资源社会保障部门备案。

民办非学历教育培训机构发布的招生简章和招生培训广告内容应当客观、真实、准确，载明培训机构名称、性质、培养目标、办学层次、专业设置、办学形式、办学场所、收取费用、证书发放等有关事项，并与备案的内容一致。

**第二十二条** 民办非学历教育培训机构应当与教育培训对象或者其监护人签订书面培训服务合同。

培训服务合同应当载明教育培训机构名称、办学范围、法定代表人和住所等核定事项，教育培训对象姓名，办学场所，培训项目内容和质量标准与承诺，培训期限和时间安排，收费项目和金额及退费标准与办法，双方的权利、义务和违约责任，以及双方争议解决途径和方法。

市教育行政部门、市人力资源社会保障部门应当分别会同市工商行政管理部门制定文化教育类培训服务合同示范文本和职业培训类培训服务合同示范文本，供民办非学历教育培训机构参考使用。

**第二十三条** 民办非学历教育培训机构收取培训费用的项目、标准等由其自行制定，报教育行政部门或者人力资源社会保障部门，以及同级政府价格主管部门备案，并向社会公示。

民办非学历教育培训机构收费应当遵守以下规定：

（一）坚持自愿原则，不得强制收费或者只收费不服务。

（二）按规定明码标价，在招生简章和办学场所公示收费项目、收费标准、教育培训内容、教育培训时间、退费办法等内容。

（三）按学期、教育培训周期或者课时为单位收取培训费。按学期或者教育培训周期收费的，预收费最长不超过 6 个月；按课时收费的，预收费最多不超过 60 个学时。

（四）开具本教育培训机构的合法收费凭证。

（五）不得使用虚假，或者使人误解的标价形式或者价格手段，诱骗教育培训对象或者其监护人交纳培训费用。

（六）不得收取未向社会公示的任何费用。

**第二十四条** 本市实行民办非学历教育培训机构培训费专用存款账户监管制度，按照专款专户、专款专存、专款专用的原则，对民办非学历教育培训机构收取的培训费实施监管，随机抽查其大额资金流向。

民办非学历教育培训机构应当将所收取的培训费及时全额存入培训费专用存款账户，账户内资金主要用于教育教学活动和改善办学条件。

培训费专用存款账户余额达到规定的最低余额限制标准时，民办非学历教育培训机构使用最低余额范围内的资金，应当报教育行政部门或者人力资源社会保障部门审核，开户银行应当按照审核意见办理用款手续。

培训费专用存款账户具体监管办法，由市教育行政部门、市人力资源社会保障部门会同市金融主管部门另行制定。

**第二十五条** 民办非学历教育培训机构开展教育培训活动，不得有下列行为：

（一）未经审批审核擅自办学；

（二）挪用办学经费；

（三）将招生或者教育培训任务委托或者承包给其他单位、中介机构或者个人实施；

（四）发布虚假招生简章、招生培训广告、信息等；

（五）进行虚假或者引人误解的宣传、演示及说明等；

（六）冒用他人民办非学历教育培训机构名称等从事教育培训活动；

（七）恶意终止办学；

（八）法律法规禁止的其他行为。

**第二十六条** 教育行政部门、人力资源社会保障部门应当加强对民办非学历教育培训机构的监督检查。经监督检查发现民办非学历教育培训机构不符合设立条件或者有违反教育培训活动相关规定的，由教育行政部门、人力资源社会保障部门按照各自职责责令整改，依法处理。

**第二十七条** 教育行政部门、人力资源社会保障部门应当定期自行组织或者委托依法成立的社会中介组织对民办非学历教育培训机构的教育培训水平、质量等进行评估，并将评估结果向社会公布。

**第二十八条** 教育行政部门、人力资源社会保障部门应当分别建立文化教育类、职业培训类民办非学历教育培训机构基本名录库、信用资源数据库，对民办非学历教育培训机构实施信用分类监管，并在本部门门户网站上公布基本名录库内容、信用信息等，方便公众查询，接受社会监督。

基本名录库应当包括民办非学历教育培训机构的名称、举办人、办学场所、办学条件、办学层次、办学类别、办学形式、办学内容、招生对象与规模等信息；信用资源数据库应当记载民办非学历教育培训机构的诚信档案、信用信息、评估结果和不良行为警示信息等。

教育行政部门、人力资源社会保障部门应当建立民办非学历教育培训机构“黑名单”制度，将有严重违法行为的民办非学历教育培训机构纳入“黑名单”，并向社会公示。

**第二十九条** 市、区县（自治县）人民政府负责教育督导的机构应当加强对同级人民政府有关职能部门、下级人民政府及其有关职能部门履行民办教育工作职责的情况和民办非学历教育培训机构的办学情况进行督导，促进各有关职能部门履行监管职责，促进民办非学历教育培训机构规范办学行为、提高办学质量，及时发现教育培训中的突出问题。

**第三十条** 教育行政部门、人力资源社会保障部门应当积极支持和推进民办教育培训行业自律组织建设，建立本市民办非学历教育培训机构“自我服务、自我管理、自我约束”机制。

民办非学历教育培训机构应当加强行业自律管理，促进民办教育健康发展。

**第三十一条** 任何单位和个人有权对民办非学历教育培训机构的违法违规行为进行举报。

教育、人力社保、民政、工商等有关职能部门应当设立举报投诉电话，并向社会公布。有关职能部门接到举报后，举报事项属于本部门职责的，应当受理，并客观、公正、及时地进行核实、处理、答复；不属于本部门职责的，应当告知举报人向有权处理部门进行举报，或者将相关举报材料及时移送有权部门处理。

## 第四章　法律责任

**第三十二条** 违法举办民办非学历教育培训机构或者民办非学历教育培训机构在教育培训活动中违反本办法规定的行为，有关法律、法规已有处罚规定的，适用其规定。

**第三十三条** 从事民办非学历教育培训的机构有下列行为之一的，由教育行政部门或者人力资源社会保障部门按照职责责令限期改正；逾期未改正的，处以5000元以上30000元以下罚款；涉嫌犯罪的，移送司法机关依法处理：

（一）未按照核定的名称、办学场所、办学类型等开展教育培训活动的；

（二）将招生或者教育培训任务委托或者承包给其他单位、中介机构或者个人实施的；

（三）未将办学许可证、民办非企业单位登记证书放置在其主要办学场所显著位置的；

（四）未与教育培训对象或者其监护人签订书面培训服务合同的；

（五）与教育培训对象或者其监护人签订的书面培训服务合同未载明规定内容的；

（六）未将所收取的培训费及时全额存入培训费专用存款账户的。

**第三十四条** 民办非学历教育培训机构有下列行为之一的，由政府价格主管部门责令限期改正；逾期未改正的，处以5000元以上30000元以下罚款；涉嫌犯罪的，移送司法机关依法处理：

（一）未按学期、教育培训周期或者课时为单位收取培训费的；

（二）按学期或者教育培训周期收费，预收费超过6个月的；

（三）按课时收费，预收费超过60个学时的。

民办非学历教育培训机构使用虚假，或者使人误解的标价形式、价格手段，诱骗教育培训对象或者其监护人交纳培训费用，或者收取未向社会公示的任何费用的，由政府价格主管部门依据《中华人民共和国价格法》和《价格违法行为行政处罚规定》依法处罚；涉嫌犯罪的，移送司法机关依法处理。

**第三十五条** 以合作办学、连锁办学、设立分支机构等形式举办民办非学历教育培训机构，其合作办学、连锁办学、分支机构中任一机构有违法违规行为的，其他相关联的机构应当同时予以整顿；有违反国家相关规定和本办法规定的，依法予以处理。

**第三十六条** 教育、人力社保、工商、民政及其他有关职能部门工作人员在监督管理工作中滥用职权、玩忽职守、徇私舞弊的，由其上级行政机关或者监察机关责令改正，对直接负责的主管人员和其他直接责任人员依法给予处分；涉嫌犯罪的，移送司法机关依法处理。

## 第五章 附 则

**第三十七条** 文化教育类、职业培训类以外的民办非学历教育培训机构，法律、法规有规定的，按照相关规定执行；没有规定的，由民政部门、工商行政管理部门按照有关登记管理规定进行监督管理。

**第三十八条** 民办非学历教育培训机构与境外教育培训机构或者个人开展中外合作办学的，按照《中华人民共和国中外合作办学条例》等法规规定执行。

**第三十九条** 本办法自公布之日起施行。

本办法施行前已举办的民办非学历教育培训机构未履行本办法规定的审核审批程序并办理法人登记的，应当自本办法施行之日起6个月内进行整改，完善程序。

# 中共重庆市委办公厅　重庆市人民政府办公厅关于印发《重庆市全面清理规范行业协会工作方案》的通知

（渝委办〔2014〕36号）

各区县（自治县）党委和人民政府，市委各部委，市级国家机关各部门，各人民团体：

《重庆市全面清理规范行业协会工作方案》已经市委、市政府同意，现印发给你们，请认真贯彻执行。

中共重庆市委办公厅
重庆市人民政府办公厅
2014年9月4日

## 重庆市全面清理规范行业协会工作方案

根据《重庆市人民政府职能转变和机构改革方案》和《2014年重庆市全面深化改革重点任务》精神，为深入推进我市全面清理规范行业协会工作，实施行业协会与党政机关彻底脱钩，特制定本工作方案。

### 一、指导思想

认真贯彻落实党的十八大、十八届三中全会和市委四届三次、四次全会精神，按照“坚持全面清理、突出重点，坚持撤销一批、合并一批、规范一批，坚持既放开搞活又规范有序”的原则，结合党的群众路线教育实践活动，全面清理规范行业协会，加快实现党政机关与行业协会彻底脱钩。构建政社分开、权责明确、依法自治的现代社会组织体制，激发社会组织活力，引导社会组织健康有序发展，推动科学发展、富民兴渝。

### 二、工作目标

全面清理规范各类行业协会，理顺党政机关与行业协会之间的关系。

坚决纠正和查处行业协会利用行政资源和领导干部在协会兼职向企业乱收费、乱培训、乱评比和向区县（自治县，以下简称区县）、部门、企事业单位要钱要物或违规组织出国（境）等行为。规范党政机关干部在行业协会兼职行为。全面实现行业协会与党政机关脱钩，初步建立登记管理机关、行业主管部门以及相关职能部门各司其职、协调配合的综合管理服务体系。规范、引导和支持行业协会发展，坚持社会化、市场化方向，实现行业协会自选班子、自筹经费、自聘人员、自主会务、自我发展，提升行业协会服务社会、市场、企业和会员能力，在承接政府职能转移、实现行业自律、促进行业改革发展中发挥积极作用。

## 三、清理范围

市、区县民政部门登记的社会团体，属此次清理规范的范围。其中，重点清理规范全市1116家行业协会（全市性行业协会187家、区县行业协会929家），以及由政府部门发起或挂靠政府部门的各类社会团体。

## 四、清理内容

（一）清理行业协会与党政机关职能混淆不清的问题，实现职能脱钩。重点清理：党政机关将本应行使的行政管理职能违规交给行业协会承担的，行业协会依托业务主管部门或者利用领导干部兼职等行政资源乱收费、乱培训、乱评比的，利用行政管理部门影响向区县和企事业单位要钱要物，甚至违规组织出国（境）的；党政机关与行业协会明脱暗不脱、存在权力与利益交织的，党政机关从行业协会抽取利益或向行业协会摊派、转嫁、报销费用的，党政机关越位插手干预行业协会内部事务的。通过清理，厘清党政机关与行业协会的职责权限，改革现有行业协会的管理体制，变业务主管单位为业务指导单位，建立行业主管部门与行业协会之间新型的业务指导关系。

（二）清理党政机关干部在行业协会兼职的问题，实现人员脱钩。重点清理：现职公务员违规在行业协会兼任职务（指会长、副会长、秘书长、常务理事、理事及相当职务和名誉职务）的；现职公务员在行业协会兼任工作人员的；现职公务员在行业协会领取报酬的。通过清理，推动政社分开，全面掌握各级党政机关公务员在行业协会兼任职务情况，对确需兼任行业协会职务的，应当按照干部管理权限严格审批，兼职不兼薪。对退（离）休干部在行业协会任职按照中央和市委有关规定从严控制，规范管理。实行独立自主的行业协会人力资源管理制度。

（三）清理行业协会与党政机关会计合账的问题，实现财务脱钩。重点清理：行业协会未按规定开设独立账户，实行独立核算的；行业协会与党政机关会计合账或实行财务集中管理（代管）的；党政机关财会人员兼任行业协会会计、出纳的；党政机关及其人员违规在行业协会报销费用、抽取利益的；行业协会财务收支管理违反《民间非营利组织会计制度》的。通过清理，促进行业协会自聘人员，自主办会，严格执行民间非营利组织会计制度，实行独立账户、独立核算，独立财务管理。

（四）清理行业协会与党政机关资产权属问题，实现资产脱钩。重点清理：行业协会与党政机关资产权属不明晰的；行业协会占用党政机关国有资产的；党政机关占用行业协会资产的。通过清理，厘清行业协会与党政机关资产权属，明确产权划分，建立规范的资产管理制度，党政机关不得占用或变相占用行业协会资产，行业协会亦不得占用党政机关国有资产。

（五）清理行业协会与党政机关合署办公的问题，实现住所脱钩。重点清理：行业协会常设办事机构与党政机关合署办公或行业协会在党政机关内设立办公场所的。通过清理，实现行业协会办公场所与党政机关彻底分离，促使行业协会去行政化，使行业协会真正成为会员之家。

## 五、工作步骤

整个清理规范工作共分三步实施。

（一）全面清理（2014 年 8 月至 9 月）

各区县负责对本级登记的行业协会进行全面清理。市级各业务主管单位负责对所主管的行业协会进行全面清理摸底，摸清行业协会真实情况，掌握行业协会现状，找准存在的问题。特别应对党政机关违规将行政职能转移给行业协会、占用行业协会资产、党政领导干部违规在行业协会兼职、领取报酬等情况进行清理。对行业协会与党政机关职能混淆、职责不清，明脱暗不脱、利益交织，现职公务员和退（离）休干部违规在行业协会兼任职务，行业协会利用行政权力和资源乱收费、乱培训、乱评比，行业协会与党政机关住所不分、财务不清等现象和问题，一一对照有关规定全面剖析症结所在，研究提出有针对性的整改方案，拟定具体整改措施。

（二）全面整改（2014 年 9 月至 12 月）

各行业协会根据有关要求认真开展自查自纠，按照章程履行民主程序，主动纠正政社不分、财务混乱、违规评比等突出问题。各业务主管单位要加强对所主管行业协会的指导、督促工作，并对查出的违规行为进行全面彻底整改，确保清理规范全覆盖、不留死角。对不该由行业协会承担的行政管理职能，要立即收回；对违规开展乱评比的，要坚决纠正并向社会公布；对现职公务员和退（离）休干部未经批准在行业协会兼任职务的，要限时坚决退出；对行业协会未开设独立账户、依附党政机关的要坚决分离；对行业协会没有独立住所、与党政机关合署办公的，要彻底分开，在短期内搬迁住所困难的要限期分开。全面规范，妥善处理行业协会与党政机关在人、财、物等方面的历史遗留问题；所有评比达标表彰活动必须严格按照《重庆市社会组织评比达标表彰活动管理办法》执行；所有收费项目必须报相关部门备案，财务收支管理必须符合国家颁布的《民间非营利组织会计制度》。各级登记管理部门要认真履行职责，会同业务主管单位对行业协会进行分类指导，结合平时监管掌握的情况，认真核查整改落实情况，对职能相同、业务范围相近、重复设置没有必要存在的行业协会，该合并的合并；对作用发挥不好、影响力弱、服务水平低的行业协会，该重组的重组；对思想认识不够、清理规范不力、社会影响不好、存在严重违纪违规的行业协会，该撤销的撤销。通过全面清理规范撤销一批、合并一批、规范一批，实现行业协会与党政机关彻底脱钩，厘清政府与行业协会关系，进一步增强行业协会发展的活力，真正达到自主办会、自主活动、独立发挥作用。

（三）全面规范（2015 年 1 月至 3 月）

待国家出台行业协会与党政机关脱钩意见后，制定出台《重庆市行业协会与党政机关脱钩改革实施办法》，经市委、市政府审定后印发执行。新申请登记和已经登记的行业协会全面实行无业务主管，真正实现政会分开、财产独立、人员分离、职能分开。制定出台促进行业协会健康有序发展的规范性管理文件，加大政府购买服务力度，引导和支持行业协会加快发展，提升行业协会服务社会、市场、企业和会员的能力，在承接政府职能转移、实现行业自律、促进行业改革发展中发挥积极作用，真正成为提供服务、反映诉求、规范行为的主体。同时，加强信息公开，强化监督。行业协会全面完成脱钩改革后，由市、区县民政部门分别通过政府公众信息网等渠道，对行业协会的基本信息、脱钩改革等情况向社会公布，接受社会各界的监督。市里将对各区县、市级部门开展行业协会清理规范和脱钩工作的情况进行检查评估和专项督查，以巩固脱钩改革成果，建立长效机制，推进现代社会组织体制建设。

对于纳入此次清理的其他类社会团体，也应按照清理内容和工作步骤进行清理规范。尤其是对当地经济社会发展影响较大或是问题较突出、群众反映强烈的社会团体，各业务主管单位要派专人进行指导，确保清理规范工作取得实效。

## 六、工作保障

（一）高度重视，加强领导

行业协会清理规范和与党政机关脱钩工作由国清副书记、刘强副市长牵头，召集市委组织部、市编办、市财政局、市民政局等相关部门负责人研究和协调解决有关重要事项。市民政局负责具体日常事务。

（二）明确职责，协调配合

各区县人民政府负责本级登记的行业协会的清理规范工作；市级各业务主管单位负责所主管的行业协会的清理规范工作。有关职能部门按照职责分工做好相关工作：市委组织部负责规范党政领导干部在行业协会兼职行为，市编办负责对党政机关与行业协会职责不清的审核认定，市财政局负责指导党政机关与行业协会资产权属界定和产权纠纷调处相关工作。

（三）加强监督，确保效果

由市委督查室、市政府督查室、市监察局牵头对市级部门和区县开展清理规范和脱钩工作的情况进行重点督查，严肃纪律，强化问责。对清理规范措施不力、进展缓慢、脱钩分离改革不彻底的要严肃追责；对在清理规范和脱钩分离改革中发现的违纪违法行为要依法严肃查处，涉及违法犯罪的移送司法机关处理。对在清理规范中不认真整改甚至弄虚作假、继续违反相关规定从事活动的行业协会，登记管理机关要给予行政处罚，情节严重的坚决予以撤销。

各区县、市级各业务主管单位应将自查情况、清理规范和脱钩情况报市委、市政府，同时抄送市民政局。

# 四川省人民政府办公厅关于推进政府向社会力量购买服务工作的意见

（川办发〔2014〕67 号）

各市（州）、县（市、区）人民政府，省政府各部门、各直属机构：

为贯彻落实党的十八届三中全会和省委十届四次全会精神，加快转变政府职能，提高公共服务质量和效率，根据《中共中央关于全面深化改革若干重大问题的决定》（中发〔2013〕12 号）、《国务院办公厅关于政府向社会力量购买服务的指导意见》（国办发〔2013〕96 号）、《中共四川省委关于贯彻落实党的十八届三中全会精神全面深化改革的决定》（川委发〔2014〕4 号）和《财政部关于做好政府购买服务工作有关问题的通知》（财综〔2013〕111 号）精神，经省政府同意，现就推进政府向社会力量购买服务工作提出以下意见。

## 一、准确把握政府向社会力量购买服务的总体要求

（一）方式范围

政府向社会力量购买服务，是指通过发挥市场机制作用，把政府直接向社会公众提供的一部分公共服务事项，按照一定方式和程序，交由具备条件的社会力量承担，并由政府根据服务数量和质量向其支付费用。党的十八届三中全会和省委十届四次全会都明确要求，推广政府向社会力量购买服务，凡属事务性管理服务，原则上都要引入竞争机制，通过合同、委托等方式向社会购买。要激发社会组织活力，按照政府保障基本的原则，建立完善社会产品和服务提供制度。

（二）基本原则

一是积极稳妥、有序实施。坚持从实际出发，准确把握社会公共服务需求，充分发挥政府主导作用，有序引导社会力量参与服务供给，形成改善公共服务的合力。

二是科学安排、注重实效。坚持精打细算，明确权利义务，切实提高财政资金使用效率，把有限资金用到人民群众最需要的地方，确保取

得实效。

三是公开择优、以事定费。按照公开、公平、公正原则，坚持费随事转，通过竞争择优的方式选择承接政府购买服务的社会力量，确保具备条件的社会力量平等参与竞争。加强监督检查和科学评估，建立优胜劣汰的动态调整机制。

四是改革创新、完善机制。坚持与事业单位分类改革相衔接，推进政事分开、政社分开，放开市场准入，凡社会能办好的尽可能交给社会力量承担，解决一些领域公共服务产品短缺、质量和效率不高等问题。及时总结改革实践经验，借鉴国内外有益成果，推动政府向社会力量购买服务健康发展，加快形成公共服务提供新机制。

（三）目标任务

2014 年制定出台政府向社会力量购买服务指导目录，在部分省直部门，选取一些与保障和改善民生密切相关的项目进行试点。各市（州）、县（市、区）要结合本地实际，选择教育、就业、社保、医疗卫生等基本公共服务领域启动政府向社会力量购买服务试点工作。2015 年至 2016 年，政府向社会力量购买服务工作在全省逐步推开。到 2017 年，全省初步建成政府向社会力量购买服务平台和机制，相关法规制度建设取得明显进展。到 2020 年，全省基本建立比较完善的政府向社会力量购买服务制度，形成与经济社会发展相适应、高效合理的公共服务资源配置体系和供给体系，公共服务水平和质量显著提高。

## 二、积极稳妥推进政府向社会力量购买服务工作

（一）购买主体

政府向社会力量购买服务的主体是各级行政机关和参照公务员法管理、具有行政管理职能的事业单位。纳入行政编制管理且经费由财政负担的群团组织，也可根据实际需要通过购买服务方式提供公共服务。

（二）承接主体

政府向社会力量购买服务的承接主体包括依法在民政部门登记成立或按照国务院规定免予登记的社会组织，以及依法在工商行政管理或行业主管部门登记成立的企业、机构等社会力量。承接主体应具备以下基本条件：

1. 依法设立，具有独立承担民事责任的能力。

2. 治理结构健全，内部管理和监督制度完善。

3. 具有独立、健全的财务管理、会计核算和资产管理制度。

4. 具备提供公共服务所必需的设施、人员和专业技术能力。

5. 具有依法缴纳税收和社会保险资金的良好记录。

6. 法律、法规规定以及购买项目要求的其他条件。

为推进事业单位分类改革，促进政事分开、政企分开，各地、各部门应鼓励符合条件的事业单位积极承接政府向社会力量购买服务项目，但要与具备条件的社会力量公开、平等参与竞争。

（三）购买内容

突出公共性和公益性，政府向社会力量购买服务的内容是：适合采取市场化方式提供、社会力量能够承担的公共服务，重点考虑、优先安排与保障和改善民生密切相关的领域和项目。

1. 基本公共服务事项。教育、公共就业、人才服务、社会保障、医疗卫生、住房保障、公共文化、公共体育、交通运输、农业服务、资源环境以及公共安全等领域适宜由社会力量承担的公共服务事项。

2. 社会管理服务事项。社会救助、社会福利、社区事务、法律援助、社工服务、慈善救济、公益服务、人民调解、社区矫正、安置帮教、公共公益宣传和社会组织服务等领域适宜由社会力量承担的公共服务事项。

3. 行业管理与协调事项。行业资格认定和准入审核、处理行业投诉等领域适宜由社会力量承担的公共服务事项。

4. 技术服务事项。科研、行业规划、行业规范、行业调查、行业统计分析、资产评估、监测服务等领域适宜由社会力量承担的公共服务事项。

5. 政府履职所需辅助性和技术性事项。法律服务、会议、经贸活动和展览服务、监督、评估、绩效评价、工程服务、项目评审、咨询、技术业务培训、审计服务等领域适宜由社会力量承担的公共服务事项。

6. 政府维持自身正常运转所需服务事项。公车租赁服务、机关物业管理服务以及其他适宜由社会力量承担的机关后勤服务事项。

7. 其他适宜由社会力量承担的公共服务事项。

应当由政府直接提供、法律法规另有规定或涉及国家安全、保密事项以及司法审判、行政行为等不适合向社会力量购买以及不属于政府职能的服务项目，政府不得向社会力量购买。

（四）购买机制

政府向社会力量购买服务原则上按照部门预算和政府采购的程序、方式组织实施。

1. 编制购买计划。购买主体结合工作部署和本单位实际，编制年度购买服务计划，纳入当年部门预算，经财政部门审核批准后组织实施。其中，属于政府采购范围的购买服务项目，应当编入部门预算中的政府采购预算。

2. 公开购买信息。购买主体应通过各级人民政府门户网、四川政府采购网等媒体及时向社会公布购买的服务项目、内容以及对承接主体的要求和绩效评价标准等信息。

3. 选择购买方式。购买工作应按照有关规定采取公开招标、邀请招标、竞争性谈判、单一来源、询价等方式确定承接主体。

4. 签订购买合同。购买主体应及时与承接主体签订购买服务合同，明确购买服务的范围、标的、数量、质量以及服务期限、资金支付方式、权利义务和违约责任等，并将购买合同报同级财政部门备案，按合同要求支付资金。

5. 加强购买监督。承接主体应严格履行合同义务，按时完成服务项目任务，保证服务数量、质量和效果。购买主体应加强对服务全过程的跟踪监管和对服务成果的检查验收，严禁转包、暗箱操作等违规违法行为，维护政府采购公共服务市场的良好秩序。

（五）资金管理

政府向社会力量购买服务所需资金在既有政府综合预算安排中统筹安排。随着政府提供公共服务发展所需增加的资金，也应按照预算管理要求列入政府综合预算。要严格资金管理，确保公开、透明、规范、有效。

（六）绩效管理

财政部门应将政府向社会力量购买服务资金纳入财政资金绩效管理体系，建立绩效评估办法，确保资金使用安全有效。要建立健全由购买主体、服务对象及第三方组成的综合性评审机制，对购买服务项目数量、质量和资金使用绩效等进行考评。考评结果向社会公布，并作为以后年度编制政府向社会力量购买服务预算和选择政府向社会力量购买服务承接主体的重要参考依据。

## 三、切实组织实施好政府向社会力量购买服务工作

（一）加强组织领导

各地要将推进政府向社会力量购买服务列入重要议事日程，建立“政府统一领导，财政部门牵头，民政、工商以及行业主管部门协同，职能部

门履职，监督部门保障”的工作机制，认真制定并逐步完善政府向社会力量购买服务的政策措施和实施办法，推动各项工作有序开展。坚持政府购买服务和培育扶持社会组织并重，把提升社会组织公共服务能力作为开展购买服务的基础性工作，为社会组织开展服务创造必要条件。

（二）明确工作分工

各地、各部门要按照“政府主导、部门负责、社会参与、共同监督”的要求，结合实际拟定购买服务目录，确定购买服务计划，指导监督购买服务工作。财政部门负责会同有关部门加强对各地开展政府向社会力量购买服务工作的指导和监督，牵头做好购买服务的采购管理、资金管理、监督检查和绩效评价等。机构编制部门负责梳理部门职责，明确政府转移职能范围和内容。民政部门负责对承接政府购买服务项目的社会组织进行资质审查，扶持社会组织并推进其标准化建设。工商部门负责将承接政府购买服务行为纳入公示、执法等监管体系。监察部门负责对政府购买服务工作进行监督。审计部门负责对政府购买服务资金使用情况进行审计监督。购买主体负责购买服务的具体组织实施，并会同财政等部门对承接主体进行资质审查，对承接主体提供的服务进行跟踪和监督，项目完成后组织考评和验收。承接主体应认真履行购买服务合同，采取有效措施增强服务能力，提高服务水平，确保提供服务的数量和质量达到预期目标。

（三）强化政策衔接

按照“财政供养人员只减不增”的要求，在有效增加公共服务供给的同时，研究探索通过政府购买服务方式支持改革的政策措施，搞好政府购买服务与事业单位分类改革、行业协会脱钩等相关改革的衔接，实现“费随事转”。要通过政府购买服务，推动公办事业单位与主管部门理顺关系和去行政化，推进有条件的事业单位转为企业或社会组织，防止“一边购买服务、一边养人办事”现象发生。

（四）严格监督管理

严格遵守相关财政财务管理规定，规范管理和使用政府向社会力量购买服务资金，不得截留、挪用和滞留。购买主体应建立健全内部监督管理制度，按规定公开购买服务相关信息，自觉接受社会监督。承接主体应规范购买服务项目资金的财务管理和会计核算，接受并配合相关部门的监督检查和绩效评价。相关部门要各司其职，严格监督管理。要及时通过公共媒体披露政府向社会力量购买服务相关信息，强化社会公众监督。

（五）加强宣传引导

进一步搞好调查研究，加强宣传引导，做好政策解读，主动回应群众关切，充分调动社会参与的积极性。及时总结经验，发现并解决实施过程中出现的问题，逐步完善政策措施和制度设计，确保政府向社会力量购买服务工作顺利推进。

四川省人民政府办公厅
2014 年 7 月 16 日

# 云南省民政厅关于印发《云南省社会组织登记办法》的通知

（云南省民政厅公告第2号）

各业务主管单位、各州、市民政局：

为贯彻落实《中共云南省委云南省人民政府关于大力培育发展社会组织加快推进现代社会组织体制建设的意见》（云发〔2013〕12号）文件精神，我厅制定了《云南省社会组织登记办法》印发给你们，请遵照执行。

云南省民政厅

2013年12月8日

## 云南省社会组织登记办法（试行）

**第一条** 为深化社会组织登记管理体制改革，促进社会组织健康有序发展，根据《中华人民共和国行政许可法》、《社会团体登记管理条例》、《民办非企业单位登记管理暂行条例》、《基金会管理条例》及《中共云南省委云南省人民政府关于大力培育发展社会组织加快推进现代社会组织体制建设的意见》的规定，结合实际，制定本办法。

**第二条** 除法律法规规定需前置审查及政治法律类、宗教类的社会组织外，其他社会团体、民办非企业单位、基金会可以直接向所在地县级以上民政部门申请登记。

**第三条** 成立社会组织，应当具备以下条件：

（一）有规范的名称、章程、组织机构以及与其开展活动相适应的专职工作人员；

（二）有固定的住所；

（三）有合法的财产和经费来源；

（四）能够独立承担民事责任。

社会团体应当有50个以上个人会员或者30个以上单位会员；个人会员单位会员混合组成的，会员总数不得少于50个；在县级民政部门登记的社会团体，会员总数不少于20个。

在县（市、区）民政部门登记的非公募基金会，原始基金不低于100万元人民币。

除法律法规规定的前置审批中有开办（注册）资金要求的外，在县级民政部门申请成立的社会团体、民办非企业单位，开办（注册）资金不少于1万元人民币。

在县级民政部门申请成立的公益慈善类、社会福利类、社会服务类社会团体、民办非企业单位的开办资金不作要求。

公务员不得兼任行业协会（商会）、基金会、民力、非企业单位负责人。

**第四条** 申请社会组织注册登记应当提交以下材料：

（一）申请书；

（二）验资报告；

（三）住所使用权证明；

（四）发起人或举办者、拟任负责人的基本情况、身份证明；

（五）法人登记申请表；

（六）章程草案；

（七）法律法规、国务院决定规定的其他材料。

社会团体申请成立登记的，应当提交会员名册。

依据法律法规、国务院决定规定，社会组织登记前应经批准的，应当提交有关主管部门或者法定授权的组织批准核发的许可文件。

**第五条** 对材料齐全、符合法定申请条件的，民政部门自受理之日起20个工作日内，做出准予或不准予的决定。

准予登记的民办非企业单位、基金会分别颁发《民办非企业单位法人登记证书》和《基金会法人登记证书》。

准予登记的社会团体，应当自收到民政部门作出准予登记决定之日起3个月内召开会员（代表）大会，通过章程，选举产生组织机构和负责人，并向民政部门报送有关材料，申请领取《社会团体法人登记证书》。符合条件的，发给《社会团体法人登记证书》。

**第六条** 除法律法规、国务院决定规定的需要批准的外，社会组织登记事项需要变更的，按章程规定的决策程序作出决议30日内，向民政部门申请办理变更登记；社会组织注销的，清算完结15日内，向民政部门申请办理注销登记。对材料齐全、符合法定申请条件的，民政部门自受理之日起20个工作日内，做出准予或不准予的决定。

**第七条** 民政部门在审查社会组织成立、变更、注销登记的过程中，可以征求行业管理部门和其他有关部门的意见，或者进行听证、委托调查和评估。征求意见、进行听证、委托调查和评估的时间不计入审查时限内。

**第八条** 同一行政区域内，可以成立两个以上业务范围相同或者相似的社会组织。民办非企业单位可以某一服务品牌在其活动区域内形成连锁服务。

**第九条** 社会团体、基金会的分支（代表）机构、社会组织内设机构可由社会组织根据需要设立，不需要民政部门审批备案。

**第十条** 民政部门应当履行下列管理监督职责：

（一）负责社会组织的成立、变更、注销登记；

（二）对社会组织实施年度检查；

（三）对社会组织进行等级评估；

（四）对社会组织日常活动进行监督检查，对社会组织违法行为给予行政处罚。

**第十一条** 行业主管部门应当履行下列行业指导职责：

（一）指导社会组织遵守宪法、法律、法规和国家的政策，依据其章程开展活动；

（二）将社会组织纳入行业管理，制定社会组织在本行业的活动指南，通过提出建议、发布信息、制定导向性政策等方式，引导社会组织有序发展；

（三）通过职能转移、资金扶持、购买服务等方式支持社会组织发展；

（四）协助民政部门和其他有关部门查处社会组织的违法行为。

**第十二条** 相关职能部门按照各自职责范围履行对社会组织的管理监督责任。

**第十三条** 除政治法律类、宗教类社会组织外，各业务主管单位在2015年底前，继续履行对本办法实施前已登记的社会组织的管理监督职责。

**第十四条** 行业协会的登记按照《云南省行业协会条例》的规定执行。

**第十五条** 本办法自2014年2月1日起施行。

# 云南省人民政府办公厅关于建立云南省培育发展社会组织工作联席会议制度的通知

（云政办函〔2014〕70号）

各州、市人民政府，滇中产业新区管委会，省直有关部门和单位：

为认真贯彻落实《中共云南省委 云南省人民政府关于大力培育发展社会组织加快推进现代社会组织体制建设的意见》（云发〔2013〕12号）和有关会议精神，进一步提升社会组织建设和管理服务水平，省人民政府决定建立云南省培育发展社会组织工作联席会议（以下简称联席会议）制度。现将有关事项通知如下：

## 一、主要职责

统筹组织推动培育发展社会组织各项工作，协调解决存在的困难和问题，督促指导工作任务落实到位，研究提出加强和改进工作的意见建议，完成省人民政府交办的其他事项。

## 二、成员单位

联席会议由省民政厅，省委组织部、宣传部、统战部，省发展改革委、工业和信息化委、教育厅、科技厅、公安厅、财政厅、人力资源社会保障厅、文化厅、卫生厅、外办、国税局、地税局、体育局、统计局、金融办，省政协社法委，省总工会、团省委、省妇联、省科协、省文联、省社科联共26个部门和单位组成。省民政厅为牵头单位，省民政厅厅长担任联席会议召集人，各成员单位有关负责人为联席会议成员（名单附后）。

联席会议可根据工作需要，邀请其他有关部门、单位参加。联席会议成员因工作变动需要调整的，由所在部门、单位提出，报联席会议确定。联席会议下设办公室在省民政厅，承担联席会议日常工作，主任由省民政厅分管副厅长兼任；联席会议设联络员，由各成员单位有关处室负责人担任。

## 三、工作规则

联席会议根据工作需要定期或不定期召开例会，由召集人或召集人委托的同志主持。召开联席会议前，应先召开联络员会议；联络员会议由联席会议办公室主任主持召开，研究讨论联席会议议题和需提交联席会议议定的事项。联席会议议定事项以会议纪要形式明确，经与会单位讨论同意后由召集人签发至有关单位并抄报省人民政府。重大问题须经联席会议讨论后，由联席会议牵头单位报省人民政府决定。

## 四、工作要求

各成员单位要按照职责分工，认真落实会议确定事项；主动研究社会组织培育发展有关问题，及时提出联席会议议题建议；互相支持、互通信息、共享资源、密切配合、通力协作、形成合力，充分发挥好联席会议制度的作用。

附件：云南省培育发展社会组织工作联席会议组成人员名单（略）

2014 年 5 月 6 日

# 云南省民政厅关于取消社会团体设立分支（代表）机构审批的通知

（云民民〔2014〕58 号）

全省性社会团体：

为贯彻落实党的十八大精神，全面执行《国务院关于取消和下放一批行政审批项目的决定》（国发〔2013〕44 号）和《中共云南省委云南省人民政府关于大力培育发展社会组织加快推进现代社会组织体制建设的意见》（云办发〔2013〕12 号，以下简称《意见》）文件要求，进一步深化我省社会团体登记管理体制改革创新，简政放权，转变政府职能，充分激活社会组织活力，更好地发挥社会组织在管理社会事务中的积极作用，决定取消全省性社会团体设立分支机构、代表机构的行政审批，请认真执行。现将有关事项通知如下：

一、自《意见》发布之日起，我厅不再受理全省性社会团体分支机构（包括专项基金管理机构、代表机构的设立、变更、注销登记）的申请，不再换发上述机构的登记证书。

二、全省性社会团体根据本团体章程规定的宗旨和业务范围，可以自行决定分支机构、代表机构的设立、变更和终止。前述决定应当经理事会或者常务理事会讨论通过，制作会议纪要，妥善保存原始资料。

三、社会团体的分支机构、代表机构是社会团体的组成部分，不具有法人资格，不得另行制定章程，在社会团体授权的范围内开展活动、发展会员，法律责任由设立该分支机构、代表机构的社会团体承担。

四、社会团体不得设立地域性分支机构，不得在分支机构、代表机构下再设立分支机构、代表机构。

五、社会团体的分支机构、代表机构名称不得以各类法人组织的名称命名，开展活动应当使用冠有所属社会团体名称的规范全称。

六、社会团体应当建立健全管理制度，切实加强对其分支机构、代表机构的监督管理。社会团体应当将分支机构、代表机构的财务、账户纳入社会团体统一管理，不得以设立分支机构、代表机构的名义收取或变相收取管理费、赞助费等，不得将上述机构委托其他组织运营，确保分支机构、代表机构依法办事，按章程开展活动。

七、社会团体应当在年度工作报告中将其分支机构、代表机构的名称、负责人、住所、设立程序、开展活动等有关情况报送业务主管单位和登记管理机关（直接登记的社会团体报送登记管理机关），接受年度检查，不得弄虚作假。同时，应当将上述信息及时向社会公开，自觉接受社会监督。

云南省民政厅

2014 年 5 月 8 日

# 云南省民政厅　中国建设银行云南省分行关于简化社会组织成立验资程序的通知

（云民民〔2014〕95 号）

各州、市民政局，滇中产业新区社会事务管理局；建行各州（市）分行、省分行营业部：

为进一步落实社会组织直接登记相关规定，深化社会组织登记管理体制改革，大力培育发展社会组织，简化办事流程，降低社会组织的设立成本，使更多具备登记条件的基层社会组织纳入登记范围，经省民政厅、建设银行云南省分行协商一致，现就简化社会组织成立验资程序的相关工作通知如下：

一、申请成立（设立）社会组织的发起人（举办者）可凭当地民政局出具的"××县（市、区）民政局社会组织名称预先核准通知书"、拟设立社会组织法定代表人身份证件及个人名章（经办人办理开户需提供拟任法定代表人授权书及经办人身份证件），可选择就近的建设银行营业网点开设临时验资账户，建设银行根据出资人实际申请注册资金，出具"社会组织验资证明函"供社会组织发起人（举办者）作为验资依据，由建设银行承担验资责任，社会组织的发起人（举办者）不需要向民政部门再提供会计师事务所的验资报告。社会组织经登记后持民政部门颁发的社会组织法人登记证书正、副本原件（社会团体法人登记证书、民办非企业单位法人登记证书、基金会法人登记证书）到开户银行将临时验资账户变更为基本账户。建设银行各营业网点不得收取社会组织开户及验资的相关费用。

二、除法律法规规定有注册资金要求的，在县级民政部门申请登记社会团体和民办非企业单位，注册资金减至 1 万元；申请成立非公募基金会的，原始注册资金不低于 100 万元；向县级民政部门申请成立公益慈善类、社会福利类、社会服务类社会组织的，开办资金不作要求。行业协会成立的注册资金要求按照《云南省行业协会条例》的相关规定执行。

三、申请成立（设立）社会组织的发起人（举办者）可自主选择开设临时验资账户的商业银行，通过其他商业银行营业网点开设社会组织验资账户的，仍需向民政部门提交由会计师事务所出具的验资报告，具体的验资方式由发起人（举办者）自主选择。

各级民政和建设银行部门在执行过程中有何问题，请及时与省民政厅和建行云南省分行联系。

附件：1. ××县（市、区）民政局社会组织名称预先核准通知书

2. 社会组织验资证明函（略）

云南省民政厅　中国建设银行云南省分行

2014 年 7 月 30 日

**附件 1**

## ××县（市、区）民政局<br>社会组织名称预先核准通知书

（××民管名称预核〔20××〕××××号）

根据《社会团体登记管理条例》\《民办非企业单位名称管理暂行规定》\《基金会名称管理规定》规定，现申请预先核准拟设立登记，由______________举办，住所设在____________的□社会团体\□民办非企业单位\□基金会名称为：____________，临时负责人或拟任法定代表人为：____________，证件号码：____________。

以上预先核准的社会组织名称保留至　　年　　月　　日。在保留期内，社会组织名称仅限于办理成立登记有关事宜，不得转让。经社会组织登记管理机关设立登记，颁发社会组织法人证书后社会组织名称正式生效。

（名称核准机关盖章）

核准日期：　　年　　月　　日

注：1. 预先核准名称的社会组织未到登记机关完成成立登记的，通知书规定的有效期满后自动失效。有正当理由，需延长预先核准名称有效期的，申请人应在有效期满前 1 个月内申请延期。有效期延长时间不超过 6 个月。

2. 名称预先核准时不审查申请人资格和成立条件，申请人资格和社会组织成立条件在社会组织登记时审查。申请人不得以社会组织名称已核准为由抗辩登记机关对发起人（举办者）资格和

社会组织成立条件的审查。需前置审批的也不得以社会组织名称已核为由不予审查就准予登记。

3. 本通知书一式二份，一份由申请人持有，一份在社会组织成立登记后，由登记机关存入社会组织档案。

# 中共陕西省民政厅党组关于清理在职党政机关领导干部兼任社会团体领导职务意见的请示

（陕民党组字〔2014〕3号）

省委：

《中共陕西省委常委班子党的群众路线教育实践活动整改工作方案》确定后，我厅高度重视，认真组织传达学习，就涉及我厅承担的“清理各类官办社团、协会、学会等社会组织”专项治理工作，进行专题研究，按照《中共中央办公厅、国务院办公厅关于党政机关领导干部不兼任社会团体领导职务的通知》（中办发〔1998〕17号）的要求，对在职党政领导干部在省级社会团体兼任领导职务情况进行了全面梳理，并与省委组织部进行核对。现就清理工作提出如下意见。

## 一、在职党政领导干部兼任社会团体领导职务情况

截至目前，在我厅登记的省级社会团体共有850家，其中行业协会261家。据不完全统计，共有1206名在职副处级以上党政领导干部（含非领导职务），在425家社会团体兼任领导职务（会长、副会长、秘书长），其中有362人在134家行业协会兼任领导职务。

副厅级以上党政领导干部在社会团体兼任法定代表人、会长职务的共有299人（在职126人，离退休173人），其中省级30人（在职11人，离退休19人），厅级269人（在职115人，离退休154人）。

在职副厅级以上党政领导干部在行业性、联合性社会团体兼任法定代表人、会长的有40人（省级2人，厅级38人）；在学术性、专业性社会团体中兼任法定代表人、会长的有74人（省级10人，厅级64人）。

部省双管单位副厅级以上在职党政领导干部在社会团体兼任法定代表人、会长的有7人。

另外，有12位离退休副厅级以上党政领导干部在2个以上社会团体担任领导职务。有55位70周岁以上离退休副厅级以上党政领导干部在省级

社会团体担任法定代表人、会长。

上述在职党政领导干部兼任社团领导职务，均按照有关规定，依照干部管理权限经过相关部门审批，并在我厅办理了登记备案手续。

## 二、清理范围

1. 各级党的机关、人大机关、政府机关、政协机关、审判机关、检察机关及所属部门，以及参公管理事业单位和人民团体在职副处级以上（含非领导职务），在省民政厅登记的社会团体兼任秘书长以上领导职务的领导干部。

2. 在社会团体中担任2个以上领导职务，或年龄超过70周岁的离退休领导干部。

兼任名誉职务、常务理事和理事暂不在清理范围。

## 三、清理的基本原则

1. 在行业性、联合性社会团体兼任领导职务的在职党政领导干部，全部退出社会团体领导职务。

2. 在学术性、专业性社会团体兼任领导职务的在职党政领导干部，截至2013年底任期未满3年或已到换届时间的，以及本人在社会团体任职期间，工作关系发生变化的，全部退出社会团体领导职务；2013年底任期满3年且尚未到换届时间的，待换届时退出社会团体领导职务。

3. 部省双重管理单位在职党政领导干部在社会团体兼任领导职务的暂时予以保留，待中央出台相关政策后按新规定执行。

4. 在职党政领导干部确需在学术性、专业性社会团体兼任领导职务的，应从严掌握，必须重新按照干部管理权限履行审批手续。

5. 已离退休党政领导干部只能在一个社会团体中担任领导职务，任期不得超过2届，且年龄不能超过70周岁。

## 四、清理的时间和要求

（一）清理的时间

清理工作所涉及的社会团体按要求召开换届会议或理事会议，由领导干部本人提出不再兼任本社会团体领导职务的辞呈，退出社会团体领导职务，换届变更备案手续于2014年3月底前完成。

（二）清理的工作要求

1. 省委组织部、省监察厅、省民政厅负责对在职党政机关领导干部兼任社会团体领导职务清理工作的组织领导。

2. 具体清理工作由省级各相关业务主管单位负责指导所属社会团体进行变更换届工作，确保清理顺利完成。

3. 省级各业务主管单位于2014年3月底前将本部门所属社会团体清理工作情况报省委组织部、省监察厅和省民政厅。

4. 逾期未按规定退出社会团体领导职务的在职党政领导干部，省委组织部、省监察厅将依照有关规定，予以批评教育、组织处理或纪律处分。

5. 省民政厅要加强对清理工作的指导和监督检查，结合2014年年检，重点检查党政领导干部兼（担）任社会团体领导职务的清理工作，对未完成的年检将不予通过，责令其限期整改，逾期未整改的予以撤销登记。

6. 市、县清理工作可参照本意见制定本级实施办法。

如同意以上意见，建议由省委组织部、省监察厅、省民政厅三家联合发文执行。

附件：1. 社会团体分类

2. 在职副厅级以上党政领导干部在省级社会团体兼任法定代表人、会长情况一览表（略）

3. 离退休副厅级以上党政领导干部在省级社会团体担任法定代表人、会长情况一览表（略）

4. 拟清理在省级社会团体兼任法定代表人、会长的副厅级以上在职党政领导干部情况一览表（略）

5. 拟暂保留在省级社会团体兼任法定代表人、会长的副厅级以上在职党政领导干部情况一览表（略）

6. 离退休副厅级以上党政领导干部在2个以上社会团体担任法定代表人、会长情况一览表（略）

7. 70周岁以上离退休副厅级以上党政领导干部在省级社会团体担任法定代表人、会长情况一览表（略）

中共陕西省民政厅党组

2014年1月13日

附件1

## 社会团体的分类

按照社会团体的性质和任务，社会团体可以分为行业性、联合性、学术性和专业性四类。

1. 行业性社会团体是指由相同或相近领域的法人组织或个人组成，通过沟通本行业企业和从业者与政府的关系，协调同行业的利益，规范市场行为，提供行业服务，反映会员需求，保护和增进全体成员合法权益的非营利性社会组织。一般以行业协会命名；行业性社会团体的名称参照《国民经济行业分类》中类标准设置。

2. 联合性社会团体由相同或不同领域的法人组织或个人为了共同的兴趣、爱好、利益进行横向交流而自愿组成的非营利性社会组织。联合性社会团体分为联谊类社会团体和联合类社会团体两种。联谊类社会团体根据相同人群的需求设置，一般以联谊会命名。联合类社会团体根据相同或不同领域的法人组织的需求设置，参照《国民经济行业分类》门类标准设置，一般以联合会、促进会命名。

3. 学术性社会团体由专家、学者和科研工作者自愿组成，为促进自然科学、社会科学、交叉科学教学研究的深入，普及科学知识、培养人才，促进科学和社会经济的可持续发展，维护自身合法权益而开展活动的非营利性社会组织。学术性社会团体的名称参照《中华人民共和国学科分类国家标准》二级学科设置。对符合标准的，一般以学会命名；对未达到学科标准的，则以研究会命名。

4. 专业性社会团体是指相同领域的法人组织和专业人士围绕专业技术和专业资金开展专业活动，提高专业能力，维护自身合法权益而组成的为经济社会服务的非营利性社会组织。专业性社会团体的名称参照《国民经济行业分类》小类标准设置。一般以协会命名。

# 陕西省民政厅关于报送清理规范党政机关领导干部兼（担）任社会团体领导职务情况的函

（陕民函〔2014〕68号）

省政府办公厅：

按照省委组织部、省监察厅、省民政厅联合下发《关于清理规范党政机关领导干部兼任社会团体领导职务的通知》（陕民发〔2014〕2号，以下简称《通知》）精神，今年2—3月份，省级社会团体按照文件要求，进行了专项清理规范，现将截至3月31日清理规范情况报告如下。

## 一、周密部署、明确责任

1月27日，省委组织部、省监察厅和我厅联合召开了全省清理规范党政机关领导干部兼任社会团体领导职务工作动员会，79家省级社团业务主管单位相关负责人参加会议。会上，我厅将857家省级社团名单按其所属的主管单位进行了归类划分，就《通知》精神和清理规范的有关政策进行详细解读，并结合今年的社团年检工作具体安排部署，明确了要求和责任。

## 二、分工落实、指导督促

为确保3月底清理工作如期顺利完成，动员会后，民政厅成立了专项清理规范工作组，专人落实清理规范工作。一是细化责任分工，分三组联络督促各省级社团业务主管单位落实情况，重点掌握在职副厅级以上党政领导干部兼任社团领导职务情况；二是设制了专项清理制式回函及附表《会长、法定代表人和秘书长变化汇总表》、《重新按照干部管理权限履行审批手续，继续兼任社团领导职务人员名单》及《截至3月25日尚未开展专项清理工作社团名单》，保证统计的数据准确无差漏；三是结合今年的社团年度检查，与主管单位一起走出去、请进来，集中指导、实地解答专项清理中的问题，尽量做到清理工作扎实细致稳妥，保证社团在清理规范中平稳过渡。

## 三、自查自纠，进展顺利

专项清理期间，大部分省级业务主管单位对所属社会团体都相继召开了专项治理工作会议，明确了清理规范对象，规定了时限。通过自查自纠，厘清党政领导干部兼职任职情况。截至 3 月 31 日，79 家省级社团业务主管单位，或电话回复，或书面回函，专项治理工作进展顺利。

经汇总统计，目前有 1118 名副处级以上党政领导干部，在 419 家社会团体兼（担）任领导职务。属于本次专项清理规范的党政领导干部有 882 人，涉及 357 家社会团体，其中在职 742 人（省级 12 人，厅级 275 人，处级 455 人），退（离）休 140 人（省级 12 人，厅级 94 人，处级 34 人）。

目前已明确提出辞呈，并经理事会程序退出社团领导职务的党政领导干部有 699 人，涉及 261 家社会团体，其中在职 589 人（省级 9 人，厅级 223 人，处级 357 人），退（离）休 110 人（省级 11 人，厅级 74 人，处级 25 人）。

重新按照干部管理权限履行兼职审批手续的，涉及 28 家社团 49 人（厅级 3 人，处级 46 人）。

符合《通知》规定，在学术性、专业性任期满 3 年，年底换届一并退出的在职副处级以上党政领导干部 57 人（厅级 21 人，处级 36 人），涉及 39 家社团。

按照当前的数据统计，清理规范后，还有 47 位在职副处级以上党政领导干部继续兼任领导职务，其中省级 3 人、厅级 28 人、处级 16 人；还有 30 位退（离）休副厅级以上党政领导干部年龄超过 70 周岁，其中省级 1 个、厅级 20 个、处级 9 个。

## 四、分析问题、提出建议

1. 按照《通知》规定，要求各业务主管单位 3 月底完成专项清理工作，目前的数据是截至 3 月 31 日，各业务主管单位还在陆续收集汇总。特别是涉及会长（法定代表人）换届备案和变更登记手续的，办理高峰期在 4 月上、中旬，目前的数据信息不是最终结果。

2. 确因社团性质特殊或工作需要的，暂缓退出领导职务，正在向省委申请继续兼任。如陕西省党的建设研究会、陕西省海外联谊会、陕西省人民政协理论与实践研究会、陕西省检察官协会、陕西省总商会、省老年学学会等。

3. 还有一些社团，党政领导干部已经退出，但短期内没有合适的继任人选，无法办理变更登记手续。据统计，目前涉及会长（法定代表人）变更的165家社团中，只有57家办理了变更登记手续，社团主要负责人空缺是影响专项清理工作顺利进行的主要因素。

目前，专项清理工作已近尾声，我厅将加强对清理规范工作的监督检查，结合正在进行的2013年度检查工作，重点对党政领导干部兼（担）任社团领导职务进行专项清理，对逾期未按规定退出，违规继续兼（担）任社团领导职务的，未按规定办理变更登记和备案手续的社会团体，年检将不予通过，责令限期整改，逾期未整改的，按照《通知》要求予以撤销登记。

附件：清理党政领导机关干部兼（担）任社会团体领导职务一览表

陕西省民政厅

2014年4月14日

**附件**

## 清理党政领导机关干部兼（担）任社会团体领导职务一览表

2014-03-31

| | 社团数 | 总人数 | 在职人数 | 省级 | 厅级 | 处级 | 退离休人数 | 省级 | 厅级 | 处级 |
|---|---|---|---|---|---|---|---|---|---|---|
| 在社团兼职情况 | 419 | 1118 | 826 | 12 | 330 | 484 | 292 | 22 | 200 | 70 |
| 属于清理范围情况 | 357 | 882 | 742 | 12 | 275 | 455 | 140 | 12 | 94 | 34 |
| 已退出情况 | 261 | 699 | 589 | 9 | 223 | 357 | 110 | 11 | 74 | 25 |
| 重新审批兼职情况 | 28 | 49 | 49 | | 3 | 46 | — | — | — | — |
| 换届时退出 | 39 | 57 | 57 | | 21 | 36 | | | | |
| 暂未退出 | 29 | 77 | 47 | 3 | 28 | 16 | 30 | 1 | 20 | 9 |
| 涉及变更 | 165 | — | — | — | — | — | — | — | — | — |
| 已办理 | 57 | — | — | — | — | — | — | — | — | — |
| 未办理 | 108 | — | — | — | — | — | — | — | — | — |

# 陕西省民政厅关于印发《陕西省民政厅开展境外非政府组织调查摸底工作方案》的通知

（陕民办发〔2014〕65 号）

各设区市民政局、杨凌示范区社会事业局、韩城市民政局，各全省性社会组织：

为贯彻落实中央、省委关于开展境外非政府组织在华活动调查摸底工作要求，根据省委开展境外非政府组织调查摸底工作会议精神和《民政部办公厅关于做好境外非政府组织规范管理近期有关工作的通知》（民电〔2014〕73 号）有关要求，制定《陕西省民政厅开展境外非政府组织调查摸底工作方案》，现印发你们，请认真贯彻执行。

附件：1. 陕西省民政厅开展境外非政府组织调查摸底工作方案

2. 陕西省社会组织与境外非政府组织合作情况表

陕西省民政厅

2014 年 6 月 24 日

**附件 1**

## 陕西省民政厅开展境外非政府组织调查摸底工作方案

为贯彻落实中央、省委关于开展境外非政府组织在华活动调查摸底工作要求，根据省委开展境外非政府组织调查摸底工作会议精神和《民政部办公厅关于做好境外非政府组织规范管理近期有关工作的通知》（民电〔2014〕73 号）有关要求，现就我省民政系统开展境外非政府组织调查摸底工作提出如下方案：

## 一、总体要求

从维护国家政治体制安全和社会稳定的高度出发，本着对党和人民负责的态度，全力做好调查摸底工作。要坚持“全面铺开、深入细致、积极稳妥、务实高效”的方针，按照“地方为主、部门为辅、群策群力、不留死角”的原则，对境外非政府组织与我省民政系统登记的社会组织合作情况进行全面细致的调查摸底。主要内容是了解与我省社会组织合作的境外非政府组织的组织架构、人员、资金来源、项目开展情况等。

## 二、组织机构

成立全省民政系统调查摸底专项工作小组。省民政厅厅长郭伯权任组长，省民政厅副厅长鲁锋任副组长，牵头负责全省民政系统调查摸底工作；民政厅办公室副主任李平、民政厅民管局副局长冯雨任协调人，负责组织实施工作；民政厅民间组织管理局全体人员及各市（区）社会组织登记管理机关负责人为成员。

## 三、工作步骤

1. 第一阶段：动员筹备（5 月 15 日至 5 月 25 日）

制定全省民政系统调查摸底工作方案，成立专项工作领导小组，积极参加省委动员会议及厅际联席会议，在民政系统传达学习栗战书同志讲话和国安办发〔2014〕1 号文件、外交部会议精神，部署展开我省民政部门境外非政府组织调查摸底工作。

2. 第二阶段：调查摸底（5 月 26 日至 6 月 30 日）

省厅民间组织管理局负责省本级社会组织与境外非政府组织合作情况的调查摸底，社团由赵平川负责，民非由倪彦成负责，基金会由王少毅负责。各市（区）按照市委、市政府的安排，负责本辖区内社会组织与境外非政府组织合作情况的调查摸底。6 月 25 日前将调查摸底情况进行汇总。

3. 第三阶段：分析研判（6 月 26 日至 6 月 30 日）

6 月 26 日至 30 日对省本级和各地上报的数据进行分析，撰写调查报告，填写调查表、研究提出管理改进意见，并报省专项工作小组。

## 四、要求

1. 加强重视。此次中央全面启动境外非政府组织调查摸底工作，目的是要摸清境外非政府组织与国内的社会组织合作的基本情况。工作时间紧、任务重、要求高，各有关单位和人员要提高认识、认真学习、深刻领会中央和省委精神，将境外非政府组织调查摸底工作纳入重要议事日程，提前准备，加强统筹，积极稳妥做好相关工作。

2. 做好调查摸底。对境外非政府组织实施调查摸底是下一步中央制定分类管理的基础。省级各社会组织要高度重视，认真如实上报。各市级社会组织登记管理部门要掌握所登记的社会组织与境外非政府组织合作的情况，根据要求将调查摸底分类信息汇总后报本地相关部门，并报省厅民间组织管理局。

3. 加强工作联系。工作中注重与相关部门的协调配合，重大情况及时反映，各市（区）民政部门要成立相关领导小组，并指派专人为调查摸底工作联络员，加强上下协调和沟通。

附件 2

## 陕西省社会组织与境外非政府组织合作情况表

<table>
<tr><td>社会组织类别</td><td>社会组织级别</td><td>社会组织名称</td><td>登记证号</td><td colspan="2">业务主管单位</td></tr>
<tr><td></td><td></td><td></td><td></td><td colspan="2"></td></tr>
<tr><td colspan="3">境外合作方名称</td><td>国别</td><td>是否登记</td><td>合作项目名称</td></tr>
<tr><td colspan="3"></td><td></td><td></td><td></td></tr>
<tr><td colspan="2">资金总额</td><td>资金账户</td><td colspan="2">资金来源</td><td>项目开展情况</td></tr>
</table>

说明：1. 社会组织类别为社会团体、民非、基金会；社会组织级别为省级、地市级、县区级；

2. 一家社会组织如有多个合作项目，按合作项目填表；

3. 项目开展情况主要填写项目开始时间，持续时间，合作情况，有无渗透倾向，以及其他需要汇报的事项。

# 陕西省民政厅关于取消全省性社会团体分支机构、代表机构登记行政审批项目有关问题的通知

（陕民发〔2014〕17号）

各全省性社会团体：

为了深入推进社会团体登记管理制度改革，切实转变政府职能，进一步激发社会团体活力，更好地发挥其在经济社会发展中的积极作用，根据《陕西省人民政府关于取消和下发行政审批事项的决定》（陕政发〔2013〕48号）精神，按照《民政部关于贯彻落实国务院取消全国性社会团体分支机构、代表机构登记行政审批项目的决定有关问题的通知》（民发〔2014〕38号）要求，决定取消全省性社会团体分支机构、代表机构的登记行政审批项目，现就有关事项通知如下。

一、自本《通知》下发之日起，我厅不再受理全省性社会团体分支机构、代表机构的设立、变更、注销登记的申请，不再换发上述机构的登记证书，不再出具分支机构、代表机构刻制印章的证明。

二、全省性社会团体根据本团体章程规定的宗旨和业务范围，可以自行决定分支机构、代表机构的设立、变更和终止。前述决定应当经理事会或者常务理事会讨论通过，制作会议纪要，妥善保存原始资料。

三、社会团体的分支机构、代表机构是社会团体的组成部分，不具有法人资格，不得另行制定章程，在社会团体授权的范围内开展活动、发展会员，法律责任由设立该分支机构、代表机构的社会团体承担。

四、社会团体不得设立地域性分支机构，不得在分支机构、代表机构下再设立分支机构、代表机构。

五、社会团体分支机构、代表机构的名称前应当冠以社会团体名称，开展活动应当使用冠有所属社会团体名称的规范全称。

六、社会团体应当制订分支机构、代表机构管理办法，建立健全管理制度，切实加强对其分支机构、代表机构的监督管理。社会团体应当将分支机构、代表机构的财务、账户纳入社会团体统一管理，不得以设立分支

机构、代表机构的名义收取或变相收取管理费、赞助费等，不得将上述机构委托其他组织运营，确保分支机构、代表机构依法办事，按章程开展活动。

七、社会团体应当在年度工作报告中将其分支机构、代表机构的名称、负责人、住所、设立程序、开展活动等有关情况报送业务主管单位和登记管理机关（直接登记的社会团体报送登记管理机关），接受年度检查，不得弄虚作假。同时，应当将上述信息及时向社会公开，自觉接受社会监督。

取消行政审批后出现的新情况、新问题，请及时向我厅反映。我厅将根据工作需要，协调有关部门另行制定有关后续服务管理措施。

陕西省民政厅

2014 年 7 月 7 日

# 中共陕西省民政厅党组关于清理规范党政机关领导干部兼（担）任社会团体领导职务工作情况的报告

（陕民党组字〔2014〕16号）

省委：

为全面落实《中共陕西省委常委班子党的群众路线教育实践活动整改工作方案》，今年1—3月份，省委组织部、省监察厅、省民政厅联合开展了党政机关领导干部兼任社会团体领导职务专项治理工作。此次专项清理共涉及419家省级社会团体、966名处级以上党政机关领导干部。截至目前，属于清理范围的887名党政机关领导干部全部退出社会团体领导职务。现将有关情况报告如下。

## 一、全面排查，核实底数

《中共陕西省委常委班子党的群众路线教育实践活动整改工作方案》下发后，省民政厅立即组织力量，对党政机关领导干部在社团中兼（担）任领导职务的情况进行调查摸底，并将名单与省委组织部和相关业务主管单位进行认真核对排查，明确了此次清理范围。省本级登记的857家社会团体中，有419家共1118名副处级以上党政领导干部兼（担）任社团领导职务，其中966名党政机关领导干部属于此次专项清理范围（另有152名退休领导干部年龄不超过70周岁，不在此次清理范围，有22名是在学术性、专业性任期已满3年，年底换届时将一并退出）。

## 二、周密部署，明确责任

经省委同意，省委组织部、省监察厅、省民政厅于1月23日联合下发了《关于清理规范党政机关领导干部兼任社会团体领导职务的通知》，规定了清理规范的范围、原则和时间要求，明确了省委组织部、省监察厅、省民政厅和各业务主管单位在清理规范工作中的职责。1月27日，省委组织部、省监察厅和省民政厅联合召开了动员会，79家省级社团业务主管单位相关负责人参加会议。会议就清理规范工作进行了专题安排。

## 三、精心指导、跟踪督促

省民政厅成立了专项清理规范工作组，跟踪督促落实清理规范工作任务。一是细化责任分工。分三组联络督促各省级社团业务主管单位落实工作任务，重点掌握在职副厅级以上党政领导干部兼任社团领导职务清理情况。二是实行挂账销号制度。建立了清理工作周报制度，指导各业务主管单位和相关社团准确填报各阶段工作情况，保证统计数据准确无误。三是切实解决实际问题。省民政厅与业务主管单位一起走出去、请进来，通过集中指导、实地解答问题等方式，确保清理工作扎实、细致、稳妥推进。

## 四、结合年检，落实到位

按照《社会团体登记管理条例》有关规定，每年3—5月，民政部门对本级登记的社会团体依法进行年度检查。为保证专项治理工作扎实推进，1月16日，省民政厅及时发布了《全省性社会团体2013年度检查公告》，将清理规范党政机关领导干部兼（担）任社团领导职务作为重点检查内容，凡不按要求开展清理工作的，年检不予通过。3月底，我们对未按照要求完成清理工作的72家社会团体，逐一下发整改工作函，督促业务主管单位按要求清理，并明确2个月整改期，对仍未按规定清理的社会团体，拟予行政处罚。截至目前，有57名党政机关领导干部重新按照干部管理权限履行了兼职审批手续（其中：厅级干部我省重新审批2人，为陕西省新闻工作者协会负责人，其余13名厅级干部为在陕部省双管领导干部），其余887名已全部退出社会团体领导职务。

按照这次清理规范的总体安排，目前还有54名党政领导干部已提出辞呈，但尚未办理法人变更登记手续。主要有两方面情况：一是一些社会团体正在物色合适的继任人选，待人员确定后，履行变更登记手续；二是一些行政化色彩浓厚的社团组织，党政领导退出，会对其产生严重影响，甚至会导致无法正常开展活动。这些社团面临着是继续存在，还是撤销登记的问题，需要社团召开相关会议讨论决定。为巩固清理规范成果，下一步，我们将采取以下措施，确保彻底清退。

一是对尚未办理法人变更登记手续的社会团体，督促业务主管单位指导相关社会团体于9月底前完成换届变更手续。

二是对因党政领导退出、确实无法正常开展活动的社团，予以撤销登记。

三是对在学术性、专业性社团任期满 3 年的党政机关领导干部，我们将在今年底换届时严格审查，确保彻底退出。

四是省民政厅近期出台《关于进一步加强全省社会团体登记管理工作的意见》，建立长效工作机制，推动形成政社分开、责权明确、依法自治的现代社会组织体制，确保社会组织健康发展，作用充分发挥。

特此汇报，请审示。

附件：清理党政机关领导干部兼（担）任社会团体领导职务情况一览表

中共陕西省民政厅党组
2014 年 7 月 24 日

**附件**

## 清理党政机关领导干部兼（担）任社会团体领导职务情况一览表

2014－7－24

| | 社团数 | 总人数 | 在职人数 | 省级 | 厅级 | 处级 | 退离休人数 | 省级 | 厅级 | 处级 |
|---|---|---|---|---|---|---|---|---|---|---|
| 在社团兼职情况 | 419 | 1118 | 826 | 12 | 330 | 484 | 292 | 22 | 200 | 70 |
| 属于清理范围情况 | 366 | 966 | 826 | 12 | 330 | 484 | 140 | 12 | 94 | 34 |
| 已退出情况 | 326 | 887 | 747 | 12 | 305 | 430 | 140 | 12 | 94 | 34 |
| 重新审批兼职情况 | 28 | 57 | 57 | | 15 | 42 | — | — | — | — |
| 换届时退出 | 12 | 22 | 22 | | 10 | 12 | | | | |

说明：截至目前，共有887 名党政机关领导干部已退出社团领导职务，占清理范围的91.8%，57 名党政机关领导干部，重新按照干部管理权限履行了兼职审批手续，占5.9%；22 名党政机关领导干部，在学术性、专业性任期满 3 年，年底换届将一并退出，占2.3%。

# 陕西省民政厅关于进一步加强社会团体登记管理工作的通知

（陕民发〔2014〕35号）

各设区市民政局、杨凌示范区社会事业局、韩城市民政局，神木、府谷县民政局：

为全面落实民政部和省委、省政府深化社会组织体制改革的具体要求，加快推进社会团体依法自治，强化社会团体的监督管理，充分发挥社会团体在创新社会治理中的积极作用。现就进一步加强社会团体登记管理工作通知如下。

## 一、积极推进社会团体登记制度改革

（一）严格直接登记认定标准

规范社会组织直接登记工作，重点培育、优先发展行业协会商会类、科技类、公益慈善类、城乡社区服务类社会组织，该四类社会组织可直接向民政部门依法申请登记。各地按照直接登记的社会组织认定标准（见附件），制定直接登记管理办法，明确登记条件和标准。申请其他类社会团体仍执行双重负责的管理体制。

（二）放宽登记管理权限

放宽异地商会登记审批权限，县（市、区）级以上民政部门可受理登记管理。大力培育发展城乡社区社会组织，降低登记门槛，简化登记程序。对符合登记条件的，依法予以注册登记；对暂不符合登记条件的，由县级民政部门或民政部门授权街道办事处或社区备案管理。

（三）实行一业多会

打破行业协会商会一业一会的限制，相同相近的社会团体，可以使用字号区分，引入行业协会商会竞争机制，放宽行业协会商会准入条件，允许一业多会，允许按国民经济行业分类的小类标准设立行业协会，允许按产业链各个环节、经营方式和服务类型设立行业协会。

（四）取消有关登记审批项目

切实转变政府职能，简政放权。取消社会团体分支（代表）机构的登记审批，由其自主设立、自负其责；取消社会团体会费标准备案，规范会费管理，推进社会团体依法自治，激发社会团体活力。

## 二、加强社会团体规范管理

（一）加强日常监督管理

健全完善监督管理制度，扩大社会监督，落实重大事项报告、换届报批等制度，指导社会团体建立健全信息公开制度，主动在社会团体网站和办公场所向会员公开重大活动、财务收支、外出考察、年度工作报告等信息，向社会公开登记证书、章程、组织机构、接受捐赠、承接政府转移职能以及政府购买服务事项的信息，接受社会监督；强化年度检查，实施分类监管，实行按部门按类别进行年度财务轮审制度，加强对直接登记社会团体的动态监管，年度检查实行报告制度与实地核查相结合；严格规范社会团体行为，监督检查社会团体是否存在开展章程规定以外的各项活动，是否存在违反规定设立评比达标表彰等进行收费，是否存在以各种方式强制企业或者个人入会、摊派会费、派捐索捐、强拉赞助等行为；核查社会团体的活动经费，以及取得的合法收入，是否用于章程规定的业务活动，是否存在投入会员企业进行营利或者在会员中分配的现象。

（二）严格规范党政领导干部在社会团体中兼职行为

按照《中组部关于规范退（离）休领导干部在社会团体兼职问题的通知》（中组发〔2014〕11 号）、《中共陕西省委组织部 陕西省监察厅 陕西省民政厅关于清理规范党政机关领导干部兼任社会团体领导职务的通知》（陕民发〔2014〕2 号）精神，严格规范党政领导干部在社会团体兼任职务行为。在职党政领导干部一律不得在行业性、联合性社会团体兼任领导职务。退（离）休领导干部在社会团体担任职务（包括领导职务、名誉职务、常务理事、理事等），须按干部管理权限审批或备案后方可兼任职。兼任职领导干部，不得在社会团体领取薪酬、奖金、津贴等任何报酬。将党政领导干部在社会团体中的兼职情况列为年检的重点检查内容。

（三）严格落实政社脱钩切实转变政府职能

按照政社分开、管办分离的原则，社会团体特别是行业协会商会必须在人员、财务、资产、职能、机构等方面与行政机关脱钩，厘清政府职能部门与行业协会商会的职责权限，实现社会团体“发起自愿、人员自定、经费自筹、会务自主”。禁止社会团体与政府部门合署办公。禁止社会团体的财务由行政机关管理。切实转变行业协会商会行政化倾向，增强其自主性和活力。

（四）加快建立现代社会团体法人治理结构

落实完善以章程为核心的法人治理结构，建立权责明确、运转协调、制衡有效的法人治理结构。明确会员（代表）大会、理事会（常务理事会）、监事会等机构职责。明确会长（理事长、主席）、副会长（副理事长、副主席）、常务理事、理事、监事、秘书长等的职责、职权。落实民主选举制度，扩大直选范围，推行差额提名和无记名投票表决的方式选举。建立会员入会和管理制度，推进社会组织管理层的职业化和专业化。优化组织结构，合理控制理事会和秘书长以上负责人数量，原则不超过会员代表大会或理事会人数的1/3。规范法定代表人任职行为，社会团体法定代表人应由理事长（会长）担任并在章程中载明，同时不得兼任其他社会团体法定代表人。直接登记的行业协会商会要求设立监事会或者独立监事。

（五）加强社会团体党组织建设工作

按照“应建尽建”、“应建必建”的原则，社会团体专职工作人员和长期兼职人员有正式党员3人以上的，必须建立党组织。已建立的要加强自身建设，建立健全“三会一课”、党员活动、党员管理监督等工作制度。把好登记和年检关口，实行社会团体党组织设立与登记注册同步审批，社会团体党组织建设与年检同步考核，社会团体党组织建设与换届、变更同步进行，形成社会组织党建与登记管理工作的合力。

（六）加大执法监察力度

建立健全社会组织监管体系，进一步完善执法制度，改善执法条件，严格执法程序，规范执法行为。建立完善信息共享、部门联动执法机制，完善年度检查查处退出机制。加大执法监察力度，对非法组织一经发现坚决予以取缔。对社会组织的违法行为视情节，给予警告、责令改正、限期停止活动、责令撤换直接负责的主管人员、撤销登记等处罚。构成犯罪的，移送司法机关，依法追究刑事责任。

## 三、增强社会团体管理服务效能

（一）提升社会团体登记管理服务水平

推动政务公开，树立窗口意识，规范服务标准，强化岗位责任。规范社会团体登记、年检、执法工作流程，提高登记效率和服务质量。

（二）加强社会团体管理服务信息化建设

加强社会团体电子档案库、法人数据库建设，逐步实现社会团体管理办公自动化、信息数据化和管理网络化。充分利用各级各类媒体及省、市民政公众服务网络及社会组织信息网平台，做好政策宣传、信息公开、经验交流和服务指导。

（三）广泛开展社会团体评估工作

按照政府指导、社会参与、独立运作的要求，全面开展社会团体评估工作。建立完善社会团体分类评估指标体系，引入第三方评估机制，建立充实评估专家库，发挥评估的导向和激励作用。鼓励引导社会组织积极参与评估，获得3A级以上评估等级的社会团体，优先获得政府购买服务，不断提高社会团体建设水平和服务能力。

（四）加强登记管理机关能力建设

根据体制改革和职能调整的需要，建立相对独立、统一协调、力量匹配的社会组织登记管理机关。按工作任务、社会组织数量，地市一级要设立独立的社会组织登记管理机构，编配3名以上专职工作人员，县区一级要配备1—2名专职工作人员，有条件的可设立相对独立的专门机构。保障工作经费，加强社会组织执法的人员、经费、设备保障。提高登记管理队伍的素质能力，改进服务工作，提升管理效能。各地要积极推动成立社会组织发展促进会、社会组织发展服务中心等保障类组织，全面加强社会组织孵化基地建设，不断健全社会组织发展服务保障体系，推动全省社会组织管理服务工作迈入健康发展轨道。

附件：四类直接登记社会组织认定标准

陕西省民政厅

2014年9月30日

附件

# 四类直接登记社会组织认定标准（试行）

## 一、行业协会商会类社会组织

行业协会商会类社会组织是指从事相同性质经济活动的单位、从业人员或同地域的经济组织，为维护会员共同利益而自愿组成，依照章程开展活动的社会团体。

符合下列条件的社会团体，属于直接登记的行业协会商会类社会组织的范畴：

（一）设立宗旨符合涉及国民经济领域的有关法律法规、国家国民经济和社会发展规划和国务院的决定、命令，以及本行政区人民政府的相关决定、规定。

（二）业务范围应在国民经济领域内，且符合下列条件之一：

1. 为相同行业的经济组织提供政策咨询、行业自律、行业发展和其他经济服务，促进行业发展的行业协会或行业商会，其业务范围应在下列目录（标准、分类）或有关文件规定的行业或职业中：

（1）《国民经济行业分类标准》（GB/T4754－2011）；

（2）《国家统计局统计用产品分类目录》；

（3）人力资源和社会保障部制定的有关从事市场经济活动的职业标准；

（4）《高技术产业（服务业）、（制造业）分类》（2013，试行）；

（5）《战略性新兴产业分类》（2012，试行）；

（6）法律、法规或本行政区人民政府有关文件规定的其他分类目录；

（7）法律、法规或本行政区人民政府及其有关部门的行业发展计划、决定或规定中提出的行业。

2. 由同一原籍地的外来投资企业在注册登记地依法自愿发起组建，带有原籍地行政区域名称特征的异地商会。

3. 主要由具有相同或相似业务范围的行业协会、商会作为会员组成的行业联合类社会团体。

## 二、科技类社会组织

科技类社会组织是指以促进科技发展和进步为目的，专门从事科学研究与技术开发、成果转让、科技咨询与服务、科技成果评估以及科学技术知识传播与普及等业务的社会组织。

符合下列条件的社会组织，属于直接登记的科技类社会组织的范畴：

（一）设立宗旨符合国家促进科学技术事业发展的相关法律法规、国家科学和技术发展规划和国务院的决定、命令，以及本行政区人民政府的相关决定、规定。

（二）业务范围应当属于自然科学或工程技术科学领域，且已列入下列分类目录规定的理学、工学、农学或医学范围：

1. 国务院学位委员会、教育部印发的《学位授予和人才培养学科目录》；

2.《中华人民共和国学科分类与代码简表》；

3. 法律、法规或本行政区人民政府规定的其他分类目录；

4. 国务院有关部门制定的相关分类目录。

（三）业务活动应当符合法律、法规和本行政区人民政府规定的有关科学研究、技术开发与科学技术应用活动的相关规定。

## 三、公益慈善类社会组织

公益慈善类社会组织是指以特定公益为目的、利用捐赠财产设立的，为社会公众和社会发展提供公益慈善和社会服务的社会组织。

符合下列条件的社会组织，属于直接登记的公益慈善类社会组织的范畴：

（一）设立宗旨符合国家促进公益慈善事业发展的相关法律法规、规划和国务院的决定、命令，以及本行政区人民政府的相关决定、规定。

（二）业务范围应当属于公益慈善事业领域，并且符合下列条件之一：

1. 属于《公益事业捐赠法》第三条所列事项，即：救助灾害、救济贫困、扶助残疾人等困难的社会群体和个人的活动；教育、科学、文化、卫生、体育事业；环境保护、社会公共设施建设；促进社会发展和进步的其他社会公共和福利事业；

2. 属于法律、法规或本行政区人民政府的相关规定明确是公益慈善事业的，如禁毒、海上救援等。

（三）业务活动应当突出公益慈善特点，具备下列条件：

1. 公益慈善活动的受益人或者服务对象应当是会员以外的，不特定的社会公众；

2. 公益慈善活动的支出和人员工资以及行政办公支出应当符合国家的相关规定。

（四）应当按照国家的相关规定向社会公开本组织的基本情况、开展公益慈善活动和实施公益慈善项目等相关信息。

## 四、城乡社区服务类社会组织

城乡社区服务类社会组织是指面向社区，为满足城乡社区居民生活需求、促进社区和谐发展，以开展社区服务为主要内容的社会组织。

符合下列条件的社会组织，属于直接登记的城乡社区服务类社会组织的范畴：

（一）设立宗旨符合有关城乡社区服务领域的法律法规、国家基本公共服务规划、服务业发展规划、社区服务体系建设规划和国务院的决定、命令，以及本行政区人民政府的相关决定、规定。

（二）业务范围应当在城乡社区服务业领域，主要包括以下内容：

1. 社区就业服务、社区社会保障服务、社区救助服务、社区卫生和计划生育服务、社区文体服务、社区教育服务、社区流动人口管理和服务、社区安全服务、社会工作服务等社区公共服务。

2. 社区维修服务、社区家庭服务、社区再生资源回收服务等社区便民利民服务。

3. 自愿用自身的时间、技能等资源，为社区和社区居民提供的社会救助、慈善公益、优抚助残、敬老扶幼、治安巡逻、环境保护、社区矫正、科普咨询、法律援助、应急救援等社区志愿服务。

4. 法律、法规或本行政区人民政府及其有关部门认为，属于城乡社区服务的其他业务。

# 陕西省民政厅关于加强全省社会组织孵化基地建设的指导意见

（陕民发〔2014〕38号）

各设区市民政局、杨凌示范区社会事业局、韩城市民政局，神木、府谷县民政局，相关社会组织孵化基地：

为更好发挥社会组织在经济社会发展中的积极作用，落实党的十八大关于“在改善民生和创新管理中加强社会建设”的要求，推动社会健康发展。依据国家有关大力发展社会组织精神及有关社会组织管理的政策法规，现就加强全省社会组织孵化基地建设提出如下指导意见：

## 一、充分认识加强社会组织孵化基地建设的重要意义

社会组织孵化基地（以下简称“孵化基地”）是针对社会组织发展需求而建立的载体和公共服务平台。通过整合政府、企业和社会组织的力量，有针对性地为初创期和转型期的社会组织提供各项支持和帮助。加强孵化基地建设，是深化政府职能转变、促进社会组织健康发展的重要抓手，是实现社会组织自我管理、自我完善、自我发展的有效途径。加强孵化基地建设，对于推动社会管理创新、加快形成“政社分开、权责明确、依法自治”的现代社会组织体制具有十分重要的意义。

通过近几年的努力，目前我省已形成若干孵化基地，并培育了一些社会组织，在助推各类社区民生服务和提升社会组织参与社会服务能力等方面发挥了积极作用。鉴于大部分孵化基地建设仍处于起步探索阶段，尚未完全形成较为完善的管理体系和运行机制，部分已建成的孵化基地还存在发展模式单一、协同机制落后、作用发挥不平衡等问题。因此，进一步加强全省社会组织孵化基地建设，切实提高质量效益和管理水平十分必要。

## 二、明确社会组织孵化基地建设的指导思想和总体目标

（一）指导思想

以党的十八大和十八届三中、四中全会精神为指导，以创新社会治理

为重点，以民生服务需求为导向，突出公益性、专业性，创新性、示范性，积极为社会组织和社会服务项目提供阶段性的良好发展环境和培育条件，促进社会组织在孵化培育中成长壮大，更好地满足人民群众日益增长和多样化的民生服务需求。

（二）总体目标

根据我省社会组织发展需要：到2015年，各设区市和市辖区建成社会组织孵化基地20个，到2017年，全省县区60%以上建成孵化基地。通过政府主导、专业团队运营、社会跨界合作的模式，努力提供多样化、个性化、专业化的社区公共服务和公共产品，不断提升孵化基地的质量效益和管理水平，把孵化基地建设成为以公益理念为引领，融服务、培育、管理、示范、创新为一体的可持续发展的社会组织生态园。

## 三、明确社会组织孵化基地建设的基本原则

（一）以人为本，理念至上

坚持以民生需求为导向，以提供公益性服务为宗旨，着眼于人民群众多层次、多样化的物质文化生活服务需求。孵化基地应在本区域形成自己的品牌项目，基地各单位应形成合力，树立和扩大孵化基地的社会影响力，应在公益文化倡导，公益理念传播，公民参与社区自治方面作出表率和示范。

（二）因地制宜，创新驱动

坚持从区域实际出发，从不同社会组织的具体情况出发，因地制宜，大胆创新，建立起充满活力和生机的高效运作机制和管理制度，为社会组织发展释放新的活力、创造新的空间。尤其是要注重以创意文化的理念引领孵化基地发展，引入创意人才参与孵化基地的建设。重点建设和发展市、区两级综合性、专业性孵化基地。

（三）整合资源，跨界合作

整合政府、企业、社会等资源，注重提高资源利用效率和服务效益，并通过跨界合作提升孵化培育和民生服务能力，通过引进，吸收先进地区的理念、创意及相关知名品牌公益支持服务机构，以此提升我省孵化基地整体的专业水准和创新能力。

（四）政府主导，专业运作

各登记管理机关要积极争取政府各部门对孵化基地的支持，建设资金可以政府投入为主，并进行科学合理规划，确立目标，制定标准，组织培

训，监督管理，同时创造条件引导社会力量参与，形成社会力量参与孵化基地建设机制。努力实现建设资金投入来源的多元化。鼓励和倡导政府采取购买服务方式委托具有一定能力的专业性社会组织承担孵化基地的管理和运营，提供孵化培育的专业人员和专业服务。

（五）激发热情，多元参与

登记管理机关要与团委、青联、妇联、残联、工商联沟通，实现信息资源共享，寻求培育切入点；要与青年群体居多的银行、电信、学校、医院、铁路、大型企业工会等大型企事业单位取得联系，从行业特点出发，培育相关公益组织，鼓励青年志愿者参与孵化基地的公益志愿活动，形成多行业参与、全社会协同共建机制，充分激发社会组织孵化基地活力。

## 四、明确社会组织孵化基地的功能定位

孵化基地一般具有以下功能：

（一）培育扶持

一是硬件支持，提供办公场地、办公设备、会议场所、展示空间等。二是资金支持，在条件允许的范围内提供行政经费资助、项目资助和小额补贴。三是专业支持，包括管理服务、财务托管、法律咨询、网络技术支持以及协助社会组织进行法人注册，帮助社会组织与政府部门进行沟通等。

（二）提升能力

帮助入驻的社会组织和项目团队进行自身能力建设，提供制定章程、承接项目、发展业务等方面的咨询服务。在组织架构上帮助社会组织完善内部治理结构，同时提高社会组织的项目管理、人力资源管理、品牌塑造、风险应对、自治自律等方面能力。

（三）整合资源

整合资金、智力、创意、信息、政策、人才等各类资源，搭建平台、提供渠道，实现各类资源与社会组织发展需求之间、社会组织可提供的服务与社区公共需求之间的有效对接。

（四）引导规范

塑造社会组织良性发展的核心价值观和公益理念，努力以各种有效方式加以宣传和推广。引导社会组织依法活动、按章办事、诚信自律，并倡导和推动行业自律。

## 五、建立完善社会组织孵化基地的运行机制

### （一）入驻选择机制

社会组织（专业项目团队）申请入驻，实行集体评审决策制。申请材料经运营管理方初审后，由同级社会组织登记管理机关或其授权的评审机构进行评分或票决决定。

专业项目团队的评审要素主要包括项目带头人的公益理念、以往公益项目的经验和成效、项目的定位和目标、项目团队的构成等。经评审确定入驻的社会组织或专业项目团队，应签订入驻协议，实行合同管理。

社会组织或专业项目团队入驻孵化基地期限一般为1—2 年。对确需重点培育扶持的社会组织或项目，在双方协商一致的情况下可适当延长，延长期最长不超过 1 年。

孵化基地运营管理方要将签约入驻的社会组织或项目的相关材料报送同级登记管理机关，并接受同级登记管理机关的监管。

### （二）出壳退出机制

入驻孵化期满，社会组织或项目已具备自我发展能力，可自然出壳。

入驻孵化期间，社会组织或项目存在未按时参加年检、年检结果不合格、发生违法违规行为被查处等任一情形的，即予退出。经一段时间运行后，社会组织或项目有无法实现既定目标，社会服务效益低等情形的，劝其退出。

入驻的社会组织或项目违反入驻协议约定的，可依据协议中相关退出或终止条款执行。

孵化基地运营管理方要将拟退出的社会组织或项目的相关材料，报送同级登记管理机关审核，经审核同意后方可办理相关手续。

### （三）自治机制

建立孵化基地内部治理机制，实现管理架构的扁平化。鼓励和倡导成立由各方参与的孵化基地管理委员会，实行自主管理。同时，提高管理人员能力，建立健全管理制度，提升管理水平。建立规范的财务运行机制，提高政府扶持资金的利用效率。

充分挖掘和利用社会资源，创造条件，培训孵化专业机构专业人才，搭建交流学习平台，努力培养出熟悉公益行业，多学科背景，公益理念强的复合型人才。

鼓励与高校和科研单位合作，建立相互依存、共同发展的合作关系，

充分利用专业人才资源和志愿者资源提升孵化基地建设水平。

引进优秀、专业的支持性社会组织为孵化基地内处于初创期、转型期的社会组织和项目提供服务，助其提升自身能力，尽快完成孵化顺利出壳。

## 六、落实加强社会组织孵化基地建设的保障措施

（一）加强组织领导

市、区（县）社会组织登记管理机关牵头负责各自层面孵化基地建设工作。

孵化基地自身建设可以通过政府购买服务或彩票公益金的方式获得资金扶持。孵化基地组织形式可以成为民政部门下设的公益服务平台，也可以设立为独立法人性质的民办非企业单位的组织形式。

（二）加大协调支持力度

市、区（县）社会组织登记管理机关协调同级相关部门，给予同级层面的孵化基地建设资金支持；以相关法规政策为依据，协调解决入驻社会组织在税收、房租、水电、承接政府部门转移的职能以及政府购买服务项目、人才引进、交流培训、依法登记注册等方面遇到的问题。同时，可通过开展“公益伙伴日”、“公益服务日（月、周）”等活动，或建立相关对接机制等形式，优先考虑入驻社会组织的项目落地。

（三）实施绩效考核评估

省级将按基地建设规范、孵化数量对各地孵化基地建设给予支持。由社会组织登记管理机关牵头，每年组织一次孵化基地运营绩效评估。主要评估要素为：政府支持资金的管理使用情况，社会组织孵化成功率，入驻社会组织发育状况、发挥作用情况、创造就业机会、建章立制及其执行情况等。

陕西省民政厅

2014 年 10 月 28 日

# 中共陕西省民政厅党组关于退离休省级领导在社会团体和基金会兼职的整改意见

（陕民党组字〔2014〕32号）

省委组织部：

为认真落实省委关于中央巡视组对我省领导干部兼职清理工作的整改要求，按照11月21日省纪委召集省委组织部、宣传部、省民政厅等部门协调会议精神，就进一步清理规范退离休省级领导在社会团体和基金会中的兼职工作，提出以下意见：

## 一、退离休省级领导在社会组织兼职情况

截至2014年11月20日，在我省社会团体和基金会兼职的退离休省级领导共18人，其中：社会团体中兼职的9人（任会长、法定代表人的6人，任会长的3人），基金会中兼职的9人（任理事长、法人代表的7人，任副理事长的2人），年满69周岁的13人（其中：年满70周岁的9人）。具体情况见附表。

## 二、清理规范的意见

1. 根据中组部中组发〔2014〕11号和省委组织部陕组发〔2014〕6号文件要求，在社会团体中兼职、年满69周岁的5名退离休省级领导，应一律退出；其他4名未满69周岁的退离休省级领导，按照有关规定，履行审批备案手续后方可兼职。

2. 根据基金会“理事长、副理事长、秘书长最高任职年龄不超过70周岁”管理的有关规定，在基金会中兼职的8名超过70周岁的退离休省级领导，应一律退出；1名未满69周岁的退离休省级领导，按照有关规定，履行审批备案手续后方可兼职。

## 三、整改时间要求

整改工作于12月10日前完成，逾期未完成的，由省委组织部约谈相关领导，省民政厅责令相关社会团体和基金会停止活动，进行整改。

上述整改意见，建议以省委组织部和民政厅党组名义报省委，批准后执行。

中共陕西省民政厅党组
2014年11月26日

**附表1**

## 退离休省级领导在社会团体任职情况

| 序号 | 社团名称 | 姓名 | 年龄 | 任社团职务 |
|---|---|---|---|---|
| 1 | 陕西省家庭服务业协会 | 刘遵义 | 70 | 会长 |
| 2 | 陕西省老年人体育协会 | 潘连生 | 69 | 会长、法人 |
| 3 | 陕西开放与发展促进会 | 张生朝 | 69 | 会长、法人 |
| 4 | 陕西省煤炭运销协会 | 巩德顺 | 69 | 会长、法人 |
| 5 | 陕西省高层次人才开发促进会 | 邓理 | 69 | 会长 |
| 6 | 陕西省农村劳动力资源开发促进会 | 陈再生 | 68 | 会长、法人 |
| 7 | 陕西省慈善协会 | 刘维隆 | 66 | 会长、法人 |
| 8 | 陕西省茶文化研究会 | 张伟 | 66 | 会长 |
| 9 | 陕西省书法家协会 | 周一波 | 61 | 会长、法人 |

附表2

## 退离休省级领导在基金会中任职情况

| 序号 | 社团名称 | 姓名 | 年龄 | 任基金会职务 |
|---|---|---|---|---|
| 1 | 陕西省宋庆龄基金会 | 牟玲生 | 83 | 理事长、法人 |
| 2 | | 李焕政 | 78 | 副理事长 |
| 3 | | 苏明 | 82 | 副理事长 |
| 4 | 陕西省老龄事业发展基金会 | 安启元 | 81 | 理事长、法人 |
| 5 | 陕西省天骄煤矿子弟助学基金会 | 程安东 | 78 | 理事长、法人 |
| 6 | 陕西省技能扶贫助学基金会 | 周雅光 | 88 | 理事长、法人 |
| 7 | 陕西妇女儿童发展基金会 | 李雅芳 | 75 | 理事长、法人 |
| 8 | 陕西省残疾人福利基金会 | 董雷 | 72 | 理事长、法人 |
| 9 | 黄帝陵基金会 | 王晓安 | 65 | 理事长、法人 |

# 中共陕西省民政厅党组落实中央巡视组关于领导干部兼职清理工作的报告

（陕民党组字〔2014〕37号）

省委：

按照省委关于中央第七巡视组对我省巡视情况反馈意见整改方案及任务分工的《通知》（陕字〔2014〕78号），涉及我厅的任务分工是："领导干部兼职清理不彻底。有18名退离休省级领导在社会兼职。"我厅按照任务分工，积极开展整改工作。现将有关整改情况汇报如下。

## 一、清理规范工作情况

（一）基本情况

根据《中共陕西省委常委班子党的群众路线教育实践活动整改工作方案》要求，今年1月23日，省委组织部、省监察厅和省民政厅联合下发了《关于清理规范党政机关领导干部兼任社会团体领导职务的通知》（陕民发〔2014〕2号），并召开专题会议进行了安排部署。此次清理范围是：在省级社会团体兼任秘书长以上领导职务的各级党政机关在职副处级以上领导干部，以及在社会团体中担任2个以上领导职务、任期超过2届、年龄超过70周岁的退（离）休领导干部。退（离）休领导干部中年龄不超过70周岁，只在1个社团中任职，任职未满2届的，不在此次清理范围内。

截至2013年底，省级社会团体有857家，共有1118名副处级以上党政领导干部（其中：省级34名，厅级530名，处级554名）在419家社会团体中兼（担）任领导职务，其中属于此次专项清理范围的有966名（其中：省级24名，厅级424名，处级518名）。截至2014年11月底，887名党政领导干部已退出社会团体领导职务（其中：省级24名，厅级399名，处级464名）。有57名按照干部管理权限重新履行了兼职审批手续（其中：厅级干部我省重新审批2人，为陕西省新闻工作者协会负责人，另13名厅级干部为在陕部省双管领导干部，其余42名为处级干部）；还有22名（厅级10名，处级12名）在学术性、专业性社会团体任期已满3年，年底换届时将一并退出。

（二）其他需说明的问题

对在学术性、专业性社会团体任期满3年的12家社团中22名党政机关领导干部，所在社团按照章程筹备换届工作正在进行中。

这次清理规范工作基本结束，达到了预期目标。

## 二、退离休省级领导在社会团体和基金会兼职整改情况

按照11月21日省纪委、省委组织部、宣传部召集省民政厅等部门协调会议精神，就退离休省级领导在社会团体和基金会中的兼职专项整顿工作，我厅已摸清底数，将整改意见报省委组织部，组织部已报省委，待批准后执行。我厅意见如下：

（一）基本情况

截至2014年11月20日，在我省社会团体和基金会兼职的退离休省级领导共18人，其中：社会团体中兼职的9人（任会长、法定代表人的6人，任会长的3人），基金会中兼职的9人（任理事长、法人代表的7人，任副理事长的2人），年满70周岁的9人（年满69周岁的13人）。

（二）整改意见

1. 根据中组部中组发〔2014〕11号和省委组织部陕组发〔2014〕16号文件要求，在社会团体中兼职年满70周岁的离休省级领导应一律退出，经与省委组织部协商，本次整改控制在年满69周岁范围，涉及5名退离休省级领导，应一律退出；其他4名未满69周岁的退离休省级领导，按照有关规定，履行审批备案手续后方可兼职。

2. 根据基金会“理事长、副理事长、秘书长最高任职年龄不超过70周岁”的有关规定，在基金会中兼职的8名超过70周岁的退离休省级领导，应一律退出；1名未满69周岁的退离休省级领导，按照有关规定，履行审批备案手续后方可兼职。

3. 经请示省委组织部同意，领导干部如未按规定退出，由省委组织部约谈相关领导，省民政厅按整改意见，责令相关社会团体和基金会停止活动，进行整改。

## 三、省书协、省美协的整改情况

按照11月21日省纪委召集省委组织部、省委宣传部、省民政厅、省文联等部门参加的协调会议精神，我厅于11月25日，分别向省书法家协

会、省美术家协会下发了限期整改的函。整改意见主要是：在上述2家社团兼职的领导干部应一律退出；改组压缩现有的负责人数，新的协会领导班子（包括主席、副主席和秘书长）人数控制在10人以内。要求于12月10日前向省委组织部、省民政厅和省文联报送整改报告。

经核准，省书法家协会经年初的专项清理工作后，还有34名负责人（包括主席、副主席和秘书长），其中属于在职党政领导干部4人（均为处级，并经干部管理权限批准），6名退休领导干部（厅级4人，处级2人）。主席周一波已于12月8日辞去省书协主席一职。省美术家协会经年初的专项清理工作后，还有22名负责人，其中属于在职党政领导干部5人（2人为驻会专职厅级领导，处级3人为兼职，按文件要求属于换届时退出）。

我厅多次与2家社团的业务主管单位省文联沟通，请省文联指导好2家社团的整改工作。至今未收到2家协会完成整改的报告。经请示组织部，组织部意见：如下周一（12月22日）仍未收到相关人员在社团兼职的辞职报告，完成整改工作，由我厅对其下发停止社团活动，进行整改的通知。

## 四、进一步落实规范退离休干部在社团兼职工作

中组部于今年6月下发了《关于规范退（离）休领导干部在社会团体兼职问题的通知》（中组发〔2014〕11号）文件，省委组织部于8月转发了中组部《关于规范退（离）休领导干部在社会团体兼职问题的通知》（陕组发〔2014〕16号），我厅将严格按照11号文件和16号文件精神，配合做好相关工作，从严把关，在年检时对《通知》中所列任职社团职务都列入审理范围，将组织部门审理汇总的情况作为年检的重要依据，对存在未审批或未报告年度履职情况的社团不予年检，确保清理规范和整改工作圆满完成。

附件：1. 清理党政领导机关领导干部兼（担）任社会团体领导职务情况一览表
2. 退离休省级领导在社会团体任职情况一览表
3. 退离休省级领导在基金会任职情况一览表

中共陕西省民政厅党组
2014年12月19日

附件 1

## 清理党政领导机关领导干部兼（担）任社会团体领导职务情况一览表

2014－8－20

| | 社团数 | 总人数 | 在职人数 | 省级 | 厅级 | 处级 | 退离休人数 | 省级 | 厅级 | 处级 |
|---|---|---|---|---|---|---|---|---|---|---|
| 在社团兼职情况 | 419 | 1118 | 826 | 12 | 330 | 484 | 292 | 22 | 200 | 70 |
| 属于清理范围情况 | 366 | 966 | 826 | 12 | 330 | 484 | 140 | 12 | 94 | 34 |
| 已退出情况 | 326 | 887 | 747 | 12 | 305 | 430 | 140 | 12 | 94 | 34 |
| 重新审批兼职情况 | 28 | 57 | 57 | | 15 | 42 | — | — | — | — |
| 换届时退出 | 12 | 22 | 22 | | 10 | 12 | | | | |

说明：截至目前，共有 887 名党政机关领导干部已退出社团领导职务，占清理范围的 91.8%，57 名党政机关领导干部，重新按照干部管理权限履行了兼职审批手续，占 5.9%；22 名党政机关领导干部，在学术性、专业性任期满 3 年，年底换届将一并退出，占 2.3%。

附件 2

## 退离休省级领导在社会团体任职情况一览表

| 序号 | 社团名称 | 姓名 | 年龄 | 任社团职务 |
|---|---|---|---|---|
| 1 | 陕西省家庭服务业协会 | 刘遵义 | 70 | 会长 |
| 2 | 陕西省老年人体育协会 | 潘连生 | 69 | 会长、法人 |
| 3 | 陕西开放与发展促进会 | 张生朝 | 69 | 会长、法人 |
| 4 | 陕西省煤炭运销协会 | 巩德顺 | 69 | 会长、法人 |
| 5 | 陕西省高层次人才开发促进会 | 邓理 | 69 | 会长 |
| 6 | 陕西省农村劳动力资源开发促进会 | 陈再生 | 68 | 会长、法人 |
| 7 | 陕西省慈善协会 | 刘维隆 | 66 | 会长、法人 |
| 8 | 陕西省茶文化研究会 | 张伟 | 66 | 会长 |
| 9 | 陕西省书法家协会 | 周一波 | 61 | 会长、法人 |

附件3

# 退离休省级领导在基金会中任职情况一览表

| 序号 | 社团名称 | 姓名 | 年龄 | 任基金会职务 |
| --- | --- | --- | --- | --- |
| 1 | 陕西省宋庆龄基金会 | 牟玲生 | 83 | 理事长、法人 |
| 2 | | 李焕政 | 78 | 副理事长 |
| 3 | | 苏明 | 82 | 副理事长 |
| 4 | 陕西省老龄事业发展基金会 | 安启元 | 81 | 理事长、法人 |
| 5 | 陕西省天骄煤矿子弟助学基金会 | 程安东 | 78 | 理事长、法人 |
| 6 | 陕西省技能扶贫助学基金会 | 周雅光 | 88 | 理事长、法人 |
| 7 | 陕西妇女儿童发展基金会 | 李雅芳 | 75 | 理事长、法人 |
| 8 | 陕西省残疾人福利基金会 | 董雷 | 72 | 理事长、法人 |
| 9 | 黄帝陵基金会 | 王晓安 | 65 | 理事长、法人 |

# 陕西省民政厅　财政厅关于加强社会组织反腐倡廉工作的通知

（陕民发〔2014〕60 号）

各设区市、杨凌示范区、韩城市、神木县、府谷县民政局（社会事业局）、财政局：

为深入贯彻落实党的十八大和党的十八届二中、三中、四中全会精神和国务院第二次廉政工作会议精神，国家民政部和财政部联合下发了《关于加强社会组织反腐倡廉工作的意见》（民发〔2014〕227 号），对于加强社会组织反腐倡廉工作具有十分重要的指导意义。现就贯彻落实《意见》精神，切实加强我省社会组织反腐倡廉工作通知如下。

## 一、完善社会组织法人治理结构，健全民主机制

要按照法律、法规的要求，监督指导社会组织建立健全现代法人治理结构和运行机制，依法按照章程开展活动，认真落实民主选举、差额选举制度，扩大直选范围。要进一步规范社会组织民主议事、民主决策的范围、程序和方法，特别在涉及社会组织人、财、物等重大事项的决策时，要经过民主程序，不得由个人说了算。进行改选换届的会员（代表）大会、理事会须有符合法定人数的会员（代表）、理事出席方能召开，不得以通讯方式召开。会员（代表）大会、理事会民主决议事项，不得以鼓掌方式进行表决。鼓励选举企业家担任行业协会商会理事长（会长），探索实行行业协会商会理事长（会长）轮值制度。要充分发挥监事会或者监事的作用，把监督措施落到实处。

## 二、完善社会组织会计制度，加强财务管理

要监督指导社会组织按照《中华人民共和国会计法》和《民间非营利组织会计制度》（财会〔2004〕7 号）等规定，认真完善会计制度，严格财务管理。财务收支必须全部纳入单位法定账户，不得使用其他单位或个人的银行账户进行账务往来，不得账外建账，不得设立“小金

库”。社会组织分支（代表）机构不得开设银行基本账户。以社会组织分支（代表）机构名义举办的会议、展览、培训等各类活动所发生的经费往来，必须纳入社会组织法定账户统一管理，不得进入其他单位或个人账户。社会组织不得将自身经费收支与行政机关及企事业单位经费收支混管，不得将收入用于弥补行政经费不足或发放行政机关工作人员各项补贴。对承接政府职能转移和政府购买服务的经费，要专款专用，不得违规使用。各项收入除用于组织管理成本和其他合理支出外，必须全部用于章程规定的非营利性事业，盈余不得分配。社会组织财务人员应持证上岗，会计不得兼任出纳，社会组织负责人直系亲属不得担任会计、出纳。要结合年检，对社会组织财务账务进行认真核查，发现问题，及时严格处理。

## 三、注重规范日常商业行为，确保公益性和非营利性

要监督社会组织按照法律、法规和章程规定的业务范围开展业务活动。社会组织开展经营服务性收费项目，应遵循公开、公正、诚实信用的原则和公平竞争、自愿有偿、委托人付费的原则，并经收费项目主管部门审批，不得强制服务和强制收费，不得利用行政主管部门登记、验证、年检等行政行为搭车收费。不得将经营服务性收费项目转包或者委托与社会组织负责人、分支（代表）机构负责人有直接利益关系的企事业单位或其他组织实施。社会组织要在资产、机构、人员等方面与所举办经济实体分开，与所举办的经济实体之间发生经济往来，要按照等价交换的原则收取价款、支付费用。社会团体依法所得不得投入会员企业进行营利。社会团体不得通过转包、承包等方式，向其分支（代表）机构、专项基金管理机构收取或者变相收取管理费用。基金会不得资助以营利为目的开展的活动，不得直接宣传、促销、销售企业的产品和品牌，也不得为企业及其产品提供信誉和质量担保。社会组织不得利用业务主管部门影响或者行政资源牟利、不得利用所掌握的会员信息、行业数据、捐赠人和受赠人信息等不当牟利。社会组织不得违反规定设立评比达标表彰项目和进行收费，严禁以各种方式强制企业或者个人入会，严禁向企业摊派会费、派捐索捐和强拉赞助。

## 四、实行信息公开，接受社会监督

社会组织要守法经营，诚信服务，既要敢于承诺，更要兑现承诺。基金会要严格按规定向社会公开公益活动和募集资金的详细使用计划，公益

资助项目的申请、评审程序，以及年度工作报告和财务审计报告等信息。社会团体要主动向会员公开年度工作报告、财务工作报告、会费收支情况以及经理事会研究认为有必要向会员公开的其他信息，向社会公开登记事项、章程、组织机构、接受捐赠、承接政府转移职能以及政府购买服务事项等信息。民办非企业单位要重点向服务对象公开服务承诺、服务收费标准等信息。各级登记管理机关要制定社会组织信息公开办法，建立或者利用有公信力的公共信息平台，为社会组织发布信息和社会监督创造有利条件。

## 五、强化审计意识，加强执法监督

在日常管理上，要强化对社会组织的审计意识，并切实加强对社会组织的执法监督。对社会组织使用的财政资金以及接受社会捐赠、资助的资金，审计机关要依法进行审计监督。对社会组织依法获取的其他收入，通过社会审计机构依法进行审计监督。社会组织要按规定进行年度审计、换届审计和法定代表人离任审计，并将审计结论向会员（代表）大会或者理事会、监事会（监事）报告。登记管理机关可根据工作需要对社会组织进行专项审计。对于违背注册会计师执业准则，帮助社会组织做假账、假报表和出具虚假审计报告的会计师事务所，登记管理机关一经发现，要通报财政部门和注册会计师行业组织，并由相关部门和单位给予相应处分。要完善投诉举报受理机制，畅通社会监督渠道。发现社会组织存在腐败隐患的，及时督促整改；确有违法违纪行为的，交由相关机关依纪依法对直接责任人和相关人员给予相应党纪政纪处分，构成犯罪的，依法追究刑事责任。

## 六、切实加强社会组织廉洁自律教育

各级登记管理机关要把加强社会组织廉洁自律教育作为一项重要任务来抓，社会组织也要把廉洁自律教育作为一项基础性工作，常抓不懈，着力增强教育的针对性和实效性。社会组织法定代表人为本组织反腐倡廉工作第一责任人。要在社会组织中深入开展中国特色社会主义和中国梦教育、理想信念和宗旨教育、社会主义核心价值体系教育，加强党纪国法和道德教育。社会组织党组织要推动党员干部严格执行廉洁自律规定，落实党内监督制度，充分发挥党员干部的模范引导作用。

各级民政部门要严格按照中央有关文件精神，加强社会组织负责人任（兼）职审核，对未按规定报批的领导干部，不得办理相关手续。

各单位要切实加强对社会组织反腐倡廉工作的组织领导，认真落实好社会组织反腐倡廉工作的各项任务。各级民政、财政等部门要建立联动机制，形成合力，采取有效措施，确保社会组织反腐倡廉工作稳步推进。

陕西省民政厅　陕西省财政厅

2014 年 12 月 31 日

# 宁夏回族自治区党委办公厅　人民政府办公厅印发《关于改革社会组织管理制度激发社会组织活力的意见》的通知

（宁党办发〔2014〕71 号）

各市、县（区）党委（工委）和人民政府，区直各部委办厅局，各人民团体、直属事业单位，中央驻宁单位，各大型企业：

《关于改革社会组织管理制度激发社会组织活力的意见》已经自治区党委、人民政府同意，现印发你们，请结合实际认真贯彻落实。

中共宁夏回族自治区委员会办公厅
宁夏回族自治区人民政府办公厅
2014 年 11 月 21 日

## 关于改革社会组织管理制度激发社会组织活力的意见

为深入贯彻落实党的十八大和十八届三中、四中全会精神及自治区党委、政府关于全面深化改革的总体部署，改革社会组织管理制度，进一步激发和释放社会组织活力，充分发挥社会组织带动经济发展、提供公共服务、促进社会和谐等作用，现提出如下意见。

### 一、总体要求

1. 指导思想。以邓小平理论、“三个代表”重要思想、科学发展观为指导，加快建立政社分开、权责明确、依法自治的现代社会组织体制，充分激发社会组织活力，促进社会组织健康有序发展，推动社会组织成为经济发展和社会进步的重要力量，为建设开放宁夏、富裕宁夏、和谐宁夏、美丽宁夏贡献积极力量。

2. 基本原则。坚持培育扶持、规范管理，一手抓积极引导发展，一手抓严格依法管理。坚持政社分开、管办分离，积极推进政府转变职能，加快社会组织去行政化步伐。坚持党建引领、依法自治，切实加强社会组织党的建设，强化依法按章、独立自主开展活动。

3. 总体目标。到2020年，构建覆盖广泛、门类齐全、结构优化、布局合理、作用明显的社会组织体系，形成法规政策健全、监管有力、服务到位的社会组织管理服务格局，建立参与广泛、资源整合、协调顺畅、充满活力、富有效率的社会组织工作体制，使社会组织成为政府职能转变承接者、社会政策重要执行者、社会道德自觉践行者、社会和谐稳定生力军。

## 二、深化社会组织管理体制改革

4. 简化登记备案制度。对行业协会商会类、科技类、公益慈善类、城乡社区服务类社会组织实行民政部门直接登记制度。登记管理机关、行业主管部门及相关职能部门在各自职责范围内依法对社会组织进行业务指导和管理服务。取消对社会团体的分支（代表）机构的登记审批制度，实行备案制度。继续实行城乡基层社会组织登记和备案并行的双轨制，探索建立城乡社区枢纽（联合）型社会组织，增强社区自治服务功能。

5. 降低登记准入门槛。除法律法规规定有注册资金、会员数量要求的，各级社会组织登记管理机关要结合实际，适当放宽社会组织登记注册资金和会员最低数量要求。特别是对于公益慈善类、社会福利类、社会服务类和城乡社区服务类社会组织，适当降低登记门槛。

6. 引入竞争激励机制。对行业性、专业性、自然科学学术性的社会团体，突破“一业一会”的限制，可以按照国民经济行业分类的小类标准成立多个行业协会。允许同一行业按照产业链各个环节、经营方式和服务类型成立多个行业协会。鼓励行业协会适度竞争，优胜劣汰。

7. 深入推进政社分开。进一步理顺政府与社会组织的关系，明确社会组织的权责和职能，将可由社会组织承担基本公共服务事项、社会管理服务事项、行业管理与协调事项、技术服务事项、政府履职所需辅助性事项，转移或委托给社会组织。推进社会组织管办分离，力争到2017年底，实现社会组织在机构、职能、资产、财务、人员等方面与行政机关完全脱钩。现职公务人员和具有行政管理职能的事业单位工作人员一律不得兼任社会组织负责人；严格规范离退休领导干部在社会组织中的任职行为。

## 三、健全社会组织培育发展体系

8. 推行政府购买服务。按照推进政府职能转变、建设服务型政府的要求，各级机构编制、民政、财政等部门要认真落实自治区《政府向社会力量购买服务暂行办法》和《政府购买社会工作服务实施办法》，建立健全政府向社会组织购买服务机制，明确社会组织购买主体、承接主体，编制购买内容与目录，建立以项目申报、项目评审、组织采购、资质审核、合同签订、项目监管、绩效评估、经费兑付等为主要内容的规范化购买流程，规范有序开展政府向社会组织购买服务工作。

9. 加大资助支持力度。支持社会组织参与社会管理和公共服务，落实公益性、福利性社会组织的税收减免政策。依法登记的社会组织除享受国家规定的税收优惠政策外，自治区级税政权限内的税收优惠政策向社会组织倾斜。社会组织免税资格和公益性捐赠税前扣除资格申报认定每半年办理1次。建立公共财政对社会组织提供公共服务的支持、资助和奖励机制，将符合条件的社会组织纳入政府产业扶持和社会事业发展扶持政策范围。各地各部门要采取政府投资或利用现有场所建设社会组织孵化基地，建立社会组织孵化专项基金，重点孵化工商经济、社会福利、公益慈善类、城乡社区服务类社会组织，孵化期原则上为2—3年。建立福利彩票公益金资助社会组织开展公益服务等扶持政策，鼓励金融机构为符合条件的社会组织提供信贷服务，拓宽社会组织筹资渠道。

10. 拓宽参政议政渠道。各级党委、政府和相关部门要建立与社会组织的沟通协调机制，在制定政策、实施重大决策等过程中，要注重广泛听取社会组织的意见和建议，提高社会组织对公共事务的参与度。要逐步增加自治区各级党代表大会、人民代表大会和政协全会中社会组织代表、委员的比例，探索在政协设立“社会组织”界别，科学确定适当的委员名额比例，充分发挥社会组织在扩大群众参与、反映群众诉求方面的积极作用。

11. 积极履行社会责任。制定社会组织履行社会责任实施办法、评价指标、评分标准，明确评价主体，规范评价程序，建立激励机制，扎实开展社会组织履行社会责任评价工作。推动社会组织积极履行社会责任，践行社会主义核心价值观，积极开展形式多样的公益活动，努力为社会多做好事，多办实事；积极为社会提供优质服务，争当履行社会责任的模范。

## 四、完善社会组织综合监管体系

12. 加强行业分类管理。对各级社会组织进行分类管理，除社区社会组织外，按照经济类、社科类、科技类、教育培训类、公益慈善类等类别，分别归口划入经济和信息化、教育、财政、民政、人力资源社会保障、司法行政、科技、商务、社科等相关职能部门，并成立相应的行业社会组织党委，负责本行业社会组织的党建工作，各级社会组织工委进行统一指导。

13. 健全联合执法机制。按照“统一登记、各司其职、协调配合、分级负责、依法监管”的要求，明确登记管理机关、行业管理部门和业务主管部门监管职责，健全公安、民政、财政、监察、审计、税收、金融等多部门联合执法机制，健全执法程序，规范执法行为，加大执法监察力度，严厉打击违法社会组织和社会组织的违法行为，依法取缔非法社会组织。

14. 健全完善退出机制。建立健全社会组织负责人管理、资金管理、年度检查、查处退出等制度，对社会组织出现未按章程开展活动、自行解散、分立合并和由于其他原因终止的，要先按规定完成清算，再按规定办理注销手续。根据社会组织管理有关法律法规和政策规定，符合撤销条件的，由登记管理机关依法依规撤销登记。

15. 建立健全评估机制。各级民政部门要建立健全社会组织等级评估指标体系，加强评估委员会建设，健全评估工作机制，优化评估程序，完善评估制度，严格评估纪律，进一步完善评估的导向、激励和约束政策。

16. 建立信息披露机制。搭建面向公众的社会组织公共信息披露平台，加大信息公开力度，完善社会公众投诉举报机制，广泛接受服务对象、新闻媒体、政务部门和社会公众的监督。建立社会组织“黑名单”制度，推进落实社会组织失信惩戒制度。

## 五、加强社会组织自身建设

17. 强化自治自律功能。按照现代社会组织体制要求，研究制定行业协会法人治理指引、社会团体章程示范文本、社会团体换届选举工作指引、社会团体商业行为指引等内部治理规范。围绕强化自治功能，推动完善社会组织法人治理结构和民主机制，完善会员大会、理事会、监事会制度，落实民主选举、民主决策、民主管理、民主监督，引导社会组织依法按照章程开展活动，独立承担法律责任。开展行业协会行业自律与诚信创建活动、民办非企业单位塑造品牌与服务社会活动，引导社会组织提高自律诚信和社会公信力。

18. 加强人才队伍建设。将社会组织人才队伍建设纳入各级党委、政府人才发展规划，加大社会组织专业人才培育和引进力度，促进社会组织人才队伍专业化、职业化。制定社会组织专职（从业）人员培训规划，建立社会组织人才培训长效机制和人才培养教育基地，提高社会组织专职

（从业）人员工作水平。建立社会组织专业人才库，进一步完善社会组织人才的培育、评价、流动等制度。建立以岗位职责为基础，以品德、能力和业绩为导向，科学化、社会化的社会组织专业人才评价机制。支持社会组织相关人员参加社会工作专业人才职业资格考试或考评，不断提高职业素质和专业水平。鼓励社会组织根据工作需要聘用持有职业资格证书或专业技术职务任职资格证书的社会工作专业人才，重视解决社会组织专职人员的社会保障问题，按照国家有关规定办理社会保险事宜。

19. 加强社会组织党建。完善党委统一领导、组织部门牵头抓总、社会组织工委协调指导、相关行业部门负责管理、社会组织基层党组织具体负责的党建工作管理体制。创新社会组织党组织设置方式，进一步扩大组织和工作覆盖，充分发挥社会组织党组织的战斗堡垒作用和党员的先锋模范作用。推广“党组织联建、组织生活联过、组织活动联搞、党员教育联抓”的“开放式”党建模式，实现行政事业单位、企业和村（社区）党组织与社会组织党组织活动场所共用、资源设施共享。建立健全社会组织党组织书记向上级党组织和本单位党员群众报告工作、述职评议等制度。研究制定符合社会组织特点的党组织书记综合考核评价办法。推动社会组织建立健全党组织书记薪酬待遇保障制度。

## 六、强化社会组织工作保障

20. 着力强化组织领导。各级党委要高度重视社会组织工作，成立由组织部门、社会组织工委、有关行业管理单位和登记管理机关组成的社会组织工作领导小组，建立社会组织工作联席会议制度。各级党委组织部门要充分发挥牵头抓总的职能作用，把社会组织党建工作列入对基层党组织、有关部门党建工作考核的重要内容。各级社会组织工委要采取有效措施，加强协调指导，强化督促检查，定期分析通报，切实抓好社会组织党建工作。行业管理部门要切实负起直接领导责任，加强对社会组织及党组织的直接管理领导。登记管理机关要切实履行职责，积极协助有关单位，制定政策和措施，推动社会组织健康发展。

21. 不断加大经费投入。各级财政要将社会组织登记管理、执法监察、政府购买服务等业务和党建工作经费列入财政预算。各级党委组织部门要通过基层党建工作经费、党费支持、项目化管理等，加大对社会组织党建工作的投入，建立稳定规范的社会组织党建工作经费保障机制。社会组织党组织党员交纳的党费，由上级党组织全部返还。社会组织每年应从管理费中列支部分资金，作为党组织活动经费。

22. 切实加强宣传引导。各级要建立一支专业化与大众化相结合、专职与兼职相配合的社会组织宣传工作队伍，形成上下贯通的宣传工作网络。充分利用各大新闻媒体平台和现代传媒手段，以群众喜闻乐见的形式开展宣传活动，大力宣传社会组织参与社会服务、加强和创新社会管理及党建工作先进典型等，充分展示我区社会组织发展成就和社会组织从业人员的风采，扩大社会组织的影响力和知名度。建立社会组织宣传工作激励机制，加强社会组织文化建设，形成全社会关注、支持社会组织工作的良好氛围。

23. 建立责任考核制度。将社会组织培育发展、规范管理和党建工作纳入各级党委、政府社会建设绩效考核内容，完善考核评价指标体系，定期对社会组织建设情况进行考核，并接受社会监督。

# 大连市关于印发大连市政府向社会力量购买服务实施办法（暂行）的通知

（大政办发〔2014〕76号）

各区、市、县人民政府，各先导区管委会，市政府各委办局、各直属机构：

《大连市政府向社会力量购买服务实施办法（暂行）》业经第十五届人民政府第十九次常务会议审议通过，现印发给你们，请认真贯彻执行。

大连市人民政府办公厅
2014年8月23日

## 大连市政府向社会力量购买服务实施办法（暂行）

### 第一章　总　则

**第一条**　为进一步规范和推广政府向社会力量购买服务工作，加快政府职能转变，深化社会领域改革，促进服务业发展和服务型政府建设，为人民群众提供更好的公共服务，根据《国务院办公厅关于政府向社会力量购买服务的指导意见》（国办发〔2013〕96号）要求，制定本办法。

**第二条**　本办法所称政府向社会力量购买服务（以下简称政府购买服务），是指通过发挥市场机制作用，把政府直接组织提供的一部分公共服务事项，按照一定的方式和程序，交由具备条件的社会组织、企业和机构等社会力量承担，并由政府根据合同约定向其支付费用。

政府在履行职责中所需的辅助性服务事项，参照本办法规定实施购买。

**第三条**　政府购买服务根据《中华人民共和国预算法》《中华人民共和国政府采购法》《中华人民共和国合同法》等法律法规组织实施。

### 第二章　指导思想与基本原则

**第四条**　政府购买服务工作要以邓小平理论、“三个代表”重要思想、科学发展观为指导，深入贯彻落实党的十八大和十八届三中全会精神，牢牢把握加快转变政府职能、推进政事政社分开、在改善民生和创新管理中加强社会建设的要求，进一步放开公共服务市场准入，改革创新公共服务提供机制的方式，推动中国特色公共服务体系建设和发展，努力为人民群众提供优质高效的公共服务。

**第五条** 实施政府购买服务，应遵循以下基本原则：

（一）积极稳妥，有序实施。立足全市经济社会发展状况，准确把握社会公共服务需求，充分发挥政府主导作用，有序引导社会力量参与服务供给，形成改善公共服务的合力。

（二）科学安排，注重实效。坚持精打细算，明确权利义务，切实提高财政资金使用效率，把有限的资金用在刀刃上，用到人民群众最需要的地方，确保取得实实在在的成效。

（三）公开择优，以事定费。按照公开、公平、公正原则，坚持费随事转，通过竞争择优的方式选择承接政府购买服务的社会力量，确保具备条件的社会力量平等参与竞争。加强监督检查和科学评估，建立优胜劣汰的动态调整机制。

（四）改革创新，健全机制。坚持与事业单位分类改革相衔接，推进政事分开、政社分开，放开市场准入，凡社会能办好的，尽可能交给社会力量承担。及时总结改革实践经验，积极推动政府向社会力量购买服务的健康发展，加快形成公共服务提供新机制。

## 第三章 购买主体

**第六条** 政府购买服务的主体（以下简称购买主体）是各级行政机关和参照公务员法管理、具有行政管理职能的事业单位。

**第七条** 其他纳入行政编制管理且经费由财政负担的群团组织，也可以根据实际需要，按照本办法的规定实施购买服务。

## 第四章 承接主体

**第八条** 承接政府购买服务的主体（以下简称承接主体），包括在民政部门登记或经国务院批准免予登记的社会组织，以及依法在工商管理或行业主管部门登记成立的企业、机构等。

**第九条** 承接主体应具备以下基本条件：

（一）依法设立，具有独立承担民事责任的能力。

（二）治理结构健全，内部管理和监督制度完善。

（三）具有独立、健全的财务管理、会计核算和资产管理制度。

（四）具备提供公共服务所必需的设施、人员和专业技术能力。

（五）具有依法缴纳税收和社会保障资金的良好记录。

（六）资质审查合格，具有良好的社会信誉和商业信誉。

（七）法律、法规规定以及购买服务项目要求的其他条件。

**第十条** 承接主体的基本资质条件由财政部门会同民政、工商等有关登记管理机关、行业主管部门确定，具体承接购买服务的条件由购买主体会同财政部门根据购买服务的要求确定。



## 第五章 购买内容

**第十一条** 政府购买服务的内容为适合采取市场化方式提供、社会力量能够承担的公共服务，突出公共性和公益性。除法律法规另有规定，或涉及国家安全、保密事项以及司法审判、行政行为等不适合向社会力量购买，以及不属于政府职能范围的服务项目外，下列事项可通过政府购买服务的方式，逐步交由社会力量承担：

（一）基本公共服务事项。基本公共教育、劳动就业服务、人才服务、社会保险、社会救助、社会福利、基本养老服务、优抚安置服务、基本医疗卫生、人口和计划生育服务、基本住房保障、公共文化、公共体育、基本公共安全服务、残疾人基本公共服务、环境保护、交通运输、服务三农等领域适宜由社会力量承担的服务事项。

（二）社会管理服务事项。社区建设、社会组织管理服务、社工服务、法律援助、慈善救济、公益服务、人民调解、社区矫正、流动人口管理服务、安置帮教、公共公益宣传等领域适宜由社会力量承担的服务事项。

（三）行业管理与协调事项。行业职业资格认定、处理行业投诉等领域适宜由社会力量承担的服务事项。

（四）技术服务事项。科研、行业规划、行业规范、行业调查、行业统计分析、资产评估、检验检疫检测、监测服务等领域适宜由社会力量承担的服务事项。

（五）政府履职所需辅助性事项。法律服务、课题研究、政策（立法）调研草拟论证、会议经贸活动和展览服务、监督、评估、绩效评价、工程服务、项目评审、咨询、技术业务培训、审计服务等领域适宜由社会力量承担的服务事项。

（六）其他适宜由社会力量承担的公共服务事项。

**第十二条** 对于政府新增的或临时性、阶段性的服务和管理职能或事项，凡适合社会力量承担的，都应按照政府购买服务的方式进行，不再增加新的财政供养机构和人员。

**第十三条** 财政部门应会同机构编制、民政等有关部门根据本地区经济社会发展水平、政府转变职能要求、政府中心工作及财力水平等因素，在准确把握公众需求的基础上，按照积极稳妥的原则和本办法规定的购买服务范围，制定政府购买服务指导性目录，明确政府购买服务的种类、性质和内容，并在总结经验的基础上及时动态调整。

## 第六章　资金管理

**第十四条** 政府购买服务主要涉及资金使用方式的变化，所需资金按照以事定费的原则，从购买主体部门预算安排的公用经费或经批准使用的专项经费等既有预算中统筹安排。随着政府提供公共服务的发展所需增加的资金，应按照预算管理要求列入财政预算。

**第十五条** 政府购买服务所需资金由各部门依据购买服务合同，按现行的部门预算政府采购资金支付程序支付；也可以根据政府购买服务的不同形式，由财政部门审核购买服务合同后，采取其他支付方式。

## 第七章　程序与方式

**第十六条** 政府购买服务原则上按照部门预算和政府采购的程序、方式组织实施。

**第十七条** 购买主体应于每年 7 月底前向同级财政部门申报下一年度政府购买服务事项计划，由财政部门会同机构编制部门进行审查，其中涉及社会工作服务事项购买计划还需会同民政部门审查。审查通过后，向社会公布下一年度政府购买服务需求目录。同时，购买主体在申报下一年度部门预算时对购买服务事项予以单独列示，经财政部门批复同意后组织实施。

**第十八条** 购买主体在同级财政部门批复购买计划后，要通过网站主动向社会公开购买服务项目的标准和要求。

**第十九条** 购买主体应按照《中华人民共和国政府采购法》等相关规定，通过公开招标、邀请招标、竞争性谈判、询价、单一来源采购等方式确定承接主体；对具有特殊性且不符合竞争性条件的，可以采取直接委托等方式进行购买。

**第二十条** 通过以上方式确定承接主体后，购买主体应及时签订购买服务合同，明确购买服务的范围、标的、数量、质量要求以及服务期限、资金支付方式、权利义务和违约责任等内容，严禁转包行为。购买主体要将合同报同级财政部门备案。承接主体应认真履行合同规定，切实提高服务水平；对弄虚作假、冒领财政资金的，将依法给予查处，3 年之内不得参与政府购买服务。

## 第八章　绩效评审

**第二十一条**　财政部门将政府购买服务资金纳入财政资金绩效管理体系，建立绩效评审办法，确保资金使用安全有效。

**第二十二条**　探索建立由购买主体、服务对象及第三方组成的综合性评审机制，对购买服务项目数量、质量和资金使用绩效等进行考核评审。评审结果向社会公布，并作为以后年度编制政府购买服务预算和选择承接主体的重要依据。

## 第九章　保障措施

**第二十三条**　各级政府要按照“政府主导、部门负责、社会参与、共同监督”的要求，建立“政府统一领导，财政部门牵头，民政、工商管理以及行业主管部门协同，职能部门履职，监督部门保障”的工作机制，规范有序开展政府购买服务工作。

（一）财政部门牵头负责建立健全政府购买服务制度，监督、指导各类购买主体依法开展购买服务工作，做好政府购买服务的资金管理、监督检查和绩效评价等工作。

（二）机构编制部门负责配合财政部门对政府购买服务的范围和目录进行审核，做好政府购买服务与事业单位分类改革的衔接，坚决防止一边购买服务，一边又养人办事。

（三）民政部门负责统筹推进社会组织承接政府购买服务工作，构建社会组织承接政府购买服务项目库。提升社会组织发展水平，增强社会组织承接政府购买服务的能力。组织开展对社会组织承接政府购买服务情况进行评估。

（四）工商管理以及行业主管等部门要按照职责分工，将承接政府购买服务行为纳入年报公示、评估、执法等监管体系。

（五）监察部门负责对政府购买服务工作实施行政监察，严肃查办政府购买服务中的违纪违法案件，依照有关规定进行处理；构成犯罪的，移交司法机关追究刑事责任。

（六）审计部门负责对政府购买服务资金的使用情况进行审计监督，

确保政府购买服务资金规范管理和使用，防止截留、挪用、滞留和冒领资金等现象发生。

（七）购买主体负责购买服务的具体组织实施，建立健全内部监督管理制度，公开本部门经批准的政府购买服务事项，对承接主体提供的服务进行跟踪监督，在项目完成后组织考核评估和验收。

**第二十四条** 各级政府在政策制定、资金扶持、场地安排等方面积极支持社会力量的培育和发展，抓紧出台社会工作专业人才队伍建设的实施办法，为政府向社会力量购买服务提供组织、人才保障。

## 第十章 附 则

**第二十五条** 本办法由市财政局负责解释。

**第二十六条** 本办法自印发之日起实施。

# 中共大连市委办公厅 大连市人民政府办公厅关于印发《大连市党政机关办协会等有关问题整改方案》的通知

（大委办传〔2014〕14 号）

各区市县党委、人民政府，各开放先导区党工委、管委会，市委各部委，市直各单位，各人民团体：

经市委、市政府领导同志同意，现将《大连市党政机关办协会等有关问题整改方案》印发给你们，请按照责任分工要求，认真抓好落实，确保如期完成整改任务。

请各区市县、各开放先导区参照执行。

中共大连市委办公厅
大连市人民政府办公厅
2014 年 12 月 1 日

## 大连市党政机关办协会等有关问题整改方案

按照《中共辽宁省委办公厅、辽宁省人民政府办公厅关于印发〈党政机关办协会等有关问题整改方案〉的通知》（辽委办字〔2014〕7 号）要求和我市有关工作安排，现就我市党政机关办协会等有关问题制定本整改方案。

### 一、目标和范围

整改的总体目标是以邓小平理论、“三个代表”重要思想、科学发展观为指导，深入贯彻党的十八大和十八届二中、三中、四中全会精神，通过集中整改，重点解决中央巡视组反馈意见中提出的党政机关办协会等问题，加快推进建立政社分开、权责明确、依法自治的现代社会组织体制，形成统一登记、各司其职、协调配合、分级负责、依法监管的社会组织管理体制。

这次整改工作的责任主体是各社会组织的业务主管单位。社会组织的业务主管单位是指党的机关、人大机关、行政机关、政协机关、审判机关、检察机关以及经授权可做社会组织业务主管单位的组织。

整改的对象是分别依据《社会团体登记管理条例》和《民办非企业单位登记管理暂行条例》在市民政局注册登记的社会团体和民办非企业单位。

## 二、主要任务

### （一）推进行业协会商会与行政机关脱钩

推进169家行业协会商会与业务主管单位在人员、职能、机构、财产、住所上分开，强化行业自律，使行业协会商会真正成为提供服务、反映诉求、规范行为的独立法人主体。

此项工作依据市发展改革委、市民政局、市委组织部、市编办、市财政局等部门制定的《关于全市性行业协会商会与行政机关脱钩方案》组织实施。

### （二）开展行业协会商会以外的社会组织清理整顿

按照“谁主管、谁负责”的原则，由各业务主管单位负责对其主管的社会组织逐个进行清理整顿。重点清理社会组织存在的现职党政机关领导干部和退（离）休领导干部兼（任）职务、无偿占用党政机关办公用房和资产、违规截留行政职能和办企业等问题。

自行宣布不再担任社会组织业务主管单位的部门和单位，应按要求对原主管的社会组织进行清理，提出注销、撤销、变更业务主管单位或脱钩等处理意见，并负责组织办理相应的法定手续。

此项工作依据市民政局制定的《关于全市性行业协会商会以外的社会组织清理整顿实施意见》组织实施。

### （三）依法有序向社会组织转移职能

结合行政管理体制改革和政府职能转变，依法有序推进政府向社会组织转移职能工作。各部门各单位要认真清理职能事项，编制向社会组织转移职能事项清单并报市编办。市编办会同市政府办公厅、市政府法制办等部门组织力量对各部门各单位报送的转移职能事项清单进行审核论证后，报市政府审定，以市政府文件印发全市执行并向社会公布。

此项工作依据市编办制定的《关于市政府向社会组织转移职能的工作方案》组织实施。

（四）清理社会组织办企业问题

在清理整顿过程中，要把社会组织办企业产生的截留行政权力，利用国有资产、财政资金办企业等问题作为重点内容进行整改。社会团体办企业要严格执行国家有关规定，所办企业要经工商行政管理部门登记注册。此前已创办的企业，在这次整改中要理清产权关系，明晰管理职责。社会团体创办企业，要经业务主管单位同意，并由业务主管单位承担主管部门责任。行业协会商会原则上不允许创办企业，直接登记的社会团体暂不允许创办企业，待国家《社会团体登记管理条例》修订后，再予以明确。

依据《民办非企业单位登记管理暂行条例》和《基金会管理条例》规定，民办非企业单位和基金会不允许创办企业。

（五）加强对财政资金、国有资产的管理

在推进行业协会商会与行政机关脱钩和开展对行业协会商会以外的社会组织清理整顿过程中，要加强对财政资金和国有资产的管理，确保财政资金规范使用，确保国有资产合法、合规运行，防止国有资产流失。

此项工作依据市财政局、市民政局、市工商局等部门制定的《关于行业协会商会与行政机关脱钩国有资产认定、处置指导意见》组织实施。

（六）加强对社会组织的财务监管

要依法加强对社会组织的财务监管，指导监督社会组织建立健全财务管理制度，完善内部控制制度，使社会组织财务收支活动符合相关财经法规规定。

此项工作依据市民政局、市财政局、市人社局、市审计局、市物价局等部门制定的《关于进一步规范社会组织财务管理的若干规定》组织实施。

## 三、工作要求

（一）高度重视

这次整改工作是市委、市政府落实中央巡视组反馈意见和省委、省政府总体部署的重要举措，也是提高我市社会组织管理水平、加强和创新社会治理工作的重要内容，各有关部门和单位要以高度的政治责任感，按照“讲诚信、懂规矩、守纪律”的要求，将市委、市政府部署的工作任务摆在重要位置，保质保量按期完成。

不能按期完成任务的业务主管单位，要单独向市委、市政府提交报告，说明理由。

（二）明确责任

各部门各单位在整改工作中，既要按照职责分工进行，也要注重统筹兼顾、配合有力，不推诿扯皮。各牵头单位要做好承办、催办、汇总等工作。涉及政策上不明确的事项，由制定政策的牵头单位负责解释。社会组织业务主管单位要按照“谁主管、谁负责”的原则，明确内部分工，把责任落实到人，并于12月10日前将此次整改工作总结送交市民政局。市民政局结合各业务主管单位整改工作情况，形成全市社会组织整改总体工作报告，上报市委、市政府。

（三）依法处理

在整改过程中，各部门各单位要坚持问题导向，全面摸清情况，勇于直面问题，敢于揭露问题，善于解决问题。在处理具体问题时，要于法有据，严格执行有关法律法规，妥善处理疑难问题，防止在解决原有问题时产生新的问题。社会组织在整改过程中应按照本组织《章程》规定，及时召开会议调整、完善组织机构，并将新的组织机构等有关情况及时报送市民政局审核验收。

（四）建章立制

各部门各单位既要边整边改、立行立改，尽快取得实效，更要注重源头治理，坚持标本兼治、纠建并举。从推进改革、完善政策、健全制度、改进监管等方面入手，巩固工作成果，推进建设长效机制。市民政局负责制定社会组织法人治理和内部管理相关制度示范文本，并结合2014年度年检工作，推进社会组织法人治理建设。

附件：一、关于全市性行业协会商会与行政机关脱钩方案

二、关于全市性行业协会商会以外的社会组织清理整顿实施意见

三、关于市政府向社会组织转移职能的工作方案

四、关于行业协会商会与行政机关脱钩国有资产认定、处置指导意见

五、关于进一步规范社会组织财务管理的若干规定

附件一

# 关于全市性行业协会商会与行政机关脱钩方案

市发展改革委　市民政局　市委组织部　市编办　市财政局

为认真贯彻落实党的十八届三中、四中全会精神，按照《国务院机构改革和职能转变方案》要求，制定本方案。

## 一、工作目标

以推进行业协会商会明确权责、依法自治、发挥作用为目标，实现行业协会商会自愿发起、自选会长、自筹经费、自聘人员、自主会务和无行政级别、无行政事业编制、无行政业务主管部门、无国家机关工作人员兼职；做到独立公正、行为规范、运作有序、公信力高，适应社会主义市场经济发展要求、符合国际惯例，并充分发挥职能作用。

## 二、脱钩的范围

在市民政局登记的行业协会商会（指行业协会和异地商会）。

行业协会是指从事相同性质经济活动的经济组织，为维护会员共同利益而自愿组成，依照章程开展活动的社会团体。

异地商会是指由同一原籍地的外来投资企业在注册登记地依法自愿发起组建，带有原籍地行政区域名称特征的社会团体。

本方案中的国家机关包括县（市、区）级以上的党的各级机关、各级人大机关、行政机关、审判机关、检察机关。

## 三、脱钩的内容

（一）机构脱钩。行业协会商会应是独立的社会团体，须与现各级行政主管部门脱离隶属关系，不得与行政机关合署办公且有独立的办公场所。

（二）职能脱钩。行业协会商会不具有任何行政职能。行业协会商会经参加社会组织评估，且评估等级达到3A级以上的，可按照法律法规和相关规定，根据章程和自身情况承接政府职能转移的相关事项。

（三）人员脱钩。现职及不担任现职但未办理退（离）休手续的国家机关工作人员在行业协会商会兼职任职的必须退出；退（离）休的国家机关工作人员在行业协会商会中兼职的，必须符合有关规定，并按干部管理权限重新履行审批手续。行政机关不得借调行业协会商会的工作人员。

（四）财务脱钩。行业协会商会实行《民间非营利组织会计制度》，必须设立独立的账号，独立核算，不得与行政机关会计合账或实行财务集中管理。行业协会商会应聘请具有专业资质的会计和出纳，不得由行政机关的会计和出纳兼职。行业协会商会应实行财务电算化，并配合登记管理机关建立银行账户管理预警制度。

（五）资产脱钩。行业协会商会应按照市财政局的有关政策规定界定资产权属，行业协会商会与行政机关资产产权不清晰的，必须完成资产划分，明晰产权归属。

## 四、工作步骤

（一）准备阶段（2014 年 11 月 30 日前）。各单位应将行业协会商会与行政机关脱钩工作列入重要议事日程，加强对脱钩工作的领导，统一思想，精心组织，严明纪律，尽职尽责，确保如期完成脱钩工作。

各行业协会商会要按照要求对本行业协会商会的人员、财务、资产、职能和机构等方面情况逐项进行自查自纠。

（二）实施阶段（12 月 1 日至 10 日）。各行业协会商会在自查自纠的基础上做好与行政机关脱钩工作，妥善处理行业协会商会与行政机关在人、财、物等方面的历史遗留问题，做到政会分开、职能分开、财产独立、人员分离。各行业协会商会在脱钩后应按照本会《章程》规定，及时召开会议调整、完善组织机构并将脱钩后的组织机构及负责人、办公地点、章程、会员组成等情况报登记管理机关备案，如发生变更登记的，应向登记管理机关申请办理变更手续。

各行业协会商会要认真填写《大连市行业协会商会与行政机关脱钩工作审核表》（以下简称《审核表》），及时报业务主管单位审核；各业务主管单位负责收集所属行业协会商会的各类信息，对《审核表》内容进行严格把关，组织并督促社会组织做好脱钩工作，及时填写《大连市行业协会商会与行政机关脱钩工作汇总表》（以下简称《汇总表》），并与所属行业协会签订脱钩协议书，连同《审核表》、《汇总表》一并报市民政局审批、备案。

对在规定时间内未完成脱钩工作的，由业务主管单位向市委、市政府报告，说明理由。

（三）总结阶段（12 月 11 日至 15 日）。各业务主管单位负责所属行业协会商会与本机关脱钩工作的总结及报表送交工作。市民政局汇总整理后，向市委、市政府报告。

**五、工作要求**

（一）高度重视。各部门各单位要充分认识开展行业协会商会与行政机关脱钩工作的重要意义，把思想统一到中央和省委、省政府及市委、市政府的决策部署上来，做好动员教育，制定工作计划，有条不紊地按期完成工作。

（二）缜密运作。脱钩工作政策性强、涉及面广，要严格依程序办事，扎实细致工作，正确处理好各种矛盾和问题，既实现行业协会商会与行政机关脱钩，又有利于行业协会商会的健康发展。各业务主管单位要按照方案总体要求，对所主管的行业协会商会财务状况进行审计，履行业务主管单位与行业协会商会脱钩审批手续，妥善安置脱钩所涉及的行政事业编制人员，依法对国有资产进行处置，妥善处理各种遗留问题，确保脱钩工作平稳、顺利进行。

市财政局负责对国有资产认定、处置提出指导性意见；市人社局负责对人员分开提出指导性意见。

（三）及时反馈。各行业协会商会与行政机关脱钩是一项涉及面广、情况复杂的工作。在操作运行中可能遇到一些涉及政策的特例问题，各部门各单位应及时与相关职能部门取得联系，反映情况，研究解决问题。

附件：1. 全市性行业协会商会名单（略）
2. 大连市行业协会商会与行政机关脱钩工作审核表（略）
3. 大连市行业协会商会与行政机关脱钩工作汇总表（略）
4. 大连市行业协会商会与业务主管单位脱钩协议书（略）

**附件二**

## 关于全市性行业协会商会以外的社会组织清理整顿实施意见

市民政局

根据市委、市政府的统一部署，现就全市性行业协会商会以外的社会组织清理整顿工作制定如下意见。

## 一、工作目标

深入贯彻落实党的十八届三中、四中全会精神，按照省委、省政府关于认真抓好中央巡视组反馈意见整改落实工作的部署和市委、市政府具体要求，加快推进建立政社分开、权责明确、依法自治的现代社会组织体制，形成统一登记、各司其职、协调配合、分级负责、依法监管的社会组织管理体制，开创我市社会组织建设与发展的新局面。

## 二、对象范围

这次清理整顿工作的责任主体是社会组织的业务主管单位。社会组织的业务主管单位是指党的机关、人大机关、行政机关、政协机关、审判机关、检察机关以及经授权可做社会组织业务主管单位的组织。清理整顿的对象是分别依据《社会团体登记管理条例》和《民办非企业单位登记管理暂行条例》在市民政局注册登记的社会团体和民办非企业单位（全市性行业协会商会除外）。

## 三、主要任务

（一）依法规范社会组织自身建设

1. 清理人员。凡是社会组织与党政机关一套人马、两块牌子的，按规定的时限进行整改，恢复社会组织的本质属性。对党政机关在职领导干部和退（离）休领导干部在社会组织中兼（任）职的，按市委组织部的有关规定执行，并将社会组织全部负责人和理事、常务理事、名誉职务名单报登记管理机关备案。

2. 清理住所。社会组织办公场所应具有相对独立性，不得与业务主管单位或其他国家机关合署办公。已在同一场所合署办公的，原则上应在2014 年年底前分开。社会组织使用的住所为国有资产的，按市财政局、市国资委相关规定执行。

3. 清理资产。社会组织应与业务主管单位明晰资产产权关系，并按照市财政局、市国资委等部门的有关规定对社会组织的资产进行一次全面梳理，界定权属。凡社会组织占用国有资产或党政机关占用社会组织资产的，应于2014 年 12 月底前清退完毕。社会组织作为独立的法人单位，应单独设立财务账户，严格执行《民间非营利组织会计制度》，实行财务管理电算化，设立专职财务管理人员。不得与业务主管单位合账管理或不立账户。

4. 清理职能。业务主管单位要按照市编办的要求，进一步理顺与社会组织的关系，明确职能界定。违规转移给社会组织行政职能的，一律按照要求清理规范。属于应当转移给社会组织的服务等职能，要依法履行审批程序。

5. 清理企业。各业务主管单位应对所属社会组织办企业的发起资格、资产来源、经营状况、收益分配等情况进行一次全面调查了解，存在问题的，要依法依规进行全面清理整改。

6. 清理收费。坚决取消社会组织与年检、审批、评定、市场准入等市场管理行为捆绑挂钩的各种收费；禁止依托行政机关收取服务性费用；除按《章程》规定，收取会员缴纳的会费以外，不得向会员单位摊派任何其他费用。已经存在收费行为的，要立即停止，所得收入，由业务主管单位按照国家有关规定处理。

（二）认真清理存在的问题

1. 建立完善社会组织退出机制。要坚持奖惩结合、分类指导的原则，积极扶持内部管理完善、活动开展较好的社会组织。对长期不开展活动、连续两年不参加年检或不开展活动、基本不发挥作用的社会组织，业务主管单位应依法组织清算，办理注销手续；对存在严重问题的社会组织，业务主管单位应组织对其进行清理整顿并提出处理意见；对清理整顿后需要撤销的社会组织，应报登记管理机关依法予以撤销，撤销后再由业务主管单位组织清算，办理注销手续；对社会组织机构仍然存在，原业务主管单位不愿再担任该社会组织业务主管单位的，应通知社会组织在3个月内找到新的业务主管单位，并到市民政主管机关履行主管单位变更手续。不能在时限内履行变更手续的，由原业务主管单位组织清算，办理注销手续。

社会组织是独立的法人主体，不允许双重登记；因历史原因形成的既在市编办登记，又在市民政局登记的社会组织，今后一律由市编办按相关规定进行管理，不需再到市民政局登记、变更和参加年检。在此次清理整顿中，此类社会组织须向市民政局申请注销登记。

2. 做好社会组织整顿后的新老交替工作。社会组织有关负责人按相关规定已不具备担任负责人条件，或未经批准已在社会组织兼任领导职务的，应辞去所兼任的社会组织领导职务。同时，应按社会组织《章程》规定的程序，完成好承上启下的机构重组及交接工作。在上述有关问题没有履行完成前，原社会组织负责人仍要负担起相应责任，直至新的组织机构产生。

3. 妥善处理疑难问题。在清理整顿中遇到有关政策问题，可按照部门职责分工，向相关牵头部门咨询。对于清理整顿工作中涉及的特殊疑难问题，由业务主管单位提出书面意见，与市编办、市民政局、市财政局会商后，按国家有关规定，通过一事一议的办法解决。

（三）依法落实管理职责

依法对社会组织实施监督管理，是国家法律法规赋予业务主管单位的职责，在《社会团体登记管理条例》和《民办非企业单位登记管理暂行条例》中均有明确规定。各社会组织业务主管单位要讲政治、顾大局，认真履行自身监督管理职责。在日常工作中要监督、指导社会组织遵守宪法、法律、法规和国家政策，依据其《章程》开展活动。对社会组织的申请登记、变更、年度检查、注销清算、思想政治工作、党的建设、财务和人事管理、研讨活动、对外交往、接受境外捐赠资助等事项要切实负起责任。

此前自行宣布不再担任社会组织业务主管单位的部门和单位，应按上述要求，负责对原管理的社会组织进行清理，提出脱钩、注销、撤销或变更业务主管单位等处理意见，履行不做业务主管单位的法定手续。

## 四、工作步骤

清理整顿工作要坚持边整边改、立行立改，扎实推进，尽快取得实效。

（一）调查整改阶段（12 月 5 日前）。各业务主管单位组织所属社会组织进行调查整改。相关社会组织应按《章程》规定，及时召开会员代表大会或理事会议逐项进行整改落实，包括国有资产清退，兼职人员办理审批手续，承接职能履行程序，所办企业的整顿。完成全部任务后，填报《社会组织清理整顿工作审核表》，报业务主管单位审批。

（二）审查审核阶段（12 月 6 日至 10 日）。业务主管单位对所属社会组织提交的《大连市社会组织清理整顿工作审核表》（以下简称《审核表》）进行认真审查，符合整顿条件要求的，由业务主管单位在《审核表》中签署审查意见；在审查过程中发现问题的，业务主管单位要督促社会组织及时改正。审查审核完成后，业务主管单位填报《大连市社会组织清理整顿工作汇总表》（以下简称《汇总表》），并形成工作总结连同《审核表》、《汇总表》送交市民政局。

（三）总结验收阶段（12 月 11 日至 15 日）。市民政局根据业务主管单位的意见，结合社会组织的具体情况，对社会组织作出准予变更登记、注销登记、备案或予以撤销登记等决定。同时，汇总各业务主管单位清理整顿情况，形成全市性社会组织清理整顿工作报告，上报市委、市政府。

**五、工作要求**

开展全市性社会组织清理整顿工作，是市委、市政府贯彻落实中央巡视组反馈意见和省委、省政府总体部署的重要举措。各社会组织业务主管单位要把清理整顿工作摆在突出位置，深化认识，责任到人，依法依规落实好各项工作任务。

对于未参加清理整顿的社会组织，业务主管单位要说明原因。对清理整顿后所涉及的资产、债权债务和人员安排问题，各业务主管单位要会同有关部门做好善后工作。到期不能完成任务的单位，要向市委、市政府提交报告、说明理由。

联系人：杨林；联系电话：84319570

附件：1. 大连市社会组织清理整顿工作审核表（略）

2. 大连市社会组织清理整顿工作汇总表（略）

附件三

## 关于市政府向社会组织转移职能的工作方案

市编办

为贯彻落实党的十八大和十八届二中、三中、四中全会精神，按照辽委办字〔2014〕7号文件要求和市委、市政府工作部署，依法有序推进政府向社会组织转移职能工作，结合我市实际，制定本方案。

**一、总体要求**

围绕推进政府治理能力建设现代化，正确处理好政府和社会关系的要求，根据我市社会组织发育程度，逐步将政府职能转移给社会组织，强化职能转移后的监管，充分发挥社会力量在管理社会事务中的作用，建立健全党委领导、政府负责、社会协同、公众参与、法治保障的社会管理体制。

**二、基本原则**

（一）能转尽转原则。凡是明确由社会组织承担的职能，一律转移给社会组织。

（二）公平公开原则。通过公平、公正的方式向社会公开，择优选择符合条件的社会组织承接转移的职能。

（三）积极稳妥原则。根据市场发育程度和社会发展现状有序推进，确保转移职能“转得出、接得稳”。

（四）依法监管原则。政府监管部门要将工作重心转到依法制定标准和强化事中、事后监管上，确保职能转移出去后“管得住”。

## 三、工作内容

（一）承接主体。分别依据《社会团体登记管理条例》、《民办非企业单位登记管理暂行条例》和《基金会管理条例》在市民政局注册登记的社会团体、民办非企业单位、基金会等社会组织。

承接主体应当符合以下条件：

1. 依法注册登记并具有法人资格，具有独立承担民事责任的能力。

2. 具有健全的法人治理结构，完善的内部管理制度、信息公开制度和民主监督制度。

3. 具有独立的财务管理、财务核算和资产管理制度，以及依法缴纳税收、社会保险费的良好记录。

4. 具有承接职能所必需的场所、设备、专业技术人员和相关资质。

5. 评估等级达到3A级以上。

6. 在行业内具有代表性和很高的社会公信力，没有不良信誉记录。

7. 相关法律、法规、规章设定的其他条件。

（二）转移职能的主要范围。市政府各部门各单位承担的行业技术标准和规范制定、行业准入审查、行业学术和技术成果推广（转化）、行业资质认定、产品产地认定、行业从业人员资质认定、行业统计、行业技术鉴定、资产项目评估等行业管理与技术服务等职能均列入转移职能范围（法律法规规定的除外）。

（三）转移方式。职能转出部门可通过公开竞争择优承接、向社会公告以及制定、修改相应地方性法规与政府规章等方式，明确1个或选择若干个符合条件的社会组织承接转移职能。

## 四、组织实施

（一）事项申报（2014年12月底前）。市政府各部门结合我市推行权力清单制度工作，进一步梳理职能事项，根据经济社会发展的需要和工作实际，结合社会组织承接情况，认真填写《市政府各部门拟向社会组织转移职能事项表》，提出拟转移的职能事项、转移方式、承接主体范围并说明原因及理由，同时将加盖本单位公章的纸质和电子版表格各 1 份报市编办。

（二）事项确认（2015 年 1 月底前）。市编办会同市政府办公厅、市民政局、市财政局、市政府法制办等部门根据职能转出部门上报的转移职能情况，进行合法性和必要性审查，编制《市政府向社会组织转移职能清单》，报市政府审定后，向社会公布。

（三）事项转移（2015 年 6 月底前）。市政府各部门根据《市政府向社会组织转移职能清单》制定职能转移实施方案，明确工作目标、主要内容和时间要求，报市编办备案后，按实施方案完成职能转移工作。

（四）监督评估（2015 年 12 月底前）。职能向社会组织转移后，职能转出部门应明确监管职责，制定后续监管措施，及时开展监督检查和考核评估工作，确保职能转移后承接主体开展相关工作的质量和绩效。

## 五、职责分工

市政府统一领导向社会组织转移职能工作，市政府各部门组织实施，市编办牵头承担日常工作，各部门按职责分工开展相关工作。具体职责分工如下：

（一）市编办起草市政府向社会组织转移职能工作方案，协调有关部门开展转移职能工作，牵头审定职能转出部门转移职能事项，制定《市政府向社会组织转移职能清单》，指导转移职能各项工作。

（二）市政府办公厅依托民心网建立投诉举报渠道，受理有关职能转移不到位的投诉举报。

（三）市民政局加大力度培育发展社会组织，规范社会组织管理，评定确认转移职能的承接主体资质，提升社会组织承接转移职能事项的能力，建立社会组织自律建设监管体系，健全社会组织信息披露、重大事项报告、诚信评估、财务审计监督等制度，加强对社会组织的执法检查，推动社会组织依法办会，规范管理，公开透明，诚信自律，高效运作。

（四）市财政局研究完善职能转移后的财政政策。

（五）市政府法制办对转移职能进行合法性审查，制定相关立法工作规划，支持、配合出台或修改转移职能工作涉及的市地方性法规和市政府规章，组织市政府有关部门清理转移职能工作涉及的市政府规范性文件。

（六）市政府各部门梳理本部门职能事项，积极创新管理方式，大力推动向社会组织转移职能，掌握本行业中能够承接政府转移职能的社会主体的情况，按要求制定转移职能实施方案，落实向社会组织转移职能的具体工作，加强对承接主体的资质审查、业务培训、指导和监督，对需立法授权的转移职能牵头制定或修改市地方性法规、市政府规章草案或市地方性法规、市政府规章修正案草案。

联系人：王贺；联系电话（传真）：83634700

电子邮箱：dlbbggc2014@163.com

办公地址：市编办调研和改革处（市政府437房间）

**附：市政府各部门拟向社会组织转移职能事项表（略）**

**附件四**

# 关于行业协会商会与行政机关脱钩国有资产认定、处置指导意见

市财政局　市民政局　市工商局

为贯彻落实行业协会商会与行政机关脱钩有关要求，加强国有资产管理，防止国有资产流失，对行业协会商会与行政机关脱钩工作中有关国有资产认定、国有资产处置问题，提出以下指导意见。

## 一、国有资产界定

（一）行政机关国有资产界定

1. 行政机关占有、使用的资产以及政党、人民团体中由国家拨款等形成的资产，界定为国有资产。

2. 按照“谁投资、谁拥有产权”的产权界定原则，由行政机关投入到协会、商会等的资金和资产，界定为国有资产。

3. 产权界定程序应由业务主管单位进行清理和界定，界定清楚属于国有资产的报市财政局进行认定。

（二）企业国有资产界定

对于协会所办企业的国有资产认定主要涉及企业设立的审批及资产日常管理归属问题。按目前管理体制和部门分工，协会所办企业的设立由业务主管单位审批，企业资产管理也由业务主管单位负责。

## 二、国有资产处置

（一）行政机关国有资产处置

市直主管部门要对所属行政机关利用占有、使用的国有资产举办的社会组织进行一次全面清理，区别分类，明确投入资产产权权属。

1. 行政机关投入资金、资产开办行业协会、商会、企业的，所投入的资金、资产要退回原单位。对投入资金所形成的资产，经中介机构评估后，按照出资金额、出资比例界定产权，退回原单位。

2. 根据《中共大连市委办公厅、大连市人民政府办公厅关于党政机关停止新建楼堂馆所和清理办公用房的通知》（大委办发〔2013〕24号）有关规定，行政机关出租、出借的办公用房到期应予以收回，租赁合同未到期的，到期后不得续租。行政机关出租、出借资产开办协会、企业的，出租、出借资产要退回原单位，并按照已经出租、出借资产的时间和市场价格收取租金。

3. 行政机关收回开办协会资金和收取的租金收入，应当全部上缴财政，严格按照非税收入管理规定，实行收支两条线管理。

4. 行政机关不得利用国有资产举办社会组织，凡是已经利用行政机关国有资产举办社会组织的都要退出。涉及资产处置的严格按照《大连市人民政府关于转发财政部〈行政单位国有资产管理暂行办法〉和〈事业单位国有资产管理暂行办法〉的通知》（大政发〔2006〕62号）、《大连市财政局关于印发〈大连市市本级行政事业单位国有资产处置管理办法〉的通知》（大财资〔2013〕559号）及《大连市财政局转发〈财政部关于印发地方行政单位国有资产处置管理暂行办法的通知〉》（大财资〔2014〕725号）办理。

（二）企业国有资产处置

市直各委办局所属的经营性企业涉及的改组、改制及资产处置，参照大政发〔2006〕62号文件及有关政策规定执行。

本指导意见适用于各级党政机关，包括党的机关、人大机关、行政机关、政协机关、审判机关、检察机关等。

联系人：王振环；联系电话：82816655－6030

附件五

# 关于进一步规范社会组织财务管理的若干规定

市民政局　市财政局　市人社局　市审计局　市物价局

为了规范社会组织财务管理，进一步促进社会组织健康发展，依据国家法律法规和有关规定，结合我市实际，现就我市社会组织财务管理有关问题作出如下规定。

**第一条**　社会组织必须严格执行《民间非营利组织会计制度》，实行财务自收自支，独立核算。要按照《民间非营利组织会计制度》设置会计科目，编制财务会计报表，做到会计资料真实、完整，凭证、账簿、报表齐全，数据准确，核算合规，实行会计电算化管理。

**第二条**　社会组织应建立和完善内部财务管理制度，包括：会计核算办法或规程、财务会计人员岗位职责、内部控制和监督办法、现金和银行存款管理、项目（业务活动）收支管理、费用支出标准和审批、实物资产管理、投资管理、预算管理、票据管理、财务报告编制与财务分析及会计档案管理等制度。

**第三条**　社会组织应按照《会计法》并根据业务需要设置会计机构，或者在有关机构中设置专职会计人员并指定会计主管人员。社会组织应当聘用持有会计从业资格证书的人员从事会计工作。会计不兼任出纳，出纳不得兼任稽核、会计档案保管和收入、支出、管理、费用、债权债务账目的登记工作（不具备设置会计机构或聘用会计人员条件的，应当委托会计师事务所或经财政部门批准设立、持有代理记账许可证书的代理记账机构代理记账）。

**第四条**　财会人员应认真履行监督职责，对所有经济活动实施财务监督。社会组织各项重大活动计划的研究制定，如涉及数额较大的经费收支，都应有财会人员参加，对于不符合财务规定的支出，财会人员有权拒付。财会人员调动和离职，必须依法办理财务交接手续。

**第五条**　社会组织实行统一银行账户管理预警制度。社会组织只能开设一个基本账户，并与登记管理机关签订账户管理预警协议，接受登记管理机关监管。

**第六条**　社会组织的银行账户，不得出租、出借和转让给其他单位和个人使用。不属于社会组织的经济往来，不得在社会组织的银行账户中办理结算。

**第七条** 社会组织因工作原因需要开立二级账户的应向登记管理机关和业务主管（指导）单位备案。私自开设银行二级账户并未进行备案的，视同“小金库”。

**第八条** 社会组织应将所有分支机构、代表机构、专项基金的财务、账户纳入统一管理，不得向其所属分支机构、代表机构、办事机构收取或变相收取管理费用。

**第九条** 社会组织必须严格执行国务院《现金管理暂行条例》规定，严格现金库存限额、使用范围和发放手续。严禁现金坐支、套取现金和设立“小金库”。

**第十条** 社会组织应加强实物资产管理，建立验收、领发、保管和检查制度，完善实物资产购进、领用、保管、审批手续，配备专职或兼职人员进行管理。

**第十一条** 社会组织的各项业务收入必须严格遵守和执行国家现行收费政策和管理制度。社会组织各项收入必须全部纳入合法账户，不得坐支现金和账外设账。

**第十二条** 社会组织收费业务必须符合章程规定的业务范围，履行相关法定审批程序。收费应当遵循自愿、公平、公开的原则，不得强制服务和强制收费。收费必须公示，公开收费依据、收费主体、收费项目、收费标准、收费对象。

**第十三条** 社会组织收费所得除了用于组织管理、开展业务活动的必要成本及与组织有关的其他合理支出外，必须全部用于章程规定的非营利性事业，不得挪作他用。

**第十四条** 可以收取会费的社会组织应当明确会费标准的额度，不得具有浮动性，不得采用除会员大会或者会员代表大会以外任何其他形式制定或修改会费标准，通过的会费标准决议要在30日内向全体会员公开。

**第十五条** 社会组织有偿服务收入必须按规定缴纳各种税费。社会组织评估等级结论在3A（含3A）级以上的社会组织可以承接政府购买服务，但不得将购买服务的行政管理机关职能转为本组织开展有偿服务的内容。

**第十六条** 社会组织依据章程规定的业务范围举办国际展览、国际会议和其他交流活动所得的合法外汇收入，可以开立外汇存款账户，但必须报登记管理机关和业务主管（指导）单位备案，并纳入本团体进行统一核算，不得单独设账。

**第十七条** 社会组织接受捐赠应符合《中华人民共和国企业所得税法实施条例》第五十二条规定，严禁任何形式的摊派。社会组织接受捐赠、资助，必须符合章程规定的宗旨和业务范围，必须与捐赠人签订捐赠合同或捐赠意向书，根据与捐赠人、资助人约定的期限、方式和合法用途使用。

**第十八条** 社会组织应定期向业务主管（指导）单位和登记管理机关报告接受和使用捐赠、资助的有关情况，并以适当方式向社会公布。接受国外组织和个人的捐赠（包括实物），社会组织应按规定报批，并向业务主管（指导）单位和登记管理机关提交有关捐赠文件的副本和清单。

**第十九条** 社会组织应当在实际收到捐赠后据实开具捐赠票据。捐赠人不需要捐赠票据的，或者匿名捐赠的，也应当开具捐赠票据，由社会组织留存备查。社会组织接受非现金捐赠，应当在实际收到后确认收入并开具捐赠票据。附加对捐赠人构成利益回报条件的赠与和不符合公益性目的的赠与，不应确认为公益捐赠，不得开具捐赠票据。

**第二十条** 社会组织接受非现金捐赠，捐赠人提供了发票、报关单等凭据的，应当以相关凭据作为确认入账价值的依据；捐赠方不能提供凭据的，应当以其他确认捐赠财产的证明，作为确认入账价值的依据；捐赠人提供的凭据或其他能够确认受赠资产价值的证明上标明的金额与受赠资产公允价值相差较大的，应当经相关评估机构确认后，以其公允价值作为入账价值。

**第二十一条** 捐赠人捐赠的固定资产、股权、无形资产、文物文化资产，应当以具有合法资质的第三方机构的评估作为确认入账价值的依据。无法评估或经评估无法确认价格的，社会组织不得计入捐赠收入，不得开具捐赠票据，应当另外造册登记。

**第二十二条** 社会组织应坚持收支平衡，自觉遵守各项财经纪律，严格执行经费支出审批制度，本着收支平衡、略有结余的原则编制年度预算，按预算和规定的开支范围、标准办理各项支出。各项支出均应取得合法的原始凭证，并有经办人、会计人员和法定代表人的签字。

**第二十三条** 社会组织召开各种会议的开支范围和标准，参照财政部现行会议费用标准的有关规定执行。社会组织的专职工作人员的工资标准、福利待遇和缴纳社会保险，按照国家有关规定执行。

**第二十四条** 社会组织要严格规范票据使用和管理，接受登记管理机关、业务主管（指导）单位的检查和财政部门的监督。社会组织接受捐赠应报同级财政部门备案并使用省级财政部门统一印制的《公益事业捐赠统一票据》；社会组织依照宗旨开展的各项服务性活动的收入，应当按规定使用省地方税务局印制的《辽宁省社会服务业收费统一发票》；社会组织收取会费应当使用省财政厅统一印制的《辽宁省社会团体会费专用收据》。社会组织使用的财政票据及普通发票，由同级财政部门和税务部门按票据管理规定负责发放和管理。社会组织使用的财政票据存根，应按照保管期限不少于5年标准妥善保管，不得擅自销毁。

**第二十五条** 社会组织应当按照规定办理税务登记及年检、变更手续，按照规定申报、缴纳各项税费。经同级财政、税务部门联合确认，具有享受免税资格的社会组织方可按照《企业所得税法》及其《实施条例》的有关规定享受税费减免优惠。

**第二十六条** 社会组织作为独立民事主体，应依法独立承担法人责任。社会组织的法定代表人应对会计工作和会计资料的真实性、完整性负责，承担全部经济事项和财务收支活动的相关法律责任。

**第二十七条** 社会组织在换届或者更换法定代表人之前，必须进行财务审计。社会组织的财务审计，应当聘请具有一定资质的会计师事务所。

**第二十八条** 社会组织的财务工作接受其会员代表大会、理事会和监事（监事会）的监督，接受登记管理机关、业务主管（指导）单位、财政部门、审计机关的监督和年度抽查审计，对检查中发现的违法违纪问题，依法依纪严肃处理。

**第二十九条** 自行终止和登记管理机关给予解散、撤销处理的社会组织，应在业务主管（指导）单位的监督下清理资产和债权、债务，并将处理结果报社会组织登记管理机关。

**第三十条** 对于社会组织不按照有关法规进行会计核算、编制财务会计报告的，特别是超出章程规定的宗旨和业务范围开展活动，侵占、私分、挪用社会组织资产或者所接受的捐赠资助的、违反国家有关规定收取费用、筹集资金或者接受、使用捐赠、资助等行为的，登记管理机关将视情依法给予行政处罚；对违法违规情节严重的，可依法撤销登记；法定代表人和相关责任人构成犯罪的，移交司法机关，依法追究刑事责任。

# ·第二编·

# 重要讲话和论述

# 改革社会组织管理制度 激发和释放社会发展活力

民政部部长　李立国

社会组织是国家治理体系和治理能力现代化的有机组成部分，是社会治理的重要主体和依托。党的十八大以来，中央对社会组织改革发展作出一系列重大决策部署，明确提出加快形成政社分开、权责明确、依法自治的现代社会组织体制。我们要按照中央部署，加快改革社会组织管理制度，充分激发和释放社会活力。

## 一、深刻认识改革社会组织管理制度的重大意义

社会组织是市场经济的重要组成部分，是协商民主的重要渠道，是提供社会服务的重要力量，是社会自治的重要载体。改革开放以来，我国社会组织从1988年的4446个增长到2013年的54万多个，在经济社会发展中发挥了重要作用。但现行的社会组织管理制度与经济社会发展需要不相适应的矛盾日益突出。改革社会组织管理制度，对于激发和释放社会发展活力，推进国家治理体系和治理能力现代化意义重大。

有利于完善社会主义市场经济体制，更好地发挥市场在资源配置中的决定性作用。完善的市场经济，是政府宏观调控、各类市场主体平等竞争、行业协会商会组织协调和服务自律的完整体系，缺一不可。我国市场化程度的不断深化，需要进一步理顺政府与市场的关系，激发市场主体的创造活力，增强经济发展的内生动力。行业协会商会在市场不能自我调节、政府不宜直接干预、单个企业力不能及的领域，具有独特优势和积极作用。改革社会组织管理制度，激发行业协会商会等社会组织活力，将使政府与企业等市场主体之间的联系更加紧密、畅通，更好地调节市场，配置资源，推动我国经济更有效率、更加公平、更可持续发展。

有利于促进社会主义民主政治建设，巩固和扩大党的执政基础。社会组织涉及不同行业、不同领域，是党和政府联系不同方面、不同利益阶层的重要桥梁纽带。党的十八届三中全会《决定》把社会协商作为协商民主

的重要渠道，是社会主义民主政治理论和制度的重大创新。改革社会组织管理制度，让社会组织发挥更多作用，是扩大公民有序政治参与，拓宽协商民主渠道、丰富协商民主内容、提高协商民主质量，巩固和扩大党的执政基础的重大举措。

有利于承接政府职能转移，促进政府职能转变。改革开放以来，社会组织逐步承接政府转移职能，在提供社会服务方面的作用得到初步发挥。特别是6万多个行业协会商会和25万多个民办非企业单位，在教育、医疗、养老、文化、社会救助、社会工作、公益慈善等方面，为人民群众提供了大量多样化、专业化服务，成为政府基本公共服务的有益补充。但总体看，政府干预微观事务多、负担沉重与社会力量作用未能充分发挥、社会服务不足问题依然突出。去年以来国务院先后取消和下放了416项行政审批事项，出台了政府向社会力量购买服务的指导意见，其目的就是将可由社会自我管理服务的事项交给包括社会组织在内的社会力量。这对于创新公共服务供给方式，优化政府职能，建设法治政府和服务型政府具有重要意义。

有利于创新预防和化解社会矛盾机制，使社会既充满活力又和谐有序。减少社会矛盾、维护社会稳定，关键在疏导。必须坚持系统治理，鼓励和支持社会各方面参与，实现政府治理和社会自我调节、居民自治良性互动。社会组织植根社会基层，贴近普通群众，能够快速、有效、直接地了解民情表达民意；能够通过组织化、制度化的表达方式协调不同群体利益，推动公众行为规范有序；能够积极应对各种环境变化，反映相关利益诉求，参与社会治理，是重要的社会“润滑剂”和“缓冲器”。改革社会组织管理制度，发挥社会组织社会自治功能，有利于促进社会治理更加富有“柔性”，强化社会稳定基础。

## 二、积极稳妥推进社会组织管理制度改革

按照党中央、国务院部署，到2020年，建立健全统一登记、各司其职、协调配合、分级负责、依法监管的社会组织管理体制，营造法制健全、政策完善、待遇公平的社会组织发展环境，构建结构合理、功能完善、诚信自律、有序竞争的社会组织发展格局，形成政社分开、权责明确、依法自治的现代社会组织体制。实现这一目标，必须深入推进社会组织管理制度改革，探索出一条具有中国特色的现代社会组织发展之路。

深化社会组织登记制度改革。培育发展不足，登记门槛过高，一直是制约我国社会组织发展的瓶颈。下一步改革的重点是，除成立政治法律

类、宗教类等社会组织以及境外非政府组织在华代表机构，申请登记前仍需经业务主管单位审查同意外，成立行业协会商会类、科技类、公益慈善类、城乡社区服务类社会组织，可直接向民政部门依法申请登记，不再需要业务主管单位审查同意。加快修订出台《社会团体登记管理条例》、《基金会管理条例》、《民办非企业单位登记管理暂行条例》，制定社会组织分类登记的标准和具体办法。在社会组织登记管理上取消不必要的审批，下放审批权限，取消对社会团体筹备成立和社会团体分支（代表）机构设立、变更、注销登记的审批，将基金会和异地商会登记审批权限从省级以上民政部门下延至县级民政部门。

推进行业协会商会与行政机关脱钩。由于历史原因，部分社会组织特别是行业协会商会行政化倾向严重，政社不分，管办一体，导致社会组织丧失了其本质属性和应有活力。发挥社会组织作用，必须厘清政府与社会的关系，积极稳妥推进行业协会商会在机构、职能、资产、财务、人员等方面与行政机关脱钩，真正确立社会组织的法人地位，提升依法自治水平和服务社会能力。当前，要抓紧组织好全国性行业协会商会与行政机关脱钩试点工作，为整个脱钩工作摸索路子，提供经验。同时，引入竞争机制，探索一业多会，保持良性竞争，增强社会组织内在活力，使其真正成为提供服务、反映诉求、规范行为的主体。

创新和完善社会组织综合监管体系。按照“统一登记、各司其职、协调配合、分级负责、依法监管”的要求，在降低社会组织登记门槛的同时要加大事中事后监管力度。明确登记管理机关、行业管理部门、业务主管单位以及相关职能部门职责，切实履行各自的监管责任。建立多部门联合执法机制，加强执法监察，依法查处社会组织违法行为，依法取缔非法社会组织。探索对离岸社团、网络社团的监管措施。健全社会组织第三方评估机制，推进社会组织信息公开，完善社会监督举报受理机制，拓宽社会监督渠道，避免“一管就死，一放就乱”。

优化社会组织发展环境。要结合行政体制改革和政府职能转变，将适合由社会组织提供的公共服务和解决的事项，交由社会组织承担，为社会组织发挥作用提供空间。贯彻落实国务院办公厅关于政府向社会力量购买服务的指导意见，进一步完善配套政策，加大政府购买服务力度。落实社会组织税收优惠政策，扩大税收优惠种类和范围。加大财政金融支持力度，拓宽社会组织筹资渠道。加强社会组织人才队伍建设，将社会组织人才纳入各地各行业人才培养统一规划，造就一支专业化、职业化的社会组织人才队伍。加强舆论宣传引导，传递社会组织的“正能量”，为社会组织改革发展营造良好氛围。

加强社会组织自身建设。要按照现代社会组织体制要求，围绕强化自治功能，推动完善社会组织法人治理结构和民主机制，完善会员大会、理事会、监事会制度，落实民主选举、民主决策、民主管理、民主监督，引导社会组织依法按照章程开展活动，独立承担法律责任。建立健全社会组织法定代表人离任审计、负责人管理、责任追究和资金管理等制度，加强诚信自律建设；建立“黑名单”制度，提高社会组织诚信度和公信力。做好社会组织党建工作，理顺党建管理体制，创新党组织设置方式，强化党组织书记队伍和党员队伍建设，充分发挥社会组织党组织的战斗堡垒作用和党员的先锋模范作用。

## 三、正确处理社会组织管理制度改革中的几个重大问题

社会组织管理制度改革是全面深化改革的重要组成部分，涉及各个行业、各个领域，牵一发而动全身，必须注重改革的系统性、整体性、协同性。

坚持党的领导与社会组织依法自治有机统一。坚持党的领导，社会组织管理制度改革才能保持正确方向；尊重社会组织的社会性、民间性、志愿性，社会组织才能充满活力。必须把两者有机统一起来，使社会组织党的建设与社会组织业务建设同步加强，发挥好各级党委在社会组织改革发展中总揽全局、协调各方的领导核心作用，同步增强社会组织依法自治功能。

坚持社会组织管理制度改革与全面深化改革有机统一。把社会组织管理制度改革纳入全面深化改革的大局，统筹推进。在经济体制改革中，把发挥市场在资源配置中的决定性作用、更好发挥政府作用，与行业协会商会在建立开放型市场体系中的组织协调和服务自律等作用结合起来，进一步优化资源配置；在行政体制改革中，把简政放权与提高社会组织承接能力结合起来，进一步促进政府职能转变；在民主政治建设中，把充分发挥社会组织协商民主的主体地位，拓宽协商民主渠道与完善社会组织内部治理结构结合起来，进一步提高社会组织协商民主的质量；在各项社会事业改革中，把推进社会事业改革与提高社会组织服务社会的意识和能力结合起来，进一步发挥社会组织在服务和保障民生中的积极作用。

坚持直接登记与双重管理有机统一。确立直接登记和双重管理并存的管理制度，是适合我国社会组织发展现状的一种现实选择，既体现了简政放权、激发活力的改革方向，又体现了循序渐进、积极稳妥的改革思路。

直接登记不等于放手不管，双重管理也不意味着排斥和管死。对直接登记的四类社会组织，要运用新的登记管理方式和手段加以推进。对政治法律类、宗教类等社会组织和境外非政府组织在华代表机构，要按职责规定实施双重管理，做到发展有序、管理到位、作用有益。

坚持登记管理机关统筹与相关部门依法履职有机统一。搞好社会组织管理制度改革，需要各级党委政府统一领导，明确分工，统筹部署。四类社会组织直接登记后不再有业务主管单位，民政部门要依法加强统筹协调、登记审查和监督管理。与社会组织业务活动相关的行业管理部门，要做好行业监管工作，制定符合行业特点的社会组织活动准则和行为规范，通过项目委托、购买服务和政策扶持，引导社会组织健康发展。组织、宣传、外事、发展改革、财政、税务、公安、工商、人力资源社会保障等相关职能部门，要依照法律法规和规定，在各自业务范围内做好社会组织的管理服务工作。对继续实行双重管理的社会组织，业务主管单位要依法加强监管。通过各部门职能的有效衔接，真正形成各司其职、协调配合、合力推进的良好工作格局。

（本文载于2014年5月16日出版的《求是》杂志）

# 简政放权应发挥社会组织积极作用

民政部部长　李立国

新一轮行政体制改革的突出亮点，是在政府简政放权转变职能过程中注重发挥市场机制和社会力量作用，将该由市场配置资源的事情放给市场决定，适合社会组织承接的职能交由社会组织承担。从发挥社会组织积极作用上，要改革社会组织管理制度，激发社会组织活力，使其成为政府转移职能的可靠承接者。

由社会组织进行行业自律，承担一些社会管理和公共服务工作，是国际上较为普遍的做法。发达市场经济国家拥有大量社会组织，在经济、社会、科技、文化、环保等各个方面发挥着重要作用。不少发达国家建立了政府与社会组织合作治理公共事务的伙伴关系，英国政府在 1998 年即与社会组织代表签订了《政府与社区及志愿者组织合作框架协议》，加拿大、澳大利亚等国政府也与社会组织签订了类似合作协议。得益于此，他们在提高政府效能和社会治理水平上取得了很多成效。

改革开放以来，我国一直在推进政治体制、行政体制和社会治理体制改革，取得了一系列进展。1998 年机构改革中，国家撤销了十几个工业管理部门，转制成立了相关行业协会商会，原本由政府部门承担的大量行业性、事务性工作交由这些行业协会商会承担。他们很好地履行了相应职能，钢铁、石化、建材、煤炭、汽车、家电、纺织等相关产业不但没有停滞或萎缩，还取得了很大发展。与此同时，经过多年的建设和发展，我国社会组织无论是数量还是质量都得到了较大提升。截至 2013 年底，全国依法登记的社会组织达 54.7 万个，其中社会团体 28.9 万个，民办非企业单位 25.5 万个，基金会 3549 个。全国各类社会组织形成固定资产总值 1496.6 亿元，年收入 1884.9 亿元，吸纳社会就业 1200 多万人，已经具有承接政府转移职能的一定基础。当然，我国社会组织在数量、规模、吸纳就业人数、经济贡献率和作用发挥等方面与发达国家相比还有较大差距，在承接政府转移职能方面还有很大潜力。

新一届国务院成立以来，进一步加大了简政放权力度，先后取消和下放600多项行政审批事项，其中多数放给市场机制调节或下放给地方政府，还有一部分交由社会组织通过行业自律和社会化服务方式承担。如“梁思成建筑奖”、“规划师职业资格认定”、“化学领域国家重点实验室评估”等事项已转由相关行业协会、学会承担。近年来，仅广东省就将103项资质资格认定、评比评审等事项分类有序转移给社会组织，其中近一半转移事项已实施到位。深圳市今年把原来政府承担的职称评定工作全部转移，有30家行业协会承接了45个评委会职称评定工作，已取得了良好效果。为了更好发挥社会组织承接政府转移职能的积极作用，除了政府进一步简政放权外，需要进一步改革社会组织管理制度，激发社会组织活力，提高社会组织承接能力。

改革登记制度，为社会组织“松绑”。登记门槛过高一直是制约我国社会组织发展和作用发挥的瓶颈。支持社会组织承接政府转移职能，必须深化登记制度改革。按照中央要求，对行业协会商会类、科技类、公益慈善类、城乡社区服务类社会组织实行直接登记，在社会组织登记管理上取消不必要的审批，下放部分审批权限，取消对社会团体筹备成立和社会团体分支（代表）机构设立、变更、注销登记的审批，把基金会和异地商会登记审批权限从省级以上民政部门下延至县级民政部门。

推进行业协会商会脱钩，改变“行政化”倾向。由于历史原因，我国部分社会组织特别是有些行业协会商会行政化倾向严重，政社不分，管办一体，弱化了其本质属性和应有活力。为了更好地发挥社会组织承接政府转移职能的作用，必须加快实施政社分开，积极稳妥推进行业协会商会在机构、职能、资产、财务、人员等方面与行政机关脱钩。同时引入竞争机制，探索一业多会，保持良性竞争，增强社会组织内在活力，使其真正成为提供服务、反映诉求、规范行为、发挥作用的主体。

加强规范管理，处理好“放”和“管”的关系。正如李克强总理强调的，放和管是政府职能转变的两个“轮子”，“只有两个轮子都做圆了，车子才能跑起来”。当前我国一些社会组织还存在行为不规范、自律性和公信力不足的问题，社会公众对于社会组织能否承接好政府转移职能，会不会成为“二政府”，还存在一定疑虑。因此，在支持社会组织承接政府转移职能的同时，必须加强事中事后监管和服务工作，创新监管方式，健全社会组织第三方评估机制，推进社会组织信息公开，完善社会监督举报受理机制，拓宽社会监督渠道，并建立多部门联合执法机制，依法查处社会组织违法行为，依法取缔非法社会组织，促进社会组织加强行为自律，提高服务水平。

落实政府购买服务政策，支持社会组织更好发挥作用。要认真贯彻落实国务院办公厅关于政府向社会力量购买服务的指导意见，加大政府购买服务力度。要突出公共性和公益性，围绕民生保障、行业管理和社会治理等公共服务项目开展购买。要应用竞争机制，优选资质条件好、承接能力强的行业协会商会、学会和公益慈善类社会组织承担政府购买服务项目。要建立政府购买服务的绩效管理和评价体系，加强考核，优胜劣汰。

加强社会组织自身建设，确保转移职能“接得好”。打铁还需自身硬，政府职能转移后，社会组织要“接得住”“接得好”，需要加强自身建设，提高服务能力。要按照现代社会组织体制要求，不断完善社会组织法人治理结构和民主机制，完善会员大会、理事会、监事会制度，落实民主选举、民主决策、民主管理、民主监督，引导社会组织加强科学管理，依法依照章程开展活动；加强人才队伍建设，提高社会组织从业人员职业化、专业化水平。加强社会组织信用体系建设，提高社会组织诚信度和公信力。做好社会组织党建工作，充分发挥社会组织党组织的战斗堡垒作用和党员的先锋模范作用。

（本文载于2014年9月29日出版的《人民日报》）

# 发挥行业协会商会服务经济发展的功能作用

民政部副部长　顾朝曦

行业协会商会是我国社会主义市场经济体系中不可缺少的重要组成部分，是加强和改善行业管理与市场治理的重要支撑，是联系政府、企业、市场之间的桥梁纽带。改革开放以来，我国行业协会商会发展迅速，实力不断增强，在国家经济建设中作用和影响日益显现。

## 一、充分认识行业协会商会服务经济发展的重要意义

截至 2013 年 12 月底，全国依法登记的行业协会商会近 7 万个，其中全国性行业协会商会约 800 余个。行业协会商会作为市场主体之一，立足于服务行业、服务企业、服务市场、服务社会，在我国经济转型发展的关键期，其经济属性和功能作用不断凸显。

一是行业协会商会在国家经济管理中的角色不可缺失。随着经济体制改革和行政体制改革的深化，通过专业经济部门直接负责行业管理的模式已被打破。政府在经济领域的职能越来越侧重于宏观调控和市场监管，不再直接干预企业的具体经营行为。企业作为市场的主体，根据相关法规和市场要求，按利益最大化原则作出自己的决策，处于国民经济活动的表层。各类行业协会商会在行业调查、行业统计、行业自律、行业规划和行业标准制定、行业技能资质考核、价格协调、产品展销等方面起到了“传送带”、“分流器”和“上挂下联”的作用，从而使宏观和微观之间实现了更好的衔接。近年来，行业协会商会已逐步成长成为继政府、企业之后国家经济建设和发展的第三推动力。

二是行业协会商会服务经济发展的优势不可替代。行业协会商会具有专业、信息、人才、机制等市场资源配置方面的优势，能做企业想要做，但靠单个企业做不到的事；能做市场需要做，却又无人牵头去做的事；能做政府想要做，却无精力去做的事。目前全国有 1500 多万家企业，其中世界 500 强和全国 500 强企业以及绝大部分规模以上企业基本都是行业协会

商会的会员单位，这赋予了行业协会商会动员和整合资源的独特优势；行业协会商会能够获得来自政府和企业两方面的信息与信赖，这也是其他组织所不具备的优势；行业协会商会突破部门与地区界限，链接产业上中下游，横向协调、纵向协调的优势得天独厚；国际贸易反倾销和反补贴调查中，行业协会商会具有快速反应的组织优势。当前，行业协会商会在推动产业结构调整和转型升级中大有可为，在加快发展战略性新兴产业和现代服务业中大有可为，在推进大中小企业协调发展、联合行动中大有可为。

三是行业协会商会助推经济发展的能量不可小视。据美国霍普金斯大学萨拉蒙教授对美国等36个国家分析统计，社会组织的平均就业人口占经济活动人口的5%，占服务行业就业的10%，占公共部门就业的27%，社会组织总支出占这些国家GDP的5.4%。如果将这些国家的社会组织加起来作为一个独立的经济体，那么其经济规模将位列世界第七大经济体。由此看来，行业协会商会这些社会组织块头不大，能量大。目前，我国行业协会商会在推动经济发展方面，已经发挥了重要作用。比如全国性行业协会商会每年举办大型展览会、博览会和交易会400多个，规模达到1000万多平方米，其中国际排名前三的就有90多个。广东省行业协会商会每年招商引资约300次，提供咨询服务1.6万次，组团考察超过1000次，组织参展约1400次，为政府提供决策依据近1700条，应对国际贸易纠纷约120起，每年创造直接经济价值约500亿元，其带来的间接经济效益更是难以估量。同时，行业协会商会不仅直接推动生产力发展，而且通过参与市场监管、市场诚信建设、知识产权保护、科技攻关、慈善公益等行为和手段，增强了实体经济和中小企业的内生动力和发展质量，营造了诚信经营、团结协作、担当社会责任的现代企业文化和道德风尚，间接促进了经济的发展和社会文明程度的提升。

## 二、牢牢把握行业协会商会服务经济发展的改革机遇

党的十八大及十八届三中全会，为我国经济社会发展与改革指明了新的发展方向。当前，我国经济已进入转型发展关键期，各个领域都在推进全面深化改革，这为行业协会商会发挥服务经济发展功能作用，提供了重要的发展机遇。

一是加快完善现代市场体系为行业协会商会服务经济发展提出了新要求。按照党的十八届三中全会精神要求，建设统一开放、竞争有序的市场体系，要使市场在资源配置中起决定性作用。构建开放型经济新体制，要促进国际国内要素有序自由流动、资源高效配置、市场深度融合。打造中

国经济升级版，要加快转变经济发展方式，推动产业结构转型升级。这就要求行业协会商会要通过提供行业规则和治理机制，维护公平竞争的行业秩序；要通过加快资本深化和提升要素投入层次，推动劳动密集型产业向资本和技术密集型产业转变；要通过优化资源在不同组织和空间的配置，推动产业组织结构、三次产业结构和产业区域布局的调整优化；要通过提高经济价值循环半径和竞争强度，推动供给和需求在更大范围和更高竞争水平上实现均衡。

二是加快转变政府职能为行业协会商会服务经济发展让渡了空间。加快转变政府职能，深化行政体制改革，有利于发挥社会主义市场经济体制的优势。十八届三中全会要求进一步简政放权，最大限度减少中央政府对微观事务的管理，凡市场机制能有效调节的经济活动，一律取消审批。一年来，国务院共分批取消和下放了416项行政审批事项。同时，国务院对政府向行业协会商会等社会力量购买服务进行了制度设计。对于政府在经济领域下放的职能，行业协会商会是最主要的承接主体。伴随着更多行政审批事项的取消下放，其中适合行业协会商会承担的公共服务和管理事项，将由行业协会商会来承接。比如政府对企事业单位和个人进行水平评价的事项，将改由有关行业协会、学会具体认定，新的形势为行业协会商会服务经济发展拓展了空间。

三是加快推进社会组织管理制度改革为行业协会商会服务经济发展奠定了基础。党的十八届二中全会、三中全会明确提出要“重点培育和优先发展行业协会商会类、科技类、公益慈善类、城乡社区服务类社会组织，成立时直接依法申请登记”，要“限期实现行业协会商会与行政机关真正脱钩”，要“探索一业多会，引入竞争机制”。社会组织管理制度改革，行业协会商会是重点。随着各项改革任务的落实，行业协会商会将摆脱原有行政化色彩，成为依法自治的市场主体，大批符合市场需求的行业协会商会也将雨后春笋般涌现出来，行业协会商会的外部环境将得到进一步优化，发展活力将得到进一步激发，服务水平将得到进一步提升。

## 三、发挥职能作用，推动行业协会商会更好服务经济发展

民政部门作为社会组织的登记管理机关，需自觉贯彻落实党的十八大及三中全会精神，主动围绕经济社会发展全局，进一步解放思想，进一步开阔视野，立足自身职能作用发挥，推动行业协会商会更好服务经济发展，加大创新创优工作力度。

一是优化行业协会商会发展格局。按照十八届三中全会精神，加快行

业协会商会直接登记的步伐。根据市场需要和行业企业发展趋势设立登记行业协会商会，实现行业协会商会与经济社会发展互相协调、互相促进。对优势产业、战略性新兴产业、外向型产业成立行业协会商会要鼓励支持，对业务萎缩、运转失灵、服务缺位、长期不发挥作用的行业协会商会要自然淘汰。要适应产业发展态势，鼓励产业密集区的同类行业协会商会加强合作、交流，形成行业服务和自律的区域集聚效应。允许具有产业、产品和市场优势的经济发达地区和城市将地方性的行业协会商会依法上升为区域性的行业协会商会。支持全国性行业协会商会将总部设在或迁至产业企业较集中、便于开展业务服务的地区和城市。探索一业多会，允许适度竞争，建立健全简便、有效的行业协会商会退出机制。扶持发展一批在国内外有广泛影响力的行业协会商会，逐步形成门类齐全、层次不同、覆盖广泛、作用明显的行业协会商会发展格局。

二是完善行业协会商会政策环境。推动各级政府将行业协会商会发展列入国民经济和社会发展规划，在制定相关政策和规划时，充分听取相关行业协会商会意见，支持和鼓励行业协会商会参与公共事务，调动行业协会商会吸引社会投资的积极性。推动行业协会商会专门立法，鼓励和支持有条件的地方先行先试，出台地方性法规和地方政府规章。加快政府部门向行业协会商会转移职能，将政府部门不宜行使和市场能够自行解决、适合行业协会商会承担的职能转移给行业协会商会。按照政府向社会力量购买服务有关政策要求，对作用发挥明显、社会贡献突出的行业协会商会优先购买服务。完善行业协会商会的税收优惠、人才建设等各项配套政策，形成有效的法规政策支持。

三是加强行业协会商会能力建设。加强对行业协会商会的行为规范，促进其转型发展，提升服务能力和社会公信力，使之真正成为独立的社团法人主体。加快推进行业协会商会去行政化进程，指导行业协会商会按照现代社会组织的要求，建立权责明确、运转协调、有效制衡的法人治理结构，形成自我管理、自我发展、自我约束的运行机制。认真执行换届选举制度，鼓励选举企业家担任行业协会商会的会长，推行秘书长聘任制，实行行业协会商会法定代表人离任审计制度。扩大行业协会商会的会员覆盖率，提升中小企业和实体经济组织的参与度，谋求“共益”与“公益”的最大化。指导行业协会商会遵循市场经济价值规律、供求规律、竞争规律等市场化原则运作，壮大经济实力。鼓励行业协会商会倡导和弘扬优秀的商业文化，自觉践行社会主义核心价值观。支持有条件的行业协会商会在境外设立分支、代表机构，为我国“走出去”企业提供服务。

四是建设行业协会商会服务平台。搭建行业协会商会相互之间的交流平台，通过研讨、论坛等形式让行业协会商会多交流，互相之间取长补短。通过登记管理机关的有效引导和有效帮助，让行业协会商会联合起来，形成“交互作用”，产生更大的影响和更好的效果。探索搭建行业协会商会服务地方经济发展的对接平台，地方有需求，行业协会商会有资源，登记管理机关要做好牵线搭桥工作，通过信息化等方式实现快捷有效的对接。

# 努力推进社会组织诚信建设

民政部副部长　顾朝曦

国务院颁布的《社会信用体系建设规划纲要（2014—2020）》，对社会组织诚信建设作出了具体部署，明确提出了到2020年社会组织诚信建设的目标任务，这对于加强社会组织自身建设，促进社会组织健康有序发展具有重要作用。

## 一、推进社会组织诚信建设的重要意义

社会组织诚信建设的进程、质量和水平，不仅直接影响到国家社会信用体系建设的进展，而且对于转变政府管理方式，完善市场经济体系，促进社会和谐发展等都具有十分重要的意义。

（一）社会组织诚信建设，是推进社会文明进步的必然选择。社会文明是人彰显其社会属性的成果。改革开放以来，我国由计划经济向市场经济快速转型，伴随着经济发展和人们收入增长，更多的“单位人”转变为“社会人”，人们的思想观念日益开放、活跃，传统的精神文明建设方式已力不从心，信任危机、信仰缺失、人性冷漠等各种道德失范问题日益突出，给社会和谐稳定带来深层次隐患，直接阻碍了社会文明的进步。社会组织所具有的公益理念和志愿精神，对于现代社会是一笔宝贵的社会资本。人之靓丽，并非容颜，而是内心，心存善念，非靓也美，非富也贵；人之真诚，并非话语，而是纯洁，心灵纯洁，不语也真，不诉也纯。生活的美来源于你对生活的热爱；友情的纯真来源于你对朋友真诚的相待。真诚和理解是人与人交往中最珍贵的赠品。社会组织是传播社会主义核心价值观的重要载体，在推动社会文明进步中发挥着不可或缺、不可替代的作用。加强社会组织诚信建设，有利于发挥社会组织分布广泛、贴近群众、制度灵活的优势，能够充分调动人民群众自我组织、自我引导、自我管理、自我教育的潜能，以更低的成本、更高的效率，有效培育人们的参与意识、奉献意识、集体意识，增强社会诚信、促进社会互信、提升社会道德，从而在整体上推动我国社会文明进步。

（二）社会组织诚信建设，是完善社会主义市场经济体制的迫切要求。现代市场经济是诚信经济，市场交易关系和交易行为更多地表现为信用关系，市场化程度越高，对市场主体诚信的发育程度要求也越高。社会组织作为重要的市场主体之一，其诚信建设是成熟的市场经济体系的重要环节。当前，我国正处于经济转型发展的关键期，社会组织尤其是行业协会商会，通过加强会员企业诚信宣传和培训、推进行业信用建设、制定行业自律规则并监督会员遵守、推动形成行业性约束和惩戒机制等诚信建设举措，能够有效规范市场经济秩序、改善市场信用环境；能够降低交易成本、防范经济风险；能够助推经济转型和产业结构升级，从而推进我国社会主义市场经济体制的不断完善。

（三）社会组织诚信建设，是改进社会组织管理的有效手段。党的十八届二中、三中全会，明确提出要对行业协会商会类、科技类、公益慈善类、城乡社区服务类社会组织实行直接登记，同时要求民政部门加强登记审查和监督管理。这项改革将带来社会组织数量的迅速增长、管理服务任务大幅增加。面对这种情况，要实现对社会组织放得开、管得住的要求，就需要转变社会组织管理方式，既要发挥政府各部门综合监管效能，又要畅通社会监督渠道，发挥社会组织自律作用；既要坚持依法管理，加强法律保障，又要运用诚信自律、道德约束等方式化解矛盾、解决问题。按照《规划纲要》要求，健全社会组织信息公开制度，加快社会组织信息化建设，强化社会组织诚信自律，充分发挥社会监督和社会组织自律监管作用，将有助于减轻政府部门管理压力，实现事中、事后监管，是转变社会组织管理方式的有效手段和必由之路。

（四）社会组织诚信建设，是建立现代社会组织体制的内在要求。总体上看，我国社会组织还处于发展的初级阶段，离现代社会组织体制还有较大的差距，有些社会组织内部治理不完善，组织机构不健全，民主管理不落实，财务管理不透明，自律性和诚信度不高，社会公信力不足，有的甚至违背自身非营利性质，打着公益的幌子，通过乱评比、乱表彰、乱培训、乱拉赞助、强制服务等方式变相敛财。这些缺失诚信的行为，严重损害了现代社会组织的公信力和社会形象，影响了社会组织的健康有序发展。诚信建设是现代社会组织体制构建的关键。推进社会组织诚信建设，有利于引导社会组织建立健全自律机制，实现自我约束、自我管理、自我规范，更好地维护公众利益，服务社会，在社会上真正树立起现代社会组织的良好形象。

## 二、推进社会组织诚信建设的重点任务

《规划纲要》提出了社会组织诚信建设的目标、内容和任务，具体来讲，下一阶段要围绕以下重点任务开展工作。

（一）加强社会组织规范化建设。按照现代社会组织体制要求，围绕增强依法自治能力，推动社会组织建立健全现代法人治理结构。完善会员（代表）大会、理事会、监事会制度。建立以章程为核心的人事、财务、档案、资产、活动管理、机构管理、议事决策等内部管理制度，完善内部组织架构。将诚信建设内容纳入社会组织章程，落实民主选举、民主决策、民主管理、民主监督，推进社会组织明确权责、依法自治、发挥作用。建立健全法定代表人离任审计和责任追究制度，规范社会组织服务和收费行为。引导社会组织重视人才队伍建设，提高工作人员专业化、职业化水平。建立多部门联合执法机制，加强执法监察，加大对社会组织违法违规行为的查处力度。

（二）健全社会组织信息公开制度。按照分类指导、分类管理的要求，研究制定各类社会组织信息公开办法，推动社会组织建立健全信息公开制度。对于基金会等公益慈善类组织，要积极主动向社会公开自身内部信息和业务活动信息，尤其是接受捐赠资金的详细使用情况。对于行业协会商会等社会团体，要主动向会员公开重大活动、财务收支、出国（境）考察、年度工作报告等信息，向社会公开登记证书、章程、组织机构、负责人、接受捐赠、政府转移职能或者委托项目等信息。对于民办非企业单位，要通过信息公开推动品牌化建设。登记管理机关要积极提供统一的信息发布平台，方便各类社会组织及时公开相关信息。推动广大社会组织不断丰富信息公开内容，扩大信息公开范围，创新信息公开方式。

（三）建立行业协会商会行业自律机制。推动行业协会商会根据行业发展要求，建立行业性约束和惩戒机制，要制定行业自律规则并监督会员遵守，对违规的失信者，实施警告、通报批评、公开谴责、取消会员资格、向有关执法部门通报等惩戒措施。鼓励行业协会商会研究制定行业职业道德准则，规范从业人员职业行为，营造诚信执业良好氛围。引导行业协会商会积极协调会员企业之间、会员企业与其他经济组织之间关系，维护会员和行业利益。支持行业协会商会依据有关法律、法规、政策和自身章程，制定质量规范和服务标准，规范行业产品和服务质量。引导行业协会商会加强会员诚信宣传教育和培训，发挥行业协会商会在行业信用建设中的作用。

（四）完善社会组织等级评估制度。加强社会组织评估标准化建设，进一步完善各类社会组织评估指标体系。完善社会组织评估工作办法，研究制定开展社会组织第三方评估工作的指导意见，推动各地建立第三方评估机制。进一步扩大评估工作覆盖面，加大评估力度，增强评估工作影响力。修改《社会组织评估管理办法》，加强社会组织评估结果的应用，研究社会组织评估等级和社会组织信用体系的互动衔接办法。

（五）推进社会组织信用信息平台建设。依托全国社会组织法人单位信息资源库建设规划，整合社会组织信用信息资源，实现社会组织信用记录的电子化储存，加快建设社会组织信用信息平台。完善社会组织信用信息记录制度，将社会组织基本情况、组织结构、主要人员、重大活动、财务状况、宗旨、章程、业务范围、年检结果、专项治理、执法查处等信用信息，及时、准确记入社会组织信用信息档案。推进社会组织信用信息的互联互通，实现登记管理机关和相关部门的信息共享和联合监管。建设社会组织信用信息发布和评价平台，及时向社会发布社会组织信用信息，充分发挥社会监督作用。

（六）建立社会组织信用奖惩机制。对于诚信社会组织，在年度检查、等级评估、税收优惠、职能转移、购买服务等事项中，实行优先办理、简化程序、“绿色通道”和重点支持等激励政策，并通过新闻媒体进行广泛宣传，营造守信光荣的舆论氛围。对于失信社会组织，探索建立“黑名单”管理制度，采取限制参与政府购买服务项目、取消财政补助和资助、取消税收减免资格、降低评估等级等措施，加大惩戒和震慑力度。建立多部门、跨地区的社会组织信用奖惩联动机制，使守信者处处受益、失信者寸步难行。

## 三、确保社会组织诚信建设工作落实到位

社会组织诚信建设是一项全新的工作，要统一思想认识，注重统筹规划，周密安排部署，加强协调配合，推动各项工作任务落到实处。

一是要搞好工作结合。当前，我国社会组织正处于改革的关键阶段。党的十八届二中、三中全会围绕“改革社会组织管理制度”、“激发社会组织活力”，进行了改革安排，社会组织直接登记、行业协会商会脱钩、加强事中事后监管、加大培育扶持等方面都将有一系列具体措施和办法。因此，我们在谋划推进社会组织诚信建设工作过程中，一定要与当前社会组织管理制度改革各项任务结合起来，找准结合点和着力点，力求通过社会组织管理改革推动社会组织诚信建设，通过社会组织诚信建设促进社会组

织管理改革，进而做到一同部署，一体推进，一并落实。

二是要抓住重点突破。社会组织诚信建设，信息化是基础、支撑和保障。但我国社会组织信息化工作起步晚、基础弱、进展缓慢，不仅严重滞后于工商、金融等其他部门和领域的信息化建设水平，也与我国社会组织改革发展形势不相适应。为此，我们一定要以落实《规划纲要》为契机，彻底改变社会组织信息化水平低的状况。要以“全国社会组织法人库”为基础，加快建立社会组织信用信息系统，完善登记管理信息平台，实现社会组织信用信息的联动。只有抓住这一重点环节进行推进，社会组织信用体系才有依托和抓手。

三是要形成工作合力。社会组织分布在各行各业、各个领域，社会组织诚信建设离不开各个部门的共同努力。要明确职责分工，建立各司其职、协调配合、合力推进的工作机制。要争取地方各级政府的支持，将社会组织诚信建设纳入工作日程。各级登记管理机关要发挥牵头协调作用，统筹安排好社会组织诚信建设各项工作任务的开展，支持有条件的地区和行业结合《规划纲要》要求和地方、行业的实际，在社会组织诚信建设上先行先试。

四是要加强宣传引导。组织广大社会组织积极开展“重信守诺，奉献社会”主题活动，加强社会组织诚信文化建设，引导社会组织将诚信建设作为自觉追求和普遍行动。充分发挥电视、广播、报纸、网络等媒体的宣传引导作用，树立社会组织诚信建设典型，使广大社会组织学有榜样、赶有目标。开展社会组织诚信建设突出问题专项教育和治理活动，树立社会组织诚信自律新风尚。建立健全社会组织违规失信行为的舆情监测和发布机制，及时回应社会关切。

# 充分发挥社会组织在城市治理中的积极作用

民政部副部长　顾朝曦

党的十八届三中全会提出创新社会治理，推进国家治理体系和治理能力现代化。用“治理”代替以往使用的“管理”，一字之差，却是治国执政理念的重大突破，是将政府的“他治”、市场主体的“自治”、社会组织的“互治”结合起来，形成政府、市场和社会协同共治的“善治”模式。城市治理是国家治理的重要基础，是社会治理的集成彰显，城市治理现代化，是国家治理体系和治理能力现代化的重要内容。

## 一、发展社会组织是时代变革的需要

城市是人群、机构、资源和财富聚集的地方，同时也是问题、矛盾、风险和危机积聚的地方。城市管理水平高低，关乎民生、发展、和谐、稳定，集中体现城市政府的行政能力。我国的城市管理体制发端于20世纪50年代，成形于80年代，改革于90年代，进入新世纪后不断探索创新。过去主要是，以全能型政府为管理主体，以行政命令和强制手段为主要方式，以“单位体制”和“街（道）居（委会）体制”为基础，以户籍制度、职业身份制度和档案制度为保障，以维护社会稳定为主要目标。这一管理体制是由计划经济体制下的行政体制和社会体制发展而来，还保留了较多的计划色彩。随着我国工业化、市场化、城镇化、信息化的深入发展，原有的城市管理体制面临巨大挑战。

一是随着城市化快速发展，城市公共服务压力剧增。根据国家统计局公布的数据，2013年我国城镇人口已达到7.3亿，城市化率从改革开放之初1978年的17.92%增加到了53.73%，百万人口以上的特大型城市已经有120多个。这使得城市居民在教育、医疗、文化、养老、交通等方面的公共服务需求快速增长，而老龄化的加速发展又进一步增加了这一压力，政府垄断公共服务资源和包揽公共服务供给明显已力不从心。

二是随着社会阶层结构变动，城市社会稳定面临挑战。个体工商户、私营企业主、外资企业高管、律师、会计师、自由作家、歌手、演员等城市新兴阶层产生，城郊征地拆迁农户以及农民工这样的新城市居民出现。如何形成既充满竞争活力又和谐有序的社会秩序，对社会管理提出了巨大的挑战。

三是随着城市单位体制的解体，原有的社会管理体制难以为继。随着经济体制的深刻变革，我国社会生活的组织方式也发生了从“单位人”到“社会人”的变化。一些工作单位普遍实行住房自有化、社会保障社会化、后勤服务市场化等改革，作为传统管理体制基础的“单位组织”解决社会问题的能力逐步弱化，有些单位组织彻底解体。改革开放后新产生的就业组织仅仅是工作场所，不再是什么都管的“单位”，甚至有些新兴职业采取“居家办公”即所谓SOHO的方式，个人的社会服务和社会福利需要越来越依赖社会化、市场化机制解决，而不再依赖单位解决，因此单位对个人的社会管理功能逐渐消解。

四是随着社会价值观念的变化，传统的城市精神文明建设难以奏效。市场转型促进了经济的发展，显著地改善了民生，也带来了社会价值观念的变化，与这种变化相适应的社会道德和诚信体系建设却相对滞后。因此我们看到，毒奶粉、地沟油、假冒伪劣屡禁不止，拐卖儿童、电信诈骗、盗窃抢劫时有发生，老人摔倒没人扶、父母年迈没人顾等社会冷漠不断上演。并且随着互联网和新媒体的迅猛发展，主流媒体的正面宣传引导力不从心。传统的精神文明建设方式越来越难以奏效，给城市和谐稳定带来深层次隐患。

这些巨大变化对我国城市管理体制提出的挑战，迫切要求我们走出一条与社会主义市场经济和民主法治相适应的城市治理新路。传统的城市管理模式注重政府在城市建设和发展过程中自上而下的支配、控制和主导作用；而城市治理，则强调政府职能的转变，城市利益相关者对城市发展的广泛参与，通过合力来促进城市的发展和城市竞争力的提高。从城市管理走向城市治理，必然要求更好地发挥社会组织的协同作用，形成党委领导、政府主导、社会各方面参与、依法治理的格局。

## 二、社会组织在社会治理中具有重要作用

截至2013年底，全国依法登记的社会组织达54.8万个，形成固定资产1497亿元，年收入1851.5亿元，吸纳社会就业1200多万人，业务领域涉及经济社会各个方面，在促进经济发展、繁荣社会事业、提供公共服务、增强社会自治等方面发挥了积极作用，成为我国社会主义现代化建设

的重要力量，在促进城市治理现代化中具有重要作用。

一是促进城市经济转型发展，离不开社会组织的助推作用。城市经济体制改革的核心，是解决好是“找市场”还是“找市长”的问题。转变政府职能就是要减少审批权，充分发挥市场在资源配置中的决定性作用，激发市场主体的活力和创造性。但政府简政放权不能造成监管真空，行业协会商会等社会组织通过开展行业调查统计、行业规划和行业标准制定、行业资质评定和行业诚信体系建设等途径，可以加强行业自律，协助政府加强宏观调控和市场监管，完善市场经济体制。从国际经验看，成熟的市场经济体均有健全的功能强大的行业协会商会体系。当前我国经济正处在结构调整阵痛期和增长速度换挡期。一些城市过度依赖政府投资和城市开发的经济增长模式已经难以为继。社会组织属于现代服务业，是第三产业的一个富矿。据美国霍普金斯大学对美国等36个国家分析统计，社会组织的平均就业人口占经济活动人口的5%，占服务行业就业的10%，总支出占这些国家GDP的5.4%，如果将这些国家的社会组织加起来作为一个独立的经济体，其规模将位列世界第七大经济体。有条件的城市，可以通过吸引有实力、有影响的社会组织落户，发展总部经济、会展经济。同时，社会组织发挥专业、信息、人才、机制等优势，能做单个企业想做做不到、市场需要却无人做、政府能做但效率低的事，是促进经济转型升级和实现经济平稳较快发展的重要“催化剂”和“助推器”。前不久民政部召开的行业协会商会服务经济发展交流会，就吸引了一些城市官员前来与有关社会组织对接。

二是完善城市公共服务体系，离不开社会组织的有效补充。长期以来，我国城市公共服务主要依靠政府设立机构，养人办事，直接提供。但随着城市的快速发展，原有的城市公共服务体系已不堪重负，政府很难满足多样化的公共服务需求。而社会组织在提供公共服务，包括提供人才培训、医疗卫生、老龄工作、文化教育、科学研究等方面具有天然优势。我国现有民办幼儿园12.46万所，占全国幼儿园总数的68.8%；民办高校707所，占全国高校总数的25.3%，在校学生533万，占全国高校在校学生总数的16.9%；卫生类民办非企业单位2.1万个，占全国卫生机构总数的2.2%。这些民办机构体制灵活，涉及面广，贴近群众，不仅拓宽了公共服务范围，丰富了公共服务内容，弥补了政府公共服务的不足，而且从体制上改进了公共服务供给方式，降低了行政成本。去年，国务院出台了向社会力量购买服务的指导意见，其政策指向就是，要通过购买服务的方式，更好地发挥社会组织等社会力量在提供公共服务方面的积极作用。从国际经验看，社会组织参与公共服务已经成为一种趋势。英国政府在1998年即与社会组织代表签订了《政府与社区及志愿者组织合作框架协议》，加拿大、澳大利亚等国也签订了类似合作协议，有力地促进了公共服务水平的提高。美国医疗行业中50%以上的病床来自私立非营利医院，50%左右的高等学校、95%的交响乐团以及60%的社会福利机构都是社会组织，著名的哈佛大学、耶鲁大学也是社会组织。

三是促进城市社会安定和谐，离不开社会组织的全面参与。十八届三中全会指出，“当前，国内外环境发生极为广泛而深刻的变化，我国发展面临着一系列突出矛盾和挑战”，“社会矛盾明显增多”，为此要“改进社会治理方式”，“鼓励和支持社会各方面参与，实现政府治理和社会自我调节、居民自治良性互动”，“创新有效预防和化解社会矛盾体制”。全国6万多家行业协会商会联系会员2000多万家，4万多个学术社团汇聚专家学者500多万人，律师协会、注册会计师协会团结、联系全国23万律师、25万注册会计师，此外还有活跃在全国城乡的大量社区社会组织。他们是社会善治的“润滑剂”和“缓冲器”，通过开展矛盾调处、心理疏导、精神慰藉等活动，促进了邻里和谐；通过开展社区矫正、治安巡逻、法律咨询宣传等活动，维护了社会稳定。近年来，浙江宁波、云南昆明、广东茂名的PX项目以及浙江杭州垃圾处理项目引发的邻避效应，使得一些同志担心社会组织的发展会带来更多类似事件，甚至引发群体性冲突。实际上，在目前人民群众公民意识和权利意识不断增长的情况下，社会组织恰恰可以发挥专业、公众参与和公益立场等优势，引导群众理性表达诉求，避免产生群体无理性行为。

四是加强城市精神文明建设，离不开社会组织的弘扬正气。城市治理需要物质文明和精神文明两手抓，一个文明、和谐、现代的城市，既需要发达的经济和活跃的市场，也需要繁荣的文化和昂扬的精神。社会组织所具有的公益理念和志愿精神，对于现代社会是一笔宝贵的社会资本。现代社会组织可以培育公民的参与意识、奉献意识、集体意识。特别是大量社会公益组织，在开展减贫济困、安老抚幼、助学助医、环境保护等公益活动的同时，也向社会传播了公益理念和志愿精神，通过组织群众参与社会服务活动，将社会主义和谐价值观在一次次小小的志愿服务和公益活动中潜移默化、润物无声地内化到每个人心中，这与城市精神文明建设的目标不谋而合。2008年北京奥运会期间，12万名赛会志愿者、40万名城市志愿者、上百万社会志愿者，以其文明、热情、专业的服务为奥运成功举办提供了重要保障，志愿者的微笑成为北京最好的名片。联合国秘书长潘基文致信北京奥运全体志愿者，对其服务致以崇高敬意，北京市志愿者协会被授予“联合国卓越志愿服务组织奖”。十八届三中全会提出“支持和发展志愿服务组织”，正是对社会组织在精神文明建设中发挥积极作用寄予厚望。

## 三、全面推动社会组织参与城市治理

引导社会组织参与城市治理，是一项系统工程，需要从思想认识、政策环境、能力素质、管理制度等方面消除障碍，为更好地发挥社会组织在城市治理中的作用创造条件。

一是创新理念，充分认识社会组织在城市治理中的作用。思想、理念是行动的先导，首先要改变“政府包揽一切”的思维。英国著名社会学家安东尼·吉登斯指出，“在现代社会，任何一个行动者，不论是公共的还是私人的，都没有解决复杂多样、不断变化的问题的知识和信息。”因此，需要在政府主导下，吸收市场主体、志愿部门等共同参与，借助三者合作形成的新机制，达到对复杂公共问题协力共助、合作求解。社会组织是市场经济发展的产物，是现代社会的重要组成部分，在经济发展、城市建设、公共服务等方面，都是政府的有效补充。我们要正视社会组织发展问题，破除思想认识误区，既不能将社会组织片面化、妖魔化理解为“反政府组织”，也不要过分夸大社会组织的积极效应，把社会组织看作万能钥匙。要加紧摸清底数，客观评估现状，分析问题、找准对策。要结合政府机构改革和行政审批制度改革，切实向社会放权，厘清政府与社会组织的职能边界，将社会组织培育成为城市治理的重要力量，发挥其独特优势，协同政府解决经济社会发展中的各类社会问题。

二是统筹规划，改革社会组织管理制度。社会组织是城市治理的重要主体和依托，推进城市治理，必须改革社会组织管理制度，优化发展环境。从党的十八大提出加快建立政社分开、权责明确、依法自治的现代社会组织体制，到二中全会确定改革社会组织管理制度，再到三中全会提出激发社会组织活力，社会组织管理改革已经上升为党和国家重大发展战略。民政部按照中央部署，正抓紧做好社会组织改革发展的顶层设计，着力构建现代社会组织体制下的法规制度。目前，在国家层面的社会组织综合性指导意见、《社会团体登记管理条例》、行业协会商会与行政机关脱钩方案、政府向社会力量购买服务的意见、取消和下放部分社会组织登记管理审批权等方面的重大顶层设计，已经取得了突破或阶段性成果。地方层面，已有26个省（自治区、直辖市）启动或试点了社会组织直接登记工作。多个省份下延了非公募基金会和异地商会的登记管理权限。社会组织信用体系建设逐步纳入国家社会信用体系建设，浙江、上海等地先行先试，社会组织诚信建设得到加强。

三是完善政策，加大政府培育扶持社会组织发展力度。社会组织要更好地参与城市治理，离不开政府的大力支持。从国际经验看，社会组织收入来源中来自政府的收入平均为34%，其中发达国家这一数字为48%，发展中国家平均为22%，西欧、北欧福利国家甚至高达77%，而我国2012年民政部登记的全国性社会团体总收入中政府补助（含购买服务经费）收入仅占5.2%。我们鼓励各地建立社会组织培育孵化基地，设立专项基金，孵化有潜力的组织，培育成长性组织，支持作用发挥好的组织。对于社会组织参与城市治理，可以采取政府向社会组织购买服务，财政补贴、项目补助，贴息等方式予以支持。构建“小政府、好社会”的城市治理格局，就需要改变政府“大包大揽”的传统管理模式，政府逐步从“撑船”转变为“掌舵”，按照三中全会精神，“适合由社会组织提供的公共服务和解决的事项，交由社会组织承担。”向社会组织开放更多的公共资源和社会空间，把在城市治理过程中适合社会组织管理的事务，交由社会组织来做。

四是加强引导，提高社会组织参与城市治理能力。社会组织要想在城市治理过程中发挥更大作用，必须不断加强自身建设，努力提高服务能力。要指导社会组织依法依章程开展活动，独立承担法律责任，坚持非营利性。按照现代社会组织体制要求，完善法人治理结构和民主机制，落实民主选举，实行民主决策、民主管理、民主监督，使之成为权责明确、运转协调、制衡有效的法人主体。加强诚信自律建设，规范服务行为，提高社会组织诚信度和公信力。做好社会组织党建工作，引导社会组织健康有序发展。加强社会组织人才队伍建设，提高工作人员专业化、职业化水平。

推进社会组织参与城市治理，既是一项重大的现实课题，也是一项长期而艰巨的任务。地方党政领导干部肩负着引领推动本地区社会组织参与城市治理工作发展重任，要珍视这次难得的学习机会，充分利用研究班这个平台，多学习基础理论知识，多交流实践经验，多分享特色做法，多探讨难题瓶颈，多寻求破解对策，提高驾驭社会组织和社会治理的能力和水平；要牢牢把握社会组织大发展的良好机遇，高度重视社会组织参与城市治理工作，切实激发社会组织的巨大活力，引导推动社会组织在服务经济社会发展中有大作为，作大贡献。

# 着力加强社会组织反腐倡廉建设

中央纪委驻民政部纪检组组长　曲淑辉

党的十八届四中全会站在全面推进依法治国的战略高度，明确要求要加快推进反腐败国家立法，完善惩治和预防腐败体系，形成不敢腐、不能腐、不想腐的有效机制，坚决遏制和预防腐败现象。社会组织反腐倡廉建设，是加强和创新社会治理、建立健全覆盖全社会的惩治和预防腐败体系的重要内容，对于推进社会组织改革创新工作、促进社会组织健康有序发展具有重要意义。

## 一、切实提高对加强社会组织反腐倡廉建设重要性的认识

社会组织是社会治理的重要主体和依托。改革开放以来，我国社会组织在促进经济发展、繁荣社会事业、创新社会治理、扩大对外交往等方面发挥了重要作用，已成为中国特色社会主义建设的不可或缺力量，已成为国家治理体系和治理能力现代化的有机组成部分。社会组织反腐倡廉，关乎社会和谐，关乎政风行风，关乎群众利益，关乎民生民心，关乎执政基础，关乎政治清明。在新的形势下，加强社会组织反腐倡廉建设，显得尤为迫切、尤为重要。

（一）是全面贯彻落实中央要求、积极推进社会组织管理制度改革的客观要求。党的十八大、十八届二中、三中、四中全会围绕“建立现代社会组织体制”“改革社会组织管理制度”“激发社会组织活力”“发挥社会组织积极作用”作出了全面部署和安排，社会组织进入了全面深化改革的关键期。四类社会组织直接登记、行业协会商会脱钩、加大培育扶持力度、严格依法管理等改革举措，有助于理顺政府和社会组织关系，推进社会组织明确权责、依法自治、发挥作用；同时，这些改革部署，也对同步推进社会组织反腐倡廉建设，提出了更为迫切的要求。公开透明和廉洁自律是社会组织发展的生命线。加强社会组织反腐倡廉建设，能够有效激发社会组织“正能量”，充分发挥社会组织积极作用，为社会组织管理制度改革顺利进行创造良好氛围和环境。反之，则会直接影响社会组织管理制

度改革的效果，削弱社会各界对社会组织管理制度改革的信心，并可能损害党和政府的形象，降低党和政府的威信。全面贯彻落实中央要求，积极推进社会组织管理制度改革，迫切需要社会组织反腐倡廉建设的同步跟进。

（二）是大力提升社会组织公信力、不断促进社会组织健康有序发展的必然选择。近些年，在社会组织迅速发展的同时，挪用善款、行贿受贿、内部交易、变相洗钱等各种形式的腐败现象也开始频频出现。这些行为一经披露，往往会被新闻媒体连续追踪报道，迅速形成社会舆论热点，给社会组织发展带来极为负面的社会影响，严重败坏整个公益事业的声誉和公信力，成为构建社会主义和谐社会的“不和谐音符”。例如，前几年的“郭美美”事件和“卢美美”事件，以及日前审计署披露部分中央部门主管社会组织依托行政资源不当牟利的问题，问题可谓触目惊心，社会组织声名扫地。加强和推进社会组织反腐倡廉建设，不仅是净化我国社会组织成长环境、提高公信力的关键所在，也是控制和斩断公共领域腐败链条蔓延的重要节点，更是促进社会组织健康有序发展的必然选择。

（三）是切实加强社会组织自身建设、充分发挥社会组织作用的内在需要。改革开放以来，我国社会组织发展迅速，截至2014年6月底，全国依法登记社会组织有56.1万个，其中社会团体29.4万个、民办非企业单位26.4万个、基金会3736个，涉及国民经济各个行业和领域，初步形成了门类齐全、层次各异、覆盖广泛的社会组织体系，在我国“五位一体”中国特色社会主义建设中发挥着独特作用。但目前，我国部分社会组织自身建设薄弱，内部管理制度不健全、不落实，自律机制缺失，从而给各种腐败行为提供了可乘之机，并直接影响了社会组织作用的发挥。加强和推进社会组织反腐倡廉建设，实现社会组织规范运作、规范发展，成为进一步加强社会组织自身建设，推动社会组织在我国经济社会发展中发挥更大作用的内在需要。

## 二、科学研判社会组织反腐倡廉建设面临的形势

腐败的本质是以公权谋私利。由于社会组织具有民间性和非营利性特征，绝大多数社会组织并不掌握公共权力和公共资源。因此，从表面看，社会组织腐败现象似乎并不很突出。但我国社会组织发展还处于起步阶段，部分社会组织确实还存在着一些违规或腐败现象，社会组织建设和管理工作还存在一些亟待规范的问题。主要问题有：

（一）政社不分，职能混淆。长期以来，大量社会组织是由政府部门

推动成立或由政府机构转变而来的，行政化色彩较浓，政府与社会组织在职能、住所、人员、财务等方面存在一定的交叉现象，为社会组织腐败行为提供了土壤和条件。政社不分已成为社会组织最为主要的腐败隐患。主要表现在：一是行政主管部门与社会组织上下串联，形成腐败。行政主管部门将不便报销的费用转嫁给社会组织报销，将不方便的收费项目委托社会组织实施，再按比例提取管理费，使社会组织成为行政主管部门的“小金库”。二是社会组织利用主管部门影响或者行政资源不当牟利。例如，审计署报告指出，至2013年底，卫计委、国土资源部、住房城乡建设部等13个部门主管35个社会组织和61个所属事业单位利用所在部门影响，采取违规收费、未经批准开展评比达标、有偿提供信息等方式取得收入共计29.75亿元，部分单位违规发放补贴1.49亿元。三是社会组织利用掌握的资源或借助部门影响力，为行业腐败提供了平台和渠道。例如，2011年和2012年，某医药生物技术协会接受日资医药企业捐赠220万元，组织该企业指定医生持因私护照出国参加会议，同时安排旅游。四是现职领导干部尤其是退离休领导干部在社会组织兼职现象普遍，极易滋生个人腐败。

（二）收费不合理、不规范。非营利性的社会组织有别于市场经济主体，应以公益或互益活动为宗旨。但在市场经济的影响下，一些社会组织出现了超越业务范围或违背宗旨收取费用，以及费用支出不规范的现象。一是有的社会组织在开展活动时，借助主管部门的行政权力，以“为会员服务”为由收取不合理费用。社会组织本应是为全体会员服务的“娘家”，有时却成了为少数人、个别企业服务的工具，或只收取会费不提供服务；有些知名企业成为多类型多层次社团的单位会员，其会费及赞助费不堪重负。二是有的社会组织违规开展评比、达标、表彰等活动，并向参与的企业或组织乱收费。日前审计署审计中发现，有6个社团违规组织21项全国性评比表彰活动，收费240万元。三是有的社会组织违规变相开展营利性经营活动，通过签订合同，约定收费返还比例，将服务性收费委托给营利性机构办理，获取非法收入。中国地区开发促进会以营利为目的，将下设5个分支机构及2个内设机构交与企业承办运营，每年向每个企业收取2万—10万元不等的管理费用，完全背离了社会团体非营利性的宗旨，被民政部依法撤销登记。四是有的社会组织在不具备认证资格与能力的情况下，非法为企业提供产品认证，向公众进行产品推荐。五是有的社会组织打着公益或者政府部门的旗号，开展谋利活动。

（三）内部管理制度不完善，自律机制不健全。社会组织能否更好地发挥作用、实现宗旨，主要取决于自身所建立的科学、民主的管理制度和自律机制。但是，目前一些社会组织内部管理制度不健全，财务制度不完善，违规使用票据和经费，财务报告流于形式，审计不严格，透明度不高。例如，中国企业文化促进会违反国家有关会费收取的规定，违规使用北京市行政事业性统一银钱收据收取会费，并违规向所属分支机构收取会费，被民政部处以停止活动3个月的行政处罚。

（四）权力过分集中，监管措施不力。缺乏监督制约的权力必然导致腐败。如果在社会组织内部，权力过于集中，就可能产生违规行为，滋生腐败现象，个别社会组织甚至成为少数人谋取私利的工具。主要表现为：一是化公为私，侵占挪用。社会组织中的某一个或少数几个管理者、核心岗位的工作人员利用职权，采用侵占、挪用、私分等方式非法谋取社会组织财产权利，化公为私。例如，中国畜牧业协会原秘书长沈某利用职务便利，以签订虚假协议、截留公款不入账的方式，侵吞、骗取公款1200余万元，今年3月被判处有期徒刑15年。二是滥用职权，挥霍浪费。社会组织的某一个或少数几个管理者与工作人员虽没有直接做出挪用、侵占社会组织资产的积极腐败行为，但也常常为满足个人私欲而利用自己对资源的支配权力，在行使职权的过程中，采用挥霍、浪费等消极腐败行为，消耗社会组织资产。比如，使用社会组织资金支付私人旅游、购物送礼、宴请娱乐等消费活动的费用；打着办公之名，滥用社会组织资金购买汽车、电脑及其他豪华设备供私人使用；使用社会组织资金宴请、大吃大喝，等等。三是内部交易，徇私经营。一些社会组织的管理者和工作人员往往利用手中职权，将这些与经济收入有关的投资、广告、宣传、印刷、展览、礼品购买等业务交给由自己或者自己的亲属、朋友所开办的企业经营。个别社会组织的分支机构甚至还与秘书处或理事会成员合伙成立私人公司，以试图转移社团财产或规避税收。



## 三、采取有力措施加强社会组织反腐倡廉建设

加强社会组织反腐倡廉建设，是一项长期而艰巨的任务，绝不可能一蹴而就、一劳永逸，需要我们不断探索、不断创新，完善社会组织惩治和预防腐败机制，铲除社会组织腐败问题滋生的土壤，遏制社会组织腐败行为蔓延的势头，不断推进社会组织反腐倡廉建设取得新的进展。

（一）深化社会组织登记制度改革。按照十八届二中、三中、四中全会精神，对行业协会商会类、科技类、公益慈善类、城乡社区服务类社会组织实施直接登记。加快修订出台《社会团体登记管理条例》、《基金会管理条例》、《民办非企业单位登记管理暂行条例》。制定并落实社会组织分

类标准和四类社会组织直接登记的具体办法。在社会组织登记管理上取消不必要的审批，下放审批权限，将基金会和异地商会登记审批权限从省级以上民政部门下延至县级民政部门，在取消社会团体分支（代表）机构登记审批、取消社会团体会费标准备案的基础上，进一步加大简政放权力度。

（二）推进社会组织去行政化。推进各类社会组织在职能、机构、人员、资产、财务等方面与行政机关分离。当前重点推进行业协会商会与行政机关脱钩工作，协调出台并落实行业协会商会与行政机关脱钩总体方案，会同有关部门研究制定脱钩配套政策，开展行业协会商会脱钩试点。从严控制公务员在社会组织兼职任职，严格规范离退休公务员担任社会组织负责人，完善并严格执行领导干部亲属担任社会组织职务相关制度规定。引入竞争机制，探索一业多会。

（三）完善社会组织监管制度。按照建立“统一登记、各司其职、协调配合、分级负责、依法监管”的要求，在降低社会组织登记门槛的同时要加大事中事后监管力度。改革优化社会组织年检工作，推行基金会抽查审计。制定加强社会组织执法监察工作意见，推动建立多部门综合执法机制。加快建设社会组织管理信息平台，提高监管工作信息化水平。完善第三方评估机制，健全社会监督体系。会同有关部门做好直接登记类社会组织过渡衔接工作。探索对离岸社团、网络社团的监管措施。转变管理方式，加快职能转变，加强监管和执法能力建设。

（四）优化社会组织发展环境。结合行政体制改革和政府职能转变，将适合由社会组织提供的公共服务和解决的事项，交由社会组织承担，为社会组织发挥作用提供空间。贯彻落实国务院办公厅关于政府向社会力量购买服务的指导意见，进一步完善配套政策，加大政府购买服务力度。落实社会组织税收优惠政策，扩大税收优惠种类和范围。加大财政金融支持力度，拓宽社会组织筹资渠道。加强社会组织人才队伍建设，将社会组织人才纳入各地各行业人才培养统一规划，造就一支专业化、职业化的社会组织人才队伍。加强舆论宣传引导，传递社会组织的“正能量”，为社会组织改革发展营造良好氛围。

（五）加强社会组织自身建设。按照现代社会组织体制要求，围绕强化自治功能，推动完善社会组织法人治理结构和民主机制，完善会员大会、理事会、监事会制度，落实民主选举、民主决策、民主管理、民主监督，引导社会组织依法按照章程开展活动，独立承担法律责任。建立健全社会组织法定代表人离任审计、负责人管理、责任追究和资金管理等制度，加强诚信自律建设，建立“黑名单”制度，提高社会组织诚信度和公信力。做好社会组织党建工作，理顺党建管理体制，创新党组织设置方式，强化党组织书记队伍和党员队伍建设，充分发挥社会组织党组织的战斗堡垒作用和党员的先锋模范作用。

# 徐立全、方春明在安徽省社会组织管理工作领导小组（扩大）会议上讲话

（皖社管组字〔2014〕2号）

各市社会组织管理工作领导小组，广德、宿松县社会组织管理工作领导小组，省社会组织管理工作领导小组各成员单位：

现将省委常委、省委政法委书记、省社会组织管理工作领导小组组长徐立全和省政府副省长、省社会组织管理工作领导小组第一副组长方春明在省社会组织管理工作领导小组（扩大）会议上的讲话印发给你们，请认真组织学习，结合实际贯彻落实。请各市与广德、宿松县于4月30日前将组织学习和贯彻落实情况书面上报省社会组织管理工作领导小组办公室。（联系人：代祥华、石亮；联系电话：0551－65606022）

安徽省社会组织管理工作领导小组

2014年4月11日

## 徐立全同志的讲话

（2014年3月27日）

党的十八大以来，在省委、省政府的坚强领导下，各级各有关部门履职尽责、开拓创新，全省社会组织管理工作取得了显著成效。社会组织管理政策进一步完善，体制改革进一步深化，发展环境进一步优化，监督管理进一步规范，服务经济社会发展的功能作用进一步彰显，社会组织日益成为促进安徽崛起、建设美好安徽不可或缺的重要力量。我省社会组织管理工作在民政部2013年综合考评中位居单项第一，领导小组副组长吴旭军同志还代表我省在全国民政工作会议上专题就社会组织工作作了典型发言。对于社会组织管理工作取得的成绩，省委、省政府是充分肯定的。下面，我就进一步做好当前和今后一个时期的社会组织工作，讲几点意见。

## 一、认真学习、深刻领会十八届三中全会对社会组织改革发展作出专门部署的重大意义

三中全会《决定》是新的历史阶段全面深化改革的纲领性文件，《决定》单列一条部署“激发社会组织活力”，明确了社会组织在国家治理中的主体地位和重要作用，这对社会组织改革发展具有里程碑式的意义。

（一）激发社会组织活力是全面深化改革的必然要求

改革开放以来，我国经济体制深刻变化，社会结构深刻变动，在给国家发展进步带来强劲动力的同时，也给政府管理带来诸多新情况、新问题。从总体上看，政府职能转变比较滞后，政府直接配置资源的范围仍然过大，公共服务供给仍然不足，市场监管和社会管理仍然相对薄弱。这就要求政府转变观念，创新社会治理方式。《决定》将社会组织作为全面深化改革的重要内容，其目的就是实现政府治理和社会自我调节、居民自治良性互动，进一步发挥社会组织作用，激发社会活力，真正实现从“依靠群众打天下”向“依靠群众治天下”转变，政府逐步从“全能政府”转为“有限政府”，从“撑船”转变为“掌舵”，这是一种积极的发展观。因此，作为国家治理的重要主体，社会组织不可或缺。

（二）激发社会组织活力是政府职能转变的基本环节

推进政府职能转变是处理好政府与市场、政府与社会关系的核心所在。《决定》要求，“凡属事务性管理服务，原则上都要引入竞争机制，通过合同、委托等方式向社会购买”，提出“推进有条件的事业单位转为企业或社会组织”，“适合由社会组织提供的公共服务和解决的事项，交由社会组织承担”，“限期实现行业协会商会与行政机关真正脱钩”。社会组织是政府职能转变的重要承担者，可以将政府部门管不了、管不好的事务承接下来。政府部门向社会组织放权，或与社会组织进行共同治理，能从根本上改变政府管理经济与社会事务的理念和方式，有利于政府职能的转变，推进政事分开、政社分开，建设服务型政府。

（三）激发社会组织活力是增强社会组织正能量的重要保证

2000年，全省登记的社会组织才4000个，到2013年底已经增加到21700多个，初步形成了与我省经济社会发展相适应，布局合理、结构优化、功能完备、作用明显的社会组织体系。社会组织的加速发展，在促进经济发展、繁荣社会事业、创新社会治理等方面发挥了重要作用。但是，我们也应该看到，社会组织发展还存在不少问题：发展不足、发展不优、

发展不平衡，能力不强、活力不足，管理服务力量薄弱、管理体制不完善，社会组织参与国家治理的机会和空间还很有限，等等。《决定》提出“支持和发展志愿服务组织”，“重点培育和优先发展行业协会商会类、科技类、公益慈善类、城乡社区服务类社会组织”，“推进社会组织明确权责、依法自治、发挥作用”，就是要为社会组织松绑，为社会组织发展注入新鲜血液，推动社会组织发挥正能量。

## 二、抓住关键环节，全面深化社会组织管理制度改革

改革是促进社会组织健康发展和发挥作用的不竭动力。三中全会部署“激发社会组织活力”，与二中全会提出的“改革社会组织管理制度”一脉相承，共同构成了党的十八大提出的“加快形成政社分开、权责明确、依法自治的现代社会组织体制”的目标支撑点。把社会组织改革发展纳入全面深化改革的总体部署，体现了中央对社会组织的高度重视和殷切希望，也为社会组织健康有序发展和发挥积极作用进一步拓展了空间。我们一定要严格按照中央相关要求，抓住两个“结合”，实现一个“分开”，全面深化社会组织管理制度改革。

### （一）“放”和“管”相结合，促进社会组织健康有序发展

“放”和“管”是一件事情的两个方面，“放”是为了激发社会组织的活力，“管”是为了确保社会组织的健康有序，要辩证地处理好二者关系，拿捏好分寸，防止出现“一放就乱、一管就死”的问题。一要放得开、放得活。要按照中央关于简政放权、转变政府职能的要求，取消业务主管单位的前置审批，除政治法律类、宗教类社会组织和境外非政府组织在皖代表机构等外，成立其他社会组织按照分级负责的原则由各级民政部门直接登记，取消社会团体分支（代表）机构设立、变更、注销登记的审批，下放非公募基金会和异地商会的登记管理权限，下一步还要适时取消社会团体的筹备审批。二要管得住、管得好。要依法加强监管，完善法律监督、政府监督、社会监督、自我监督相结合的监管体系。为适应直接登记的形势需要，要依法加强登记审查，健全相关审查制度，确有必要的还要征求行业主管部门和有关职能部门意见，确保社会组织登记质量。要在规范年度检查、推进等级评估的基础上，加强日常监管，落实社会组织重大事项和涉外活动报告制度；加强自律管理，促进社会组织加强监事会建设和发挥作用；加强社会监督，督促社会组织公布活动信息和财务情况，提高自律性、诚信度和公信力。要加强社会组织执法监察，建立执法队伍，完善联合执法机制，依法查处非法社会组织和社会组织非法活动。要

加强社会组织党建工作，实现党的组织和工作在社会组织中的全覆盖，确保社会组织沿着正确的政治方向健康发展。

（二）“外因”和“内因”相结合，提升社会组织参与国家治理和社会服务的能力

当前，行政管理体制改革和政府职能转变深入推进，各级各有关部门要全面梳理自身职能，逐步将政府的事务性管理工作、适合通过市场和社会组织提供的公共服务，以授权、委托等适当方式依法交给具有相应资质的社会组织承担。同时，要坚持“外因”和“内因”相结合，着力提升社会组织承接政府职能转移、参与国家治理和社会服务的能力。一要强化“外因”，进一步优化社会组织发展环境。要认真落实国务院办公厅关于政府向社会力量购买服务的指导意见和我省的实施意见，完善购买服务机制，制定购买服务目录，加快组织实施购买服务工作。要大力支持福彩公益金资助社会组织参与社会服务，不折不扣地落实国家关于社会组织的税收优惠政策，积极推进社会组织孵化基地建设，为初创期社会组织提供人力、物力和财力支持。二要强化“内因”，进一步提升社会组织建设质量。要指导社会组织健全以章程为核心的内部管理制度，完善法人治理机制；推进社会组织从业人员职业化、专业化和年轻化，依法保障其薪酬、社保、福利和发展条件；畅通社会组织资金来源渠道，严格规范财务管理。探索一业多会，引入竞争机制，促进社会组织优胜劣汰。相关部门要开展社会组织承接政府职能资质的认定工作，分期发布具备相应资质的社会组织目录。

（三）实行政社分开，推进社会组织明确权责、依法自治、发挥作用

政社分开是政府职能转变的基本要求，也是建立现代社会组织体制的根本前提。只有实现了政社分开，社会组织才能成为真正意义上的独立法人主体，才能真正成为党和政府联系人民群众的桥梁纽带，才能真正成为依法履行权责、发挥特有作用的第三方力量。去年，省委组织部等五个部门联合印发了关于从严控制党政机关领导干部兼任社会组织领导职务的规定，目前正在开展清理整顿工作。领导干部兼职是政社不分的典型表现，希望相关部门要以此为契机，把清理整顿工作作为推进政社分开的切实举措不打折扣地抓实抓好，抓出成效。按照中央部署，今年国家将要出台行业协会商会与行政机关脱钩的总体方案，就像当年抓政企分开一样抓政社分开。我们一定要抓好贯彻落实，从行业协会商会开始试点，总结经验后逐步全面推开，深入推进社会组织在机构、职能、人员、资产、财务等方面与行政机关分开。

## 三、完善管理体制，提高服务能力，为做好社会组织管理工作提供坚实保障

社会组织管理工作政治性强、涉及面广，特别是政治法律类、宗教类社会组织和境外非政府组织在皖活动的监管，非常敏感。为促进社会组织健康有序发展，发挥“正能量”，消除“副作用”，我们要进一步加强对社会组织管理工作的组织领导，落实各司其职、协调配合的管理体制，切实提升管理服务水平。

（一）切实加强对社会组织管理工作的组织领导

社会组织管理工作牵动中心、影响大局，各级党委、政府要充分认识社会组织在经济、政治、文化、社会和生态文明“五大建设”中的积极作用，准确把握社会组织承接政府职能转移、参与国家治理和公共服务的重要地位，切实将社会组织管理工作摆上应有的位置，纳入经常性议事日程。各级党委、政府主要负责人要高度重视和关心支持社会组织管理工作，要亲自过问，为社会组织管理工作提供必要的条件。各级党委、政府分管负责人对社会组织管理工作要亲自抓，定期听取社会组织工作汇报，调查研究社会组织工作情况，协调解决制约社会组织发展的难题，为社会组织管理工作提供必要的人、财、物保障。

（二）充分发挥省社会组织管理工作领导小组职能作用

领导小组要进一步完善工作制度，实现工作的经常化、制度化，加强对全省社会组织管理工作的统一领导和综合协调。要督查各成员单位切实履行管理职责，促进部门间沟通交流，协调解决社会组织管理工作中的重大问题。要加强调查研究，找准关键环节和重点领域，努力形成突破，确保社会组织健康有序发展。同时，要主动指导市、县（市、区）健全和完善社会组织管理工作领导机构，切实履行领导职责。各成员单位要对照去年领导小组会议审议通过后印发的成员单位职责，结合实际，认真履行相关监管职责。同时，要在省社会组织管理工作领导小组的统一领导下，相互配合，协调一致，形成合力，最大限度地提高监管实效。

（三）努力提升社会组织管理服务能力

管理服务能力要与业务发展相适应，这是工作的基本规律，也是政府机构改革的基本要求。实行直接登记后，登记管理力量、管理服务能力不足与加速发展的社会组织数量、日益增加的管理服务任务之间不相适应的矛盾愈加突出，积累了一定的风险和隐患。我们要高度重视社会组织管理

队伍建设，健全省、市、县三级社会组织管理服务机构，配备与其业务相适应的工作人员，全面加强思想作风、素质能力建设，努力打造一支适应新时期社会组织建设与发展的登记管理队伍，进一步提升服务能力和水平。

今年是深入贯彻落实三中全会精神、全面深化改革的开局之年，也是推动经济社会持续健康较快发展、完成“十二五”规划目标任务的关键一年。党的十八大和十八届二中、三中全会已为社会组织建设、发展和改革明确了方向和目标任务，省委贯彻落实三中全会精神的《意见》也对社会组织工作作出了具体部署，我们要以“踏石留印，抓铁有痕”的工作作风，真抓实干、创新破难，扎实抓好各项工作，共同推进我省社会组织管理工作再上新台阶，为打造“三个强省”、建设美好安徽，全面建成小康社会作出新的更大贡献！

## 方春明同志的讲话

（2014 年 3 月 27 日）

刚才，旭军同志全面回顾总结了 2013 年度全省社会组织管理工作情况，并对 2014 年度工作要点提出了建议；立全书记代表省委、省政府作了重要讲话，充分肯定了一年来我省社会组织管理工作取得的成绩和积累的经验，深刻分析了当前面临的形势和任务，对下一步如何做好社会组织管理工作作了全面部署。立全书记的讲话，既符合中央精神，又完全契合安徽实际，希望各地各部门结合实际，认真抓好贯彻落实。

下面，我就贯彻会议精神，特别是立全书记的重要讲话精神，讲三点意见。

一、提高思想认识，迅速传达贯彻。各地各部门的与会同志回去后，要向本地本部门主要负责同志汇报这次会议的主要精神，认真学习，专题研究，真正把社会组织管理工作摆上重要议事日程。党的十八大以来，中央多次提出转变政府职能、推进行政审批制度改革、简政放权，把政府不该管的事、管不了的事都放开，能放到市场的放到市场，能放到社会的放到社会。特别是十八届三中全会把社会组织工作提升到“推进国家治理体系和治理能力现代化”的战略高度，对社会组织的建设、发展、管理提出了一系列新的要求。我们要把思想和行动统一到党的十八大、十八届三中全会精神上来，统一到省委、省政府的工作要求上来，认真研究新情况，解决新问题，加强对社会组织管理培育的政策支持，引导社会组织健康有序发展。

二、对照职责任务，狠抓工作落实。各地和领导小组各成员单位要按照职责分工，对照2014年度工作要点，对本地本部门工作任务进行认真梳理，围绕激发社会组织活力，找准工作着力点，下功夫抓好落实。一要在政社分开上下功夫。要增强社会组织的公益性、服务性和专业性，尽快实现行政机关与社会组织脱钩，从严控制和规范管理党政领导干部在社会组织兼任领导职务。要加大政府职能转移的力度，舍得向社会组织“放权”，敢于让社会组织“接力”。凡是社会组织“接得住”、“管得好”的事情，都要逐步交出去。二要在培育发展上下功夫。要放宽准入、减少审批，下放管理权限，优化登记流程，缩短办理时限。支持社会组织依法独立开展工作并承担法律责任，减少对社会组织具体活动的直接行政干预。三要在规范管理上下功夫。在放宽的同时，要依法加强登记审查，防止危害社会安全的有害组织披上合法外衣。同时，通过年度检查、等级评估等手段，加强日常监管，引导社会组织加强自律，切实提高社会组织建设质量。

三、加强协调配合，形成工作合力。社会组织服务管理涉及方方面面，是各级党委政府和各有关部门的共同责任。各级党委政府负责同志要关心社会组织建设和发展，帮助解决社会组织管理工作中的困难和问题，提供必要的人、财、物保障。领导小组各成员单位、各部门要切实履行好职责，共同做好我省社会组织建设、发展、管理工作，支持社会组织发展，激发社会组织活力，形成共促共管的整体合力，为服务全省经济社会发展大局发挥更大的作用。

# 熊建平在浙江省民政工作会议上的讲话

（2014 年 1 月 15 日）

同志们：

刚才，尚清同志全面回顾了 2013 年全省民政工作，具体部署了 2014 年民政工作任务。讲得很好，我都赞同。俗话讲“一分部署，九分落实”，希望大家认真抓好落实。借这个机会，我讲三点意见：

## 一、充分肯定过去一年全省民政工作成绩

2013 年，全省民政系统围绕中心、服务大局，加快改革创新，不断推进现代大民政建设，取得了显著成绩。特别可喜可贺的是，省民政厅荣获了“2013 年全国民政系统重点工作考核评估优秀单位”，近期民政部专门向省政府发函，对省民政厅进行通报表扬。过去一年的民政工作有很多亮点，我认为有几方面非常突出：

一是社会救助制度不断完善。推动制定《浙江省社会救助条例》，着力解决制度“碎片化”、制度重叠、多头救助等问题，有力促进了救助工作的规范透明、公平公正。同时，低保补助标准进一步提高，城乡差距明显缩小，成为了全国救助标准最高、补差最多、城乡差距最小的省份。

二是养老服务体系加快推进。积极配合省人大听取和审议我省养老服务体系建设情况报告，并接受了专题询问。省人大对民政工作给予了充分肯定。认真贯彻落实《国务院关于加快发展养老服务业的若干意见》，开展了养老服务业政策制定工作，力求在土地、融资等方面政策上取得突破。目前，我省的实施意见已经基本形成。同时，在进一步完善规划布局，规范建设标准，增加机构设施，扩大服务范围等方面成绩也十分显著。

三是“三社”建设走在前列。社会公共服务信息平台全面建立，社区服务体系进一步完善。全省已建立 18000 多个村级社区服务中心，覆盖行政村 25000 多个，约占行政村总数 90%。同时，不断加大社会组织培育扶持力度，在全国率先实施四类社会组织直接登记。社会组织与社区、社工

“三社”进一步联动发展，为创新基层社会治理机制发挥了重要作用。

四是防灾减灾救灾成绩显著。加强省级综合减灾示范社区、避灾安置场所建设和防灾减灾宣传教育，特别是积极应对去年“菲特”超强台风，省民政厅迅速派出工作组赶赴灾区一线，做好救灾物资供应和救灾资金下拨，帮助指导灾区做好救灾和恢复重建工作，实现了高效救灾的要求。民政部门在整个抗灾救灾中发挥了很好的作用，得到了社会各界的好评。认真做好组织保障等工作，成功承办了2013上海合作组织联合救灾演练，充分展示了浙江良好形象。

五是创新发展举措有力有效。认真谋划全省民政事业改革创新，先后推动民政部与省政府签署全省民政事业一体化和温州民政综合改革试验区部省合作协议、民政厅与民政部政策研究中心共建全国民政政策理论研究基地。围绕社会养老服务体系建设等工作重点，敢于先行先试，先后与部分市县政府、相关部门签订共建协议，与高等院校、社会组织建立合作关系，提出了一系列创新机制与政策措施，为进一步深化民政领域改革创新打下了非常好的基础。

六是教育实践活动扎实深入。省民政厅是我的联系点。民政厅领导班子成员对教育实践活动高度重视，带头学习、带头剖析、带头整改，做到规定动作做到位，自选动作有特色，特别是以“百名干部进百院、走亲解困连万心”活动为载体，组织干部深入基层一线、解决实际问题，取得实实在在的成效，值得充分肯定。

过去一年，全省民政工作取得的成绩来之不易，凝聚着民政系统广大干部职工的心血和汗水。实践证明，民政系统是一支团结协作、敢于担当、能打胜仗的队伍。在此，我代表省政府向全省民政系统广大干部职工表示衷心感谢和亲切的慰问！

## 二、全面把握当前民政工作面临的新形势和新要求

今年是贯彻落实党的十八届三中全会和省委十三届四次全会精神，全面深化改革的开局之年，也是干好“一三五”、实现“四翻番”的承上启下之年。中央和省委全会对全面深化改革作出了全面部署，对民政工作改革发展提出了明确要求。其中，涉及到民政工作的主要有三个方面：一是在保障和改善民生方面，要求推进城乡最低生活保障制度统筹发展，健全残疾人权益保障和困境儿童分类保障制度，支持慈善事业发挥扶贫济困积极作用，加快建立社会养老服务体系。二是在社会治理方面，要求激发社会组织活力，加强社会组织民主机制建设，加强城乡社区治理。三是在社

会服务方面，要求优化行政区划设置，促进退役军人就业，等等。民政系统改革任务相当繁重，希望民政系统广大干部职工认真学习领会和贯彻落实全会精神，着力把握好以下三个方面：

（一）充分发挥市场在民政领域资源配置的决定性作用

民政社会服务是公共服务的重要构成，同样需要运用市场决定资源配置的理念和方法。比如，在如何引导鼓励市场主体平等参与、公平竞争，强化政府保障供给、依法监管基本职能。这方面，重点要做好三篇文章：

第一篇文章，是要简政放权。简政放权是转变政府职能的突破口。总的来说，当前政府职能缺位、越位、错位现象还一定程度存在，在民政领域也同样存在，某些方面还比较突出。下一步要在进一步简政放权上下功夫，按照行政审批制度改革的要求，建立负面清单制度，对市场能够承担的事项，一律取消审批；对一时难以取消的，本着能放尽放的原则，尽可能下放到基层；保留的项目要简化程序，改进服务，提高效率。

第二篇文章，是要转移职能。社会组织是社会发展的重要主体。目前，我省社会组织虽然有 3.6 万家，数量较大，但能力不强，总体较弱。社会组织功能培育需要项目的支持、职能的赋予。因此，在深化改革过程中，凡是社会组织能够承担的事项，政府都应转移出去，通过职能的赋予，费随事转，增强社会组织的能力，切实改变以往行政权力过多介入微观具体事务的状况。

第三篇文章，是要激发活力。在政府简政放权与社会力量承接的过程中，对暂时不能全面放开的事项，如基本公共服务的组织实施、公办公益机构的管理运营等，要善于通过引入市场机制、采取购买服务的方式，搞活机制，优化服务。民政系统下属单位很多、工作的涉及面很广，今年在激发活力方面还是大有可为的。

（二）充分发挥民政在国家治理体系和治理能力建设中的重要作用

党的十八届三中全会首次提出要“推进国家治理体系和治理能力现代化”。创新社会管理体制是国家治理体系和治理能力的重要组成部分。在推进过程中，民政发挥着重要作用。关键要用好三个载体：

第一种载体，是要培育社会组织。社会组织是社会治理的重要主体。总体来说，我们现在的社会组织“官办”的居多，行政化倾向比较明显，活力不足；民办社会组织总量不多且比较弱小，作用发挥有限。要围绕建设现代社会组织体制的总体要求，在加快实施政社分开、大力培育发展社会组织、激发社会组织活力上下更大功夫。

第二种载体，是要夯实社区平台。城乡社区既是优化基本公共服务的基础平台，又是创新社会治理体制的重要抓手，也是社会治理的最基本单元。目前，我省城市社区建设还存在着社区承担的行政事务过多，面对的检查评比考核过多，社区参与缺乏，自治作用发挥不够等问题；农村社区还缺乏专职的服务队伍和相应的服务制度，服务水平不高。如何解决好社区面临的困难，增强社区的功能，发挥好社区的作用，确实有很多工作要做。

第三种载体，是要壮大社工队伍。一方面，当前人民群众对社区服务的要求越来越高，对社区工作的专业化、标准化、规范化要求越来越高。另一方面，全省通过国家考试的专业社会工作人才仅有 1 万余人，队伍还十分弱小，提供专业服务的能力不强，远不能适应社会发展的需要。加快壮大社会工作专业人才队伍非常迫切。

（三）充分发挥民政在政府职能履行中的托底作用

民政是政府履行基本职能十分典型的部门。特别是在基本民生保障方面，民政更是首当其冲，发挥着托底的作用。具体要把握好三个环节：

第一个环节，是要全覆盖。全覆盖是社会保障制度的基本要求。这里的全覆盖既包括低保、医疗、教育、就业、住房等基本民生保障项目全覆盖，也包括服务保障对象的全覆盖。对此，要按照全覆盖的要求，查找漏项和不足，既要防止过度保障、“养懒汉”，又要避免漏保、确保对困难群众救助到位。如在低保边缘人群保障、困境儿童保障、失独家庭保障等方面，要研究完善制度，保证制度全覆盖。

第二个环节，是要补短板。这几年，我省民生保障水平有了很大提高，但确实还存在一些短板。如因病致贫等低保边缘群众基本生活还比较困难，医疗救助面过窄、救助水平低，不能从根本上解决患病特别是患大病的医疗问题。对此，要进一步放宽救助范围，适度提高救助标准，健全临时救助制度，切实解决群众临时性、突发性困难，补上改革发展进程中公共服务和民生保障的短板，确保网底不破，确保全省人民共享改革发展成果。

第三个环节，是要编好网。关键是要解决好救助政策“碎片化”问题，织密保障基本民生的安全网，真正体现“救急、济困、解难”的要求，并确保可持续、长效发展。要注重健全各项制度的动态调整机制，加强与相关制度的紧密对接。如社会救助就要与其他社会保障、扶贫开发、慈善事业、扶持就业等制度相衔接，提高顶层设计水平，加强资源共享和整合，发挥综合效应。还要注重运用好社会各种资源，编好社会救助这张网。

## 三、切实抓好今年各项任务的落实

关于今年工作，刚才尚清同志已经作了全面部署。这里，我强调几个重点：

（一）加快转变政府职能

加快政府职能转变是今年的重要任务。行政审批制度改革是政府职能转变的核心，牵一发而动全身。这方面，省民政厅前阶段非常用心，下了很大功夫，做了大量工作，下一步不能放松。具体要做好三个方面：一是抓紧建立权力清单。前一阶段，民政厅已进行了精心梳理。下一步，将根据最终审定的结果，建立权力清单。近期，国务院常务会议明确要求，在清理基础上，向社会全面公开，确保权力运行公开、规范、透明。二是深化审批制度改革。在前几次取消下放行政审批的基础上，去年省民政厅又取消6项、下放4项，目前保留10项。下一步要按照“应放尽放、能放则放”和负面清单的管理要求，进一步加大简政放权的力度。对保留的行政审批事项，要进一步规范审批程序、优化审批服务，使民政系统审批制度改革工作走在全省各部门的前列。三是加大购买服务的力度。尤其要认真贯彻落实国务院《指导意见》，抓紧推动转移事项目录、购买服务目录及有承接能力的社会组织目录三个目录编制工作，拿出具体举措，逐步加大政府向市场主体、社会力量购买服务的范围。民政部门首先自身要带好头，包括民政各类职业技能培训、标准研制、项目建设等，原则上都要推广购买服务，面向市场或业内公开招投标，实行公平竞争、择优选用。

（二）加快养老服务业发展

养老问题社会高度关注。我省老龄化率比全国平均水平高4个百分点，到2020年将达24%。今年，我省要根据《国务院加快发展养老服务业的意见》，尽快出台实施意见，并召开全省性会议进行部署。在贯彻落实中要着力解决以下几个问题：一是强化政策创新。针对养老服务发展中的瓶颈问题、共性问题和社会反映比较强烈的问题，在政策上有新的突破。按照非禁即入的原则，在土地、融资、规费、补贴、审批等方面予以保障和扶持。要按照三中全会精神，敢于大胆探索创新，在推动社会力量参与上有新的突破。二是科学规划布局。全面开展养老服务需求评估，进一步优化完善养老服务设施规划布局。目前，存在着城市好的养老服务设施“一床难求”，农村养老院床位“闲置很多”的现象。如何形成数量充足、功能完善、布局合理、规模适度、覆盖城乡的社会养老服务体系，做到分层分类提供养老服务，要很好地研究。今年全省要新建4000个城乡社区养老服务照料中心，新增养老床位2万张，这两项工作已列入今年省政府为民办十方面实事项目，必须不折不扣完成好。下一步，要尽快将任务分解落实到市县。同时要做好资源整合，加强养老机构与医疗机构、社区养老照料中心与社区卫生服务中心合作，推进医养融合发展。三是强化规范管理。建设一个养老服务照料中心容易，但要确保长效规范运行并非易事。今年要在做好《浙江省社会养老服务促进条例》立法工作同时，加快制订养老服务管理规范和质量评价标准，尤其是要完善养老机构进入退出机制，提升养老服务标准化水平。

（三）加快完善社会救助体系

社会救助是一项保民生、促公平、托底性、基础性制度安排。下一步要着力做好以下三个方面：一是完善救助制度。按照省人大即将颁布的《浙江省社会救助条例》，进一步健全困难群众基本生活价格补贴机制和与最低工资标准相挂钩的低保标准动态调整机制。进一步扩大救助的覆盖面，尤其要把低保边缘家庭、失独家庭、临时性困难家庭的生活保障问题作为今年重点，纳入社会救助范围，省民政厅要拿出一个切实可行的方案。同时，要进一步加大重特大疾病医疗救助的力度，完善困难群众大病救助机制。这项工作也已列入省政府为民办十方面实事，要大力推进，确保全覆盖。二是提升管理水平。按照国家统一部署，开展好低保工作绩效评价，努力提高救助对象准确率、补助准确率和资金使用效益，使宝贵的社会救助资源真正用于需要救助的困难群众。这里要着重避免由于工作不细造成重复救助、交叉救助和遗漏等现象。同时，要增强工作透明度，提高县级信息化水平，健全社区、村公示机制，及时公开资金、物资使用情况，全面接受社会监督，坚决防止“关系保”、“人情保”及“骗保”情况的发生。三是加强救助力量。按照“四个有”要求，今年要全面完成全省居民家庭经济状况核对机制建设。这是社会救助的一项基础工作，非常重要，必须做到位。同时，要鼓励以购买服务方式有效解决救助力量不足的问题，充分发挥社会力量作用，鼓励、引导和动员慈善组织、志愿者、企业等各方面力量，通过多种方式参与社会救助。

（四）加快城乡社区建设

社区建设突出要抓好三个方面。一是完善规划。根据现有的经济基础、人口规模、服务半径，从整合资源和服务可及要求出发，调整完善全省城乡社区布局规划。民政厅要牵头制定全省城乡社区服务中心建设规范。二是理顺机制。探索“社区减负增效”措施，进一步厘清基层政府和社区自治组织的职能边界，建立政府工作进社区“准入制”，对政府工作进社区“加一把锁”。探索社区公共事务民主协商机制，提升社区自治能力。三是人才培养。要适应社会发展要求，尽快制定社区人才培训规划，明确目标，明确责任，进一步提升社区服务专业化水平，以满足居民共性需求和个性需求。对今年任务要作进一步明确。

（五）加快社会组织培育发展

社会组织是创新社会治理的重要主体之一。目前，现代社会组织体制建设工作已列入了省委近期要重点突破的改革项目。一是抓好制度设计。今年省里要制定出台《关于加快推进现代社会组织体制建设的意见》，进一步明确现代社会组织成体系、成建制、成规模培育发展的目标，建立社会组织管理协调机制，对各部门在转移职能、购买服务、财政支持、人才队伍等方面作出制度性安排。二是突破瓶颈难点。要把社会组织管理制度改革作为重中之重，建立直接登记与备案登记相结合的新型登记制度，厘清登记管理机关、行业主管部门、相关职能部门的工作职责。要深化实施行业协会商会在人事、机构、职能、财务、资产等方面与行政机关脱钩，稳妥推行政社分开，逐步改变社会组织的行政化倾向。三是加强监督考核。要着力推进综合监管体系建设，切实加强对社会组织的监管和考核，不断增强社会组织的公信力，做到“放手不放眼”。

在这里，我还要重点强调一下防灾减灾工作。要总结“菲特”台风救灾经验，特别针对去年应对“菲特”台风暴露出来的问题，进一步加强救灾应急响应、救灾物资储备、巨灾保险工作，努力提升全省防灾减灾救灾工作水平。要根据浙江的灾害特点，推进救灾物资储备库建设，及时发挥其应有的作用。要探索建立巨灾保险制度，既通过政府的托底性制度安排，又通过市场化的保险机制，增强抵御自然灾害风险能力，最大限度减少灾民损失。

今年的任务已经明确。全省民政系统要以深入开展党的群众路线教育实践活动为契机，切实将精神状态、工作作风、业务能力提高到一个新的水平，努力打造一支敢打必胜的队伍。这里我提几点要求：

一要提振精神。良好的精神状态是完成繁重任务、战胜各种困难的重要保证。非常时期必须要有非常的干劲。全省民政系统要切实增强干好工作的信心和决心、勇气和胆气，敢于担当、敢于亮剑，知难而进、迎难而上。

二要提高能力。民政工作的政策性很强，又涉及千家万户，直接与老百姓打交道。工作的好坏，直接影响到党和政府的形象。同时，民政工作也十分考验人、锻炼人。希望民政系统的同志们立足岗位，坚持干一行、钻一行，熟悉法律、熟悉政策、精通业务，真正成为民政工作的行家里手。

三要清正廉洁。清正廉洁是公务员的从政底线，也是不能碰触的红线。要强化自我约束，严格自我要求，做到警钟长鸣。要切实加强理想、信念和廉洁从政的教育，引导广大干部职工筑牢拒腐防变的防线。尤其要抓住重点领域和关键环节，完善制度，健全权力运行制约和监督机制，确保用制度管钱、管事、管人。

民政工作责任重大，使命光荣，我们要牢固树立为民理念，开拓进取，扎实工作，推动全省民政事业再上新台阶，为建设平安浙江，干好“一三五”、实现“四翻番”作出新的贡献！

春节即将来临，提前在这里给大家拜年，祝大家新春愉快，身体健康，工作顺利，阖家幸福！

# 袁家军在浙江省政府购买服务工作联席会议第一次全体会议上的讲话要点

（2014 年 12 月 23 日）

今年以来，在省政府的统一领导、省财政厅牵头、各相关部门协同配合下，我省的政府购买服务工作稳步推进，初步搭建了“一个意见，两个目录，若干个办法”的制度框架体系和“一个平台”建设，逐步形成了全省上下共同推进改革的良好局面，工作取得了积极进展。就下一步加快推进我省政府购买服务工作，我提四点要求：

一、深化认识、积极推进。推广政府购买服务是加快转变政府职能、提高公共服务供给水平和效率的重要途径，是深化改革的重要举措。一是有利于全面深化改革。政府购买服务强调政府、市场、社会等多元主体之间的合理定位和良性互动，鼓励和引导社会力量进入公共事业领域，与现代国家治理理念具有内在一致性，符合现代财政管理改革的发展方向，有利于改变政府大包大揽的传统做法，促进政府自身运作方式的改革，提高政府管理和服务社会效率。二是有利于经济社会发展。推广政府购买服务，是市场化改革的方向。通过引入竞争机制，打破行政垄断等体制，以适合由社会力量承担的养老、教育、就业、医疗卫生、文化体育、社区服务、住房保障、残疾人服务等公共服务热点领域；大力推行政府购买服务，以实实在在的改革成果取信于民。

二、要聚焦社会组织培育。社会组织是政府购买服务的重要承接主体。要着眼于激发社会组织活力，有力推进与社会组织培育密切相关领域的政府购买服务工作，积极推广社会组织参与社会服务示范项目，不断提升综合竞争力。

三、要聚焦事业单位改革。运用政府购买服务理念对事业单位职责进行再梳理，将财政经费保障机制与事业单位分类改革有机结合起来，采取与政府购买服务方式紧密衔接的事业单位财政经费供给方式，切实增强事业单位改革的内生动力。今后政府公共服务凡是可以推向社会的事项，都要逐步向社会转移，由市场决定财政资金的分配。同时，随着政府公共服务职能的调整和转移，事业单位在人员编制、机构数量方面也要相应调整和核减，倒逼事业单位逐步实现由“养人”向“办事”的转变。

四、要聚焦财政资金使用绩效。顺应财政预算改革要求，加强财政资金使用情况的绩效考评，将政府购买服务绩效评价的结果作为后续预算管理的重要依据，积极推进如“政府云”等有利于提升财政资金使用绩效的政府购买服务工作，切实降低政府公共支出成本。

# 更好发挥政府在全面深化改革中的作用（学习贯彻十八届三中全会精神）

鹿心社

全面正确履行政府职能、更好发挥政府在全面深化改革中的作用，是妥善处理政府与市场、政府与社会关系的核心环节。党的十八届三中全会通过的《中共中央关于全面深化改革若干重大问题的决定》（以下简称《决定》）着眼于我国改革发展全局，系统阐述了全面正确履行政府职能的总体要求，为更好发挥政府在全面深化改革中的作用指明了方向。

## 尊重市场规律，充分发挥市场在资源配置中的决定性作用

《决定》提出，“紧紧围绕使市场在资源配置中起决定性作用深化经济体制改革”。这是一个重大创新，是我们党对社会主义市场经济规律认识的又一次升华。

更加尊重市场决定资源配置的一般规律，进一步解决政府干预过多的问题。当前，与很多省份一样，江西也存在市场体系不完善、市场规则不统一、市场秩序不规范、市场竞争不充分，政府权力过大、审批过杂、干预过多和监管不到位的问题，影响了资源配置效率，制约了经济发展步伐。学习贯彻党的十八届三中全会精神，要求我们坚持市场化改革取向，以减少微观干预为原则，简化审批程序，创新审批方式，对现有全部行政审批事项进行清理，凡是能交给市场和社会的全部取消，凡是能下放给市县的全部下放，更多、更快释放改革红利，遏制权力寻租。到2013年底，江西衔接国务院取消和下放的行政审批项目93项，取消和下放省级行政审批与备案项目61项，取消省级行政事业性收费项目20项，200个基础设施和公共服务项目向社会资本开放。今年以来，省政府及有关部门又取消了7项审批事项，下放了24项审批事项，原则上直接下放到县，并对原来实行省级备案制的企业投资项目全部下放。

积极推进现代市场体系建设，努力实现资源配置效率最优化和效益最大化。发挥市场配置资源的决定性作用，必须推进现代市场体系建设，建

设公平竞争的市场环境。为此，江西积极探索实行负面清单管理模式。积极推进工商登记制度改革，实行“先照后证”和注册资本认缴登记制。深化资源性产品价格改革。积极推进电价改革，缩小工商业用电价差，推进大用户直购电试点。建立和完善居民水、气等阶梯价格制度。深化金融体制改革。大力引进各类金融机构，加快组建省级地方法人银行机构，积极推进民营资本发起设立中小型银行等金融机构，支持村镇银行发展。加快农村信用社改革发展。发展债券市场和期货市场，建立健全多层次资本市场体系，推进企业境内外上市和中小企业股份转让系统挂牌融资。推动政策性保险扩面，积极推进“险资入赣”。加强社会信用体系建设，营造良好市场环境。

## 进一步向社会放权，发挥社会力量在社会治理中的积极作用

社会治理是全社会的共同行为。《决定》提出了创新社会治理体制的新要求，强调“坚持系统治理，加强党委领导，发挥政府主导作用，鼓励和支持社会各方面参与，实现政府治理和社会自我调节、居民自治良性互动。”这些部署和安排，充分体现了多方参与、共同治理的理念。

发挥政府主导作用。制定“1 + N”改革系列文件，出台《法治江西建设规划纲要（2014—2020 年）》等社会发展政策规划；改革信访工作制度，从源头上预防和化解社会矛盾。深入推进平安江西建设，加强社会治安综合治理，加快构建立体化社会治安防控体系，加大依法管理网络力度；深入推进法治江西建设，进一步健全执法制度、改进执法方式、加强执法管理、强化执法监督，促进执法规范化。深化安全生产管理体制改革，提高突发事件应急处置能力，坚决遏制重特大安全事故发生，切实保障人民群众生命财产安全。

加快培育发展社会组织。目前，江西全省登记注册的各类社会组织有13571 个。按照政社分开、管办分离的原则，我们将分类推进各类社会组织改革，特别是加快行业协会、商会与行政机关完全脱钩，改变社会组织行政化倾向；加大社会组织扶持力度，促进民办社会事业和公办社会事业共同发展。探索建立公共财政扶持社会组织发展机制，加大对社会组织公益服务项目予以资助的扶持政策。建立社会组织税收优惠和监管相结合的联动机制，鼓励金融机构为社会组织提供信贷支持。理顺社会组织党建工作管理体制，不断扩大党的组织和工作覆盖面，促进社会组织健康有序发展。

激发社会组织活力。充分发挥社会组织在社会治理中的重要作用。据

不完全统计，目前江西注册的志愿者达 140 多万人，各类志愿服务组织 3000 多个。我们将充分发挥这支队伍在社会治理中的重要作用，分类指导各结对组织开展志愿帮扶活动。启动“三区”计划，用 6 年时间培训 1000 名专业技术职务的文化志愿者。健全以社区居民代表大会、社区议事协商委员会和听证会、评议会、协调会为主要内容的社区自治机制，在社区进行爱心帮扶，解决贫困家庭居民的实际困难，组织党员志愿者参与治安巡逻等公共事务。

## 加快转变政府职能，提高政府的宏观调控和治理水平

充分发挥市场在资源配置中的决定性作用，绝不是说政府无所作为，而是应坚持有所为、有所不为，着力提高宏观调控和科学管理的水平。《决定》强调，“科学的宏观调控，有效的政府治理，是发挥社会主义市场经济体制优势的内在要求”，“政府的职责和作用主要是保持宏观经济稳定，加强和优化公共服务，保障公平竞争，加强市场监管，维护市场秩序，推动可持续发展，促进共同富裕，弥补市场失灵。”这为加快转变政府职能、更好发挥政府在全面深化改革中的作用提出了明确要求。

健全宏观调控体系。坚持稳中求进的工作总基调，完善以财政政策和货币政策为主要手段的宏观调控体系，统筹做好稳增长、调结构、促转型、抓改革、优生态、惠民生等各项工作，推动实现经济总量和发展质量“双提升”。目前江西经济呈现稳中有进、稳中提质的良好态势，主要经济指标处于合理区间，增长幅度高于全国平均水平。

进一步简政放权。目前已完成省政府机构改革。与机构改革前相比，省政府副厅级部门管理机构和事业单位减少 8 个，为省政府近三轮机构改革中力度最大的一次。稳步推进事业单位分类改革。深化行政审批制度改革，继续取消和下放一批行政审批事项。探索省、市、县行政审批和公共服务事项网上“并联式”审批新举措，建立行政审批事项目录管理制度。加强监管能力建设，创新监管方式，提高政府管理水平。

进一步优化政府组织结构。优化政府机构设置，积极稳妥实施大部门制改革，重点整合职能重叠交叉事项；充分发挥江西“绿水青山”的生态优势，进一步建设旅游强省，将省旅游局升格为省旅游发展委员会，筹建省旅游集团公司。严格控制机构编制，推动机构编制管理科学化、规范化、法制化。确保财政供养人员只减不增。按照国家统一部署，分类推进事业单位改革，推动事业单位与主管部门管办分离和去行政化，推动有条件的事业单位转为企业或社会组织。

**以增进人民福祉为出发点和落脚点，发挥好政府维护社会公平正义的作用**

公平正义是中国特色社会主义的内在要求。《决定》强调，全面深化改革必须以促进社会公平正义、增进人民福祉为出发点和落脚点。习近平同志指出，“全面深化改革必须着眼创造更加公平正义的社会环境，不断克服各种有违公平正义的现象，使改革发展成果更多更公平惠及全体人民。”这就要求我们，一方面进一步把“蛋糕”做大，抓住经济建设这个中心，推动经济持续健康发展，为保障社会公平正义奠定更加坚实的物质基础；另一方面把“蛋糕”分好，在不断发展的基础上努力促进社会公平正义，使全体人民在学有所教、劳有所得、病有所医、老有所养、住有所居上持续取得新进展。

进一步做大“蛋糕”。实现社会公平正义是由多种因素决定的，最主要的还是经济社会发展水平。坚持保增长、调结构、促改革不动摇，通过改革创新让一切劳动、知识、技术、管理、资本的活力竞相迸发，坚定不移地做大、做强、做优经济蛋糕。

深化各项社会事业改革创新。坚持民生为先、民生为本，深入实施民生工程。筹集财政性资金800亿元，集中办好涉及群众切身利益的50件实事。实施积极的就业政策，重点抓好高校毕业生、农村转移劳动力、城镇就业困难人员的就业工作。增强医疗保障能力，抓好公共卫生服务项目，开展城乡居民大病保险试点工作。大力推进保障性住房建设。继续实施扶贫移民搬迁工程。深化教育领域综合改革，推进义务教育公办学校标准化建设，改善贫困地区薄弱学校办学条件。

完善保障公平正义的制度体系。健全社会保险制度，提高企业退休人员基本养老金水平，扩大各项社会保险覆盖范围。健全社会救助制度，落实好社会救助和保障标准与物价上涨挂钩的联动机制。建立特别救助制度，对未纳入低保的贫困家庭和遭遇天灾人祸的困难家庭实施救助。加大医疗保障力度，提高城镇居民医保、新农合补助标准，建立疾病应急救助制度，加快发展城乡居民大病保险，推动26所县级公立医院综合改革试点工作。逐步建立以权利公平、机会公平、规则公平为主要内容的社会公平保障体系，努力营造公平的社会环境，保证人民平等参与、平等发展权利。

促进城乡发展一体化，让农民平等分享现代化成果。深化户籍制度改革，推进农业转移人口市民化。加大对农业转移人口进城就业创业的政策支持力度，把进城落户农民纳入城镇住房保障和社会保障体系，保障进城务工人员随迁子女平等接受义务教育。建立财政转移支付、城镇建设用地指标与农业转移人口市民化挂钩机制。深化土地利用管理制度改革，进一步规范征地程序，完善征地补偿办法，落实被征地农民的社会保障。有序推进农村集体经营性建设用地改革。统筹城乡基础设施建设和社区建设，提高城乡基本公共服务均等化水平。

（作者为江西省省长）

《人民日报》（2014 年 05 月 12 日 07 版）

# ·第三编·

# 工作综述

# 2014年北京市社会组织建设与管理工作综述

2014年是全面深化改革的开局之年。北京市社会组织建设与管理工作在市委、市政府和局党委的正确领导下，全面落实党的十八大和十八届三中、四中全会关于“改革社会组织管理制度，加快建立现代社会组织体制，激发社会组织活力，加强社会组织法治建设”的重大部署，按照加快实现社会组织发展理念、规模数量、培育扶持、形象能力“四个领先”的要求，坚持以改革创新为主题，以重点突破为原则，以务求实效为导向，凝心聚力、勇于担责、锐意进取，全力推进各项折子工程和重点改革任务有效落实。

## 一、政策法规创制取得一批成果

落实市委市政府要求，以市评比表彰领导小组名义制定了《北京市社会组织评比达标表彰活动管理暂行规定》，将社会组织评比达标活动纳入了规范化管理轨道。着力解决社会团体年检规范性不足的制约，出台了《北京市社会团体年度检查办法》，彻底扭转了社会团体年检没有统一规范制度的局面。履行社会组织专项治理部门职责，印发了《关于规范管理社会组织举办节庆论坛展会活动的通知》，健全了社会组织举办节庆、论坛、展会活动的制度规范。

## 二、登记体制改革全面深化

一是扎实推进直接登记改革。制定了《社会组织直接登记办法（讨论稿）》、《社会组织直接登记工作规程（讨论稿）》，为推进市区直接登记一体化打好了基础。朝阳、门头沟、顺义出台了直接登记暂行办法。全年市、区两级新登记社会组织791个，同比增长29.2%，其中市级社会组织直接登记率达81.4%。截至12月底，全市累计登记社会组织9286个，其中社会团体3839个、民办非企业单位5130个、基金会317个；市级社会组织2357个，区县社会组织6929个。社会组织吸纳从业人员16.7万人，占全市就业人口1.51%；社会组织年总收入270.3亿元，占全市国内生产总值1.39%。二是加快简政放权。印发了《关于取消社会团体分支机构、代表机构行政审批项目的通知》，正式取消了社会团体分支机构的审批工作。完成了《北京市异地商会登记管理办法（草案）》的起草工作，启动了区县异地商会登记审批试点工作。密云县将涉农类、社区服务类、公益慈善类社会组织注册资金降至1万元，并允许民办非企业单位进行连锁化运作。怀柔区将为老服务类社会组织注册资金降低到1万元。三是完善中关村社会组织登记管理体系。启动了《中关村社会组织发展规划（2015—2020）》研究编制工作，完成了《关于创建中关村社会组织创新示范园的实施意见（征求意见稿）》的起草工作。截至12月底，新登记中关村社会组织42家，累计登记127家，备案产业技术联盟50家。四是积极探索单位和系统兴办非营利组织备案管理。完成了单位和系统兴办非营利组织备案制度专题调研，联合团市委先行探索了首都高校系统学生社会组织的备案管理。东城区、怀柔区制定了加大社区社会组织培育力度的意见，西城区社区社会组织备案复核率达到100%。到12月底，全市备案社区社会组织达到18556个。

## 三、发展环境进一步优化

一是建立健全政府购买服务体系。以市政府办公厅名义出台了《关于政府购买社会力量服务的实施意见》，建立福彩公益金资助社会组织长效机制，落实福彩公益金2492万元，资助了143个社会组织公益项目，资金数额、项目数量均创历年之最。积极申请中央财政支持社会组织公益项目，获得资助385万元。区县政府购买社会组织服务取得全面突破，10个区县购买或资助资金超过500万元。其中，西城、海淀落实资金3000万元，顺义购买社会组织服务资金达5000万元。二是加快政府职能转移。配套出台了《北京市承接政府购买服务社会组织资质管理办法（试行）》，为全市政府职能转移奠定了坚实基础。市民政局率先转移职能试点扎实推进，完成了5家民政事务类社会组织的改造提升工作。市社区服务协会等3家社会组织共承接相关处室转移职能13项，获得经费支持1462.2万元。三是推进行业协会商会脱钩。完成了280家市级行业协会和商会专题调研，启动了行业协会商会与行政机关脱钩试点工作，制订了《关于北京市行业协会商会与行政机关脱钩的实施方案》，为全面完成行业协会商会与行政机关人、财、物脱钩打好了基础。四是落实社会组织税收优惠。累计296家基金会和12家公益性社团通过了公益性捐赠税前扣除资格初审，同比增加82家，增幅36.3%。五是推进建立改革发展统筹协调机构。建立社会组织综合管理联席会议制度，明确48家成员单位职责分工，召开了联席会议第一次会议，形成了部门联动机制。六是全力推进社会组织党建。成立了局属社会组织党总支，制定了《局属社会组织党总支工作暂行办法》，对直接登记社会组织和民政事务类社会组织的党建工作进行了有效安排。门头沟区制定了《2014年社会组织党建工作方案》，成立了门头沟区社会组织特色党建品牌创建工作评选小组；顺义区以服务民生行动为载体，扎实开展社会组织党组织群众路线教育实践活动。

## 四、培育扶持体系亮点纷呈

一是"三社联动"探索扎实推进。全力开展专业社工机构助推社区社会组织（1+1）计划，全市14个区县、71个街道、34个社工机构、100个社区社会组织参与了项目实施，扶持资金达362万元，初步探索了以社区为基础，以社会组织为载体、以社工人才为骨干的新型基层服务管理体制。二是社会组织培训工作全面启动。制订了《2014年北京市社会组织教育培训工作方案》，以领军人才、专职人员、专业社工、新成立社会组织负责人和街道乡镇主管领导为重点，累计开展培训17期，培训1500人次，覆盖全市1100个社会组织以及16个区县的313个街道和乡镇。三是探索成立社会组织培育孵化中心。研究制订了社会组织培育孵化中心建设方案，对孵化中心的功能作用、发展方向及运营模式进行了有效安排。区县社会组织培育孵化设施蓬勃发展。顺义、怀柔、海淀等7个区县建立了区级社会组织孵化中心，西城、丰台等区县还在街道乡镇层面探索建立孵化中心。四是社会组织评比表彰工作扎实开展。联合市人力社保局，制定了《关于开展北京市社会组织系统先进集体及先进个人评选表彰工作的方案》，在市、区两级业务主管单位的协同配合下，选出社会组织先进集体100个、先进个人150名，发掘了一批先进典型。五是《北京社会组织》杂志成功创办。在省级登记管理部门第一家创办正式发行的社会组织杂志，发行9000余册，创新了社会组织宣传载体，建立了以我为主的社会组织舆论阵地。

## 五、社会组织监管进一步加强

一是依法推进社会组织年检工作。完成了社会组织年检系统升级改造工作，实现了分类年检功能。市级社会组织年检率达86%，区县社会组织年检率73%。石景山区社会组织参检率超过94.6%，延庆县出台《延庆县民办非企业单位年度检查办法》。二是有序开展社会组织评估。制订《北京市2014年市级社会组织评估工作方案》，开发了社会组织评估系统，市级社会组织评估率达到70%。西城、平谷出台了社会组织评估管理办法，顺义社会组织评估率超过95%。三是推进形成信息公开长效机制。研究制定了《北京市基金会信息公布办法》、《北京市民办非企业单位信息公开指引》，开设“社会组织信息公布”专栏，社会组织信息网上公开基本实现。四是扎实开展社会组织清理整顿。成立了市民政局清理整顿工作领导小组，举办了清理整顿专题培训，对多年不参加年检、不开展活动的1857家社会组织进行了全面摸排，首批依法撤销了29家社会组织，达到了清理一批、查处一批、监督整改一批的目标。

# 2014年天津市社会组织建设与管理工作综述

2014年以来，天津市社会组织服务管理工作认真落实中央、市委、市政府有关重要部署和全国、全市民政工作会议要求，围绕京津冀协调发展、美丽天津建设和激活社会组织活力等项重点工作，坚持服务大局，深化改革，创新创制，全面推进各项工作，充分发挥社会组织在促进天津经济社会协调发展的积极作用，全市社会组织保持了健康有序的发展势头，社会组织党建依然保持全国领先水平。

## 一、社会组织基本情况

截至2014年12月底，全市登记注册的社会组织已达到5000家，比上年增长7.1%，其中社会团体2384家，民办非企业单位2552家，基金会64家；备案管理的社区社会组织达到1.5万家，比上年增长15.2%。2013年底，全市社会组织总资产为37.7亿元，总收入为13.96亿元。其中，社会团体总资产为14亿元，总收入为6.97亿元；民办非企业单位总资产为9.9亿元。总收入为3.6亿元；基金会总资产13.8亿元，其中公募基金会总资产8.6亿元，非公募基金会总资产5.2亿元，全市基金会年度总收入3.39亿元，其中公募基金会总收入1.99亿元，非公募基金会总收入1.4亿元。全市社会组织从业人员为5.14万人，其中具有本科以上学历的为1.57万人，占到总数的30%。建立党组织的达到2634个（其中，党委10个，党总支27个，党支部2597个：独立建2215个、联合党支部268个、属地建114个），派遣党建指导员1005个，党员总数为16027人。

在民政部2014年关于社会组织综合指标评估考核中，天津名列第四。

## 二、主要工作

### （一）继续深化社会组织登记管理体制改革

全市各级登记管理机关认真贯彻民政部工作要求，积极推进社会组织登记审批制度改革，制定出台《社会组织登记工作知识问答》和《社会组织直接登记办事指南》，进一步规范登记审批工作流程；相继取消了社会团体筹备、分支机构代表机构行政审批事项，在滨海新区开展了下放非公募基金会登记管理权限试点；在行业协会商会中开展“一业多会”试点，引入行业协会适度竞争机制。市民政局和发改委联合下发文件，推动行业协会商会与行政机关脱钩试点工作。随着一系列登记审批政策的陆续出台，提升了社会组织发展速度，政策拉动效应日益彰显。截至 2014 年 12 月底，全市共审批各类社会组织 397 家，其中直接登记社会组织 118 家。全市各区县社会组织蓬勃发展，滨海新区、武清区社会组织审批数量分别达到 36 家和 27 家，增幅创近年来的新高。

（二）社会组织规范化建设明显加强



一是完善监管体系建设。为完善社会组织监管体系建设，积极推动社会组织直接登记后登管衔接工作，起草完成《关于完善社会组织综合监管体系的指导意见》，拟以市委、市政府两办名义转发。制定出台了《天津市社会团体重大活动与事项事先备案报告制度指引》、《加强民办非企业单位日常监督管理的实施意见》，修订了《关于本市社会团体换届工作有关问题的通知》等一系列文件，完善社会组织管理政策体系。

二是做好日常监管工作。组织完成了 2013 年度社会组织网上年检工作，其中，基金会年检工作首次与民政部年检平台对接。2013 年度全市应参加年检的社会组织共 4310 家，其中社会团体 2055 家，民办非企业单位 2200 家，基金会 55 家。参检社会组织 3764 家，参检率 87.3%，其中年检合格 3519 家，基本合格 225 家，合格率为 99.5%，不合格的 19 家，占参检的 0.5%。在年检过程中，对 103 家存在违反年检规定的社会组织下发了行政告诫书，对 30 家严重违反相关规定的社会组织移交执法监察部门进行处理。

按照中央和市委要求，开展了党员领导干部在社会团体中兼职取酬的清理工作，参加了整顿并向中央巡视组汇报了天津协会、学会和研究会的“四风”问题，进一步加强了对三会的管理。配合市级部门，完成清理行业协会乱收费、减轻企业负担、推动现代服务业发展等工作。积极推行基金会公益项目抽查审计，共完成对 10 家基金会 19 个项目的审计工作。积极组织开展了全市各级社会组织评估工作，滨海新区、北辰、东丽、河东、蓟县、津南、静海、宁河、武清和西青等区县社会组织评估工作陆续开展，2014 年，我市共完成社会组织评估 260 家。

三是加强执法监察工作。进一步强化了市区两级执法监察网络建设。健全与公安、国家安全和外事部门的联动工作机制，修订社会组织突发事件应急处置预案，严格执行社会组织年检、信息披露、重大事项报告等制度，依法查处了以“夕阳红骑游俱乐部”为代表的11个违法违纪社会组织，撤销了不按时参加年度检查的社会组织，促进了社会组织健康有序发展。深入开展社会组织“大调解”机制建设，推动建立了天津市社会组织人民调解委员会，滨海新区、红桥、静海、南开、武清等区县社会组织人民调解委员会相继建立，行业协会商会建立人民调解委员会67家。

（三）坚持“三社联动”，推动社区社会组织建设取得新进展

为适应公共管理和服务重心下移，充分发挥社区社会组织在建设美丽社区中的作用，进一步巩固和完善社区社会组织备案管理体制，采取“一级主体、逐级管理”的模式，进一步明确了街镇的主体责任和各级管理责任。按照条块结合、上下贯通、左右横纵的“枢纽型”社会组织工作体系和服务管理机制建设思路，市区两级共同推动街（乡镇）社区社会组织联合会建设。2014年11月底，建立街镇枢纽型社区社会组织联合会208个，组建率达86.67%。这为整合资源，推动“三社联动”，推进政府购买服务奠定了组织基础。全市社区社会组织管理工作积极推进1+N+X的组建模式，社区社会组织备案率达到100%，各类社区社会组织通过开展文艺活动、志愿服务、法律咨询等方式，繁荣了社区文化，传播了正能量，提升了居民素质，有力促进了我市的美丽社区建设。其中滨海新区、和平区还荣获全国创新社会组织工作示范区称号。截至2014年11月底，全市社区社会组织总数已达15514个；市社会组织服务管理中心，开发区社区社会组织孵化基地和滨海新区、西青区社会组织孵化园相继成立，从多个方面向初创时期的社会组织提供关键性的支持，促进了社会组织的成长壮大。

（四）社会组织发展环境进一步优化

2014年以来，天津市委、市政府领导进一步加强对社会组织培育发展的关注，市委书记孙春兰和市长黄兴国等有关领导就社会组织工作多次批示或发表讲话，中央巡视组、中组部领导专程到津听取有关“协会、商会和学会”清理整顿和社会组织党建情况汇报。市政协连续两次召开双周座谈会专题研究社会组织工作。社会组织在经济社会发展影响力进一步扩大。协商市财政部门，制定出台政府向社会力量购买服务的管理办法和指导目录，起草完成了《天津市福利彩票公益金支持社会组织参与公益项目投标管理办法》；会同市委研究室形成《我市社会组织现状、问题与对策调研报告》。召开了全市社会组织“强能力、激活力、优服务”工作会议，市民政局分别与市商务委、市司法局签署支持行业协会商会走出去、法律对接服务战略合作备忘录。截至2014年11月底，各行业协会商会已集中

召开7次推介会，吸引52家企业赴海外投资。会同市合作交流办、中小企业局和工商联出台《促进我市民营经济发展的实施细则》。天津市社会组织服务管理中心作用发挥和影响力明显提升，承接活动、培训社会组织负责人达3000多人次，新争取中央财政支持社会组织参与社会服务项目8个，资金385万元。孵化了蓝湾社工社、金融租赁研究院等7个社会组织，申办了天津市社会组织大学生就业实习基地和河北工业大学实践教学基地，吸引50人次大学生到中心实习锻炼。

（五）社会组织党建科学化水平得到新提升

全市各级社会组织党工委积极落实社会组织党建工作责任制，与全市社会组织业务主管单位及社会组织党委，各区县社会组织党工委等80余家单位签订2014年度《天津市社会组织党建工作责任书》。指导区县各级社会组织党工委开展党的群众路线教育实践活动。及时转发《天津市非公有制经济组织和社会组织深入开展党的群众路线教育实践活动指导意见》，宣传了一大批区县教育实践活动先进典型。首次在天津社会组织网站开展"七一"评选表彰活动。评选表彰社会组织党建工作先进单位、先进党组织、优秀共产党员、优秀党务工作者、党的群众路线教育实践活动优秀载体共计180个；及时组织天津社会组织党组织书记十八届四中全会精神宣讲报告会和新任社会组织党组织书记培训班；在天津社会组织网系列推出社会组织党建工作先进经验。拓宽社会组织党建工作新领域。会同市委组织部在市文化中心召开现场会，推动广场公园文化团队党组织建设。各区县积极探索在开放式广场公园、社区文化团队等建立党组织，加强社区社会组织党建工作，取得可喜进展。中组部副部长陈向群来津调研时，对天津社会组织党建工作给予充分肯定。

（六）信息宣传和理论研究工作取得新成绩

为发挥自媒体的宣传作用，2014年1月1日，天津创建社会组织官方微博，截至2014年12月底，发布各类信息1400多条，阅读量逾120万人次。天津社会组织网实现了行政处罚决定定期网上公布机制，建立了社会组织信息短信平台，提高了管理工作效率。从今年10月份开始，按照市政府要求，我市社会组织信用信息已在全市市场主体信用信息公示系统正式公示并初步形成规范运行机制。全年完成各种调研报告和论文达到8篇。其中，包括民政部和市委两个重点课题成果：《行业协会脱钩后的管理与发展的模式探究》获得民政部重点课题成果二等奖；市委重点课题成果《我市社会组织服务型党组织建设情况调查与对策研究》，刊登在市委《对策研究》第54期。

2014年工作存在的主要问题是：直接登记后社会组织管理制度有待完善，社会组织发展环境亟待加强，社会组织管理工作信息化水平有待提升。

展望2015年全市社会组织管理工作，要深入贯彻落实党的十八届三中、四中全会和市委十届五次、六次全会精神，以贴紧大局、依法治理、深化改革、优化服务为主题，以激发活力、优化环境、促进社会组织健康有序发展为目的，重点抓好登记管理体制机制创新，强化依法规范监管力度，不断提升服务社会能力，注重建设专业化人才队伍，以及进一步加强党的建设六项工作，为全面推进现代社会组织管理体制建设，为充分发挥社会组织在法治社会建设中的积极作用，推动京津冀协同发展和美丽天津建设作出新贡献。

# 2014年河北省社会组织建设与管理工作综述

一年来，在厅党组的正确领导下，在国家民管局的有力指导下，我局全体同志勤奋工作，圆满完成了全年工作。

主要工作情况如下：

## 一、社会组织登记制度改革工作稳步推进

去年年底，我厅相继下发了《河北省民政厅关于将异地商会和非公募基金会登记管理权限下延至设区市的通知》（冀民〔2013〕123号）、《河北省民政厅关于开展对四类社会组织直接到民政部门登记的通知》（冀民〔2013〕124号）、《河北省民政厅关于取消社会团体和基金会设立分支（代表）机构审批的通知》，我省社会组织登记制度改革工作全面展开，行业协会商会类、科技类、公益慈善类、城乡社区服务类四类社会组织直接到民政部门登记；异地商会和非公募基金会审批权下放至各设区市；取消社会团体和基金会设立分支（代表）机构审批等工作迅速展开。三项登记制度改革工作自2014年1月1日起全面实施，此项工作的开展，进一步降低了社会组织的登记门槛，减少了社会组织的审批程序，社会组织登记制度改革取得了突破性进展。全年省、设区市直接登记社会组织600余家，合法率达到了100%。截至2014年底，全省各级社会组织已发展到18676个（其中，社会团体10247个，民办非企业单位8370个，基金会59个），省级社会组织共1294个（其中，社会团体962个，民办非企业单位275个，基金会57个）。

## 二、社会组织登记工作依法进行

我局始终以《社会团体登记管理条例》、《基金会管理条例》、《民办非企业单位登记管理暂行条例》和《河北省社会团体登记管理办法》为依据，依法开展社会组织登记管理工作。全年共办理注册登记社会组织110家，变更登记168家，注销登记3家，合法率为100%，群众满意度达到100%。

## 三、社会组织年检工作顺利完成

在2014年度年检工作中，我们加大了检查力度和宣传力度，并及时下发了关于对社会团体、基金会、民办非企业单位进行2013年度检查的通知，积极督促参检单位参加年度检查，并主动联系业务主管单位，沟通年检相关事宜。年检过程中，我们积极为参检单位提供便利，并开通“绿色通道”：获得当年5A级评估等级的社会团体可不做审计报告参加年检；外地社会团体、民办非企业单位年检材料若无问题，立等可检。经过严格审核，我局对1067家社会组织进行了年检（应该参加年检的省属社会组织1124家），参检率达到了95%，年检合法率达100%。其中，57家基金会全部按要求进行了网上年检申报，并按时完成年检，参检率达到100%。年检工作结束后，我们分别在河北民政网、河北社会组织网和《中国社会组织》上进行通报。

## 四、社会组织评估工作深入开展

2014年1月，省民政厅以“冀民〔2014〕1号文件”的形式，下发了《关于开展2014年度社会组织评估工作的通知》，对全省社会组织评估工作进行了安排部署。经资格确认、社会组织自评、业务主管单位初评、材料审核、评估委员会初审、实地考察、评估委员会终审、公示、颁证授牌、备案10个阶段，2014年，全省参评社会组织771家，评出5A级46家、4A级33家、3A级38家。截至目前，全省共有2009家社会组织参评，累计评估率达到11.42%，其中，省属社会组织累计评估率达到15.1%。

## 五、政府购买社会组织服务工作取得新进展

2014年1月28日，河北省政府办公厅制定下发了《关于政府向社会力量购买服务的实施意见》（冀政办〔2014〕3号），河北省政府购买社会组织服务工作启动。7月30日，省发改委、省编办、省财政厅下发《关于2014年河北省政府购买行业协会服务有关工作的通知》（冀发改产业〔2014〕1091号），进一步推进省财政购买社会组织服务工作的进程，全年落实省财政购买省属社会组织服务资金750万元，主要用于行业协会商会类社会组织承接服务项目，为社会组织发展提供了广阔空间和有力支持。此外，2014年我省有6家社会组织争取到中央财政购买社会组织服务资金285万元。

## 六、社会组织执法工作依法进行

根据我省社会组织的工作实际，在做好社会组织执法方面，我局主要做到“四个抓好”：一是抓好社会组织准入，做好监督执法工作。在登记审批过程中，我们注重把握好社会组织发展数量和质量建设的关系，择优发展效能高、条件优、守法严、政社分、服务好、作用强的社会组织，为社会组织依法规范健康发展奠定了坚实基础。不攀比发展速度，不攀比发展数量提升，只求为社会组织提供优良的发展环境。二是抓好年度检查，做好节点执法工作。我们始终把年检作为监管的基本手段，对年检中发现问题的社会组织，能整改的及时提出整改意见，对问题严重的，坚决给予纠正与处理，通过年度检查促进了我省社会组织依法健康有序发展，使社会组织的质量建设明显提高，法制观念明显增强，内部管理明显规范，资源优势明显突出，服务功能明显提升。三是抓好有关工作配合，做好多角度执法工作。我们将社会组织监管工作融入到我局各项工作中来，如行风评议、评估、诚信建设、“小金库”检查等，逐步使社会组织自觉提高守法意识，以此减少社会组织违法率，提高社会组织自觉遵法守法的自觉性。四是抓好案件查处，做好重点执法工作。2014 年，我局共对 8 家社会组织进行了执法检查，组织相关人员对案件进行调查取证，及时进行了协调和处理，基本上得到了妥善解决。

## 七、登记管理机关及社会组织从业人员培训工作有序进行

我局先后于 3 月 25 日，举办了“2014 年度基金会登记管理培训班”；6 月 25 日，举办了“河北省社会组织负责人培训班”；9 月 25 日，举办了“河北省社会组织登记管理人员培训班”。因为每期培训针对的人群不同，所以在筹备过程中，我们对邀请授课专家做了认真研究和精心挑选，运用授课、座谈、实地学习等多种形式的培训，三期培训共培训登记管理机关和社会组织从业人员 700 多人次，培训质量和数量进一步提升，增强了社会组织登记管理机关及从业人员的履职能力。

## 八、积极开展党的群众路线教育实践活动，进一步发挥社会组织服务社会功能

2014 年 2 月 13 日，下发了《河北省民政厅关于在全省社会组织党员中开展党的群众路线教育实践活动的实施方案》（冀民〔2014〕13 号），号召全省社会组织中的近 5000 个党组织和 7 万多名党员，按照中央、省委

要求，积极投身于党的群众路线教育实践活动中来，主动开展下基层、进社区帮扶活动，充分发挥社会组织服务社会、服务群众的作用。

## 九、完成其他工作

今年以来，我局还完成了省发改委、省综治委、法制办、社会信用体系建设办、金融办、外事办、维稳办、防范办、扫黄打非办、减负办、沿海办等10多个单位的20多项工作。

# 2014 年山西省社会组织建设与管理工作综述

2014 年，全省社会组织管理工作认真贯彻落实十八届三中全会精神，以激发社会组织活力为目标，以改革登记管理体制为方向，以规范社会组织行为为手段，以解决群众关心关注的热点问题为抓手，不断创新社会组织登记、管理、发展和服务工作。

## 一、我省社会组织基本情况

截至 12 月 31 日，全省各级民政部门共登记社会组织 12065 个，其中，社会团体 6425 个，民办非企业单位 5581 个，基金会 59 个。全年共直接登记社会组织 341 家，新增社区社会组织备案 197 家。全省共有 1817 家社会组织参加评估，554 个社会组织获得 3A 以上等级评估，其中，5A 的 30 家，4A 的 142 家，3A 的 382 家。省直社会组织现有 1060 个，其中社会团体 629 个，民办非企业单位 372 个，基金会 59 个。

## 二、抓好社会团体清理整顿工作，深入推进政社分开进程

按照《山西省全省性社会团体清理规范工作方案》（晋纪发〔2014〕1 号）的要求，经过调查摸底、自查自纠、清理规范、清理审查等环节，共清理在社团兼职的超龄处级以上领导 144 人，其中省级领导 24 人，厅级领导 92 人，处级领导 28 人；清理在社团兼职的在职处级以上领导 400 人，其中省级领导 16 人，厅级领导 174 人，处级领导 210 人。基本实行了机构、人员、经费、职能四分离，达到预期目标。

《人民日报》在“政治”版面头条位置以《山西清理“二政府”社团》为题作了深入报道。

## 三、下延非公募基金会登记权限，深化社会组织登记管理体制改革

为贯彻落实十八届三中全会关于重点培育和优先发展公益慈善类等社会组织的精神，鼓励社会力量举办非公募基金会，创新社会管理，我厅于

2014年1月2日下发通知决定下延非公募基金会登记管理权限。权限下延后，我厅于2014年3月分地区举办了三期登记管理培训班，对130个市、县、区登记管理人员进行了业务指导、培训。

## 四、清理规范涉煤社团收费工作，助力全省转型跨越发展大局

为贯彻落实省政府《关于印发进一步落实"煤炭20条"若干措施的通知》精神，最大限度地减轻煤炭企业负担，我省开展了涉煤社团专项清理规范工作。6月25日制订下发了《涉煤社团清理规范工作方案》。经查，全省共有86家社团存在涉煤收费行为，其中有10家全省性社团，37家市级社团，39家县级社团。全省11个市中，除大同、运城外，其他9个市共有76家涉煤社团。

10家全省性涉煤社团2013年收取会费332.3万元，服务费、培训费152.15万元；2014年收取会费79.2万元，未收取服务费。除省信用企业协会以会员单位注册资本收取会费外，其他社团会费标准均无不当。按照煤炭产量比例或产能收取会费的问题集中在市、县两级登记的社团中，并主要是临汾、长治部分县。

省和各市民政部门采取措施积极推进清理规范进程，取得了初步成效。全省有2家社团被登记管理机关责令注销登记，还有十余家社团被责令停止活动或限期整改。强行要求煤炭企业入会、向会员单位乱收费乱摊派等行为被登记管理机关处理、纠正。全省近9000万元煤炭企业会费或被责令退回，或上缴财政。9家全省性涉煤社团会费大幅下降，2013年收取会费332.3万元；2014年仅79.2万元，降幅达76.2%。结合涉煤社团清理规范工作，各级民政部门加快推进政社分开进程，把涉煤社团带出"行政襁褓"，实现涉煤社团与党政部门职能分开、机构分设、人员分离、财务分管、资产分清、场地分署。这次清理规范中，有12位副厅以上领导干部辞去涉煤社团职务（煤炭工业协会2人，焦化行业协会10人）。通过集中清理规范，将有效避免党政领导兼职的涉煤社团利用影响力向煤炭企业会员违规收费。

## 五、加强社会组织人才队伍建设，提高社会组织自身建设水平

我厅积极与人社部门、财政部门就社会组织吸纳大学生就业、进行了多次协商，最终形成了《山西省人民政府办公厅关于政府购买基层公共服

务岗位吸纳高校毕业生就业的意见》（晋政办发〔2014〕42号）（以下简称《意见》），并于5月16日印发各地执行。

《意见》的出台，一是使政府购买基层公共服务岗位有了承接主体（具有公益性、非营利性的服务类社会组织）；二是为社会组织引进了人才，满足了社会组织开展公共服务对人才的需求，促进了社会组织人才队伍职业化、专业化和年轻化；三是促进了毕业两年仍没有工作的大学生就业。

## 六、开展社会组织规范化建设，提升社会组织承接政府购买服务能力

自年初确定了“引导和规范社会组织承接政府转移职能、开展公益服务和中介服务”的转型综改任务后，我厅多次通过书面反馈建议出台本省的政府购买服务办法，2014年5月16日，省政府办公厅印发了《山西省政府购买服务暂行办法》，明确承接政府购买服务的主体“包括依法在民政部门登记成立的社会组织”。为积极引导社会组织参与承接政府购买服务工作，主要采取了三项工作措施。一是制度保障，7月28日我厅出台了《山西省民政厅关于开展政府购买社会组织服务工作的指导意见》（晋民发〔2014〕51号），对社会组织参与政府购买服务的条件、范围等进行了明确，并对各级民政部门扎实推进政府向社会组织购买服务工作做了总体安排。二是典型引导，通过开展社会组织评估树立社会组织品牌，经过自评、初审、实地考察等环节，共有42家社会组织获得了3A以上等级评估。全年共举办5期培训班。共培训各社会组织基层管理人员和社会组织负责人651人，极大提高了社会组织基层管理人员的政策水平和社会组织能力建设水平。

## 七、积极配合开展“三社联动”（社区、社工、社会组织）试点，创新社会管理模式

根据我厅下发的《关于对探索构建“三社联动”基层社会治理机制试点工作督查指导的通知》要求和统一部署，民间组织管理局采取听取汇报、查看记录、座谈了解、实地走访和业务指导等方式集中对晋中、朔州、大同三个地市的1个试点城区、32个社区的“三社联动”试点工作情况进行了督察指导，各试点单位结合本地区实际，因地制宜地充分利用各种资源，创新完善探索“三社联动”试点工作，取得了初步成效。

# 2014年内蒙古自治区社会组织建设与管理工作综述

2014年，内蒙古自治区社会组织登记管理工作在国家民管局的大力支持和厅领导的正确领导下，按照“放得开、管得住、用得上”的基本思路，围绕社会组织登记管理工作要点，不断解放思想，真抓实干，圆满完成了各项工作任务，全区社会组织建设整体水平进一步提高。

## 一是大力推进登记管理体制改革

1月份和3月份，民政厅先后制定下发了《内蒙古自治区社会组织直接登记办法（试行）》（内民政民〔2014〕7号）和《关于取消部分社会组织行政审批项目和下放管理层级的通知》（内民政民〔2014〕89号），对行业协会商会类、科技类、公益慈善类和城乡社会服务类社会组织实行了直接登记，取消了社会团体、基金会分支（代表）机构审批备案，将异地商会和基金会登记审批层级由自治区下延到盟市、旗县审批。特别是将公募基金会审批权限一步到位下延到旗县的做法，得到国家民管局的肯定。8月份，在国家民管局组织的省部社会组织登记改革座谈会上，我们介绍了自治区社会组织登记管理改革的经验做法，得到与会代表好评。截至12月31日，全区共有社会组织11871个，其中社会团体7355个，民办非企业单位4419个，基金会97个，比2013年净增721个，直接登记社会组织356个，占新注册登记的37%。

## 二是积极推进政社分开

结合自治区社会组织建设实际，确定了自治区政社分开“两步走”的原则，2014年重点抓好人员分开，2015年逐步推进职能、机构、财务分开。我们积极协调自治区“两办”，制定下发了《关于清理规范全区党政机关干部兼任社会组织职务的通知》（内党办发电〔2014〕11号），明确了清理规范的范围、对象和原则，突出了行业协会商会这个重点。经过近两个月的清理规范，5241名党政机关干部按要求辞去所兼任的社会组织职务，其中省部级40名、厅局级628名、县处级2034名、处级以下2539名。

### 三是不断加大监管力度

每年都下发《关于做好年检工作的通知》，督促按时按要求组织年检，今年年检率达到89%以上，从2009年开始，我区基金会、社会团体和民办非企业单位相继实行网上年检，走在了全国的前列。今年我们还加大年检工作力度，建立了约谈制度和下发整改建议书制度，约谈社会组织负责人24人，对151家法人结构不健全、收支不规范的社会组织下发了整改建议书，收到了明显的管理成效，全区社会组织法人治理结构明显改善。7月份，结合举办社会组织登记管理培训，组织了社会组织档案案卷评查，有效规范了社会组织档案管理工作。结合购买服务，组织实施了社会组织等级评估工作，154家社会组织参加了评估，获得5A等级的5家，4A等级的12家，3A等级的113家。

### 四是努力优化发展环境

协调自治区政府办公厅出台了《关于政府向社会力量购买服务的实施意见》(内民办发〔2014〕80号)，提出了“一年试点、两年扩面、四年推广”的实施步骤和要求。民政厅从福利彩票金中拿出400万元开展了购买服务工作试点，在呼和浩特市、包头市、鄂尔多斯市购买居家养老、社工培训、社会组织孵化等7个方面的内容，通过法定程序，66家社会组织成为首批承接主体，近3000余名高龄独居老人、3000名社会工作者、2000名青少年和110个社区成为主要受益对象，总结摸索了政府向社会组织购买服务的方法和路子，增强了社会组织的造血功能，激发了社会组织活力，得到各级好评。

积极做好社会组织宣传报道工作，先后3次到内蒙古电视台接受专访，在《内蒙古日报》、中国社会组织网站发表各类报道10余篇，3个单位、2名个人被中国社会报社表彰为新闻宣传报道先进单位和个人。组成研究组赴西部盟市开展了调查研究工作，向厅提交的调研报告被内部通报转发。

积极指导鄂尔多斯市和包头市昆区抓好“全国社会组织建设创新示范区”创建活动，目前这两个地方的创建工作卓有成效，都出台了相应的扶持政策，降低了准入门槛，相继建立起了自己的社会组织孵化平台，开展了政府购买服务试点工作，其中鄂尔多斯市伊金霍洛旗的党建和社会组织“双孵化”经验得到各级肯定。

深入开展行业协会自律与诚信创建活动和民办非企业单位塑造品牌与

服务活动，指导广大社会组织亮出服务口号，提供优质服务，接受社会监督。编印了《内蒙古自治区行业协会自律与诚信自律公约》。广大社会组织积极参与自治区经济社会建设，吸纳就业人数近6万余人，募集资金达10亿元，开展公益活动2000多次，受益达3万余人次，成为自治区公益慈善领域的重要力量。

# 2014年辽宁省社会组织建设与管理工作综述

## 一、基本情况

### （一）社会组织基本情况

近五年来我省社会组织总数每年增长近1000个，增长率为5%左右。至今年底，我省社会组织总数已达到37680个。其中法人登记22605个、备案登记城乡基层社会组织15075个。

### （二）登记管理机构情况

辽宁省民间组织管理局为省民政厅内设正处级单位（非独立法人主体，有公章，可独立发文），行政编制共为10人。主要职责是负责省本级社会团体、民办非企业单位、基金会的登记和管理。我厅下设省民间组织服务中心，为正处级全额拨款事业单位，独立法人主体。主要负责培训、评估、档案管理、辽宁社会组织公共服务平台的维护与建设等工作。

就全省而言，省本级和14个地级市的登记管理机关中，已近一半改为民间组织管理局（同时加挂民间组织执法监察局的牌子，编制未增加），包括省本级、沈阳市、大连市、本溪市、丹东市、铁岭市、朝阳市。其中，朝阳市双塔区民间组织管理局（民间组织执法监察局）已经升格为副科级（双塔区民政局为正科级单位）。目前全省登记管理机关工作人员共263人，其中行政编制人员有133人，借调等人员130人。

此外，经省委组织部同意，成立了中共辽宁省民政厅社会组织工作委员会，以充分发挥社会组织党组织的战斗堡垒作用，发挥党员的先锋模范作用。

## 二、主要工作

### （一）多措并举，加大对社会组织的监管力度

一是规范入口，建立了“扁平化”的登记制度。修订了《民管局工作规程》，实现了组织结构的扁平化，工作流程由四级汇报减至为两级汇报，

实现分权与集权的较好融合，构建了扁平化的管理格局。同时，修订了《社会组织工作指引》。将登记流程简化。对社会组织成立的审批，由主管厅长、局长、分管局长和申请单位共同参加的论证会审查决定，提高了工作效率，推进了决策科学化，实现了业务流程扁平化。二是完善了年度检查制度。全省各地及时总结了年检经验，改进了方式，充实了内容，规范了程序，推行集中年检和分散年检相结合的制度，采取报表和实地检查相结合的方式，进一步发挥了年检的作用。省本级、辽阳、锦州全面实行社会组织年检的财务审计制度；沈阳创建了“三服务、三结合、三注重”的制度；鞍山、葫芦岛、绥中、昌图采取报表和实地检查相结合方式；辽阳继续了民办非企业单位消防安全检测项目。以省本级为例，我们已公布了2014 年度检查合格的社会组织共 652 个，其中社会团体 472 个；民办非企业单位 109 个；基金会 72 个。基本合格的社会组织 63 个。三是今年我厅与省教育厅、省人社厅、省地税局、省物价局联合下发了《关于规范民办学校收费票据使用和减免税管理的通知》，健全了民办非企业单位的财务管理制度。沈阳建立了社会组织财务管理平台；鞍山、辽阳、营口完善了社会组织财务票据收支管理制度；本溪进行了财务票据专项检查。四是深化了执法监察工作。省本级、大连、朝阳建立了行政执法流程示范文本。铁岭组织了执法监察工作培训。省本级和沈阳、大连、本溪、丹东、铁岭、朝阳等市的民间组织管理局均加挂“民间组织执法监察局”的牌子，在职能上突出了执法监察工作，为建立统一的社会组织监管体系迈出了重要一步。此外，我省推行了约谈制度、行政告诫制度和重大事项报告制度，改进和完善了监管方式。2014 年，全省对社会组织予以行政处罚共494 个，其中警告 432 个、责令改正＊＊＊个、撤销 57 个，取缔 431 个。

（二）加大培育力度，推进社会组织稳定发展

一是建章立制，完善社会组织法人治理制度建设。颁布了社会组织法人治理指南，结合我省社会组织制度建设不健全、缺乏统一的内部管理制度标准的现状，我省全面地启动了社会组织法人治理制度的建设，制定了《社会组织法人治理指南》系列。包括《社会团体会员（代表）大会制度》、《社会团体理事会制度》、《社会团体选举工作规程》、《社会组织财务管理制度》、《社会组织印章管理制度》、《社会组织档案管理制度》、《社会组织收发文制度》的示范文本。《社会组织法人治理指南》系列将加强社会组织的自律机制，规范社会组织的内部管理，为社会组织健康有序发展打下良好基础。二是全面推进了社会组织的评估工作。评估是新形势下对社会组织监管的重要途径。我省建立了统一的评估制度体系，采取分

类评估的方法，将在“十二五”期间完成对全省所有社会组织的评估工作。在省本级、沈阳市、大连市、鞍山市、抚顺市、本溪市和辽阳市已开展了评估工作。目前我省社会组织已参加评估且 A 级以上的社会组织为 987 个，占全省应评社会组织总数的 5%。其中 5A 级 127 个，4A 级 298 个，3A 级 444 个。从全省看，我省开展的社会组织评估范围涵盖了社会团体、民办非企业单位和基金会。其中，省本级开展了对行业协会、学术性社会团体、基金会的评估。大连市开展了对民办非企业单位、行业类和学术类社会团体的评估。沈阳市、鞍山市、抚顺市、本溪市和辽阳市开展了对社会团体的评估。三是建立了社会组织网上审批系统。社会组织需要办理的登记事项（成立、变更、注销）、备案事项（换届、变动负责人、重大事项报告等）以及年检、评估等几乎所有的工作均可在网上进行。网上审批系统的建立，标志着我省社会组织登记管理工作的信息化建设已经走在全国前列。四是对“党政机关办协会”等有关问题进行整改。根据中央巡视组的反馈意见，我省“两办”下发了《党政机关办协会等有关问题整改方案》，主要内容包括推进行业协会商会与行政机关脱钩，开展行业协会商会以外的社会组织清理整顿，依法有序向社会组织转移职能，清理社会组织办企业问题，加强对财政资金、国有资产的管理，加强对社会组织财务监管六项。由我厅、省发改委、省编委办、省财政厅、省国资委、省委组织部等部门分别牵头，几乎涉及所有的省直部门。此次整改工作，对促进我省社会组织健康有序发展具有重要的里程碑意义。

此外，在坚持社会组织发展的正确政治方向上，我省也取得了重要成果。一是在贯彻中央和省委部署、开展社会组织群众路线的教育活动中，我省社会组织成果丰硕，得到了省委省政府的肯定。二是积极与省委组织部协调，成立了中共辽宁省民政厅社会组织工作委员会，以充分发挥社会组织党组织的战斗堡垒作用，发挥党员的先锋模范作用。

# 2014年吉林省社会组织建设与管理工作综述

2014年吉林省社会组织建设与管理工作，坚持培育发展与监督管理并重的方针，持续深化管理体制改革，不断加大监督管理力度，为社会组织创造了良好发展环境。

## 一、社会组织不断发展壮大

截至目前，全省共有各级各类社会组织17134个，其中按法人登记的12796个（社会团体6119个，基金会79个，民办非企业单位5278个，农村专业经济协会714个，社区社团606个），备案管理的社会组织4338个（社区社团3621个，农村专业经济协会717个）。

——社会团体。吉林省目前有社会团体6119个，按社团性质划分，行业性社团1858个，学术性社团1197个，专业性社团1554个，联合类社团1145个，其他365个。从吉林省社会团体发展趋势看，社会团体基本涵盖了国民经济各个门类，在规划行业发展、反映诉求、提供服务、促进自律方面发挥着重要作用。

——民办非企业单位。吉林省目前有民办非企业5278个，按行业划分，其中卫生类296个，教育类2843个，体育类233个，科技类162个，劳动类609个，文化类132个，民政类864类，其他139个。近年来，民办非企业单位在教育培训、医疗卫生、文化体育等方面每年向社会提供大量优质服务，有效地发挥了民办力量和资金的社会作用与功能。

——基金会。全省目前有基金会79个，新成立登记13个，年增19%，其中公募基金会24个，非公募基金会55个。全省79家基金会，在捐资助学、助残养孤、扶贫济困等方面发挥了重要作用，有力推动了公益事业健康发展。

## 二、社会组织培育政策不断完善

2014年，吉林省积极抓好社会组织法规政策创制，以省政府及省府办名义出台了《吉林省人民政府关于取消、下放和调整行政审批项目的决定》（吉政发〔2014〕7号）、《吉林省人民政府办公厅向社会力量购买服务的实施意见》（吉政办发〔2014〕6号）；省民政厅出台了《吉林省民政厅关于贯彻落实吉林省人民政府关于取消、下放和调整行政审批项目的决定有关问题的通知》（吉民发〔2014〕22号）、《社会组织资金管理规范》（吉林省地方标准 备案号：41821－2014）、《吉林省民政厅关于印发〈吉林省社会组织评估管理暂行办法〉的通知》（吉民发〔2014〕31号）、《吉林省民政厅关于社会组织孵化中心（站）建设的指导意见》（吉民发〔2014〕53号），为深化社会组织体制改革，促进社会组织健康有序发展提供了政策遵循。



## 三、社会组织登记管理体制改革不断深化

### （一）直接登记有效开展

依据《国务院机构改革和职能转变方案》有关部署，在征求民政部、省直61个部门、70个市、州、县（市、区）民政局意见的基础上，吉林省民政厅起草了《吉林省社会组织直接登记管理指导意见（征求意见稿）》。截至2014年底，全省共直接登记社会组织213个，其中行业协会商会类46个，公益慈善类30个，科技类14个，城乡社区服务类213个。按层级分类，省本级登记了26个，市（州）登记了17个，县（市、区）登记了170个。

### （二）脱钩工作扎实推进

2014年，吉林省民政厅起草了《吉林省行业协会商会与行政机关脱钩实施方案（征求意见稿）》（待国家相关政策出台后下发执行），积极推进行业协会商会与行政机关脱钩。在实际工作中，自群众教育路线活动开展以来，吉林省民政厅和吉林省委组织部严格控制党政机关领导干部在社会组织中任职兼职，2014年对党政机关领导干部兼任社会组织负责人实现“零审批”；自2014年10月份，对全省退休领导干部兼任社会组织负责人情况进行了规范；各地逐步推进行业协会商会与行政机关脱钩，截至2014年底，吉林市有5个社会团体进行了换届脱钩，通化市有20家社会组织进行了换届脱钩。

## 四、购买服务成效不断显现

2014年，吉林省以省政府名义出台了《吉林省人民政府办公厅向社会力量购买服务的实施意见》（吉政办发〔2014〕6号），为政府购买社会组

织服务提供了政策引导。

依据申报程序，吉林省本级从国家申请5个项目，分别是长春市社会工作者协会社区服务“情牵夕阳社工行”、吉林省专业社工联合会爱心助老、吉林省民间组织管理局社会组织人员培训、长春一诺眼科医院贫困患者免费救治、延边大学承接社会服务，共235万元。省财政安排专项资金90万元，用于购买社会组织服务，分别为长春市朝阳区尚我佳老年公寓养老服务项目、吉林省呼叫中心行业协会服务民营经济发展项目、北华大学教育基金会免费救助项目、吉林省社会组织促进会省级社会组织等级评估项目。

各地依据意见，积极推进购买服务项目。长春市本级每年购买居家养老服务资金240万，购买2000个特殊困难老人居家养老服务；长春市朝阳、绿园、宽城、二道、南关区分别设立政府购买社会组织服务专项资金500万、500万、200万、100万、100万，购买社工、居家养老和社区社会事务等服务项目；吉林市丰满区2014年设立政府购买服务金额为19200元，用于贫困居家老人服务；延边朝鲜族自治州敦化市设立政府购买服务资金100万元，用于敦化市渤海街居家养老服务；通化县设立政府购买服务金额5万元，用于购买居家养老服务；松原市宁江区设立政府购买服务金额15.3万元，购买居家养老服务。各地项目实施后，在养老、医疗救助、社会组织评估、促进民营经济发展等方面发挥了积极作用。

## 五、社会组织监管不断规范

### （一）社会组织年检扎实开展

2014年，积极开展网上年检，采取“一站式”服务方式，年检对象可通过电话咨询、网上下载、网上填报等形式实现材料报送。截至目前，全省共年检11993家，年检率70%。

### （二）执法检查力度逐步加大

2014年，省民政厅下发了《关于开展2014年度省本级社会组织执法监察工作的通知》，对执法监察工作进行了部署，明确社会组织的内部建设、财务管理、登记备案等事项为监察重点。

省本级成立了三个执法监察小组，分别负责对社会团体、基金会、民办非企业单位开展执法监察，截至2014年底，省本级共对100家社会组织进行了执法监察，对连续两年未参加年检的吉林省工业企业技术进步协会等16家省级社会组织（其中社会团体11家、民非5家）进行了撤销的行政处罚。

各地登记管理机关不断加大监督管理力度，截至2014年底，共处罚社会组织462家，其中撤销176家，警告103家，停止活动80家。

（三）社会组织评估规范组织

2014年，吉林省民政厅起草下发了《吉林省社会组织评估管理暂行办法》（吉民发〔2014〕31号），进一步明确了评估对象、内容和组织机构，规范了评估程序，加强了评估结果的运用，为指导我省社会组织评估工作提供了依据。省本级组建了社会组织评估专家库和评估委员会，为开展社会组织评估提供了专业支撑。

2014年，省本级共对申请评估的11家省本级社会组织进行了实地考察并提出评估意见，经评估委员会评审，获5A级社会组织10家，4A级社会组织1家。

市州、县市区共评估社会组织332家，其中5A级社会组织4家，4A级社会组织41家，3A级社会组织128家，2A级社会组织109家，1A级社会组织50家。

# 2014 年黑龙江省社会组织建设与管理工作综述

## 一、社会组织法规政策创制

出台了《关于培育发展城乡社区社会组织的指导意见》。《黑龙江省人民政府办公厅转发民政厅关于培育和发展城乡社区社会组织意见的通知》（黑政办发〔2014〕61 号），该意见填补了我省多年未以省政府名义出台社会组织管理体制改革指导性文件的空白。

## 二、社会组织登记体制改革

一是探索尝试了商务领域社会组织直接登记试点。积极探索在商务领域开展全省性社会组织直接登记试点工作，为全面实现四类社会组织直接登记探索途径和总结经验，已直接登记 5 家。地市积极开展四类社会组织直接登记工作。如哈尔滨市出台了《关于实行四类社会组织直接登记工作的通知》（哈民政发〔2014〕72 号），明确了四类社会组织直接登记范围及登记流程，自 2014 年 10 月以来直接登记社会组织 3 家；大庆市民政局下发了《关于进一步优化社会组织登记管理工作的通知》（庆民发〔2014〕10 号）、《关于进一步做好社会组织登记管理工作的通知》（庆民发〔2014〕12 号），直接登记社会组织 13 家；齐齐哈尔市进一步完善了《社会组织直接登记试点工作指导意见》，扩大了直接登记范围，全市直接登记社会组织 18 家；牡丹江市 2014 年在市本级开展四类社会组直接登记试点，已直接登记社会组织 15 个；并按照《牡丹江市贯彻落实中央和省委全面深化改革重要举措分工方案》（牡办发〔2014〕13 号）精神，限期实现行业协会商会与行政机关脱钩。其他地市也开展了直接登记试点：如双鸭山市直接登记社会组织 10 家，黑河市直接登记社会组织 2 家，绥化市已直接登记社会组织 30 家。截至年底，全省直接登记近 120 家社会组织。二是在省本级行业协会审批中开展了一业多会的试点。按照 2014 年第五次厅长办公会精神，省民政厅积极稳妥地探索一业多会试点工作，已审批全省性行业协会 4 个。三是以建立观察点的方式创新管理工作。第一，下发了

《关于建立培育基层社会组织改革创新观察点的通知》（黑民函〔2014〕121号、黑民函〔2014〕122号），分别在哈尔滨市道里区抚顺社区、牡丹江市西安区利民社区建立培育基层社会组织改革创新观察点，探索基层社会组织培育和发展新模式；第二，下发了《关于建立社区社会组织参与基层社会治理改革创新观察点的通知》（黑民函〔2014〕123号），在大庆市让胡路区乘风社区建立了社区社会组织参与基层社会治理改革创新观察点，探索社区社会组织参与基层社会治理新模式。四是下发了《黑龙江省民政厅关于取消全省性社会团体分支机构、代表机构登记行政审批有关问题的通知》（黑民管〔2014〕86号），取消了全省性社会团体分支（代表）机构的审批。五是按照省政府第24次常务会议精神，取消了权限内社会组织的年检。六是下发了《黑龙江省民政厅关于进一步规范社会组织登记管理工作的通知》（黑民管〔2014〕127号），是国家政社分开政策出台前，我省率先出台的重要性文件。七是下发了《黑龙江省民政厅关于下放非公募基金会登记管理权限的通知》（黑民管〔2014〕61号），将非公募基金会的登记管理权限下放市（地）民政局。八是制订了《社会组织资金专项检查工作方案》，开展了对各级各类省属社会组织进行资金的专项检查工作。九是牡丹江市出台了《关于印发牡丹江市社会组织登记制度改革实施意见的通知》（牡政办综〔2014〕35号），就四类社会组织直接登记作出了明确规定。

## 三、优化社会组织发展环境

一是参与制定了《黑龙江省人民政府办公厅关于政府向社会力量购买服务的实施意见》（黑政办发〔2014〕26号），增加了社会组织承接政府购买服务的内容，均被采纳。二是项目指导工作得到民政部的肯定。2014年，全省有7个项目中标，资金达335万元；由于对中标项目的规范管理和指导，3月份，在民政部举办的第一期“2014年中央财政支持社会组织参与社会服务项目培训班”上，我省作了典型发言，介绍了经验。三是完成了福彩公益金支持社会组织发展项目立项。在2015年度省本级福彩公益金使用中首次列入了“支持社会组织发展项目”。地市也积极争取福彩公益金支持，如：黑河市积极争取各级财政部门支持，为民办非企业单位——29家养老机构发放了99.5万元运营补贴；争取省级福彩公益金为民办非企业单位——养老机构争取一次性建设补贴100万元，并且市里每年从福彩公益金中拿出10万元奖励民办养老机构。牡丹江市为提升社会组织工作水平，全年市本级福彩公益金扶持社会组织发展共投入资金13万余元。四是完成了社会组织法人单位基础数据库项目立项。我局制订社会组织法人库项目建设规划方案，经多次沟通协调论证，省发改委于2014年7月12日出具了法人库项目建设资金的确认函，已报民政部和国家发改委。五是举办了首届社会组织管理与创新研修班。6月份，民间局举办了首届行业协会商会优秀负责人管理创新研修班，为行业协会商会承接政府转移职能、实现政府购买服务做了准备。六是完成了全省社会组织发展十三五规划的编制工作。确定到2018年，全省登记、备案的城乡基层社会组织力争达到10000个，社会组织数量力争翻一番，力争达到平均每万人拥有10个社会组织，力争从业人员达到30万。建立与我省经济社会发展相协调、相适应的现代社会组织体制。七是参与完成了多项政策的制定工作。如：《黑龙江省健康服务业发展实施方案》、《全省民政工作深化改革方案》、《黑龙江省学前教育三年行动计划》、《省政府职能转变任务分工（征求意见稿)》、省编办的专项改革小组《2014年度台账》等10多项政策的修订工作。

## 四、加强社会组织规范管理

一是全面实施网上审批。5月份，省政府网上政务服务中心专项检查组及省政府办公厅、省纪委、省政府法制办、省编办联合检查组来我厅检查网上审批工作，我厅依法行政、规范权力运行，网上审批率达到100%，得到了各检查组的认可。二是召开了黑龙江省社会组织工作小组第二次会议。省政府法制办、省委组织部、省外办、省教育厅、省公安厅、省工信委、省商务厅等16家成员单位派人参加了会议，会上议定了建立新形势下的审批社会组织风险评估机制。三是遴选了第三方评估机构。为进一步做好今年全省性社会组织的评估工作，在黑龙江社会组织网上发布了《关于遴选对全省性社会组织开展等级评估工作第三方评估机构的公告》，继续实行由第三方机构开展评估工作。地市也积极开展社会组织评估，如：大庆市民政局下发了《开展社会团体和民办非企业单位等级评估工作方案》（庆民发〔2014〕14号）、《社会组织评估委员管理办法》（庆民发〔2014〕16号），齐齐哈尔市重新修订了《齐齐哈尔市社会组织评估办法》，制定了实施细则，今年市本级84家社会组织提出参评，经审核64家符合参评条件，现在正在有序进行。四是成立了黑龙江省社会组织服务中心。经编办审批，成立了全额事业编制的黑龙江省社会组织服务中心，编制11人，现在该机构正在落实中。五是提高执法力度，加强社会组织监管。省厅加强了对违规社会组织的查处力度，处理了3起违规事件。地市在组织建设、查处违法违规上加大了力度，如：齐齐哈尔市编办将社会组织登记管理机构定为齐齐哈尔市民间组织管理与执法监察局，行政编制2

人；哈尔滨市查处违法违规社会组织273家，并在《哈尔滨日报》进行了公示；大庆市民政局综合执法监察大队依法处罚存在各类问题的社会组织216个；七台河市今年与市财政、审计部门开展了小金库专项治理活动，共查处违规使用资金5.6万元，并要求其限期整改。

## 五、发挥社会组织积极作用

一是积极推动社会组织创新示范区建设活动。下发文件、实地指导我省两个全国社会组织创新示范区建设，并取得可喜成果。如：哈尔滨市出台了《关于实行四类社会组织直接登记工作的通知》，起草了《哈尔滨市促进社会组织改革与发展的意见》，拟以市委市政府名义出台。齐齐哈尔市在2014年9月召开的全市社会组织工作推进暨社会组织服务平台建设工作会议上，确定以“一县两区”（泰来县、龙沙区、铁峰区）为社会组织服务平台建设试点单位，取得经验后逐步展开；拟定了《齐齐哈尔市关于加强和创新社会组织建设管理意见》，现正在修订完善，将以市政府名义出台。二是由主管厅长带队深入全省性社会组织进行指导，激发社会组织活力、共谋发展思路、引导社会组织发挥作用。主管厅长率队先后深入到哈尔滨华德学院、黑龙江省金属材料流通协会、黑龙江省青少年发展基金会、黑龙江省女创业者协会、哈尔滨市香坊区残疾人福利基金会、黑龙江国粹戏剧艺术博物馆等社会组织，听取工作情况，共谋发展思路。如：黑龙江省金属材料流通协会“七一”召开了《在民营企业中如何发挥党组织的战斗堡垒作用和党员先锋模范作用》形势报告会，利用会刊开设《行业党建》、《党员风采》等栏目，宣传党建理论，介绍行业党建经验，展示共产党员风采。该会在率领会员企业直面挑战、应对行业困境方面贡献突出。黑龙江省奶业协会紧紧围绕《黑龙江省苜蓿产业“十二五”发展规划》开展工作，积极参与推进苜蓿产业建设，推广苜蓿良种、良法种植技术，改变牧草结构，以此提高全省奶牛养殖水平，成为引领黑龙江奶业发展的行业排头兵。黑龙江省女创业者协会的援助女性创业就业示范项目获得中央财政支持社会组织参与社会服务项目资金支持，受益已达3000多人，远远超出了项目受益计划，已有9家会员企业成为项目“创业定点培训基地”，27名会员成为“创业培训导师”。黑龙江省通用青少年科技体育活动中心积极开展全省青少年科技体育普及活动，现已培训科技辅导员200多人，均获得了国家体育总局航管中心颁发的科技体育辅导员证书，还培训国家科技体育等级运动员和宇航小技师2000多名，并在今年5月份全国航空模型公开赛上，中心代表队又一次获得团体冠军，为黑龙江争得了荣誉。哈尔滨市香坊区残疾人福利基金会利用全国助残日、爱耳日、爱眼日、世界残疾人日等节假日宣传慈善事业，并组成1870多人的志愿者队伍，以“三支火炬”命名，开展了助残进社区等活动，还成立了全国首个“残疾人文化产业园”，招收残疾人23人制作鱼皮画、麦秸画、软木画，抢救国家级非物质文化遗产。三是地市社会组织也积极行动，服务社会，惠及百姓。如：大庆市新华培训学校免费培训下岗职工，使200多人找到了工作；大庆眼科医院对困难老人进行义诊，免费额度超400万元。绥化市医院协会在开展行业自律方面制定了《行业作风建设工作规范标准》、《“三好一满意”活动检查标准》，促进了医院管理上台阶、上水平，全市社会组织吸纳就业人数已达1200多人。鹤岗市志愿者联合会开展的“爱心方舟”助学项目入选了中国公益项目大赛。据不完全统计，哈尔滨市社会组织吸纳就业人数4785人，为党政机关提供有价值建议17条；伊春市吸纳就业人数1270人，双鸭山市社会组织吸纳就业人数2000人。七台河市安康社区医院主动与市社会福利院结对子，定期为老人开展免费体检；据不完全统计，今年市民办非企业单位为社会无偿服务近千次。四是完成了部级中标课题《民政部2014年“中国社会组织建设与管理”理论研究部级课题》——“城乡社区服务类社会组织发展研究”论文的调研、撰写，字数达2.3万之多。五是加大了宣传，彰显社会组织地位作用。第一，省厅进一步优化了黑龙江社会组织网站，谋划开展了迎“十一”社会组织风采巡展系列宣传报道活动，社会反响很好；第二，新华社主办的“新华网黑龙江频道”要闻版以“中央财政支持黑龙江社会组织参与社会服务中标项目稳步推进”为题就我省7个中标项目实施情况进行了专门报道。第三，今年第十九期《中国社会组织》特别策划，以“走基层·黑龙江省激发社会组织活力观察”为栏目，分别报道了我省7个社会组织的先进事迹。第四，地市也加大了宣传力度，充分弘扬优秀社会组织的模范带头作用，如2014年齐齐哈尔市被《中国社会报》评为“2014年度社会组织新闻宣传工作先进单位”。

## 六、完成省政府重点工作

按照省政府第二十八次常务会议的部署，完成了全省性行业协会的涉企收费清理工作，以及对使用事业编制的20个学协会承担的职责任务的清理工作。由于积极工作、主动协调，确保了“两项清理”工作的圆满完成，受到有关领导的肯定和赞扬。一是55家省直主管单位306个全省性行业协会的清理工作得以顺利稳妥进行。二是完成了20个学协会职责任务的清理工作。

# 2014 年度上海市社会组织建设与管理工作综述

2014 年，上海市社会组织工作深入贯彻党的十八大和十八届二中、三中、四中全会以及十届市委五次、六次全会精神，认真落实全国民政工作会议的部署，以社会组织管理制度改革为统领，坚持积极引导发展、严格依法管理的原则，推动全市社会组织健康有序发展，社会组织的改革发展工作呈现出蓬勃向上的崭新局面。2014 年上海新成立社会组织 962 家（其中社会团体 165 家、民办非企业单位 748 家、基金会 49 家）；至年底，全市经民政部门核准登记的社会组织共 12363 家，其中社会团体 3909 家、民办非企业单位 8255 家、基金会 199 家。另有备案的社区群众活动团队 2.33 万个。自 4 月 1 日起实施社会组织直接登记改革以来，共登记成立社会组织 770 家，其中直接登记社会组织 603 家，占 78.3%。

## 一、加强顶层设计，社会组织管理制度改革取得实质进展

在推进社会组织管理制度改革过程中，上海着力把握活力与秩序的关系，宽进与严管并举、发展与监督并重，同步推进社会组织直接登记和综合监管体系建设。

一是出台改革政策，提供政策支撑。经市政府常务会议、市委常委会审议通过，同步出台了《上海市人民政府办公厅关于转发市民政局制定的〈上海市社会组织直接登记管理若干规定〉的通知》和《中共上海市委办公厅上海市人民政府办公厅转发〈市民政局关于完善社会组织综合监管体系促进社会组织健康发展的指导意见〉的通知》。为保障改革顺利推进，逐步健全四项配套制度，分类制定了社会组织《自律承诺书样本》、《章程示范文本》、《信息公开指引》、《重大事项报告指引》，突出社会组织的自律自治。同时，配套出台了直接登记类民办非企业单位分级管理的指导意见、直接登记社会组织名称事项的相关规定等十余项政策，为社会组织管理制度改革提供了强有力的政策支撑。

二是加强部门协同，形成工作合力。召开上海市社会组织建设与管理工作联席会议第一次全体会议，下发部门职责分工方案，细化明确四类部

门的90项具体职责。在改革中建立了市民政局与市级部门之间和市区两级联动工作机制，协调解决登记改革中的重点难点问题，及时总结通报改革情况。注重系统推进改革，逐步推动落实部门职责，与市组织部门、社工委联合出台直接登记后党建工作管理暂行办法，明确直接登记后社会组织党建工作机制；与市教委联合出台《关于调整民办学校登记管理相关事项的通知》，明确直接登记后民办学校管理的相关事项。目前上海多数区县已建立联席会议或成立了综合协调小组，保障直接登记工作顺利实施。

三是深化行政审批制度改革，激发社会组织活力。为适应社会组织管理制度改革形势，坚持机构调整与职能转变同步，研究提出了市社团局新的“三定”方案，梳理了市社团局行政权力清单，为依法行政、科学管理打好基础。落实行政审批标准化管理，编制社会团体、民办非企业单位、基金会三类社会组织的行政审批业务手册和行政审批办事指南。进一步调整行政审批事项，探索放宽社会组织登记门槛，取消社会团体、基金会分支机构、代表机构的审批；试点下放非公募基金会审批权限，注册资金也由200万元降低至100万元；放开了地市级异地商会登记；继续探索境外非政府组织驻沪代表机构登记管理，扩大涉外民办非企业单位登记管理试点。在直接登记改革中坚持存量调整和增量改革同步推进，对1万多家存量社会组织进行了梳理划分。

## 二、突出自律自治，社会组织综合监管体系建设初见成效

在推进社会组织直接登记管理改革中坚持宽进严管、放管结合，更加注重社会组织的自律自治和事中事后监管，综合监管体系建设成果初见成效。

一是深化社会组织信用体系建设。落实社会组织法人库项目配套资金，启用了社会组织信用信息管理系统，并与上海市公共信用信息服务平台共享信息。落实上海市政府数据资源向社会开放工作，开通市公共信用信息平台账号，编制社会组织信用信息数据清单、应用清单和行为清单，把全市1万多家社会组织纳入“三个清单”信用信息录入主体。同时开展市公共信用信息平台子平台试点和社会组织信用信息公示应用试点，探索跨部门整合信用信息，加强对社会组织的综合监管。把行贿犯罪档案查询制度引入社会组织管理和诚信建设，进一步提高社会组织的诚信度和公信力。

二是强化社会组织自律自治。在登记中要求社会组织依法进行自律承诺，科学制定组织章程，主动履行信息公开，及时进行重大事项报告。在

管理中与市科协联合出台《科技类社会团体换届选举指引》，规范科技类社会团体的换届程序。发挥行业协会商会在行业信用建设中的积极作用，推动22家行业协会编制并发布了行业社会责任报告；继续组织开展民办非企业单位塑造品牌与服务社会活动，邀请专家进行品牌建设、财务管理等培训，举办民非单位品牌建设论坛以及优秀品牌项目推介活动；加强基金会年检信息公开，全市基金会信息公开率达到了100%，网站建设率达到70%。委托第三方机构开展面向全市社会组织的信用体系建设培训，全年举办16期培训班，培训社会组织负责人和有关人员2700余名。

三是强化对社会组织的社会监督。探索建立社会组织综合管理信息服务平台，畅通执法监察信息平台，规范执法行为，加大执法力度。畅通"网上"和"网下"群众投诉举报和意见建议渠道，方便社会公众参与监督，并对社会组织改革工作建言献策。认真做好信访举报查处工作，截至12月底办理群众来信来访100余件，办理市十四届人大二次会议代表书面意见和市政协十二届二次会议代表提案30余件。

## 三、强化日常管理，社会组织建设发展的基础日趋巩固

在推进社会组织管理制度改革的同时，抓好日常管理工作，社会组织发展总体呈现健康有序展的良好态势。

一是严格社会组织年度检查工作。2013年，全市应该参检的社会组织10720家，实际参检的社会组织9507家，参检率88.7%。严格落实各项年检工作要求，社会组织依法参检的意识不断增强，按时填报率达到86.5%，实现大幅提升。进一步改进服务方式，完善年检内容，调整了年检报告格式文本，基金会年检报告书增加了80%的内容，增强了填报内容的规范性。实行网上年检和实地检查相结合，加大第三方机构财务审计抽查力度，分类抽查市级登记社会组织130多家，增强了年检工作的权威性。

二是深入推进规范化建设评估工作。推动成立民办非企业单位性质的第三方评估机构参与评估，提高评估质量。充分挖掘社会组织自愿参评的积极性，做好评估发动工作。组织专家对《上海市社会组织规范化建设评估指标汇编（2012年版）》进行修订。推动评估结果应用，完成了《上海市社会组织评估等级结果运用办法（征求意见稿）》。2014年全市新增5A级社会组织84家，4A级社会组织181家。截至2014年底，已累计完成评估1648家，评估率为17.8%。

三是加强社会组织执法监察力度。突出抓好非法社会组织和社会组织违法活动的查处工作，全年共查处社会组织案件334件。开展了全市"名

存实亡”的社会组织情况摸底调查，对299家“名存实亡”的社会组织进行了集中处置。探索建立社会组织退出机制，制定了《关于本市部分社会组织简化注销登记程序的指导意见》。修订完善了四级社会组织服务网络考评标准和考评机制，组织培训信息员3000多人次。举办全市社会组织执法业务培训班，汇编《案例选编》，举行典型执法案卷现场交流，提升社会组织执法工作能力和水平。

## 四、构建服务支持体系，社会组织发展的生态环境更加优化

以改革促发展，进一步落实中央各项扶持政策，加大本市社会组织扶持体系的创新发展，引导社会组织在参与基层治理中发挥积极作用。

一是推动落实各项支持性政策。协调、指导社会组织申报“中央财政支持社会组织参与社会服务项目”，6个项目获得中央财政资金资助219万元，组织立项单位参加国家举办的项目培训班，督促指导项目执行。浦东新区、静安区、虹口区荣获“全国社会组织建设创新示范区”，示范区创建活动在上海各区深入开展。召开全市社会组织建立年金制度推进会，鼓励社会组织落实年金和工资基金。落实税收优惠政策，市财税部门新认定644家社会组织具备非营利组织免税资格，认定23家基金会具备公益性捐赠税前扣除资格。推动政府购买社会组织服务，通过福利彩票公益金招投标（创投）方式，支持公益创业，扶持初创期社会组织发展。全市有5个区县出台或修订了扶持社会组织发展的政策文件。根据年检统计，社会组织承接政府购买服务收入和政府补助收入合计约53.5亿元，同比增长18%。

二是加强社会组织服务平台建设。继续深化社会组织孵化基地建设，严格项目运营和管理，召开了全市社会组织孵化基地建设工作交流会，加强工作交流。举办了“创新社会治理，伙伴携手公益”为主题的第四届上海公益伙伴日活动，164家社会组织、数十家企业和公益伙伴踊跃参展，吸引包括外省市社会组织、专业人士在内的1.5万名观众前来参展交流。活动期间，民政部和上海市委、市政府、市人大、市政协等领导莅临指导。

三是积极引导社会组织发挥作用。创新宣传手段，开通“上海社会组织”官方微信公众号，探索运用新媒体发布信息。全年通过“上海社会组织”网站发布信息12000多条，市社团局在“中国上海”门户网站信息报送综合排名中位列全市委办局之首。发布2013年度社会组织年度发展报告书，编印上海市基金会名录、基金会发展报告书。加大社会组织先进典型

和领军人物培树力度，积极鼓励引导社会组织及社会组织从业者参加上海市妇联、市总工会系统的各项荣誉称号评选活动。加大信息宣传力度，总结表彰先进，上海市社团局等 8 家单位和 2 名个人被《中国社会组织》评为社会组织新闻宣传先进。

## 五、深化开展调查研究，社会组织发展的思路更加清晰

在推进社会组织直接登记管理改革、深化社会组织日常管理的同时，以上海市委 1 号课题为带动，以社会组织“十三五”规划调研为主线，主动研究情况，谋划社会组织发展思路。

一是借力市委 1 号课题调研，打造社会组织服务支持体系。2014 年上海市委把“创新社会治理、加强基层建设”列为头号课题，在“社会组织、社会力量参与基层治理”专题研究中，市社团局不断聚焦研究重点，起草《社会组织、社会力量参与基层治理若干意见（建议稿）》，推动把政府购买社会组织服务、建立社区基金会等措施写入市委文件。年底，上海市委、市政府出台了“1 +6”政策文件。“1”即《中共上海市委上海市人民政府关于进一步创新社会治理加强基层建设的意见》，明确提出“培育社会组织，动员社会力量参与基层治理”，并从落实政策支持、激发组织活力、完善枢纽载体等方面提出了具体要求。在扶持社会组织参与基层治理方面，明确提出重点扶持发展社区生活服务类、社区公益慈善类、社区文体活动类和社区专业调处类社会组织；在政府购买服务方面，提出结合政府职能转变，制定政府购买服务指导目录和承接社区服务的社会组织指导目录，使政府购买服务逐步成为区县和街道、乡镇提供公共服务的重要方式。“6”个配套文件之一的《关于组织引导社会力量参与社区治理的实施意见》，就政府购买服务、社区基金会、枢纽型社会组织、孵化基地建设、人才队伍建设等问题作了更为具体的要求。

二是以“十三五”规划调研带动社会组织各项实务研究。一是通过纳入市政府决策咨询课题和公开招标的方式组织开展了《“十三五”本市社会组织发展研究》和“自贸区内社会组织发展和管理机制研究”，充分吸纳专家学者的意见建议，为上海社会组织发展打开思路。二是推动社会组织各项实务研究。启动社会组织“十三五”规划编制工作，完成枢纽型社会组织功能定位及作用发挥研究，直接登记下的社会团体管理研究，民非单位依法自治问题研究，社会公益资金预算管理研究和社会组织人才队伍状况调研，推动实务创新发展。

# 2014年江苏省社会组织建设与管理工作综述

2014年，江苏省各级民政部门紧紧围绕党的十八大以来关于社会组织工作的新要求，坚持一手抓改革发展，一手抓监督管理，不断深化社会组织登记制度改革，创新培育发展措施，完善服务管理机制，多措并举激发社会组织活力，较好完成了年度重点工作任务。截至2014年底，全省各级民政部门注册登记的社会组织71571个，其中社会团体32706个，民办非企业单位38382个，基金会483个；社会组织登记总量比2013年底增长26%；全省县级民政部门备案城乡基层社会组织74525个。主要工作如下：

## 一、推进社会组织登记管理制度改革

### （一）积极推动社会组织法规政策创制

南京、无锡市人大颁布或修订了有关社会组织的地方法规。宿迁市政策创制力度大、改革措施实，市委、市政府出台了《关于加快推进社会组织培育发展的意见》，市两办先后出台了宿迁市改革社会组织登记管理办法、加快推进社会组织改革发展实施方案等一系列配套文件；淮安市委、市政府出台了《关于进一步推进社会组织改革发展的意见》；南京市委、市政府出台了提升社会组织社会治理和服务能力的文件；常州市两办出台了《关于加快推进社会组织改革发展的意见》和《关于政府向社会组织转移职能的意见》。

### （二）完善四类社会组织直接登记制度

省民政厅在各地试行直接登记的基础上，制定出台了《江苏省四类社会组织直接登记管理暂行办法》（苏民规〔2014〕1号），对登记的目的依据、四类社会组织的范围、登记权限、登记条件、登记流程以及监管职责等方面予以明确和规范；向全省各级登记管理机关印发《江苏省四类社会组织直接登记管理工作指南》，规范登记审查程序；召开“全省学习贯彻《江苏省四类社会组织直接登记管理暂行办法》视频会议”，全面部署直接登记工作。截至2014年底，全省各地直接登记的社会组织达13648个，其中行业协会商会类991个，科技类458个，公益慈善类1288个，城乡社区服务类10918个；直接登记的社会组织数量占全省社会组织登记总量的19.1%，占同期增长社会组织数量的57.2%。

（三）降低登记门槛，简化登记程序

省民政厅结合《直接登记办法》的制定出台，进一步突破制度限制，明确提出允许“一业多会”、允许公益慈善类社会团体名称使用字号、降低会员数量标准、降低注册资金标准、取消社会团体筹备审批环节、取消社会团体分支（代表）机构的审批、简化验资手续、鼓励民办非企业单位连锁经营、鼓励大学生和社会工作专业人才创办社会组织“九项措施”，切实解决社会组织登记门槛高、注册登记难的问题。



（四）推进简政放权和行业脱钩

省民政厅按照简政放权、便捷高效的原则，对直接登记工作的职责权限进行了重新划分：将基金会登记审批权限从省民政厅下延至市、县（市、区）民政局；规定民办非企业单位原则上由住所所在地的市或者县（市、区）民政部门登记；规定城乡社区服务类社会组织原则上在县（市、区）民政部门登记。同时，根据中央改革精神，取消了社会团体筹备审批环节，取消了社会团体分支机构、代表机构登记行政审批事项。各地普遍开展了行业脱钩试点工作，除镇江、盐城外，11个设区市出台了行业协会商会与行政机关脱钩试点的工作方案或实施意见。南京、无锡行业协会与行政机关脱钩已基本完成，常州、淮安等地完成90%以上。

## 二、优化社会组织培育发展环境

（一）推进政府向社会组织转移职能和购买服务

省民政厅、省财政厅联合出台了《关于推进政府向社会组织购买公共服务的实施意见》（苏社管〔2014〕5号），向省各有关部门印发了《省级政府向社会组织购买服务工作方案》（苏财购〔2014〕29号），落实了制度建设责任部门和重点工作任务。同时，在省本级社会组织中进行了调查摸底，梳理了一批社会组织能够承接的服务事项。联合省财政厅研究草拟了《政府向社会组织购买服务实施办法》、《政府向社会组织购买服务资金管理办法》、《政府向社会组织购买服务绩效评价办法》等相关配套文件，推动完善政府向社会组织购买服务制度体系。全省有11个设区市出台了政府向社会力量购买服务政策。连云港、淮安市民政、财政部门制定了政府向社会组织购买服务的实施办法，徐州、常州、扬州、宿迁市制定了购买服务指导性目录。南京市民政局投入750多万元，向社会组织购买52项局机关服务项目。

（二）积极争取中央财政项目

省民政厅做好2014年中央财政支持社会组织服务社会项目的申报和初审工作，全省共有6个项目获得民政部立项，资金总计279万。同时，做好2013年项目的跟踪指导，全省7家立项单位均按照项目申报书完成项目全部资金和社会服务活动的执行，项目资金总额501.48万元，其中中央财政资金194.75万元，地方配套资金306.72万元，直接服务人数2927人。

（三）开展2014公益创投活动

省级投入1000万元福彩公益金，首次采用政府公开招投标采购的形式，确定对122个社会组织的养老、助残、助困、青少年服务等公益服务项目予以资金扶持。南京、无锡、常州市支持社会组织公益创投等专项资金达3000万—5000万元。目前，公益创投活动已在全省范围广泛深入推进，实现了培育社会组织、打造公益品牌、提供社会服务、惠及基层群众等多重效果，得到了社会组织的强烈支持和社会公众的广泛认可。

（四）完善社会组织培育扶持（孵化）基地网络

将“所有设区市和50%的县（市、区）设立社会组织培育扶持（孵化）基地”列入省政府2014年度十大重点工作百项考核指标，鼓励各地采用多种方式建立社会组织培育扶持（孵化）基地，对社会组织予以资金、项目、人才、场所等多元化扶持，着力完善各级各类社会组织培育扶持（孵化）基地网络。各级财政对社会组织扶持力度逐步加大，13个设区市均专门安排财政资金或福彩公益金扶持社会组织发展，另有32个县（市、区）设立了专项资金或配套资金。各市普遍建立社会组织培育扶持（孵化）基地，100%设区市和82%的县（市、区）建立了孵化基地，其中南京、无锡、常州、扬州、泰州5市所属县（市、区）完成率达100%。全省已建各级社会组织培育扶持（孵化）基地323个，其中市级20个，县级97个，街道、社区级206个，办公面积合计81650平方米，共培育各类社会组织7302个。

（五）落实社会组织税收优惠政策

根据《江苏省公益性社会团体和基金会捐赠税前扣除资格认定办法》，省民政厅联合省财政厅、省国税局、省地税局召开评审会议，落实社会组织税收优惠政策。2014年，全省共有362家社会组织获得税前扣除资格，其中公益性社会团体61家，基金会301家。

## 三、创新社会组织服务管理措施

### （一）开展社会组织2013年度检查

省民政厅开展2013年度全省性社会团体、民办非企业单位和基金会年度检查工作，优化年检程序，严格年检审查办法，对未按时参检的社会组织及时下发限期参检的通知，对存在问题的社会组织下发整改通知。应参加2013年度检查的1628家全省性社会组织中，有1469家参加了年检，参检率达90.2%。各市通过出台年检办法、升级改造系统、创新年检工作方式等提升管理服务水平。全省社会组织年检参加率达到90%。南京、无锡、常州等7市开展了网上年检工作，并将年检结论在当地民政网站进行公告，接受社会监督。

### （二）推进社会组织等级评估

将“获得评估等级的社会组织数占应评估社会组织总数的30%”列为2014年省委常委会工作要点和现代民政示范县（市、区）建设指标体系，要求各级登记管理机关采用与业务主管单位联合评估、推进第三方社会评估等手段，全面提升社会组织评估率。省民政厅下发了《关于开展2014年度全省性社会组织评估工作的通知》（苏社管〔2014〕31号），与省科协联合出台了《关于开展江苏省科协所属科技类社会团体评估和2014年度学会工作考核的实施办法》。今年，还首次通过政府公开招标采购的方式，确定江苏省学会服务中心和江苏省民诚社会组织发展中心对全省性社会组织和地方申报5A级的社会组织进行评估，推进第三方机构评估工作。各设区市均出台了相关文件，完善了评估指标体系，建立了社会组织评估专家库和评估委员会。南京、无锡、徐州、淮安、扬州5市依托第三方机构推进等级评估；泰州、连云港、镇江3市联合相关业务主管单位开展等级评估。全省有13015家社会组织获得评估等级，评估率达35.4%。

### （三）强化社会组织执法监察

省民政厅结合登记、年检、评估过程中发现的问题，规范开展行政执法工作，年内叫停全省性社会组织未按规定报批的评比达标表彰项目7起；对未按期参检、年检基本合格、年检不合格的全省性社会组织寄发《责令整改通知书》139份；通过出具“整改通知”、约谈负责人等方式及时纠正社会组织违规行为5例。各市积极争取加强社会组织登记管理机构队伍建设和工作经费保障。徐州市经编办批准设立社会组织管理办公室；宿迁市成立社会组织管理局，增挂社会组织执法局的牌子，配备5名具有行政执法资格的行政执法人员，配置了执法装备，市、县（区）分别将每年不低于1000万元、500万元的社会组织培育发展资金列入同级财政预算；苏州市新增3个行政编制用于社会组织执法监察；南通、淮安市开展了专项审计工作；扬州市开展社会团体涉企专项清理规范工作；镇江市联合财政、纪委、审计、财政、物价等部门对社会组织进行专项检查；宿迁市试运行社会组织管理服务信息平台，并建立社会组织电子档案库和法人数据库。在执法工作方面，南京市执法巡查社会组织40家，依法撤销登记1家；镇江市撤销不规范社会组织16家；淮安市依法撤销登记社会组织20家；宿迁市建立联合执法机制，依法查处社会组织的违法违规行为。

（四）加强社会组织能力建设

省社会组织管理局、省社会组织促进会依托2014年中央财政支持社会组织服务社会项目资金，认真实施“全省性社会组织负责人培训”项目，分别针对全省性社会团体、基金会和民办非企业单位负责人以及基层登记管理机关工作人员近400人进行业务培训。各市采取多种形式加强社会组织能力建设，引导社会组织发挥积极作用。无锡市举办市属社会组织业务培训，促进社会组织品牌、诚信建设。淮安市开展第二届社会组织公益周活动，发动全市社会组织集中开展公益服务，强化社会组织的社会责任感。盐城市民政局、团市委联合下发《关于进一步加强青年社会组织建设的意见》，积极推动青年社会组织在社会治理创新中发挥积极作用。泰州市民政局联合市文明办、团市委举办国际志愿者日主题志愿服务活动，引导公益性社会组织为社区群众提供志愿服务。

# 2014 年浙江省社会组织建设与管理工作综述

2014 年，浙江积极探索社会组织成建制、成规模、成体系发展的新路子，推进现代大民政建设，构建社会大协同格局。截至 2014 年 12 月，全省经各级民政部门依法登记的社会组织有 40201 个，新增 4850 个，同比增长 14%。其中社会团体 19568 个，民办非企业单位 20233 个，基金会 400 个，每万人社会组织数 7.3 个。此外还有列入备案管理的社区社会组织 7.9 万个。

## 一、谋划浙江现代社会组织体制建设的制度框架

一是按照现代社会组织体制建设的基本框架，结合浙江实际，起草并提请省委办公厅、省政府办公厅出台《关于加快推进现代社会组织体制建设的意见》，在社会组织登记管理、政府职能转移、政府购买服务、财税扶持、民办社会事业发展、人才队伍建设等方面做出系统性制度安排。目前，全省 75% 的设区市、80% 的县市区出台了综合性文件。二是贯彻省委十三届四次全会决定的总体部署，制订《“健全激发社会组织活力的体制机制”重点改革任务的实施方案》，经省委省政府领导同意后印发相关责任单位实施，该重点任务由王辉忠副书记领衔主持。三是协同基政处、社工处研究制定了《社区建设、社会组织、社会工作“三社联动”的工作意见》，统筹谋划浙江基层社会多元治理的新格局。四是加强社会组织党组织建设。2014 年 1 月，省委组织部、省委“两新”工委和省民政厅党组联合印发了《关于进一步加强社会组织党建工作的意见（试行）》，对新时期社会组织党建工作提出了明确要求。目前，全省各地的社会组织党组织组建率已达到 65% 以上，基本实现社会组织党组织应建尽建。五是召开了“激发社会组织活力体制机制建设座谈会”，省委办公厅、省政府办公厅、省编委办、省发改委等综合部门负责人参加了会议，尚清厅长主持，省委副书记王辉忠、副省长熊建平参与会议并对社会组织建设管理工作提出了意见。

## 二、深化社会组织管理体制改革

一是以社会组织创新示范区和观察点建设引领全省社会组织发展。按照民政部与浙江省政府共建温州市民政综合改革试验区合作协议的要求，加强对温州社会组织建设与管理改革工作的指导，开展每季度的“一研判、一分析”会商工作。组织全省22个现代社会组织体制建设创新示范观察点分三组开展对口见学活动，相互促进，共同提高。二是继去年9月下发《关于开展四类社会组织直接登记的通知》后，在全省范围内开展了行业协会商会类、科技类、公益慈善类和城乡社区服务类四类社会组织直接登记工作，并加强对直接登记工作的培训指导，进一步研究和规范了分类标准和业务主管部门职责。至2014年12月，全省累计直接登记社会组织2000余个。省本级自2013年9月份以来，直接登记社会组织67个。三是对行业协会商会政社分开工作进行回头看，巩固2007年以来的脱钩成果。严格执行《关于对党政领导干部兼任社会团体领导职务进行清理规范的通知》（浙组〔2013〕12号）和《关于规范退（离）休领导干部在社会团体兼职问题的通知》（浙组〔2014〕28号）的相关规定，2014年清理党政领导干部在社团兼职2469人。四是本着“简政放权”和“能放尽放”原则，取消全省性社会团体筹备成立审批，取消全省性社会团体、基金会设立分支机构和代表机构的审批；下放基金会、异地商会登记管理权限至县级民政部门，并制定印发了相关的实施意见。五是协助有关方面对义乌、柯桥等地境外非政府组织在浙机构和境外人士在浙成立组织开展调研指导，为下一步纳入管理，探索制定涉外社会组织管理办法奠定基础。

## 三、优化社会组织培育发展环境

一是指导社会组织服务平台规范运作，发挥枢纽和支持作用。将社会组织服务中心实体化运作列入平安浙江考核，要求县（市、区）社会组织服务中心按照不少于300平方米的规模建设，并做好与96345社会公共服务平台、社区服务中心各项资源的有效衔接。对已建成的服务中心，指导其规范建设标准，充实服务内容。目前，全省建立184个社会组织服务平台，其中实体化运作的服务中心108家，基本覆盖各市、县市区，部分地方还将服务平台拓展至乡镇、社区，温州市实现了社会组织发展基金会全覆盖。二是推动政府向社会组织购买服务。协同省财政厅制定出台了《浙江省人民政府办公厅关于政府向社会力量购买服务的实施意见》。编制发布“全省性社会组织承接政府转移职能和购买服务推荐性目录”，按照5

个方面的条件，即依法登记、内部治理结构健全、财务资产管理制度规范、服务能力较好、近两年年度检查合格，确定了298家服务能力较好、运作比较规范的全省性社会组织，向社会推荐。其中社会团体257家，基金会21家，民办非企业单位20家，有122家是经过评估获得3A以上等级的社会组织。三是加大资金扶持力度。2014年，争取中央财政资金365万元支持我省9个社会组织参与社会服务项目。省财政和福彩公益金投入3690余万元支持全省社会组织100多个公益项目和各地的服务平台建设、社会组织从业人员培训，资金额度比上一年的1000万元又大幅增加3倍多。全省各地大力推进了此项工作，2014年省市县三级直接用于资助社会组织的资金总额达到了3.26亿元。四是积极落实社会团体公益性捐赠税前扣除资格和非营利组织免税资格等财税优惠政策，2014年40多家社会组织新申报公益性捐赠税前扣除资格。目前，全省获得公益性社会组织税前捐赠资格的社会组织总数达318个（不包括宁波），获得非营利组织免税资格的社会组织总数达1700余个。

## 四、推进社会组织监管工作的规范化运作

一是完善社会组织评估机制。制定出台《浙江省社会组织评估规程》，进一步规范社会组织评估工作，继续委托第三方专业评估机构开展评估工作。目前，全省已经有14354家社会组织参加了评估，3A级以上4634家，整体评估率达到了40%以上，杭州已经实现社会组织评估全覆盖，温州的评估率已超过90%。在评估数量增加的同时，评估的类别也已经覆盖了所有的社会组织类型。二是发布《社会组织建设规范》（省级地方标准），这是全国第一个社会组织建设省级地方标准，对推动社会组织规范化建设具有重要意义。三是印发《浙江省社会组织行政许可相关示范文本》，规范和优化社会组织登记的流程、时限、内容和文书样式，推进工作依法、便捷、高效。四是推进信用体系建设。按照2013年9月省民政厅和省发改委联合下发《关于加强社会组织信用体系建设的通知》的文件精神，在省公共信用信息服务平台建立统一的全省社会组织信用平台，在“信用浙江”网的信用清单中，专设“社会组织”模块。目前，共有社会组织信用信息4848条。优化社会组织信用信息的应用，对信用良好的社会组织，优先承接政府授权和委托事项、优先获得政府购买社会组织服务项目、优先获得资金资助和政策支持、优先推荐获得各类表彰和奖励。制定出台《浙江省社会组织信用信息管理暂行办法》，建立社会组织失信“黑名单”制度，对有失信行为记录的社会组织，充分发挥失信联合惩戒机制作用。五是依

法开展年检和执法工作，继续推行集中年检、上门年检、网上年检，基金会采用全国统一管理系统年检。目前，全省社会组织年检工作已完成95%。加强行政执法工作，制定《浙江省社会组织行政执法相关文书样式（试行）》。2014年，全省登记管理部门办理行政处罚案件264起，警告32起，停止活动2起，撤销登记228起，取缔2起，其中省本级24起，警告19起，撤销5起。

## 五、提高社会组织登记管理的专业化、信息化水平

一是争取中央财政支持社会组织参与社会服务培训示范项目资金30万元，举办了全省性社会组织评估工作培训班、全省社会组织登记管理机关工作人员培训班、全省性社会组织专职工作人员培训班，培训人员近500多名。二是开展群众满意窗口建设。规范办事流程，减少审批环节，优化服务环境，畅通沟通渠道，完善限时办结和首问负责等制度，建立窗口业务A、B岗服务责任制，行政审批整体提速达40%以上。三是加强信息化建设，试行社会组织登记管理和数据上报系统，初步完成信息初始化工作，并将系统与省电子监察网、省政务服务网整合对接。推进全省社会组织法人信息库项目建设。四是加强社会组织信息宣传工作。整合“浙江省民间组织信息网”和“浙江省社会组织促进会网”的信息资源，启用了“浙江现代社会组织”网。2014年，在《中国社会组织》等部、省媒体、信息上刊登稿件40余篇。熊建平副省长在浙江政务信息专报《我省加快推进社会组织改革发展的主要做法》上作批示。《浙江社会组织建设发展的实践与思考》、浙江社会组织成体系、成建制、成规模发展经验、浙江社会组织服务平台建设经验分别在首届全国地方党政领导干部社会组织管理工作专题研究班、全国社会组织改革创新暨社会组织反复倡廉研讨会、全国社会组织服务机构推进会上作典型发言或专题介绍。

# 2014年安徽省社会组织建设与管理工作综述

2014年，我省紧紧围绕中央和省委、省政府改革社会组织管理制度，激发社会组织活力的战略部署，大力培育社会组织，充分发挥社会组织功能作用，加快形成科学有效的社会治理体制，打造出社会组织蓬勃发展"百花齐放"、社会组织理论研究"百家争鸣"、各地社会组织工作创新"百舸争流"的生动局面。

截至目前，全省依法登记的社会组织24220家，其中社会团体12658家，民办非企业单位11473家，基金会89家。按登记层级分，省级1309个，市级5792个，县（市、区）级17119个。另外，全省还备案城乡基层社会组织6996个。合肥、铜陵、淮北三市被民政部确认为首批"全国社会组织建设创新示范区"，成为全国创新示范区数量最多的省份之一。

## 一、社会组织管理体制改革进一步深化

推进和规范四类社会组织直接登记工作，目前全省直接登记的社会组织已达2487个，比2013年底增加1816个，增长2.7倍。加大简政放权力度，取消了沿袭25年之久的社会团体分支（代表）机构设立、变更、注销登记的审批，并及时研究制定了取消审批后加强分支（代表）机构监管的8项措施，避免了"一放就乱"的问题。取消了社会团体会费标准的备案，明确了四条原则，切实规范收费行为。完善异地商会、基金会登记管理权限下延后的监督管理，目前市、县已登记异地商会88个、基金会21个。围绕"三社联动"，创新基层社会组织发展模式，印发《关于培育和发展社区枢纽（联合）型社会组织的指导意见》，目前全省已成立城乡社区枢纽型社会组织822个，比2013年底增加506个，增长1.6倍，其中合肥市实现了城区社区枢纽型社会组织全覆盖。通过评审确认了20家"安徽省基层社会组织建设示范单位"。

## 二、社会组织培育扶持力度进一步加大

贯彻省政府《关于进一步深化行政审批制度改革的意见》，积极推进

政府向社会组织转移职能，据不完全统计，2014 年全省各级共向社会组织转移职能 792 项。落实省政府办公厅《关于政府向社会力量购买服务的实施意见》，省、市、县三级政府全面启动购买服务工作，绝大部分地区以政府办公厅（室）名义或由财政等部门，出台了关于政府向社会力量购买服务的方案、意见或办法。据统计，2014 年各级政府向社会组织购买服务近千项，金额约 10 亿元。公共财政和福彩公益金资助、补贴和奖励社会组织力度进一步加大，2014 年各级财政共安排 3400 余万元资助了近 400 个社会组织，各级福彩公益金共安排 3800 余万元资助了 520 个社会组织。进一步落实社会组织财税优惠政策，会同财税部门做好公益性捐赠税前扣除资格认定，积极推进非营利组织免税资格认定工作。做好“中央财政支持社会组织参与社会服务项目”的申报和管理，2014 年共有 7 家社会组织获得项目资助，立项总资金 330 万元，同比增长 40%。截至目前，全省已建社会组织孵化基地 36 个。

## 三、社会组织监督管理进一步强化

省、市、县三级社会组织管理领导小组工作机制已基本健全，加强了对全省社会组织管理工作的统一领导和综合协调。2014 年 3 月，省社会组织管理工作领导小组首次召开扩大会议，徐立全书记、方春明副省长亲临会议并讲话。以省社会组织管理工作领导小组名义，从省委办公厅、省委督察室、省委组织部等 10 部门抽调人员，组成 6 个督察组，开展社会组织改革发展政策落实情况综合督察调研活动，形成督察报告，呈送省委、省政府领导并印发全省。各地分类修订社会组织办事指南，加强登记审查，建立和落实登记前的函询、会商、论证等制度，确保登记质量，仅省本级 2014 年就办理登记事项 311 件，全省年办理登记事项 6000 余件。采取网上预审、材料审核、实地抽查、集体评议确定年检结论等方式，完成好省属社会组织年检工作，并将年检结论在《安徽日报》专版发布，接受社会监督。加大执法监察力度，2014 年共办理行政处罚案件 661 例。为加强社会组织涉外活动监管，在征求省外办意见的基础上，印发了《关于进一步落实社会组织涉外活动报告制度的通知》，对社会组织涉外活动实行全程监督。积极推进社会组织评估工作，不少地方评估工作已进入常态化，宿州、淮北市参评率已超过 30%。2014 年全省共培训社会组织负责人和专职工作人员 7000 多人次。为落实民政部有关要求，省民管局对 20 家省属社会组织财务状况进行抽查审计。印发《关于加强基层社会组织管理能力建设的意见》，铜陵、芜湖、六安、宿州等地已将“民间组织管理局”更名为“社会组织管理局”，部分地区还增加了人员编制。根据省政府部署，会同省委组织部、省编办、省发改委等7部门，在全省范围内开展了为期5个月的社会团体依法规范管理集中推进行动。

## 四、社会组织与党政机关脱钩进一步推进

推进社会组织从职能、机构、人员、资产等方面与党政机关脱钩，全省已有4854个社会组织实现“四分离”。根据省领导批示，会同省发改委研究制订了行业协会商会与行政机关脱钩方案，报送国家发改委和民政部，争取将我省列入“国家行业协会商会与行政机关脱钩试点省”。协同省委组织部、省纪委、省委老干部局等部门在全省范围内开展党政机关领导干部兼任社会组织领导职务清理整顿工作，截至目前，全省已有5683名领导干部辞去了按规定不宜再兼任的社会组织领导职务，其中：厅级干部527名（在职212名，退离休315名），处级干部2300名（在职1523名，退离休777名），科级干部2732名（在职2160名，退离休572名），国有企事业单位124名退离休领导人员。

## 五、社会组织理论研究及宣传工作进一步加强

加强新形势下社会组织改革发展重点难点问题研究，近两年，省厅联合省社科联开展了“安徽社会组织发展”课题研究，每年都有来自省内外100多所高校、研究机构和有关单位的400多名专家学者申请课题，取得了丰硕的研究成果，成为社会组织建设与发展的“智库”。全年共发行《安徽社会组织》杂志1.2万余册，刊发信息800余条，免费赠送给各级四大班子领导、省直相关部门、省属社会组织、各级登记管理机关和有关专家学者等阅读参考；利用“安徽社会组织信息网”，宣传社会组织政策法规、发布社会组织管理服务信息、展示社会组织风采，网站年发布信息达2000余条，年点击量超过30万次。2014年，省民管局和合肥、淮北、淮南、铜陵、蚌埠、黄山、滁州、宣城8个市被“中国社会报社”评为社会组织信息宣传工作先进单位，11人被评为全国宣传工作先进个人。每两年举办一届省属“百优社会组织”评选，使广大社会组织学有榜样、赶有目标。每年开展“安徽社会组织十件大事”评选，盘点年度工作亮点，为全省社会组织发展提供正确的舆论导向。

## 六、社会组织功能作用进一步发挥

各地、各类社会组织立足各自领域，在服务经济发展、提供公共服

务、整合社会资源、促进社会和谐中发挥着积极作用。2014 年年检结果显示，我省基金会公益支出达 1.81 亿元，共资助留守儿童及孤儿 500 多人，为其新建“爱心音乐室”12 所；累计开展青年技能和创业培训 500 余场次，受益人群 5 万余人；建立 291 个青年见习基地，推荐和帮助 1.2 万名青年上岗就业；援建希望小学 10 余所，资助大中小学贫困学生 6 万多人，并对 60 多名见义勇为人员给予了奖励。286 家省属民办非企业单位累计投资 68.21 亿元，解决就业 1.3 万人，在推进社会事业发展、为群众提供专业性服务方面发挥着越来越重要的作用。近年来，省民间组织管理局会同省直相关部门，开展了一系列“商会共建皖江行”、“百家商会进皖北”活动，加强了政企对接，为加快皖北经济社会发展和皖江示范区建设提供有力支持。各类行业协会商会制定的行规行约，对规范行业从业行为，构建和谐的市场环境提供了重要保障。

据统计，目前全省社会团体拥有团体会员 82.4 万个，个人会员 520.1 万个，已成为党和政府联系群众的桥梁和纽带；全省各类社会组织拥有资产约 330.5 亿元，服务社会总支出约 121.7 亿元，已成为扩大公共服务、促进经济发展不可或缺的力量；全省各类社会组织聘用专职工作人员、从业人员 24.9 万人，已成为吸纳就业的重要载体。

# 2014年福建省社会组织建设与管理工作综述

2014年，全省社会组织工作围绕服务全面深化改革大局，坚持培育发展和监督管理并重，着力推进社会组织改革发展，进一步激发和释放社会活力，取得积极成效。截至2014年底，全省经民政部门登记的社会组织22878个（不含社区社会组织），其中社会团体14660个，民办非企业单位8021个，基金会197个。

## 一、政策创制工作有新进展

会同省财政厅推动省政府出台《关于推进政府购买服务的实施意见》，明确进一步转变政府职能、探索公共服务多元化供给模式、向社会力量购买服务的措施任务。出台了《福建省民政厅关于贯彻落实省政府取消全省性社会团体分支机构、代表机构登记行政审批项目有关问题的通知》，明确我厅不再受理全省性社会团体分支机构、代表机构的成立、变更、注销登记的申请，不再备案上述机构的相关材料等措施。出台了《福建省民政厅关于大力培育发展社区社会组织的指导意见》，明确社区社会组织登记备案、监督管理等要求，推动形成发展有序、覆盖广泛、布局合理的社区社会组织体系。厦门市政策创制力度比较大，出台了《关于深化社会组织管理体制改革全面提升管理服务水平》等有较高含金量的政策文件。

## 二、登记管理简政放权有新突破

落实社会组织直接登记、允许行业协会商会一业多会、下放异地商会和基金会登记权限、允许城乡基层社会组织登记备案、取消全省性社会团体分支机构和代表机构登记行政审批等政策措施，降低社会组织准入“门槛”，让人民群众和经济社会发展需要的社会组织能更便捷地成立。厦门市、福州市台江区、晋江等地开展了社会组织培育孵化工作，扶持成立经济社会发展需要的社会组织。实施直接登记以来，全省直接登记社会组织799家。2014年全省新增社会组织2380个。

## 三、专项治理工作取得积极成效

配合省委组织部在全国率先规范退（离）休领导干部在社会团体兼职问题，并在全国率先将基金会纳入规范范围。及时下发了规范文件，认真梳理兼职情况，召开了两场专题部署会，按程序办理相关手续，取得积极成效。经梳理，全省共有51位省部级退（离）休领导干部在191个社会组织兼职，规范后仅9位省部级退（离）休领导干部各保留在1个社会组织兼职，其余共辞去193个社会组织兼职；厅级退（离）休领导干部共有901名在社会组织兼职，其中年龄超过70周岁的365人，未超过70周岁的536名（符合条件且拟继续兼职396名，不再继续兼职140名），规范工作正在有序推进。省领导高度重视规范工作，尤权书记等省领导多次听取汇报并研究规范工作，对规范工作给予充分肯定。

## 四、政府购买服务工作扎实推进

贯彻落实省政府《关于推进政府购买服务的实施意见》，正在会同省财政厅出台财政支持社会组织参与社会服务项目资金使用管理办法，明确项目资金使用范围、申报程序等内容。积极争取中央和省级财政支持社会组织参与社会服务项目，本年度获得中央财政支持社会组织参与社会服务项目8个资金342万元、省级财政支持社会组织参与社会服务项目资金1000万元，指导社会组织实施好社会服务项目。

## 五、依法管理水平持续提升

加大评估工作力度，及早部署评估工作，调整了评估工作委员会，完善了第三方评估机制，各设区市社会组织参评率均在60%以上，省级社会组织评估率达85%。加强社会组织年检工作，本年度全省社会组织年检率达87.95%。开展行政权力事项清理，初步认定省民管局行政权力事项6大类、72项。加大社会组织执法力度，全省依法查处社会组织33件，其中省级14件（已立案未结）、厦门市15件（已立案未结）、三明市4件。

## 六、登记管理机关自身建设得到加强

推动成立省社会组织登记管理中心，承担社会组织登记、编制社会组织目录等有关事务性、技术性、辅助性工作，核定事业编制12名。推进信息化建设，社会组织登记管理系统上线试运行，69个社会组织通过系统提交申办事项，录入10621个社会组织的信息数据、408张证照电子信息。

提高规范化水平，建立了社会组织月报、局务会等制度，统一印制 7 类社会组织登记管理文书和 12 类报表，完善了社会组织登记工作流程；夯实基础性工作，全面梳理省级社会组织数据 1.3 万条，整理省级社会组织档案文件 1.21 万份。强化队伍建设，举办了 3 场由全省登记管理机关、省级社会组织参加的培训班，550 人次参训。此外，完成了省委、省委政法委重点课题各 1 个，办理了相关单位办件 100 多个。

# 2014年江西省社会组织建设与管理工作综述

2014年，在民政部和江西省委、省政府的领导下，以贯彻落实党的十八大和十八届二中、三中、四中全会对社会组织改革发展的精神为主线，紧紧围绕全面深化改革这个大局，以激发社会组织活力为主线，以公益创投为抓手，以自身建设为保障，深入基层、调查研究、求真务实、着力推进全省社会组织管理和党建工作稳步发展，取得新的成绩。

## 一、以深化改革为主线，激发社会组织活力

### （一）强化社会组织政策创制

起草了《关于加快推进社会组织改革发展的意见（代拟稿）》，向72个有关省直部门和单位及11个设区市发文征求意见，分批次组织了122名社会组织代表参加征求意见座谈会。对收集到的修改意见，根据社会组织发展实际需要，充分采纳吸收，进一步完善文稿。印发了《江西省社会组织公益创投项目政府购买服务工作试点方案》，指导各地有效开展社会组织公益创投项目政府购买服务试点工作。积极研究社会组织业务主管单位审批权限下放后的衔接工作，妥善解决新成立同类型社会组织的登记问题和已登记的相关省属社会组织的监管问题，印发了《关于做好部分省属社会组织业务主管单位审批监管权限下放衔接工作的通知》。新余市印发了《关于加快我市行业协会、商会及民办非企业单位与行政事业单位完全脱钩实施方案》。

### （二）取消四个行政审批项目

贯彻落实国务院和省政府深化行政审批制度改革精神，简政放权，取消和下延一批行政审批项目，推进社会组织登记制度改革。取消“社会团体筹备审批”；取消“具有法人资格的社会团体及设立分支机构、代表机构备案”；取消“社会团体分支机构、代表机构设立、变更、注销登记”；取消“公益性捐赠税前扣除资格确认”初审环节。

### （三）降低社会组织登记门槛

对成立行业协会商会类、科技类、公益慈善类、城乡社区服务类四类

社会组织，可以直接向民政部门依法申请登记，不再需要业务主管单位审查同意。截至2014年底，全省共有社会组织14503家，其中社会团体8522家，民办非企业单位5931家，基金会50家，直接登记社会组织86个，其中社会团体56个，民办非企业单位26个，基金会4个。将非公募基金会、异地商会的审批权限下延至11个设区市和6个省直管县民政局。

## 二、以公益创投为抓手，推进社会组织规范化建设

### （一）积极开展社会组织公益创投项目

2014年，省厅加大对社会组织的扶持力度，从本级福彩公益金中安排了1000万元，联合团省委、省妇联、省慈善总会，开展了社会组织公益创投项目，南昌、九江、吉安等地利用市本级公益福彩金同期开展了社会组织公益创投项目，资助社会组织参与提供“扶老、助残、救孤、济困”等公益服务，培育发展一批社会使命明确、服务功能强、具有可持续发展能力的公益性社会组织和一批能够满足居民需求的优质公益项目。在项目推进过程中，采用政府购买公共服务的理念，引入市场机制，规范项目运作，加强监督管理。

### （二）分类推进社会组织评估工作

2014年4月，启动全省性行业协会商会等级评估工作，分类推进社会组织评估工作。坚持分级管理、分类评定、客观公正的原则，以评促建，促进行业协会商会规范化建设，提高行业协会商会的公信力。由行业协会商会自愿申请，经过申报单位自评、社会组织评审工作小组实地核审，社会组织评估委员会评审，媒体公示等程序，对33个全省性行业协会商会做出了评估结果。其中，5A级5个，4A级11个，3A级14个，2A级3个。11个设区市也同期开展了社会组织等级评估工作。

### （三）引导社会组织完善治理结构

结合社会组织成立登记、变更登记、理事会换届、年度检查等日常管理工作，引导社会组织加强民主机制建设，建立健全权责明确、运转协调、制衡有效的法人治理结构，建立和完善以章程为核心的人事、财务、档案、资产、活动管理、机构建设、议事决策等内部管理制度，提高社会组织依法自治能力。

### （四）注重加强社会组织能力建设

在中央财政项目支持下，4月份和9月份，举办了全省社会组织负责人能力培训班，共400多人参加。认真制订培训计划，统筹安排培训任务，

精心设计培训课程，组织师资力量，指导社会组织加强资金筹集能力、项目运作能力、自律管理等方面的能力建设，引导社会组织注重品牌建设，积极参与社会治理和社会服务，履行社会责任。

## 三、以自身建设为保障，提升服务改革发展水平

### （一）依法高效开展社会组织登记工作

以“大爱民政为百姓真情服务暖民心”主题教育活动为契机，加强作风建设，把做好社会组织登记工作作为民政工作的重要窗口，努力提高依法办事能力，严守“八项规定”。坚持依法、公正、公开、便民、利民的原则，严格落实网上办理、一次性告知、首问责任制、办事公开制、按时办结制等制度，热情接待办事群众。今年以来，接待来电来访5000余次，办理成立登记社会团体49个、民办非企业单位21个、基金会3个，办理变更登记事项106件，全省共办理成立登记社会组织940个，办理变更登记事项942件。

### （二）规范开展社会组织年度检查工作

2014年3月，印发《关于开展全省性社会团体2013年度检查工作的通知》、《关于开展全省性民办非企业单位2013年度检查工作的通知》和《关于开展基金会2013年度检查工作的通知》，明确参检对象、年检时间、年检程序、标准和结论等内容。针对基金会年检工作，举办了专门的培训会议，指导各基金会登录全国统一管理系统参加年检，全省各设区市，各市（县、区）也同期开展了本级社会组织的年检工作。下发了《关于开展部分省属社会组织财务专项检查的通知》，委托会计师事务所，对11个省属社会团体和9个省属民办非企业单位进行了财务专项检查。2014年，全省社会组织应参加2013年度年检的13563个，实际参检单位10986个，参检率为81%，依法撤销社会组织法人登记152个。

### （三）服务全省改革发展大局

社会组织广泛覆盖城乡，门类众多，涉及各行各业，审批窗口不仅是社会组织的服务窗口，一定程度上也间接成为我省各项事业的服务窗口。一是积极配合省委深化改革专项小组调度工作。2014年，社会组织多项工作被纳入省委深化改革重点任务，省委社会体制改革专项小组、省委民主法制领域改革专项小组、省经济体制和生态文明体制改革专项小组等经常调度相关工作，如：汇报改革工作进度、编写《法治江西建设规划纲要》中“规范社会组织管理篇”等。二是认真做好省里多项领导小组的联络工

作。作为省促进非公有制经济发展领导小组、省旅游产业发展领导小组等7个领导小组或联席会议的联络处，厅民管局认真履行相关工作职责，按时报送信息。三是积极引导社会组织参与各项事业。随着社会组织作用发挥日益凸显，上半年近20个省直部门将社会组织力量纳入各项事业发展规划，向登记管理机关征求意见。我局认真研究，积极谋划，引导社会组织积极参与，努力为社会组织争取更好的发展条件。

## 四、以调研督察为重点，加强社会组织党建工作

### （一）开展调查研究，深入了解社会组织基层党建工作

上半年省社会组织党工委组成调研组，先后深入九江、上饶2市5个县（区）社会组织党组织，开展社会组织党建调研，对社会组织党建工作存在的突出问题进行调查了解，掌握社会组织基层党建工作资料，对指导全省社会组织党建工作起到了促进作用。

### （二）开展试点工作，探索解决党建工作机制不顺畅的问题

着力推进“党委领导、组织部门抓总、社会组织党工委（民政部门）牵头、业务主管单位负责、社会组织党组织具体落实”的社会组织党建工作领导体制建设。与省社联共同推进成立省社联社会组织党委，加强省社联所属社会组织党建工作，使原来党建工作由分散管理到统一管理、由各自为政到专人负责，从而提升党员教育管理水平。

### （三）扩大“双覆盖”，积极解决党的组织和工作覆盖率低的问题

认真贯彻（赣组字〔2012〕29号）文件精神，坚持“应建必建、应派必派”的原则，凡是有正式党员3名及以上的社会组织，要求单独建立、单位联建、挂靠组建、区域或行业统建等方式建立党组织，扩大党的工作覆盖。目前，全省社会组织中共建立党组织1456个（省级101个，市级522个，县区级833个），组建率10.7%。共有党员38199名，其中隶属于社会组织党组织党员8031名。全省社会组织党组织覆盖率从2010年不足1%提升到10.7%。

# 2014年山东省社会组织建设与管理工作综述

2014年，按照中央、民政部和省委、省政府的部署要求，坚持积极引导发展、严格依法管理的原则，积极创新社会组织管理服务，改革社会组织登记管理制度，推进行业协会商会和行政机关脱钩工作，开展财政支持社会组织发展与购买社会组织公益慈善服务项目，开展创建全省社会组织建设创新示范区活动的通知，加强社会组织执法监察，社会组织建设和管理工作取得明显成效。现将有关情况汇报如下：

## 一、深化社会组织登记制度改革

认真贯彻《山东省民政厅关于创新社会组织登记和管理工作的通知》（鲁民〔2013〕49号）精神，推进社会组织登记管理制度改革。重点培育、优先发展行业协会商会类、科技类、公益慈善类、城乡社区服务类社会组织，并实行直接登记；市、县民政部门根据授权开展异地商会和非公募基金会登记；降低社区社会组织登记门槛，实行登记备案双轨制；引入竞争机制，探索一业多会；取消社会团体分支机构、代表机构设立登记、变更登记和注销登记。制定印发《山东省民政厅关于印发〈山东省异地商会管理办法〉的通知》（鲁民〔2014〕99号），改革异地商会登记管理，将省际异地商会的登记权限下放到县，并开展省内市际异地商会登记。截至2014年底，全省有社会组织41162个。2014年新登记社会组织（不含青岛）3607个，其中直接登记3188个（社会团体1211个，民办非企业单位1968个，基金会9个），直接登记比例达到88.38%，初步建立行业协会商会等4类社会组织直接登记和政治法律类、宗教类3类社会组织双重登记管理的混合式登记管理体制。

## 二、稳步推进行业协会商会与行政机关脱钩

按照《省委办公厅、省政府办公厅关于对相关人员在行业协会商会类社会组织兼职（任职）进行清理整顿的通知》（鲁厅字〔2013〕33号）精神，梳理确认268家行业协会商会列入清理整顿范围，配合省委组织部完

成清理整顿工作，545 名党政机关领导干部和工作人员辞去了所兼任的职务。此外，牵头成立由民政、发展改革委、编办、财政等 10 个部门组成的脱钩工作小组和办公室，建立 4 项工作制度；起草了我省《全省性行业协会商会与行政机关脱钩方案（征求意见稿）》；组织举办两期全省性行业协会商会负责人培训班，并对全省性行业协会商会的机构、职能、人事、资产、财务等情况进行调查摸底，为正式开展脱钩工作奠定基础。

## 三、加大社会组织综合监管力度

不断健全完善社会组织监管制度，为加强规范管理提供制度保障。针对社会和群众对社会组织反映强烈的突出问题，加强专项制度建设，先后制定出台《山东省社会团体开展合作活动管理办法》（鲁民〔2014〕7 号）、《山东省基金会信息公开管理办法》（鲁民〔2014〕9 号）及《山东省社会组织评比达标表彰活动管理细则》（鲁评组发〔2014〕1 号）。为规范社会团体换届工作，起草制定《社会团体换届工作指引》，将于近期出台。加强年度检查，对年检结论和审查标准等均作出明确规定，并要求全部社会组织参加年度审计。对于年检基本合格的社会组织，限期整改存在的问题。对不参加年检和年检不合格的社会组织，根据不同情形给予相应的行政处罚。2014 年，省管社会组织年检参检率为 81%，全省登记管理机关共办理行政处罚案件 1969 件，取缔非法社会组织 11 个，有 2 起行政处罚案件被提起行政复议或行政诉讼。

## 四、推动社会组织加强民主机制建设

坚持社会团体换届（成立）事先审查制度，加强对新社会团体成立和社会团体换届工作监管，引导社会团体强化领导班子建设，建立和完善法人治理结构，规范党政机关工作人员在社会团体的兼职行为，推进民主选举、民主决策、民主监督、民主管理，推行建立监事会，在行业协会商会中实行无记名差额会员（代表）大会直选。

## 五、开展全省社会组织建设创新示范区创建活动

为进一步推动社会组织建设与发展，激发社会组织活力，推动市、县改革创新社会组织建设和管理工作，树立具有示范引领意义的典型和标杆，省民政厅决定开展创建全省社会组织建设创新示范区活动。8 月 21 日，省民政厅下发《山东省民政厅关于开展创建全省社会组织建设创新示范区活动的通知》（鲁民〔2014〕61 号），明确全省社会组织建设创新示

范区的创建标准、认定方式、后续管理等，并确定首批创建数量控制在30个左右。

## 六、推进建立政府购买社会组织服务制度

认真贯彻落实我省《政府向社会力量购买服务办法》的有关规定，制定出台《关于确定具备承接政府职能转移和购买服务条件的社会组织指导意见》（鲁民〔2014〕6号），明确承接政府转移职能和购买服务的社会组织应具备的7项必备条件和3项优先条件、确定具备条件社会组织名录的程序与方式。2014年7月，按照“谁登记、谁确认”的原则，根据社会组织申报，省民政厅发布《关于2014年度承接政府职能转移和购买服务省管社会组织名录的公告》，确定具备条件的省管社会组织166家，为承接政府职能转移和购买社会组织服务提供依据。

## 七、2014年省财政安排3000万元支持社会组织发展

省财政厅从福彩公益金中安排3000万元资金支持社会组织发展，采取政府购买服务的方式确定社会组织承接主体，其中2000万元用于孵化基地、创业园、服务中心等社会组织服务平台建设，1000万元用于购买社会组织开展公益慈善服务项目。

## 八、开展第三方社会组织等级评估

按照分类评定、客观公正原则，建立政府指导、社会参与、独立运作的工作机制，组织开展社会组织评估。成立由15名委员组成的评估委员会和7名委员组成的复核委员会，制定7类社会组织的具体评估指标，委托第三方社会服务机构具体组织实施，顺利完成第一批83家省管社会组织评估工作。2014年4月，召开评估工作会议，为获得5A评估等级的10家社会组织、4A评估等级的31家社会组织和3A评估等级的35家社会组织颁发了证书和牌匾。2014年12月，在省财政支持社会组织发展资金中列支50万元，对获得5A等级的10家社会组织给予每家5万元的支持发展资金奖励。

## 九、社会组织管理信息化建设取得阶段性成果

省民政厅组织研发的社会组织管理信息系统在省、市、县三级全面开通运行，为社会组织提供网上登记、年检服务，初步实现社会组织管理的办公自动化、信息数据化和管理网络化，提升了登记管理工作效率和服务

水平。省民间组织管理局官方网站山东省社会组织网建设逐步完善，运行良好，网站包括新闻服务、政务公告、网上办事、推介交流、专题专栏五大类15个项目，有效发挥了综合信息服务平台作用。

## 十、加强社会组织管理机构建设

省级社会组织管理机构建设取得重大进展，省编委正式批复，省民间组织管理局更命名为省社会组织管理局，强化了省社会组织管理局的职责，增加编制10名。

# 2014年河南省社会组织建设与管理工作综述

2014年，河南省社会组织管理工作按照民政部和省委的统一部署，认真学习领会党的十八大、十八届三中、四中全会精神，深入贯彻落实全省民政工作会议精神，开拓进取，勇于创新，改革社会组织登记管理服务办法，依法加强监督管理，较好地完成了社会组织管理登记服务工作。

## 一、加快推进全省社会组织登记管理工作创新与改革

### （一）推进社会组织直接登记工作

加快推进我省社会组织管理制度的创新和改革，提高我省社会组织服务社会能力，河南省民管局认真调研，充分论证，推动省政府办公厅下发了《关于四类社会组织直接登记的通知》（豫政办〔2014〕122号），规定于2014年9月1日起，行业协会商会类、科技类、公益慈善类、城乡社区服务类四类社会组织可以直接向民政部门依法申请登记。新规定的实施，创新了我省社会组织登记制度，使我省社会组织直接登记工作有法可依，进一步激发了社会组织活力，有力推动了我省社会组织的快速发展。为加快推进河南省社会组织直接登记工作，省民政厅出台了《河南省四类社会组织直接登记暂行办法》，进一步明确了直接登记的范围、四类社会组织的标准认定和直接登记社会组织的条件和登记程序，以及行业指导单位与登记管理机关的权责。

### （二）下放非公募基金会登记管理权限

按照民政部的要求，为进一步加快河南省基金会的快速发展，促进河南省公益慈善事业，河南省民政厅下发了《关于下放非公募基金会登记管理权限的通知》，将非公募基金会的登记审批权限由省级民政部门下延至县级以上民政部门，为基金会的成立降低了登记成本，方便了基金会的成立登记，促进了我省基金会的快速发展。

### （三）加快推动我省社会组织信息化建设

河南省民间组织管理局积极协调，安排专项资金，指定专门人员负责

信息化建设工作，推进社会组织信息化建设。2014 年，研发完成了社会组织评估网上申报、社会团体和民办非企业单位的网上年检系统，并于 2014 年投入使用。社会组织信息系统的研发使用，提高了社会组织的登记管理工作效率，改变了传统的管理模式和管理方法，适应了现代社会组织体制的建设与发展的需要。目前，河南省民间组织管理局正在积极筹备全省社会组织登记管理信息化系统的研发，项目资金已经安排到位，目前，正在协调厅机关相关处室，有关工作正在有序开展。社会组织信息化系统投入使用后，可具备全省社会组织网上登记、年度检查、大事报告、基本信息查询等功能，也能成为全省社会组织在线交流、活动宣传、信息传输、规范管理化的平台。

## 二、高标准完成日常社会组织登记管理工作

### （一）认真抓好社会组织登记工作

全省各级登记管理机关依据三个条例规定，充分调研论证直接登记工作，探索制定直接登记社会组织分类标准和直接登记工作流程；根据登记管理需要，分类实施，认真审查社会组织成立登记申报材料；实地查看办公场所，完成社会组织登记工作。2014 年，省本级登记管理机关共审批登记成立社会组织 135 个（社会团体 41 个，民办非企业单位 81 个，基金会 13 个），完成各类社会组织变更登记 105 个（社会团体 51 个，民办非企业单位 46 个，基金会 8 个）。同时，指导各地开展社会组织登记管理工作。2014 年全省成立登记社会组织约 1500 家。

### （二）高质量完成中央财政支持社会组织参与社会服务项目工作

河南省民间组织管理局根据民政部要求，严格政策标准，组织各级登记机关积极推荐申报 2014 年中央财政支持社会组织参与社会服务项目，按时向民政部项目办公室报送材料。我省共有 6 个项目被民政部项目办批准立项，申请中央财政资金 285 万元，用于河南省社会组织参与社会服务。加强对项目执行的监管力度，利用年初立项单位的项目培训、中期报告上报时机，对项目的执行与管理进行安排部署并提出要求，联合会计事务所，对项目单位进行现场的检查，发现问题并提出整改意见，增强项目的执行力和规范化。积极配合会计师事务所做好对项目的审计工作，加强对项目执行情况评估及其社会效应的反馈工作，为 2015 年的项目执行监管工作打下基础。

### （三）积极开展社会组织直接登记工作

认真贯彻落实河南省政府办公厅关于四类社会组织直接登记的精神，

规范我省社会组织直接登记管理工作，组织召开全省社会组织直接登记管理工作会议，及时对全省社会组织直接登记工作进行安排部署。会议组织学习了省政府直接登记的文件，对社会组织直接登记工作政策进行了详细解读，对全省开展社会组织直接登记工作进行了安排，并提出了具体要求。2014 年，全省共直接登记成立社会组织 200 余家。

（四）做好社会组织年检工作

2014 年实现了基金会、社会团体、民办非企业单位的网上年检，省本级共年检各类社会组织 1419 家（其中社会团体 805 家、民办非企业单位 524 家、基金会 90 家），省本级社会组织年参检率，社会团体 73%、民办非企业单位 62%、基金会 92%。全省共年检社会组织约 15000 余家。

（五）做好行业协会商会脱钩工作

组织召开了社会组织登记管理机关和部分行业协会商会负责人座谈会，分析脱钩工作开展中存在的问题和困难，研讨解决办法，目前已经制订了河南省行业协会商会脱钩工作方案，按照省政府职能分工，上报省发改委，由省发改委牵头开展行业协会商会脱钩工作。

（六）积极开展社会组织能力建设培训

联合省科协举办了“全省性科技类社会组织能力建设培训班”，对全省性科技类社会组织负责人进行了培训。联合国家民间组织管理局培训中心对部分行业协会商会负责人进行专门的培训。培训确定 30 个授课专题，邀请国家民间组织管理局的领导、大专院校领导、学者授课。2014 年，河南省民间组织管理局共举办 5 期培训班，培训全省性社会组织负责人 800 余人。通过培训，进一步提高了全省登记管理机关工作人员的业务工作能力和业务素质，促进了登记管理机关工作的沟通交流，集中解决了困扰社会组织登记管理工作中的难点问题。

（七）推进社会组织孵化基地建设

联合厅规划财务处，完成了河南省社会组织孵化基地规划建议书的制定工作，已上报省发改委进行立项工作。

# 2014年湖北省社会组织建设与管理工作综述

2014年，我省社会组织登记管理工作本着“强服务、提质量、抓规范、促发展”的原则，积极采取有效措施，推进社会组织健康发展，形成了政府管理、社会监督和社会组织自律相结合的管理格局。截至2014年底，全省共有社会组织近2.78万个，其中社会团体1.25万个，民办非企业单位1.52万个（含乡镇“七站八所”改制的5590个），基金会86个。省本级社会组织共有1342个，其中社会团体923个，民办非企业单位336个，基金会83个。

## 一、2014年工作总结

### （一）深化社会组织登记管理制度改革

一是实行四类社会组织直接登记。结合实际，制定下发了《省民政厅关于对四类社会组织实行直接登记的通知》，推行对行业协会商会类、科技类、公益慈善类、城乡社区服务类社会组织直接向民政部门申请登记，明确了直接登记的范围、程序，改革登记工作流程，降低社会组织准入门槛。

二是改革社团分支（代表）机构管理方式。为了防止社团分支（代表）机构出现监管真空，我省取消了社团分支（代表）机构成立、变更、注销审批项目，研究出台了《湖北省社会团体分支机构、代表机构管理办法》，将管理方式从以登记管理为主转变为以事后监督管理为主。

三是部分下延非公募基金会登记管理权限。为更好发挥非公募基金会融集社会资金发展社会公益事业的平台作用，经报请省政府同意，将市州级、县级非公募基金会登记管理权限分别下放到市州民政局和县级民政部门。

四是探索“一业多会”。结合实际，在经济领域首先打破“一业一会”限制，通过按行业小类划分或按生产经营环节区别，来实现“一业多会”，满足社会多元化服务需求，形成差异化竞争格局。

五是改进异地商会登记管理办法。为促进我省异地商会健康有序发展，研究制定了《湖北省异地商会登记管理办法》，突破了异地商会登记在省的限制。

六是规范评比达标表彰工作。为了解决社会组织评比达标表彰过多过滥和申报程序繁杂，在全国率先出台了《湖北省社会组织评比达标表彰活动管理暂行办法》。

七是出台支持青年社会组织发展的意见。与共青团湖北省委联合出台了《关于加强全省青年社会组织工作的意见》，明确了共同支持青年社会组织发展的协作机制和扶持措施，为青年社会组织的发展形成了良好的环境。

（二）依法做好社会组织登记服务工作

一是制作权力清单。梳理行政审批内容，制定权力清单，并在“湖北民政网”及“湖北社会组织网”的公示公告栏目公开相关信息及运行流程，主动接受社会监督。二是优化登记流程。对社会组织办理登记的程序进行优化，制成流程图，上墙公布，网上公开，将相关政策、工作流程印制2000册，置放在厅政务大厅供办事群众取阅，并将社会组织登记办理情况在湖北社会组织网滚动公开。三是做好登记工作。在进一步改进工作流程、提高登记工作效率、提升登记服务水平的基础上，截至目前，已登记71家省级社会组织，办理了425项社会组织变更备案事项，接待了1100余次社会组织咨询事宜，社会组织登记合格率100%。四是加大培训力度。与省社会组织总会联合举办四期社会组织负责人培训班，两期登记管理机关工作人员培训班，共培训600人次。五是推进信息公开。为推进社会组织信息向公众公开，在“湖北社会组织网”网站上开辟信息公开专栏，设立了社会组织基本信息查询窗口，方便公众查询增强了社会组织工作的透明度。

（三）强化社会组织监督管理工作

一是改进年检方式。今年年检，我局主要采取以网上年检，辅之以实地抽查的方式，将社会组织换届、重大事项报告、第三方财务审计报告、与境外非政府组织项目资金合作情况作为年检的重要内容。二是强化退出机制。强化社会组织行政执法，将健全退出机制作为强化监管的重要举措。对出现连续两年以上不接受年检等违法行为的社会组织，依法予以查处，目前，已依法撤销42个、注销2个省级社会组织。三是配合相关部门开展专项清理。配合省纪委中介治理专项小组对行业协会商会和以企业为主的其他社团有关情况进行了摸底调查，在省住建厅、省经信委继续推进行业协会商会脱钩试点工作，为推动行业协会商会与党政机关脱钩奠定了基础。四是开展退（离）休领导干部兼职规范工作。为规范退（离）休干部在社团兼职行为，经报请省委同意，与省委组织部联合出台了《湖北省关于规范退（离）休领导干部在社会团体兼任职务的规定》（鄂组通〔2014〕73 号）。五是进一步规范社团收费行为。为严格会费标准管理，制定下发了《关于进一步规范社会团体收费行为的通知》。取消了社团会费备案，实现了对社团会费由备案管理改为过程监督的转变。六是积极开展社会组织等级评估。对社会团体、民办非企业单位、基金会规范化建设等级评估标准进行了进一步细化。七是排查与境外非政府组织资金项目合作情况。积极参与省境外非政府组织厅际联席会议和小范围协调机制，配合有关部门做好境外非政府组织的防范应对工作。

（四）加大社会组织培育发展力度

一是为促进政府向社会力量购买服务，省政府办公厅出台了《关于积极引导社会力量购买社会服务的指导意见》，推动全省各级政府形成统一的向社会力量购买服务的平台和工作机制。二是指导社会组织稳步推进中央财政购买服务项目。今年共争取中央财政 6 个支持项目，资金 285 万元。目前，6 个项目进展顺利，现已基本完成。三是我省为加大社会组织培育力度，今年财政预算安排社会组织培育引导资金 480 万元，其中，省级福彩公益金 300 万元，财政预算 180 万元，用于支持 44 家基层社会组织承接社会服务项目。四是加大协调力度，积极落实社会组织公益性捐赠税前扣除政策。今年有 64 家社会组织享受此政策。五是加大宣传调研力度。截至目前，已在湖北社会组织网及湖北民政网上发布信息 1600 余篇，在《中国社会组织》连续推出两期有关湖北社会组织的集中宣传报道。

## 二、2015 年工作思路

一是推动社会组织登记管理体制改革。推动出台以省委办公厅省政府办公厅的名义下发的促进社会组织健康有序发展的综合性指导文件。待国务院修订《社会团体登记管理条例》后，启动《湖北省社团登记管理办法》的修订工作。协调省发改委出台并落实行业协会商会与行政机关脱钩总体方案，推动行业协会商会脱钩。取消成立社会团体筹备登记，将成立社团的注册资金由事先验资制改为承诺认缴制。配合省委组织部规范退（离）休领导干部在社会团体中兼职任职。

二是强化社会组织监管。加强监管和执法能力建设，探索建立事中、事后监督相结合的社会组织监管机制。进一步优化年检工作程序，推动社会组织抽查审计。继续推动社会组织法人信息库项目实施和社会组织信用体系建设步伐，提高监管工作信息化水平。加大社会组织违法行为的执法查处力度，健全社会组织退出机制。加大社会组织信息公开力度，通过信息公开促进社会组织管理运行的规范化。

三是推进社会组织培育发展。深入推动政府向社会组织购买服务工作，发挥社会组织在公共服务中的重要作用。启动编制社会组织中长期发展规划工作。继续开展好中央财政省财政支持社会组织参与社会服务项目，带动地方财政和社会资金投入社会服务。与省残联、共青团湖北省委等单位联合出台加强残疾人社会组织、青年社会组织的指导意见。加强对社会组织培育发展资金使用的指导和管理，出台社会组织培育发展项目管理办法，探索引入竞争性分配方式。积极稳妥推进社会组织建设示范创建活动。提高社会组织信息宣传服务水平，扩大社会组织影响力。编辑《湖北社会组织发展简史》。

四是促进社会组织规范化。研究制定社会团体财务规范化建设指引、省级社会组织评估实施办法，修订省级社会组织评估标准。指导社会组织按照现代社会组织体制要求完善法人治理结构和内部民主机制，规范服务行为。加强社会组织党建工作，指导社会组织加强信息公开。加大对社会组织负责人和专职工作人员培训力度，提高专业化水平。深入开展行业协会行业自律与诚信创建活动、民办非企业单位塑造品牌与服务社会活动，引导社会组织提高自律诚信度和社会公信力。

# 2014年湖南省社会组织建设与管理工作综述

2014年，在国家民管局和省民政厅党组的正确领导下，我们以科学发展观为指导，按照“培育扶持、分类指导、完善机制、规范管理”的工作原则，扎实抓好社会组织登记、监管、执法、党建、项目等工作，取得了较好的工作成效。目前，全省社会组织总数达27179个（社团13235个、民非13749个、基金会195个）。省本级1387个（社团878个、民非321个、基金会188个）。全年全省新登记社会组织3812个（社团1342个、民非2445个、基金会25个），省本级新登记118个（社团62个、民非38个、基金会18个）。

## 一、登记管理工作

一是深化登记管理体制创新。2014年2月，省委、省政府两办联合下发《关于加强和创新社会组织建设与管理的意见》，从改革管理体制、加大扶持力度、完善内部机制、健全监督管理体制、强化社会组织管理工作保障五个方面对加强创新社会组织建设管理工作作出了详细、周密的部署：坚持直接登记制度；下发登记审批权限，市州、县市区可登记基金会和异地商会；取消社会团体分支机构、代表机构登记审批有关事项，取消社会团体登记筹备阶段，减少审批环节；允许行业协会引入适度竞争，实行一业多会；降低登记门槛，推动社区服务类、公益慈善类社会组织发展；坚持推进政社分开，实现行业协会商会脱钩；建立政府职能转移和购买服务制度，加大资金扶持和税收优惠政策力度，鼓励社会组织参政议政，优化社会组织内部治理机制，加强社会组织人才队伍培养工作，加强社会组织党建管理，强化社会组织监管评估，加强社会组织登记管理机关工作保障等。3月，湖南省委组织部联合湖南省社会组织党工委下发《关于加强社会组织党的建设工作的意见》（湘组发〔2014〕3号），要求社会组织党建必须要从五个方面入手加强工作，即建立健全党建管理工作体制，多途径扩大党建工作覆盖面，鼓励党组织发挥作用，加强党组织领导班子和党员队伍建设，加强党建工作保障。6月，省民政厅下发《关于取消全省性社会团体分支机构、代表机构登记有关事项的通知》（湘民发〔2014〕32号），继续推进社会组织登记管理制度改革。二是严格把好登记关口。民管局工作人员坚持按照三个条例和相关法律法规政策的要求，认真审查社会组织登记管理的合法性和必要性，确保做到依法依规登记。今年全局共接待设立社会组织咨询4000余人次，考察社会组织场地近100次。全年新登记省本级社会组织99个，其中新登记社团47个、民非37个、基金会15个，注销登记社会组织9个。目前，省本级社会组织有1425个，其中社团905个、民非337个、基金会189个。

## 二、监督管理工作

我局坚持把社会组织的监督管理工作作为促进社会组织健康发展的关键工作，在扎实做好年度检查工作的基础上，着重加强日常监管，引导社会组织加强内部治理，提高社会组织的社会公信力。一是依法开展年度检查。年度检查是法定的工作，也是上半年最主要的工作。我们在3月初就下发了年检通知，从4月份开始，连续一个月在业务主管单位轮流开展集中年检，为社会组织年检提供一站式服务。今年省本级社会组织参检1243个，社会组织参检率达到90%，社会组织年检合格率达到了87.3%，较去年实现了大幅度提升，各市州也有效地开展了社会组织年检工作。与此同时，我们将社会组织年检结论通过媒体向社会公告，及时撤销连续两年不合格的社会组织，约谈当年年检不合格社会组织及时整改，加强了对全省社会组织的监管力度。二是着力强化日常监管。认真落实省厅《关于社会团体登记管理有关问题的通知》（湘民办函〔2010〕123号）的规定，加强对社会组织换届、重大活动等的日常监管。2014年，我局共审核批准社会团体换届150多次，对1200多名社会团体拟任负责人进行了审核，核准社团、民非、基金会章程220多次，参加社会组织会员（代表）大会等重大活动200余次，及时掌握社会组织情况。三是开展业务培训。为提升社会组织登记管理工作人员综合素质，适应不断变化的工作形势，我局每年定期组织开展登记管理机关培训。今年6月9日举办全省社会组织登记管理业务培训班，主管厅长出席开班仪式并讲话。此次培训班就市州、县市区开展基金会登记和管理实务注意事项、湘办发〔2014〕7号文件详解和异地商会登记管理、登记管理文书使用、如何开展社会组织党建和教育实践活动进行了详细深入的讲解，在实行社会组织登记管理体制改革创新后，有效规范统一了工作流程和制度。

## 三、执法监察工作

2014 年，我们着力强化社会组织监管工作，加大对社会组织的执法管理力度，切实强化打击社会组织非法活动。一是加大了查非打非力度。继续加强对市州执法工作的指导，对非法社会组织做到了发现一起，查处一起，全省全年共查处了湖南省当代中国画创作院等 64 家社会组织的违法行为。同时，我们结合年检工作，对 7 家运营出现问题的社会组织负责人进行了约谈；对 80 个有违规行为的社会组织进行了行政处罚；对严重违法、违规的 16 个社会组织作出了撤销登记的行政处罚。通过严格的执法工作，较好地规范了社会组织的行为，促进了社会组织加强自律，增强了法律法规意识。二是规范了执法程序。结合我省实际，制定了规范的行政执法程序和行政执法文书，在今年的培训班上，我们为市州县登记管理机关工作人员仔细讲解了成立登记文书使用，使全省社会组织登记管理的业务水平得到了进一步提高。三是巩固了小范围协调机制。每两个月定期与省小范围协调机制联系一次，与成员单位交流境外非政府组织活动情况，及时通报境外非政府组织情况，与有关单位共同防范。四是参与联合执法。今年 6 月起参与省外事办牵头组织的湖南省境外非政府组织在湘活动调查摸底工作，与公安、国安、外事、人民银行、统计、教育等部门组成领导小组办公室，指导全省开展境外非政府组织活动情况调查摸底工作。上半年参加由省人事考试院联合十部门发起的整顿人事培训机构执法活动，及时查处超出办学范围进行培训的民办非企业单位，有效地提升了社会组织整体素质。五是开展评估。按照民政部工作要求，今年拟从 11 月起开展学术研究类社会团体、基金会等级评估工作，现已拟定活动通知预备下发。

## 四、党建工作

在省委与省委组织部的高度重视下，近两年我省社会组织党建工作扎实起步，稳步推进，优势互补，乘势而上，取得了突出的成绩。一是抓各级党工委的建立。目前，我省长沙、株洲、湘潭、衡阳、岳阳、邵阳、常德、张家界、郴州、永州 10 个市已成立社会组织党工委。全省 122 个县中，有 50 个县市区成立了社会组织党工委，占全省县（市、区）的 41%。全省初步形成了“党委领导、组织部门抓总、社会组织党工委具体负责”的层级清楚、职责明确、关系顺畅、管理直接、便于落实的社会组织党建工作管理体制，为社会组织党建工作提供了较好的体制保障。二是抓社会组织党组织覆盖。全省社会组织中有中共党员 67831 名，符合建立党组织条件的社会组织3450个，占全省社会组织20368个的16.93%，比上年提高了2.7个百分点；全省已建立党组织3435个，组建率为99.5%，其中党委26个、党总支44个、独立党支部2350个、挂靠党支部478个、联合党支部534个、党小组2个、临时党支部1个。2013年，全省新成立社会组织党组织341个，省本级新建党组织72个。其中已单独建立党组织的社会组织38个，机关活动支部34个，基本达到了应建尽建、应建快建的要求。三是抓社会组织党组织建设。2013年，省委组织部、省委宣传部、省社会组织党工委和省社科联联合下发了《关于加强和改进省级社科类社会组织党建工作的通知》，规范社科类社会组织的党建工作。今年3月，省委组织部、省社会组织党工委联合出台《关于进一步加强社会组织党建工作的意见》，从五个方面入手加强工作，即建立健全党建管理工作体制，多途径扩大党建工作覆盖面，鼓励党组织发挥作用，加强党组织领导班子和党员队伍建设，加强党建工作保障，进一步理顺了社会组织党工委管理体制，建立健全党工委各项制度，明确社会组织党组织的组建方式，推动实现党的工作全覆盖。四是开展社会组织党建活动。今年启动了第二批群众路线教育实践活动，全省各级社会组织积极响应，参加活动。3月组织召开全省群众路线教育实践活动动员大会，并举办社会组织党支部书记培训班，发放党建学习材料，要求建立了党组织的各社会组织认真开展活动，深入自查自纠，各个社会组织认真对照标准实行自查整改，开展各类服务群众活动。9月起，由省社会组织党工委牵头号召，湖南省浙江商会等10家社会组织联合发起倡议，号召全省社会组织积极参与建设公益慈善事业。全省社会组织热情参与由省社会组织党的群众路线教育实践活动领导小组发起的助学、助医、助困、助老“四助”公益活动，短短一个月内捐款108万元，捐物资110万元，现已在邵阳市双清区完成捐赠仪式。

## 五、社会组织培育发展

一是积极争取经费扶持。（1）中央财政项目。自接到民政部的通知后，我们在认真总结2013年项目申报经验的基础上，全力组织各级社会组织申报2014年度中央财政支持社会组织项目，已争取到13家社会组织项目，共计400万元。在项目实施过程中，为确保项目实施质量，我们先后到郴州、娄底指导工作，督促立项单位建章立制、及时报告项目进度，确保项目按时保质完成。（2）省福彩公益金项目。我们在做好中央财政项目的同时，积极向厅党组汇报，争取省厅支持。2013年，厅党组决定从福彩公益金中拿出400万元用于支持社会组织。为确保高质量完成项目申报工作，我们及时制定了项目申报实施细则，规范了申报文本、申报方法及审核程序。通过审核，最终确定资助54个项目，到目前为止，资金的拨付已全部到位，项目已全部开始实施。二是开展了民办非企业单位塑造品牌与服务社会活动情况。根据《民政部关于开展民办非企业单位塑造品牌与服务社会活动的通知》精神，我们在2013年5月下发了《湖南省民政厅关于开展民办非企业单位塑造品牌与服务社会活动的通知》，并根据我省的实际情况制定了民非单位塑造品牌的参考标准，要求各市州在民办非企业单位中广泛开展塑造品牌与服务社会的活动，并将此项活动纳入市州目标管理工作进行考核。同时，我们也在省本级民非单位中选取了湖南涉外经济学院、长沙医学院、湖南万通汽修专科学校等一批组织完善、管理科学、诚信自律、品牌良好的民非单位，将其确定为示范单位，重点培育发展。2014年9月，我局再次下发通知，对活动进行总结，并选取长沙县青松老年公寓等事迹突出的民非单位上报至国家民管局等单位，积极鼓励其拓展业务、塑造品牌、扩大影响，力求从整体上带动我省民非单位的发展。三是积极开展行业协会脱钩工作。从2013年开始，根据十八大、十八届三中全会精神，配合群众路线教育实践活动整改要求，我省以清理行政许可、行政审批社会组织收费行为和清理党政领导干部兼职工作为两个抓手，深入推进行业协会商会行政脱钩工作。为清理规范我省与行政许可、行政审批相关的中介组织、行业协会收费行为，促进机关及其工作人员依法行政、廉洁从政，优化经济发展环境，我局配合省纪委在省本级选取了国土、住建、环保等单位下属管理的多个社会组织，重点清理这些社会组织中涉及咨询、培训、代理、鉴定、认证、检验、检测、评估、评审等有偿服务的内容和项目，杜绝其利用行政权力开展有偿收费、权力让渡等行为。2013年，省纪委、省委组织部与省民政厅联合下发通知《关于对省委管理干部在社会组织兼职进行清理规范的通知》（湘组〔2013〕91号），严格清查省委管理干部在协会、基金会内兼职领取报酬的现象，现已清退领导干部3908人，其中厅级干部365人，处级干部3543人。通过推进社会组织与政府主管部门脱钩工作，规范其服务和收费行为，优化社会组织发展理念，促进社会组织健康发展，进一步实现了政社分开。

## 六、自身建设工作

近年来，随着社会组织业务量的不断增加，省厅对社会组织工作越来越重视。2014年，我们加强局机关内部建设主要做了以下工作。一是依照群众路线教育实践活动自查整改结果，建立健全学习制度等，着力提升全局工作人员业务水平和综合素质。二是加强了社会组织登记管理平台建设。完成了“湖南省民间组织登记管理信息系统”建设、社会团体评价系统建设，目前两个系统已进入试运行阶段，进一步改善了登记管理的信息化水平。继续完善湖南民间组织信息网建设管理。三是圆满完成了宣传工作任务。完成了《中国社会报·社会组织周刊》、《团体管理研究》的征订发行工作，宣传社会组织工作力度加大，全年各级媒体刊登我省社会组织工作相关稿件200多件。

# 2014 年广东省社会组织建设与管理工作综述

今年以来，广东省按照中央关于加强社会建设、全面深化改革的重大决策部署，立足广东省情的新特点、新形势，围绕创新社会治理体制、激发社会组织活力、依法规范管理社会组织，不断加大社会组织的培育发展和监督管理力度，促进社会组织健康有序发展。截至 2014 年 12 月底，广东经各级民政部门依法登记成立的社会组织 46835 个，其中社会团体 21829 个、民办非企业单位 24447 个、基金会 559 个，基本形成了门类齐全、层次不同、覆盖广泛的社会组织格局。

## 一、社会组织法规政策创制情况

### （一）推进社会组织立法工作

《广东省社会组织条例》是广东省人大常委会 2014 年立法项目，也是我省贯彻落实十八届三中、四中全会精神和省委、省人大领导指示的具体措施。省民政厅组织力量起草，经征询国家民政部的意见，形成《广东省社会组织条例（送审稿）》，7 月正式报送省政府。省法制办经审改和征求意见等程序，已报省领导。送审稿明确了社会组织的内涵外延、法律地位、准入条件、行为准则、权益保障和监督管理等内容。

### （二）研究制定《广东省社会组织法人治理指导意见》

省民政厅研究起草了《广东省社会组织法人治理指导意见》，目的是推动建立和完善以章程为核心，以治理结构和制度建设为基础，以信息公开和综合监管为保障，以公信力建设为目标的社会组织法人治理机制。该指导意见已征求省直相关部门、地级以上市民政部门和部分社会组织的意见，汇总完善后报省政府法制办。

### （三）各地市制定的一系列法规政策

广州在全国地级以上城市率先以政府规章形式制定《广州社会组织管理办法》；深圳市人大正式颁布实施《深圳经济特区行业协会条例》，并出台了《深圳市社会组织抽查监督办法》、《关于构建社会组织综合监管体制的意见》；汕头在全省率先出台《社会团体名称管理规定》，珠海印发了《珠海市培育服务小微社会组织的指导意见》；阳江出台了《阳江市城乡基层群众生活类社会组织登记办法》；清远出台了《关于培育发展和规范管理社会组织的实施意见》和《清远市中小学生校外托管机构管理试行办法》；佛山市顺德区出台了《社会组织标准化建设指引》。

## 二、社会组织直接登记和行业协会商会脱钩工作情况

### （一）直接登记情况

全省所有地市均开展了社会组织直接登记工作，除法律法规规定需要前置审批的以外，由民政部门直接审查登记；宗教类和涉及意识形态、政治、法律等特殊领域的社会组织，严格实行双重管理。广州进一步深化直接登记改革，降低了社会组织成立条件，将社会团体会员数量降低至15个以上；取消社会团体和民办非企业单位（基金会除外）的注册（开办）资金要求，实行认缴制；放宽社会组织住所要求。河源、惠州、潮州3个市缩短社会组织成立、变更、注销等登记审批的工作时限，将法规规定的60个工作日或30个工作日统一压缩为5个工作日；湛江将成立登记审批压缩到15个工作日，将变更、注销登记审批压缩为5个工作日。

### （二）行业协会商会脱钩工作情况

我省于2014年开始，推进此项工作，并列入《2014年省政府重点工作实施方案》，省民政厅联合省委组织部等六部门研究制订了《关于行业协会商会与行政机关脱钩方案》，要求全省各行业协会商会必须于2014年底前在人员、财务、资产、职能、机构等方面与行政机关彻底脱钩。民政部对方案予以肯定，转发各省（市、区）借鉴。截至2014年11月30日，全省共有2570个行业协会商会已实现与行政机关真正脱钩，还有6个行业协会商会将于近期结合换届全面脱钩，其他类社会团体中也有200多名现职和（离）退休国家机关工作人员退出。7月21日，省委组织部转发中组部《关于规范退（离）休领导干部在社会团体兼职问题的通知》精神后，有大批退（离）休人员提出辞退在社会团体中的兼任职务，有的将结合换届退出，有的正在接受离任审计，省民政厅积极配合省委组织部推进此项工作，做好换届、变更等。大部分地市都制订了行业协会商会与行政机关脱钩通知或方案，积极建立长效机制。《广州社会组织管理办法》禁止公务员在行业协会、异地商会、民办非企业单位、非公募基金会中兼任职务。目前，全省退出行业协会商会职务的现职国家机关工作人员达1786

人，较好地完成了行业协会商会脱钩工作。

## 三、优化社会组织发展环境情况

### （一）加大扶持力度

一是降低准入门槛。允许一业多会、公益慈善类社会团体名称使用字号、适度放开校友会登记。省本级将非公募基金会和异地商会登记管理权限下延至县（市）以上民政部门；广州市取消社会团体和民办非企业单位的注册资金限制；深圳市试点全国首批社区基金会，珠海市将社会组织登记管理职权委托下放至各功能区，佛山市下放到全市所有镇和街道；汕头、韶关、江门、清远等市适度降低社会团体、民办非企业单位、城乡基层社会组织的注册资金和会员数量要求；深圳、惠州、阳江、揭阳、云浮等市分别对社区社会组织、城乡基层社会组织、村级公益理事会、自然村乡贤理事会实行登记备案双轨制。二是简化审批程序。省本级、江门等市取消社会团体分支、代表机构的审批；广州市取消社会团体验资报告，替代为银行存款证明。三是建立孵化基地。东莞市民政局在2014年全国社会组织服务机构建设推进会上介绍了东莞市社会组织孵化基地的建设经验。汕头市14个区（县）、街道（镇）社会组织孵化基地投入使用，市社会组织孵化基地正在抓紧施工；佛山市部分街道（镇）的社会组织培育基地（中心）开始运作；韶关市完成社会组织孵化基地规划设计布局方案；惠州市启动了社会组织培育基地招投标工作；江门市分类建立了青少年类、妇女儿童类、职工服务类社会组织孵化基地等12个。

### （二）政府向社会组织购买服务情况

自2012年，省政府印发了三批《行政审批制度改革事项目录》，取消、下放、转移行政审批事项425项；省财政厅出台《省级政府向社会组织购买服务目录》，共有五大类262项事项；省民政厅印发三批《具备承接政府职能转移和购买服务资质的全省性社会组织目录》，列入目录的社会组织716个。深圳、珠海、惠州、江门、云浮5个市在市级层面出台了推进政府职能转移和向社会组织购买公共服务的相关文件。目前，全省社会组织累计承接政府购买服务项目1530余项，累计资金12.3亿元。中山市逐步将行业管理与协调、社会微观事务服务与管理、技术和市场服务等职能转移给具有资质条件的社会组织，目前有包括建设局、交通局等十几个单位涉及企业资质认定、等级评定、行业培训、考核等近30项事项通过转移、授权和委托的方式向具有资质的社会组织转移，政府向社会组织购买服务金额达9000多万元；惠州出台《2014年度政府向社会组织购买服务项目实施计划》，计划向社会组织购买服务项目35个，安排资金预算2700万元；珠海制定《珠海市社会组织承接政府职能转移购买服务操作指引》，并完成“珠海市政府购买社会组织服务项目信息公示平台”的建设，要求自2015年起，全市各预算单位均应在购买社会组织项目前15天，通过社会组织信息公示平台向全社会公示拟购买社会组织服务项目的相关信息。

（三）开展民办非企业单位塑造品牌和服务社会活动

按照民政部的统一部署，开展广东省民办非企业单位塑造品牌和服务社会活动，通过制订方案、调研走访、出台指引、拟定标准等方式引导民办非企业单位通过规范化建设，提供优质社会服务，开展专业化运营等方式，提高公信力和美誉度，促进一批实力雄厚、服务优质、特色鲜明、成长力强的民办非企业单位的成长。

## 四、全省社会组织信息化建设情况

（一）加快全省社会组织信息化建设步伐

广东社会组织公共服务信息平台已报请省发展改革委立项。升级改造广东省社会组织信息网站。目前，社会组织公共服务信息平台依托省社会组织信息网和省社会组织法人单位信息资源库，初步实现网上申报、网上审批。全省所有地市已建设社会组织信息网站，全省各市、县（区）均已实现联网。广州、深圳、珠海、惠州4个市初步实现了社会组织登记管理工作的网上申报、网上审批，网上年检。广州市依托“广州社会组织信息网”向社会公开登记办事指南，实行网上申报，审批进度在网络平台上实时反映，推行互联网监测，追踪非法社会组织和社会组织违法违规行为。深圳实现全流程网上服务和审批，实现市、区、街道、社区四级民政信息资源的共享、交换和监督。东莞开通了社会组织孵化基地官方网站，珠海已完成社会组织法人库项目和信用信息管理项目的一期建设。

（二）信息公开情况

省本级及各地市在社会组织网站公开本地登记、变更、注销的社会组织名录；珠海市完善社会组织信息公示平台，将区级社会组织基本信息全部纳入平台；佛山市级民办非企业单位全部实现了组织机构、业务范围、收费项目、投诉举报、重要信息的公开，公众可以在民办非企业单位办公场所、网站、网页上查询到相关的信息。

## 五、社会组织综合监管情况

### （一）年检情况

省本级对年检基本合格、不合格的行业协会发出改进建议书和整改通知书。通报未参加年检的社会组织名单，予以警告。部分地市已经实现网上年检或具备网上年检条件，接近一半的地市社会组织年检参检率超过90%。广州推出实行以登记周年为周期的常态化网上年检，减免社会团体和民办非企业单位提交会计师事务所或税务师事务所出具的年度审计报告或汇算清缴报告；珠海推行上门年检服务，对2013年度评估等级获得4A以上的社会组织或者获得省级业务主管部门、市级政府以上表彰等拥有良好信用信息的社会组织实施免检。汕尾联合教育部门对民办学校推行主动上门进行年检。佛山市试行青年和妇女社会组织的年检委托制。

### （二）执法工作开展情况

各地积极加强社会组织行政执法机构、制度、人员等建设，深圳制定了《深圳市民间组织管理局行政执法程序》、《深圳市民间组织管理局案件移送制度》等执法工作制度，依法妥善处理香港乐施会深圳办公室案件，珠海增设社会组织执法监察大队。汕头加大行政执法力度，对24个社团启动撤销或注销行政处罚。中山积极推进执法规范化建设，制定了中山市社会组织执法监察工作手册，规范执法流程，初步建立起公安、财政、民政等部门执法联动机制。清远开展全市境外非政府组织的排查，联合国安、民宗、公安、教育等部门对个别境外非政府组织在清远的违规活动进行了查处。

### （三）评估工作开展情况

各地继续推进社会组织等级评估工作，完善社会组织评估指标体系，省本级首次公开遴选第三方评估机构。大部分地市依托第三方机构有序推进等级评估。广州首创常态申报、联合评估、委托评估、关联评估、独立评估等工作机制，2014年联合人社等业务主管（指导）单位完成对264个社会组织评估，目前市级评估率24%；深圳市对社会组织进行抽查审计；佛山市对申报等级评估、在年检中发现有问题或存在涉嫌违法违规的社会组织进行专项财务审计；茂名、揭阳两市积极做好区划调整后登记管理工作的对接。

### （四）加强涉外社会组织管理工作

省民政厅已对社会组织涉外活动情况进行专项普查，并在普查基础上起草完成了《在粤境外非政府组织登记管理暂行办法》初稿。待国家出台相关法规和设置机构后，再全面开展此项工作，将涉外组织纳入登记管理。

## 六、社会组织党建工作情况

### （一）党建工作不断加强

全省共有20个地市、59个县（市、区）成立了社会组织党工委、联合工委，共建立社会组织党组织6770个，党员40550名，实现党的组织、党的工作和群团组织的全覆盖，形成了党委领导、组织部门抓总、登记管理机关牵头、业务主管单位各负其责的社会组织党建工作格局，建立起省社会组织党委管理支柱产业协会党总支、党总支下设协会党支部的三级组织管理体制。举办首次全省性社会组织党组织书记培训，全面提升社会组织党务工作者综合素质。

### （二）部署社会组织预防腐败工作

今年3月，省民政厅与省预防腐败局联合，组织百家社会组织发出食品安全诚信倡议、百家公益慈善类社会组织发出预防腐败倡议，号召全省社会组织秉持职业操守、履行社会责任，共同捍卫舌尖上的安全、促进公益慈善事业健康发展，取得很好的社会反响。广东省食品行业协会积极培育食品品牌，推动行业自律，促进食品标准化体系、追溯体系、评价体系、信息发布体系建设。省民政厅已草拟了《社会组织预防腐败工作暂行办法》，提交省预防腐败局；省发改委会同我厅出台《关于清理规范社会团体收费的通知》，清理规范包括社会团体收取涉及企业的会费、行政事业性收费和经营服务性收费等各种收费，有效减轻了会员企业负担。

# 2014 年广西壮族自治区社会组织建设与管理工作综述

2014 年，广西壮族自治区民政厅认真履行工作职责，真抓实干，坚持一手抓登记管理，一手抓培育发展，全区社会组织总体呈现良好发展态势。截至 2014 年底，我区各级民政部门依法登记的社会组织达 20437 个，社会组织总量突破 2 万大关，比上年增长 17% 以上，其中社会团体 12439 个，民办非企业单位 7949 个，基金会 49 个。

## 一、完善机制措施，不断深化社会组织登记管理改革

### （一）加大了社会组织管理政策创制力度

按照《国务院机构改革和职能转变方案》关于社会组织管理制度改革部署要求，制订出台《广西壮族自治区民政厅社会组织管理改革实施方案》，落实四类社会组织直接登记等 15 项改革措施。截至 2014 年底，我区 14 个地市全面开展直接登记工作，在各级民政部门直接登记的社会组织达 230 个。在深入调研基础上，组织起草《关于加快推进广西社会组织改革发展的指导意见》、《关于规范学会协会管理的规定》、《广西四类社会组织直接登记管理暂行办法》3 个规范性政策文件，其中《关于规范学会协会管理的规定》已经自治区法制办合法性审查，争取 2015 年元月出台；《广西四类社会组织直接登记管理暂行办法》已经厅长办公会议讨论，进一步修改完善后印发。

### （二）全面清理了行政审批项目

2014 年广西民政系统开展了行政审批项目摸底清理工作，现已取消社会团体筹备、社会团体分支（代表）机构成立登记、变更登记、注销登记、退役士兵自谋职业审批等 2 大项 4 子项审批内容。同时，将“基金会及其分支（代表）机构设立、变更、注销登记”等 4 大项 6 子项审批权限，直接下放或委托下放给市、县两级民政部门办理。根据自治区新一轮行政审批改革要求，现拟保留由民政部门办理的行政审批项目共 22 项，包含行政许可项目 7 项、非行政许可项目 14 项，由自治区人民政府审批、自

治区民政厅审核的项目1项。同时，进一步梳理行政审批项目流程和办事规范，重新修订《行政审批操作规程》，统一公开行政审批事项的项目名称、设定依据、实施权限、实施主体、审批条件、承诺时限等内容，确保行政审批运行“阳光操作”。

（三）行政审批实现了“三集中”

按照2014年3月14日韩元利厅长率厅机关有关处室局负责人，到政务服务中心民政窗口现场办公时提出“应进必进、一个窗口对外”的服务要求，民政厅行政审批办认真做好服务窗口办公设施、人员配备、审批项目入驻等工作。民政厅负责办理的16个行政审批项目，全部进入政务服务民政窗口集中办理，审批职能由分散在5个处室局集中到“窗口一站式办结”，实现了行政审批事项、职能、人员“三集中”，过去15至20天才能办结的行政审批事项，现在10天内就可办结，工作效率提高50%以上。截至2014年底，民政窗口共接受电子咨询1521件（次）；电话咨询3200件（次）；申请事项1610件；受理事项1597件，办结事项1586件，受理事项100%在承诺时限内办结，群众满意率达100%。

## 二、注重培育扶持，激发社会组织活力

（一）全面完成中央和地方财政支持社会组织参与社会服务项目

2014年，我区共获得中央财政支持社会组织参与社会服务项目16个，项目资金总额510万元，项目涉及社区服务、养老服务、医疗救助、困难群众救助等社会公益慈善领域。为确保项目顺利开展，自治区财政下拨项目配套资金150万元，全部用于支持社会组织参与社会服务和向社会组织购买服务试点。项目实施中，自治区民间组织管理局举办了各设区市民间组织管理科科长、获得2014年中央财政支持项目社会组织负责人和财务管理人员参加的项目培训班，采取专家授课、答疑解惑、经验介绍的方式，明确和规范项目实施基本程序；联合相关地市民政局全程跟踪督导，及时解决出现的困难问题。

（二）协调指导青秀区、秀峰区开展全国社会组织建设创新示范区活动

2014年民政部批准南宁市青秀区、桂林市秀峰区列为全国社会组织建设创新示范区后，自治区民间组织管理局主动协调指导这两个区民政局，认真按民政部制定的创新标准开展创建活动，积极为这两个区申报创新示范区项目经费，更好地发挥典型引领带动作用，推动广西社会组织建设水平和服务能力的提升。

（三）开展行业协会、民办非企业单位塑造品牌活动

按照民政部部署要求，在2013年培育广西建筑业联合会、广西重阳老年公寓等一批品牌基础上，继续在全区开展行业协会以及民办非企业单位塑造品牌活动，通过以点带面、逐步推广、辐射全区的方式，不断提升广西社会组织影响力和公共服务能力。

## 三、严格依法监督，确保社会组织综合监管到位

（一）加强社会组织日常监管和行政执法工作

加强社会组织事中、事后监管，大力推行登记审查、年度检查、等级评估、执法监察"四位一体"监管模式，建立登记管理机关、业务（主管）指导单位、有关职能部门综合监管体制和社会组织联合执法机制，调动有关职能部门依法监管积极性，切实在社会组织监管上形成合力。严肃查处社会组织违法违纪行为，依法打击和查处非法组织，2014年共依法依规注销和撤销25个连续两年不参加年检的社会组织，对涉嫌非法集资的广西廖荣纳基金会给予责令停止活动行政处罚，有效净化了社会组织发展环境，促进了社会组织健康有序发展。

（二）创新社会组织年检监管方式

坚持以年检为抓手，加强社会组织综合监管。2014年，全区应参加年检社会组织15064个（其中社会团体8947个，民办非企业单位6078个，基金会39个），实际参加年检13666个（其中社会团体8496个，民办非企业单位5131个，基金会39个），参检率为90.72%，年检合格的社会组织12165个（其中社会团体6561个，民办非企业单位4745个，基金会39个），合格率为89.02%。其中自治区本级今年首次开展网上年检社会组织，年检手段更加科学简便，监管方式进一步优化，应参加年检的社会组织963个（其中社会团体754个，民办非企业单位178个，基金会31个），实际参加年检867个（其中社会团体700个，民办非企业单位136个，基金会31个），参检率90.03%，年检合格率98.15%。

（三）规范社会组织评估工作

结合广西社会组织发展实际，认真修订2014年行业协会商会类、学术类社团、基金会和民办非企业单位的评估指标。组织召开自治区本级社会组织评估工作评审会，指导市县两级开展等级评估工作，并及时进行等级公示、下发授牌决定。2014年，全区有69个社会组织获评3A以上等级，其中5A级15个、4A级27个、3A级27个；截至2014年底，全区获评

3A以上等级的社会组织有202个，其中5A级78个、4A级76个、3A级48个。

（四）加快推进社会组织法人信息库建设

做好社会组织法人信息库建设初期工作，进一步完善我厅法人库建设规划方案，积极与民政部、自治区发展改革委和工商局沟通联系，自治区发改委出具了支持广西社会组织法人库建设项目立项的资金承诺函。

## 四、组织“千人大轮训”，提升了社会组织和登记管理机关自身能力建设

联合广西社会组织促进会，利用中央财政支持社会组织开展人员培训示范项目经费和本级财政经费，组织举办了中央财政支持社会组织参与社会服务项目负责人培训，协助举办了社会组织评估工作培训，自治区本级社会组织财务人员培训，玉林、桂林市社会组织负责人培训，基金会管理人员培训，社会组织行政执法及行政审批培训等8期培训班，培训人员达1100人次。培训期间，先后邀请民政部、上海市民政局、自治区非公经济组织和社会组织党工委、自治区财政厅、自治区地税局、广西财经学院等单位的专家教授，讲授行政审批、行政执法、政府购买服务政策、社会组织党建工作、社会组织票据管理、社会组织评估工作、社会组织登记管理改革等政策法规和实践操作，组织专家教授与学员现场互动、解惑释疑；同时通报我区社会组织基本情况、相关政策、发展现状，为规范社会组织管理，提升社会组织能力打下了坚实的基础。

# 2014 年海南省社会组织建设与管理工作综述

积极培育和发展社会组织，社会组织登记数量稳步增长。据统计，截至 2014 年 12 月 30 日，我省已登记成立社会组织 5412 个，其中社会团体 2385 个，民办非企业单位 2970 个，基金会 57 个。与 2013 年底相比增加 609 个，增长 12.7%。

深化社会组织登记管理制度改革。1. 对四类社会组织实行直接登记。2014 年 2 月印发了《海南省民政厅关于对四类社会组织实行直接登记的通知》，从 2014 年 2 月开始，对行业协会商会类、科技类、公益慈善类和城乡社区服务类四类社会组织实行直接登记。截至 2014 年 12 月 30 日，通过直接登记成立的四类社会组织有 57 家，跟去年同期相比增长了 30%。2. 开展行业协会商会与行政机关脱钩试点工作。海南省民政厅、海南省农业厅和海南省工信厅联合印发了《关于海南省行业协会商会与行政机关脱钩试点工作方案》，2014 年 2 月，在省农业厅和省工信厅系统启动行业协会商会与行政机关脱钩试点工作。至 2014 年 6 月底脱钩试点工作已顺利完成。3. 改革年检方式，社会组织年检实行年度报告制度。根据《海南省人民政府印发关于加快发展服务业若干政策的通知》（琼府〔2014〕5 号）要求，从 2014 年开始，率先在全国对社会组织年检实行年度报告制度。4. 取消社会团体分支（代表）机构设立、变更、注销登记的审批。根据《海南省人民政府关于取消和下放省级行政审批事项的决定》（琼府〔2014〕14 号）精神，我省从 2014 年 4 月开始取消社会团体分支（代表）机构设立、变更、注销登记的审批，社会团体可根据需要自主决定设立、变更和注销分支（代表）机构，不需要报民政部门审批，只需报民政部门备案。

加强和推进对社会组织的管理。1. 认真做好社会组织年度报告的审核工作。据统计，2014 年我省总共对 868 家社会组织的年度报告进行了审核。865 家社会组织年度报告审核合格，3 家社会组织年度报告审核基本合格。2. 开展基金会等级评估工作。根据《海南省省级社会组织评估实施办法》，制定了《等级评估工作方案》和《等级评估指标》，建立了等级评估委员会和等级评估专家库，共有20家基金会报名参加等级评估。后续工作正在进行中。3. 加大对社会组织的行政执法力度。一是对超业务范围开展活动、财务管理不规范等违规的7家社会组织发出限时整改通知书，要求限时整改。二是印发了《海南省民政厅关于印发清理行业协会涉企收费行动方案的通知》（琼民通〔2014〕152号），清理和规范行业协会的服务和收费行为，进一步做好我省行业协会涉企收费管理。三是对2个两年或两年以上无故不参加年度检查的基金会做出撤销登记的行政处罚。

# 2014年重庆市社会组织建设与管理工作概述

## 一、工作成果

2014年，重庆市民间组织管理局在民政部的有力指导和市委市政府的领导下，认真学习贯彻落实党的十八大和十八届三中、四中全会精神，创新登记管理工作，探索更加透明的监管机制，指导和调动社会组织在社会服务领域发挥积极作用，社会组织得到了健康有序发展。

2014年，重庆市新登记社会组织1233个，其中市级新登记127个（社会团体76个、民办非企业单位44个、基金会7个），区县（自治县）级新登记1106个（社会团体280个、民办非企业单位826个）；全市注销登记社会组织256个，其中市级注销登记6个（社会团体2个、民办非企业单位2个，基金会2个），区县（自治县）注销登记250个（社会团体178个、民办非企业单位72个）；全市撤销登记社会组织93个，其中市级撤销登记0个，区县（自治县）撤销登记93个（社会团体47个、民办非企业单位46个）。截至2014年12月31日，全市登记在册的社会组织共有14387个，其中市级登记在册社会组织1417个（社会团体985个、民办非企业单位378个、基金会54个），区县（自治县）登记在册社会组织12970个（社会团体6064个、民办非企业单位6906个）。与2013年同期相比增长8.57%。

## 二、工作措施

2014年，在强化对社会组织登记管理工作的同时，以改善服务为手段，以管理创新为动力，以促进发展为目的，重点推进了政策制定、清理规范、推进改革等工作。

### （一）加强调研，切合实际制定政策措施

出台了《重庆市民政局关于开展四类社会组织直接登记的通知》，全市正式启动实施对行业协会商会类、科技类、公益慈善类和城乡社区服务类社会组织实行民政部门直接登记制度。印发了《重庆市民政局关于取消

全市性社会团体分支（代表）机构行政审批事项有关问题的通知》，取消了全市性社会团体分支（代表）机构设立、变更、注销登记的审批，由其自主设立、自负其责。会同市人力社保局制定出台了《重庆市社会组织评比达标表彰活动管理暂行办法（试行）》，印发了《重庆市民政局关于全市性社会组织评比达标表彰项目申报立项的通知》，进一步规范了评比达标表彰等活动。会同相关部门拟制并提请市政府颁布了《重庆市民办非学历教育培训机构管理暂行办法》，会同市教委制定了《重庆市民办非学历教育培训机构设置标准》，进一步加强了对民办非学历教育培训机构的管理，规范了民办教育行为。

（二）因地制宜，分类培育发展社会组织

按照市委、市政府确定的重庆五大功能区发展战略，坚持分类指导原则，科学调整和优化社会组织的结构与布局，指导区县有针对性地培育发展重点领域的社会组织。在都市功能核心区和都市功能拓展区，重点培育发展承接政府职能转移、以第三产业为主的服务业类社会组织；在城市发展新区，重点培育发展以第二产业为主的促进经济发展、应对人口增长服务民生的社会组织；在渝东北生态涵养发展区和渝东南生态保护发展区，重点培育发展以第一产业为主的促进农村经济和农科技术普及服务“三农”、环保旅游类的社会组织。

（三）不等不靠，稳步实施行业协会清理规范工作

在深入调研基础上，自8月份以来，按照“五清理”、“五脱钩”工作思路，开展了行业协会清理规范工作，代市委市政府草拟《重庆市全面清理规范行业协会工作方案》，并以两办名义下发执行。会同市委组织部、市编办、市财政局等部门出台《关于清理规范行业协会工作全面整改阶段相关事宜的通知》。全市共有2193家社会团体纳入清理规范范围（其中，行业协会有1110家）。目前，整改阶段工作已全面结束，工作进展良好，初见成效。

（四）真情投入，积极推进政府购买服务

制定出台了《重庆市支持社会组织参与社会服务项目管理办法》和年度购买服务目录，将政府购买社会组织服务经费纳入财政预算，逐步将教育、卫生、文化、体育等领域适宜由社会组织承担的基本公共服务事项，社区事务、养老助残、社会救助、社会福利、慈善救济、社工服务等社会事务服务事项纳入购买服务范围。今年，我市18家社会组织获得中央财政560万元专项资金支持，20家社会组织服务获得市级福彩公益金200万元

支持，全市38个项目直接服务总人数近2万人，带动地方财政和社会投入配套资金351万元。

（五）积极探索，建立社会组织评估新机制

2014年，继续探索扩大第三方评估的范围和领域，建立第三方评估社会组织机制，继续委托市科协对学术类社会团体开展评估工作。修订完善了社科类、行业协会商会类社会组织评估办法和指标体系；研究制定了《全市性社科类社会团体评估指标》、《重庆市全市性异地商会评估指标》、《全市性社科类民办非企业单位评估指标》，为开展异地商会和社科类社会组织评估打下了坚实基础。2014年，市级评估社会组织25家，其中社会团体11家、民办非企业单位10家、基金会4家，累计已评估社会组织497家。同时，还对2012年度评定的5A级社会组织开展了复查。

（六）认真履职，强化社会组织执法

加大对不合格社会组织的处罚力度，启动行政执法程序，对在内部管理上存在问题的社会组织，我们约谈了该组织负责人，对有群众举报的社会组织，我们进行了调查和处理。对多年未参加年度检查、长期不开展业务、名存实亡、违反法律法规的社会组织严格依法进行处置，对33家全市性社会组织开展立案调查，对25家社会组织公告予以撤销，警示教育社会组织加强规范管理，进一步净化社会组织发展环境。

（七）抓好培训，努力提高队伍素质

结合实施社会组织领军人才培养工程和中央、市级支持社会组织参与社会服务项目，聘请全国知名专家、教授，在西南大学先后举办了重庆市支持社会组织参与社会服务项目负责人培训班和重庆市基金会负责人培训班，配合中国社会组织促进会在重庆举办“社会组织登记管理体制改革系列培训班”，对近400名区县（自治县）民政局和社会组织负责人进行了业务培训，有效提升队伍素质和能力。

（八）主动作为，推进社会组织党的建设

为进一步摸清全市社会组织党建工作的现状，理顺社会组织党建工作管理体制，我局抽调力量组建专门调研组，历时1个月，对全市社会组织党建工作情况进行了专题调研，形成了《重庆市社会组织党建工作调研报告》，得到市委常委、组织部长曾庆红同志批示，并给以高度评价。在工作中，结合履行社会组织登记管理职能职责，把好“登记关”和“年检关”，积极引导社会组织设立党组织，强化社会组织党建工作，努力推进两个“全覆盖”。

## 三、存在问题

一是机构设置不适应社会组织改革发展的需要。登记管理机构不够健全，仅万州、涪陵、黔江3个区设立了专门登记管理机构，分别配备了1至2名专职工作人员，其他区县登记管理工作普遍由相关工作人员兼职。登记管理人员编制不足，截至2014年9月底四个直辖市登记的社会组织分别为：重庆14133家、北京8952家、上海12124家、天津4613家，重庆民间组织管理局仅有13名人员，人手十分紧缺，京津沪分别达88、58、88名。二是社会组织人才匮乏。由于社会组织缺乏吸引优秀人才的制度环境，社会公众对社会组织缺乏从业条件的认同，还未建立规模化的专业社会工作人才培养体系，致使社会组织专业人才短缺、职业化程度较低、人员年龄结构老化。

2015年，重庆市民间组织管理局将在国家民间局和局党组的统一领导下，积极推进各项工作，努力开创我市社会组织登记管理工作新局面：一是继续做好行业协会清理规范后续工作，达到“五清理五脱钩”的要求。同时，按照中央的统一部署，做好社会团体与党政机关脱钩工作。二是适时研究制定贯彻《中央关于改革社会组织管理制度促进社会组织健康有序发展的意见》的实施意见，稳步推进全市社会组织建设。三是加强信息化建设，推动全市联网的登记管理信息系统建设进程。四是按照市委非公工委统一部署，进一步加强社会组织党建工作。五是努力实施好支持社会组织参与社会服务项目，发挥社会组织参与社会服务作用。六是进一步加强登记管理机构自身建设，促进社会组织登记管理工作取得新的成绩。

# 2014年四川省社会组织建设与管理工作综述

2014年，四川民间组织管理工作在民政部的关心和具体指导下，认真学习领会党的十八届四中全会和省委十届五次全会精神，深入践行党的群众路线，以社会组织管理创新为基础，以分类指导为出发点，以制度改革为突破口，以扶持培育为主旋律，以规范发展为中心，高度重视，精心组织，深入推进，圆满完成了2014年的各项目标任务。

## 一、结构不断优化，质量稳步提高，社会组织进一步发展

1. 四川省社会组织保持优质高速发展态势：全年全省社会组织总保有量为38285个，其中社会团体20358个，民办非企业单位17797个，基金会130个，仅次于山东、江苏、广东，占全国社会组织总数的6.7%。按登记级别分：省级社会组织1717个（社团1079个，民办非企业单位508个，基金会130个），省级以下社会组织36568个（社团19279个，民办非企业单位17289个）。全省社会组织共吸纳就业人数38万余人，募集资金22.1亿元，惠及群众317万余人。各类社会组织共向党政机关提供重要政策建议313条，有力促进了经济社会发展与社会和谐。

2. 社会组织审批工作不断完善：全年全省各级民管部门共依法登记社会组织5244个，注销、撤销2420个，变更登记2265项次。民间组织管理局完成132项次省级社会组织审批事项实地综合评估，共对27家筹备成立的社会团体、26家新成立民办非企业单位和6家新成立基金会以及73家社会组织申请法人、代表处变更事项进行了合法性核查，并出具客观真实的审查意见及时反馈审批处。对个别新成立的社会组织进行上门服务、现场办公，受到社会组织广泛好评。

3. 登记改革工作初见成效：作为省民政厅简政放权的重要举措，起草并出台了《四川省行业协会商会类科技类公益慈善类城乡社区服务类社会组织直接登记管理暂行办法》（川民发〔2014〕165号）和《关于贯彻落实四川省人民政府关于取消全省性社会团体分支机构、代表机构登记行政审批项目的决定有关问题的通知》（川民发〔2014〕137号），简化登记手

续，全面实行行业协会商会类、科技类、公益慈善类、城乡社区服务类社会组织直接登记工作。充分发挥服务经济、服务民生的，以及与公共利益、基层自治等密切相关的社会组织在全面深化改革利益调整中的柔性管理作用。实施“四类社会组织”直接登记以来，全省各级民政部门已直接登记社会组织756个。

4. 社会组织能力建设持续强化：利用中央财政支持社会组织参与社会服务项目，认真开展社会组织素质培训，由民间组织管理局和省社会组织促进会在眉山、南充、泸州、成都开展登记管理机关和社会组织负责人能力建设培训班4期，培训人员320人。通过培训，增长了登记管理机关工作人员的政策理论水平，提升了社会组织的素质和依法办事的水平以及服务能力。

## 二、解放思想，开拓创新，社会组织管理体制改革迈出可喜步伐

1. 社会组织党建工作取得新进展：按照省委党的群众路线教育实践活动领导小组办公室的要求，组织全省社会组织开展第二批党的群众路线教育实践活动。印发了《四川省社会组织深入开展党的群众路线教育实践活动工作方案》，明确了省民政厅对社会组织开展教育实践活动行业指导职责，进一步理顺关系，协调各行业主管部门，加大督促指导力度。全省社会组织结合丰富多彩的活动形式，积极为民服务、开展党建工作，取得了良好的政治和社会成效。目前全省各类社会组织共建立党组织26362个（含联合党支部和党小组），社会组织党建率为62%，创历史新高。

2. 社会组织法规体系建设有新突破：深入贯彻落实省委十届四次全会重要部署和2014年省政府重点改革事项关于社会组织管理体制改革的工作，结合四川省社会组织现状，出台了《四川省民政厅关于规范社会组织与境外非政府组织合作管理的通知》（川民发〔2014〕169号）。配合省政府出台了《四川省人民政府办公厅关于推进政府向社会力量购买服务工作的意见》（川办发〔2014〕67号）及指导目录。同时完成了《四川省行业协会商会与行政机关脱钩方案》、《四川省社会组织承接政府购买服务有关事项的通知》、《关于推进四川省社会组织改革发展的意见》、《关于社会组织承接政府购买服务有关事项的通知》等文件的起草工作且即将出台。

全省各地均将社会组织管理改革内容写入了全面深化改革方案，其中德阳、巴中两地以市委、市政府名义出台了社会组织管理改革的文件，成都、攀枝花、遂宁相关文件已完成起草上报，等待印发，占全省21个市州

的23.8%。全省共有6个县（市、区）以党委政府或两办名义出台了有关社会组织改革发展的文件，占全省181个县（市、区）的3.3%。

3. 政府购买社会组织服务工作达到新高度：按照民政部《关于2014年中央财政支持社会组织参与社会服务项目事项的通知》（民函〔2014〕30号）要求，印发了《关于做好四川省2014年中央财政支持社会组织参与社会服务工作的通知》（川民发〔2014〕30号）。组织全省社会组织共上报服务项目265个，最终获批立项21个，获得中央财政项目资金660万元，项目数量和资金量连续三年稳居全国第一，有力促进了四川省政府购买服务工作和社会组织参与社会服务工作的健康发展。全省共有11个市州开展了政府向社会组织购买服务工作，累计购买服务资金约2.07亿元，另各级民政部门共安排福彩公益金474万元用于向社会组织购买养老、助残等服务。



4. 民政部交办工作收获新成效：一是深入推进创建全国社会组织建设创新示范区建设。今年2月，民政部发布《关于确认北京市西城区等70个地区为“全国社会组织建设创新示范区”的通知》，四川省成都市、遂宁市和成都市锦江区被确认为全国社会组织建设创新示范区。通过创新社会组织管理方式，完善扶持政策，健全管理制度，激发社会组织活力，引导全省社会组织健康发展。二是指导市州精心开展民办非企业单位塑造品牌与服务活动，引导民办非企业单位创新发展，诚信服务，全省各地共培育品牌民办非企业单位20余个，经筛选后向民政部推荐了8家运行规范、口碑良好、服务优质的民办非企业单位进行重点宣传。

5. 社会组织考核评估体系有新建树：注重发挥评估的示范效应，以评估促进社会组织健康有序发展。民管局认真贯彻执行《四川省社会组织评估管理办法》，全年共完成16家省级社会团体的评估工作。全省已有10个市州开展社会组织评估工作，累计评估社会组织1300余家。

6. 行业协会、商会发展与改革有新探索：强化沟通协调，扎实推进行业协会商会与行政机关脱钩工作。《四川省行业协会商会与行政机关脱钩工作方案》（送审稿）已报送省政府，拟以省委、省政府名义印发。省内各地多数已完成了摸底和方案起草工作，达州通过清理整顿和年检方式推进行业协会商会与行政机关脱钩，已基本完成工作任务，自贡、广元、南充、宜宾认真抓好脱钩试点，已累计完成112家协会的脱钩工作，其中注销6家。

## 三、积极引导，强化监督，社会组织依法管理再上台阶

1. 社会组织失信惩戒制度体系建设向纵深发展：将社会组织自律与诚信建设工作和社会组织行为失信惩戒制度作为长效机制进行建设。进一步健全《四川省社会组织行为失信惩戒制度》，在社会组织中普遍建立健全法人治理结构、内部管理体制和承诺服务制度，完善社会监督体系。目前全省已有85%以上的行业协会建立健全了法人治理结构，建立了行业自律公约，极大地促进了行业健康有序发展与诚信建设。

2. 规范社会团体行为再出新规：配合省委组织部出台了《关于做好清理规范退（离）休领导干部在社会团体兼职工作有关问题的通知》（川民发〔2014〕152号），要求各社会团体在年内限期完成整改。针对一些社会团体乱收费现象，会同四川省发改委共同出台了《清理规范行业协会商会收费的通知》（川发改价格〔2014〕866号）。通知明确对行业协会、商会各类中介和服务性收费行为作了规范，有效促进了行业协会、商会健康有序的发展。会同省财政厅出台《关于印发民政部、财政部〈关于取消社会团体会费标准备案规范会费管理的通知〉的通知》（川民发〔2014〕134号），对社会团体会费的收取、使用、管理进行了明确规范。

3. 对社会组织的执法监察力度进一步加强：及时查处社会组织违法行为，坚决取缔非法社会组织。全省全年共依法撤销社会组织登记382家，停止活动22家，责令整改17家，警告45家，取缔了两家非法社会组织。查处率和非法社会组织取缔率均达到100%。民管局依法对四川省养老事业基金会、四川省中小企业信用与担保协会等违法违规的社会组织进行了查处，同时指导8个市州对本地的执法人员进行了专门执法培训。

4. 社会组织2013年度年检工作顺利完成：认真开展省级社会组织2013年度年检工作，全面推进基金会网上年检工作，召开全省2013年基金会年检工作动员培训会，对基金会年检进行了广泛动员并提出了具体要求。107家基金会参加了2013年的年检，其中合格99家，占总数的92.5%；有近1000个省级社会团体、民办非企业单位参加了2013年度年检，年检率达到85%。

# 2014年贵州省社会组织建设与管理工作综述

## 一、深化改革，创制政策

1. 健全法人治理结构，增强社会组织自治能力。制发《贵州省异地商会治理指引》，就异地商会组织机构、会员管理、财务管理、活动管理、监管监督等做出细化规定，进一步规范异地商会组织机构和运行机制。

2. 制定并落实四类社会组织分类标准和直接登记具体办法。下发《关于开展四类社会组织直接登记工作的通知》，对直接登记的行业协会商会类、科技类、公益慈善类、城乡社区服务类社会组织的范围界定、条件要求及工作流程进行了明确界定。

3. 推进行业协会商会与行政机关彻底脱钩。会同省发展改革委等相关部门成立工作协调机构，建立工作机制，研究政策界限，建立脱钩名册，并制订下发脱钩试点方案，启动了试点工作，2015年全面铺开。

## 二、优化环境，培育扶持

1. 推动建立政府购买服务制度。积极配合财政部门拟定《贵州省政府向社会力量购买服务实施意见》、《政府向社会力量购买服务指导目录（第一批）》、政府购买服务资金管理办法等政策文件，相关文件省人民政府办公厅于年底下发。

2. 认真贯彻落实公益性捐赠税前扣除政策。通过网络、电话、邮件等多种形式，组织全省性公益社团、基金会及各市州登记公益性社会团体积极申报，并指导做好申报材料准备工作。会同省财政、省地税、省国税对45家社会组织进行了材料审核，共35家社会组织获得公益性捐赠税前扣除资格，为社会组织提供有力税收支持。

3. 大力加强社会组织管理信息化建设。多方筹措资金160万元用于社会组织信息系统建设。信息系统已建成投入使用，全省所有登记注册的社会组织都分配有用户账号，社会组织登记、年检、变更及重要信息发布、数据管理查询等均可通过网上完成，我省社会组织服务管理手段得到进一步丰富和完善。

4. 积极引导社会组织发挥服务社会作用。10 月，召集 50 家行业协会、异地商会、基金会等不同类型社会组织负责人召开社会组织参与扶贫工作座谈会，鼓励大家积极参与 2014 年贵州省“扶贫日”活动，积极履行社会责任。贵州省宏立城公益基金会、贵州省信合公益基金会等社会组织在活动中共捐赠资金 4 亿元，用于扶贫事业。

5. 加强调研。紧紧围绕省委省政府重点改革任务和社会组织体制改革热点难点问题，认真开展调查研究工作，着力在重点领域、关键环节和薄弱问题上下功夫，求突破，理清发展思路，破解发展难题，解决现实问题。形成了《健全社会组织第三方评估机制调研报告》、《更好发挥贵州社会组织作用研究》、《网络社会组织监管研究》3 个调研报告。

截至 12 月底，省级登记注册的社会组织已达 1017 个。

## 三、强化监督，规范管理

1. 认真开展年检，加强日常监督管理。重点从政治方向、业务活动、财务管理、组织机构等方面开展年检工作，并对《年检报告书》进一步修改完善。在集中年检的基础上，主动与主管社会组织较多的省社科联、省科协、省住建厅、省体育局联系，对所主管的近 200 家社会组织采取上门服务、当场作出年检结论的方式进行年检，对所有基金会采取网上方式进行年检。

2. 依法管理和引导规范社会组织涉外活动。健全完善 2014 年年检制度，在年检报告书中将社会组织涉外活动情况作为重大事项填报，加强社会组织涉外活动监管，发现境外非政府组织重要活动情况及时通报有关部门。6 月，在省委政法委的统一部署下，对全省社会组织涉外活动情况进行了全面排查和调查统计。9 月，配合省外办对个别违规开展涉外活动的社会组织进行了告诫谈话。

3. 建立部门协商议事机制。会同省委组织部、省编办等 11 个部门建立加强社会组织服务管理工作厅际联席会议制度，进一步强化社会组织管理工作的组织领导和政策协调，健全管理体制。

4. 制发《关于加强社会组织行政执法工作的意见》，进一步推进执法体制改革和管理创新，规范执法行为，着力提高执法水平。

# 2014 年云南省社会组织建设与管理工作综述

2014 年，云南省社会组织管理工作在民政部的有力指导和省委、省政府高度重视、高位推动下，登记管理机制不断创新，社会组织发展环境不断优化，培育扶持政策不断完善，社会活力得到全面激发，全省社会组织呈现出健康、有序、快速发展的良好态势。

## 一、我省社会组织建设基本情况

### （一）数量快速增长，质量稳步提升

自我省 2012 年 12 月 1 日《云南省行业协会条例》施行和 2013 年 8 月 23 日《中共云南省委 云南省人民政府关于大力培育发展社会组织加快推进现代社会组织体制建设的意见》（云发〔2013〕12 号）文件出台以来，社会组织数量快速增长、质量稳步提升，在经济社会发展中的作用日益凸显，2014 年 2 月《云南省社会组织登记办法》在全省范围内施行，社会组织直接登记工作全面展开。除依据法律法规需前置行政审批及政治法律类、宗教类的社会组织外，其他社会团体、民办非企业单位、基金会取消业务主管单位，实行直接登记。

2014 年 12 月，全省社会组织总数 19959 个，增长率为 13.92%。其中省级 1265 个、市级 3352 个、县级 16607 个；社会团体 13496 个，民办非企业单位 6384 个，基金会 79 个（其中非公募基金会 41 个）。全省新登记社会组织 2761 个，直接登记社会组织 2148 个。

省本级社会组织 1265 个，增长率为 11.65%。其中社团 881 个，民办非企业单位 313 个，基金会 71 个。2014 年省本级新登记社会组织 139 个，其中社团 69 个，民办非企业单位 61 个，基金会 9 个。直接登记社会组织 124 个，占新登记总数的 89.21%。预先核准各类社会组织名称 200 余个；批复社团筹备 73 个，办理各类变更登记 143 件，注销 4 件；受理来人来电咨询 20000 余件次。截至 2014 年 12 月 31 日共办理境外非政府组织在滇代表机构备案 42 件，注销备案 5 件，在滇境外非政府组织备案总数为 37 个。

（二）认真开展行业协会商会脱钩工作

《云南省行业协会条例》（以下简称《条例》）取消了对行业协会的双重管理体制，变为由民政部门直接登记，规定现职公务员不得兼任行业协会中的负责人。按照《条例》要求，全省各级民政部门正在开展《条例》出台前登记的666个行业协会的重新登记工作。省级需进行重新登记的行业协会有120家，已完成重新登记105家，占总数的87.5%。此项工作全面完成后，将实现行业协会商会与政府行政机关脱钩。自《条例》出台后，省本级直接登记行业协会34个。

（三）加强监督管理，创造良好环境

一是认真开展执法监察工作。2014年发出行政约谈通知书90份，开展约谈54次，撤销登记14个。新一轮行政处罚工作正在分类立案筛查中。二是全面完成2013年年检工作。2014年是新老管理体制的第一年过渡期，为实现新老体制平稳过渡，今年年检继续为9个省属业务主管单位的380多个社会组织进行了上门年检服务，并提供到期换证、受理公益性组织税前扣除申请、现场出具非营利组织免税资格申请初审意见等服务。截至2014年6月30日，应参检的社会组织1043个，实际参检983个，参检率为94%；年检结论合格的942个，占参检总数的95.8%；年检结论基本合格的35个，占参检总数的3.6%；年检结论不合格的6个，占参检总数的0.6%。年检过程中审核文字材料7000多万字，受理咨询服务4000多人次。三是积极开展社会组织评估工作。2014年开展民办学校、民办医院首次评估和行业协会商会第二轮评估，对91个省级社会组织开展评估。目前全省共评估了339个社会组织，其中省本级204个，州市级135个，省级评估率约17%，略有提高，但全省评估率仍很低，仅有2%。

## 二、创新举措，加快推进社会组织建设

（一）加强社会组织政策创制工作

按照《中共云南省委云南省人民政府关于大力培育发展社会组织加快推进现代社会组织体制建设的意见》要求，我省注重工作创新积极开展社会组织登记管理改革相关配套政策制定工作。一是《云南省社会组织登记办法》于2014年2月1日起正式施行，标志着全省范围内社会组织直接登记全面展开；二是2014年5月6日，云南省人民政府办公厅印发了《云南省人民政府办公厅关于建立云南省培育发展社会组织工作联席会议制度的通知》（云政办函〔2014〕70号）；三是2014年5月12日，我省下发

《中共云南省委办公厅云南省人民政府办公厅关于印发〈关于大力培育发展社会组织加快推进现代社会组织体制建设重点任务分工方案〉的通知》（云办通〔2014〕18号）；四是2014年5月8日，下发了《云南省民政厅关于取消社会团体设立分支（代表）机构审批的通知》，社会团体、基金会分支（代表）机构、内设机构可由社会组织根据需要设立，民政部门不再审批备案；五是2014年7月30日，云南省民政厅、中国建设银行股份有限公司云南省分行联合下发了《关于简化社会组织成立验资程序的通知》（云民民〔2014〕95号），明确了社会组织在办理成立登记时，可以凭当地民政部门出具的《社会组织名称预先核准通知书》等资料，选择就近的建设银行营业网点开设验资账户，由建设银行出具《社会组织验资证明函》作为验资依据，由建设银行承担验资责任，社会组织发起人（举办者）不再向民政部门提供会计师事务所的验资报告。

（二）积极探索直接登记工作机制，不断提高服务水平

建立登记审查咨询论证和社会公示机制，对组织性质和业务范围等难以界定的社会组织，征求省级有关部门、社会组织的意见、建议；同时，针对部分行业协会、学会发起人广泛性、代表性不足的问题，通过全省发行的报刊登载社会组织筹备公告，公开、公示社会组织审批过程，广泛发展会员。今年共向省委宣传部、社科联、省体育局、省科协、省金融办、省文化厅、省商务厅、省环保厅、省工信委等部门发出征求意见函70余件。

为分层级分类别做好直接登记工作，提高服务质量，民管二处制定了省级科技类社会团体、异地商会、行业协会登记指引，省级科技类、文化类、体育类民办非企业单位分类登记指引，全方位引导社会组织直接登记工作规范有序开展。

（三）积极创新社会组织培育发展管理工作

1. 联合共青团云南省委共同召开云南省青年社会组织工作推进会，成立西南地区首个社会组织孵化示范基地

2014年10月17日，共青团云南省委、云南省民政厅在昆明联合召开云南省青年社会组织工作推进会。会议期间举行了云南省青年公益组织培训基地入驻仪式暨云南省社会组织孵化示范基地揭牌仪式。

2. 积极申请设立省级社会组织培育发展专项资金

根据“省委12号文件”中规定“逐步建立公共财政扶持社会组织机制。省、市、县三级设立社会组织培育发展专项资金，重点扶持我省经济

社会发展急需培育的各类社会组织，对符合申请条件的社会组织给予补助”精神，在2015年财政经费预算中申请“省社会组织培育发展专项资金”的预算科目，预算经费为2000万元，努力将社会组织培育发展经费纳入省级财政预算。

3. 加强社会组织信息化建设

根据《民政部办公厅关于做好社会组织法人单位信息资源项目库立项有关工作的通知》，省民政厅成立了社会组织法人库建设领导小组，并协调省发改委及时向民政部上报“关于社会组织法人单位信息资源项目地方配套投资的承诺函”，编制了项目建议书和可行性研究报告，预算资金998.5万元，由部、省两级共同投资建设社会组织法人单位信息资源项目库。

4. 首次建立省级社会组织年检审计抽查制度。2014年，在年检过程中，按照3%的比例抽取了24个省级社会组织（其中6个基金会、7个社会团体、11个民办非企业单位）进行财务审计抽查。审计抽查加强了社会组织财务管理监督工作，创新了社会组织监管方式，提升了社会组织公信力和诚信建设水平，促进了社会组织健康发展。

5. 扩大信息公开范围，加大信息公开力度。2014年，在原来基金会统一信息披露、年检结束后在省内公开媒体公告社会组织年检结论的基础上，对社会组织的年检结论分批及时在“云南民政”网公告，并对基金会、行业协会、公益慈善类社团和民办非企业单位中的学校、医院等共261个社会组织的年度工作报告和财务报告在“云南民政”网公开，首次全面、真实统一提取、统一平台、统一内容、统一格式，突出重点、明晰责任地进行信息公开，主动接受社会监督，公开比例达到三分之一，扩大了信息公开范围，加大了信息公开力度。

6. 加强规范化管理和指导服务前移。首次全面与近两年新登记成立的173个社会组织签订《社会组织管理服务告知书》，将监管服务中各社会组织应遵守的责任义务和享有的权利、年检、重大事项报告、财务活动、信息公开、税收优惠政策、管理服务等12方面的内容一次性告知，增强行政管理与服务效能。目前共与859个省级社会组织签订了《社会组织管理服务告知书》。对新登记成立组织即时培训指导，对100个组织，200多人进行培训。

7. 建立社会组织救援服务平台，探索社会组织参与救灾等重大活动机制。2014年8月3日昭通市鲁甸县发生6.5级地震后，为更好地引导社会组织依法、有序、高效地参与抗震救灾工作，省民政厅迅速在救灾应急指挥部设立社会组织参与救灾协调服务组，并依托云南三方社会组织评估服务中心建立了云南社会组织救援服务平台开展工作。救援服务平台坚持协调服务、有序高效的宗旨，承担着社会组织报备认同“共同公约”进行自律、协调进入灾区、对接捐赠、需求核实、统筹志愿者、信息共享六项职能，从10余个省级社会组织抽调20多名工作人员和志愿者负责具体运作。平台在两个月内两次启动响应，为“8·3”鲁甸地震、“10·7”景谷地震后社会组织参与救灾工作中的社会动员、协调配合、资源配置、信息整合、服务管理发挥了积极作用，同时，平台明确民政“一体双责”职能，畅通了社会组织参与救灾机制，建立省、市、县、乡四级联动的协调服务工作网络（机制），实现了引导救灾需求与社会服务的有效对接，并主动与大的基金会联系沟通，吸纳民间资金参与灾区过渡安置和恢复重建工作，促进政府与社会救灾合作的高效协同，为社会力量参与救灾提供必要的服务保障，最大限度发挥社会力量在救灾应急、恢复重建等各个阶段的积极作用。平台开通了热线电话、官网、微博、微信公众号及17个公共媒体信息发布渠道，建立起信息资源共享平台。目前，平台共发布各民间组织灾区简报上百期，信息近千条，报备社会组织172家和1038名工作人员、志愿者，接听捐赠协调热线电话470通（其中对接263通），成功进行信息协调对接457条，协助服务115个社会组织开展救援，协调106个社会组织向灾区捐款205万元，捐物折合价值约830万元。

（四）认真开展在滇境外非政府组织备案管理工作

截至2014年12月，在省民政厅备案的37个境外非政府组织共涉及10个国家或地区，在滇围绕救灾捐赠、扶贫、教育、医疗卫生、农村社区发展等领域开展项目，其范围覆盖全省16个州市。我厅通过加强对在滇境外非政府组织代表机构的日常管理，严格执行年度报告、重大事项报告、约谈等制度，定期组织召开座谈会，及时宣传政策明确要求，同时积极协调有关部门，帮助已备案境外非政府组织解决实际困难和问题，努力实现管理和服务并重，引导其依法开展活动。

# 2014 年西藏自治区社会组织建设与管理工作综述

2014 年，西藏自治区社会组织登记管理工作坚持以党的十八大、十八届三中、四中全会精神为指导，以“依法登记、求真务实、培育发展、服务大局”为根本宗旨，以提高各级社会组织登记管理干部和社会组织负责人业务素质为重点，认真贯彻落实全区民政工作会议精神，在引导社会组织加强内部治理、不断完善培育发展和监督管理机制上下功夫，社会组织登记管理工作取得新进展。

## 一、规范社会组织登记管理，做好社会组织登记服务工作

（一）目前，我区共登记注册社会组织 599 家，包含社会团体 549 家、民办非企业单位 37 家、基金会 13 家，其中自治区级社会组织 246 家，地（市）级社会组织 137 家，县（市、区）级社会组织 216 家。每万人社会组织拥有量为 1.99 个。这些社会组织遍布全区的各行各业，涉及经济社会生活的各个领域，在激发社会活力，促进社会公平，反映公众诉求，整合社会力量，化解社会矛盾等方面起到了不可替代的作用，已成为我区社会建设与管理的重要力量。

2014 年全年，经报自治区人民政府批准新增登记社会组织 7 家。办理变更登记 17 家；换证 35 家。接待来电、来访咨询 1200 余人次。

（二）根据《社会团体年度检查暂行办法》的相关规定，下发了《西藏自治区民政厅关于开展 2013 年度社会组织年检工作的通知》，要求自治区级社会组织按通知要求做好年检相关工作。为进一步提高年检工作效率，我们在年检工作开展之前要求工作人员提前了解各社会组织工作情况，做好充分准备。年检工作正式展开后，对获得评估等级的社会组织做到了随到随审，当天出审核结论，提高了工作效率也获得了社会组织的一致好评。本年度应当参加年检的自治区本级社会组织有 203 家，完成年检的有 183 家，占应参检社会组织的 91.4%。针对其余 20 家未按要求报送年检资料的社会组织，已按照《社会团体登记管理条例》的相关规定进行了通报。

（三）根据《〈中共西藏自治区委员会关于认真贯彻落实全国宣传思想工作会议精神的实施意见〉的任务分解方案的通知》（藏党办发〔2014〕1号）文件精神，经征求区党委宣传部、区文化厅、区文联等相关单位意见后，由我局草拟的《西藏自治区宣传文化类社会组织活动备案报告实施细则》于2月27日下发实施，进一步规范了我区宣传文化类社会组织举办各项活动的程序，得到了区党委宣传部的充分肯定。

## 二、着力抓好项目工作，保障中央财政支持社会组织参与社会服务项目实施效果

今年我区社会组织申报中央财政支持社会组织参与社会服务项目共有14个项目通过民政部、财政部项目办公室审查立项。其中，A类项目9个，B类项目2个，C类项目2个，D类项目1个，项目资金达455万元。为确保项目顺利实施，4月中旬我局组织14个项目实施单位召开了项目座谈会，下发了项目执行文件资料，并对项目实施工作进行了详细部署，要求各项目执行单位按照项目申报书做好项目执行并规范财务管理。同时我局定期跟进项目执行情况，于5月和8月对部分项目进行了实地检查。

为提高我区社会组织登记管理干部、社会组织负责人素质，今年自治区民间组织促进会在执行培训项目时，主要倾向登记管理力量较为薄弱的地区及工作开展较差的社会组织举办了两期培训班，共计298人参加了培训学习，通过培训，开阔了我区社会组织相关人员的视野，进一步提高了参训人员对国家政策的理解能力和业务能力。

## 三、狠抓党建，夯实社会组织发展根基

2014年，自治区民政厅党组将社会组织党建工作摆上重要议事日程，厅领导多次深入社会组织开展调查研究工作，并对党建工作中的重点、难点问题及时研究提出解决措施。为提高社会组织党组织覆盖率，以单独建立、联合建立、挂靠建立、指派党建工作指导员等多种形式，督促和指导具备建立党组织及新建社会组织做好党组织建设工作，基本做到了符合建立条件的社会组织都建立了党的组织，社会组织党组织的覆盖率逐年提高。2014年下半年，完成了社会组织申请登记和党组织建设的同步进行。

目前，拉萨、山南、日喀则、那曲、阿里5个地（市）也相继成立了社会组织党工委，林芝地区、昌都市的社会组织党工委正在积极筹建，全力推动社会组织党的组织和党的工作“双覆盖”工程。截至2014年10月，全区应建党组织的社会组织360家，通过联合建立、挂靠建立、单独

建立等方式应建已建党组织的社会组织有 349 家，占应建党组织的社会组织的 97%。去年以来新成立的 11 家社会组织的党组织正在筹建或审批当中。党员人数不足 3 人的社会组织和无党员的社会组织 237 家，选派党建指导员 29 人，党的工作联络员 52 人。据不完全统计，全区社会组织党员（含会员）14000 余名，其中自治区级社会组织 244 家，建立党组织 142 家（其中单独建立 31 家，联合建立 47 家，挂靠建立 60 家，党委 4 家），党员 3469 名；7 地（市）社会组织 353 家，建立党组织 207 家，党员 10722 名。

## 四、存在的困难与问题

（一）制度规定需尽快完善

社会组织登记管理工作本身政策性很强，目前我区在年检、评估、日常管理等方面没有出台相应的制度规定，有些问题没有相应的政策执行依据需要尽快健全完善社会组织登记管理的规范性文件，完善管理细则。

（二）“官办”社会组织现象十分突出

我区社会组织以“官办”组织为主，“官办”社会组织数量约占社会组织总量的 90%，人员大多由公职人员兼任，绝大多数社会组织与政府部门有千丝万缕的联系。而纯粹“民办”组织数量较小，生存状况较差，活动开展较少。“官办”社会组织数量众多，难以真正发挥社会治理作用，同时，也导致了登记管理机关工作被动，监督管理存在一定困难。

（三）执法监督工作难以有效开展

我区除自治区层面设有民间组织管理局专门负责社会组织登记管理工作外，地（市）和县（市、区）两级均无专门的社会组织登记管理机构和人员，社会组织登记管理工作力量薄弱，执法监督工作难以有效开展。

（四）社会组织工作资金、人才双匮乏现象普遍

区内社会组织，特别是“民办”社会组织，资金来源十分有限。缺乏资金则导致了社会组织难以吸引优秀人才加入，社会组织人才极缺的窘境。资金和人才的双匮乏又造成社会组织活动无法有效开展，影响力不大，获得收益和资金捐赠十分困难，一定程度上影响了社会组织的生存发展。

# 2014 年陕西省社会组织建设与管理工作综述

党的十八大以来，陕西省民间组织管理局在国家民间组织管理局的关心和指导下，按照省委、省政府关于深化社会组织管理体制改革的要求和部署，陆续开展了社会组织直接登记试点、政府购买社会组织服务、完善第三方评估工作体系、推进政社分离等专项工作，有效推动了全省社会组织持续、健康、有序发展。截至 2014 年底，全省各级民政部门依法登记、备案社会组织有 25664 家，其中登记社会团体 12044 家，民办非企业单位 10465 家，基金会 93 家，备案社会组织 3062 家，直接从业人员已超过 50 万人，为促进社会和谐稳定发挥着重要作用。现将我局 2014 年主要工作完成情况和下步打算汇报如下：

## 一、加快社会组织登记管理体制改革，全面开展直接登记、简政放权和示范创建活动

2012 年以来，省民管局出台一系列政策“组合拳”，确定了行业协会商会类、公益慈善类、科技类、城乡社区服务类四类社会组织直接登记的范围、程序、要求和管理权限，推动出台《关于取消和下放行政审批事项的决定》，将非公募基金会和异地商会登记权限放宽至县区级民政部门。取消了全省性社会团体分支机构、代表机构登记行政审批项目，明确省民管局不再受理全省性社会团体分支机构、代表机构的设立、变更、注销登记的申请。

目前，我省直接登记社会组织 367 家，重点集中在行业协会商会和公益慈善领域；37 家异地商会和 4 家基金会在市、县级民政部门进行了登记，将 900 余家已登记的分支、代表机构交由所属社会团体、基金会进行管理。

2015 年，省民管局将加大社会组织登记管理体制改革的深度和力度。一是出台《陕西省四类社会组织直接登记管理暂行办法》，进一步完善规范“四类”社会组织直接登记工作机制。二是全面推进“一业多会”，放宽异地商会审批条件，鼓励非公募基金会在市县（区）登记，全面提升登

记管理服务水平。三是探索新的社会组织名称核准审批方式，把以往单人受理、逐级审批的模式变为会审制，每周召开一次会审会议，由社会组织发起人和登记管理机关人员参加，集体决定是否核准社会组织申报事项，确保结果公正公开；四是加大对宝鸡市、西安市碑林区、莲湖区、宝鸡市金台区、千阳县、咸阳市渭城区、铜川市王益区、榆林市榆阳区的8个社会组织创新示范区的支持指导力度，进一步提高创建标准，将在宝鸡市金台区召开“基层社会组织建设”现场会，在西安市碑林区召开“孵化基地建设”现场会，切实发挥“试验田”和示范带头作用，为社会组织登记管理体制改革作出有效探索。

## 二、推动社会组织承接社会公共服务，加大政府购买社会组织服务力度

去年7月，省政府出台《关于政府向社会力量购买服务的实施意见》，明确了社会力量可承担的5大类50项275个服务项目，确定社会组织是承接政府购买服务的主体之一。在争取中央财政支持社会组织项目方面，我省连续3年获得项目数量位居全国第一，中央财政资金总量位居全国第二，获得中央财政支持社会组织参与社会服务项目78项，累计资金支持2842.5万元，其中中央财政资金1735万元，地方财政配套资金787.5万元，带动社会配套资金320万元，3.2万困难群众受益。近日，通过公开择优评选，向民政部上报2015年度项目35个，有望获得中央财政新一轮资金支持。

2015年，省厅将出台《陕西省福利彩票公益金购买社会组织服务项目管理办法》，计划安排不少于1000万省级福彩公益金培育支持各类公益组织、专业社工机构发展，重点为老年人、残疾人、困境儿童提供福利服务，探索社会组织公益创投，提供更多优质公共服务。

## 三、推进社会组织“去行政化”，全面落实政社脱钩

2014年初，省厅联合省委组织部、省监察厅印发了《关于清理在职党政领导干部兼任社会团体领导职务的意见》，对全省2435名在社会团体中兼任领导职务的县处级以上干部进行了清理，其中省级社团887名（省级24名，厅级399名，处级464名），各市区累计清理1548名，专项清理工作走在全国前列。

2015年，在巩固清理整顿成果基础上，结合年度检查工作，省厅将进一步深化政社脱钩工作。一是启动对退离休省级领导在社会团体和基金会

中兼职的专项清理；二是全面开展行业协会商会去行政化专项治理，厘清政府职能部门与行业协会商会职责权限，推动在人员、财务、资产、职能、机构等方面与行政机关脱钩。

## 四、加强社会组织孵化培育，大力扶持基层社会组织

社会治理体系建设的重心在基层，重点在社区。目前，全省登记和备案的城乡基层社会组织 7838 个，其中农村基层社会组织 3704 个，城市社区基层社会组织 2978 个，扶贫互助协会 1156 个。2015 年，省厅将推动落实《关于加强全省社会组织孵化基地建设的指导意见》，与团省委联合，落实《关于加强全省青年社会组织建设工作的意见》文件精神，推动各地加快社会组织孵化基地建设，为全省社会组织提供有力的智力支持的基础上，重点把社区社会组织和农村专业经济协会等基层社会组织的培育扶持摆在优先位置，进一步降低准入门槛，简化登记程序，鼓励并支持成立社区枢纽型社会组织，充分发挥社会组织在拓展社区服务、推进社区自治、共建和谐社区中的积极作用，推动形成“三社联动”的发展格局。

## 五、优化外部发展环境，加强内部民主机制建设

去年以来，省厅开展精细化管理活动，我们围绕打造服务型管理机关目标，全面推行社会组织登记限时办结制，简化审批环节，登记周期从 100 个工作日压缩至 40 个工作日。2015 年，我局将指导市县级登记管理机关加强自身建设，加快社会组织法人数据库和电子档案库建设，实现管理信息数据化和网络化，打造省市县三级信息网络平台，同时升级“陕西社会组织信息网”，逐步实现网络年检、网络查询、网络报告功能。

在不断优化外部发展环境的同时，我局也将进一步加强社会组织内部民主机制建设。一是建立健全内部管理机制，完善规范管理制度，全面落实社会组织法人治理；二是落实《陕西省民政厅关于推进行业协会商会诚信自律建设工作的指导意见》；三是鼓励同类型、同行业、同领域、同地域的社会组织成立自律性联合组织，进行自律管理和服务。

## 六、健全科学评估体系，加强监管和执法监察

着力完善社会组织科学评估体系，引入第三方机构实施评估，建立 96 人的科学评估专家库，专家库成员分别来自大专院校、专业研究机构、权威性社会组织等领域。截至 2014 年底，全省共有 370 家社会组织参与了等级评估，其中省本级 108 家。我们把 2015 年确定为全省社会组织评估推进

年，力争经过省、市、县三级共同努力，将全省综合评估率提升到 30% 左右。

全面加强对社会组织的执法监察，成立了社会组织执法队，建立健全社会组织重大事项报告、换届报批、信息公开以及信用管理制度，让社会组织接受全社会监督；强化年度检查，实行报告制度与实地核查相结合；落实分类监管，实行按部门、按类别年度财务轮审制度，加强对直接登记社会组织的动态监管；设立社会组织投诉举报平台，建立跨部门联合执法机制。

总结 2014 年，我局认真贯彻落实了中央、省各级领导对发展和创新社会组织管理的指示精神，按照国家民管局的要求，主动履行好登记管理机关职责，积极做好加强和创新新社会组织登记管理工作，取得了一定成绩。2015 年是我省社会组织管理体制改革的深化年，我局将认真贯彻落实党的十八届三中、四中全会精神和省委第十二届六次全会精神，自我加压，奋发有为，加快推进社会组织管理体制改革，为全省经济社会发展贡献更大力量。

# 2014 年甘肃省社会组织建设与管理工作综述

2014 年，在厅党组的正确领导和民政部民间组织管理局的指导下，我们按照省委省政府总体部署和 2014 年全省民政工作会议安排，紧紧围绕民政部民间组织管理局和我局工作要点，坚持培育发展和监督管理并重，细化目标任务，加大改革创新力度，有序推进各项工作，社会组织服务社会的功能进一步增强，作用得到有效发挥，为促进全省经济社会发展作出了积极贡献。

## 一、社会组织登记、年检工作

一是积极开展管理创新改革，加强对社会组织的培育发展。坚持培育发展与监督管理并重，对行业协会商会类、科技类、公益慈善类、城乡社区服务类社会组织实行直接登记，提出了全省各级直接登记社会组织数量不少于年内新成立社会组织数量的三分之一目标要求。2014 年全省共新成立 1917 个社会组织（省级新成立 90 家），增长率达 13.1%，其中直接登记 636 家（省级直接登记 42 家），全省直接登记率达 33%（省级直接登记率达 47%），截至 2014 年 12 月 31 全省社会组织达到 16408 家（包括社会团体 12368 家，民办非企业单位 3977 家，基金会 63 家），省属社会组织 930 家，市级 3264 家、县级 12214 家。二是下放登记审批权限。按照简政放权的要求，进一步下放非公募基金会和异地商会审批管理权限到县区一级。取消了社会团体、基金会分支机构、代表机构的登记审批，由其自主设立、自负其责。取消了法律规定自批准之日起即具有法人资格的社会团体及其设立分支机构、代表机构备案。加强政务公开，简化登记审批程序，提高行政办事效率，把条例规定的社会组织成立登记 60 天缩短为 35 天，把备案时限从 20 天缩短为 7 天。三是认真组织开展社会组织年度检查工作。截至目前，已对 568 个全省性社会组织进行了年检，与去年参检的 550 个相比，增幅达 3%。积极推进社会组织信息公开，对社会关注度较高的基金会实行网上年检，并在网上公开年检结果。注重年检结果的运用，将年检结果作为承接政府职能转移和购买服务、评估等级的重要依据，并体现在我厅和政府其他部门已经出台的相关文件当中。通过年检、审批成立和换届指导进一步完善法人治理模式，规范社团领导职数设置，推进了民主决策有效落实。

## 二、社会组织评估工作

争取省财政每年列支省属社会组织评估经费 100 万元，同时督促各市州启动社会组织评估工作，截至 2014 年 12 月 31 日年内省级已评估省属社会组织 91 家，累计已评估省属社会组织 535 家，占省属社会组织总数的 57.5%；市县两级已评估 1463 家，占市县社会组织总数的 9.5%；全省总计评估社会组织 1998 家，占全省社会组织总数的 12.2%。评估工作对我省社会组织自身建设具有明显的促进作用：第一通过提高党建在评估中的分值，有力推动了党建工作，大幅提高了社会组织党组织组建率；第二通过指标体系的设立，推动了社会组织制度建设、规范了运行模式，使社会组织内部治理架构更加完善、系统、科学，有利于构建现代社会组织制度；第三推动了社会组织承担社会责任，参加社会公益事业的积极性；第四是为社会捐赠、政府资助和转移职能选择社会组织，以及落实财税监管优惠政策提供了重要的参考依据。第五有利于管理部门发现和总结问题，不断改进提高管理服务水平。

## 三、大力推进执法监察工作，完善了社会组织监管体系

争取省财政每年列支专项经费 70 万元，认真贯彻落实《甘肃省加强社会组织执法监察工作意见》（甘政办发〔2010〕205 号），加大了执法监察力度，对一些不按时参加年检、长年不开展活动的社会组织继续进行清理整顿，对内部管理混乱、违规违纪行为突出和名存实亡的社会组织进行清理，全年共撤销社会组织 299 家（其中省级撤销 76 家）。推动各级开展执法监察工作，今年指定兰州市、天水市、定西市为本年度全省社会组织执法监察观察区，开展联合执法监察活动。加强对全省执法队伍的培训，今年 5 月受民政部民间组织管理局的委托在兰州举办了全国 11 个省市社会组织登记管理机关行政执法人员培训班，借此，扩大培训范围，我省省市县三级 100 余人参加了培训，通过参加培训有效提高了我省各级登记管理机关执法监察业务水平。

## 四、政府向社会组织购买服务情况

我省向民政部报送的 51 个项目当中有 18 个获得中央财政支持立项，

资金达556万元，激发了社会组织参与社会服务和社会管理的积极性。2014年7月，甘肃省财政拿出1065万元在省民政厅、省卫计委、省教育厅、省文化厅、省司法厅、省质监局、省农牧厅、省水利厅、省环保厅、省交通厅10个行业主管部门开展政府购买服务试点工作；根据《甘肃省民政厅、甘肃省财政厅关于印发政府购买社会工作服务实施办法（试行）的通知》（甘民发〔2013〕178号）省财政每年列支210万，购买社会工作类社会组织服务。

## 五、加强和改进社会组织党建工作

依托民政部门在全省13个市州、63个县（市、区）已成立了社会组织党工委，社会组织党建工作管理体制逐步理顺。10月下旬，联合省委组织部、省委党校党建研究所在兰州举办了全省社会组织党组织书记暨社会组织管理工作培训班，市（州）民政局分管副局长、社会组织党工委专职副书记、民间组织管理局（科）长及示范社会组织党组织书记或负责人共120人参加了培训，省市县三级示范社会组织党组织书记在培训班上交流了经验，推动了基层社会组织党建工作。

## 六、积极推动政社分开

根据《中组部关于规范退（离）休领导干部在社会团体兼职问题的通知》（中组发〔2014〕11号）、省委组织部关于转发《中共中央组织部关于规范退（离）休领导干部在社会团体兼职问题的通知》的通知（甘组通字〔2014〕63号）要求，完成了对民政厅所属社团以及直接登记的社会组织中退（离）休领导干部兼职的清理工作，并将清理结果及时报送了省委组织部。出台了《甘肃省民政厅关于确定具备承接政府职能转移和购买服务条件社会组织的指导意见》（甘民发〔2014〕123号），明确提出社会组织具备“与行政机关脱钩，没有现职国家工作人员兼任负责人职务”的，可优先承接政府职能转移和购买服务，以此推开政社分开。根据省委组织部《关于进一步规范县（处）级以上领导干部兼任社会团体领导职务的通知》（甘组通字〔2008〕76号）精神，严把社会组织登记、换届准入关，进一步明确了现职公务员和具有行政管理职能的事业单位工作人员不得在行业协会商会、工商经济类的联合性社会团体、民办非企业单位和基金会兼任领导职务的要求。因特殊情况确需兼任的，按照干部管理权限从严审批。

## 七、在开展活动中提升服务水平

按照民政部的部署，积极组织开展“创建全国社会组织建设创新示范区”、“行业协会加强自律、诚信、服务”和“民办非企业单位塑造品牌与服务社会”3项活动，推动社会组织能力建设，在满足社会多元化服务需求，提供多样化、专业化、高品质的社会服务中不断提升社会组织服务社会的能力水平。我省定西市、酒泉市被民政部确定为全国社会组织建设创新示范区。

## 八、积极推进信息化建设

积极推进我省社会组织省、市、县三级联网的社会组织法人单位基础信息资源库立项工作。编制了《甘肃省社会组织法人库项目建设规划方案》，争取省发改委向民政部出具了地方投资资金承诺函。该项目计划投入541.54万元，其中，中央投资167.88万元。项目的实施将使我省社会组织管理的信息化水平迈上一个新台阶。

## 九、注重加强理论研究和宣传工作

联合高校及科研院所专家完成了《甘肃省社会组织依法监管研究》、《甘肃省社会组织管理创新与社会组织党建创新研究》、《政府向社会组织购买服务模式研究》3项省部级课题研究，为推动省社会组织管理改革提供了理论支撑。积极开展社会组织管理宣传工作，我局被民政部评为“2014年度社会组织新闻宣传工作先进单位”。

## 十、其他工作

一是细化登记指南和流程，及时在甘肃社会组织网政务公开栏向社会公布，规范了行政审批行为。二是严格落实社会组织涉外活动报批制度。结合年检逐一核对接受境外资金捐赠报备情况，对直接登记的58家省属社会组织与境外合作项目进行了摸底调查。配合民政部、省外办开展了涉外社会组织调查工作，认真排查境外非政府组织以社会组织名义在甘活动情况。

## 十一、社会组织管理工作中的创新做法

积极推动出台社会组织管理创新的政策文件。着眼全面深化改革的新形势、新要求，起草了《中共甘肃省委、甘肃省人民政府关于加强和创新

社会组织建设与管理的意见》（代拟稿）（甘民发〔2014〕75 号），报请省委综治委以省委省政府名义出台。报请省政府出台了《关于政府向社会力量购买服务的实施意见》，配套印发了《甘肃省民政厅关于确定具备承接政府职能转移和购买服务资质的社会组织目录指导意见》（甘民发〔2014〕123 号）。配合省财政厅制定出台了《甘肃省财政厅关于印发政府向社会力量购买服务指导性目录（第一批）的通知》（甘财采〔2014〕9 号）。组织 14 个市州民政局分管局长和民间组织管理局局长对省编办起草的《甘肃省政府向社会组织转移职能的指导意见》（征求意见稿）进行了讨论，提出了具体修改意见。11 月中旬，根据甘肃省委贯彻落实四中全会精神文件起草的分工要求，我厅负责起草上报了社会组织在法治社会建设中发挥积极作用等 4 个方面的具体工作措施。

# 2014年青海省社会组织建设与管理工作综述

2014年，我局在民政部民管局的有力指导和厅党组的坚强领导下，结合内外工作岗位分散、工作头绪多、改革和执法任务重、管理难度大、工作力量相对不足的实际，坚持抓作风建设促工作落实，抓政策创制促管理规范，抓制度改革促效率提高，有效提升了对社会组织的综合管理能力和登记管理机关的廉政建设水平，各项工作取得了一定成效。

## 一、推进八项改革

按照省委关于全面深化改革领导小组2014年工作要点及责任分工，报请省政府以101号省长令的形式，取消了对社会团体筹备成立和社会团体分支（代表）机构设立、变更、注销登记审批。以青民发〔2014〕76号文件及时下发了《关于推进社会组织管理制度改革的通知》，在国家推出四类社会组织实行直接登记的基础上，扩大了直接登记范围，突出了地方特色。同时，下放登记管理权限，将现行非公募基金会、异地商会由省级民政部门下延至市（州）、县（区）民政部门登记管理。取消了行业协会“一业一会”登记限制，允许同行业按国民经济细分小的行业成立行业性协会。

## 二、创建三项制度

根据省委、省政府要求，一是围绕社会组织财务管理、活动管理两个重要环节，在广泛征询各方面意见和组织专家论证的基础上，制定出台了《青海省社会组织财务管理暂行规定》和《青海省社会组织行为规范和活动准则》；二是在调查研究、主动协调的基础上，拟订并向省发改委提交了《关于青海省党政机关与行业协会商会脱钩的实施方案》。

## 三、组织筹备召开两个重要会议

一是按照省综治办的要求，组织筹备召开了由18个成员单位参加的省综治办社会组织专项组第二次全体会议，讨论通过了专项组年度工作要点及责任分工和五项工作制度，有效发挥专项组的统一协调和综合监管作用；二是组织筹备召开了时间跨度5年的全省社会组织评估工作会议，认真总结了第一轮全省社会组织评估工作，给获得3A等级以上的单位颁发了牌匾和证书，安排部署并在全国率先启动了第二轮社会组织评估工作。目前，新一轮首批社会组织评估工作已进入公示阶段。

## 四、通过四个渠道优化社会组织发展环境

一是认真组织做好中央财政支持社会组织参与社会服务项目申报、培训、组织实施和检查验收工作。到2014年底，我省17个项目已如期实施完毕，并顺利通过民政部委托的会计师事务所的审计。二是主动会同省财政、国税、地税等部门，认真开展了公益性社会团体接受捐赠税前扣除资格认定工作，先后有青海省教育发展基金会等13个公益性社会团体分别获得2013年度、2014年度公益性捐赠税前扣除资格。三是会同规划财务处协调省发改委向国家发改委报送了《关于对青海省社会组织法人单位信息资源库项目配套资金支持的函》，积极争取国家支持，推动建立我省社会组织法人单位信息资源库。目前该项目实施方案已经专家论证，进入实施阶段。四是充分利用《中国社会报》、青海社会组织网站等，加大对我省社会组织的宣传力度，社管局和1名个人分别获得中国社会报社年度宣传工作先进集体和先进个人。

## 五、从三个层面加强社会组织人才队伍建设

一是配合民政部做好社会组织领军人物培训工作，完成了部里下达我省80名社会组织专业人才培训任务。二是采用以会代培的形式，对全省社会组织登记管理机关工作人员进行了社会组织改革政策培训。三是会同省社会组织党工办对社会组织负责人、党组织负责人和登记管理机关工作人员进行了业务及党建培训，培训人数达300余人次。

## 六、强化政务公开工作

按照“政务公开”、“优质服务”和创建“文明窗口”的要求，主动将社会组织咨询、申请、审批变更等事项列入省政府公开服务办事大厅服务事项，派专人进驻，公开受理。全年共受理社会组织成立登记56个（其中直接登记32个），变更登记102个，接待政策咨询2100余人。建立中央财政支持社会组织参与社会服务项目网上申报制度，明确申报条件和程序，会同项目办、纪检监察等相关单位建立联合会审机制，力争做到公

开、公正、公平。落实基金会财务状况网上公示制度，接受社会监督。采取委托第三方机构的方式，认真开展社会组织财务审计和评估工作。

## 七、严格依法行政

集中开展一次重大的执法行动，按照省政法委的统一部署，认真开展了集中整治非法社会组织和社会组织非法活动专项行动，依法取缔了祥母妇女协会、高原文化遗产保护小组等 4 个非法社会组织，依法给予青海卓玛教育救助会注销登记，勒令青海民慈救助会解散了其非法设立的 20 多个地域性分支机构。主动配合工商行政部门依法查处了西宁金三川文化中心等组织的非法活动。在全国部分省区社会组织执法工作座谈会上，我省作了典型发言。依法开展了社会组织年度检查工作，重点检查社会组织遵纪守法、机构设置、人员变动、财务运作、业务活动等情况。年内全省共有 2364 个社会组织参加了年检，年检率为 82%，年检合格率达 95%。严格执行非营利组织会计制度和有关票据管理规定，全年审核社会组织使用的各类发票 1000 余本，换发 850 本，发现违规使用票据 23 起，并及时进行了纠正和诫勉谈话。

# 2014 年宁夏回族自治区民间组织管理局工作综述

2014 年，宁夏回族自治区民间组织管理局进一步建立健全“发展、监管、党建”三位一体的工作机制，全面推进社会组织管理创新。认真落实民政部工作要点和民政厅 2014 年民政重点工作推进计划，较好地完成了各项工作任务。现将 2014 年重点工作进展情况汇报如下：

## 一、法规政策创新

为加快形成宁夏现代社会组织体制，引导我区社会组织健康有序发展，充分发挥社会组织在我区经济社会建设中的积极作用，我们在去年出台了一系列文件的基础上，以自治区党委办公厅、政府办公厅名义出台了《关于改革社会组织管理制度、激发社会组织活力的通知》、联合自治区综治办、公安厅、农牧厅、林业厅、环保厅、工商局制定下发了《宁夏社会组织履行社会责任评价暂行办法》和《宁夏社会组织履行社会责任评价体系（试行）》。以民政厅名义出台了《宁夏社会组织登记暂行办法》。明确了社会组织直接登记条件，下放基金会和地市级行业协会登记审批权限，社会组织管理体制取得新突破。我区民办非企业单位、非公募基金会和社区社会组织有了较快的发展。

## 二、登记体制改革

一是进行登记管理体制的突破。《宁夏社会组织登记暂行办法》中明确了对商会类、科技类、公益慈善类、城乡社区服务类社会团体取消筹备环节，取消业务主管单位，实行直接登记；取消社会团体、基金会分支机构登记制度，实行备案制度；将市级异地商会、非公募基金会的登记管理权下放到地级市民政部门；将社会团体登记时需单位会员或个人会员 50 个降至 30 个；在行业协会商会中引入竞争机制，探索一业多会，激发行业协会活力。二是进行登记领域的拓展。近年来，宁夏异地商会发展迅速，依法登记的异地商会 22 家，成为宁夏招商引资、招善引资的主要力量。但目前异地商会的发展模式已不适应我区经济发展的需要，为此，我们在去年开始登记地级市异地商会的基础上，今年又积极开展异地商会“一地多会”的登记，商会间进行适度竞争，有利于促进商会更好发展，有利于商会更好地为宁夏经济建设服务。目前已登记地市级异地商会5家，一地多会的商会2家。

## 三、财政支持社会组织服务工作和政府购买服务情况

1. 财政支持社会组织服务工作情况。一是继续做好中央财政支持宁夏社会组织参与社会服务项目申报及实施。我局按照民政部项目实施方案要求，对申报的140个项目严格审核后，上报民政部31家社会组织申报单位，最终有19家社会组织申报单位予以立项，争取资金580万元，项目数量和资金总量均高于全国平均水平。中央财政支持社会组织参与社会服务项目自4月份启动实施。按照民政部项目实施要求，5月份开始，我们对19家实施项目单位进行了项目督察和资金检查工作，6月底完成了立项单位的项目中期评估书的复核收集、汇总上报工作。开展了2期对社会组织负责人及工作人员的培训，约250名社会组织人员接受了培训。目前项目已收尾。二是加大对社会组织培训力度，提升社会组织自身素质。今年共举办各类培训班6次，培训人员达520人，对登记管理机关及业务主管单位人员，社会组织负责人、党支部书记、财会人员等进行社会组织政策法规体系，社会组织登记管理制度，社会组织行政执法制度，社会组织党的建设，社会组织财会制度等课程的学习培训，使受训者从理论水平到实际操作能力方面得到全面的提升，引导和团结社会组织围绕党和国家中心工作，参与社会服务，履行社会责任，发挥积极作用。

2. 政府购买服务工作情况。近年来，我区逐步开展向社会力量购买社会服务工作，基本集中在职业技能培训方面。涉及的社会组织主要是民办培训机构。全区大约有70多家，占登记社会组织总数的1.8%左右，每年投入资金在几百万至上千万不等。另有极个别行业协会承接一些政府的从业人员资格认定、培训项目等，每年资金约几百万元。今年，为了让社会组织更好地承接政府购买服务，在调研的基础上，我们加强政府购买社会组织服务调研，出台了《宁夏回族自治区社会组织承接政府购买服务资质管理办法》。积极推动政府转移职能，向社会组织购买社会服务工作。

## 四、加强规范管理

一是社会组织评估。在今年我区社会组织评估工作中，我局积极开展社会组织分类评估和第三方评估制度，制定了8类评估指标，将各类社会

组织全部纳入了评估范围。委托宁夏民间组织促进会具体实施评估工作，通过《委托协议书》形式明确双方责任，确保评估工作质量。目前，评估工作经过申报、初审、实地考察、评估委员会复审等程序，已基本结束，申报的各类社会组织171家，经过资格审定后，确定参加实地评估单位112家，经过评估专家组实地评估、评估委员会审定，共评出3A级以上社会组织82家，其中5A级9家，4A级30家，3A级43家。截至目前，全区共申报评估各类社会组织897家，评估3A及以上等级社会组织514家，其中社会团体152家，民办非企业单位124家，基金会15家，农村专业经济协会237家。评估为5A级100家，4A级176家，3A级238家。其中，全区性社会组织符合参评条件的社会组织653家，共申报评估各类社会组织254家，全区性社会组织评估率达到34.5%。

二是年检、执法工作情况。强化年度检查作用。按照《宁夏社会组织年检暂行办法》规定，制订社会组织年检方案，下发年检通知，全面开展社会团体、民办非企业单位、基金会的年检工作。加大对社会组织监管力度，有效地促进我区社会组织健康规范发展。截至目前，全区性社会组织1012家，新成立70家，已参加年检社会组织658家，年检率为65%。2014年年度社会组织捐赠税前扣除资格申报工作经过申报、初审，联合自治区财政厅、国税局、地税局审定，申报的28家公益性社会组织获得捐赠税前扣除资格。

三是开展自律诚信和塑造品牌活动情况。按照民政部《关于开展行业协会行业自律与诚信创建活动的通知》和《关于开展民办非企业单位塑造品牌与服务活动的通知》要求，我们及时转发了通知，要求各地民政局和全区性社会组织要认真贯彻通知要求，积极开展创建活动，并将创建活动内容纳入年检、评估等工作中，认真贯彻落实提高行业协会和民办非企业单位社会公信力和社会服务能力，更好地发挥社会组织作用。

## 五、社会组织党建工作

一是扩大覆盖，夯实基础，强化组织。今年，自治区社会组织工委批准成立了宁夏注会税务师行业党委、宁夏中小企业协会党委等党组织，在个别县区还推广了“复合式”党组织组建模式，进一步理顺了部分行业社会组织党组织和党员的隶属关系，扩大了党的组织覆盖和工作覆盖。按照社会组织党组织的隶属关系，指导全区社会组织基层党组织中深入开展党的群众路线教育实践活动，坚决纠正社会组织中的不正之风，进一步强化服务意识，发挥基层党组织的政治引领和监督保障作用。在全区社会组织基层党组织中开展了结对帮扶共建活动，在部分党组织开展了服务型党组织建设试点工作，进一步加强学习型、服务型、创新型党组织建设，促进基层党组织建设优势互补，资源共享，统筹协调，共同发展，使社会组织基层党组织成为“把握方向、凝聚人心、服务群众、促进发展”的坚强堡垒。积极争取自治区财政和自治区党委组织部的党建工作经费，为全区性社会组织基层党组织购置下发了《中国共产党章程》、《中国共产党发展党员工作细则》等书籍，为部分发挥作用好、党建工作经费紧张的党组织提供经费保障，着力加强阵地建设和党建工作。

二是开展培训，强化管理，提高素质。举办了全区性社会组织入党积极分子培训班和党组织书记培训班，切实丰富了全区性社会组织入党积极分子党的基本理论知识，提高了思想政治认识，端正了入党动机，坚定了理想信念，进一步提高了全区性社会组织党组织书记的政治思想素质和党建工作水平。目前正在协调国家行政学院，拟于12月上旬举办全区社会组织工委（党委）书记培训班。认真学习宣传和贯彻落实《中国共产党发展党员工作细则》，按照控制总量、优化结构、提高质量、发挥作用的总要求，认真做好发展党员工作，今年共发展了37名新党员。建立健全了“三会一课”、“六个一”党员学习教育、党员教育培训登记、党员学习日和教育周、党员活动日、党员联系服务群众等制度，切实加强党员的日常管理工作，突出抓好社会组织中党员的政治思想、道德行为、法律法规知识和业务技能等内容的教育，使党员时刻不忘党的先进性，着力提高自身素质，充分发挥先锋模范作用。

三是加强宣传，营造氛围，扩大影响。印发了《2014年全区社会组织宣传纲要》，制定了《2014年社会组织宣传攻势安排》，与《宁夏日报》、宁夏广播电台等新闻媒体制订了宣传合作方案。邀请《光明日报》、《人民日报》、《中国改革报》、新华社宁夏分社、宁夏广播电视总台、《宁夏日报》召开了联席会议，并对我区社会组织党建和管理工作进行了深入调研采访，广泛宣传了我区社会组织党建和管理工作的先进经验及成果。《宁夏社会组织助力招商引资促发展》、《宁夏建立首家社会组织党群服务中心》等多篇宣传报道稿件被《中国改革报》、中国社会组织网刊登。进一步扩大了社会组织影响力，营造了全社会关注和支持社会组织发展的良好舆论氛围。

# 2014 年新疆维吾尔自治区社会组织建设与管理工作综述

## 一、2014 年社会组织基本情况

### （一）登记情况

2014 年，新疆维吾尔自治区各级民政部门新登记成立社会团体 450 个、基金会 3 家、民办非企业单位 456 个。注（撤）销登记社会组织 500 个。

### （二）年检情况

2014 年，按时完成年检审核的全区性社会团体 419 家、基金会 14 家、民办非企业单位 183 个，年检合格率达 99% 以上。

### （三）评估情况

按照民政部《社会组织评估管理办法》，下发了《关于开展 2014 年度全区性社会组织评估工作的通知》，进一步完善第三方评估机制，全面推开评估工作，通过等级评定、动态监管，创新社会组织监督管理机制。自治区本级参加评估的社会团体 25 个、基金会 1 个、民办非企业单位 50 个，初评为 3A 以上评估等级的社会组织 50 个。目前，评估工作正在进行中。

## 二、2014 年社会组织管理创新做法

### （一）依法规范登记管理工作

根据民政部《关于社会组织管理制度改革与社会组织自身能力建设意见》有关指示要求，结合自治区社会组织建设实际，出台了《关于改进社会组织登记工作的通知》，在继续做好行业协会商会类、科技类、公益慈善类、城乡社区服务类社团和基金会组织直接登记、直接管理工作的基础上，取消对社会团体分支（代表）机构设立、变更、注销登记的审批；将非公募基金会和异地商会登记审批权限由省级以上民政部门下延至地州级民政部门。同时，全面贯彻落实《自治区行业协会管理办法》，按照市场化要求指导行业协会、商会发展，适度放宽“一业一会”限制，探索同一

领域多个社团并存的路子，引入竞争机制。

（二）推进行业协会商会与行政机关脱钩

根据行业协会商会与行政机关脱钩总体方案，会同自治区党委组织部联合下发《关于做好自治区各级党政机关主办社会组织清理工作的通知》，开展行业协会商会脱钩工作，要求自治区各厅局对主办主管的社会组织进行摸底调查、自我清理、上报情况，严格规范行政机关主办社会组织数量和清理领导干部在社会组织兼职任职情况，推进在机构、职能、资产、财务、人员等方面与行政机关脱钩，严格规范公务员在社会团体和基金会兼职任职。

（三）着力完善社会组织监管制度

一是扎实开展社会组织年检工作。依托新疆民政厅门户网站、新疆社会组织网和社会组织公务群发布年检要求，使用全国统一管理系统，统一年检工作流程、管理标准及出具结论依据；针对业务主管相对集中的自治区经信委和体育局，采取上门集中办理的一站式办结流程，有效提高效率；对行业协会和基金会进行财务审计，严格审查把关。二是监督管理信息化水平不断提升。按照建立“统一登记、各司其职、协调配合、分级负责、依法监管”的要求，加强工作检查指导，督促各地州市加大社会组织管理工作力度，对社会组织参与社会服务、举行公益等项目进行统计，完善社会组织管理体系建设。按照民政部要求，制定了《新疆社会组织法人单位信息资源库项目（一期）建设方案》，积极协调自治区发改委和民政部，落实建设资金，推进新疆社会组织法人项目建设。三是加强年度检查和执法监察相结合，对长期不进行活动的社会组织进行清理，对全区性社会组织涉外活动开展了细致的调查摸底工作，制定了《自治区民政厅加强对境外非政府组织管理的具体措施》。

（四）积极优化社会组织发展环境

认真贯彻落实相关规定，规范并优化审批、登记工作流程和时间，在新疆社会组织网定期公告社团组织成立、变更、注销登记信息。利用文件和在新疆社会组织网发布信息等形式及时发布全区社会组织工作动态政务信息，为全区社会组织管理发展提供政策信息支持，广泛收集全区各类社会组织发展特色和工作亮点信息，及时整理报送中国社会组织网和各类信息媒体，全年共报送各类工作信息 30 余条，进一步激发了社会组织的活力。

（五）加强社会组织自身建设

继续推动开展行业协会自律与诚信单位建设活动。采取评估表彰、专项培训、交流经验等多种形式，结合全区性社会组织负责人工作会议、全区性社会组织业务培训等大型活动进行表彰讲评，促进社会组织自觉加强自身建设。通过开展各类培训，有效提升了全区性社会组织自身建设水平和管理创新能力。以“提升能力，激发活力”为主题，举办了全区性民办非企业单位“影响力”沙龙专场活动，搭建交流平台，激发发展活力。制订印发了《全区性民办非企业单位塑造品牌与服务社会活动实施方案》，举办了塑造品牌专题培训班，深入开展全区性民非单位开展塑造品牌和服务社会活动。

# 2014年新疆生产建设兵团社会组织建设与管理工作综述

截至目前，兵团共有依法注册登记的社会组织883个（其中，社会团体599个、民办非企业单位279个、基金会5个）。按照地域分，兵团级社会组织137个（其中，社会团体120个、民办非企业单位12个、基金会5个）、师市级社会组织746个（其中，社会团体479个、民办非企业单位267个）。按照性质和任务分，社会团体行业类237个、专业类156个、学术类128个、联合类78个；民办非企业单位科技类7个、教育类121个、文化类5个、卫生类9个、体育类13个、劳动类21个、民政类93个、其他类10个；基金会公募2个、非公募3个。

## 一、加强服务，规范社会组织登记管理

### （一）加强“窗口”审批工作

经兵团同意，取消社会团体分支机构成立、变更、注销登记行政审批事项，保留社会组织成立、变更、注销登记行政审批事项。保留的行政审批事项全部进驻兵团和各师行政服务中心窗口办理。认真落实兵团提出的“即办件当天办结，一般件三天办结，特殊件不超过七天”的要求，能在行政服务大厅办结的事项，绝不拖延。2014年，兵师两级登记管理机关共审批社会团体成立登记28个、民办非企业单位32个、基金会1个，注销社会团体56个、民办非企业单位10个，均在规定的时限内办结。

### （二）严格年度检查

2014年，兵团应参检社会组织873个（其中，社会团体616个、民办非企业单位253个、基金会4个），实际参检社会组织834个（其中社会团体596个、民办非企业单位235个、基金会3个），参检率95.5%，年检合格社会组织781个（其中社会团体548个、民办非企业单位230个、基金会3个），年检合格率89.5%。年检结果通过政务网站、报刊等媒体向社会予以公告。

### （三）启动评估工作

依据《兵团社会组织评估管理办法》，结合实际，制定了《各类评估

指标》，下发了《关于开展2014年兵团社会组织评估工作的通知》（兵民发〔2014〕62号），在兵团社会组织中开展了社会组织评估工作。共评估4A级社会组织8个、3A级社会组织8个、2A级社会组织10个、1A级社会组织4个。

（四）加大执法监察力度

对长期不开展活动以及财务管理混乱的、不按时参加年检的社会组织进行清理整顿。限期整改社会组织89个（其中，社会团体68个、民办非企业单位20个、基金会1个），撤销民办非企业单位4个。

## 二、优化发展环境，扶持社会组织发展

（一）积极争取中央财政支持项目

2014年，争取中央财政支持项目7个，资金220万元。其中，A类项目4个、B类项目1个、C类项目1个、D类项目1个。在项目执行过程中，加强项目指导和管理，规范项目执行和资金使用，项目已经全部执行完毕并接受财务审计。项目的开展，促进了社会救助、扶贫救灾、社区服务、社会福利等社会公益慈善事业的发展，提升了社会组织的整体质量和社会公信力。

（二）社会组织税收优惠有效落实

会同兵团财务局、自治区地方税务局确认了兵团青少年发展基金会等一批社会组织公益性捐赠税前扣除资格。

## 三、开展清理清查，规范社会组织行为

（一）认真开展“小金库”清查工作

按照兵团办公厅《关于印发〈兵团清理检查“小金库”工作方案〉的通知》（兵办发电〔2014〕58号）要求，开展了社会团体和公募基金会“小金库”清查工作。自查率97%，重点抽查率10%，未发现有“小金库”现象。

（二）做好党政机关领导干部兼任社团领导的清查工作

会同兵团党委组织部对兵团党政机关领导干部兼任社团、协会、学会等社会组织领导职务的情况进行了梳理。据统计，兵团本级有依法注册登记的各类社团114个，其中，兵团党政机关领导干部兼任社团领导职务的各类社团80多个，兵团党政机关领导干部兼任社团领导职务的人数511人。

（三）规范离（退）休领导干部在社会团体兼职

按照兵党组发〔2014〕28 号文件要求，对离（退）休干部在各类社会团体兼职进行摸底和清理规范。

## 四、“三项活动”扎实开展，发挥社会组织积极作用

（一）开展了社会组织建设创新示范区创建活动

社会组织发展环境进一步优化，登记管理机关服务管理水平进一步提高，社会组织能力建设和作用发挥进一步提升。对照“发展环境、服务管理、能力建设、作用发挥”四项标准逐项进行自查，积极申报。石河子市被民政部确认为“全国社会组织建设创新示范区”。

（二）开展了民办非企业单位塑造品牌与服务社会活动

民办非企业单位积极响应、主动参与，民办非企业单位服务社会能力显著增强，公益性更加凸显。

（三）开展了行业协会行业自律与诚信创建活动

从健全自律规约、推进信息公开、开展诚信服务、加强规范化建设四个方面开展了行业协会行业自律与诚信创建活动。把行业协会开展行业自律与诚信创建活动成效纳入年度检查内容和等级评估指标体系，努力塑造行业协会良好的社会形象。

## 五、加强培训，提高业务素质

组织师市级民政局登记管理机关业务人员首次参加了民政部举办的第三期地市级社会组织业务培训班。在乌鲁木齐市举办了一期兵团社会组织人员示范培训班，培训各师市民政局登记管理机关和各级各类社会组织负责人共计 115 人，通过培训，提高了各级登记管理机关、社会组织负责人的业务素质。

# 2014年深圳市社会组织建设与管理工作综述

2014年，我局以党的十八届三中、四中全会精神，市政府工作报告关于“发挥社会组织在公共服务和社会治理中的作用”的要求为指引，以“打开门、管到位、环境优、发展快、效果好”为总体要求，以政策创制为重点，以简化登记流程为切入点，以综合监管为保障，以激发社会组织活力为目标，全面深化社会组织登记管理体制机制改革。2月，深圳市和龙岗区入围全国首批社会组织建设创新示范区；市行政服务大厅市民政局窗口获得市精神文明建设委员会授予的“深圳市文明示范窗口”称号。6月，广东省委书记胡春华到我市调研对我市在社会组织管理创新方面取得的成绩给予充分肯定。7月，“完善社会组织承接政府职能配套，更好发挥行业协会商会等社会组织的作用”项目成为全市98个重点改革项目中16个超百分项目之一，入选全市“改革英雄榜”。

## 一、加强社会组织政策创制，不断完善顶层制度设计

一是实施《深圳经济特区行业协会条例》（简称《条例》）。2014年4月1日市人大正式颁布实施《条例》，我局认真做好《条例》的宣传工作，配合市人大召开新条例的新闻发布会，印发《条例》单行本，举办行业协会沙龙活动和《条例》政策解读培训班。切实做好《条例》的贯彻落实工作，制定《条例》的配套文件，包括《行业协会年度报告指引》、行业协会名单、章程范本和登记指南等相关文件，引导申请人按新《条例》的要求和行业协会登记指南申请设立行业协会。截至2014年12月31日，全市现有行业协会（含异地商会）565家，其中市级行业协会299家，异地商会144家，区级行业协会122家。深圳市人大常委会副主任高振怀对《条例》实施的情况给予充分肯定。二是我局会同市社工委联合制定了《关于构建社会组织综合监管体制的意见》，并由市委办公厅、市政府办公厅转发。三是深圳市民政局出台《深圳市社会组织抽检办法》，在全国率先建立不预告通知、直接上门检查的抽检监督制度。四是《深圳市社会组织评估管理办法》、《社会组织信息公开办法》等一系列政策法规创制都取得不

同程度的进展。

## 二、突出流程再造，推动登记体制“微创新”

一是全面清理社会组织登记前置审批程序，简化内部审批流程，工商经济类等8类社会组织实施直接登记，贯彻落实《深圳经济特区行业协会条例》，取消社团分支（代表）机构成立、变更、注销登记审批以及基金会分支（代表）机构成立、变更、注销审批。在公益慈善类、文娱类和体育类社会团体登记中使用“字号”。截至2014年12月31日，深圳市全市共有社会组织8241家，其中登记6669家，备案1572家；市级社会组织2204家，区级社会组织6037家；社团4174家、民非3940家，基金会127家。直接登记的社会组织的数量达到了1602家，占全市社会组织总数的19.44%。2014年全年新增市级社会组织386家，增幅为52.57%，其中直接登记326家，直接登记率为84.46%。二是积极推动培育和发展社区基金会的相关工作，降低准入门槛，将成立社区非公募基金会所需的原始基金数额降低至人民币100万元。积极鼓励驻社区企业等支持公益事业、开展社区服务，推进社区建设，发起成立社区非公募基金会。截至目前，已成立社区基金会10家。三是优化升级社会组织登记申请服务方式，今年一开春，正式启动电话和网上预约访谈制度，推出社会组织登记业务一对一指导服务，同时推行与银行对接的电子政务网上审批系统，获得了社会和媒体的广泛好评。我局的邱婧同志，因在民政服务窗口表现优异，2014年被评为广东省“人民满意的公务员”。四是推行电子化审批，启动使用新的网上审批系统，从申请者及完善内部审批流程角度进一步完善了新电子政务网上审批系统。



## 三、推进政府职能转移，引导社会组织参与公共服务

引导社会组织参与公共服务供给，提升社会组织承接政府转移职能和购买服务的能力，我局已经公布了第二批具备承接政府转变职能和购买服务资质的市级社会组织目录编制，并根据年检和抽检情况，调整了第一批目录；目前具备承接政府转移职能和购买服务资质的市级社会组织共计336家。11月，市政府办公厅公布《关于公布深圳市转变政府职能事项目录的通知》（深府办〔2014〕13号），取消、转移和下放事项共计189项，其中16项交由具备条件的社会组织自律管理。12月，市政府办公厅下发了《关于印发政府购买服务的实施意见及两个配套文件的通知》（深府办〔2014〕15号），并公布了《深圳市政府购买服务目录（试行）》、《深圳市

政府购买服务负面清单（试行）》。以上举措，推动了社会组织承接政府职能转变和购买服务的常态化、制度化。

## 四、构建综合监管体系，提升社会组织发展质量

一是出台综合监管意见。12 月，我局会同市社工委联合制定了《关于构建社会组织综合监管体制的意见》（深办字〔2014〕68 号），并由市委办公厅、市政府办公厅转发，探索建立由政府行政监管、社会公众监督、社会组织自律、党组织保障“四位一体”的综合监管体系。二是在全国开创性地实施抽检监督。按照《深圳市社会组织抽查监督办法》，建立不预先通知的抽检监督制度。从 11 月开始，随机抽查 40 家市级社会组织。抽检全过程向社会公开，并邀请市人大代表、政协委员、党代表及社会知名人士参与，同时联系媒体进行动态跟踪报道。通过建立实施抽检制度，让社会组织不敢违法、不想违法、不能违法，促进社会组织依法健康发展。三是完善社会组织年检系统，做好 2013 年度社会组织年检工作，接收年检材料 1282 家。四是加大执法力度，2014 年全市共依法查处了 231 家社会组织的违法违规行为，对 52 家社会组织给予撤销登记的行政处罚，对 2 家社会组织给予限期停止活动的行政处罚；对 153 家社会组织给予了责令改正的处理；对 23 家社会组织给予了警告的处理；查处了 1 家非法社会组织。对我市三名行业协会会长卷入官员违法违纪案进行全市通报，通报刊登当日，新华网、新浪网等门户网站对其进行转发。五是开展全市社会组织执法人员培训。9 月举办了一期全市社会组织执法人员培训班，邀请国家民管局、上海、北京等地专家来深授课，推动我市社会组织执法工作水平的提升。

## 五、搭建支撑服务平台，推动社会组织更好发挥职能

一是建立全市社会组织信息披露平台，实现社会组织基本信息查询、业务查询、异常名录查询等功能；全力做好全市社会组织“两建一平台”工作专栏网站建设工作。二是建设社会组织创新示范基地，目前已确定该项目的运营主体和完成首批 20 家入壳机构的评审及社会公示工作，并先后举办了 6 期入壳机构培训班。三是启动“2014 年深圳市社会组织人员培训示范项目”，共 600 余人接受了为期三天的社会组织政策及管理研修班的课程培训。四是组建深圳市社会组织评估委员会、复核委员会和评估专家库；制定（修订）了深圳市行业协会商会等 9 类社会组织评估指标体系；完成 2014 年度社会组织评估工作。五是组织行业协会沙龙，编印行业协会

状况白皮书。以“聚智·分享·共赢”为主题，每季度举办一次行业协会沙龙活动。六是配合市财委审核社会组织公益性捐赠税前扣除资格，完成了30家社会组织申请材料的初审；会同市财委、国税局和地税局审核确认了2013年度获得公益性捐赠税前扣除资格共71家社会组织名单。七是配合市统计局共同探究建立社会组织相关服务业统计指标体系，成立课题组，研究社会组织相关服务业统计制度和统计方法。八是与东莞、惠州民政部门签订《深莞惠三市社会组织合作机制工作方案》，加快推进三市社会组织服务一体化发展。九是开展“社会组织管理市、区联合工作日”，加强市区两级社会组织登记管理机关的业务交流。十是推出《深圳社会组织观察》刊物。

## 六、扎实开展党建工作，保障社会组织正确发展方向

一是2014年7月深圳市社会组织联合党委出台《关于进一步加强和改进社会组织党的建设工作的实施意见》，强调要不断扩大行业协会党组织覆盖面，充分发挥党组织对行业协会的政治引领和廉洁监督作用。二是举办社会组织基层党组织书记、党务干部和部分党建联络员培训班，共有110多名党务工作者参加培训。三是积极探索建立社会组织党建工作与业务管理工作联动机制，做到社会组织管理工作和党建工作同步推进。四是积极探索建立党建联络员制度，重点对70多家只有个别零星党员的社会组织发出《关于要求指定党建联络员的通知》。五是开展“七一”评选表彰工作，表彰“先进基层党组织”15个，“优秀共产党员”15名，“先进党务工作者”10名。深圳市信息无障碍研究会党支部刘勇同志更荣获第十八届“中国青年五四奖章”个人奖。六是进一步落实党建带团建、妇建工作，组建深圳市社会组织联合团委，选举产生了共青团深圳市社会组织第一届联合委员会委员和书记、副书记。七是不断扩大党组织的覆盖面和党的影响力，截至目前，市社会组织联合党委共有二级党委1个，党总支2个，党支部81个，管理党员685名。

# 2014 年大连市社会组织建设与管理工作综述

2014 年，大连市社会组织着力围绕党的十八届三中、四中全会提出“激发社会组织活力”的目标要求，从加强政策创制、完善社会治理结构、改善社会治理环境、提高社会治理水平高度出发，进一步改革社会组织登记管理制度，简化审批程序，推进政社分离，拓宽监管渠道，完善法人治理结构，积极推行政府购买服务，使社会组织管理服务社会的能力得到全面提升，实现全市社会组织承上启下大发展，取得良好成果。

## 一、基本情况

截至 2014 年 12 月底，大连市登记备案的社会组织总数 12060 家，比上年增加 1302 家（直接登记 157 家），增长率为 11%。其中市级社会组织 1279 家（市级社会团体 602 家，市级民非单位 677 家），各区市县为 10780 家；登记的社会组织 3134 家，备案的社区社会组织 7646 家。

## 二、主要工作

### （一）以政策创制为契机，深化登记管理制度改革

2014 年，按照中央要求深化社会组织改革，不断探索直接登记、一业多会试点、社区社会组织备案等项工作。贯彻落实《关于加快推进社会组织管理制度建设的指导意见》（大政办发〔2013〕64 号）精神，规定对行业协会商会类、科技类（自然科学）、公益慈善类、城乡社区服务类社会组织取消双重管理实行直接登记。允许同一领域设立多个行业协会，取消社会团体筹备成立审批环节和社会团体、基金会设立分支（代表）机构等登记审批。适度下放登记管理职能，结合 2013 年度开展的规范整顿活动情况，将业务主管单位已经变更的 125 家民办非企业单位进行登记管理权限变更，并以市民政局名义出台了《大连市社会组织登记管理若干规定（试行）》。

### （二）以三项制度为主体，建立规范监督管理模式

一是坚持落实三项制度。落实重大活动报备制度。依据《大连市关于

进一步加强社会组织重大活动报告制度的通知》，进一步完善社会组织管理制度，加强对社会组织重大活动事项的管理，各社会组织要严格依照国家法律法规规定开展活动，凡是违反法律法规开展活动的或重大活动事项不报告的，将依据有关规定予以处罚。全年我市共有318家社会组织进行了重大活动报告备案。落实集体约谈制度。为贯彻党的群众路线教育实践活动，转变工作作风，改变“重登记、轻管理”的情况，我们建立了社会组织负责人集体约谈制度，以集中约谈方式，召集近期新成立的社会组织负责人，重点宣传社会组织法规政策，领取最新文件资料，充分了解各社会组织业务开展情况及各法人代表对其单位性质的掌握理解程度，增进交流。落实经验交流制度。通过“法人治理结构专题培训会”、“大连市社会组织联合会筹备会”、“大连市社会团体负责人培训班”，大连市律师协会等社会组织介绍了内部建设的经验和体会，充分发掘自身资源整合能力、展示自我发展建设风采，为各社会组织搭建了学习交流平台。

二是扎实推进年度检查工作有效开展。为确保年检工作形成常态化、制度化、规范化，市民政局下发了《关于开展社会组织2013年年度检查工作的通知》，确定社会组织年检的对象、时间、程序、内容、材料、方式及年检结论的处理，进一步提高对年检工作重要性的认识，强化年检工作的严肃性，解决《年检报告书》中的虚假失真问题，健全以年度检查为主要内容的日常管理制度。截至2014年6月底，我市共有3289家社会组织参加年度检查，参检率达到75%，其中社会团体1031家，民办非企业单位2258家。

三是开展第四次社会组织诚信评估工作。为加强社会组织的自律完善、自我规范，按照《大连市社会团体评估暂行办法》和《大连市民办非企业单位暂行办法》要求，制定《大连市民办非企业单位规范化建设评估指标》，启动了我市第四次市级社会组织评估，重点开展对民非单位的评估工作。全年共完成195家民非单位自评申报工作，组织第三方评估机构进行了实地考察评估，经审核小组审定，107家被评为3A级以上社会组织，7家被评为5A级社会组织。

四是推进社会组织信息化建设。近年来，大连市社会组织发展迅速，数量大幅增长，涉及社会组织服务管理方面的工作日益增多。进行社会组织信息化建设不仅能够实现社会组织数据的实时汇总，更有利于及时掌握社会组织具体信息，对于加强社会组织服务管理工作有较大的辅助作用。年初以来，我们完成了全市4401个登记社会组织60余项基本信息的录入工作。在局领导的带领下配合局信息中心及上海万达信息公司对我市“社会组织业务管理系统”进行了适应性调整，并在此基础上开发了“网上核名”及“网上年检”功能。改版升级《大连社会组织》网站，新网站设置了“新闻中心”、“信息公开”、“办事指南”、“办事大厅”等模块。目前“社会组织业务管理系统”已试运行，《大连社会组织》网站已投入使用。

（三）以培育扶持为抓手，努力提高社会治理水平

一是开展行业协会商会自律诚信和民非单位品牌创建活动。为提高社会组织社会公信力，发挥服务社会的重要作用，依据民政部的要求和部署，转发民政部《关于开展民办非企业单位塑造品牌与服务社会活动的通知》，并结合我市实际提出了工作要求，在全市范围内组织开展了“百优”民办非企业单位评选活动，使我市行业协会行业自律与诚信创建活动取得实效。通过典型带动、广泛宣传，树立了大连嘉汇教育集体等一批服务社会能力显著、公益性强的民非单位典型，作为社会组织的示范点，引导其他社会组织建立健全各项制度，着力打造诚信品牌，提高社会公信力。西岗区下发了《西岗区社会组织参与社会服务项目征集通知》，评选出100个在民生保障、经济发展或社会管理等方面具有显著的社会效益以及重点扶持及鼓励发展的项目进行扶持。金州新区制定出台了《金州新区创建社会组织服务品牌工作方案》、《深入开展社区一线帮志愿服务活动实施方案》及《金州新区开展社会管理创新项目评选活动实施方案》等政策办法，且区财政拿出近300万元扶持资金，分别给予街道、社区、社会组织奖励性和补贴性扶持。

二是成立大连市社会组织联合会。党的十八大提出加快建立政社分开、权责明确、依法自治的现代社会组织体制，特别是十八届三中全会提出要激发社会组织活力的目标要求，我市原有的社会团体发展联合会已无法满足形势任务和社会组织发展的要求，迫切需要增加会员类别、扩大业务范围、完善组织架构等事项。同时，中央统战部办公厅下发了《关于开展社会组织统战工作试点的通知》（统办函〔2014〕36号），决定将我市作为“三省两市一区”开展社会组织统战工作的试点单位之一，并提出“有条件的地方可成立社会组织联合会，在建立开展社会组织统战工作的载体方面做出重点探索”。为此，我们在大连市社团发展联合会的基础上筹备成立大连市社会组织联合会。目前，大连市社会组织联合会有近400个会员单位，涵盖了各类型社会组织。今后，大连市社会组织联合会将在提升社会组织自治能力，整合社会组织资源、承接政府职能，开展社会组织统战工作，增进社会组织信息交流，监督社会组织财务活动等方面发挥

重要作用。

三是建设大连市社会组织服务中心。为加大社会组织培育力度，优化社会组织发展机制，增强社会组织的公共服务功能，发挥社会组织在加强和创新社会治理方面的作用，根据市委、市政府《关于创新社会治理的实施意见》（大委发〔2014〕17 号）中要在“现有工作基础上成立市社会组织服务中心”的要求，加快形成政社分开、权责明确、依法自治的现代社会组织体制，筹划建立了大连市社会组织服务中心。采取“政府扶持、社会运作、专业管理、三方受益”的运作模式，将具有行业性、联合性、区域性、枢纽性的社会组织纳入重点培育孵化范围，为社会组织在场地、项目、技术、信息、沟通、指导等方面提供服务的公共服务平台。

四是完成社会团体负责人培训。借助中央财政支持，2014 年 9 月 23 日至 25 日召开全市社会团体负责人培训班。本次培训共筛选 150 余家发展稳定、标准规范的社会团体负责人参加。本次培训紧紧围绕社会组织创新与改革，邀请国家民间组织管理局领导、北京惠泽人公益发展中心创始人、温州市民管局领导以及社会组织的优秀代表等专家教授，从社会组织法规政策、各地发展经验、社团法人治理结构、转型期公益组织发展等几方面给大家授课并互动，深入探讨如何建立现代社会组织体制，健全基本公共服务体系，提高基层社会管理服务水平。

五是推动全市社会组织孵化基地建设。近年来，我市狠抓社区社会组织培育建设，取得了良好成果，2013 年李立国部长专程视察了我市首个社会组织示范孵化基地——大连湾社会组织服务中心，并给予高度评价。2014 年 2 月份我市甘井子区被民政部评为“全国社会组织建设创新示范区”。各示范孵化基地引进服务内容贴近民生的、刚建立或处于筹备过程中的社区社会组织，提供场地资金、项目策划、能力培养等较为集中、优质的服务。中山区投资 155 万元用于建设社会组织发展服务中心，建成后每年预计投资 200 万元作为政府购买服务和公益创投的引导资金；西岗区 365 社会组织服务园、庄河市社会组织服务中心等将一批发展潜力大、前景好的社会组织吸纳入驻；沙河口区出台《大连市沙河口区关于进一步加快推进社会组织创新发展的指导意见》，建成区、街道、社区三级孵化体系，投入专项资金 200 万元，用于开展公益创投项目。各区市县社会组织在示范孵化基地的带动下，进一步提升自我建设、自我完善的能力，为百姓提供了便民利民、促进和谐、丰富文体生活等各种服务。

六是指导并督促中央财政支持社会组织服务项目。2014 年，我市进一步向基层社会组织提供资金支持，共计三个项目获得中央财政 115 万元的社会组织专项扶持资金，分别是社会组织人员培训示范项目、“和谐邻里”示范服务项目和“大连市社区服务平台”试点项目，按年初计划指导并督促项目单位做好专项工作。社区社会组织“和谐邻里”示范服务项目主要鼓励社区社会组织在法律心理调节、生活服务、医疗保健和文娱艺术领域开展直接服务百姓的活动，在先期动员、培育的基础上，三季度对80个活动项目开展了申报、评定、资助，通过推广上述项目，完善配套资金扶持力度，培树社区社会组织品牌，优化社区社会组织结构，引导社区社会组织发展方向。社会组织联合会运用中央财政扶持资金，对全市社会团体负责人开展业务培训。

（四）以政社分开为依托，不断激发社会组织活力

一是开展我市党政机关办协会等有关问题整改工作。根据辽宁省委办公厅、辽宁省政府办公厅关于印发《党政机关办协会等有关问题整改方案》（辽委办发〔2014〕7号）的通知要求和我市具体工作安排，起草了《大连市党政机关办协会等有关问题整改方案》。从推进行业协会商会与行政机关脱钩，开展行业协会商会以外的社会组织清理整顿，依法有序向社会组织转移职能，清理社会组织办企业问题，加强对财政资金、国有资产的管理，加强对社会组织财务监管六个方面进行整改。重点解决中央巡视组反馈意见中提出的党政机关办协会等问题，加快推进建立政社分开、权责明确、依法自治的现代社会组织体制，形成统一登记、各司其职、协调配合、分级负责、依法监管的社会组织管理体制。

二是首次开展非公募基金会登记审批工作。根据全年工作计划，依据《关于加快推进社会组织管理制度建设的指导意见》（大政办发〔2013〕64号），大连市民管局拟定了审批登记3至5家非公募基金会，实现基金会登记工作零的突破。并组织15位拟成立基金会的发起人座谈，就基金会登记管理中的重点、难点和疑点进行解答和讨论。民管局工作人员熟悉了基金会的性质、分类、组织机构、资金管理模式和登记管理流程。截至2014年底，共计审批成立1家非公募基金会，另有6家正在审批中。

三是建立查处退出机制。全年共注销131家社会组织，其中社团23家、民办非企业单位108家，撤销75家社会组织，其中社团1家、民办非企业单位74家。

# 2014年青岛市社会组织建设与管理工作综述

2014年，青岛市深入贯彻落实党的十八大和十八届三中、四中全会关于社会组织改革发展的决策部署，加快社会组织管理制度改革创新，优化社会组织发展的政策环境、社会环境和舆论环境，提高社会组织承接政府转移职能和服务社会的能力，促进社会组织健康有序发展。截至2014年12月31日，全市共有社会组织12745家。其中社会团体1754家，民办非企业单位5005家，备案制社会组织5986家，初步形成了遍布城乡、门类齐全、层次不同、覆盖广泛的社会组织体系。

## 一、登记工作

作为青岛市社会组织登记管理改革牵头单位，在总结2013年试点经验的基础上，出台了《青岛市社会组织登记管理改革方案》和《青岛市社会组织登记管理改革推广方案》，提出目标任务，明确职责分工，细化工作措施，划分阶段推进，成立了由分管局长任组长、相关处室负责人及各区市民管负责人为成员的市社会组织登记管理改革指导小组，并召开全市社会组织登记管理改革培训会，聘请专家授课，对文件进行深入解读。各区市民政局也结合工作实际，分别制订了相应的改革方案。

在社会组织登记过程中，一是对行业协会商会类、科技类、公益慈善类、城乡社区服务类“四类”社会组织实行直接登记。二是允许同一行业根据需要成立多个行业协会，实施“一业多会”，允许吸纳非本地籍会员加入本地社会团体。三是取消对社会团体筹备成立和社会团体分支（代表）机构设立、变更、注销登记的审批，将民办职业培训机构的登记管理权限下放到区市民政部门。四是在申报材料上，实行容缺受理制度，注册资金在5万元以内的社会组织申请登记时，可以银行资信证明代替验资报告（有前置许可的除外）。

2014年全市新增社会组织823家，其中社会团体188家，民办非企业单位635家，较2013年同比增长37.9%。新增社会组织中直接登记241家，2013年试点直接登记62家，同比增长288.7%。

社会组织登记管理改革工作得到了市领导的肯定，市委常委、政法委书记、市委社会体制改革专项小组组长徐学武同志在市委社会体制改革专项小组《工作动态》上作出批示："市民政局关于社会组织登记管理改革的方案很好，这是我市社会体制改革的一项重要内容。望通过这项改革事项，推动全市社会组织的发展和科学管理，为促进经济社会建设作出应有贡献。"

## 二、管理工作

针对年检时间长、工作量大、程序复杂等情况，借鉴往年的经验，下发通知对社会组织年检工作进行部署。在年检中始终与业务主管部门密切配合，及时掌握应检社会组织的动态，确保年度年检工作有计划、按步骤地完成。全市社会组织应检 5614 家，实检 5216 家，年检率 93%，其中市北区、胶州市、莱西市的年检率达 100%。

对已被评为 3A 级以上且有效期满三年的 15 家民办非企业单位开展评估复查工作，按照"参评单位自评、评估专家小组初评、登记管理机关审定、评估委员会审核公示"的程序，委托青岛市社会组织发展促进会作为第三方，负责评估工作。通过评估复查，落实了对评估结果实行动态管理的制度，及时淘汰或调整名不副实的等级单位，不搞评估"终身制"，确保评估工作的公信力。

在"利用福彩公益金在社会组织中开展公益创投活动"中，首次采取购买第三方服务的方式，委托清华大学 NGO 研究所组织专家委员会评审，以确保申报项目的公平、公正和公开。此次活动，投入福彩公益金 300 万元，全市 150 多家社会组织参与其中，共有 20 个公益创投项目获得"青岛市社会组织公益创投示范项目"立项；20 个公益创投项目获得"青岛市社会组织公益创投优秀项目"立项。所涉及的公益创投项目直接服务对象 2 万人次，间接服务群众 12 万人次。2014 年各区市也采取公益创投、以奖代补、开办扶持、购买服务等方式对社会组织进行资助扶持，区市财政共计投入 2974 万元。市北区引入全国先进社会组织孵化园区运营理念，由区政府投资 300 万元，建立总面积为 1400 平方米的"市北区社会组织创益工场"，目前已有 29 家机构正式入驻园区，涵盖了青少年、心理健康咨询、环保、卫生、养老、教育、公共服务等领域。李沧区依托"提升市民中心服务功能"政府实事项目，列支百余万元委托立信社会管理咨询中心作为第三方，组织开展 10 个公益创投服务项目。城阳区社会组织孵化园（基地）建设工程列入区委 2014 年度工作要点，目前已建成街道级社会组织孵化园8个、社区级社会组织孵化园15个，入驻社会组织102个，为公益性社会组织减免相关费用30余万元。崂山区会同区财政局出台了《崂山区培育扶持社区社会组织经费管理办法》，进一步规范社会组织扶持资金运作，全年发放培育扶持资金12.4万元。

开展创建国家和省社会组织建设创新示范区工作，转发了《山东省民政厅关于开展创建全省社会组织建设创新示范区活动的通知》，各区市按照省民政厅明确的创建标准，在市局的指导下进行自查申报，李沧区等5个区市通过市局的初审推荐，相关材料已报送省厅评审验收。市南区、市北区2014年被民政部确认为“全国社会组织建设创新示范区”。

积极参与中央财政支持社会组织参与社会服务示范项目招投标工作，共向国家民间组织管理局申报项目10个，青岛红十字蓝天救援中心等4家社会组织的4个项目分别列入承接社会服务、社会工作服务、人员培训示范项目立项，争取中央财政资金165万元，位列全国计划单列市之首。

会同市政府研究室对全市社会组织发展情况进行了深入调研，所撰写的《关于促进社会组织健康有序发展的调研报告》，在《政务调研》刊发，引起了市领导的高度重视。起草了《关于改革社会组织管理体制促进社会组织健康有序发展的意见》，意见打破了许多制约我市社会组织发展的瓶颈，在登记管理、发展环境、监管体制等领域的改革有创新突破，将处于全国领先水平。

为进一步明确社会组织登记管理相关各部门工作职能，建立相应的工作制度，顺应形势变化和改革发展需要，以市委、市政府名义起草了《青岛市民间组织管理工作领导小组更名及调整小组成员的通知》，通知已下发，“青岛市民间组织管理工作领导小组”正式更名为“青岛市社会组织发展和管理工作领导小组”，同时对领导小组成员进行了调整。

## 三、执法监察工作

下发了《关于在全市社会组织中开展年度执法专项检查的通知》，执法专项检查共分全面自查、督导抽查和整改落实三个阶段进行。在全市社会组织普遍自查的基础上，对5%的社会组织督导抽查。针对检查中发现的问题，能及时沟通解决的当场解决，问题突出的提出整改要求，违纪违法的给予行政处罚。

制定下发了社会组织“四级”监督管理网络建设的办法，完成了市、区（市）、街（镇）、社（居）网络建设，分别与各级监管部门签订了协议，设立了社会组织监督管理举报电话和电子信箱，并向社会公布。社会监督员若发现社会组织违法行为和非法社会组织开展活动，可及时报所在区（市）民管局进行查处。

为净化社会组织发展环境，加大了联合执法力度，市局会同市教育局等部门联合查处9家非法社会组织，查处1家违规办学社会组织；会同市公安局取缔了全国铁道兵战友旅游协会等3家非法社会组织，阻止了三起非法集会。同时也加大了对违法违规社会组织的处罚力度。2014年，全市对违法违规的50家社会组织限期整改，23家行政警告，13家责令停止活动，88家撤销登记，51家连续两年未参加年检的社会组织进入撤销登记听证公告程序。

# 2014年厦门市社会组织建设与管理工作综述

2014年，我市社会组织建设与管理工作坚持以党的十八大和十八届三中、四中全会精神为指导，以实施“美丽厦门”战略规划为契机，以推进社会治理体系和治理能力现代化为目标，重点推进社会组织管理体制改革创新，加快形成政社分开、权责明确、依法自治的现代社会组织管理体制。截至2014年底，全市已登记备案社会组织3053个，比上一年增长23%，其中：社会团体1142个（市级645个，区级497个），民办非企业单位1046个（市级270个，区级776个），备案社区社会组织833个，台湾社团在厦代表机构22个，基金会10个。主要工作情况有以下几方面：

## 一、社会组织登记管理体制改革稳步推进

加大社会组织直接登记力度，完善直接登记的程序和方式，自2013年7月1日以来全市直接登记社会组织178个，同比增长74.2%。出台《厦门市民政局关于取消全市性社会团体分支机构、代表机构登记审批项目的通知》，由各社会团体自行决定分支机构、代表机构的设立、变更和终止。出台《厦门市关于调整全市性社会团体成立登记程序有关问题的通知》（厦民〔2014〕260号），取消社会团体筹备成立的审批，进一步简化登记程序，激发和释放社会组织发展活力。对行业协会商会、公益慈善类和社区服务类社会团体实行“一业多会”机制，鼓励社会组织适度竞争，激发社会组织发展活力。目前已在“建筑材料行业”、“汽车行业”、“青年创业”、“摄影”、“慈善”等领域实现一业多会。将异地商会登记权限下延到各区，目前已登记区级异地商会5个。按照“改革创新、高效服务”要求，我局驻市政务服务中心审批办大力推行“马上就办”，进一步优化审批流程，着力提高审批效能。2014年全年合计接件1533件，即办件1068件，按期办结465件，其中办理社会组织行政审批事项256件。按时办结率达100%，合格率100%，群众满意率100%，实现三个100%，连续三年被市行政服务中心评为“红旗窗口”。

## 二、政府购买社会组织服务进展顺利

为推动政府向社会组织转移职能，支持和促进社会组织广泛深入地参与社会治理、提供公共服务，加快建立健全政府购买社会组织服务制度。2014年4月市政府办印发了《关于推进政府购买服务工作的实施意见》，明确了购买服务的主体和内容，初步建立了以政府采购、定向委托等不同方式向社会组织购买服务机制。我局印发了《厦门市民政局关于编制具备承接政府职能转移和购买服务资质的社会组织目录的通知》，开展社会组织承接政府职能转移和购买服务资质申报工作。经审核和公示，确定第一批具备承接政府职能转移和购买服务资质的市级社会组织共62个。已将目录名单印发公开，作为选择承接政府职能转移和购买服务主体的重要依据。今年市级财政购买社会组织服务试点项目6个，资金达338.06万元。

## 三、社会组织扶持培育力度持续加大

社区社会组织方面：出台《厦门市民政局关于加强社区社会组织建设的意见》，继续放宽准入门槛，简化登记程序，积极培育扶持社区社会组织。截至2014年底登记备案社区社会组织966个，同比增长56%。社会组织孵化基地建设方面：落实建设经费126万，建成市级社会组织孵化基地——“厦门海峡两岸社会组织服务中心”，将尽快运营；探索建立规范管理社会组织孵化基地的长效机制，制定了《厦门海峡两岸社会组织服务中心管理办法》；确定首批入驻的社会组织9家，其中台湾社团代表机构5家，市级公益慈善类社会组织3家，托管单位1家。

## 四、社会组织监管工作不断强化

### （一）开展社会组织年检工作

采取多渠道发通告、上门集中年检、“一站式服务”和网上预审等方式，提高年检工作效率。同时加大财务检查力度，要求所有参加年检的社会组织须提供社会审计机构作出的财务审计报告，对不符合规范的社会组织进行教育整改。2014年应参加年检的市级社会组织785家，已参加年检的社会组织共有711个，占应年检数的90.6%。

### （二）加大社会组织执法监察力度

对厦门市蓝翔模具职业培训学校等15个两年以上未参加年检的社会组织实施行政处罚。调查处理7件信访件，较好地化解了社会组织矛盾。日常管理中，全年共指导86个社团完成换届工作和61场次社团筹备、成立大会依法依规派出现场督察人员近300人次，切实履行了登记管理机关的监管职责。

（三）开展社会组织评估工作

按照民政部印发的社会组织评估指标体系，委托第三方厦门市社会组织促进会开展评估，充分发挥评估的激励和约束作用，形成对社会组织的有效舆论监督和社会监督。2014年共评估151个社会组织，比去年增长56%。5A级社会组织1家，4A级社会组织2家，3A级社会组织26家，2A级社会组织16家，1A级社会组织58家，无等级社会组织48家。应评估社会组织697家，已评估455家，评估率65.3%。

## 五、中央财政支持社会组织项目顺利执行

今年，我局向民政部申报了5个中央财政资金支持社会组织参与社会服务项目，市慈善总会“雨露育青苗”孤困儿童结对帮扶试点项目、市湖里区霞辉老年社会服务中心社区“家庭病房”居家养老综合服务示范项目、市民间组织管理局人员培训示范项目被批准立项，立项资金累计达115万元。我局加强对三个项目的指导、监督，确保资金科学、合理、有效使用。目前三个项目执行顺利，已于11月底执行100%。

## 六、社会组织能力建设得到加强

我局共举办两期社会组织能力建设培训班，市、区两级社会组织工作者约372人参加培训。此次培训班邀请国家民间组织管理局领导、厦门大学及集美大学教授等专家，就社会组织工作的中央精神、发展趋势、政策法规、专业知识等方面进行授课。培训班的学习课程紧凑、紧贴实际、效果显著，有助于进一步提高社会组织工作者的职业素质和专业能力，推进社会组织健康有序发展。

## 七、社会组织宣传报道工作成效突出

全年共编辑社会组织工作内刊《厦门社会组织》6期，为政务公开、宣传政策法规、促进社会组织的沟通交流等提供平台。目前在《中国民政》、《中国社会报》、《中国社会组织》、中国社会组织网、《福建民政》等国家、省、市级报刊上发表有关全市社会组织工作的宣传报道和调研论文64篇次；在市民政局网站开辟“社会组织动态”专栏，及时报道我市社会组织的活动情况、经验材料和专题文章86篇次，有效地指导、推动社

会组织工作取得新的进展。我局被中国社会报社表彰为“社会组织新闻宣传工作先进单位”。

在创新社会治理体系和治理能力的新形势下，社会组织已成为推进社会公益事业发展，承接政府职能转移，参与社区治理，促进社会和谐的一支重要力量。近年来，我市社会组织建设服务管理等方面虽然有了很大的发展，也取得了明显的进步，但随着改革力度的加大和领域的拓展，也遇到了一些新情况。社会组织发展仍面临不少现实的困难和问题，与我市经济社会发展新形势的要求还有差距。2015 年，我局将继续贯彻落实党的十八大和十八届三中、四中全会精神，重点推进社会组织管理改革创新，坚持积极引导发展、严格依法管理的原则，促进社会组织健康有序发展，加快形成政社分开、权责明确、依法自治的现代社会组织体制。

# 2014年宁波市社会组织建设与管理工作综述

2014年是宁波社会组织发展全面推进之年，主要贯彻落实市委、市政府《关于加快建立现代社会组织体制促进社会组织健康有序发展的意见》及相关配套文件精神，积极开展新的探索和实践。截至2014年底，我市依法登记的法人社会组织5759家（社会团体2315家，民办非企业单位3384家，基金会60家。含驻甬基金会52个）比上年增长7.4%，其中市本级872家（社会团体543家，民办非企业单位321家，基金会8家），每万人拥有法人社会组织数量达到7.6个；另有11793个备案的基层社区社会组织，涵盖我市城乡基层社会各个领域。2014年全市社会组织发展和管理亮点纷呈，主要做了以下九方面工作：

## 一、大力推动政府向社会组织购买服务

制定《关于推进政府向社会组织购买服务的实施意见》，明确政府向社会组织购买服务的具体规则、流程及监管职责分工。特别明确规定，今后各级政府部门在选择承接政府职能转移和购买服务的社会组织时，应从民政部门公布的具备资质的社会组织目录中选取。并以两大目录为抓手，确保政策的具体落实。一方面大力推动政府向社会组织转移职能和购买服务的目录出台。2014年6月市民政局率先公布了《2014年市民政局向社会力量购买服务目录》，为推动政府部门出台向社会组织购买服务的指导目录起了示范作用；另一方面开展具备承接政府职能转移和购买服务资质的社会组织认定工作。2014年先后公布了三批市本级共140家具备承接政府职能转移和购买服务资质的社会组织目录。社会组织资质目录的发布，与政府职能转移和购买服务指导目录相呼应，符合资质条件的社会组织将优先获得政府支持。

## 二、不断推进社会组织登记管理体制改革

按照统一登记、分级负责，转变职能、简政放权的要求，稳步推进社会组织直接登记制度。除政治、法律、宗教类社会组织外，对行业协会商

会类、科技类、公益慈善类和城乡社区服务类 4 类社会组织实行向民政部门直接登记。实行直接登记制度以来，宁波市各级民政部门新成立登记社会组织 517 家，其中直接登记社会组织 51 家，占登记数的 10%。对公益慈善类社会组织降低登记门槛，实行注册资金认缴制，对办公场地不做强制性要求。围绕审批制度改革，进一步简化审批流程，取消了社会团体筹备审批和分支（代表）机构的审批，分支（代表）机构由其自主设立。推进社会组织综合监管体系建设，制定了《宁波市社会组织管理工作领导小组成员单位及相关部门职责分工》，明确相关部门工作职责，初步建立起“统一登记、分级负责、各司其职、依法监管”的现代社会组织管理体制。

## 三、积极引导社会组织参与社会服务

会同财政部门制定了《宁波市社会组织参与社会服务项目专项资金使用管理暂行办法》，开展市本级社会组织专项资金支持社会组织发展项目(500 万财政资金)。经过遴选，社会服务项目、规范化建设示范项目、创建社会组织服务品牌等 35 个社会组织发展项目获专项资金立项。另外，我市 3 个社会组织申报项目共获中央财政 85 万元资金扶持。建立公益创投机制，拓宽社会资源向社会组织供给渠道。开展公益项目设计大赛、“三百对接”活动（百家企业、百家社会组织对接百个公益项目）和公益集市行动，吸引上千万元社会资金资助参与社会公益服务项目，推动了企业及其他社会资源的公益服务资助，和社会组织的公益服务生产实现有效对接。为确保公益项目的有效开展，制定出台了《宁波市公益创投实施办法》、《宁波市公益项目管理办法》、《公益项目评估实施办法》、《公益项目资金使用办法》等多个制度，规范公益项目的申报、立项、实施、追踪、通报、评估等全过程，做到项目管理有章可循、透明规范。

## 四、依法加强社会组织规范管理

加强对社会组织重大活动的指导和监管，一方面建立了社会组织法定代表人约谈制度，及时跟进社团筹备环节取消后对社团成立前期的各项指导服务；另一方面对社会组织换届等重大活动实行报备制，引导社会组织依法依章开展活动。开展 2013 年度社会组织年检工作，重新调整年检报告书的内容，增强年检工作的针对性；在年检对象上，新增基金会的年检，严把基金会的财务审计报告和专项信息审计报告；在年检方式上，采取网上年检预审和部分民非、行业协会联合年检的办法，进一步规范社会组织年检行为，提高管理效能。2013 年度应检社会组织 765 家，实际参检 737

家，参检率达96%，其中年检合格692家，基本合格35家，不合格38家。加大对社会组织违法行为的执法查处力度，对未按规定参加年检和年检不合格的单位，及时移交执法支队进行立案，发布行政处罚预警，要求涉嫌违法的社会组织进行限期整改，接受行政处罚。2014年，市本级共立案查处社会组织4家，其中停止活动处罚1家，撤销登记2家，取缔1家，另外经督促自行注销5家，通过执法有效规范社会组织依法开展活动。

## 五、全面推进社会组织评估工作

2014年修订出台了《宁波市社会组织评估管理办法》和《社会组织分类评估指标体系（2014版）》，调整充实评估专家组成员，形成“自查自评、资格审查、专家组实地初评、复核委员会复核、评估委员会审定、社会公示”的规范完整体系，确保评估全面、客观、公正。同时建立评估激励机制，将社会组织评估等级与政府购买服务、税收优惠、获评先进示范相挂钩，对上年度获评4A以上评估等级的社会组织实行了专项奖励。2014年市本级实际参评社会组织100家，有效期内参评的市级社会组织累计数为287家，评估率达到41.5%。各县（市）区组织开展社会组织的评估工作的力度也进一步加大，通过不同方式，如慈溪、镇海邀请第三方评估机构开展评估，通过评估有力促进了社会组织规范化建设。全市历年评估数约1500家，全市社会组织参评率达到31%。

## 六、深化社会组织服务平台建设

加强对公益服务促进中心和社会组织促进会日常工作指导，委托其承接培训、项目管理、等级评估等服务。指导县（市）区社会组织服务平台功能建设，拓展服务职能，海曙区、鄞州区、慈溪市等地社会组织服务中心逐步承接社会组织年检初审、培训、评估、党建指导、公益创投等服务管理职能。在市、县两级社会组织服务中心全覆盖的基础上，逐步向有条件的乡镇（街道）延伸。鄞州区加快社会组织管理结构改革，在钟公庙街道试点打造镇级社会组织服务中心，发挥基层枢纽型社会组织服务平台作用；北仑区建设街道级社会组织活动中心，在街道层面形成社会组织集约性作用效应；镇海区启动全市首个社会组织公益创业园建设工作。

## 七、加强社会组织能力建设

制定出台了《宁波市社会组织法定代表人约见谈话制度》、《宁波市社会团体法人治理指引》、《宁波市社会团体章程示范文本》等各项管理制度，引导社会组织健全以章程为核心的社会组织内部治理机制，加强民主管理和信息披露，规范社会组织行为，提高社会公信力和诚信度。以党建促管理，全市绝大多数符合条件的社会组织均建立了党组织，社会组织党建和党的工作基本实现了“两个全覆盖”。成立了宁波市社会组织综合党委，联合出台了《关于进一步加强和改进社会组织党建工作的若干实施意见》，进一步发挥党组织对社会组织的政治引领、发展引领、人才引领和文化引领，有效助推社会组织服务社会的整体水平。

## 八、强化社会组织专职人才队伍建设

制定出台了加强社会组织人才队伍建设的意见，把社会组织专职从业人员纳入全市人才队伍体系建设。重视社会组织负责人和专职岗位人员的素质培训，坚持社会组织负责人岗位培训制度，2014 年市、县两级加大对社会组织的培训力度，举办了各类社会组织负责人以及财务人员能力建设培训班，累计 2500 余人次参加培训，将社会组织法人治理的相关要求以及社会组织等级评估指标内容纳入培训课程。承办了全国行业协会商会领军人才高级研修班，组织全体研修学员对我市的 8 家不同类型的行业协会商会进行为期一天的见学调研，受到民政部和学员们的认可。

## 九、全面推进社会组织信息化建设

继续加大社会组织信息化建设各项投入，有效整合社会组织管理系统数据资源，建立“宁波市社会组织网”，搭建社会组织信息发布、数据查询、网上年报、交流咨询等服务平台。目前，全市已建立统一的社会组织服务平台信息网络，全面推行社会组织信息化管理和网上年检，实现全市社会组织信息数据的互联共享。信息平台成为集信息发布和年检登记于一体，宣传全市社会组织信息的窗口，成为加强社会组织诚信体系建设、接受社会各方面监督的平台，确保社会组织登记信息、年检结论、评估等级、行政处罚等信息及时向社会公开，有力推进了社会组织诚信体系建设。

# ·第四编·

# 调研报告

# 关于发挥行业协会商会在经济发展新常态中积极作用的调研报告

民政部民间组织管理局

十八届四中全会提出要“支持行业协会商会类社会组织发挥行业自律和专业服务功能”，国务院《关于促进市场公平竞争维护市场正常秩序的若干意见》要求要“加强行业协会商会自身建设，增强参与市场监管的能力”。为落实李立国部长11月14日关于发挥行业协会积极作用上要“继续探索，逐步扩展，并及时总结推广地方尤其是基层的成功经验”的批示精神，11月28日至12月3日，由顾朝曦副部长带队，民间组织管理局王建军、李勇等同志组成的调研组，专题调研行业协会商会在经济发展新常态中作用发挥的有关情况。调研组先后赴中国银行业协会、中国对外承包工程商会等全国性行业协会商会和浙江省杭州、台州、温州等地考察调研，详细了解我国行业协会商会在经济发展新常态中的作用、优势和成效。现形成如下调研报告。

## 一、行业协会商会在我国经济发展新常态中作用明显

我国经济进入发展方式转变、发展动力转换的新常态。行业协会商会作为市场主体之一，积极适应新常态，主动作为，作用明显。

（1）行业协会商会通过建立产业集群助推区域经济发展。行业协会商会熟悉行业、贴近企业，在产业集群的培育、指导上具有优势。中国轻工业联合会在全国培育了300多个产业集群，集中在家电、皮草、制笔、五金、塑料等30多个行业，中国家具协会在全国培育了17个家具行业的产业集群，浙江省皮革行业协会在温州、海宁、桐乡、瑞安、东阳等地形成了9个产业集群，温州市570多家行业协会合力打造了“中国鞋都”、“中国锁都”、“中国皮都”等42个具有相当规模的产业集群，浙江省保健品行业协会发起组建了长三角区域四省联盟，河北省机械行业协会发起组建了京津冀智能制造协作一体化联盟，大力推动了区域协同发展，推动了特色区域经济和块状产业经济的发展。

（2）行业协会商会通过组建产业联盟提升产业核心竞争力。行业协会商会在产学研协同上具有专业优势和人才优势，在打造产业共性技术的创新平台上可以大有作为。中国汽车工业协会发起组建了汽车产业联盟，成员包括汽车整车企业、钢铁和铝合金企业，以及大学、研究机构，开展联合技术攻关，建立创新成果共享机制。中国电子材料行业协会组建的光纤材料产业技术创新联盟、浙江省花卉协会组建的林木种苗与花卉产业技术创新联盟等 17 家行业协会商会成为国家产业技术创新联盟试点单位。浙江省物联网产业协会组建了智慧园区联盟、智慧物流联盟、工厂物联网联盟等 18 家产业联盟，有效提高了产业技术创新能力，引导创新要素向企业集聚。

（3）行业协会商会通过引导生产要素合理流动培育新的增长点。行业协会商会在现代市场体系中具有有效整合资源、优化配置资源的中介组织优势，可以有组织地与区域、地方需求对接。中国物流与采购联合会与 20 多个地级市政府签署了战略合作协议，在地方物流业的“整合、改造、转型、提高”上深度合作。17 家全国性行业协会与吉林四平市政府签署资源对接协议，共同推动当地传统优势产业和新兴战略产业的发展。中国农业产业化龙头企业协会 2 年来组织 1000 多家企业先后到河南、山东、广西开展投资投智活动，签约投资项目 182 个，签约金额 600 多亿元，实现了地方政府、协会和参与企业三满意，共进共赢。

（4）行业协会商会通过实行行业自律维护市场正常秩序。行业协会商会建立的行业自律机制比政府管理微观事务更为经济、更为有效，在参与市场监管中有不可替代的优势。全国性行业协会商会中有 356 家制定了行业自律制度，347 家制定了行规行约，305 家发布了行业自律宣言，301 家制定了行业职业道德准则，全国性行业协会商会 2013 年全年协调行业内外纠纷达到 2236 次。中国银行业协会制定了中间业务自律管理办法、存款业务自律公约、公平对待消费者自律公约等 20 多项自律规范。浙江省台州市黄岩电动车塑件行业协会制定了诚信经营自律规范，会员企业入会时要签署诚信经营承诺书，全体会员对不诚信企业无记名投票，对不诚信企业停止会员一切权利，促进了行业健康发展。

（5）行业协会商会通过开拓国际市场助力我国企业“走出去”。行业协会商会组织会员企业开展反倾销、反补贴和保障措施的应诉、申诉等相关工作，参与协调对外贸易争议，帮助我国企业开拓国际市场。温州烟具行业协会在欧盟诉中国打火机一案中，积极应对，成为中国入世后以行业协会商会身份打赢国际反倾销的第一案。2013 年 6 月，欧盟决定从 6 月 6

日至8月6日对涉案中国光伏产品征收11.8%的临时反倾销税。如果双方不能在8月6日前达成解决方案，届时反倾销税率将升至47.6%，中国机电产品进出口商会等5家行业协会商会与欧盟经过艰苦谈判，最终就中国输欧贸易争端达成价格承诺。根据年检数据统计，2013年度全国性行业协会商会代表行业企业提出反倾销、反补贴和保障措施的应诉、申诉212次。此外，我国行业协会商会还通过组织国内企业联合行动，开展国际经济交流与合作等方式，帮助国内企业“走出去”。比如，中国对外承包工程商会与全球46个同行组织和国际机构签署了合作协议或备忘录，并通过举办国际基础设施投资与建设高峰论坛等方式积极服务会员企业开拓国际市场，截至2013年底，我国对外承包工程累计完成营业额7274.4亿美元。

调研中，大家也反映出一些制约行业协会商会服务经济发展新常态的问题和困难：一是立法滞后，行业协会的发展缺乏法律保障，我国至今没有一部针对行业协会的法律，对行业协会的业务职责、内部治理、市场化运作制度都缺乏具体规定，行业协会在行业管理协调中的权威性难以确立。二是脱钩进展缓慢，二中全会就已经提出行业协会脱钩工作的部署，但至今相关政策没有落地，一些协会人心惶惶，无所适从。有的也提出对特许经营领域的行业协会商会在脱钩上应有特殊的制度安排。三是政府职能转移不到位，政府对行业协会的职能转移，法律政策上没有规定，一些政府部门想转就转，随意性大，政府与行业协会的职能边界有待进一步明确。四是配套政策不到位，行业协会专职工作人员的职称评定、工资福利、社会保险等，以及行业协会的奖励扶持、税收优惠等缺少相关配套政策。五是退出机制缺失，一些协会“低、小、散”，甚至不作为，行业公信力和社会声誉不高。六是监管力量严重不足，实行直接登记和探索一业多会后，行业协会商会综合监管体制尚未建立，监管力量亟待加强。七是一业多会政策不明朗，有的协会提出探索一业多会要符合实际，防止产生“泡沫协会”。

## 二、民政部门协调行业协会商会服务经济发展新常态优势突出

近年来，我部认真履行登记管理机关职责，围绕推动行业协会商会改革发展和发挥作用开展了大量工作，先后在广州召开了“全国行业协会改革发展经验交流会”，积极推动行业协会商会直接登记和脱钩改革任务的贯彻落实，推进政府向行业协会商会转移职能和购买服务，对行业协会商会推行了等级评估，在全国开展了行业协会行业自律与诚信创建活动，配合有关部门开展了行业协会商会专项治理工作，牵头会同中央编办、发改

委等8部门出台了《关于推进行业协会商会诚信自律建设工作的意见》，指导江苏、上海、广东、云南、深圳5个地方出台了行业协会地方性法规。民政部门在协调行业协会商会服务经济发展新常态方面优势突出：

（1）在优化行业协会商会发展格局上具有优势。民政部门作为登记管理机关，在充分尊重市场规律的基础上，可以通过加强和改进登记管理工作，加快推动行业协会商会布局与市场经济发展互相协调、互相促进。近年来，我们积极鼓励支持优势产业、战略性新兴产业和外向型产业等领域成立新的行业协会商会，先后登记了中国光伏行业协会、中国开发性金融促进会、中国民营经济国际合作商会等行业协会商会。适应产业发展态势要求，加强相近、相同产业行业协会商会的合作、交流，推动形成行业服务和自律的联合聚集效应，先后成立了中国电子信息行业联合会、中国广播电影电视社会组织联合会、中国志愿服务联合会等联合类行业协会商会。围绕创新驱动经济发展战略，支持地方成立与经济发展相适应的新型行业组织，指导北京、深圳等地登记了云计算产业联盟、物联网产业联盟、动漫游戏产业联盟等一大批新兴行业协会商会。将异地商会登记管理权限下放至县级以上民政部门，推动了异地商会的蓬勃发展。对于具有产业、产品和市场优势的经济发达地区和城市，鼓励将地方性的行业协会商会依法上升为区域性或者全国性的行业协会商会，支持全国性行业协会商会将总部设在或迁至产业企业较集中、便于开展业务服务的地区和城市。全国目前已登记行业协会商会接近7万家，其中全国性行业协会商会700余个，初步形成了门类齐全、层次不同、覆盖广泛、作用明显，与我国市场经济发展相适应的行业协会商会发展格局。

（2）在掌握行业协会商会的信息资源上具有优势。民政部门在履行设立登记、章程核准、年度检查、等级评估、执法监察等登记管理职责过程中，积累了行业协会商会大量的管理信息资料，并初步形成了电子数据信息库。随着直接登记和脱钩改革的逐步展开，行业协会商会其他各方面信息资源还将加速向登记管理机关汇集。比如，根据年检统计，全国性行业协会商会2013年举办大型展览会、博览会、交易会达到658项，广东省行业协会商会年平均招商引资300余次、市场考察超过1000次、组织参展1400余次，广东高科技商会带领会员企业涉足60多个国家和地区，推动50多亿元的投资合作、100多亿美元的国际贸易合作和250亿元的全国投资。通过对这些数据信息的进一步发掘和整理，民政部门能够在促进行业协会商会服务经济发展中，做到聚焦重点、精准发力、定向施策。

（3）在行业协会商会与地方经济发展的协调对接上具有优势。行业协会商会是登记管理机关直接管理和服务的对象，民政部门对其运作情况和发展规律最为了解和熟悉，具有天然的组织协调优势，在促进行业协会商会服务经济发展过程中，能够充分尊重市场规律，有效避免传统行政化的“拉郎配”。近年来，民政部门通过召开行业协会商会服务经济发展工作交流会、研讨会，协调行业协会商会到地方进行商务考察，向行业协会商会宣传推介地方产业政策和资源优势，搭建对接平台等多种方式，积极引导行业协会商会与地方需求实现有效对接，发挥了桥梁纽带作用。比如，在我部今年组织的有关对接活动中，全国性行业协会商会与江西赣州市签署战略合作协议 13 份，20 家全国性行业协会在山东聊城市达成投资合作意向资金近百亿元，取得了积极成效。

## 三、工作建议

（1）推动行业协会商会专门立法工作提上议事日程。

从发达国家的情况看，行业协会既是自发自愿成立的，也是在有效的法律规范下运作的。我国行业协会商会属于社会组织中的社会团体，主要接受 1998 年国务院颁布的《社会团体登记管理条例》的调整。2008 年，十一届全国人大常委会立法规划将行业协会商会立法列入第二类项目，2013 年，十二届全国人大常委会立法规划将行业协会商会立法列入第三类项目，进行研究论证。国务院 2010 年立法工作计划明确将行业协会商会条例列为第二类项目，并明确由国务院法制办负责起草。行业协会商会作为互益性组织，不同于其他类型的社会团体，亟须单独立法。在缺乏社会组织上位法统摄的情况下，行业协会商会法单项突破也步履艰难。十八届四中全会要求加强社会组织立法，为此，今年我部已建议国务院法制办在 2015 年立法计划中考虑行业协会商会条例。建议我部进一步加大行业协会商会法律法规制定的推动力度，为行业协会商会的改革发展提供法律保障。

（2）推动出台政府向行业协会商会转移职能的政策文件。

政府向行业协会商会让渡空间，开放更多的社会资源，才能激发行业协会商会的发展活力，协会商会在经济发展新常态中才会展现更大的功能作用。国务院《关于促进市场公平竞争维护市场正常秩序的若干意见》分工方案中明确政府向行业协会转移职能的落实推进工作由民政部、中央编办负责。今年我们已经做了一些基础工作，在工作层面也与中央编办达成一致意见，即 2015 年上半年争取推动以国务院办公厅的名义出台政府向行业协会转移职能的意见。建议部领导适时进行专题调研，进行工作指导，推动文件早日出台。

(3) 用市场化方式建立行业协会商会与地方经济发展的对接机制。

引导协调行业协会商会服务经济发展，这发挥了民政部门的桥梁纽带作用，大大提升民政部门的地位和影响，建议用市场化的思维和方式将其做大做强，做成民政部门的一个品牌。具体考虑：一是可举办一年一度的“中国行业协会商会服务经济发展对接展览会”（活动名称可进一步论证），组织地方政府、协会商会、企业洽谈对接。其市场价值体现在行业协会商会与政府，行业协会商会与企业，行业协会商会与社会，行业协会商会相互之间的资源对接、项目对接、信息交流。二是由社会力量运作，可由民间组织服务中心、中国社会组织促进会、中国老龄协会等联合其他社会力量来具体承办，采取与地方政府合作的方式运行。三是整合民间组织服务中心相关处室，设置“行业协会商会服务处”，通过专门处室协调指导这项工作。

(4) 用信息化手段搭建全国性行业协会商会（社会组织）服务地方经济发展的项目展示平台。

全国性行业协会商会（社会组织）规模大、资源丰富，登记管理机关有便利条件掌握信息。建议依托中国社会组织网设立专栏，通过与年度工作报告填报系统互联，将行业协会商会（社会组织）的项目信息公布在网站上，便于有需求的地方直接联系，用信息化手段达到事半功倍的效果。

**调研组成员：**

顾朝曦　民政部副部长

王建军　民政部民间组织管理局局长

李　勇　民间组织管理局副局长

高成运　民间组织管理局社团管理一处处长

刘晓贵　民间组织管理局社团管理一处副处长

马俊达　民政部办公厅综合处副处级秘书

# 关于泰安市培育发展基层社会组织的调研报告

民政部民间组织管理局

近年来，山东省泰安市结合开展“全国社会管理创新综合试点市”和“全国社会组织建设创新示范区”创建活动，大力推进社会组织改革创新，积极培育发展基层社会组织，助力社会治理创新。3 月 25 日，民政部顾朝曦副部长率调研组赴泰安市对培育发展基层社会组织工作进行了专题调研，实地调研走访了泰山区岱庙街道花园社区社会组织服务中心、泰山区居家养老服务信息中心、泰安市社会组织服务中心等社会组织，与市、县两级登记管理机关同志以及 10 家基层社会组织负责人进行了面对面的座谈交流。现将有关情况报告如下：

## 一、泰安市培育发展基层社会组织的背景

泰安市委市政府高度重视社会组织改革创新，将其作为创新社会治理的重要抓手，成立社会组织工作领导小组和社会组织管理服务创新专项工作组，建立联席会议制度，充实登记管理机关力量，出台“1 +7”系列政策文件，改革登记制度，优化发展环境，强化能力建设，创新监管方式，促进了社会组织的健康发展和作用发挥。目前，全市登记社会组织达到 2202 个，其中社团 1221 个，民办非企业单位 981 个，另有备案管理的社会组织 3845 个。特别是，泰安市从当地经济社会发展需要出发，重点培育发展直接面向基层群众开展服务的城乡基层社会组织，其主要动因是：

（一）经济社会文化发展为培育发展基层社会组织提供了现实基础。泰安市地处山东省中部，北距省会济南 60 多公里，大部分县（市、区）处于省会城市群经济圈，两个县属于西部经济隆起带，在山东省属于中西部过渡地带中等发展水平地区。2013 年泰安市人均 GDP 50296 元，接近全省人均的 56323 元，高于全国人均的 41827 元。市场经济发展和人民生活基本实现小康，激发了群众的公益意识和参与意识，也为社会组织发展奠定了物质基础。同时，作为齐鲁文化重要发源地，泰安人文底蕴深厚；作

为著名旅游城市，海内外游客纷至沓来，培养了泰安开放包容的文化心理，这些为自下而上的基层社会组织发展奠定了社会文化基础。此外，作为经济社会发展水平中等、地处内陆的地级市，泰安的产业结构和经济条件不具备发展较大型行业协会商会的条件，非省会非地区中心城市的地位，决定其文教资源不具备发展较大型学术组织的条件，因此基层社会组织在泰安社会组织发展中占据了重要地位。

（二）基层群众公共服务需求对培育发展基层社会组织提出了迫切需要。2013 年，泰安市城镇化率达到 53.8%，三次产业的比例为9.3：49.0：41.7，二、三产业就业人口和城镇常住人口快速增长，城市公共服务需求不断增加。农村青壮年常住人口的减少和农业收益占农民收入比重的下降，使得农业生产的保障效应减弱，农村公共服务需求也显著增加。特别是随着新型城镇化建设步伐加快，到 2020 年泰安城镇化率将达到 60% 以上，有 3654 个行政村规划为 614 个新型农村社区（目前已建成 145 个），农村社区建设面临繁重任务，社区公共服务的需求还将大幅增长。此外，泰安市老龄化率 2010 年即达到 14.8%，预计 2020 年将达到 19%，老龄化程度加重也给公共服务增加了负担，“社会养老服务体系建设”作为市委市政府 2014 年为民要办的重要实事列入了《政府工作报告》。公共服务需求增加的同时，原有的公共服务供给方式却因为城市单位体制的解体和农村集体经济的势弱难以为继，政府公共服务压力空前，基层社会组织在弥补政府公共服务不足方面的优势逐渐得到重视。

（三）社会治理创新任务对培育发展基层社会组织提出了新要求。随着经济快速发展，泰安市将发展重心从偏重经济建设转向经济社会协调发展，提出“富民强市、幸福泰安”的发展目标，着力改善民生，促进社会和谐，这为社会组织发展带来了新机遇。2010 年，泰安市被中央政法委、中央综治委确定为全国社会管理创新综合试点城市，市委、市政府下发了《泰安市社会管理创新综合试点实施方案》，提出了八个方面的创新重点，社会组织管理创新、社区公共服务管理创新和基层基础创新均列入其中。与这三个方面紧密联系的城乡基层社会组织的培育发展，被提上重要议事日程。十八届三中全会提出创新社会治理体制的新要求后，泰安市更加重视发挥社会组织的积极作用，将其作为社会治理创新的重要内容来抓。

## 二、泰安市培育发展基层社会组织的主要做法

泰安市按照向社会放权、激发社会活力、扩大基层群众有序参与、促进社会安定和谐的思路，采取降低准入门槛、加大扶持力度、完善服务管

理、发挥积极作用等政策措施，在培育发展基层社会组织方面打出了一套组合拳。

（一）降低准入门槛，为基层社会组织成立松绑。从2007年开始，泰安市便试行社区社会组织由乡镇街道担任业务主管单位。2011年，泰安市出台《城乡基层社会组织登记与备案管理暂行办法》，明确在乡镇街道范围内开展活动的城乡基层社会组织由民政部门直接登记或备案，除行（事）业有最低限额规定外，成立城乡基层社会组织注册资金放宽至1000元，城乡基层社团会员数量下限放宽至15个。2013年，根据省民政厅《关于创新社会组织登记和管理工作的通知》，泰安市对一时达不到登记条件的基层社会组织，由县级民政部门授权城乡社区备案管理，县级民政部门立卡建档，进一步下放了权限。在社会力量办学、办医、办文体机构和办养老事业方面，也采取降低门槛、简化手续的方式予以鼓励。

（二）提供资金扶持，为基层社会组织成长助力。为促进政府职能转变，更好发挥社会组织提供公共服务的作用，泰安市相继出台了《关于转移政府社会管理与服务职能的意见》和《关于政府购买社会组织承接政府转移社会管理和服务职能的意见》，提出凡适合由社会组织提供的公共服务和解决的事项，通过委托、承包、采购等方式交由社会组织承担。2010年，市民政局率先从福彩公益金中拿出30万元，支持志愿者组织开展面向基层群众的服务，2014年又与平安社会服务中心等社会组织合作，开展流浪乞讨人员巡回救助和心理疏导。2013年，泰山区民政局拿出3万元资金购买花园社区老年自助互助协会义务陪护、心理疏导等服务，肥城市拿出20万元资金向民办医疗机构购买服务。2013年，全市各级政府向社会组织购买服务共投入资金7300多万元。

（三）搭建服务平台，为基层社会组织唱戏搭台。针对基层社会组织缺乏活动场所的问题，泰安市在社区建立社会组织之家，在市、县、乡镇（街道）建立社会组织服务中心，构建从市到社区的四级社会组织服务平台。目前，全市已建立各级社会组织服务平台171个，其中市本级3个，县级2个，乡镇（街道）41个，城乡社区125个。泰山区所有社区均已建立社会组织服务平台，下辖岱庙街道花园社区成立了民办非企业单位性质的社会组织服务中心，配备专职社会组织服务员；开辟近300平方米的社会组织之家，为社会组织提供活动阵地。社会组织服务平台为基层社会组织提供了政策咨询、备案管理、信息交流、专业培训、运营孵化、党建指导、场地提供、公益活动承办等多项服务。

（四）促进“三社联动”，为基层社会组织服务增效。泰安市将基层社会组织培育发展与社区建设、专业社工队伍建设有机结合，形成了资源共享、优势互补、良性互动的局面。将社会组织纳入社区服务中心服务范畴，为基层社会组织提供活动场所；在每个城乡社区确定一名社会组织建设专职指导员，全程提供政策指导、活动协调、信息传递等服务；引导基层社会组织发挥各自专长为社区群众提供多样化社会服务。为专业社会工作人才和基层社会组织牵线搭桥，采取提供公益性岗位和购买社工服务的方式为基层社会组织提供人才支持。2013 年政府新提供公益性岗位 311 个，购买社工人员服务 4000 余人次。

（五）加强党组织建设，为基层社会组织发展“护航”。泰安市在市、县两级均依托民政部门成立了社会组织党工委，坚持登记管理与党建同步推进，按照党员“一方隶属、多重管理、全程作用”模式建立“兼合式”党组织，截至 2013 年底，全市登记管理的 1524 个城乡基层社会组织中，有 1198 个已建立党组织，占登记总数的 79%，工作覆盖率达 100%。注重根据基层社会组织特点创新党建工作方式。泰山区探索建立“四缘”党支部，在有共同人生理想、价值观念的社区志愿者协会中建立“志缘”党支部，在具有相同兴趣爱好的文体协会中建立“趣缘”党支部，在具有相同行业或职业的商家自律协会中建立“业缘”党支部，在居住地相邻的楼宇互助会中建立“地缘”党支部，增强了党组织凝聚力和党建工作针对性。岱岳区大汶口镇农作物研究会把党组织建在产业链上，实现了党建与社会组织业务有机结合。东平县农村社区社会组织依托村党支部联合开展党建活动，整合了党建资源，提升了党建工作水平。

## 三、泰安市基层社会组织在社会治理中的积极作用

泰安市目前共登记备案城乡基层社会组织 5369 个，占登记备案社会组织总数的 88.8%，其中登记管理的 1524 个，备案管理的 3845 个，发展出公益慈善类、服务类、文体类、参与类、经济类等类型丰富、功能多样的基层社会组织体系，在城乡基层社会治理中发挥了独特的积极作用。

（一）成为提供基层公共服务的重要主体。全市登记备案 877 个服务类基层社会组织，包括民办的卫生服务机构、幼儿园、科普夜校、老年人服务中心、法律服务机构等，为基层群众提供了多样化的公共服务，在解决长期困扰居民的看病、入托、养老等难题方面发挥了积极作用。泰山区“12349”居家养老服务信息中心是一家民办非企业单位性质的基层社会组织，中心通过“一键通”信息平台与区内众多养老服务机构合作，为老年人提供理发、洗澡、陪护、送餐、拆洗被褥、精神慰藉等 4 大类 30 多项志

愿、低偿或有偿服务。中心还免费为1500名老人提供了“一键通”手机，并通过政府购买服务的方式为其缴纳每人每月20元手机通信费，深受老年人及其子女欢迎。

（二）成为丰富群众文化生活的重要渠道。940个文化服务中心、艺术团、表演队、体育协会等文体类基层社会组织，以共同的兴趣爱好为纽带，广泛开展歌咏、书画、戏曲、舞蹈、健身、棋牌、读书、摄影等群众喜闻乐见的文体娱乐活动，使各种文体爱好者能够从“独乐乐”到“众乐乐”，增加了居民幸福感。泰山区岱庙街道花园社区文体协会组建腰鼓队、秧歌队、武术队，举办元旦、元宵、端午、中秋系列“芳邻节”文艺演出，开展乒乓球、象棋、围棋、摄影等社区业余比赛，丰富了社区居民文化生活，促进了感情交流。

（三）成为维护基层社会和谐的重要力量。1329个参与类基层社会组织，开展矛盾调处、社区矫正、治安巡逻、法律宣传等活动，为基层群众参与社区公共事务提供了多元化渠道，通过社会组织的柔性调处，促进了邻里和睦，增进了社区融合，维护了基层社会和谐。在市、县、乡广泛建立的平安协会利用地缘、人缘、情缘、血缘优势，运用法律、政策、道德、乡规民约等多种方式综合调处化解矛盾纠纷，仅2013年便成功参与调处3500多件矛盾纠纷。全市741个红白理事会组织村里热心肠、有威望的村民参与村务管理，解决村民实际困难，调解邻里纠纷，宣传国家政策，弘扬传统美德，得到村民广泛认可。

（四）成为弘扬社会文明正气的重要阵地。在泰安市登记备案的基层社会组织中，公益慈善类数量最多，有1514个，涌现出泰安市公益志愿者协会、汇元爱心车队、泰山小荷公益事业发展中心、红十字泰山救援队等一批品牌公益组织和“山东好人”崔山等公益人，创造了“你点我供”的“菜单式”志愿服务和“半小时志愿服务圈”等有益经验，在公益奉献的同时传播了公益理念，传递了社会组织的正能量，弘扬了社会文明正气，对全社会文明素质的提高起到了促进作用，并通过国际旅游名城建设向海内外展示了泰安形象，公益品牌正在成为泰安重要的城市名片。

（五）成为促进农民增收致富的重要帮手。山东是农业大省和重要蔬菜基地，也是最早发展农村专业经济协会的地区之一。泰安市共登记备案农村专业经济协会709个，分布在有机蔬菜、农业科技、农产品服务、农民用水等领域，在团结带动农民闯市场、促增收方面发挥了积极作用。宁阳县葛石镇林果新技术推广协会探索“协会+基地+农户”产业化发展路子，拥有会员600多户，辐射1700农户，举办培训班56期8160人次，带动周边优质林果种植面积达 2 万亩，会员人均收入 9200 多元。

## 四、泰安市基层社会组织发展中遇到的主要困难

泰安市基层社会组织发展总体上还处于初级阶段，在取得较快发展的同时，也面临不可持续的问题。突出表现在两个方面：

一是发展资金不足。基层社会组织规模小，募集资金能力弱，且多为社会公众自发成立，没有政府部门或企业的支持作依靠，缺乏稳定的经费来源。虽然近几年泰安市各级政府对基层社会组织的资金投入有所增加，但主要还是通过购买服务这一单一渠道，且资金量有限。二是专业人才不足。调研中不少基层社会组织反映，从业者收入太低且缺乏社会保障，社会认同度低，吸引人才很难，造成基层社会组织人员队伍专业化、职业化水平低。这种状况在组织初创时期影响还不很明显，但要保持基层社会组织持续发展和素质能力的提升则缺乏后劲。



资金和人才的缺乏，制约了基层社会组织的专业化发展和服务能力的提升，专业化水平和服务能力的不足又制约了基层社会组织资源获取能力的提高，导致组织定位和业务发展中存在较为严重的资源依赖，不得不根据所能获得的资源决定业务范围和发展方向，这又反过来限制了其专业化发展和做强、做大之路。

## 五、培育发展基层社会组织的建议

通过调研我们感到，基层社会组织在社会组织中占有相当大的比重，在服务群众生活、协同社会治理、维护社会和谐、促进基层经济发展等方面扮演着重要角色，应成为社会组织发展和发挥作用的一个重要方面。为此，就培育发展基层社会组织提出以下建议：

（一）把培育发展基层社会组织作为创新社会治理的重要任务。城乡基层社会组织根植于基层社会，密切联系基层群众，既是满足人民群众最直接、最现实的公共服务需要的重要服务主体，也是人民群众有序参与基层事务治理的重要组织平台，还是密切党和政府与不同行业、不同领域基层群众血肉联系的重要桥梁纽带，在创新基层社会治理中可以发挥重要作用。《国务院机构改革和职能转变方案》将“城乡社区服务类社会组织”列为重点培育、优先发展的组织类型，也凸显了基层社会组织的重要性。建议部里以研究城乡社区服务类社会组织直接登记和培育发展政策为契机，加强对基层社会组织的调研和政策创制。同时，通过部省合作机制和“全国社会组织建设创新示范区”创建活动，支持地方因地制宜探索基层

社会组织创新发展的路子。

（二）把优化政策环境作为培育发展基层社会组织的重要基础。当前社会组织发展和作用发挥的政策环境不断优化，但总体而言仍不完善，特别是在基层社会组织发展的政策环境上相对更薄弱一些，需要进一步支持。一是在落实政府向社会组织购买服务政策上向基层倾斜，拓展购买服务的领域，完善配套政策，为基层社会组织拓展资金来源提供政策支持。二是尽快出台加强社会组织人才队伍建设的政策，完善社会组织工作人员社会保障、职称评定、表彰奖励、评价流动等政策，为基层社会组织吸引和留住人才提供政策支持。三是进一步完善社会组织税收优惠政策，特别是公益性捐赠税前扣除政策，为基层社会组织吸引社会资源投入提供政策支持。

（三）把提供资源支持作为培育发展基层社会组织的重要内容。基层社会组织发展中遇到的资金、人才短缺等困难都反映出资源获取能力的不足。在这方面，部里可以给予基层力所能及的支持。一是发挥“中央财政支持社会组织参与社会服务”项目资金的杠杆效应，将项目资金向基层倾斜，鼓励各地配套资金向基层下沉。二是加快推进“基金会支持社会服务对接平台”建设，为基金会掌握的公益资源与基层社会组织具有的本土优势相互对接搭建平台，促进支持型社会组织与基层执行型社会组织的分工合作。三是探索支持全国性行业协会与地方产业对接机制，鼓励全国性行业协会将优势资源向基层产业聚集区及潜力区布局，发挥行业协会优势支持地方经济社会发展。

（四）把建设服务平台作为培育发展基层社会组织的重要抓手。泰安市通过市、县、乡镇（街道）、社区四级服务平台建设增强了服务管理效果，值得推广。建议部里鼓励有条件的地方开展社会组织服务平台建设，采取政府扶持、社会参与、专业运作、项目合作等方式，将服务平台建设为培育扶持社会组织的支持平台，创新管理的枢纽平台，基层社会组织发挥作用的活动平台。

**调研组组长：**

顾朝曦　民政部副部长

**调研组成员：**

王建军　民政部民间组织管理局局长

马俊达　民政部办公厅综合处副处级秘书

许　昀　民政部民间组织管理局政策法规处副处长

# 以购买服务为抓手　以社会组织为载体 推动民政简政放权　转变职能

## ——南京市民政局转变职能调研报告

民政部民间组织管理局

按照党的十八届二中、三中全会以及十二届全国人大一次会议关于加快转变政府职能的精神，南京市民政局立足于正确处理政府、市场和社会的关系，深入研究局机关职能定位，下决心转变职能，让机关最大限度地从程序性、事务性工作中解脱出来，集中力量抓改革发展任务。经过认真研究、思考和统一思想，自2013年下半年以来，南京市民政局整合处室行政审批职能，以购买服务方式外包事务性工作，以社会组织为民政工作融合平台和新增长点，大力推动简政放权，转变职能，取得了初步成效。

**一、整合职能——把机关从行政审批、事务性工作中解放出来，集中力量推动改革发展**

做法一：整合行政审批职能，把分散在各处室的28项行政审批职能归口到行政审批处，在窗口集中办公。经市编办批准，南京市民政局2013年8月份设立了行政审批处，挂靠在南京市社会组织管理局，在市政务服务中心窗口统一对外办公。行政审批处独立承担28项行政许可和行政服务职能，不用通过局里相关业务处审核。28项行政审批职能主要涉及4方面工作：1. 社会组织管理局的社会团体成立、变更、注销登记，民办非企业单位成立、变更、注销登记职能；2. 福利事务处的华侨以及居住在香港、澳门、台湾地区的中国公民办理收养登记，市属民办福利机构成立、变更、注销的审批，慈善募捐许可，对市属民办福利机构实施年度检查等职能；3. 优抚处的烈士、因公牺牲军人和病故军人的一次性抚恤金发放，办理部分优抚对象、优抚对象子女教育优待等职能；4. 地名处的编辑出版地方性标准地名出版物职能。

做法二：整合事务性服务性职能，以购买服务方式交给社会组织等社会力量承担。改变过去“大包大揽”的行政行为方式，参考“负面清单”

的做法，以购买服务为通则，不购买服务为例外，主动把民政局有关培训、审核、检查、评估等职能以购买服务的方式交给社会力量承担。主要有14个处室的52项职能（附件1）：1. 年检、评估等行政审批领域适于社会力量承接的部分公共服务事项；2. 评比表彰、考核验收、教育培训、会务服务、课题研究、法律服务等辅助性和技术性服务事项；3. 涉及社区事务、养老福利、社会救助、社工服务、慈善救济等业务中的事务性和程序性事项；4. 行业资格认定和准入审核，处理行业投诉等行业管理与协调事项；5. 按政府转移职能要求需要购买服务的其他事项。

做法三：整合市区职能，把有关登记管理权限下延到区，赋予区更大职责。主要有：1. 降低城乡社区社会组织登记门槛，由各区可结合实际情况制定注册资金、住所、人员配备、资金账户管理等要求；2. 异地商会登记范围由地级市扩大为省、市、县（市、区）行政区划，开放异地商会的区级登记权限；3. 允许民办非企业单位举办民办非企业单位，申请市级区划冠名的民办非企业单位可选择在市或区民政局办理。

## 二、购买服务——以购买服务方式外包事务性工作，充分发挥市场配置资源作用

制定了《南京市民政局购买服务实施办法（试行）》，规定了购买服务的范围、程序、分工和要求，着重明确了以下关键内容：1. 各处室凡属购买服务事项，均须按办法执行，对应购未购事项，规财处一律不予拨付资金；2. 各处室不得自行指定单位承接购买服务；3. 购买服务的方式分为竞标与议标。竞标为公开招标、邀请招标，议标采取竞争性谈判、询价、单一来源等方式。竞标、议标的过程和结果都须向社会公开；4. 鼓励局主管社会组织参与竞争，除基本人员经费和日常运转经费外，局不再向其直接拨付其他资金。购买服务后，局主管社会组织将从“喂食”转变为“觅食”，由原先依赖行政分配资源转变为依靠市场机制配置资源。2014年梳理出的可向社会力量购买的52项事务性服务型职能，总金额750多万元，已经吸引了31家社会组织、企事业单位前来应标。

## 三、培育载体——大力发展社会组织

南京市民政局充分认识到民政工作简政放权，主要承接主体是社会组织，民政工作主要新增业务点是社会组织，主要融合平台是社会组织。为此，民政局高度重视社会组织培育发展工作。主要措施有：

做法一：加快出台改革发展政策。出台了《关于进一步促进南京市民

办非企业单位健康快速发展的意见》、《关于进一步加强在宁异地商会登记管理工作的意见》、《关于社会组织登记制度改革的实施意见》以及《关于进一步促进社区社会组织发展的意见》等一系列发展和规范社会组织的政策文件。社会组织发展主要指标纳入了市区两级工作督察机制。2014 年将“推进社会组织改革发展”列入市委市政府综合改革重点任务。

做法二：加大财政支持和公益创投力度。2012 年以来，南京市开展以财政资金投入为特征的公益创投，引入市场竞争方式培育发展社会组织，资金达到 3400 多万元。从 2007 年开始，市级财政每年安排不少于 300 万元的专项资金，直接补助经社区群众认可、在社区产生的 200—400 个小型社会服务项目，所有项目必须由登记注册的社会组织来承接。

做法三：推动建设社会组织孵化基地。到 2014 年年底，全市 11 个区将全部建成以培育发展社会组织为主的综合性平台，还将建成 20 家街道级社会组织孵化基地或发展中心。2012 年 8 月，出台专门文件，规定所有社区办公服务用房 40% 以上用于引进社会组织进入社区运作服务项目。2013 年 9 月份，设立“公益创业梦工场”，招录驻宁高校的大学生入园进行公益创业。目前有 12 所高校成立 32 家公益社会组织，专门设计公益项目，2013 年，高校社会组织成功申领省市区公益创投项目 16 个。

做法四：改革登记制度。1. 除法律法规明确规定外，对行业协会商会类、科学技术类、公益慈善类、城乡社区服务类社会组织，成立时推行直接依法登记；2. 允许按国民经济行业分类的小类标准设立行业协会，同一行业可按产业特点、经营方式和服务类型设立行业协会；3. 压减新申请成立市属社会组织的注册登记审批时限。

## 四、初步效果

南京市民政局通过整合职能、购买服务、培育发展社会组织等举措，民政工作有了明显变化，取得了阶段性成效。

（一）全局统一了思想，提高了认识，明确了转变职能的方向。民政局推行的一系列改革举措，主要困难是观念障碍、权力本位、利益壁垒，关键是局党委班子的思想统一，要害是各处室主要负责人的思想转变。用他们自己的话讲，“革的是自己的命”，要从当“老板”，转为做“伙伴”，要让各处室打破利益的藩篱，集中精力做改革发展的事。

（二）全局各项工作优化整合联动，初步形成整体推进态势。打破了处室职能分割，各类资源重新配置。在 2014 年工作计划中，社会组织成为融合民政业务的重要平台。比较明显的是，社区建设专项经费中 2/3 以上用于推进社区服务向专业社会组织外包，社区公共设施资源对专项培育社会组织无偿开放。养老专项补贴中2/3用于养老服务类社会组织培育发展。社区居家养老服务中心民营率2014年要达到48%，2015年要达到80%。入驻各区培育孵化基地的社会组织中养老服务类占比不少于50%，为小服务类社会组织不少于15%，调解治理类社会组织不少于10%。

（三）社会组织数量增加明显，专业化功能日益凸显。截至2013年12月，全市登记备案的社会组织超过2.4万家，高于江苏平均水平，连续三年社会组织增长率保持在17%，其中2013年增长率达到27%。在数量增加的同时，南京市民政局注重与部门合作，专项培育专业化社会组织。与卫生部门联合，培育医养融合社会组织，与教育、团委合作，培育教托一体的社区社会组织，与市委政法委合作，培育调解治理社会组织。

（四）窗口服务水平和群众满意度明显提高。通过信息公开，简化审批流程，审批关口前移，大大压缩了各事项的办理时限，将法定60个或30个工作日的审批时限，缩短到承诺时限10个或5个工作日。通过以上努力，2013年前三季度行政审批处共接件1441次，较2012年同期的784次，增长83.8%，连续获得红旗窗口称号，其中在去年三季度的满意度考核中，达到了“非常满意率”100%的新高度。

（五）购买服务，转变职能的做法得到各方认可，可能在全市推广。近期，南京市由财政部门牵头，重点调研了民政局的做法，梳理出政府外包服务清单，准备研究制定出台全市政府转移职能购买服务目录。

## 五、思考与启示

（一）南京市民政局转变职能，坚决采用了向社会组织等社会力量购买服务的做法，既符合十八届二中、三中全会的要求，又吸取了过去转变职能缺乏载体而无法有效推行的教训。只要能够坚定不移地推行下去，局机关转变职能，社会力量承接转移职能就能有序进行。

（二）南京市民政局转变职能，优化整合联动内部职能，敏锐地抓住了社会组织这个牛鼻子，把社区、养老、为小、调解治理、综合服务等公共服务职能通过社会组织有机整合，整体推进。而且，南京市民政局没有因为当前的社会组织弱、小、散就不放心、不放权，而是主动激发社会组织活力，大力培育发展社会组织，使之成为政府转移职能、政府购买服务的有力承接主体。这种理念和做法值得借鉴。

（三）南京市民政局转变职能，目的是让干部能够集中精力做改革发展的任务，但整合了行政审批职能，外包了事务性职能，局机关下一步承担的主要任务是什么，还没有准确的总结和结论，仅以宏观的“做正确的事”予以概括，尚显模糊。下一步，需要更准确界定机关职能，明确岗位职责，更进一步凝聚共识，让全机关同志更能找准方向，发挥主观能动性。

（四）南京市民政局目前推行的购买服务，购买的主要内容是局机关的事务性工作。下一步，民政局需进一步在公共服务领域向社会力量购买服务，更多地在公共服务领域发挥社会组织的作用，为群众提供更多更优质的民政公共服务。



**调研组成员：**刘振国、廖明

# 上海市社会组织人才工作调研报告

民政部民间组织管理局

为做好加强社会组织人才队伍建设意见的起草工作，民政部民间组织管理局与人事司联合调研组赴上海市开展了社会组织人才工作调研。调研组举办了三场座谈会，与上海市社团管理局、市委统战部、市工商联、浦东新区民政局、静安区民政局等部门、十几家社会组织以及部分专家学者座谈交流，实地走访了上海公益事业发展基金会、上海人才服务行业协会等社会组织。总体上看，上海市围绕建设国际大都市目标，积极扶持发展社会组织，社会组织人才已经成为人才队伍的重要组成部分，社会组织人才成为促进产业发展、推进公益事业、参与社会治理的新生力量，社会组织在人才工作中的功能和作用得到初步发挥。同时，社会组织尚处于发展的初级阶段，存在对社会组织人才重视程度不一、人才政策的有效供给不足、人才队伍整体实力不强、专业化与职业化水平偏低、职业归属感较弱、领军人才不足、流失态势明显、政治参与渠道不畅等问题，社会组织在人才工作中的独特功能和作用还没有得到充分发挥，亟须完善政策、畅通渠道、提升能力、优化环境。现将调研情况报告如下。

## 一、上海市社会组织人才的总体情况

近年来，为加快推进“四个率先”、加快建设“四个中心”和现代化国际大都市，上海市充分发挥社会组织在经济社会发展中的积极作用，将社会组织人才工作定位于服务上海国际大都市的建设目标。《上海市关于进一步加强本市社会组织建设的指导意见》（沪委办发〔2011〕19 号）指出，要按照党管人才原则，加强党对社会组织人才队伍的宏观管理和综合协调，完善社会组织专职人员教育培训、资格评价、社会保障和人才交流等机制，促进社会组织人才队伍向专业化、职业化方向发展。《上海市中长期人才发展规划纲要（2010—2020 年）》提出“适应一流的国际大都市社会建设需要，大力加强社会事业领域人才开发”，“结合上海非公有制企业、新社会组织不断发展的特点，以民营企业家、技术骨干、社会组织运营管理人才为重点，培育‘两新’组织人才队伍”。随着社会组织的发展和功能作用的日益显现，越来越多的人才集聚到社会组织当中。截至2012年底，上海市共登记社会组织8915家，涉及经济社会各个领域，初步形成了门类齐全、层次各异、覆盖广泛的社会组织体系。出现了一批服务能力强、服务水平高、具有品牌效应的社会组织。社会组织共有工作人员18.17万人，其中专职人员13.16万人，占72.4%；兼职人员5.01万人，占27.6%。专职工作人员中，签订劳动合同的约9.96万人，占54.8%；离退休返聘的约3.11万人，占17.1%。从人员分布看，社会团体工作人员2.17万人，占11.9%，平均每家6.6人；民办非企业单位工作人员15.88万人，占87.4%，平均每家28.8人；基金会工作人员1146人，占0.3%，平均每家9人。从学历结构看，高中及以下学历的约6万人，占32.8%；大学本科及专科学历的约10.6万人，占58.6%；硕士及以上学历的约1.3万人，占7.2%；留学半年以上归国人员2609人，占1.4%。一支初步适应社会组织发育程度需要的人才队伍已经形成，成为建设上海市经济社会发展的有生力量。

## 二、上海市社会组织人才的功能和作用初步显现

社会组织类型多样，分布广泛，功能各异，在人才队伍建设方面，社会组织除发挥了促进就业的基本功能外，还在人才发现、人才评价、产业支持、协商民主等领域发挥了独特功能和作用。

### （一）社会组织成为吸纳就业的新渠道

2009年，上海市七部门出台了《关于鼓励本市社会组织吸纳大学生就业的指导意见》（沪民综社〔2009〕7号），对大学生创办社会组织以及社会组织吸纳大学生就业给予资金支持、场地便利、房租减免、购买服务等优惠待遇。同年，上海举办首届社会组织招聘会，共有180家民办非企业单位、社团及基金会提供1800多个岗位。2013年，30多家公益性社会组织首次参加上海大学生就业专场招聘会，提供了300多个岗位。据了解，在社会组织专职人员中，近3年的新聘人员占总人数的30%以上，社会团体工作人员中，女性平均占42%。相对于近年来政府和事业单位人员精减、企业裁员，社会组织在吸纳就业方面的作用更为突出。

### （二）社会组织运营管理人才队伍初步形成

近年来，上海市把加强社会组织建设作为社会建设的一项重要而紧迫的任务，加大服务力度，改进服务管理，初步形成了与本市经济社会发展

相协调、结构合理、功能完善的社会组织发展格局。与此相适应，上海市要求各级党委、政府和工会、共青团、妇联等人民团体支持社会组织按照民主意愿自选领导和自聘人才，注重培养社会组织先进典型，将社会组织先进集体和个人评比表彰活动纳入工作范围，产生了一批善于推动事业发展的社会组织领军人才和社会组织管理人才。工会、妇联、共青团等部门将社会组织人才纳入表彰范围，据不完全统计，2011 年、2012 年，共有 21 个社会组织工作人员荣获上海市“五四”奖章；5 名社会组织青年人才当选“2012 年度上海十大青年公益先锋”。2010—2013 年，共有 17 名社会组织工作人员荣获市“三八红旗手”称号。

（三）社会组织在人才工作中的功能和作用初显

社会组织是培养人才的重要途径和专业人才评价的重要平台，具有储备和吸纳优秀人才的功能，为了解和掌握一流人才提供了便利。上海市注意发挥社会组织在人才工作中的独特功能和作用，社会组织初步成为党委和政府培养人才、吸引人才、用好人才的助手。以上海人才服务行业协会为例，自 2002 年成立以来，该协会在政府“不干预、不派人、不给钱”的情况下，坚持市场化的运作方式，通过全球招聘秘书长等方式，打造了一支以秘书长朱庆阳为代表的管理人才团队，通过践行“协助政府制定政策、研究业态发展、嫁接行业商机、提高从业人员素质、打造科学管理体系”的五位一体的发展战略，推动上海市人才服务行业总收入从 2003 年的 40 亿元迅速增长到 2012 年的 1258 亿元，服务机构从 2001 年的 114 家增长到 2013 年的 930 家，获得人才中介职业资格证的人员从 2002 年的 700 人增加到 2013 年的 10470 人。在为上海市人才行业发展提供支持的同时，也协助政府引进了一大批具有国际竞争力的产业人才，为上海建设国际金融中心、航运中心、服务贸易中心提供了有力的人才保障。

（四）社会组织人才成为协商民主建设的新力量

上海市重视社会组织在沟通、对话、谈判、调解中的协商渠道和平台建设。上海市委市政府办公厅《关于进一步加强本市社会组织建设指导意见》（沪委办发〔2011〕19 号）提出“要逐步在各级党代表大会、人民代表大会中增加社会组织代表比例，在各级人民政治协商会议中增加社会组织委员的数量，鼓励社会组织积极参政议政，合理表达利益诉求”。“各级党委、政府要建立与社会组织沟通协商机制，在制定公共政策、编制发展规划、进行重大决策过程中，采取调研、咨询、听证等形式，认真听取、积极采纳相关社会组织的意见和建议”。在 2011 年区县换届中，上海市辖各区县社会组织共有723人担任"两代表一委员"，其中社会组织专职工作人员共有78人，兼职工作人员645人。在市党代会和政协换届中，各有2名社会组织专职工作人员当选为党代表和政协委员。2013年推荐市容环境、工程检测、软件和宇航等多家5A级社团秘书长参加中国人民政治协商会议上海市第十二届委员会第一次会议开、闭幕式，挑选15家具有代表性的行业协会参加市政府工作会议，提升社会组织的社会地位和参政议政的意识。

## 三、社会组织人才队伍建设存在的主要问题

虽然上海市在社会组织人才队伍建设方面取得了一定成绩，但是在调研中，大家反映更多的是问题、困惑和障碍，社会组织人才队伍建设已经成为社会组织发展和发挥作用的瓶颈，限制了社会组织自身能力的提升和功能作用的发挥，突出表现为：

### （一）社会组织人才政策有效供给不足

不少社会组织提出，社会组织人才工作缺少顶层设计，社会组织在许多法规政策和实践操作层面还未被当作一类独立的用人单位，常被排斥在相关法规政策之外，人才政策不健全、不配套、不衔接的问题比较突出。在现有的社会组织人事政策中，原则性规定多，操作性规定少，许多政策落实不到位，许多具体人事问题尚缺乏解决的渠道。社会组织人才在户口迁移、社会保障、档案管理、职称评定、教育培训、岗位流动、表彰奖励等许多方面存在困难。比如，上海市一些社会组织在办理录用人员居住证时，出现了由于相关规定中没有明确社会组织的用人主体资格而无法办理的情况。

### （二）社会组织作为一个职业尚未得到普遍认同

我国社会组织发展时间较短，总体上还处于发展的初级阶段，在很多人的印象中，社会组织是"领导干部兼任职务的场所，退休人员发挥余热的舞台，爱心人士志愿服务的驿站"，还不能算作一个正规的职业。虽然社会组织中已经有大量的专职工作人员，但社会组织作为一个职业在社会上还没有得到普遍认同，出现了所谓"有就业、无职业"的尴尬现象。有的社会组织谈到上海本地的"丈母娘现象"，女方家长往往要求在社会组织工作的男方在几年内跳槽到有编制的机关事业单位或是工资收入更高的企业，否则不同意谈婚论嫁。

### （三）社会组织人才的职业发展空间不明朗

很多社会组织反映，社会组织本身就是做人的工作，因此，相对于机

关、企事业单位，社会组织专职人才对组织发展的影响更为突出。近年来，随着社会组织的持续健康发展和作用的逐步发挥，社会组织内部职能逐步细分，人员职业化、专业化要求逐步加大，比如基金会的劝募工作和资金管理工作，社会团体的会员管理工作、行业培训工作、行业研究工作，民办非企业单位中的专业技术人员等，都需要职业化的专门人才。但是目前国家《职业大典》还没有适应社会组织特点的专门职业，现行的职称评定、技能评价等政策缺少针对社会组织的规定，社会组织人才在成长空间方面面临政策不明、渠道不畅的问题，导致社会组织工作前景不明、发展空间有限，“老人”有近忧，“新人”有远虑。

（四）社会组织人才队伍建设的激励机制不足

很多社会组织反映，作为一个职业，社会组织专职人员应该按劳取酬；但目前社会上有将社会组织工作人员绑架在道德制高点的思维和政策导向，还没有建立调动人才积极性的激励机制。一是缺乏合理的薪酬激励制度。《财政部国家税务总局关于非营利组织免税资格认定管理有关问题的通知》规定，非营利组织的员工平均工资福利不得高于上年当地平均工资的两倍，较低的薪资待遇使得社会组织对优秀专业人才缺乏吸引力，往往只能退而求其次。与其他部门相比，社会组织更多依靠“事业留人”、“文化留人”和“感情留人”，“待遇留人”和“职务留人”发挥的作用很弱。二是内部激励机制不足。社会组织的人员往往来自不同方面的人员，不少社会组织中工作人员身份不同，公务员编制、事业编制、社团编制和合同制并存，从业人员结构比较复杂，有专职工作人员、兼职人员、劳务派遣人员、离退休返聘人员和志愿者，他们在薪酬待遇、社会保障和职业发展上存在较大差距，同工不同酬的现象明显，影响了一些从业人员的积极性。

（五）社会组织人才的流失态势明显

在激烈的人才竞争中，社会组织缺乏竞争力。不少人即使到社会组织就业，也仅当作临时跳板。特别一些经过实践锻炼，自身素质和业务能力得到提高的骨干人才极易流失。调研中发现，民办院校竞争不过公办院校，哪怕是排名倒数的公办院校，也可以把民办院校多年培养的人才挖走。社会组织自身培养的人才流失率高，导致不少社会组织缺乏稳定的骨干人才队伍，对人才的培养也缺乏动力。总体来看，社会组织与企事业单位之间呈现人员单向流动情况，人才流失比较严重。

## 四、加强社会组织人才队伍建设的建议

党的十八大提出加快形成“政社分开、权责明确、依法自治”的现代社会组织体制，十八届二中全会和十二届全国人大一次会议审议通过的《国务院机构改革和职能转变方案》以及十八届三中全会通过的《中共中央关于全面深化改革若干重大问题的决定》对改革社会组织管理制度、激发社会组织活力做出重大部署，社会组织管理制度改革已上升为党和国家重大发展战略。调研中，上海市社会组织纷纷表示，与党和国家对社会组织的要求和期望相比，社会组织的能力亟待提升，社会组织人才队伍的职业化和专业化亟待加强，社会组织在人才工作中的作用需要更大发挥，具体建议如下。

（一）加强顶层政策设计，加快出台关于加强社会组织人才队伍建设的意见

当前，我国社会组织正处于快速成长期，也是塑造党和政府与社会组织良好关系的关键时期，建议中央层面尽快出台《关于加强社会组织人才队伍建设的意见》，针对社会组织人才工作面临的突出问题，进一步统一思想认识，明确社会组织作为独立用人主体的地位，明确社会组织专职人员作为一个职业的存在。完善政策机制，明确相关部门责任，制定和完善社会组织人才引进、流动、职称、户籍、薪酬、保险、培养、激励等一系列政策，切实解决政策不衔接、不配套和操作性不强等问题，为社会组织人才工作提供制度保障，提高社会组织专职人员的职业归属感，增进社会组织在人力资源市场的竞争力。

（二）积极改善发展环境，为社会组织人才工作营造良好的社会氛围

当前，不少地方和部门对新形势下社会组织发展的重大意义、发展的客观趋势以及发挥的重要作用缺乏认识，对社会组织及其人才的地位和作用缺乏认识，迫切需要营造有力的支持社会组织人才成长和发挥作用的环境。一是营造平等的政策环境。在人才政策上统一安排，对于政府奖励、职称评定、工资福利、社会保障等要统筹合理安排；在公共资源运用上平等开放，面向社会的资助、基金、教育培训、人才信息库等要考虑到社会组织各类人才；在发挥作用上平等使用，支持和鼓励社会组织人才参与项目申请、课题招标、成果申报、政府购买服务项目。二是营造良好的发展环境。支持和鼓励社会组织承接政府转移的职能，加大政府购买服务的力度，使社会组织有钱做事，以事兴业，以业育人。三是营造良好的舆论环境。充分发挥各类媒体的舆论导向作用，广泛宣传加强社会组织人才工作

的重要意义，宣传社会组织人才在促进经济社会发展和人才强国战略中的地位和作用，宣传社会组织优秀人才的先进事迹和各地社会组织人才工作的先进经验，让全社会都能够关注社会组织人才的发展。

（三）提升社会组织能力，推进社会组织人才队伍专业化、职业化发展

在国际上，社会组织管理工作已成为有着较高社会地位和公众认可度的职业，社会组织中的许多从业人员都具有较高的专业水平。中央提出要加快形成现代社会组织体制，激发社会组织活力，对社会组织人才队伍的专业化和职业化提出了新的要求。在调研中我们发现，只有专职人员才能真正把组织的发展和自己的成长紧密结合，社会组织工作人员的专业化程度和社会组织作用的发挥呈现出明显的正相关性。推进社会组织人才专业化、职业化发展，一是要按照激发社会组织活力的要求，推进政社分开，支持社会组织依法自治，按照市场化原则自选领导、自聘人才，健全社会组织专职人才管理制度。二是加强社会组织领军人才培养，造就一支以领军人才为核心的社会组织负责人队伍，推动社会组织职业管理人市场建设。三是实施分类管理、研究制定适合不同类型、不同层次社会组织人才的职业标准以及评价、鉴定办法，建立健全社会组织人才职业体系和岗位设置。四是建立健全社会组织薪酬福利制度，从职业公益人而非慈善家的角度看待社会组织专职工作人员，建立调动各方面人才积极性的分配激励和约束机制。

（四）拓展人才服务形式，发挥社会组织在国家人才工作中的独特作用

社会组织汇集了在各个领域有影响的人才，是发现、培养、团结各领域优秀人才的重要组织载体，要引导社会组织积极协助党委和政府做好人才工作，在培养人才、吸引人才、用好人才等方面当好助手。一是发挥储备和吸纳优秀人才的功能，为了解和掌握一流人才提供便利。二是发挥社会组织培养人才功能，将社会组织打造成行业管理人才、公益项目运作人才、社会管理人才等人才的培养基地和志愿者的服务平台。三是发挥社会组织评价人才的功能。把社会组织建设专业人才评价的重要平台、执业资格国际互认的有效载体，发挥社会组织在人才强国中的独特功能和作用。另外，社会组织贴近基层、贴近群众，可有计划地选派优秀党政干部、后备干部和年轻干部到社会组织锻炼，丰富阅历、增长才干，提高开展社会管理和群众工作的能力。

（五）加大党建工作力度，切实加强党对社会组织人才工作的领导

坚持党管人才原则是加强人才工作的根本要求。改革开放以来，伴随着经济和社会转型，新的社会阶层不断出现，做好当前的人才工作，需要创新工作方式和内容。社会组织拓展了党管人才的组织形式，通过社会组织这一组织形式，可以掌握各个领域最优秀的人才，了解各领域人才的思想状况和愿望要求；可以把党的要求落实到新领域、新阶层的人才中，不断巩固、扩大党的群众基础。因此，要加强社会组织党建工作，发挥各级党委对社会组织的领导作用，使社会组织成为党领导下的可靠力量。逐步理顺社会组织党建管理体制，落实党建工作责任。完善社会组织党的组织体系，实现党的组织和工作在社会组织中的全覆盖。加强对社会组织党员的教育管理，选好配强党组织负责人，为党组织正常开展工作提供政策支持和物质保障，充分发挥党组织的战斗堡垒作用和党员的先锋模范作用。注重从社会组织优秀人才中发展党员、培养党的干部，把更多优秀人才团结在党组织周围，把党管人才的原则落到实处。

**调研组成员：**刘振国、杨凤欣、臧宝瑞、俞惠中

# 对社会组织年检制度改革的思考

北京市社会团体管理办公室

社会组织年检是《社会团体登记管理条例》、《基金会管理条例》和《民办非企业单位登记管理暂行条例》赋予登记管理机关依法监督管理社会组织的一种重要手段。年检制度实施以来，为规范社会组织发展秩序，促进社会组织健康发展，发挥了重要作用。但是在简政放权和社会组织管理制度改革的大背景下，特别是受企业年检制度改革的影响，对社会组织年检制度的“存与废”出现了较大争议，社会组织“去年检化”的观点客观存在。在社会组织发展改革的地方实践层面，已经有个别地区正式发文，取消了社会组织年检制度，并将此作为社会组织领域加大简政放权力度的重要标志。究竟社会组织年检是存？是废？应当深入思考、再做分析、慎重决策。

## 一、客观看待企业年检和社会组织年检的异同

2014 年 3 月 1 日起，工商部门正式取消了对企业的年检制度，改为实行企业年报制度。受这一企业领域改革的影响，出现了要求比照取消社会组织年检制度的观点。实际上，对比分析企业年检和社会组织年检其间存在着重大差异。首先，年检的属性不同。企业是以营利为目的的、不具有意识形态属性的机构，企业提供的是物化的、有形的产品，产品不经交换是不具有社会属性的，是可控的、可以准确量度的。但社会组织全然不同，社会组织产出的要么是思想产品，要么是公益性或互益性活动，要么是社会服务，都有比较强烈的社会属性。企业的“好与差”更多的是由市场评估，而社会组织提供的公共服务或开展公益活动的成果，政府作为委托方或监管方，应给予相应的评估评价。其次，年检的作用不同。经过三十多年的改革开放，我国市场经济体制已经基本建立，实践证明企业年检已经不适应市场经济发展的需要，甚至在一定程度上成为了企业发展的障碍，到了该取消的阶段。而我国建立现代社会治理体制刚刚起步，作为多元治理主体的社会组织，其组织管理、能力建设还参差不齐，还缺乏公信力，需要通过年检手段规范管理、整顿提升，促进健康发展。从政府管理

来讲，依法行政、依法管理是最基本的原则，而目前年检是法律所赋予的、几乎唯一的刚性监管手段，围绕年检这个核心，政府正在构建系统化的治理体系。比如，建立社会组织信用体系，完善监管和退出机制，明晰社会组织责权体系，赋予社会组织内生权利，等等，这些都是政府提高社会组织治理能力的重要内容，也都与年检有着密切的关联性。如果抽掉年检这一核心法律手段，政府管理将陷入雾里看花、空中楼阁的囧境。

## 二、客观看待国内外社会组织监管体制的不同

国内有部分专家学者，甚至政府部门的一些同志也认为：国外的社会组织并非都有年检制度，甚至有些社会组织也不需要登记，不是也发展得挺好。果真如此吗？事实上国外针对社会组织的监管强度一点也不弱。各国政府根据发展需要也都在加强监管，这是发展趋势。以美国为例：美国对社会组织登记实行的是半许可制。社会组织确实可以登记，也可以不登记，但不登记的社会组织享受不到政府的任何优惠政策。而一旦社会组织要想获得慈善组织的地位，就必须进行登记，且登记后相关部门每年要对其进行年检，这些组织要按要求提供年报。年报内容包括基本信息、活动状况和经费收支状况等，这跟我们的年检基本类似。美国的社会组织要想获得税收减免，还必须按照税法 501（C）3 条款的要求，向国税局提供相关的财务明细，所以美国的税法在实质上也起着对社会组织的监管作用。还有，美国的社会组织要想获得税收减免，还需要通过政府组织的组织测试和运作测试两大考验。美国各州的法律对社会组织的募捐许可，也都有详细的规定。可以看出，国外对社会组织的监管一点不比我们松，国外的监管也是多方式的，年检还是美国社会组织监管的基本手段。需要说明的是，历史上政府对社会组织加强监管，是社会组织为增强公信力，通过与政府谈判争取来的，是利益共赢机制。

## 三、客观看待当前阶段社会组织年检存在的问题

年检是社会组织监管体系建设中的一项重要制度设计，我们不否认年检制度在实践中确实出现了一定程度的问题。如，登记管理机关体会最深切的，几乎半年时间深陷于年检的事务性工作难以脱身，无暇顾及其他工作。特别是在区县层面由于登记管理力量严重不足，这个问题尤为突出；也有年检数据项相对较多，且变动较大，稳定性不够，填写复杂的问题；也有部分社会组织不认真填报年检报表、敷衍了事的问题，导致年检数据失真；也有年检结论的法律效率不足的问题，主要是与年检结论相关联的

奖励惩罚措施还没有形成体系，导致年检结论的约束力不强；还有多年来，对不参加年检的社会组织相对宽容、惩处不够，监管失之于软，客观上也影响了年检监管效能，等等，这些问题都是客观存在的，都是社会对年检制度诟病的原因。但是，这些都是因为过去没有充分认识社会组织的作用，没有把促进社会组织发展作为国家战略而产生的，而且上述问题是可以通过改革得到解决的。实践证明，年检作为重要的制度设计确实发挥着重要作用，而且越来越体现出它的价值。从政府行政管理上来说，目前已经建立了一整套与年检相关联的制约机制。比如，对年检中发现问题的社会组织有行政约谈制度，有责令整改及处罚制度，有增加年检第三方审计制度，责任人信用失信公布制度，也有退出制度，等等。对于不年检的处罚也更加实用有效。对未参加年检，登记管理机关未出具年检结论的，质检部门不再换发证书，没有参加年检、没有换发证书的，银行会冻结该组织的账户。可见年检制度对政府管理和社会组织自身发展都有重要作用。

## 四、重新审视社会组织年检的功能作用

基于对社会组织年检功能作用的深刻分析，笔者认为社会组织年检不可替代、不可取消。第一，年检是登记管理机关依法监管社会组织最强有力的法律手段。在登记管理机关实施管理的过程中，除了社会组织登记成立环节，年检是唯一以法律形式加以明确的管理手段。第二，年检数据是了解掌握和统计分析社会组织运营管理情况的第一手资料。数量庞大、翔实准确的数据资料，为登记管理机关、相关部门全面掌握社会组织发展状况，针对性出台扶持管理政策，提供了最为翔实可靠的支撑。第三，年检是建立社会组织等级管理体系、表彰奖励机制和惩处退出机制的重要法律依据。年检结论是评定、划分社会组织等级的重要参考，是奖励、处罚以及社会组织进入退出机制的最重要依据，也是社会组织承接政府购买服务和建立信用体系的基本标准。第四，年检是登记管理机关与相关部门对社会组织进行联合管理的一个重要过程。通过年检这一管理的法定环节，实现了登记管理机关与业务主管单位的协同配合，形成了以年检为依托的联合管理体制机制。第五，年检是从首都全国政治中心的功能定位出发，合理约束社会组织意识形态属性的必要方式。即便是在西方国家，其税法对社会组织参与政治竞选活动、对立法机关施加影响，都有着严格的限制和禁止条款。因此，如果没有年检制度的约束，对于涉及意识形态领域的社会组织发展动态，我们将难以有效掌握。第六，年检是临时性工作的重要

推手。特别是，利用年检手段推出年报制度，对数据性、临时性工作进行安排，起到不可替代的作用。近几年，北京市组织开展的社会组织服务民生行动、社会组织创先争优活动，也包括小金库治理等一些社会组织专项治理工作，年检系统都起着重要的助推作用。因此，年检既是法律监管手段，也是党和政府引领社会组织发展的重要载体，作用十分重要。废除了年检制度，上述的功能作用，也还需要依托另外一种方式去实现。年检制度在推进中出现的问题，不是最初的立法思想、立法初衷出了问题，而是由于过去多是行政化的社会组织，年检结论对其无关痛痒，监管体系也无须有那么大的力度。现在随着社会建设形势发展变化，民间化社会组织的规模数量激增，年检制度不健全、不完善、不适应的问题马上反映了出来，切不可不经认真思索就把“洗澡水”和“孩子”一起倒掉。



## 五、年检制度改革是系统化改革的过程

社会组织年检制度要改革、要变化，但根本目的不是“去年检化”，而是要加快转移政府职能，实现年检的专业化、职业化、社会化。这对登记管理机关是一项重大改革。第一，要简政放权转变政府职能。长期以来，登记管理机关及其执行机构——社会组织管理局（或办公室）承担着三层职能任务：一是一般意义上职能处室的任务；二是承担管理一支社会组织队伍的任务，且这支队伍的工作人员数量已经迅速超越机关公务员和教师队伍数量；三是扶持服务于这支队伍的工作任务。把越来越多、越来越复杂的管理性、事务性、服务性部分职能转移出去，不背负“三重大山”的沉重压力，充分转变职能，形成“以社管社”机制，才是年检制度改革的核心所在。第二，要实行年检专业化改革。可以探索委托社会组织建立年检中心，形成专门的年检队伍，实现年检的专业化，以后还可逐步把社会企业的税收认证等工作交付给它，以购买服务的方式给予支持，把登记管理机关从繁杂的事务性工作中解脱出来。第三，加快实现年检工作信息化。加快对年检信息系统进行改造，实行电子签章，取消纸质文件，增强社会组织填报的便捷性，减少奔波报审过程，提高年检效率。第四，抓大放小实行分类年检。根据历年年检和评估情况，对不同规模、不同资金量、不同功能作用的社会组织，实施分类年检，建立差异化年检指标体系，增强年检的针对性。在普遍年检的基础上，对于规模较小的可由社会化机构进行一般性年检，规模较大的由政府部门进行重点年检。

## 六、加快建立与年检相关联的应用激励体系

过去相当一部分社会组织之所以对年检重视程度不够，与年检结论的效力不足，激励作用不大有密切的关系，但情况正在发生改变，与年检相关联的应用激励方式越来越多，并且有些已经写入政策文件，形成了制度。比如，从行业管理看，年检是获取税费减免的必要条件。根据现行税法规定，社会组织要获得对捐赠收入、政府补助收入、会费收入、不征税收入和免税收入滋生的银行存款利息收入五项收入的免税资格，在向税务机关申请时，必须出具登记管理机关给定的年度检查结论，基金会年检不合格或基本合格的，不能申请税前扣除资格，银行对其账户进行限制或冻结；从其内生权利看，年检也是社会组织设立评比表彰项目的必要条件，今年年初，北京以市评比达标表彰工作协调小组名义，印发了《北京市社会组织评比达标表彰活动管理暂行规定》，明确提出要将年检与社会组织申请设立评比达标表彰项目相关联，只有最近三次年度检查为合格，或者最近一次年度检查合格且社会组织评估结果为3A以上的社会组织，才具有申请设立评比达标表彰项目的资格；还有，从信用体系建设看，年检也是社会组织承接政府购买服务项目的必要条件，在北京出台的《北京市承接政府购买服务社会组织资质管理办法（试行）》中，已经将上年度年检结论合格，作为社会组织申请承接政府购买服务项目的基本条件；从行业自律看，企业社会捐赠已自觉与年检结论挂钩，也逐渐成为一种新的趋势。在工作实践中，年检不合格或基本合格对社会组织之间的合作、社会捐赠会产生重要影响，已有众多案例表明捐赠人要求社会组织出具上年度年检结论的情况，否则捐赠人将不予捐赠。从上述情况可以看出，与年检相关联的社会组织应用激励体系正在逐步形成。但是需要我们把分散在各个政策中的激励措施进行系统整合。

## 七、加快建立与年检相关联的惩处体系

只有奖与惩相结合，年检的作用才能充分发挥；只有惩罚的措施具体准确、真正使违法违规社会组织感到痛，年检才具有刚性和效力。但实事求是地看，与年检结论相关联的惩处体系不健全，确实是一个短板，必须加以改进。首先，要把现有的、与年检有关的罚则用实、用到位。要依据“三个条例”的规定，对撤销登记、警告、责令整改、限期停止活动、责令撤换直接负责的主管人员、没收违法所得、罚款，以及封存《社会团体法人登记证书》、印章和财务凭证，等等，现有的全部处罚方式进行认真

研究，凡是年检中发现问题的，要及时进入处罚程序，依法从快处罚；其次，对不参加年检、年检结论不合格的，要及时向社会公告，限制享受政府的扶持政策，取消或暂停申请免税资格、申请承接政府购买服务资格、申请设立评比表彰项目资格和接受捐赠的资格；最后，也要把年检与社会组织信用体系建设紧密关联，年检结论要作为社会组织等级评定、公信力评价的首要标准。社会组织是否参加年检以及所获得的年检结论，是社会组织信用信息的最基本要素。不参加年检的或年检结论不合格的社会组织要及时公布，责任人要列入信用失信名录，加大社会组织不参加年检和违法违规的成本。总之就是要增强年检监管的刚性，真正发挥年检在规范社会组织发展中的重要作用。

# 天津市社会组织服务型党组织建设情况调查与对策研究

中共天津市社会组织工作委员会
中共天津市委党校党建教研部课题组

中共中央办公厅《关于加强基层服务型党组织建设的意见》指出“社会组织党组织要围绕凝聚群众、激发活力、促进发展搞好服务，引领社会组织坚持正确政治方向，发挥提供服务、反映诉求、规范行为的作用”。这为我市加强社会组织服务型党组织建设指明了方向。贯彻落实这一部署，在社会组织中建立服务型党组织，并发挥好服务功能和作用成为基层服务型党组织建设的一个重要组成部分，也是一个亟待探索和实践的重要课题。我们通过召开市、区两级不同类型社会组织服务型党组织建设座谈会、向全市社会组织发放问卷调查、深入一些社会组织党组织调研等形式，对天津市社会组织服务型党组织建设情况进行了调研工作，在掌握一手资料的基础上，分析存在的突出问题，探索如何发挥好社会组织服务型党组织作用的有效对策。

## 一、天津市社会组织党的建设基本情况

社会组织党建工作是基层党建工作的一个重要新兴领域。天津市坚持以提高社会组织党的组织和党的工作覆盖率为突破口，以落实党建工作责任制为基础，以强化规范、发挥作用为着力点，积极探索、创新实践，全方位打造社会组织服务型党组织，全面提高社会组织党的建设科学化水平。2010 年，全市仅有社会组织党组织 492 个，党的组织和党的工作覆盖率为 11.66%。天津市委把社会组织党建工作纳入全市党建和创新社会管理的大局之中统一部署，于 2010 年 11 月成立中共天津市社会组织工委并赋予其指导全市社会组织党建工作的职能。各相关业务主管单位及行业部门相继成立 10 个社会组织党委，各区县依托民政部门成立社会组织党工委。围绕“没有组建的建起来，已经组建的动起来，已有行动的活起来”的工作思路，全市各部门上下联动，形成合力，不断创新领导体制、组织

设置和实践载体，逐步构建起组织覆盖、工作覆盖和作用覆盖的社会组织党建工作新格局，使这一领域基层党建工作得到加强。2012 年 6 月，全市社会组织党的组织和党的工作实现全覆盖，天津市社会组织党建一跃走在全国前列。截至 2014 年 6 月底，全市在民政部门注册登记的社会组织 4897 个，建立社会组织党组织 2769 个，比 2010 年底增加 2277 个（党委 10 个，党总支 28 个，党支部 2731 个，其中建立联合党支部 274 个），派遣党建指导员 1422 个，党员总数为 16027 人。在党建工作的带动下，三年来我市社会组织保持健康有序发展态势，社会组织增速不断提升、规模不断壮大、活力不断增强，社会组织在服务城市经济发展、参与社会治理、承接政府公共服务、服务城乡社区建设、推动京津冀协同发展和美丽天津建设方面发挥了重要作用。

## 二、天津市社会组织服务型党组织建设现状

天津市着眼于提高社会组织党组织整体服务能力和水平，不断探索新思路、新方法，大力实施“五个服务”，扎实推进社会组织服务型党组织建设，为进一步加快形成现代社会组织体制，促进社会组织健康发展奠定坚实的组织基础和群众基础。

### （一）优化组织设置，进一步完善服务体系

社会组织多是兼职党员，组建难度大，需要以能够更加有利于发挥党组织作用和服务功能为标准，解放思想、创新方式。一是创新入口组建方式。凡新登记成立社会组织必须同步建立党组织或派遣党建指导员，做到成立一个、覆盖一个，从起点开始消除盲点。二是创新党组织多种组建方式。坚持“不求所有，但求所用”的原则，通过独立建、属地建、挂靠建等多种方式建立兼合式、混合式党组织；不足 3 名党员的建立联合支部。三是创新党的工作覆盖方式。对于会员和专兼职人员中无党员，或不适宜建党组织的社会组织通过选派党建工作指导员或工作联络员等方式，宣传党的路线方针政策和国家的法律法规，开展思想政治工作，做好服务群众、发展党员工作。我们不断完善社会组织服务型党组织建设经费保障机制，市委组织部对新成立的社会组织党组织拨付 700 元作为开办费，滨海新区将党组织活动经费和兼职党务工作者补贴纳入财政预算等。

### （二）注重分类指导，进一步提升服务水平

针对市属业务主管单位和区县社会组织的不同特点，分别在河东区和市商务委召开两个现场会，推出各自领域的先进经验，以点带面，推动业

务主管单位社会组织党委、区县社会组织党工委建设和社会组织党建工作。充分考虑社会团体、民办非企业单位、基金会之间，各市属社会组织与区县所属社会组织之间面临情况和需要解决问题的不同，在推进服务型党组织建设过程中因地制宜，因势利导，体现各自特点，积极适应新形势新任务的发展变化，切实找准开展活动、发挥作用的着力点，全面提升不同类型、不同层级社会组织党组织服务水平。

（三）加快阵地建设，进一步夯实服务基础

以党员群众需求为导向，因地制宜、整合资源，建好用好“党员活动室”等社会组织党组织活动阵地。结合市、区社会组织服务管理中心建设，统一规划建设区域性、综合性、开放性党群活动中心，开设党建指导窗口，建立社会组织党校，搭建党建服务平台。在天津社会组织网和社会组织官方微博中，开辟党建专栏，拓展宣传阵地，普及知识、宣传典型、服务群众。为扩大宣传，发挥社会组织服务型党组织示范引领作用，市社会组织党工委连续组织开展两届社会组织党建工作先进单位和优秀个人评选表彰活动，2012 年会同市委组织部开展创建社会组织党建工作示范点评选活动，先后树立起数百个可学习、可复制的党建工作先进典型，引领带动全市社会组织党建工作整体提升。2013 年，举办天津市首次社会组织党建理论研讨会，共同研讨推进社会组织党建科学化的重要理论问题。

（四）创新实践载体，进一步丰富服务方式

将社会组织服务型党组织建设工作与社会组织能力建设紧密结合起来，做到年年有活动，次次有主题。2011 年组织开展“三同三推两规范”活动并形成基本工作机制，被民政部称为“符合社会组织特点的党建工作模式”在全国推广。开展“为民服务，创先争优”六个一活动。2012 年开展基层组织建设年和党的纯洁性教育活动。2013 年广泛开展“诚信惠民、服务社会”活动，举行事迹报告会，着力加强服务型党组织建设，取得良好效果；2014 年下半年，在市属社会组织中启动了党的群众路线教育实践活动，为今年区县社会组织开展党的群众路线教育实践活动打下良好基础。几年来，社会组织基层党组织的创新实践丰富多彩。山西商会党委的“四无三提高”、“一争二转三服务”活动、市商务行业“党员回家工程”、华夏未来基金会网上点评的“e 支部”成为全市社会组织党建活动的知名品牌。星级党员评比、党员先锋岗、党员承诺制、党员结对帮扶等基层活动连续开展。

（五）规范制度建设，进一步健全服务机制

三年来，先后制定社会组织党建工作制度 12 个，突出抓好三项重点工作：一是落实党建工作责任制。从2013年开始，市社会组织党工委连续两年与业务主管单位社会组织党委、区县社会组织党工委签订党建工作责任书，责任书成为规范管理的有力抓手。二是通过增加登记要件，规范章程范本，加强社会组织党的建设。明确要求社会组织申请注册登记必须提供党员基本情况和拟建党组织（或派遣指导员）登记表，到党工办备案；新成立和换届时，在《社会组织章程规范文本》中写入“加强和改善社会组织党建工作”的条款或章节。三是逐步加强标准化建设。探索制定社会组织党建工作的标准化建设，出台《天津市社会组织党组织规范化建设标准》。市属业务主管单位、各区县和社会组织在实践中，也相继出台了许多社会组织党建工作制度。如：滨海新区出台《关于加强非公有制经济组织和社会组织党建工作的实施意见》，市商务委、市政公路协会、河东区等单位或区县将社会组织党建工作制度汇编成册印发给社会组织。华夏未来基金会党支部引用ISO9000认证体系，制定《党务标准化建设工作手册》等。

我市社会组织服务型党组织建设虽然取得了一定成绩，但也存在不少亟待解决的问题。主要体现为以下几个方面：一是服务意识不强。对创建社会组织服务型党组织的重要性认识不深刻、领会不透彻，服务改革、服务发展、服务民生、服务群众、服务党员责任意识不强，工作标准不高，工作理念依然停留在“管事”而不是“服务”上。二是服务能力水平不高。流动党员较多，专职党员年龄偏大，党务工作者整体素质不高，难以适应服务发展、服务群众的新要求；服务工作与社会组织业务工作和重点任务联系不够紧密，没有实现有机结合，导致此项工作忽冷忽热，缺乏常态；厚此薄彼，缺乏整体推进。三是服务制度体系不完善。没有形成系统的责任明确、内容清晰、考核严格、奖惩分明的服务制度体系，在实际工作中依然存在着无章可循的困扰。四是服务思路方法欠缺。“重形式、轻内容”、“重服务、轻反馈”，在工作思路和方法上缺乏新招。五是服务载体单一、服务阵地缺乏。习惯于听从上级党组织安排，不能立足自身优势开展特色活动；服务手段传统，科技化、信息化水平不高，个性化服务不强，与群众联系和沟通还不够紧密。六是服务保障机制不健全。社会组织党组织日常活动没有经费保障的问题比较突出，大部分社会组织党组织还存在“无人办事”和“缺少阵地”等现象。

## 三、加强社会组织服务型党组织建设的对策建议

创建社会组织服务型党组织是加强基层服务型党组织建设的重要组成

部分，全面推进社会组织服务型党组织建设，就要紧紧围绕群众所思所盼和社会组织发展需求，充分发挥社会组织党组织特点，不断在以下方面下功夫、见实效：

（一）增强服务意识，筑牢思想基础

外化于行必先内化于心。社会组织服务型党组织是把服务作为自觉追求和基本职责的一种党组织模式和功能定位，核心和精髓是服务。服务主体的意识强不强，成为决定社会组织服务型党组织建设成败的关键。只有先从思想上解决了服务型党组织“是什么”、“为什么”的问题，才能在行动上落实好“怎么做”的问题。要重点解决好社会组织党组织和党员干部中存在的宗旨意识淡化、责任意识弱化、大局意识不强、服务能力不足等倾向性问题，牢固树立马克思主义群众观，切实增强自身的责任感、主动性和自觉性，激发内心的情感和认同，切实转变工作作风，真正把服务作为自己的一种政治责任、一种价值追求和一种精神享受，筑牢服务型党组织建设的思想基础和干群基础，不断提高自身服务改革、服务发展、服务民生、服务群众、服务党员的能力。

（二）抓好党组织带头人队伍建设和党员队伍建设，打造高水平服务主体

建设坚强有力的带头人队伍和本领过硬的党员队伍，是加强社会组织服务型党组织建设，畅通联系服务群众“最后一公里”的首要任务。加强社会组织服务型党组织建设要着力打造“愿服务、懂服务、会服务”的结构优、能力强、作风好的党员服务队伍。提倡社会组织党员负责人兼任党组织书记。要通过上级党组织推荐、党员大会（或党员代表大会）选举等方式，把责任心强、能力素质好、群众认可度高的优秀党员选拔到社会组织党组织书记岗位上来。要把社会组织党员教育培训计划纳入全市党员教育培训计划。按照分级负责、分类实施的要求抓好对党组织书记和党务工作者的普遍培训。重点抓好新任党组织书记任职培训，拓宽培训渠道，丰富培训内容，创新培训形式，着重提高他们的政治把握能力、服务发展能力、沟通协调能力、群众工作能力和探索创新能力。要认真落实“一定三有”的政策措施，进一步明确基层党组织书记的岗位职责，要加强考核监督，强化激励保障，充分调动他们干事创业、服务群众的积极性。

（三）加强制度机制建设，实现服务常态化和规范化

制度建设带有根本性、全局性、长期性、稳定性。制度的缺失容易使服务型党组织的创建工作产生一阵风、大呼隆的导向。加强社会组织服务

型党组织建设要以服务为核心，把制度建设贯穿于营造服务风气、增强服务意识、养成服务习惯、规范服务行为、落实服务承诺、提高服务水平和检验服务效果等服务型党组织建设的各个环节和全部过程，健全完善规范化、常态化、长效化的工作制度。一是健全领导和工作机制。把基层服务型党组织建设列为基层党建工作责任制的重要内容，形成一级抓一级、层层抓落实的责任体系。围绕基层服务型党组织建设中的人、财、物等各项难题，形成责任明确、领导有力、运转协调、保障到位的工作机制。二是规范服务群众和做群众工作的具体制度。通过制度的精心设计，明确服务人员的行为和规范，明确群众反映问题的处理步骤和程序，明确联系服务群众的具体职责和要求，使各项服务按照客观现实的需要规律化地进行。

（四）探索多样化服务载体，建设常态化服务阵地，提升服务实效

搭建平台、创新载体是建设服务型党组织的重要支撑和有效形式。坚持需求导向创设载体，以精细化服务满足社会组织个性化需求。坚持从服务的接受者而非提供者来设计服务载体。一是建设载体。依托市社会组织服务管理中心，建立天津市社会组织党员服务中心，为全市社会组织党组织和党员提供党组织建立、组织关系接转、党员发展、党务政策咨询、党员学习培训、党组织主题活动、党员志愿服务、党员结对帮扶、党群工作一体化建设等多功能服务为一体的党建工作阵地，切实为全市社会组织党组织和广大党员提供优质服务。积极倡导各区县、各单位抓住全市加强区域党建的有利契机，建立常态化服务阵地和具有实效性的党员活动载体。实效性的标准是能够凝聚群众、激发活力、促进发展。二是创新载体。要从社会组织从业人员的职业特点和内在需求出发，按照“参与、服务、渗透、凝聚”的指导思想和“业余、小型、灵活、分散、实效”的原则，创新活动载体，因地制宜、灵活多样地开展组织活动。社会组织服务型党组织要带动社会组织面向基层开展公共服务、市场服务和社会服务。深入开展以服务为主题的党建带工建、带团建、带妇建活动，充分发挥群众组织服务作用。逐步形成以社会组织党组织为核心，各种为民服务载体为补充的立体化为民服务网络体系，将“服务”做优、做实、做到位。要切实加强社会组织党建工作信息化建设，推动党务管理数字化，建立党组织和党员信息管理系统，努力实现“一个支部一个数据库”、“一个党员一份电子档案”。社会组织党建信息管理系统将对党支部书记换届、党员管理和发展党员重点工作全程跟踪、亮灯预警，提升工作效率和科学化水平。要充分利用好网络平台，拓展社会组织党建空间，把社会组织党组织服务阵地拓展到网络上，“有形载体”和“网络阵地”双管齐下，增强社会组织党

组织利用网络宣传政策、汇集民意、服务群众的能力。

（五）强化组织领导，健全服务保障机制

一是健全责任机制，做到社会组织服务型党组织建设项目化、责任化、具体化。严格落实社会组织服务型党组织建设责任制，坚持抓书记、书记抓。每年逐级组织党组织书记“联述联评”，定期开展互看互评，有效落实社会组织服务型党组织建设各项任务。二是健全保障机制。落实党建经费和兼职党务工作者补贴，将社会组织服务型党组织建设经费纳入财政预算，确保社会组织党组织有钱办事，有人办事。强化社会组织党组织书记待遇保证，建立“社会组织党建专项经费”制度，通过党费支持、财政投入、企业捐助等多种途径筹集资金，切实增强社会组织党组织服务能力。三是落实活动阵地。社会组织基层党组织办公室要挂党组织名称的牌子，便于服务；要盘活资源，设置党员活动室或党员服务中心等综合阵地，发展远程教育，力争达到有党旗、党员簿册、规章制度、桌椅、图书资料、电脑、电教播放设备、档案柜等基层党组织的建设标准。

（六）构建科学化的评价体系，优化服务绩效考核

构建服务型党组织绩效考核评价体系有助于确保创建过程的成功运行，通过评价体系和服务绩效考核促进社会组织党组织重视创建活动、规范创建行为、发现创建不足，有针对性地采取措施加以改进。要将社会组织服务型党组织设置服务思路、服务体系、服务内容、服务阵地、服务队伍5项具体要求，每项要求都有明确的分值，采取党组织自评、党员和群众测评，上级党组织考评的办法进行考核，所得成绩作为评选先进和考核社会组织党建工作责任制的重要参考指标。定期对业务主管单位社会组织党委、区县社会组织党工委书记、枢纽型社会组织党组织书记抓服务型党组织建设情况进行考核讲评，及时推广服务型党组织建设先进经验，示范引领、循序渐进。

**课题组成员：**曲孝丽、贾锡萍、张宝甫、刘少杰、邢政、张欣

# 山西省公益事业发展环境的特点及优化途径

山西省民间组织管理局

按照厅党组的要求，2014 年 11 月，我们民间组织管理局的同志们对我省以基金会为代表的公益事业的发展现状、特点、问题等进行了调研。调研的对象是在我厅依法登记的基金会和慈善总会，调研的方式以实地走访和查阅年检报告为主，调研的目的是发现影响我省公益事业发展环境的问题，并力求提出针对性强、切实解决问题的措施和办法。

## 一、山西省公益事业发展现状、特点

公益事业是指非营利的下列事项：救灾、济困、助残等活动；教、科、文、卫、体事业；环保、社会公共设施建设；促进社会发展和进步的其他社会公共和福利事业。基金会是承担公益事业的主体，是最典型的公益组织形式。自 2004 年国务院《基金会管理条例》发布后，以基金会、慈善会为代表的我省公益事业蓬勃发展，方兴未艾。截至 2014 年 12 月 10 日，经我省各级民政部门依法登记的公益组织总计 135 个，其中基金会 58 个、慈善会 77 个；在省民政厅登记的公益组织 59 个，其中基金会 58 个，慈善总会 1 个。从类型划分，58 个基金会中，公募基金会 23 个，非公募基金会 35 个。从行业分布划分，助教、助学基金会和兼做教育扶助的基金会达 31 个，占基金会总量的 53.4%。其次为社会救助类（包括扶贫、助困、助医）基金会，达 21 个。其余还有文化类、卫生类、科技类基金会。这些公益组织在消弭贫富差距，促进公平正义，建设和谐社会等方面发挥了不可替代的积极作用。

《基金会管理条例》发布以来的十年，我省以基金会为代表的公益事业呈现出以下鲜明特点。

### （一）公益组织数量和资产总和跳跃式增长

2004 年末，全省仅有 6 个基金会（其中公募基金会 5 个，非公募基金会 1 个）和 1 个慈善会。2014 年的数量较之 2004 年增长 7 倍有余。2011

年，全省非公募基金会数量历史上首次超过公募基金会。2014 年，非公募基金会已达 35 个，是公募基金会数量的 1.52 倍。58 个基金会和省慈善总会的资产总和达到 6.56 亿元，是 2004 年的 17.7 倍，增长速度惊人。

（二）公益支出屡创新高

2004 年，全省 7 个公益机构的公益支出不超过 1500 万元。2011 年全省基金会和省慈善总会公益支出 9000 万元，较之 2008 年增加 1 倍；2013 年参检公益机构的公益支出为 3.20 亿元，是 2011 年的 3.56 倍、2004 年的 21.3 倍。

（三）公益透明度明显增强

在基金会中心网发布的全国 2700 家基金会透明度指数报告中，葵花助学基金会、残疾人福利基金会一度成为我省进入全国前 100 的基金会。全省大多数基金会在近 5 年来建立起自己的官网，及时披露捐赠信息和公益活动项目。

（四）公益活动向深层次拓展

公益不仅要帮助人解决眼前困难，更要帮助人提高自救能力。葵花助学基金会、晋中市扶贫基金会、孝义市扶贫基金会、省创业就业基金会等便是鲜活的例子，从前单一的“输血”救助已经转变为“输血”兼之“造血”救助方式。

（五）基金会发起者由国有企业向民营企业扩散

2012 年前设立的非公募基金会大多数由国有企业投资设立。2012 年设立登记的 15 家基金会中，有 9 家完全由民营企业出资设立。注册资金也在不断提高。2012 年 7 月，武乡县民营企业家程海庆先生设立的教育基金会，一次性斥资 500 万元，创民营企业家投入原始基金之最。同年，晋商文化基金会原始基金达到 3000 万元（基本由民营企业和民营企业家捐赠设立），再创我省民营企业投入原始基金之最。

（六）从单一救助向救助和宣传并举、市场化运作转变

众多基金会设计了自己的标识。省残疾人福利基金会引进现代营销理念，在众多的银行、酒店设置了醒目、漂亮的募捐箱；省文化发展基金会将公益与企业、文化和市场结合起来，市场化运作的效果立显。

上述六个特点，折射出在近年全国公益环境受“郭美美事件”等一系列恶性事件影响而遭到严重破坏的情况下，我省民间公益力量逆势而动的可贵。

## 二、山西省公益环境和公益组织发展存在的困难、问题

影响公益组织发展的环境因素，包括社会环境、经济环境、政策环境

和自身环境。当前受上述四个环境因素的影响，我省公益组织的发展存在一些困难、问题。

（一）社会环境

当前我省社会公益捐赠环境和全国一样，正处在前所未有的阵痛期。继“郭美美事件”后，中国儿慈会财务问题、成都红会募捐箱三年未开等问题又成为社会关注的焦点。2012 年 12 月，民政部一位发言人指出：受一系列恶性事件的影响，全国全年公益捐赠额下降 1000 亿元。我省某基金会受“皮纹测试”事件的影响，险成为众矢之的。我省公益社会环境虽未受国内一系列恶性事件的重挫，但网络舆情显示公民的捐赠热情正在下降。必须指出的是，虽然我省公益捐赠在近几年有大幅增长，但是这种增长主要是大量新设立基金会带来的原始基金（注册资金）的增长，原有的基金会接收的社会捐赠数额并未发生明显的变化。当前公益捐赠正面临的困境，实质是社会对公益组织的信任问题。让社会公众重拾信心，是摆在各级登记管理部门和所有基金会面前的头等大事、重要课题。

（二）经济环境

经济环境是影响基金会地域分布和公益事业的重要因素。经济条件较好、经济发展较快的地方，基金会和公益事业一般有较为快速的发展。就全国而言，江苏、广东和浙江等经济发达的省份，基金会的数量也较多。2013 年，江苏、广东、浙江分别以 424 个、372 个、287 个基金会位列全国前三甲。同期，上述三个省的 GDP 分别是 5. 9 万亿元、6. 2 万亿元、3. 8 万亿元，均进入全国前四名。我省 58 个基金会中，37 个分布于太原，这与太原市的省会城市、中心城市地位和经济发展水平相一致。吕梁是全国五大连片贫困地区之一，但其 2013 年 GDP 排名全省第三，以 7 个基金会紧随其后。长治市 GDP 位居第二，其基金会数量名列全省第三。GDP 倒数后三位的城市中，大同、阳泉各仅有 1 个基金会，且全部是政府资金注入的公募基金会，没有民间力量参与。

对上述城市各基金会的发起者和捐赠人进行分析，吕梁市的 7 个基金会中，有 4 个是非公募基金会，其原始基金的来源无一例外是煤企或煤炭企业家。长治市的 3 个基金会全部是非公募基金会，其中有 2 个基金会的原始基金来源于煤企，另一个基金会原始基金主要来自煤企、矿山。这一方面反映出山西以煤为主的经济现状，一方面也折射出我省基金会投资者的单一。如何引导我省经济不发达地区和非煤企业更多地关注、支持、发展公益事业，如何让贫瘠的土地上不断成长起公益的载体和希望，是政府、企业和社会共同的责任，是应当思考并着力解决的问题。

（三）政策环境

（1）基金会登记条件较高。施行于2004年的《基金会管理条例》发布之初，就因原始基金过高饱受争议。十年过去了，登记门槛却并未因为经济的快速发展和人民收入的提高而看似低一些。社会不乏想做公益的人，但200万元的原始基金足以让很多怀揣公益梦想的人望而却步。对于沿海发达省份而言，200万元的原始基金并不算多；但对于中西部内陆省份来说，200万元的门槛足以吓退很多志在公益的人。我省曾经有一个非公募基金会申请书的落款，是十几个捐赠者的联名。在全省2011年以来设立的30个基金会中，有5个基金会原始基金的捐赠者至少是2个捐赠企业（人），反映出基金会设立登记条件的苛刻。

（2）减免税政策有待落实。国家在推动公益性社会团体享有税前扣除资格和非营利组织免税资格，鼓励社会捐赠方面，四年来至少下发了3个相关政策性文件，企业捐赠公益事业的热情因之大为高涨。2012全省基金会总量达到38个，其中非公募基金会21个，其数量在历史上首次超过公募基金会。但在同期，公民捐赠数额并未因政策的利好而如企业捐赠一样放大。其中的原因有很多：第一，机关公务员或企事业单位员工的捐赠，几乎都会以单位名义统一开一张“公益性捐赠统一收据”（或者普通收据），作为捐赠者个体并未见到捐赠票据；第二，几乎没有人会在意一张看似“可有可无”的捐赠票据；第三，即便偶然有人知道“捐赠收据”意味着25%的个人所得税的免除，也没有几个人知道如何办理税前扣除。此外，基层税务部门是否做好接受大量个体捐赠者的税前扣除申请的准备也存在疑问。公益捐赠减免税政策在个体捐赠者身上的落实尚待时日。

（3）个别法律法规执行主体不明。涉及公益相关的法律、法规体系逐渐健全。《中华人民共和国捐赠法》、《中华人民共和国合同法》、《中华人民共和国担保法》等保证了捐赠、受赠双方的利益，规范了捐赠行为。但极少数相关的法律法规条文并未接地气，有的甚至没有明确落实法律法规的主体部门。如《中华人民共和国信托法》，有14条论及“公益信托”。但条文中“公益事业管理机构”至今尚未明确。没有公益事业管理机构，公益信托就无法落实。

（四）自身环境

基金会等公益组织的发展固然需要有利的政策环境、良好的经济环境与和谐文明的社会环境，但归根结底要靠公益组织加强自身建设。我省公益组织在自身建设方面存在的突出问题是：

（1）透明指数上升空间较大。透明度反映基金会依法规范运作的程度。透明度高的基金会，接受的社会捐赠一般较高。我省进入全国前100的基金会目前仅有2个，且这2个基金会的高透明度并未形成示范效应，带动其他基金会跟上。

（2）理财安全意识有待提高。一个成功运作的公益组织，必然在依法和安全的前提下，有效实现基金保值增值。前些年，我省个别基金会以炒股为主要手段进行基金的保值增值，导致公益资金受损。还有的基金会将基金投入公司进行运作，投资风险增大，基金的安全性不能得到保证。



（3）议事决策观念需要转变。一些公益组织不严格执行相关选举议事规定。一是选举不民主，走形式。二是议事不民主，一些基金会负责人不适应民主议事机制，理念没有转到服务社会上来。三是决策不民主。极少数基金会重大事项不召开理事会表决，由主要负责人决定。

（4）人员结构尚待优化。我省一些基金会不重视解决专职工作人员的实际困难，难以吸引和留住优秀人才，导致人才匮乏、年龄老化，影响基金会发展壮大。还有的基金会裙带关系较多，个别基金会家族成员占比几乎达到三分之一的法定上限，不利于基金会的健康发展。

（5）市场运作能力不足。我省大多数基金会缺乏有效的市场运作能力，缺乏长远规划，筹资能力、社会竞争能力和社会参与能力建设不足。

## 三、优化山西省公益环境的途径

我们要深入贯彻党的十八大和十八届三中、四中全会关于“引导社会组织健康有序发展”“支持发展慈善事业”的精神，按照王儒林书记在“学习、讨论、落实”活动动员大会上提出的“在优化发展环境、利民惠民便民上取得新成效”的要求，着眼于解决基金会存在的突出困难、问题，切实加强监督管理，取得让社会特别是公益捐赠者、举办者满意的成效。

当前公益事业正面临十分重要的转型期。公众正以越来越犀利的目光、越来越觉醒的权利意识，审视每一项公益活动、每一笔善款的去向。同时，一方面，社会爱心资源庞大，找不到释放路径；另一方面，基金会等公益组织无可下之米。这恰好是基金会转型发展的契机，是基金会加强自我管理、规范各项运作流程的良机，也是登记管理机关采取措施培育发展、加强监管的时机。

（一）着力推动基金会等公益组织的对外透明度建设

捐赠者对公益组织有很多质疑甚至是挑剔，是因为很多公益组织不透明。让公益走出困境，必须增强透明度，靠制度化的信息披露，科学化的披露方式，让基金会的资产、让善款的去向接受公众的监督。一是执行好《基金会信息披露办法》和民政部相关规定，坚持每年对基金会信息进行强制披露。二是坚决落实民政部相关规定，将各市、县、区的76个慈善会纳入参照《基金会年度检查办法》年检范围，并强制进行信息披露。三是强制要求基金会建立自己的网站、网页和微博，及时或定期公布受赠、捐赠信息，满足公众期待，迎接来自社会各方面的质疑、检视。

（二）着力完善基金会等公益组织的内部制衡机制

要建立健全基金会、慈善会各项制度，形成内部制衡、监督机制，约束基金会按照章程严格公益流程，严肃工作纪律，严密组织实施公益活动。其核心是完善监事制度。一是鼓励监事切实发挥作用，依照章程规定的程序检查基金会财务和会计资料，监督理事会遵守法律和章程的情况。登记管理机关应当对履职负责的监事予以表扬、奖励，对不履职、不负责的监事提出批评、建议。二是坚决制止监事从公益组织领取报酬的行为，一旦发现应责成公益组织追回报酬，并予以解聘。三是组织对基金会现有监事进行培训，对监事行为进行规范。十年来，我省和全国一样，尚未对监事组织过专门培训，也缺少对监事行为的制度性管理，有必要制定监事守则，规范监事行为。四是建立全省公益组织监事人才库，积极鼓励社会上有爱心、有时间、有能力的人才报名加入省级统一建立的人才库（将成为国内首创）。省民政厅按照《基金会管理条例》的规定精神，可视需要向基金会派驻监事，监督基金会的活动。五是基金会成立之前，如果非公募基金会的创办者是企业，在成立条件上应当要求其监事不得全部来自于该企业内部，必须有至少一名企业外的人员担任监事。

（三）着力形成基金会等公益组织的外部监管机制

政府有关部门应当形成监督管理公益组织的合力。一是健全部门信息共享、齐抓共管的联动工作机制，完善日常监管机制。民政、财政、审计、税务、外事、金融、质监等相关部门要依法加大监管力度，严肃查处公益组织违法违纪问题，督促、指导公益组织开展廉洁守法教育，自觉抑制不正之风。登记管理机关要会同财政、税务部门通过年度联检等措施，检查基金会税前扣除资格的延续，指导其规范化建设。

（四）着力加强基金会等公益组织的规范化建设

基金会区别于其他社会组织的关键是“钱”，筹好钱、管好钱、用好钱是基金会最大的责任。加强公益组织的规范化建设，一是要转变其传统观念，引进现代管理思维，健全法人治理结构，加强人才队伍建设。二是坚持和落实理事会负责制，坚持集体领导、重要情况通报和报告、述职述廉、民主生活会、罢免等制度。三是健全账务管理制度，加强财务审计监察。四是接收社会各界的捐赠，必须与捐赠人订立捐赠合同方可使用省级财政部门统一印制的捐赠收据。

（五）着力鼓励填补公益空白、地域空白的公益组织的设立

当前，社会公众关注的公益领域仍然是教育。生态建设、环境保护、禁毒禁赌、老年权益、临终关怀等方面的基金会组织虚位以待。朔州市尚未建立一家基金会。随着非公募基金会登记管理权限已于2014年初下延至市县两级，各级登记管理机关应当积极鼓励公益慈善类组织特别是鼓励生态环保类等填补公益空白的基金会的设立。

（六）着力营造良好的社会公益环境

2014年，全国著名公益品牌“壹基金”一度成为社会的热点。“壹基金”绝不会是最后一个被放在放大镜下的公益组织。一定程度上说，“郭美美事件”之后一系列的公益事件，将开启公民积极参与公益的新时代。但短期内扭转不利的公益捐赠局面，除了下大力气抓基金会的透明度、规范化建设，还需要宣传部门、税务部门、登记管理机关和社会中介机构、新闻媒体、社区、社会爱心人士等的共同努力。一是有关部门应当大力宣传当前我省公益事业特别是基金会取得的成就，让更多的人通过潜移默化的宣传自觉投身到公益山西的洪流中。二是登记管理机关应当会同省税务、财政等部门制定针对公民的公益性捐赠税前扣除政策的实施细则，落实公民向公益事业捐赠享受减免税的可行性方式。三是积极与有关媒体、社会爱心人士、基金会等共建“公益栏目”、“公益网页”、“公益微博”、“公益微信”，以公众喜闻乐见的方式、短平快的内容，传播公益正能量。四是大力提倡公益进社区，引导公益组织结合民政部门正在积极推进的“三社联动”，紧接地气，以实实在在的公益行动鼓舞人、影响人。

（七）积极呼吁公益慈善立法，完善公益政策

健康成熟的公益环境离不开法制、政策的有力支撑。在《基金会管理条例》尚未修改之前，呼吁地方立法，制定实施细则，完善公益慈善组织的运行标准、管理制度和监督机制，建立健全鼓励企业、公民参与社会公益事业的机制，调动企业和先富群体捐助的积极性。

# 赴西部调研社会组织登记管理改革情况报告

内蒙古自治区民间组织管理局

3月25日至4月2日，我们组成调研组，赴鄂尔多斯、乌海、包头三个地市（以下简称“三市”），围绕社会组织登记管理改革推进情况和全国社会组织创新建设示范区建设情况进行了深入调研。通过听取各单位情况介绍、实地考察社会组织和召开座谈会，基本了解掌握了三市推进社会组织登记管理改革的有关情况。现将调研具体情况报告如下。

## 一、成功探索和实践

通过调研，总的感到，党的十八大、特别是十八届三中全会以来，三市围绕激发社会组织活力，推进社会组织登记管理改革的认识较高，行动较快，创新实践的工作也是富有成效的。可谓思路对头，做法鲜活，前景乐观，形势喜人。主要表现在以下几个方面：

### （一）对社会组织地位的认知程度空前提升

在这次调研中，我们明显感觉到，无论是登记管理机关的人员，还是社会组织的代表，对推进社会组织管理改革的认识都比较高，大家普遍认为随着国家经济社会发展，社会组织在社会建设中的主体作用日益凸显，党和政府应该加快社会组织登记管理体制，激发社会组织活力。与以往调研明显不同的是基本没有说外行话的。特别是一些分管社会组织工作的政府领导的认识更是空前提高，认为三中全会决定将社会组织作为全面深化改革的重要内容，其目的就是实现政府治理和社会自我调节、居民自治良性互动，真正实现从“依靠群众打天下”向“依靠群众治天下”转变，政府逐步从“全能政府”转为有限政府，从“撑船”转变为“掌舵”。标志着党和政府治国执政理念已经发生重要调整。作为国家治理的重要载体，社会组织不可或缺。三市民政部门也悄然提升了社会组织在民政业务中的排名，主动向政府申请工作经费、增加工作人员。鄂尔多斯市、包头市民政局相继组织登记管理机关人员到沿海发达省市参观考察，开拓思路，拓宽视野。这些举动在以往是没有的。三市重视社会组织、支持社会组织、关心社会组织的氛围正在形成。

（二）推进社会组织改革发展的思路基本清晰

三市推进社会组织登记管理改革，虽然方法各异、形式多样，但思路表现了不约而同的一致，实践证明也是切合实际的。

在工作指导上，都强调要改变以往“重登记轻管理的倾向”，寓管理于服务，用服务促管理，下力气培育引导社会需要、群众认可的城乡社区类社会组织和公益慈善类社会组织。普遍降低了准入门槛，简化了办事流程。鄂尔多斯市除需双重管理的社会组织外，其余的社会组织注册登记实行了开办资金和场所“零登记”，乌海市对直接登记的社会团体和社区社会组织实行了注册资金“零注册”。三市及所属部分旗县区还先后成立了社会组织服务中心或社会组织孵化基地，为重点培育的社会组织无偿解决办公场所、基本办公设施、规范化服务、能力提升以及参与社会治理等问题，受到群众好评和欢迎。伊金霍洛旗旗委组织部和民政局，利用社区服务平台对社区党建和社会组织党建工作实行了“双培育、双孵化”的做法，在培育社会组织的同时，做好社会组织党组织的培育工作，进一步保证了社会组织健康有序发展。

在工作推进上，都注重政策创制，打破束缚社会组织发展的体制机制障碍，用制度创新推动工作发展，优化社会组织发展环境。乌海市出台了《关于支持文化体育类社会组织加快发展的意见》（乌海政发〔2013〕63号），制定了《乌海市文体类社会组织奖励办法实施细则》（试行），对文体类社会组织实行直接登记，市财政每年预算安排200万元专项资金，各区财政每年预算安排50万元专项资金，采取“以奖代补”的形式，对优秀文体类社会组织予以扶持和奖励，培育了乌海市满都呼合唱协会、门球协会等一批在区内外都有影响的社会组织。三市对行业协会商会类、科技类、公益慈善类、城乡社区类社会组织已经实行了直接登记，已直接登记社会组织140余家。伊金霍洛旗、东胜区和包头市昆区先后制定下发了培育扶持社区社会组织的意见，乌海市、鄂尔多斯市东胜区、包头市昆区还建立了社会组织备案制度，备案社会组织180余家。社会组织快速便捷生成的通道基本打通。

在工作部署上，都紧紧围绕民政中心工作的落实，注重业务整合，初步建立起了“三社联动”机制，即以社区为平台，以社会组织为载体，以社工人才为支撑，民政部门搭台，社会组织唱戏，充分发挥了社区社会组织在丰富群众文体生活、养老助残、化解矛盾、心理矫正等方面的积极作用，促进了和谐社区建设。鄂尔多斯市东胜区、包头市昆区建立了政府购买社会组织服务制度，拿出财政专项资金，重点将社区为老服务、家庭服务、青少年服务、调解服务等列入购买服务内容，既满足了群众对公共服务的需求，又促进了政府职能转变。

（三）创建全国社会组织建设创新示范区的工作扎实有效

去年下半年，鄂尔多斯市、包头市昆区经厅推荐并被民政部确认为“全国社会组织建设创新示范区”以来，这两个市、区的分管领导非常重视，多次召集民政部门负责人专题研究工作，协调矛盾、解决问题。登记管理机关对照示范区创建标准，解放思想，积极寻找差距，认真固强补弱，确保了示范区创建活动的标准和条件。鄂尔多斯市将东胜区和伊金霍洛旗确定为创新示范区试点单位，明确了创建的时间表和路线图，成立了非公经济和社会组织党工委，市民政局已经上报了《加强和创新社会组织建设的意见》，明确了全市社会组织发展规划、目标任务和加强的措施，待市委、政府批转。包头市昆区以建立城乡社区社会组织备案制为突破口，在区级层面成立社会组织孵化中心，在街道层面成立社会组织服务站，在社区层面成立社会组织促进会，形成三级联动机制，充分发挥社区社会组织在社会治理中的反映诉求、提供服务的作用，培育了一批专业性强、辐射带动作用好的社工服务机构。可以说，这两个市、区的一些成功实践，符合本地实际，具有自身特色，值得推广和借鉴。

## 二、存在问题和不足

由于我国社会组织尚处在发展的初级阶段，加之当前社会组织登记管理改革处在“老政策不灵、新政策不明”的过渡时期，与发达地区相比，三市在推进社会组织登记管理改革中也存在一些明显的问题和不足。主要表现在两个方面：

一方面，思想有待进一步解放。虽然对社会组织地位作用的认识普遍提高了，但思想解放程度普遍不够。有的认为缺钱、少人、无政策，害怕承担责任，有坐等观望拖一拖的想法；有的认为推进社会组织改革涉及面广，工作开展难度大，有等领导重视后再说的思想；有的有先行先试的权力，但仍然受制于现有政策法规制约，在社会组织注册资金、会员数量、活动地域等方面不敢越雷池一步。鄂尔多斯市、包头市昆区作为全国创新社会组织建设示范区，在政策创制方面是可以突破现有政策法规的，这也是民政部大力提倡和鼓励的，但目前这两个单位推进的力度还比较小、步子还不大，需要进一步解放思想，做出令人振奋的举动。

另一方面，工作有待进一步充实。三市围绕推进社会组织登记管理改革做了大量工作，也取得了明显成效，这是值得肯定的，但普遍缺少全局性、长远性和系统性。调研中，我们有一个明显的感受，就是三市在推进登记管理改革中，有就事论事、单打独斗的现象。目前三市都还没有出台加强社会组织建设的规划性文件，政社不分的问题普遍存在，政府购买社会组织服务还只是一个口号，社会组织党建工作还十分薄弱，等等，需要从长计议、统筹谋划、充实完善、提档升级。

### 三、下一步打算和建议

当前，激发社会组织活力，创新社会治理，已经成为国家和自治区全面深化改革的重要内容。实事求是地讲，三市推进登记管理改革工作在全区应该是靠前的，但与上级要求和发达地区相比，三市无论是现有社会组织的数量质量，还是推进改革的深度广度都有较大差距。可以说，自治区社会组织登记管理改革尚处在起步期和破冰期。形势和任务要求各级党委政府和登记管理机关认清形势，抢抓机遇，攻坚克难，主动作为。下一步，我们将按照自治区全面深化改革赋予登记管理机关的任务，坚持“虚实结合、上下结合”的原则，全面推进社会组织登记管理改革。重点抓好以下几个方面的工作：

一是抓好宣传发动。就是要坚持边干边说，把社会组织宣传工作与日常登记管理工作结合，广泛宣传社会组织在参与经济社会建设中的积极作用，确立社会组织的良好形象，赢得各级的理解和支持。要坚持正面发声，加强对社会组织先进典型及地方重点改革经验的重点宣传，提高社会公众对社会组织的了解和认识，集聚社会组织正能量。要建立健全社会组织舆情监测和发布机制，及时回应社会关切。我们准备协调《内蒙古日报》和内蒙古电视台等新闻媒体，设立“社会组织风采录”和“公益讲堂”等专栏，定期宣传报道优秀社会组织的典型事迹，及时宣讲政策法规，努力把各级和人民群众的思想认识统一到中央决策上来，为社会组织改革发展营造良好氛围。

二是抓好政策创制。一方面，是要继续协调党委政府两办，制定出台《加强和创新社会组织建设的意见》，为社会组织登记管理改革提供政策支撑，并以意见的出台，推动政社分开、购买服务、党建等重点难点工作的落实。另一方面，要抓紧研究制定实行直接登记后的相关监管制度，如《社会组织直接登记办法》、《社会组织活动管理办法》、《党政干部兼任社会组织领导职务管理办法》、《社会组织行为规范》等，在有序“放”的同时，加强“管”的工作，促进社会组织健康有序发展。

三是抓好分类指导。就是要结合各盟市经济社会实际，指导各单位有针对性地培育引导一批具有本地特色、职能作用明显、人民群众需要的基层社会组织。对东、西部，重点抓好农村牧区经济专业协会建设，对于西部，重点抓好城乡社区社会组织的培育发展。努力形成特色，打出品牌。近期，我们准备组织由新闻媒体、专家学者组成的课题组，深入鄂尔多斯市和包头市昆区，总结挖掘这两个示范区的经验做法，指导他们全面提档升级。建议下半年适当时机在这两个市、区召开登记管理改革座谈会，把点上的经验推广到全区上。

四是抓好作用发挥。主要是按照“政府搭台、社会组织唱戏”的思路，发挥社会组织在促进经济发展，参与社会治理、提供服务中的作用，使之成为推动自治区经济社会发展的重要主体和力量。要结合自治区中心工作和人民群众期盼，有计划地组织社会组织开展“送技术、送服务、送温暖”活动，发挥社会组织思想超前、人才聚集、技术领先的优势，帮助农牧民发展生产，脱贫致富。要继续开展创新示范区建设活动、行业协会行业自律与诚信创建和民办非企业单位树品牌与服务社会三项活动，引导社会组织参与经济建设和改善民生，树立社会组织良好形象和社会公信力。

**调研组成员：**黄志江　韩少俊　何成木

# 城乡社区服务类社会组织发展研究

## ——以黑龙江省为例

黑龙江省民间组织管理局

**摘要：** 伴随着经济发展与社会进步，城乡社区服务类社会组织的发展非常迅速，对其进行引导十分必要。本文以黑龙江省为视角，采用实证方法，对城乡社区服务类社会组织的内涵、类型及功能、城乡社区服务类社会组织发展的必要性进行了理论阐述，对黑龙江省城乡社区服务类社会组织的现状、存在问题进行了分析，并提出了完善法律规制、强化政府部门引导与扶持、建立合理的政府资助机制、加强社区社会组织的人才培养、完善社区社会组织治理结构等措施。

**关键词：** 社区社会组织　问题　对策

## 第一章　绪　论

### 一、课题研究背景与意义

（一）研究背景

自改革开放以来，随着我国社会主义市场经济的发展、政治体制改革的深入以及社会转型的全面推进，社会公众对公共服务的需求迅速增长，生长出越来越多的社区社会组织。社区社会组织作为社区建设深入发展的产物，是城乡社区文明进步的标志，是落实政府实施社区公共治理和提供公共服务的有效载体，是构建政府和社区、公共部门和社区居民之间互利、互动的纽带，在反映群众诉求、组织群众参与社区活动、开展社区服务及繁荣社区文化等方面正在发挥着积极的作用，为实现城乡社区居民自治奠定了良好的基础。党的十八大报告指出，“在改善民生和创新管理中加强社会建设，提出在城乡社区治理、基层公共事务和公益事业中实行群众自我管理、自我服务、自我教育、自我监督。”当前，在我国社会治理中，一方面，政府管理层次将逐步缩小，管理结构将日益优化，更多的社会建设任务将由社区及其社会组织承担，基层管理扁平化是大势所趋；另一方面我国社区社会组织起步较晚，社会对社区社会组织的重要性认识不足，社会组织发展不规范、社区社会组织可持续发展能力弱，其承担社会服务工作的能力还远远落后于社区建设发展的要求。在这种背景下，如何使城乡社区服务类社会组织不断发展壮大，提高其服务于社区建设发展的能力，为社区居民提供更多更加优质高效的社会服务，就成为学术界和实际工作者亟待研究的重要课题。本课题正是基于这样的背景，通过采取理论研讨、文献检索、实际调查等方法，以黑龙江省城乡社区服务类社会组织为研究对象，对城乡社区服务类社会组织的发展现状、影响因素、政策措施等进行研究，以期为理论工作者提供研究素材，为实际工作者提供实践样本，以利于促进城乡社区服务类社会组织的持续健康发展。

（二）研究意义

1. 理论意义：我国对社会组织的研究是多学科共同关注的焦点问题，涵盖了经济学、社会学、政治学、公共管理学等学科领域，其研究的理论视角可以分为宏观、中观与微观三个层面。我国社会转型及经济改革所带动的社会治理结构优化营造了多学科进行社会组织研究的需求，社会组织的研究需要采取学科综合的办法。社区服务类社会组织是城乡社区社会组织中的一个重要类别，在城乡社区的养老、托幼、日间照料、邻里互助、文体娱乐、情感关怀、困难群体救助等诸多领域发挥着重要作用，扮演了辅助政府承担相关职能的补充角色。本课题通过对黑龙江省城乡社区服务类社会组织的运作特点、发展规律等进行系统研究，可以使社会组织理论的研究内容进一步得以拓展和深化，为学术界和理论工作者从事这方面的研究提供更多基础素材。

2. 实践意义：我国幅员辽阔，各省区经济发展水平、发展模式等诸多方面都存在明显差异，由这些差异导致的各地综合发展的不平衡性决定了各地社区社会组织的发展也存在较大差异。目前，黑龙江省的哈尔滨、佳木斯、牡丹江、大庆、伊春等城市已经相继出台了社区社会组织备案管理办法。随着城乡社区建设的全方位展开，全省城乡社区社会组织的发展也进入到了一个全新的阶段，实践基础为我们开展社区社会组织的实证研究提供了现实素材。概括而言，本课题研究的实践意义在于，一是有利于提高城乡社区居民的参与意识，满足其多元化的需求；二是有利于加速政府职能转变，促进城乡社区居委会行使社区建设与管理职能的回归；有利于促进城乡社区自治，促进和谐社会建设。本课题研究拟将通过对黑龙江省城乡社区服务类社会组织发展状况的调查，探讨城乡社区服务类社会组织发展的影响因素及存在的问题，为规范现阶段城乡社区服务类社会组织的发展，解决该类组织所面临的困境，制定对策措施，不仅为指导本省城乡社区服务类社会组织的健康发展提供实践依据，同时亦给其他省份的相关研究与决策提供参考与借鉴。

## 二、国内外研究现状

### （一）国外研究现状

国外多将社区社会组织称为非营利组织、第三部门、非政府组织，当代西方非营利组织是 20 世纪 70 年代伴随着西方福利主义与自由市场的“双重失灵”而产生并得到迅速发展的，社会组织的迅速发展不仅促进了欧美社会经济的繁荣，而且维护了社会的稳定，特别是在动员社会力量，充分利用民间资源支持公共事业方面收效相当显著。国外关于社会组织的研究主要集中在以下一些方面：一是关于社会组织的概念及特征：萨拉蒙认为,[①]“非营利组织”、“第三部门”等概念每一个都有其自身障碍，主张使用“公民社会”这个最接近获得通用地位的名词，而且不像非营利组织或非政府组织那样，有避免使用否定定义的优势。萨拉蒙所概括的社会组织的组织性、非政府性、非营利性、自治性、志愿性五个基本特性得到了社会的普遍认可。托马斯对非营利组织做出了描述性的定义：[②] 具有公共服务的使命；在政府备案，并接受相关法令规章的管辖；必须为一个非营利或慈善性的机构；经营结构必须排除私人利益或财务之获得；经营所得享有免除政府税收的优待；享有法律上的特别地位，捐助或赞助者的捐款列入免（减）税的范围。二是关于社会组织兴起的原因：韦斯布罗德认为,[③] 政府和市场在提供公共物品方面的局限性，导致了对非营利部门功能的需求，它们的作用是拾遗补阙，以弥补市场和政府提供服务的不足，这是非营利部门存在的主要原因。萨拉蒙从三个方面归纳了非营利部门产生的原因：[④] 一是市场和政府的内在缺陷恰恰是第三部门的优势所在；二是社会上存在一些既有能力又有抱负的人们在创造这些组织；三是科学技术特别是通信技术的发展以及第三部门已将促进公民社会的发展作为组织

---

① 参见萨拉蒙等著：《全球公民社会——非营利部门视角》，贾西津、魏玉等译，社会科学文献出版社 2002 年版。

② 参见里贾纳·E. 赫茨琳杰：《非营利组织管理》，中国人民大学出版社 2000 年版。

③ 参见田凯：《西方非营利组织述评》，《中国行政管理》，2003 年第 6 期。

④ 同①。

使命的一个重要组成部分等因素。三是关于社会组织与政府的关系：奥斯本指出，[①] 政府应“掌舵”而非“划桨”。萨拉蒙以国家为单位对非营利组织发展进行案例分析，[②] 他通过大量的数据分析指出：在许多国家，就财政上而言，“公共部门的支持是非营利运动成长的关键因素”。戴维·H. 罗森布罗姆认为，[③] 在现代政府治理中，缺乏社会组织的参与会降低政治体系的代表能力和回应能力、会侵蚀民主国家的公民精神、会导致公民对政府运作方式的无知、会导致民众的疏离。而参与有助于加强政府的合法性，促进公民对其决策的认同。四是关于社会组织存在的问题及其对策：里贾纳·E. 赫茨琳杰认为，[④] 非营利组织所存在的问题可以归结为组织低成效、低效率、中饱私囊、高风险四类，同时解决这些问题的办法就是DADS法，即加强非营利组织业绩信息的透明度，分析、发布非营利组织和政府组织的工作业绩，对不遵守以上规定的组织进行惩罚。萨拉蒙认为，[⑤] 非营利组织的问题主要是财政危机、经济危机和信任危机，并且认为解决上述问题就必须从组织的价值、公民社会的未来计划、公民社会的峰会、公共教育、公共参与形式五方面实现组织的革新。弗斯顿伯格指出，[⑥]“非营利机构必须是一个混合体：就其总体而言，它是一个传统的慈善机构；而在开辟财源方面，它是一个成功的商业组织。当这两种价值观在非营利组织内相互依存时，该组织才会充满活力”。阿尔文·H. 赖斯在《非营利创新管理》一书中介绍了非营利组织如何表达组织需要、传达信息，如何使组织的活动与众不同，如何募款，如何使董事会有效运作，如何寻求企业的捐助，如何用商业模式运作非营利组织，如何获得社区对组织的资源投入等内容。

（二）国内研究现状

我国社会组织起步较晚，随着市场经济快速发展和社会结构急剧转

① 参见奥斯本：《改革政府：企业精神如何改革着政府》，上海译文出版社 2006 年版。

② 参见萨拉蒙等：《全球公民社会——非营利部门视角》，贾西津、魏玉等译，社会科学文献出版社 2002 年版。

③ 参见罗森布罗姆：《公共行政学：管理、政治和法律的途径》，中国人民大学出版社 2002 年版。

④ 参见里贾纳·E. 赫茨琳杰：《非营利组织管理》，中国人民大学出版社 2000 年版。

⑤ 同②。

⑥ 参见弗斯顿伯格：《非营利机构的生财之道》，科学出版社 1991 年版。

型，国内社区社会组织迅速发展，对社区社会组织的研究开始成为国内学术界的前沿性研究课题。我国关于社会组织的研究主要集中在以下一些方面：一是关于社会组织的兴起：[①] 从国家与社会关系的视角提出了中国公民社会发育的自上而下型、自下而上型和合作型三条路径。林燕凌认为，[②] 政府和市场失灵仅是为人们产生了对非政府组织的需求，并不等于非政府组织发展本身，否则难以解释为何非政府组织今天发展如此之快，所需具备的条件中最主要的是经济的发展。只有在一定的经济条件下，人的必要劳动时间呈缩减趋势，人们才能拥有越来越多可供自己自由支配的时间，并将这些时间投入到志愿活动中。何金晖指出，[③] 中国城市社区社会组织的存在与兴起有着复杂的背景，它既是我国“总体性社会”向“后总体性社会”转轨的产物，也是国家一元化结构向国家、市场、社区三元化结构转型的结果。此外，单位社会职能外溢、城市社区人口结构变化、城市居民闲暇时间增多等也是社区社会组织兴起的重要原因。李茂平指出，[④] 社会组织的产生和发展主要根源于我国慈善传统源远流长、社会主义市场经济健康发展、政府体制改革深入推进和社会中产阶级逐步形成等因素。高丙中[⑤]从社会合法性、行政合法性、政治合法性的层面解释了社团何以能够在与法律不一致的情况下“正常”地存在并开展活动，并探讨了以法律合法性作为核心整合社会合法性、行政合法性和政治合法性。二是关于社会组织在社区建设中的功能：赵巍、齐绩在《中国城市社区非营利组织面临的问题与发展趋势》一文中指出，随着社区建设不断发展，社区社会组织发挥着维护社会公众利益、动员参与、社会整合和提供公共产品的功能。刘佳佳、张佰明在《非营利组织与社区发展》一文中指出了社区社会组织的主要功能是：促进社区参与，加强政府与公众沟通；强化社会控制，促进社会整合；集中社会闲散资本，筹集社区发展资金。孙元在《从社区发展的视角透视非营利组织的发展与创新》一文中指出非营利组织是

---

① 参见贾西津：《中国公民社会发育的三条路径》，《公益时报》，2011 年 9 月 9 日。

② 参见林燕凌：《我国非政府组织研究》，中国科学院上海冶金研究所博士论文 2000 年。

③ 参见何金晖：《中国城市社区权力结构研究》，华中师范大学出版社 2010 年版。

④ 参见李茂平：《民间的道德力量》，中国社会科学出版社 2011 年版。

⑤ 参见高丙中：《社团合作与中国公民社会的有机团结》，《中国社会科学》，2011 年第　期。

社区可持续发展的内在动力，非营利组织具有促进从街道体制向社区体制的转变、促进社区民主自治、整合社区资源、促进社区公益活动、扩大社区居民的就业渠道等功能。邓恩远在《社区社会组织的特征与功能定位分析》一文中指出，社区社会组织是促进社区精神文明建设的重要力量，是吸引社区居民融入社区、增强社区的凝聚力的主要途径、是社区志愿者的组织载体、是构建基层社会民主的管理机制、实现社区成员有序政治参与的关键环节、能够承担起政府改革后的部分职能，是政府与民众之间的桥梁。三是关于社会组织与政府的关系：龙献忠等人在《论政府与非营利组织合作伙伴关系的构建》一文中，分析我国政府与非营利组织建立合作伙伴关系的障碍因素并探讨了我国政府与非营利组织构建合作伙伴关系的路径，指出两者合作伙伴关系的构建离不开政府主导作用的发挥，也离不开非营利组织的充分发展和社会的支持。李芹在《试论社会组织的非营利性及与政府的关系》一文中指出，社会组织与政府是互动的、互补的、相互依存、相互牵制的，双方应结成“伙伴关系”，其结果将是共同受益。王静等在《社会组织在城市社区治理中的作用——政府与社会组织互动关系分析》一文中，对城市社区治理模式进行了简单的回顾，指出社会组织充分发挥作用的关键是与政府建立自主性互动关系。马立指出，[①] 政府职能转变为我国非政府组织提供了广阔的生存和发展空间，同时也为非政府组织带来前所未有的机遇，然而，目前政府力量的绝对强势和不少非政府组织对政府的依赖关系大大影响了非政府组织的发展壮大以及“小政府、大社会”格局的形成。在两者关系的处理中，起关键作用的应是政府，从政府角度来讲，应把非政府组织当作社区治理的好搭档，加强对非政府组织的扶持与规范。王颖、折晓叶和孙炳耀通过对浙江萧山99家社团组织的调查认为，“官民二重性”是我国绝大多数非营利组织在实际运作中所呈现的基本特性，而正是这一特性才使得我国的非营利组织能够充分发挥“上挂下联”的社会中间层作用。四是关于社会组织发展存在的问题及其对策：在这方面，我国许多学者进行了大量的实证研究，并取得了丰硕的成果，提出了许多具有启发性的建议，为我们理解和把握社区社会组织的发展及其社会基础提供了有益的指导和参考。徐济益等指出，社会组织在经费投入和政策扶持、规章制度、认识和观念、组织自身结构、政府机构管理力量等方面存在发展瓶颈，并建议从宏观上处理好政府与社会组织的关

① 参见顾建键、马立、（加）布鲁斯·哈迪著译：《非政府组织的发展与管理——中国和加拿大比较研究》，上海交通大学出版社2011年版。

系，从微观上合理界定社会组织的性质，从组织的运行人员、经费、社区宣传教育等方面提出了促进社会组织良性发展的建议。毛军权指出社区社会组织规模都偏小，普遍忽视自身能力建设，尚未完全找到自身在社区建设中的坐标或位置，规范化运作水平不高，随意性较大，适应市场和社会需求的能力较弱，难以动员更多社会资源支持其发展。建议从促进社区社会组织功能开发的制度设计、加强社区社会组织人才队伍的建设两个方面来加强社区社会组织的能力建设，激发社区社会组织的活力与能量。赵学昌指出社区社会组织在成立门槛、竞争主体、活动资源、内部自律和外部监督等方面还存在诸多问题。当前应针对社区社会组织本身的特点，结合实践经验，完善社区社会组织的立法，并通过立法和法律的实施建立促进组织发展的准入、竞争、激励和监督四大法律治理机制。张凯兰指出社区社会组织发展存在管理体制不顺、官办色彩浓厚、政府支持不力等问题，培育和发展社区社会组织转变观念、提高认识是前提，完善管理体制、加强规划引导是保障，加大政府的支持力度是重要条件，加强自身能力建设是关键。谢倩以社区社会组织建设为切入点，在对南京鼓楼社区社会组织实证研究的基础上，探讨了城市社区社会组织发展的监督机制。她指出政府、居民群众、内部成员对城市社区社会组织监督不力状况的根源在于社区社会组织的性质没有真正得到清晰界定，在立法明确社区社会组织的性质和内涵之后，还应该建立适当的法规框架，提高对社会组织管理的法制化水平。杨贵华从社区社会组织的性质、功能、规模、环境等方面分析了其存在的问题，并借鉴国外经验，着重从政府的扶持和管理方面提出了加强社区社会组织建设的对策建议。五是关于社会组织的个案研究：社区社会组织的个案研究包括：李国武、刘岩的《一个民间社区组织的成长经验及其面临的问题——来自长春市“和心俱乐部”的启示》；张卫的《社区社会组织：社区建设与发展的推动力——兼论“居民之家”的性质、任务及发展方向》；骆勇的《公益性社会组织参与社区治理的现状、困境与政策干预——以上海市普陀区长寿路街道公益性社会组织参与社区治理为例》；徐济益的《城市社区社会组织与驱动功能分析——以南京鼓楼区社区社会组织为例》；石宝孙的《社区社会组织发展现状及对策研究——以上海市松江区为例》；贺铭惠的《社区社会组织的发展研究——以普陀区长寿路街道为例》等，这些案例论证了社区社会组织在社区发展中的作用、分析了其存在的问题，并有针对性地提出了发展建议。

总之，国内外学者对社区社会组织进行研究所积累的大量成果，以及形成的理论研究框架和实践经验总结，为我们进一步开展对黑龙江省城乡社区服务类社会组织进行深入系统的研究提供了十分难得的理论指导和实践借鉴。

### 三、研究思路及主要创新点

（一）研究思路

本课题从社区社会组织兴起和发展的背景出发，在借鉴国内外学者研究成果和实践经验的基础上，通过选取黑龙江省内市（地）、县（区）各种类型的城乡社区服务类社会组织作为观察与研究样本，结合经济社会发展实际情况，分析当前城乡社区服务类社会组织运作、管理及发展中存在的现实问题，综合运用公共管理等相关理论，根据设定的研究目标，按照“问题导向—建构理论—实践探索—归纳总结—提出建议”的研究范式，探索影响黑龙江省城乡社区服务类社会组织发展的因素，提出符合该类组织特点的工作改进对策措施。

（二）主要创新点

纵观我国学者对于社会组织的研究主要集中在有较大影响的跨地区的社区社会组织，从宏观角度对社区社会组织的发展进行研究。而对社区内部自发形成的社会组织研究相对较少，尤其是对于城乡社区服务类社会组织的研究更为少见，这方面的理论和实践都有待于进一步完善和发展，这也是本课题研究的主要创新之处。

## 第二章　城乡社区服务类社会组织的内涵、类型及功能

### 一、城乡社区服务类社会组织的内涵

城乡社区服务类社会组织是指围绕城乡社区居民的多样化需求提供服务的社会组织，主要组织形式有社会团体和民办非企业单位。这一内涵包括五个层面的含义（以下行文中城乡社区服务类社会组织、社区社会组织同指一类社会组织）。

（一）社区性。一方面，城乡社区服务类社会组织活跃于具体的城乡社区之内。地理位置的不同，人文背景的不同会对各个城乡社区服务类社会组织的构成产生很大的影响。总体而言，经济发展比较迅速，城乡的社区服务类社会组织的发育比较成熟，呈多样化与复杂化，且整个社区服务类社会组织的构成中有相当一部分是市民自发组成的。而经济发展相对滞后城乡的社区服务类社会组织的发育则比较迟缓，类型比较单一，社区社

会组织的“官办”色彩较浓。另一方面，城乡社区服务类社会组织的服务范围大多数仅限于所驻扎的城乡社区之内，基本不对外承担提供公共服务的职能。

（二）规模小，数量多。城乡社区服务类社会组织由本社区的居民或单位组成，主要为了满足城乡社区居民或单位的部分需求，其本身一般对成员人数、组织机构没有特定要求，对活动资金要求不多。有正式登记注册的，有在相关政府部门备案的，也有未登记未备案的。有以公益为目的的慈善公益组织，也有满足居民教育需求的教育类社会组织，同时还有满足居民兴趣爱好的各类体育、文化类社会组织等。

（三）合法性。在我国，真正合法的社会组织是指那些在民政部门登记注册并挂靠相关业务主管部门的组织，但实际情况是一些“准合法”——或经过备案或无任何法人身份的社区社会组织在城乡大量存在并实际发挥着功能，它们处于官方默许存在的境地，因此也应将其认定为“合法性”社会组织。当然，一些存在于城乡社区范围之内打着社会组织的幌子或从事营利性活动或从事违法犯罪活动的组织不属于社会组织范畴，应依法予以取缔。

（四）民间性。其组建主要源于自发的群众力量。它代表了市场经济体制下民主政治发展、公民参与社会管理的发展潮流。

（五）松散性。组织成员具有较大的自由度，加入组织的资格和参加组织活动，不像一般社会组织那样严格。

## 二、城乡社区服务类社会组织的类型

依照不同的标准可以对城乡社区服务类社会组织进行不同的分类。

（一）按照组织注册备案登记的规范化程度不同，城乡社区服务类社会组织可分为在民政部门登记注册的拥有独立法人资格的城乡社区社会组织；在相关政府部门低级行政端备案的不具备独立法人资格的“准城乡社区社会组织”；既没有经过登记注册也没有经过备案的“双无城乡社区草根社会组织”。

（二）参照民政部划分社会组织的方法，可将城乡社区服务类社会组织划分为三类：城乡社区服务类社会团体、城乡社区服务类民办非企业单位、城乡社区服务类基金会。

（三）按照社会组织涉及的领域、功能、表现形式，可以将城乡社区服务类社会组织分为五类：

1. 生活服务类。根据服务对象的不同，社区服务类社会组织有针对性地发展便民社区服务网络，服务区间涵盖社区福利、再就业指导、公益服务、教育服务等多种服务大类，拓展和满足城乡社区民众的多元需求。

2. 社区事务类。此类社区服务类社会组织主要通过行政购买等方式，承接政府转移职能，如城乡社区内各类烦琐的统计工作、各种民众调查工作等。

3. 文体活动类。社区秧歌舞蹈队、合唱兴趣小组、书法兴趣协会、社区外语沙龙等文体活动类社区社会组织，极大丰富了民众的精神生活，文体活动类社会组织具有运作成本低，社会反响好的特点。

4. 慈善救助类。社区的慈善救助类社会组织的服务主要是无偿或低偿服务，如慈善义卖超市、帮困协会等，服务对象主要是城乡社区的困难民众。

5. 社区维权类。社区维权类社会组织主要是社区律师志愿社、社区法律援助协会等，主要是为城乡社区民众提供法律援助、维权服务等。

（四）有的学者通过城市个案的调查将城市社区社会组织分为九类，“一是公益、慈善类组织，如慈善协会、慈善超市等；二是幼儿教育类社会组织，如社区民办学校、幼儿园等；三是养老服务类社会组织，如养老院、托老机构等；四是法律服务类社会组织，如法律服务所等；五是社区便民服务类社会组织，如社区便民服务机构等；六是社区医疗类社会组织，如社区卫生服务站、社区诊所等；七是以健身娱乐为目的的社区体育类社会组织；八是社区文化类社会组织；九是其他类型的公益服务类社会组织”。①

以上分类方法对城市社区社会组织进行了科学、详细的分类。

其实，无论是参照哪种分类方法，城市社区社会组织都包含以下几类：慈善公益类、养老服务类、托管教育类、便民服务类，以及文体娱乐类等。

## 三、城乡社区服务类社会组织的功能

### （一）拓展并满足社区居民的多元需求，广泛提供社区性公共物品

市场经济条件下，公共物品的“非竞争性”与“非排他性”决定了市场机制不可能承担提供公共物品的职能，而政府的能力是有限的，社区社会组织有效承接基层政府部分公共物品提供职能，从而更好地实现社会公益就成为一种必然。

城乡社区服务类社会组织具备覆盖面广、种类多、来自社区和反应迅

① 窦泽秀、刘效敬、李国宇等：《转型中的城市社会治理——以青岛市南区社会组织发展为例》，社会科学文献出版社2010年版。

速等优势，因此可以通过灵活的体制和全方位的服务，整合社区的各种资源，坚持便民利民的原则，细致分析居民的需求，从而满足广大社区居民的多元化需求。城乡居民的社区服务需求可以分为共同性需求和相似性需求，对于共同性需求，政府及社区可以很好地解决这一问题，而对于增长迅速、复杂多样的居民相似性社区服务需求，政府组织、市场组织和社区都会“失灵”,[①] 这就必然要求发育其他社会力量来填补空白。社区满足社区居民需求的功能，是社区居民最能切身体会社区温暖的功能，这项功能的实现，将增强社区居民对社区的归属感和依赖感。社区居民不但能从社区获得物质、精神需求的直接满足，而且能够通过社区社会组织，在互相帮助、互相鼓励、互相支持中，寻找到精神的慰藉，在社区居民内心萌发、根植志愿精神的种子。

与政府相比较而言，城乡社区社会组织扎根于基层，能够更深入地了解社区居民的现实诉求，在提供相关公共物品的过程中会更具有针对性，从而最大程度上减少成本，增加社会公益。

（二）为社区居民的社区参与提供平台，促进社区治理优化

城乡社区的治理更多地表现为社区参与。而社区参与,[②] 是指社区民众参加社区内的各种活动，以及参与社区建设各种事务的过程。而城乡社区服务类社会组织对居民社区参与越来越发挥着无可替代的作用。

城乡社区服务类社会组织是满足城市居民社区参与的有效途径。当前，社区参与已经成为当前城乡社会向“大社会、小政府”转型的必然选择。[③] 社区参与不仅有利于社区居民亲密关系和社区归属感、向心力、凝聚力的形成，而且能够促进社区居民自治，推进社区治理现代化的进程。社区社会组织的发展为社区成员充分参与社区活动提供了平台，社区社会组织成为了能充分动员社区居民参与社区治理，实现社区的自我维护和发展，激发社区民众积极投身社区建设的有效载体。

它提供了一条自下而上的参与渠道，作为“社区居民和政府、街道、社区居委会之间的中介”，它产生于基层，完全代表了民意，通过有组织、有目的的活动一方面它可以动员居民积极参与社区服务活动，提高居民的

---

① 金家厚、吴新叶：《社区治理：对“社区失灵”的理论与实践的思考》，《广东社会科学》，2002 第 3 期。

② 杨敏：《公民参与、群众参与与社区参与》，《社会》，2005 年第 6 期。

③ 童章成：《杭州、宁波、温州、台州、绍兴五地民间组织比较研究》，《浙江社会科学》，2004 第 2 期。

参与意识，另一方面又可以起到上传下达的作用，为居民的利益表达提供相应的渠道，维护居民的合法权益。这种广泛的社区参与，从深度来讲，是实现社区居民自我能力提升、自我需求满足、自我价值实现的重要组织形式，它的发展有利于实现城市社区民主自治有序化。同时，以社区社会组织为平台，社区参与的活度和深度将大幅提升，可以使政府、企业单位、社区居民之间互动协调，实现社区资源的优化配置。

对社区参与而言，社区社会组织所特有的平台中介功能，起到了一种资源优化配置的集聚效应，根本上打破了原来社区有限资源分散的布局，摆脱了各方力量各自为战的窘境，依托有限的行政指导，使得构建一种多元互助的高效机制成为可能。

（三）活跃社区文化，建构社区文明

一些城乡社区服务类社会组织通过学习讨论等形式加强自身建设，向群众宣传社会先进文化，不仅丰富了社区社会组织自身的活动内容与活动载体，而且凝聚了广大社区群众，推动了社区精神文明建设。如学习党的方针、政策与保健常识，讨论社会热点问题等形式，开展了丰富的学习讨论活动。活动不仅增进成员自身身心健康，而且达到宣传群众、凝聚群众的功效，成为社区精神文明建设的一道亮丽风景，有利于城乡社区精神文明建设自下而上地展开。

（四）化解矛盾冲突，维护社区稳定和谐

城乡社区服务类社会组织是人们利益诉求的疏解管道与平台，是调节社会矛盾的“润滑剂”和社区稳定的“安全阀”。

时下我国处在社会转型期，城市化所带来的社会问题是严峻的，单纯依靠政府来解决这些问题面临着巨大压力，城乡社区服务类社会组织的功能发挥为这一窘境的化解提供了新的思路。一方面，人口老龄化速度加快，养老问题逐渐凸显；进城务工、流动人口增加，社会治安存在隐患；失业、待业人群剧增，就业问题迫在眉睫。这些问题的涌现极大地威胁了社会的稳定和谐。另一方面，随着城乡社区建设的有效开展，各社区建设主体的矛盾逐渐凸显。尽管城乡社区建设的有效开展是各社区建设主体通力合作的结果，但各社区建设主体之间由于职责分工不明确产生了种种矛盾，其中最典型的是社区居委会与物业管理公司之间的矛盾。化解这一矛盾需要充分发挥城乡社区服务类社会组织的功能，一是城乡社区社会组织可以有效分担居委会与物业公司的服务职能，这就使得双方服务内容交叉的领域由另一种公益提供机制来覆盖，减少了两者之间的权责之争与利益之争。二是在社区层面成立的社区协调理事会，通过调动社区居委会、物业公司以及社区居民参与联席会议的形式，可以有效解决各社区建设主体间的矛盾之争并在此基础上商讨社区建设的重大事宜。

（五）降低社区管理成本，促进政府角色与功能的转变

城乡社区服务类社会组织作为社区建设的活性载体，能及时发现社区社会问题和矛盾，进而通过正确的方式把威胁社会稳定的冲突和矛盾因素化解在社区层面，将可能的稳定风险消除在萌芽状态；同时，社区服务类社会组织所积极倡导和努力实现的广泛、理性的政治参与满足了社区居民日益增长的民主需求，为实现社区民主治理、推进社区参与提供了平台和媒介。而社区民主治理恰恰是社区稳定的基石，民主理念所催生的广泛政治参与，带来的必然是治理能力的现代化，治理能力的现代化是社会稳定与和谐的保障。借助社区社会组织的力量，一方面政府对社区管理可以节省财政开支，花钱少、办事多。政府身份由社区事务的包办者向引导者、监督者转化，摆脱以往事必躬亲的模式，合理的政策导向，借助社区社会组织在社区事务中的枢纽作用，统一协调，构筑起了个人、社区、政府、国家之间新型和谐关系。

城乡社区服务类社会组织还能够弥补政府职能、资源不足，推动政府新一轮行政改革。

随着经济体制改革的深入，当前我国政府行政改革的核心内容是政府行政职能的转变，为了实现“小政府，大社会”的目标，意味着政府要还政于民，一改过去大包大揽的管理方式和方法，将一部分职能转移出去。

在承接转移职能方面，服务类社会组织的作用日益凸显出来，城乡社区社会组织由于其自身的特征，能够承担大量原来由政府承担的职能，使行政能从繁杂的社区事务中抽身出来，使得更为优质的服务提供成为可能，加快了政府职能的转移和让渡，促进了公共治理模式的构建和完善。

## 第三章 城乡社区服务类社会组织发展的必要性

社区社会组织是社区组织体系的重要细胞，是社会治理与社区服务的重要支撑要素，而其中的服务类社区社会组织则是专门承担社区服务的重要主体。当前，在着力改善民生和创新社会治理的战略和实践中，发展城乡社区服务类社会组织十分必要。

## 一、建设服务型政府的客观要求

### （一）服务型政府的内涵

服务型政府，就是以社会公共利益为目标追求，以社会公众为本位，以管理就是服务为理念，以人文关怀、民主、透明、责任、法治等价值为基础，在社会公众的参与和监督下，以有效解决社会公共问题，提供公平、优质、廉洁、高效的公共产品为标志的政府形态。服务型政府的基本特征是以服务为宗旨、以公民为本位，是法治和责任的政府。

### （二）社区服务类社会组织是政府提供公共服务的基础平台和合作伙伴

从社会长远发展出发，政府要提供稳定的就业、义务教育和社会保障，调节贫富差距和复杂的社会利益关系，打击违法犯罪，确保社会健康发展，就必须建设服务型政府。而建设服务型政府的落脚点则是社区，即为社区居民提供公共服务。社区公共服务大致可分为三个方面：一是政府的服务体系，如办理户口、养老金、医疗保险等；二是市场的服务体系，如超市、餐厅等；三是社区公益服务体系，即“民生”项目，对社区居民尤为重要，然而社区公益服务往往无法通过政府部门或市场力量单独提供。当政府机构工作内容无法完全覆盖社区公共服务项目时，就需要相应的社会组织整合体制内资源和市场力量，提供相应的服务，即通过政府向社会组织购买公共服务的合作治理方式，来扩展服务范围，提升服务效率和质量。[①] 因此，政府提供公共服务的基础平台首属社区服务类社会组织。

社区服务类社会组织与政府职能转变之间存在着深刻的内在关系。政府职能转变为社区服务类社会组织发育和成长提供了社会空间和机会，而社区服务类社会组织是政府转移职能的重要承接主体和合作伙伴。[②] 社区服务类社会组织与政府的良性互动和密切合作，对于满足居民对公共产品和公共服务的多样化需求、提高公共服务效率、保持社会的良性运行具有重要价值。

## 二、提供公共服务和促进和谐的主体

### （一）改善民生和基本公共服务的含义

民生，指民众的基本生存和生活状态，以及民众的基本发展机会、基

---

① 郑苏晋：《政府购买公共服务：以公益性非营利组织为重要合作伙伴》，《中国行政管理》，2009 年第 6 期。

② 康晓强：《社区社会组织与社区治理结构转型》，《北京工业大学学报（社会科学版）》，2012 年第 6 期。

本发展能力和基本权益保护的状况，等等。十八大报告提出“要把保障和改善民生放在更加突出的位置”，“要多谋民生之利、多解民生之忧，解决好人民最关心最直接最现实的利益问题，在学有所教、劳有所得、病有所医、老有所养、住有所居上持续取得新进展”。

基本公共服务通常包括公共教育、卫生、文化等社会事业，也包括公共交通、通信等公共产品和公用设施建设，还包括就业、分配、社会保障、社会秩序等公共制度建设。目前，城乡社区的服务规模、服务范围和服务质量远不能满足居民的需求，对此，十八届三中全会提出“必须加快社会事业改革，努力为社会提供多样化服务，更好满足人民需求”。

（二）社区服务类社会组织是提供公共服务的重要主体

政府在公共服务中主要负责的是宏观事务，如安全保障、规章制度等；社会组织负责的是微观公共事务，是政府不好把握或没有足够力量去完成的，政府可以通过招投标等方式寻找有资质的社会组织来提供公共服务，社区服务类社会组织当然地成为基层公共服务的提供主体。

目前，我国城乡社区服务体系主要是由政府引导鼓励，提供大部分资金支持，社区服务类社会组织负责运行和实施项目，社区居民参与合作。其运行模式大致包括独立运作、机构合作和政府购买服务等，主要以项目运作等方式提供服务，例如通过社区需求调研，针对各年龄、阶层人群的特征，开展不同的服务项目与活动。同时招募志愿者，鼓励大众参与社区活动，培养居民的社会服务意识和公益意识，号召居民一起参与社区服务和治理。

作为社区公共产品和服务的主要提供者，社区服务类社会组织对社区公共事务较为熟悉，能够更加便捷地满足社区居民的多样化、个性化服务需求，可弥补政府失灵与市场失灵，从而提高社会公共服务的供给水平，促进社会和谐。

## 三、优化城乡社区治理结构的必然选择

（一）“治理”理论的兴起及发展

作为服务型政府建设理论基石的治理理论，兴起于 20 世纪 90 年代，是在当时西方各国政府管理失效，面临众多管理危机时西方学者所探寻的理论出路。

在关于治理的各种定义中，1995 年全球治理委员会发表了一份题为《我们的全球伙伴关系》的研究报告，对“治理”做出了明确的、极具代

表性和权威性的定义："治理是各种公共的或私人的个人和机构管理其共同事务的诸多方式的总和，它是使相互冲突的或不同的利益得以调和并且采取联合行动的持续的过程，它既包括有权迫使人们服从的正式制度和规则，也包括各种人们同意或认为符合其利益的非正式的制度安排。"

但是，任何理论都有自身的局限性和时效性，治理理论弥补了当时市场调节失灵、政府调控失效的空缺，它也存在自身的限制。随着世界环境和时代背景的不断变化，"善治"成为治理在新时期发展的更高阶段。中央编译局俞可平教授在《治理与善治》一书中指出，善治就是使公共利益最大化的公共管理过程。善治的本质特征在于它是政府与公民对公共生活的合作管理，是政治国家与市民社会的一种新颖关系，是两者的最佳状态。

由治理到善治的发展必须经过三种渐进的模式：政府主导型治理模式、政府与公民社会合作治理模式、公民社会主导型模式。我国当前正处于由政府主导向政府与社会合作治理模式的转变过程中。

（二）发展社区服务类社会组织是优化社区治理结构的重要途径

社区治理结构是不同社区治理主体在实际互动中形成的关系形态，即社区居民、社区党组织、社区自治组织、社区社会组织、辖区单位之间的关系形态。其中，社区社会组织是社区治理的重要主体，它的存在有利于形成社会管理多中心的治理局面。而作为提供公共服务、化解社会矛盾、促进社会和谐的服务类社区社会组织，自然在社区治理结构中处于重要地位，并起到优化社会治理结构作用。

发展社区服务类社会组织可以从两个方面优化社区治理结构。一是有助于形成系统治理格局。当前人民群众对公共服务的需求日益呈现多样化、个性化和专业化趋向，这就意味着基本公共服务和非基本公共服务都要走向多主体合作的道路，才能适应形势变化的需要。在从社会管理的一元主体到社会治理的多元主体的转变过程中，由于社区服务类社会组织的职责定位明确，与其他社会组织的分工关系界定清晰，并努力与政府形成有效合作，必将成为系统治理中日益重要的参与主体；二是有助于提升城乡社区治理效能。服务是社会治理最为有效的手段，通过发展服务类社区社会组织，提高公共服务水平、促进改善民生，进而提高社会治理效能，最终走向"善治"。

## 四、回归社区自治功能的促进者

（一）社区自治的主要内容

社区自治是应对世界经济全球化、城市变迁、管理方式改变的必然结果。社区自治可以归结为一句话：组织起来，使市民的参与制度化。社区自治的途径和程序主要是，培养居民的自治意识，将分散的市民组织起来，建立能够承接政府授权、接受社会组织资助的法制化组织渠道，为社区居民提供有针对性的各种服务，引导市民通过正式的组织渠道参与社会活动。①

（二）发展社区服务类社会组织是回归社区自治功能的重要手段

当前我国的社区建设面对的突出问题之一就是社区自治功能的缺失，以及社区参与的不足，其直接原因是社区居委会的行政化，根本原因是行政管理体制的阻碍。要解决上述问题，除了推进行政管理体制改革、加快政府职能转变之外，在社区层面，就是要通过服务民众、解决民众困难，来赢得民众的认可，培养社区归属感和凝聚力，进而吸引居民参与社区自治和社区建设。

首先，社区服务类社会组织承担着越来越多的社区公共服务职能，有助于减轻社区居委会的工作负担，使社区居委会回归应有的职能，有更多的精力带领社区居民实现社区自治。

其次，社区服务类社会组织可以通过组织化的形式号召和带动其所服务的社区居民积极参加社区服务及公益活动，唤起居民的参与意愿和服务意识，在实现社区资源整合和推进社区公益事业发展的同时，实现社区自治功能的回归。

最后，社区服务类社会组织作为政府与民众之间的桥梁，具有为其所代表的社区居民表达利益诉求和化解社会矛盾的功能，从提高社会和谐度和扩大基层民主的角度，推进了社区自治功能的回归。

## 第四章　黑龙江省城乡社区服务类社会组织发展的现状、问题及其分析

### 一、城乡社区服务类社会组织发展状况

（一）数量

黑龙江省民间组织管理局于2014年8月专门对全省城乡社区服务类社会组织进行了问卷调查，并在哈尔滨市、牡丹江市召开了由登记管理机关、社区负责人、社区社会组织负责人参加的调研座谈会。根据调查数据

① 王颖：《论社区自治建设》，《北京社会科学》，2003年第2期。

显示，截至2014年8月底，黑龙江省社区社会组织的总体数量为8229个，但从统计数据的收集整理来判断，社区社会组织的实际数量应高于8229个，黑龙江省的城乡社区服务类社会组织经过多年不断发展，数量一直在增长，从数量上来考量，全省城乡社区服务类社会组织的发展情况是比较落后的，与北京、江苏、浙江等省市相比明显存在着差距。同时城乡社区服务类社会组织数量的发展状况也在一定程度上反映了黑龙江省经济与社会的发展程度也远逊于北京、江苏、浙江等地区。本文将社区社会组织、全省人口数、社区数等指标排列在一起，进行综合比对，其情况如表4－1所示：

**表4－1　黑龙江省城乡社区服务类社会组织情况**

| 地区 | 社区社会组织（个） | 人口数（人）* | 每万人拥有社区社会组织（个） | 城乡社区数*（个） | 社区拥有社会组织数（个） |
|---|---|---|---|---|---|
| 哈尔滨市 | 3043 | 10635971 | 2.9 | 2100 | 1.45 |
| 齐齐哈尔市 | 705 | 5367003 | 1.3 | 1069 | 0.66 |
| 牡丹江市 | 591 | 2798723 | 2.1 | 713 | 0.83 |
| 佳木斯市 | 557 | 2552097 | 2.1 | 684 | 0.81 |
| 大庆市 | 1496 | 2904532 | 5.1 | 264 | 5.67 |
| 鸡西市 | 135 | 1862161 | 0.7 | 302 | 0.45 |
| 双鸭山市 | 240 | 1462626 | 1.6 | 559 | 0.43 |
| 伊春市 | 210 | 1148126 | 1.8 | 336 | 0.63 |
| 七台河市 | 298 | 920419 | 3.2 | 171 | 1.74 |
| 鹤岗市 | 186 | 1058665 | 1.7 | 334 | 0.56 |
| 黑河市 | 393 | 1673898 | 2.3 | 544 | 0.72 |
| 绥化市 | 352 | 5416439 | 0.6 | 1166 | 0.30 |
| 大兴安岭地区 | 23 | 511564 | 0.4 | 59 | 0.39 |
| 全省 | 8229 | 38312224人 | 2.1 | 8301 | 0.99 |

资料来源：人口数（人）*：国家统计局于2012年2月28日发布的《黑龙江省2010年第六次全国人口普查主要数据公报》.（http：//www. stats. gov. cn/tjsj/tjgb/rkpcgb/dfrkpcgb/201202/t20120228_ 30390. html）.

社区数*：黑龙江省民政厅（本次统计未含绥芬河市、抚远县、农垦总局、森工总局）.

（二）分布

图4－1直观地表示出社区社会组织在全省各地的分布，其中哈尔滨市的社区社会组织绝对数量明显地要高于其他各地区，大庆市每万人拥有社区社会组织则居全省之首，大兴安岭地区社区社会组织的绝对数量与每万人拥有社区社会组织数均在全省排在最后。可见社区社会组织的分布相对不平衡。

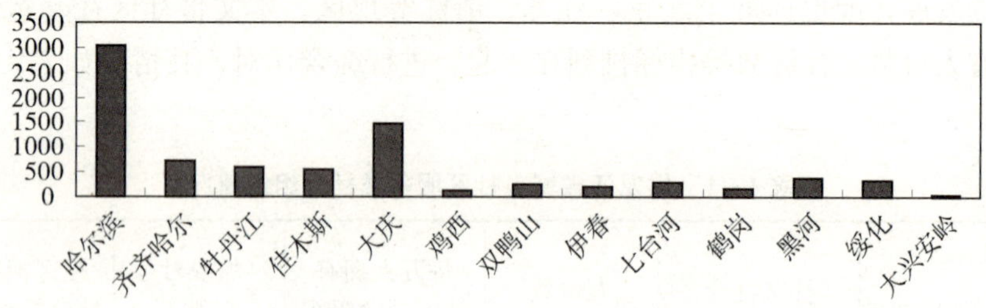


**图4－1 社区社会组织分布（个）**

（三）备案情况

根据调查显示，各地区分别开展了社区社会组织备案工作，其目的是将不具备法人登记条件的各类社区社会组织纳入规范管理的范围，表4－2列举了已经进行备案的社区社会组织的备案部门情况，选取齐齐哈尔市、牡丹江市、七台河市的备案情况进行说明。

**表4－2 黑龙江省部分地区社区社会组织备案情况**

| 地区 | 区民政局备案比率 | 县民政局备案比率 | 乡镇备案比率 | 街道备案比率 | 社区备案比率 | 村备案比率 |
|---|---|---|---|---|---|---|
| 齐齐哈尔市 | 27.2% | 63.6% | 9% | 0.2% | – | – |
| 牡丹江市 | 25% | 28.6% | 14.3% | 14.3% | 10.7% | 7.1% |
| 七台河市 | 87.5% | 12.5% | – | – | – | – |
| 绥化市 | 8.3% | 66.7% | 25% | – | – | – |
| 大兴安岭 | 27.2% | 45.4% | – | 18% | – | – |

资料来源：黑龙江省民间组织管理局.

（四）社区社会组织的分类

经调查统计，以哈尔滨为例，全市有社区社会组织3043个，在分类构成上主要集中于6种类型，其中志愿服务类545个、环境保护类55个、公益慈善类350个、社会服务类122个、社区事务类395个、文体娱乐类

1576个。图4－2直观地展示了该市社区社会组织的类型情况，社区社会组织在类型构成上很不平均，其中数量占绝对优势的社区社会组织为文体娱乐类，在比例上达到了51%。

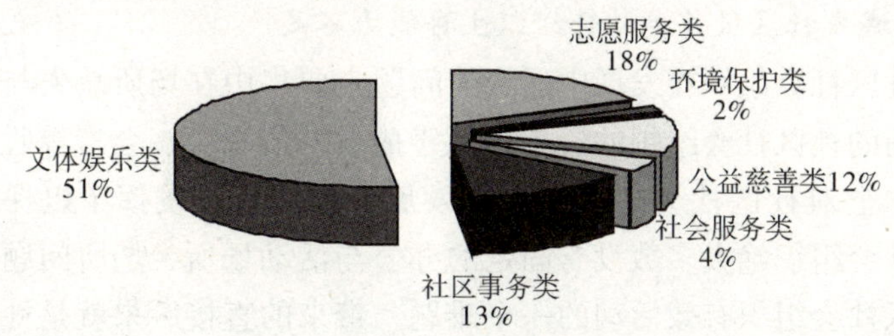


图4－2　哈尔滨市社区社会组织分类

## 二、社区社会组织的作用

社区社会组织在近年来得到了快速发展，活动领域也在持续地拓展，尤其是在创新社会治理，激发社会组织活力的背景下，社区社会组织正在显现出其生机，在处理社区事务、丰富群众业余文化生活、开展群众体育运动、养老服务、困难救助、反映公众诉求、化解邻里纠纷、缓和社区矛盾、环境保护等方面已然成为一股不可或缺的力量。以牡丹江市社区为例，该组织负责人讲到，通过参加社区社会组织活动，改变了退休后精神不振的状态，积极组织活动，产生了一种“重新上岗，又找到了组织”的感觉，而且通过备案管理，又体会到政府对社区社会组织的关心与扶持，成立社区社会组织，参加社区社会组织的活动，有效地改善了组织成员的精神面貌、促进了身体健康、和谐了邻里关系、促进了相互交流。

## 三、城乡社区服务类社会组织发展中的制约因素

### （一）对社区社会组织的认识不足

关于在对社区社会组织的认识与理解上，存在着不平衡、有偏差的现象。

1. 社会对社区社会组织认识不足。在调研中发现，许多的自发形成的社区社会组织中，其负责人、成员、其他参与者对社会组织、社区社会组织的概念不熟悉，甚至不了解、不知道，许多还停留在“空闲时间，大家一起玩儿”的朴素想法。这种认识与理解上的不足，不利于社区社会组织的发展，实践上也导致了“其兴也勃焉，其亡也忽焉”的随意现象。

2. 政府对培育社区社会组织认识不足。在发展社区社会组织上，有关政府部门对其也存在着认识不足的问题，认识不足或不稳定会直接导致对其积极支持动力不强或不持续，由此产生政策时紧时松。

（二）城乡社区服务类社会组织生存能力不足

全省社区社会组织在发展中遇到的问题主要集中在场所缺失与资金缺乏上，目前的社区社会组织的资金来源于成员共同出资、会费等收入，但无法从根本上对社区社会组织的生存发展、作用有效发挥予以保障。此外，社区社会组织绝大多数没有固定的办公与活动场所，场所问题已经成为困扰社区社会组织有效活动的一个难题，带来的直接后果就是社区社会组织活动频率下降、活动质量下降。这样的境况直接导致了社区社会组织的生存能力、后续发展能力不足。

（三）政府引导力度不够

目前，政府部门对社区社会组织的引导力度不够，没有把社区社会组织的发展列入关注的视野。关于社区社会组织的相关政策法规是相对缺失的，即使出台的政策也仅限于关于社区社会组织如何备案的内容。对于社区社会组织成立后，如何有效地发挥作用，有效地开展活动、如何施以有效的监管与引导，则付之阙如。

（四）自身建设缺少规范

调研显示，目前社区社会组织的机构负责人中，以离退休老年人为主，在社区社会组织的日常运作与组织活动时，大都依赖于曾经的工作经验与社会经验来处理事务，没有体现出社区社会组织的专业性，基本上没能建立起组织治理结构，制度建设上远远没有达到一个组织本身所需要的程度。

## 第五章　城乡社区服务类社会组织发展的对策措施

由于政治、经济、文化、地理、历史等诸多因素的综合作用使然，黑龙江省属于欠发达地区，在社区社会组织发展方面总体上处于相对落后的状态，尤其是与国内发达地区相比较，这种差距十分明显。前文在问卷调查与个案分析的基础上，已经对城乡社区社会组织的发展现状、发展瓶颈进行了分析。初步可知，社区社会组织若想获得良好及充分的发展，足够活动的社会空间与资源是一个基本前提。社区社会组织要加强自身建设、积极作为。政府也应在法律规制、注册登记、资源提供、人才培养、扶持发展等方面采取相应措施。积极寻求符合经济欠发达地区实际，适合本省社区社会组织发展的路径。

## 一、完善法律规制

事实已经反复证明，良好的顶层设计、正确的体制机制、科学的政策法规对事物的发展、社会的进步所起到的作用是巨大的，反之亦然。社区社会组织沿着良性的轨道运行，势必无法脱离这一规律。因此进行此方面的政策、法律、法规的设计与实施，是保障社区社会组织发展的首要因素。在社区社会组织的登记、备案、准入管理上，政府有责任为社区社会组织的发展创造良好的法律政策环境，应当正视社区社会组织存在与发展的客观现实，为社区社会组织的发展提供基本法律规则和保障。在社会组织的管理指导上，民政部门作为社会组织的统一归口管理机关，培育发展与监督管理一直是基本方针，但在制定有关社区社会组织的政策时更应体现前者。让政策法规在内容上重培育、重引导、重鼓励，营造支持培育的宽松政策环境，同时，在发展的总体思路下，政策上要在体现地方特点上有所侧重。要根据改革和创新的精神，降低门槛与下限，采取备案方式，利用政策引导为社区社会组织松绑。目前，黑龙江省已经制定了关于社区社会组织培育与发展的文件。

## 二、强化政府部门引导与扶持

### （一）强化备案管理

社区社会组织的发展中，政府部门的引导与扶持是十分重要的，甚至能产生巨大的涟漪效应，为使更多的社区社会组织纳入规制的范围，登记与备案是我省各地乃至全国各地所采用的方法。但对强化社区社会组织本身主动要求备案的方法与手段中各有不同。本文认为用正确积极的引导方式是首选，而并采用不备案就取缔的逆向思维。黑龙江省牡丹江市由市民政局主导举办了社区社会组织文艺表演比赛，对参赛对象限定上，要求社区社会组织经过备案方可参加，此举有效地调动起社区社会组织的积极性，大量的社区社会组织主动要求进行备案。

### （二）加强宣传，扩大影响

在对外宣传社区社会组织上，政府部门首先要担负起责任，充分利用主流媒体予以积极宣传，采用多种形式，使社区居民、社区社会组织本身多了解社会组织的内涵与外延，积极向合法活动的社区社会组织讲解、宣传国家的相关政策法规、社区社会组织的责任和任务、依法纳入管理的必要性。让社区社会组织的概念、事迹深入人心，形成氛围。向本社区所在单位和社会各界宣传社区社会组织在发展社区公益、服务社区发展、促进社区和谐、满足社区居民多样化需求等方面的重要功能与作用，并要配合社区建设、社工人才队伍建设，形成“三社联动”的良好互动格局。实际操作上，选取初具规模，相对成熟的社区社会组织典型集中宣传。让全社会对社区社会组织了解、知道，形成正确的认知。实践已经多次证明，只有被社会所熟知，甚至成为社会热点的事物才会得到更多的支持与关注，才能获得更多的社会发展资源，社区社会组织也概莫能外。

（三）分类指导、重点培育

当前，社区社会组织的种类很多，对所有类型的社区社会组织均施以援手既不现实也不理性，不符合事物发展的客观规律，不符合社会发展的现实。政府正在经历从“全能政府”向“有限政府”的过渡，政府包打天下的时代已然一去不复返了，对待社区社会组织的发展支持，也要有所侧重，有所为而有所不为。应将调整社区社会组织结构与类型作为支持与引导社会组织发展的重心。在调研中，各级政府应一致认为应当对其实施必要的指导与帮助，应当选取以满足社区居民需要为出发点。首要是使社区社会组织做强、做精，而不能盲目地追究做大、做多。让社区社会组织逐步走向成熟，具备应有的能力，释放出社区社会组织的活力，在为数众多的社会组织中产生良好的示范带动作用。在具体的扶持对象上，根据地区特点，重点培育发展以下几个领域的社区民间组织：社会事务类、服务民生类、慈善公益类、社区公共服务类等，让社区群众客观上需要，主观上愿意接受，能解决社区问题，解决社区居民困难的社区社会组织不断生长。

## 三、建立合理的政府资助机制

（一）推行政府购买服务

调研中，场所缺乏、经费获取能力严重不足几乎是所有社区社会组织所面临的共性问题。目前，政府向社会组织购买服务正在社会上达成共识，逐步成为利用制度创新来解决实际问题的新思路与新手段，对于社区社会组织的发展，政府购买服务必不可少。“建立制度化、规范化的政府购买服务制度，可能目前对于很多的中小城市来讲有难度，但这是未来社会与政府发展的必然趋势。通过购买服务方式支持社区社会组织的发展，这样既可以使政府摆脱繁杂的事务，也可给承接运作的社区社会组织以活动空间。”① 同时，政府可以考虑建立用于专门扶助社区社会组织发展的专项资金，或以奖代补，有效缓解决社区社会组织发展的经费困境。使社区社会组织资金来源更加多元，让众多的社区社会组织能够看到希望，感知到来自政府与社会的关注。

（二）为社区社会组织提供一定的活动场所

社区社会组织的发展与壮大是在社区建设的大背景下发展起来的。政府应当充分整合社区资源，将社区广场、社区活动中心、文体活动室等设施有计划地提供给社区社会组织进行活动之用，同时条件相对较好的社区应当设立社区社会组织孵化基地，培育社区社会组织为社区服务，提升其能力。

## 四、加强社区社会组织的人才培养

能力建设对于社区社会组织至关重要，是影响社区社会组织良性发展的诸多因素起决定作用的，是社区社会组织得以生存、自立、发展的根本。但社区社会组织的本身属性也相应地附带着组织本身能力不强的特质。能力的提高仅仅依靠社区社会组织自身是不可能完成的，还需要外部的帮助。加强对社区社会组织的负责人或相关骨干力量的能力培训是十分必要的，也是促进社区社会组织得以有序健康发展的有效措施。

## 五、完善社区社会组织治理结构

对任何组织而言，组织内部制度是否健全至关重要，是实现组织本身管理规范、有序、高效的保证。我省社区社会组织内部制度的不完善、不健全，较大程度地影响了社区社会组织自身建设和发展。因此，社区社会组织应建立以章程为核心的各项内部管理制度，健全治理结构。

（一）树立组织章程意识

章程作为社区社会组织的意思表达，可以说是社区社会组织应当遵循的“宪法”，它是社区社会组织活动的指南与核心。在日常活动与实际运作中，社区社会组织应将“一切围绕章程，一切由章程决定”作为本组织的内在规范，外向活动的准则，在章程允许或授权的范围内开展活动，违反章程的行为都应该杜绝，逐步在成员间树立起章程意识，确立章程的地

① 郭宏斌：《我国城市社区社会组织的发展现状与培育策略——一项基于对中小城市的调查与思考》，《南京航空航天大学学报》，第15卷第2期，2013年6月。

位，以此为依据推进社区社会组织的自我管理。

（二）加强制度建设

社区社会组织的长远发展离不开制度建设，健全的内部制度是有效促进社区社会组织自身建设的基础和前提。“社区社会组织应建立以章程为中心的各项内部管理制度，包括财务制度、选举制度、民主决策制度、档案印章管理制度等一整套制度体系，用严格规范的制度保证各项工作的连续性和稳定性，确保社区社会组织的工作不偏离社会公益价值。”①



① 赵冬梅：《城市社区社会组织培育发展研究——以青岛为例》，青岛大学硕士论文2012年。

# 江苏依法规范和引导社会组织健康发展研究

江苏省民间组织管理局

**摘要**：近年来，江苏在现有法律框架下，坚持培育发展和管理监督并重，积极推动社会组织健康有序发展，取得了瞩目成就。十八届四中全会通过的《中共中央关于全面推进依法治国若干重大问题的决定》为我省社会组织“法治化”发展描绘了法治蓝图，指明了正确发展方向。面对我省未来社会组织发展的实际需要，我省应在涉及社会组织发展的法律法规的顶层设计，以及如何通过依法规范、有序引导、充分竞争、创新形式等方面有所作为，提升社会组织能力建设，从内部激励机制完善与外部环境培育两大维度，课题组提出以下若干对策建议：1. 凸显法规作用，奠定政府法规与社会组织章程在社会组织健康发展中的“宪法”地位；2. 建立社会组织信用平台，提升社会组织法人自治有效性，保证社会组织的法治化运行以及有效奖惩机制；3. 紧扣“依法监管”，规范社会组织年度检查，全面开展社会组织评估，引入竞争机制、强化退出机制；4. 在健全政府监管的正式问责制度的同时，开发社会多元参与的非正式问责机制，形成社会组织发展的多维规范体系；5. 支持与发展社会组织自律联盟，形成社会组织之间相互监督、诚信自律的法治化机制；6. 紧扣培育发展，努力完善有利于社会组织健康发展的政策制度环境，保证社会组织的长效可持续发展。

2014 年 10 月，党的十八届四中全会审议并通过了《中共中央关于全面推进依法治国若干重大问题的决定》（下文简称《决定》）。与以往不同的是：过去党的中央全会多数是以农业、科技、国防、工业或党的执政能力为主题，而以研究全面推进“依法治国”为主题，并作出专门决议是历史上第一次。全会在十八大战略部署的基础上，推出了加快社会主义法治国家建设的实施方案，其内涵与精华是“未来国家治理现代化不能再停留在法律制度的建立上，而是更加关注法律的实施和法律的遵守，构建中国特色社会主义法治建设的目标体系”。其中，《决定》在11个部分20余处对社会组织改革发展和作用发挥作出新部署、提出新要求，并且在“推进法治社会建设”一章中对如何发挥社会组织的积极作用作了专门论述，将激发社会组织活力放在全面推进多层次多领域依法治理的大背景下，提出要“发挥人民团体和社会组织在法治社会建设中的积极作用”。这进一步凸显了社会组织在全面推进依法治国，特别是提升社会治理法治化水平中的作用。在这样的大背景下，进一步研究依法规范引导社会组织发展的江苏实践具有重要的现实意义。

## 一、现阶段我省社会组织发展的基本状况

社会组织作为重要的社会建设主体之一，是社会自我管理、自我服务和利益表达的组织化形式。依法规范和引导社会组织的健康发展及其社会服务职能的发挥，有助于政府职能的转变和社会治理体制的改革创新，有助于维护竞争性的市场经济体制，弥补政府在提供公共物品和处理社会事务中的局限性。

据统计，截至2014年9月底，全省经各级民政部门注册登记的社会组织达61616个，与去年同期相比增长22.6%，其中社会团体28493个，民办非企业单位32659个，基金会464个，平均每万人拥有登记的社会组织8.1个。同时，全省县级民政部门备案城乡基层社会组织72007个，与去年同期相比增长8.5%。总体来看，整个“十二五”期间，全省社会组织注册登记数量的增幅超过每年15%，社会组织年平均增长率达23.9%，其中2013年社会组织数量增加1.3万个，年增长率达30.4%，远远超过全国年增长率9.6%。

全省各级民政部门按照“量有增长、质有提升、规范有序、作用明显、聚集难点、创新创优”的工作思路，创新发展路径、优化监督管理、推动自身建设，形成了特色鲜明的江苏社会组织发展地区经验。2014年，我省南京、苏州、无锡三市入选“全国社会组织建设创新示范区”，数量与北京、上海并列第一。目前，从社会组织发展的功能分类上看，我省已形成比较健全的社会组织体系，公益慈善、城乡基层社区组织、行业协会等重点领域的社会组织发展较快，较好地发挥了提供服务、反映诉求、规范行为的积极作用。

总体而言，我省在创新登记与结构优化、积极引导与长效发展、推动交流合作等方面都有不少建树，总体发展态势在全国处于领先地位，形成了具有鲜明江苏特色的发展重点。具体体现在以下四个方面：一是率先推

广基层社会组织登记备案“双轨制”，鼓励基层大力发展农村专业经济协会和各类社区社会组织；二是率先试行直接登记，建立培育扶持（孵化）基地，实现社会组织数量迅速增长，为社会组织发展提供多元化扶持；三是公益慈善类社会组织广泛覆盖，慈善组织服务网络基本形成，通过开展公益创投，逐步施行政府购买社会组织服务；四是制定各项法律规范，加大传统行业协会创新转型步伐，不断拓展新型行业协会服务功能。应该说，我省不同类型、不同层次的社会组织发展较为平衡，数量迅速增长，在促进经济发展、繁荣社会事业、创新社会治理、增强社会自治、发展公益慈善事业、扩大对外交往等方面发挥了重要作用。

## 二、“依法治国”视域下我省社会组织发展存在的问题

党的十八大以来，中央对社会组织发展作出了一系列重要决策部署，先后提出加快形成现代社会组织体制，改革社会组织管理制度，激发社会组织活力等目标和要求，社会组织已经成为国家治理的重要主体之一。而十八届四中全会更是进一步将社会组织发展放在了社会治理法治化的总体框架内，提出了建立健全社会组织制度化与法治化渠道的战略部署。应该说，目前江苏社会组织改革已经进入深水区，情况复杂，要实现既定的改革发展目标，迫切需要用法治的方式加以推动，用法律的形式加以规范。因此，在未来江苏社会组织的发展过程中，如何依法规范、有序引导、充分竞争、创新形式是十分重要的议题。

虽然近年来我省社会组织发展迅速，数量背后依然存在着一些内生性问题，这些问题多是由于法制顶层设计缺陷带来的“内涵不足”、“效率低下”、“执行力欠缺”等挑战。如社会组织在全省分布不均衡；社会组织的社会资源动员能力不强，专业化运作水平较低，一些社会组织的社会服务层次不高、服务方式单一，等等。透过现象来看本质，分析目前江苏社会组织发展的问题与不足，改革攻坚与体制转型的不确定因素相互叠加，暴露出江苏社会组织发展的一些深层障碍。

1．涉及社会组织发展的总体法律法规滞后，引导规范社会组织发展的顶层设计亟待完善

目前，直接涉及社会组织的法律规范都成文较早，这一现状就导致社会组织的指导规范严重滞后于经济社会发展，尤其是滞后于我省经济发达和改革开放先行地区的实际状况，这就促使我省各类社会组织在实际运行中“无法可依”，缺乏具有指导性和规范性的顶层发展框架。现行国务院《社会团体登记管理条例》、《民办非企业单位登记管理条例》和《基金会

管理条例》与社会发展需求和工作实践存在一定程度的脱节，一些内容已经相对滞后，而新的条例尚未修订出台，社会组织的内部治理、培育扶持、党建管理、社会监督、行政执法和境外非政府组织在华活动管理等诸多方面缺乏必要的制度支撑，一系列改革措施也缺乏刚性法律依据。这在客观上就带来了社会组织运行的混乱，政府监管的困难。除了引导与规范法规的不足，我省也缺乏系统激发社会组织活力的总体政策思路，社会组织的发展基本上没有实质性的政策性优惠，导致一些新兴社会组织得不到长期发展的政策性鼓励。

这些问题的存在，反映出社会组织管理的许多法律条文与现有状况不衔接、不对应，成为基层实际工作的主要障碍，也成为社会组织发展的不利因素。只有在法律制度稳固、政策法规翔实的前提下，才能形成自上而下的统一登记管理体制，实现社会组织的分类分层管理。这一制度环境的营造，是未来江苏规范社会组织发展的重中之重，也是社会组织之间良性竞争，相互合作的基本保障与强效支撑。

2. 引导社会组织发展缺乏执行落地的规范机制与激励政策，独立公平的规范化制度环境亟待完善

"法治体系"取代"法律体系"意味着：国家治理完善不能仅仅停留在法律制度建立上，更要在制度化法治化运行方式上逐步健全。目前，"有法不依"、"执法不严"、"不作为与乱作为"是法治视域下我省社会组织发展的根本桎梏。法律的实施和法律的遵守必须依靠"接地气"的工作抓手，和与之相配合的激励机制安排。应该说，目前我省的社会组织发展缺乏一些能够长期或周期性进行引导和规范的规划战略，法律之下的"执行力真空"才是问题的关键所在。任何一项法律或顶层设计不能真正"落地"，激发社会组织发挥的力量就只能是"纸上谈兵"。换言之，如何建立健全一系列引导社会组织自我成长、规范发展的内在激励机制是我省未来社会治理的重点之一。

我省一些地方和部门对社会组织存在认识上的偏差，对新形势下社会组织发展的意义、发展趋势以及功能作用认识不到位，并没有把社会组织工作真正纳入经济社会发展的总体布局进行安排部署，将社会组织作为与政府、市场平等的社会主体。与此同时，社会组织数量增长以后，争抢市场、加入竞争的机构也会增加，这就需要政府在营造公平、规范的竞争环境上有更多的作为。这种观念上的障碍与制度上的匮乏共同导致了各级政府缺乏实际规范引导社会组织发展的工作抓手。如何通过有效的制度实行保证一个相对独立公平的社会环境，是我省未来依法引导和规范社会组织

健康发展的重要方面。

3. 社会组织优胜劣汰的良性机制尚未建立，社会组织运行的法治化、社会化方式亟待健全

从全省社会组织发展的实际情况来看，社会组织的建立、运行带有明显的“一阵风”特点，这表现为以下三个方面：(1) 为了某一个短期目的建立一个社会组织，目的达成后，社会组织就默默无闻，其社会公共服务职责再无贡献；(2) 社会组织建立时就仅仅保有了社会组织的名称和组织形式，在整个组织运行过程中缺乏实质性的内容，并没有将社会组织的既定目标，工作内容落到实处；(3) 社会组织在发展初期表现良好，但却缺乏长期发展的动力和方式，导致一段时期之后，社会组织就变得名存实亡，不能顺应社会的变化而与时俱进。

这种现状反映出我省社会组织缺乏一个优胜劣汰的良性运行机制：首先，社会组织的发展壮大往往依赖于政府的投入与引导，缺乏自律自治和民主管理能力；其次，社会组织发展没有长期规划、公共服务的延续性差；再次，社会组织层级化、类型化系统治理的总体规范和思路模糊；最后，不同类型的社会组织之间缺乏合作渠道。

目前，我省社会发展面临新的需要。推进政府向社会组织转移职能、购买公共服务，全面实现多元主体的社会治理现代化迫切需要社会组织的支撑。社会组织如何自我建设、相互合作是实现长效发展的根本基础，而在其背后，是我省各级政府如何建立一个法治化、系统化的社会组织发展方式。在这一目标下，我省应当改变碎片化、数量化增长方式，建立有序退出、优胜劣汰的法治化发展机制，加强社会组织之间的相互合作，特别是以公益性项目为目标的合作，从而有效地整合社会组织的各项资源，使其共同为江苏的公共服务繁荣作出贡献，降低政府在公共服务、社会组织扶持上的投入。

## 三、我省依法引导和规范社会组织健康发展的对策建议

目前，我省社会组织改革发展步伐不断加大，省委省政府把社会组织培育发展工作纳入了社会管理创新的系统工程，《决定》的出台使得社会组织改革发展的方向更加明确，路径更加清晰，作为社会治理的重要主体，社会组织走到了社会体制改革的前沿，迎来了难得的黄金发展期。在这一背景下，我省依法引导和规范社会组织健康发展的目标是坚持“培育发展与监督管理”并重的方针，改变“单极管理”的方式，建立社会组织“多维规范”体系，依法全面履行社会组织的社会事务参与职能，推进社

会组织机构、职能、权限、程序、责任的法定化，全面推进社会组织发展的决策公开、执行公开、管理公开、服务公开、结果公开。

1. 凸显法规作用，奠定政府法规与社会组织章程在社会组织健康发展中的“宪法”地位

在我省社会组织的发展过程中必须强调并增加各项法律政策、规范章程对社会组织的约束作用，即保证社会组织的健康发展有法可依。从理论上讲，社会组织只要始终不背离法律政策以及自身章程的承诺和规定，这个组织就是一个合格的组织。因此，依法规范引导社会组织发展的第一步就是应当在社会组织建立成长的各个阶段始终凸显法规的作用。

首先，是在登记审核环节，民政登记管理部门务必要认真履职，确保申请者的章程对组织的性质宗旨、活动范围、主要任务，对组织的治理结构、民主机制、决策规则、会议程序，以及组织成员的条件权利、义务、约束，做出了清楚无误的规定，合乎相应种类社会组织成立的法规要求。

其次，政府管理部门和社会组织都应当共同认可，并强调树立章程在社会组织中的地位，使其成为社会组织自我监督与外部监督的尺度和绳墨。社会组织章程作为社会组织内部的最高制度应当始终在运行过程中发挥作用。

再次，应当保证社会组织内部制度与我省社会组织法律的一致性和协调性，使执行制度成为社会组织领导者的使命，成为其参与社会事务，实现社会治理过程中的一项核心内容。

最后，我省各级政府应当建立一个系统化的整体监督体系，保证法律法规的有效性和执行力。并在实际工作中将社会组织内部章程的执行情况作为对社会组织监督考核与评估的一项指标，以强化章程对于社会组织的规范作用。

2. 建立社会组织信用平台，提升社会组织法人自治有效性，保证社会组织的法治化运行以及有效奖惩机制

一方面，法人自治是规范约束之后的第二道防线，其责任应先于外部监管。法人自治的核心是自我管理，独立担责，其实现的基本载体是法人治理结构，而外部的监管只能是拾遗补阙。因此，社会组织的规范化法治化发展首先必须提升社会组织法人自治的有效性，使其在实际社会事务参与过程中自我管理、勇于担责。必须鉴于社会组织的不同种类和特点，相关的法规条例要作出相应规定。完善民主决策程序，健全民主选举民主决策、民主管理和民主监督制度，建立决策权、执行权、监督权之间的制衡和约束机制，增强社会组织自主发展独立运转、自我约束、行为规范的组

织管理能力。

另一方面，我省政府各有关部门应重点健全社会组织信息披露机制，协同推动建立统一规范、严格透明的信用信息平台，用制度化手段保证社会组织信用代码具有权威性、唯一性、不变性、准确性、完整性和时效性等特点，在法律允许的范围内，完善社会组织评估和奖惩机制。有关部门应当保证统一信用平台上社会组织信息的全面、准确、及时，充分掌握社会组织的行为信息，为分析判断、定位追责提供充分的数据支持，保证社会组织奖惩机制的有法可依。使之发挥规范管理、健康引导社会组织发展的作用。

3. 紧扣“依法监管”，规范社会组织年度检查，全面开展社会组织评估，引入竞争机制、强化退出机制

社会组织的健康发展需要引入适度竞争机制。鼓励培养与退出淘汰并举，必须明确建立健全可操作性的社会组织退出机制。对社会组织的违法违规行为依法追究责任。这就要求我省在以后的工作中做到以下几点：

一是完善社会组织年度检查制度，逐步推行网上年检，通过年检等日常监督手段，对活动不正常、运作能力弱、社会认可度低的社会组织实行有序退出，引导其合并或注销。逐步将年度检查、年度报告与日常监督、组织评估、诚信建设、执法查处结合起来，完善登记管理机关与相关部门间的无障碍资讯交流和协同监管机制，增强监管合力和快速反应能力，加快建立预测预警机制和执法联动机制。建立社会组织的黑名单制度，并在此基础上建立黑名单标准和实施相应的无良社会组织退出机制。

二是大力开展等级评估，建立健全第三方社会评估机制，完善评估配套制度，推动全省社会组织标准化、规范化建设。未来江苏应按照政府指导、社会参与、独立运作的总体要求，建立社会组织评估指标体系，完善公开、公平、公正的评估制度，形成组织健全、程序完备、操作规范、运转协调的评估工作机制，发挥评估的导向、激励和约束作用，重点对3A级以上社会组织加大政策扶持力度。

三是加强行政执法力量，建立健全社会组织执法监察队伍，提高行政执法的规范化、专业化水平。建立登记管理机关、行业主管部门及相关职能部门各司其职、协调配合的综合监管体系，会同相关部门建立联合执法机制，依法查处社会组织的违法违规行为。在这其中需要特别注意协调政府各部门，建立一个协调配合、各负其责的监管体系。当下我省尤其需要改变“谁登记谁负责的”围观性认识，要求登记管理部门、业务主管单位、业务指导单位以及相关职能部门各司其职各负其责、有机合作，依法

对社会组织实行监管和指导。

4. 在健全政府监管的正式问责制度的同时，开发社会多元参与的非正式问责机制，形成社会组织发展的多维规范体系

对社会组织最有效的监管不是政府部门的行政监管，而是以公民为主题的社会监督和舆论监督。因此必须畅通社会监督渠道，完善社会公众投诉举报机制，提升新闻媒体对社会组织的关注程度和监督力度。建立第三方对社会组织的监督机制。保障捐赠人、受益人、社会公众对社会组织机构、人员、活动、财产等信息的知情权，实现对社会组织透明有效监督。

这就需要建立社会组织的非正式问责机制。非正式问责机制是正式问责的补充，是指受益人、志愿者、一般公众、媒体等多方主题通过非正式途径向社会组织提出问责要求并获得回应的过程。非正式问责机制包括：一是明确参与的主体，如资助者、受益者都是直接利益相关者，社会组织不仅应为他们以恰当方式参与公益项目计划的制订和实施，反馈服务感受，而且应具有决策表达通道和事后的评价批评通道；员工和志愿者也是非正式问责主体，他们因认同组织使命、价值和目的而加入组织并直接参与了组织履行使命过程，有条件也有资格对组织公益提供过程相关环节进行参与和监督；传统媒体和新媒体是非常重要的非正式问责工具，不管社会组织喜欢不喜欢，他们的存在本身就是一个压力，他们的褒贬臧否对方方面面都是不能缺少的力量；二是完善非正式问责的信息披露条件。这个责任在于社会组织自身和政府职能部门。政府和社会组织应合作发展和利用组织信用代码制度，分门别类完善社会组织信用信息库，建立方便的入口，为社会查询提供方便，为资助者顾客或受益人媒体社区和公众的互动反馈提供渠道；三是政府信息管理主体和社会组织自己的信息供给务求符合及时、充分、恰当、可理解，和易获得五个标准。

5. 支持与发展社会组织自律联盟，形成社会组织之间相互监督、诚信自律的法治化机制

社会组织的自律联盟是保证社会组织长期法治化发展的有效手段之一。这在经济与社会比较发达的国家已经有成熟经验，而我国也早在 2001 年就有所探索。这些探索对完善中国社会组织自律机制提供了逐步经验，我省在未来发展中可以此为基础，进一步支持与发展社会组织自律联盟，以多种方式提升社会组织的自我规范能力，这些方式包括，通过倡导来自我规范，通过声誉来自我规范，通过标准来自我规范。

一方面，鼓励同类型社会组织出台联合自律章程，即社会组织之间相互约定、共同发布声明，缔结共同发展、相互监督、彼此制衡的规范制

度。参与自律联盟的社会组织共同接受规范的引导和管理，成为社会组织独立自治，相互合作的新形式。

另一方面，政府应当支持类型层级相似的社会组织建立同业同行的专业评估机构和科学评估体系，避免政府直接介入社会组织的声誉评估，评估结果向社会公开；在运作上可以考虑民办公助的模式，由社会组织力量作为声誉评估机构的主体，保证评估机构的独立性和客观性；政府可以在这类机构发展初期购买评估组织的服务，并协助向社会推广声誉评估机构，提升评估机构的社会影响力，从而保障评估机构的可持续发展。

6. 紧扣培育发展，努力完善有利于社会组织健康发展的政策制度环境，保证社会组织的长效可持续发展

未来江苏社会组织发展的重点依然是大力培育，优势发展，逐步建立江苏社会组织有重点、有层次、有特色的长效发展，保证社会组织有一个健康有效的政策制度环境。为此，具体需要做到以下几点：

一是突出培育发展重点。大力发展行业协会商会类、科技类、公益慈善类、城乡社区服务类等重点领域社会组织，允许同类型、同行业、同地域的社会组织成立自律性联合组织，进行自律管理和自我服务。

二是进一步推动政府向社会组织购买服务，尽快出台政府职能转移目录。完善政策制度体系，落实相关部门职责，鼓励有条件的社会组织主动参与竞争。研究制定民政部门能够向社会组织购买的服务事项目录，带头开展向社会组织购买服务工作。

三是健全财政资金扶持政策。推动各级财政设立社会组织发展专项资金，建立与经济社会发展相适应的社会组织投入增长机制。推动完善社会组织税收优惠政策，积极争取扩大社会组织税收优惠范围。

四是完善社会组织人才保障政策。推动完善社会组织劳动合同、人才选拔、流动配置、社会保障等政策，提高社会组织专职从业人员的社会保障水平，培养专业化、职业化的社会组织人才队伍。

**调研组成员：**

后梦婷：江苏省社会科学院社会学研究所助理研究员，博士；
张　卫：江苏省社会科学院社会学研究所所长、研究员；
苗　国：江苏省社会科学院社会学研究所助理研究员；
王　晔：江苏省民政厅社会组织管理局副主任科员。

# 社会组织党建工作长效机制研究

浙江省民政厅

**内容摘要：**目前社会组织党组织基本上“建起来”了，但更大的挑战是如何有效“转起来”，并在制度化轨道上发挥出党组织应有的功能作用，这是未来社会组织党建工作的重点和难点。浙江省两新工委副书记梁星心牵头的“社会组织党建长效机制建设”课题组，抓住这一具有根本性和前瞻性的问题，基于浙江省社会组织党建的实证分析，提出了有关社会组织党建长效机制建设的八个方面政策建议，获民政部2014年度社会组织建设管理研究课题二等奖。

基于浙江社会组织党建工作的实践探索，结合其他省市社会组织党建工作的重要经验，针对上述有关社会组织党建长效机制建设面临的种种挑战，本文提出社会组织党建工作长效机制建设的系列政策建议。

## 一、健全实体运作、责任明晰的社会组织党建工作体制

社会组织直接登记已明确写入中央文件，在社会组织直接登记的大背景下，在“组织部门总抓”的基础上增设“社会组织综合党委（或社会组织党工委等）”①，是进一步完善社会组织党建工作体制机制的重要举措。从各地社会组织党建工作的实践来看，缺乏社会组织党工委这一实体运作的机构，不实现有效的实体运作，就难以在具体指导和管理层面有效整合组织部门在党建工作、民政部门在社会组织监管方面的各自优势，难以建立起社会组织党建工作的长效机制。建议在省、市、县民政部门设立社会组织综合党委、党工委、党建指导中心等实体机构［乡镇（街道）层面也可以建立社会组织党建工作指导站］。作为同级“两新”工委的成员单位，接受“两新”工委的业务指导，具体承担指导社会组织党建工作的相关职责。

① 社会组织党建工作机构的名称不一定强求统一，除了社会组织综合党委、社会组织党工委，区县层面还有的地方建立“社会组织党建指导中心”，其职能作用大致相同。

## 二、健全社会组织党建工作分类推进机制

社会组织的特殊性和复杂性、社会组织党组织的巨大差异性，决定了社会组织党建工作必须建立健全分类推进机制。当前分类推进机制建设的重点工作主要有：第一，规模较大的民办非企业单位党组织，要以增强服务群众能力、加强诚信建设为重点，带头遵纪守法，推进公益服务，健全权责明确、运转协调、制衡有效的法人治理结构，促进民办非企业单位规范运作。第二，社会团体党组织要围绕建立现代社会组织体制，强化枢纽型社团党建工作，发挥党组织政治引领作用，提高社会团体自我管理、服务发展能力；要充分发挥行业协会党组织在推进党的组织和工作覆盖中的作用，利用行业协会在行业自我管理、自我服务、自我监督中的特殊地位，以及贴近会员单位的优势，积极实施“行业协会+会员单位”党建工作网络模式。第三，社区社会组织党组织要在社区党组织的统筹协调下，以服务社区、凝聚群众为重点，扩大党建工作覆盖面和影响力，实现“支部引领团队、党员活跃团队、团队凝聚群众”。[①] 第四，对于具有明显特殊性的社团，包括宗教团体和外资机构团体，依其特殊性情况的差异，要从党的政治领导和依法管理的角度，采用平等互动、政治引领、典型示范等方式加以积极引导，不断提高党组织在这些特殊社团中的政治影响和监督作用。

## 三、建构“体外促体内”的党建工作内外循环动力机制

针对社会组织党组织的工作动力问题，需要拓展党组织活动范围和内容，从封闭式党建向开放式党建转型，建构起“体外促体内”的党建活动内外循环的动力机制。社会组织党组织的活动是限于社会组织内部，还是拓展到社会组织之外，即所谓是“体内党建”还是“体外党建”，这在学界是存在分歧的。对于具有规模小、党员少、结构松散等特征的联合型、挂靠型党组织，从其“体内”的生存发展考虑，其党建资源和要素严重不足，党建工作目标和意义不清，“体内循环”式的党建工作就没有了“根”。因此，必须拓展党建思路，应把党组织的活动与工作延伸到兴趣集中、利益集中、诉求集中的群体中去，发挥自身专业优势，做好社会服务，扩大社会影响，实现党建工作从“体内循环”向“体外循环”转变。

① 参见《加强党建工作分类指导引领社会组织健康发展——上海市虹口区积极推进社会组织党建工作》，《组织人事报》，2013年12月19日。

这将是许多社会组织党组织明确目标、丰富内容、获得意义和动力的重要方式。

## 四、建构“公转带自转”的党组织工作上下联动机制

社会组织党组织的发展通常要经历“建起来”和“转起来”两个阶段。如何让它们真正转起来，是长效机制建设的关键。以“公转”带动“自转”，实现“社会党建”同“单位党建”之间联动，这对于规模小、党员少的松散联合型党组织而言，具有重要的实践意义。这里所说的“公转”带“自转”，即区域、行业等类型党组织利用公共资源，同类型和属性的党组织捆绑组团，以党群部门牵头、各类主体参与的方式，通过整合资源，创设活动平台，集中开展有影响力的活动，拓宽上级党组织为基层党组织服务、党的组织为党员服务、党的组织和党员为群众服务的渠道，由此带动基层社会组织党组织开展“小型、灵活、多样”的“自转”活动。“公转带自转”可以“公转”的资源优势弥补一些社会组织党组织“自转”能力的先天不足，为处于孵化期的社会组织党建有效运行提供助推力；“公转”能有效地将党组织所能够控制、影响和带动的多种社会力量整合起来，将党的工作同群众工作、社会工作融在了一起，这种同步效应最大限度地扩展了党对社会的影响力与渗透力。

## 五、建立社会组织党建工作多方合作的互促共建机制

社会组织与有关方面合作开展党建活动，成为社会组织党建工作的必然选择。第一，社会组织党组织与群团组织的合作共建。坚持党建带群团建设，推行党群活动一体化，促进活动共融、功能互补。[①] 第二，统筹考虑、协调推进非公企业与社会组织党建工作的互促共建。要发挥行业协会、律师协会、会计师协会、税务师协会等社会组织党员专业人才特长，到企业实地开展管理咨询服务、法律护企维权、财务咨询等活动，助推非公企业科学发展。依托企业联合会、企业家协会、商会等党组织，广泛开展科技合作交流和产业对接等活动，推进“两新”组织共促双赢。第三，积极探索建立社会组织开放式党支部，建立党建活动的跨支部合作平台。建好用好区域性公共服务中心或党群服务中心，实现区域内“资源共享、党员共管、活动共办、事务共商”。第四，广泛建立区域性党组织和党建

---

① 参见庄跃成在全省“两新”工委书记读书会上的讲话，载《2012年两新党建工作情况通报》第46期，2012年10月15日。

工作议事机制，成立各种形式的社会组织党组织联谊会，吸纳各单位领导和部分党外代表人士为会员定期开展联谊活动，以加强不同党组织之间的信息沟通，更好地发挥社会组织的桥梁和纽带的作用。

## 六、创新“一方隶属、多方活动”的兼职党员活动方式

目前党的政策法规层面上还缺乏对社会组织党建“一方隶属、多方活动”方式的具体规定。[①] 创新“一方隶属、多方活动”的兼职党员活动方式，关键在于做好“活动”的文章。根据开放式党建和社会党建的新思路，社会组织兼职党员活动不必局限于在本支部内参加程式化的组织生活，而要走出本组织、走进其他支部、走向广泛的社会活动领域，参加由不同地方、不同领域、不同行业的党组织发起的各种有积极意义的社会活动，并将兼职党员的社会活动纳入党员考评范围。只有将兼职党员的活动与党委政府的中心工作、与社会组织自身的服务领域、与身边各种群体的社会生活紧密结合在一起，“多方活动”才能突破传统组织生活的封闭性弊端，为党员更好发挥作用开辟新的天地。

## 七、统筹推进，健全社会组织党建工作的示范引导机制

示范引导、分类指导和标准化建设有着密切的关系，因此，需要统筹推进分类指导、标准化建设和示范点建设三个方面的工作，坚持标准与分类指导和示范点创建活动一起抓。开展党组织标准化建设要按照“有坚强的领导班子、有优良的党员队伍、有完善的规章制度、有健全的保障机制、有明显的工作成效、有良好的社会评价”的总体要求，细化不同类型社会组织党组织的创建要求。要选择那些代表性强、党建基础较好的社会组织，列入重点培育对象，围绕党组织设置、党组织隶属关系、党组织活动形式、党员教育方式等方面积极探索，培育一批先进典型，推动其成为“党建强、发展强”的社会组织党组织。对确定为“双强”社会组织党组织的要进行重点指导，发挥示范引领作用，带动同类型社会组织党建工作的健康发展。要大力宣传一批先进社会组织党组织典型、优秀社会组织党组织书记和党务工作者，营造全社会重视、关心、支持和参与社会组织党建工作的良好氛围，齐心协力推进社会组织党建工作。

① 梁星心：《用构建现代社会组织体制的长远眼光谋划党建工作》，《中国社会组织》，2014 年第 15 期。

## 八、要加大培育扶持，夯实社会组织党建工作基础

进一步推动社会组织党建工作，还必须要尽快解决社会组织自身建设存在的不足和困难，以夯实社会组织党组织立足和发展的基础条件。如制定社会组织基本法、完善分类法规体系、建立配套扶持政策、加快政府职能转移、推行购买服务制度、建立孵化基地、健全社会组织专职人员培养制度、把社会组织培育发展纳入经济和社会发展规划等。当前，各级党委、政府及相关部门要充分发挥各自的优势，培育扶持社会组织发展：一是支持建立党务工作者协会、社会组织促进会和社会组织发展基金会等枢纽型社会组织，建立社会组织（包括其党组织）加强交流、合作借鉴、相互促进的联系平台；二是评选和表彰一批先进社会组织党组织和党务工作者，树立先进典型，为广大社会组织提供榜样和示范；三是颁布和完善社会组织党建工作意见和党组织工作规定，系统梳理社会组织党建和党组织开展活动等方面的具体要求和规定，建立健全切合社会组织的党建规则；四是提高社会组织政治待遇，积极支持在党代表、人大代表和政协委员中增加社会组织界别，促进社会组织党务工作者和其他人员参政议政，逐步扩大比例；五是对于社会组织在党建方面面临的直接困难，如经费、场地、人员缺乏等，通过各级党的组织给予更多更切实的帮助和指导。

# 加强社会组织建设推动落实政府购买服务工作

浙江省民政厅

推广政府向社会组织购买服务是新时期转变政府职能、创新社会治理、改进政府提供公共服务方式的根本要求，是当前全面深化改革的一项重要举措。浙江认真贯彻国务院办公厅《关于政府向社会力量购买服务的指导意见》，迅速行动，积极稳妥地推进政府向社会组织购买服务工作的落实。

## 一、领导重视，确保政府购买服务工作的高起点、高规格推进

省委、省政府高度重视政府购买服务工作，作出了一系列重大部署和安排。2013 年 11 月，省委十三届四次全会决定要求“加快形成政府提供公共服务新机制，建立健全向社会购买服务的体制机制”，提出要“加大政府购买农业公共服务力度”、“加快构建现代社会组织体制，加大对社会组织的政策扶持和分类指导”等。2014 年 1 月，李强省长在省人代会《政府工作报告》中明确提出“加大政府购买公共服务力度，鼓励和支持民办教育、民办医疗、民办养老、民办体育、民办文化加快发展”。建立政府向社会力量购买公共服务制度列入省委全面深化改革领导小组 2014 年工作计划和省政府 2014 年重点工作。李强省长亲自确立了由常务副省长任总召集人，四大办公厅、省财政厅、省编委办、省民政厅等 23 个部门和单位组成的浙江省政府购买服务工作联席会议制度，确保了浙江政府购买服务工作的高起点、高规格推进。

## 二、顶层设计，谋划新时期政府购买服务的蓝图

2014 年 6 月，《浙江省人民政府办公厅关于政府向社会力量购买服务的实施意见》（以下简称《实施意见》）正式印发，对浙江政府购买服务工作进行了全面部署，提出了浙江政府购买服务工作的总体要求和“十二

五”时期的具体目标任务，并从购买主体和承接主体、购买内容和目录、购买流程和方式、资金管理和信息公开、组织保障五大方面作出了具体规定和要求，全面谋划了新时期浙江政府购买服务工作的蓝图，确定了“一个意见，两个目录，若干个办法、一个平台”的制度框架体系设想，标志着浙江省政府购买服务工作的正式全面启动。

## 三、部门合力，稳妥推进政府向社会组织购买服务工作的落实

根据《实施意见》要求，省财政厅制定了《浙江省政府购买服务预算管理办法》，《浙江省政府购买服务采购管理暂行办法》，形成了《浙江省政府向社会力量购买服务指导目录（2015 年度）》，将全省各地各部门目前在普遍购买的服务内容首先纳入其中，按“公共服务”和“政府履职辅助性服务”两大类进行划分。省编委办以推行权力清单和责任清单制度为抓手，对省级部门行政权力和责任进行全面清理，50 个省级部门的行政权力由 1.23 万项缩减至 4236 项，并研究起草了《关于政府向社会组织转移职能的指导意见》。省民政厅编制“全省性社会组织承接政府转移职能和购买服务推荐性目录”，按照 5 个方面的条件，即依法登记、内部治理结构健全、财务资产管理制度规范、服务能力较好、近两年年度检查合格，通过社会组织业务主管部门集中推荐或社会组织自荐、业务主管部门同意，经省民政厅审核，确定了 298 家服务能力较好、运作比较规范的全省性社会组织，向社会推荐。其中社会团体 257 家，基金会 21 家，民办非企业单位 20 家，有 122 家是经过评估获得 3A 以上等级的社会组织。

## 四、政策引领，积极推动社会组织规范化运作

起草并出台了《省委办公厅、省政府办公厅关于加快推进现代社会组织建设的意见》，从社会组织登记管理体制改革、政府职能转移和购买服务、财税扶持、民办社会事业发展、人才队伍建设等方面作出系统的制度安排，旨在健全激发社会组织活力的体制机制，切实增强社会组织的内生动力和外在活力。同时，继续完善四类社会组织直接登记制度，简化社会组织登记管理审批程序，下放部分社会组织登记管理权限，有序扩大直接登记范围。指导各地社会组织服务平台建设，完善服务功能。以社区建设、社会组织、社会工作“三社联动”促进社区社会组织发展。制定出台《浙江省社会组织评估规程》，发布全国首个社会组织建设地方标准，在省公共信用信息服务平台的架构内建立统一的全省社会组织信用平台，在

"信用浙江"网的信用清单中，专设"社会组织"模块，激励和引导社会组织步入规范化轨道。

## 五、培育扶持，大力支持社会组织参与社会服务

加大对社会组织的资金支持力度，资金来源从省级福利彩票公益金逐步扩大到公共财政的投入，资助全省社会组织公益项目资金总额从2012年的300万，到2013年的1000万，再到2014年的3690余万，每年增幅达3倍之多，资助社会组织公益项目221个。2014年，省级福利彩票公益金2000万元资助全省社会组织公益项目102个，覆盖范围包括困难人群援助，残障人群康复，特殊人群帮教，留守儿童、外来民工子女心理成长，空巢、失独老人关爱等方面。同时，省财政厅、省民政厅联合印发《关于下达2014年社会组织服务平台补助资金的通知》，省级公共财政首次划拨1693.4万元专项补助资金用于全省各地88个社会组织服务平台建设和社会组织从业人员的业务培训。此外，浙江积极争取中央财政支持，参与承接社会服务试点项目的杭州市生态文化协会，参与社会工作服务示范项目的嘉兴市阳光家庭社工事务所，参与人员培训示范项目的浙江省社会组织联合会等9个项目在2014年度获得中央财政365万元支持。全省各地也大力推进了相关工作，加大资金扶持力度，2014年省市县三级直接用于资助社会组织的资金总额达到了3.26亿元。

# 安徽省社会组织改革发展工作督查调研报告

安徽省社会组织管理工作领导小组办公室

根据2014年工作要点，5、6月份，省社会组织管理工作领导小组从省委办公厅、省委督查室、省委组织部、省委政法委、省公安厅、省民政厅、省财政厅、省质监局、省社科联、人民银行合肥市中心支行10个单位抽调人员，组成6个组，分别对全省16个省辖市和2个省直管县贯彻落实《中共安徽省委办公厅、安徽省人民政府办公厅关于加强和创新社会组织建设与管理的意见》（皖办发〔2013〕9号，以下简称《意见》）、全面深化社会组织改革工作进行了综合督查调研。督查调研组采取听取汇报、座谈交流、实地查看等多种方式，从十个方面进行了督查调研，促进了地方党委政府和相关部门对社会组织改革发展工作的重视和支持，达到了掌握情况、发现问题、推进工作的预期效果。现将相关情况报告如下：

## 一、全省社会组织改革发展基本情况

省两办《意见》出台后，各地强化措施，狠抓落实，合肥、铜陵、淮北、滁州、阜阳、蚌埠、安庆、黄山8个市党委政府或领导小组印发了贯彻落实的文件，全面深化社会组织管理体制改革，进一步激发社会组织活力。合肥、铜陵、淮北3个市，抓住机遇、深化改革、扎实工作、勇于创新，社会组织管理工作取得显著成效，被民政部评为首批“全国社会组织建设创新示范区”。

截至目前，全省依法登记的社会组织已达22356个，按组织类型分，社会团体12503个，民办非企业单位9774个，基金会79个；按登记层级分，省级1297个，市级5956个，县级15103个。另外，全省还备案城乡基层社会组织5663个。

据统计，全省社会团体拥有单位会员82.4万个、个人会员520.1万个，已成为党和政府联系人民群众的桥梁和纽带；全省各类社会组织拥有总资产约330.5亿元，服务社会年总支出约121.7亿元，已成为扩大公共服务、促进经济发展不可或缺的重要力量；全省各类社会组织聘用专职工作人员、从业人员24.9万人，已成为扩大社会就业的重要载体。

（一）社会组织直接登记情况

党的十八届二中全会和十二届全国人大一次会议审议通过的《国务院机构改革和职能转变方案》规定，成立行业协会商会类、科技类、公益慈善类、城乡社区服务类社会组织，直接向民政部门依法申请登记。本着解放思想，深化改革，《意见》规定：除政治法律类、宗教类社会组织和境外非政府组织在皖代表机构等外，其他各类社会组织按照分级负责的原则，由各级人民政府民政部门实行直接登记。《意见》出台后，省民政厅分类制定了社会组织直接登记办法，修订了登记指南，要求对直接登记范围内的新增社会组织全部实行直接登记。各地认真落实社会组织直接登记制度，合肥、亳州、宿州、淮南、六安、马鞍山、安庆、黄山8个市制定了直接登记实施办法或程序规定，为社会组织提供便捷、规范的登记服务。截至目前，全省直接登记社会组织1546个（其中省级61个，市级534个，县级951个），比2013年底增长875个，增长率130%。合肥、淮北、亳州、宣城4个市直接登记工作进展较快，登记数量均已超过100个。各级政府部门和广大社会组织普遍反映，实行直接登记，进一步促进了社会组织的培育发展。

（二）政社分开情况

《意见》规定，“现职公务员和具有行政管理职能的事业单位工作人员不得在行业协会商会、工商经济类的联合性社会团体、民办非企业单位和基金会兼任领导职务；严格限制上述人员在其他类型社会组织兼任领导职务，确因工作需要兼任的，应按照干部管理权限从严审批。规范退（离）休人员在社会组织担任领导职务”。为贯彻这一规定，省纪委、省委组织部、省委老干局、省监察厅、省民政厅联合印发了《安徽省关于从严控制和规范管理党政机关领导干部兼任社会组织领导职务的暂行规定》（皖组字〔2013〕18号），并在全省开展党政机关领导干部社会组织兼职专项清理整顿工作。各地组织部门、民政部门等高度重视、通力合作，在省相关部门的统一部署和指导下，制订清理整顿方案，按时间节点扎实开展清理整顿工作。截至目前，市、县两级已有1336名县处级以上领导干部退出了社会组织领导职务。合肥市政社分开工作启动早，2007年就制定了行业协会管理办法，对行业协会实行直接登记，推进行业协会从职能、机构、人员、资产、财务等方面与政府部门脱钩。安庆市政社分开工作力度大，党委政府领导亲自抓，行业协会、工商经济类联合性社团基本实现了与政府部门脱钩。

（三）政府向社会组织转移职能和购买服务情况

十八届三中全会《决定》提出，“适合由社会组织提供的公共服务和解决的事项，交由社会组织承担。”省政府《关于进一步深化行政审批制度改革的意见》（皖政〔2014〕37 号）进一步明确，“可由社会组织承担的事务性管理工作、适合由社会组织提供的公共服务、社会组织通过自律能够解决的事项，转移给社会组织承担”。各地根据要求，加快政府职能转变，2013 年以来，各级政府向社会组织转移职能达到 487 项，为社会组织健康发展和发挥作用拓展了空间。国务院办公厅《关于政府向社会力量购买服务的指导意见》（国办发〔2013〕96 号）出台后，省政府办公厅印发了《关于政府向社会力量购买服务的实施意见》（皖政办〔2013〕46 号），省财政厅制定了政府向社会力量购买服务的指导目录和流程规范。各地根据要求，全面启动政府购买服务工作，2013 年以来，各级政府向作为首要承接主体的社会组织购买服务达到 245 项，总资金 2.3 亿元，为社会组织发展提供了可持续的资金支持。铜陵市政府购买社会组织服务工作 2012 年就开始启动，工作机制逐步完善，今年仅市本级安排的购买服务资金就达到 7300 万元。合肥、淮北、亳州、蚌埠、滁州、六安、马鞍山、宣城、黄山、广德 10 个市（省直管县）制定了政府购买服务的具体办法。铜陵、黄山、滁州 3 个市已制定或正在研究制定社会组织承接政府转移职能和购买服务资质的认定办法。

（四）地方财政资金和福彩公益金支持社会组织参与社会服务情况

在全国政府购买服务工作会议上，财政部副部长刘昆指出：要积极培育发展社会组织，加大对社会组织的培育扶持和财政支持力度。《意见》也明确规定：推进公共财政对社会组织的资助、补贴和奖励，可从福彩公益金中安排资金资助基层社会组织开展公益服务活动。各地认真贯彻落实相关精神，2013 年以来，市县两级共安排财政资金 9465 万元资助社会组织，其中市级 8701 万元，县级 764 万元；共安排福彩公益金 8387 万元资助社会组织，其中市级 7800 万元，县级 587 万元。合肥、安庆等市对于每个新成立的公益慈善类、城乡社区服务类社会组织分别给予 2 万元的一次性开办补助。合肥市政府出资 400 万元成立了全省首个社会组织发展基金会。铜陵市投资 298 万元建成了社会组织培育中心；合肥市包河区投资 300 万元建成了社会组织孵化园；芜湖市镜湖区也投资建设了社会组织孵化基地。淮南、蚌埠、马鞍山、芜湖、黄山、安庆6个市出台政策，每年从福彩公益金中安排一定资金资助社会组织开展公益服务。

（五）社会组织党建情况

加强社会组织党建是扩大党的组织覆盖和工作覆盖、巩固党在社会组织领域执政基础的迫切需要，也是保证社会组织发展正确方向的必然要求。按照中央和省委要求，市、县两级党委均成立了非公经济和社会组织工委，建立健全党委统一领导，组织部门、非公经济和社会组织工委牵头抓总，相关部门各司其职、相互配合的社会组织党建工作机制，合力推进社会组织党建工作。截至目前，全省从业人员中有党员的社会组织数量为10997个，党员35256人，已建社会组织党组织1197个，其中单独组建的社会组织党组织694个。合肥、淮北、宿州、黄山4个市在社会组织中已建党组织均超过100个，工作进展较快。

（六）社区枢纽型社会组织建设情况

建设社区枢纽型社会组织（社区社会组织联合会、促进会、服务中心等），是我省社会组织改革发展的一项创举，得到了民政部的肯定。“9号文件”要求，探索建立城乡社区枢纽（联合）型社会组织，增强社区自治服务功能。2013年12月，省民政厅印发《关于培育发展社区枢纽（联合）型社会组织的指导意见》后，各地通过项目资助、资金支持、业务培训、经验交流、示范创建等方式，加快推进社区枢纽型社会组织建设，充分发挥社会组织参与社区服务和居民自治的积极作用。截至目前，全省已建成社区枢纽型社会组织总数458个。合肥市财政对每个新成立的社区枢纽型社会组织给予5万元的一次性开办补助，包河区社区枢纽型社会组织覆盖率已达到100%。淮南、阜阳、蚌埠、安庆4个市利用福彩公益金或财政资金对社区枢纽型社会组织建设予以资金补助。淮北、铜陵、池州、宿州、亳州、六安、宣城、黄山8个市制订了培育发展社区枢纽型社会组织的工作方案，设定了工作进度和目标。培育发展社区枢纽型社会组织，有利于健全社区党组织为核心、居民自治组织为主体、社会组织为补充的组织体系，有利于发挥社会组织在社区服务中整合资源、联系协调、化解矛盾的积极作用，有利于提升社区建设、服务、自治的综合功能。淮南市田家庵区新村社区负责人介绍，该社区原是“法轮功”重灾区，通过枢纽型组织培育发展社区社会组织，开展丰富多彩的社区文体活动，培养居民健康向上的生活情趣，参与法轮功活动的人数大量减少了。

（七）社会组织综合监管情况

实践证明，社会组织是社会建设的重要组成部分，加强监管十分重要。各地坚持一手抓积极引导发展、一手抓严格依法监管的原则，完善法律监督、政府监督、社会监督、自我监督相结合的监管体系，健全登记审查、年度检查、等级评估、执法监察“四位一体”的监管模式，对政治法律类、宗教类社会组织严格落实双重管理体制，切实加强社会组织综合监管。2013 年以来，全省查处社会组织违法违规问题 66 件，依法分别予以了行政处罚。加强社会组织涉外活动监管，省民政厅印发了《关于进一步落实社会组织涉外活动报告制度的通知》。芜湖市民政局将 2014 年确定为“社会组织建设年”，通过开展建设年活动，提升社会组织服务能力，规范社会组织运作行为。安庆市民政局开展社会组织自律与诚信建设活动，提升社会组织自律性、诚信度。宿松县民政局每年年检时，聘请会计师事务所对社会影响较大的社会组织财务状况进行监督检查。

（八）社会组织评估情况

评估工作，是加强社会组织监管的制度创新，也是促进社会组织提升服务能力和规范化建设水平的有效途径。《意见》要求加快完善社会组织评估机制，各地先后成立评估机构、制定评估指标、明确评估程序，完善政府指导、社会参与、独立运作的工作机制，因地制宜推进评估工作。截至目前，全省已有 995 个社会组织申报参加评估，共有 461 个社会组织获得 A 级以上评估等级，其中 3A 级以上 322 个。亳州、马鞍山、滁州、宣城、全椒 5 个市（县）财政安排了评估工作专项经费。铜陵、合肥、马鞍山、蚌埠 4 个市对获得 3A 以上评估等级的社会组织分别予以一定的资金奖励。淮北、池州等市社会组织评估工作启动早、力度大、运作规范，淮北全市参评率达到 44%，池州市本级参评率达到 46%。全椒县印发了评估工作方案，社会组织参评率超过了 30%。

（九）社会组织管理信息化建设情况

信息化建设是提高工作效能、提升服务水平的必然要求，也是缓解管理力量不足矛盾的有效措施。《意见》要求，建立管理信息平台，提升服务管理水平。省民政厅将社会组织信息化纳入民政业务信息化建设的总体规划，建成了全省互联互通的社会组织管理信息化平台。“安徽省社会组织管理信息系统”实现了网上办公、数据库建设、统计分析三大功能的融合，服务对象覆盖省、市、县三级，已有 8 个市试行网上年检，6 个市试行网上登记，其中淮南市本级社会组织年检全部实现网上办理。加快社会组织宣传平台建设，省本级、8 个省辖市、13 个县已建成社会组织信息服务网站。淮南市本级及所辖 7 个县区均已建立社会组织管理服务网站或网页。淮北市50%以上的社会组织都建立了自己的网站或网页，并与“淮北市社会组织信息网”链接，形成了综合信息服务平台。

（十）组织领导情况

社会组织覆盖经济社会生活的各个方面，社会组织管理工作涉及登记管理机关、业务主管单位（行业主管部门）和相关职能部门，为落实《意见》精神，建立健全“统一登记、各司其职、协调配合、分级负责、依法监管”的社会组织管理体制，各级党委、政府先后成立了社会组织管理工作领导小组，加强对社会组织工作的统一领导和综合协调。截至目前，16个省辖市、2个省直管县均已成立领导小组，县级领导小组已成立78个，覆盖率74%，其中合肥、淮北、亳州、宿州、阜阳、淮南、滁州、宣城、铜陵、池州、黄山11个市的县级领导小组已全部组建。

## 二、督查调研中发现的问题

通过查阅资料、座谈交流、实地查看等途径，发现全省社会组织改革发展工作还存在一些问题。主要表现在：

（一）社会组织发展不足

从数量上看，截至目前全省登记的各级各类社会组织总数22356个，万人拥有社会组织数量3.24个，未达到全国平均水平。从质量上看，不少社会组织，特别是县级社会组织无专职工作人员、无稳定的经费来源渠道、无经常性服务活动，参与社会治理和提供公共服务能力不强。

（二）社会组织发展环境有待改善

政府向社会组织转移职能和购买服务进展不平衡，公共财政对社会组织参与社会服务的支持力度不够，社会组织孵化基地数量和规模不大，社会组织税收优惠政策落实不到位，社会组织领用财税票据困难，政府部门对社会组织的干预、限制或歧视时有发生。

（三）政社分开在思想上仍有较大的阻力

部分地区和单位对党政领导干部兼任社会组织领导职务清理整顿工作态度不够积极，少数领导干部不配合清理整顿工作，不愿意退出社会组织领导职务。不少社会组织还没有从机构、职能、人员、资产、财务等方面与党政机关脱钩，有的部门甚至把社会组织资金收缴财政专户管理，致使社会组织没有独立的账户和法人财产权。

（四）社会组织党建工作基础薄弱

有的地方对社会组织党建工作重要性和紧迫性认识不足，重视不够。

部分社会组织专职工作人员少，专职工作人员中的党员更少，组建党组织难度较大。有些社会组织负责人对开展党建工作缺乏积极性和主动性。一些已建党组织的社会组织，党建工作与业务工作结合不紧密，党组织和党员发挥作用不明显。

（五）各地社会组织管理工作发展不平衡

《意见》出台后，部分地区至今尚未研究制定贯彻落实的措施，社会组织管理工作没有摆上应有的位置，改革意识不强，创新动力不足，工作力度不大，整体工作没有明显成效。

（六）登记管理力量不能适应社会组织改革发展的需要

一是机构不健全。目前，还有1个市（黄山市）、47个县（市、区）没有社会组织登记管理机构。二是人员不足。省、市、县三级专职社会组织登记管理工作人员合计只有92人，平均每个登记管理机关不足1人，仅能应付日常的咨询、登记、年检、变更、换届、注销等业务，对于等级评估、执法监察、培育发展等重点工作往往力不从心。三是经费没有保障。全省大多数社会组织登记管理机构，特别是县一级基本上都没有登记、年检、评估、执法等专项业务经费。

## 三、几点建议

为深入贯彻中央和省委省政府改革社会组织制度、激发社会组织活力、加快建立现代社会组织体制的一系列决策部署，进一步落实《意见》精神，更好地推进全省社会组织改革发展，结合实际，提出以下建议：

（一）加大社会组织培育扶持力度

通过财政预算、福彩公益金资助等方式筹集资金，设立省、市两级社会组织发展基金会（公募基金会），为全省公益慈善类和城乡社区服务类社会组织提供资金支持、项目指导、业务培训等服务；采取分级试点、省市共建等办法，建设省、市、县、社区四级公益慈善类和城乡社区服务类社会组织孵化基地，为符合条件的初创期社会组织提供人力、物力和财力支持；加大宣传力度，加强工作协调，加快社会组织免税资格和公益性捐赠税前扣除资格审核认定；抓紧研究制定办法，切实解决社会组织会费发票、捐赠发票、税务发票等票据的领用难问题。

（二）探索社会组织协商民主途径

根据党的十八届三中全会关于拓宽社会组织参与协商民主渠道的精神，在全省各级党的代表大会、人民代表大会适当安排社会组织代表名额，在各级人民政协设立社会组织界别，合理确定委员的比例和数量，积极推荐优秀的社会组织负责人担任党代表、人大代表和政协委员。

（三）推进政社分开

认真落实《安徽省关于从严控制和规范管理党政机关领导干部兼任社会组织领导职务的暂行规定》（皖组字〔2013〕18号）、《安徽省关于进一步规范退（离）休领导干部在社会团体兼职问题的通知》（皖组字〔2014〕16号）等文件，从严控制和规范管理党政机关领导干部（含退离休领导干部）在社会组织兼职。各级党委组织部门和各单位党委（党组）要坚持标准，对于不符合条件的兼职要求一律不予批准；各级民政部门要严把登记、换届两个关节，对于没有按干部管理权限审批或备案同意的领导干部一律不予登记或备案。争取国家有关部门支持，将我省列入"国家行业协会商会与行政机关脱钩试点省"，限期实现行业协会商会从职能、机构、人员、资产和财务等方面与行政机关脱钩，促进行业协会明确权责、依法自治、发挥作用。

（四）创新社会组织党建管理体制

落实《意见》规定，探索结合业务抓党建的工作机制，配备专职党务工作者，逐步健全社会组织党建管理体制，形成齐抓共管的格局。加大社会组织党建工作力度，大力推进党组织和党的工作"两个覆盖"，采取单独组建、联合组建、挂靠组建、区域或行业统建等方式，抓好在社会组织集中组建党组织工作，提高党组织组建率；向社会组织选派党建工作指导员或联络员，指导和推动社会组织开展党建工作，不断提高整体水平。

（五）规范社会组织监管

发挥各级社会组织管理工作领导小组的统一领导和综合协调作用，完善"各司其职、协调配合"的管理体制，登记管理机关、行业主管部门和有关职能部门要相互配合，协调一致，形成合力，最大限度地提高监管实效。健全负责人管理、资金管理、活动管理等各项管理制度，建立执法队伍，提供执法条件，及时查处非法社会组织和社会组织违法违规行为。完善"小范围协调机制"，加强境外非政府组织在皖活动监管和我省社会组织涉外活动监管。

（六）加强社会组织登记管理机构建设

社会组织管理制度改革特别是实行直接登记后，登记管理机关的职责、任务大幅增加，现有的管理力量与工作任务严重不相适应，积累了一定的风险和隐患。根据中央对"社会组织"概念的界定，将各级社会组织管理机构统一定名为“社会组织管理局”。根据《意见》相关规定和省民政厅《关于加强基层社会组织管理能力建设的意见》（民办字〔2014〕76号），健全各级社会组织管理机构，配备与其业务相适应的登记、管理、执法人员，提升管理服务水平。

# 关于社会组织培育发展与规范管理的调研报告

福建省民政厅课题组

社会组织是国家治理体系和治理能力现代化的有机组成部分，是社会治理的重要主体和依托。为进一步推动我省社会组织健康发展，充分激发和释放社会活力，我厅组织力量进行专题调研，通过召开座谈会、实地察看等形式，了解我省社会组织培育发展与规范管理情况及存在问题，并针对存在问题提出下一步工作措施和建议。现将有关情况报告如下。

## 一、福建省社会组织发展情况

在省委、省政府的正确领导下，我省社会组织建设工作取得积极进展：政策法规逐步健全，管理体制改革逐步深化，依法管理水平不断提高，社会组织结构不断优化，社会组织作用日益明显。目前，全省已形成遍布城乡、门类齐全、覆盖经济社会生活各个领域的社会组织体系，在经济、政治、文化、社会等方面发挥着越来越广泛的积极作用。截至目前，全省经民政部门登记的社会组织 21757 个（不含社区社会组织），其中社会团体 13899 个，民办非企业单位 7673 个，基金会 185 个。

1. 社会组织工作得到高度重视。省委、省政府把社会组织工作纳入全省经济社会发展大局，与社会建设统筹推进，形成党委领导、政府主导、有关部门各负其责的社会组织工作格局。2013 年 9 月，苏树林省长专题听取社会组织建设情况汇报，研究推进社会组织建设措施，要求坚持积极稳健原则加快发展社会组织，扎实推进政府职能转移和购买服务；加强政策扶持力度，加大推进行业协会商会与行政机关脱钩力度，促进行业协会商会健康有序发展；加强监管力度，提高社会组织公信力和影响力；强化保障措施，加强资金扶持力度，切实充实登记管理力量，加强社会组织党建工作，提升我省社会组织建设和管理水平。陈荣凯副省长多次听取社会组织工作专题汇报。2013 年 8 月，全省社会组织建设暨经验交流会召开，进一步分析形势、总结经验、表彰先进、部署任务、明确措施，促进社会组织工作上新水平。

2. 社会组织政策创制有新突破。2013 年 5 月，省委办公厅、省政府办公厅出台《关于进一步培育发展和规范管理社会组织的意见》（闽委办发〔2013〕9 号），明确改革登记管理制度、确定培育发展重点、优化管理服务机制、明确扶持政策措施、加强自身建设管理、强化保障措施 6 个方面任务措施。省民政厅配套下发贯彻落实意见的具体措施，明确从 2013 年 7 月 1 日起，全省统一开始实施直接登记，各设区市也出台了配套政策。2014 年 3 月，省民政厅下发《关于贯彻落实省政府取消全省性社会团体分支机构、代表机构登记行政审批项目有关问题的通知》（闽民管函〔2014〕38 号），推动社会组织登记管理工作简政放权。2014 年 7 月，省政府出台《关于推进政府购买服务的实施意见》（闽政〔2014〕33 号），明确向社会力量购买服务的措施任务。与此同时，积极推动促进社会组织闽台交流合作的政策创制工作，成为我省独特优势。对成立促进海峡两岸交流的社会团体突破行政区划，在全国率先批准成立以“海峡”冠名的跨行政区域的社会组织；出台了涉台民办非企业单位优惠政策，对台湾同胞在我省举办民办非企业单位实行试点登记。截至目前，已批准成立冠名“海峡”的海峡婚姻家庭协会等 6 家社会组织。推动建立涉台社会组织备案制度，厦门市出台《台湾经贸社团在厦设立代表机构备案管理办法》，对台湾经贸社团在厦门市设立代表机构实行试点备案管理，已备案 22 家代表机构。

3. 社会组织依法管理水平持续提升。加强社会组织年检工作，2013 年度全省社会组织完成年检 18021 个，年检率达 87.95%。全面推进评估工作，推动各地将社会组织评估工作列入设区市党政领导综治工作考评内容，列入对设区市民政工作考评指标，得到各设区主要领导的重视。2013 年，全省累计有 12092 家社会组织参加评估，参评率达 65%，走在全国前列。加大社会组织执法监察力度，对 20 多家长期不开展活动、组织行为不规范、财务管理混乱的省级社会组织给予警告处分，注销社会组织 5 家。着力推进标准化建设，在全国率先出台《福建省学术类社会团体评估技术规范》、《福建省行业协会商会评估技术规范》两个地方标准。深入开展社会组织建设创新示范区、行业协会行业自律与诚信、民办非企业单位塑造品牌与服务社会等创建活动，提高社会组织的社会影响力。2014 年 1 月，我省命名福州市台江区、厦门市集美区、漳州市龙文区、晋江市、宁化县、建阳市、龙岩市新罗区、福鼎市 8 个单位为全省社会组织建设创新示范区。着力提升信息化水平，福建省社会组织登记管理系统上线试运行。

4. 社会组织专项治理不断深化。深入开展行业协会侵害群众和企业利益、减轻企业负担、社会团体“小金库”，庆典研讨会论坛、评比达标表彰活动等专项治理工作，取得显著成效。通过专项治理活动，规范了会费的收取和使用，规范了资产和财务管理，规范了评比达标表彰活动，全省多数社会组织在制定或修订会费标准时采取无记名投票方式表决通过，66家社会组织103个研讨会、论坛等项目作了重新审定，并报送有关部门备案。

5. 社会组织作用更加明显。社会组织在提供政策建议、参与国际谈判、促进经济发展、参与公共管理、开展公益活动和扩大对外交往等方面都显示出越来越重要的作用。据不完全统计，近年来，全省共有78家社会团体参与国际谈判12次，为各级党政机关提供重要政策建议56条，被采纳16条。省轻工工艺品进出口商会在欧盟对陶瓷厨餐具提起反倾销调查的情况下，紧急启动联动应对机制，共动员和组织58家会员企业参加应诉，取得积极成果。根据欧盟委员公布的裁决结果，参与应诉的58家企业被征收26.6%的临时反倾销率，而未参与应诉的企业的税率高达58.8%，行业无损害抗辩也以14：13的表决票数，取得优势。通过反倾销案件的应诉，帮助企业减少了经济损失。省广告协会为省政府草拟了《福建广告业发展的指导意见》、《福建省广告业发展规划》等文件，制定了福建广告业发展目标，受到了省政府和国家工商总局的表扬。

## 二、存在的困难和问题

我省社会组织总体保持较好的发展态势，但在全面深化改革的新形势下，社会组织培育发展和规范管理工作面临不少困难和问题：

1. 社会组织培育发展仍需加强。促进政府职能转变、创新社会治理体系新的形势任务，将使社会组织获得更重要的地位和更广阔的发展空间，也对社会组织培育发展提出了更高的要求。但目前我省社会组织的数量、质量、功能、作用，总体上与经济社会发展不够适应，还不能满足人民群众日益增长的物质文化需求。特别是有的社会组织服务能力和发展活力不够强，难以承接政府转移的职能，难以在社会管理和服务等领域与政府形成实质性的有一定规模和层次的互动。

2. 社会组织综合监管机制有待完善。2013年7月我省实行社会组织直接登记以来，在降低社会组织登记门槛的同时，也使更多的社会组织纳入监管范围。实施直接登记以来，全省直接登记社会组织600家（其中省级103家），全省共有社会组织21757家。目前，社会组织监管主要通过民政部门开展登记审查、年度检查、评估、执法监察等工作进行，而民政部门在专业知识、监管力量等方面都有所不足，这与社会组织监管涉及领域广、涵盖法律宽泛，特别是社会组织直接登记后没有业务主管单位监管、难度加大等不相适应，亟须建立社会组织综合监管机制。

3. 社会组织自身建设亟待加强。由于相当一部分社会组织自我发展能力不足，对优秀人才缺乏吸引力和凝聚力，造成目前社会组织专职人员少、素质不高、年龄偏大的现状，严重影响了社会组织能力建设。同时，由于部分社会组织服务企业、反映诉求、规范行为的工作无法较好开展，内部管理制度不够完善，运作不够规范，自律机制不够健全，也影响了社会组织的社会公信力。社会组织的内部治理结构、行为规范、财务管理、非营利性的控制等方面，还有待进一步加强。

4. 社会组织工作保障机制有待完善。一方面，社会组织的登记管理力量与日益繁重的工作任务不相适应。尤其在市县一级，人员普遍不足，工作经费和设备比较缺乏，重登记轻管理、监管不到位的局面无法得到根本扭转。据统计，全省县级以上民政部门现有社会组织管理专职人员 43 人，另有兼职人员 87 人，每人管理近 300 个社会组织。特别是县级民政部门，办事人员身兼数职任务繁杂，单单面对社会组织咨询、登记、年检等常规工作已是疲于奔命，更谈不上实施有效监管。在实行社会组织直接登记后，社会组织登记管理力量不足更加突出。另一方面，社会组织相应的法律配套措施缺失。关于社会组织的立法，目前主要是《社会团体登记管理条例》、《民办非企业单位登记管理暂行条例》、《基金会管理条例》这 3 部国务院颁布的法规。由于这些法规出台已有一定的时间，一些条款已不能适应社会组织建设发展形势需要。

## 三、工作措施和建议

党的十八届三中全会确立了新形势下全面深化改革的总体纲领，将社会组织发展纳入推进国家治理体系和治理能力现代化建设整体布局。全会通过的《中共中央关于全面深化改革若干重大问题的决定》，提出了“激发社会组织活力”的改革举措，明确要正确处理政府和社会关系，加快实施政社分开，推进社会组织明确权责、依法自治、发挥作用。我们要把握机遇，积极作为，推进社会组织健康有序发展，充分激发和释放社会活力。

1. 积极培育发展社会组织。一要推动社会组织登记管理简政放权。落实社会组织直接登记、允许行业协会商会一业多会、下放异地商会和基金会登记权限、允许城乡基层社会组织登记备案、取消全省性社会团体分支机构和代表机构登记行政审批等政策措施，降低社会组织准入“门槛”，让人民群众和经济社会发展需要的社会组织能更便捷地成立。探索简化社会团体登记程序，将社会团体筹备、成立两个阶段整合为名称核准和成立登记两个步骤。二要推动社会组织培育孵化工作。社会组织培育孵化是指在一个相对的时间和空间内，由专业力量对初创期的社会组织提供办公场所、政策指导、能力建设等关键性支持。通过开展培育孵化工作，可以帮助社会组织破解资金、场地、人才等方面瓶颈。目前，北京、广东、上海、江苏、安徽等地已开展社会组织孵化工作，各级政府给予场地、资金等方面的支持。我省厦门、福州市台江区、晋江等地已开展培育孵化工作，建议由各级政府提供场地、资金等方面的支持，推动全省社会组织培育孵化工作。三要探索社会组织培育发展新模式。加大培育发展枢纽型社会组织力度，鼓励同类型、同行业、同领域、同地域的社会组织成立自律性联合组织，搭建社会组织业务建设和合作共治的平台，形成社会组织自我管理、自我服务和自律自治的运作机制。四要加快培育新型社会组织。主动适应金融、现代物流以及创意产业等现代服务业的需求，建立布局合理、覆盖广泛、功能完善的社会组织体系，吸引更多的社会资源投入文化、科技、公益慈善等公共服务领域，扩大公益捐助领域和规模。

2. 优化社会组织发展环境。一要将社会组织发展纳入经济社会发展整体布局。推动各级政府将社会组织发展列入国民经济和社会发展规划，在制定相关政策和规划时，充分听取相关社会组织意见，支持和鼓励社会组织参与公共事务。二要推动政府购买服务。结合行政体制改革和政府职能转变，完善政府向社会组织购买服务制度，尽快出台政府向社会组织转移职能和购买服务目录，将适合由社会组织提供的公共服务和解决的事项，交由社会组织承担，为社会组织发挥作用提供空间。建议依托省财政厅建立统一的政府购买服务管理平台和购买机制，便于社会组织参与购买服务。三要完善财税金融支持。通过财政补贴、项目补助等方式，对社会组织予以扶持。扩大税收优惠种类和范围，简化社会组织税收优惠资格认定程序。将符合条件的社会组织纳入政府产业扶持和社会事业发展扶持政策范围，促进民办社会事业和公办社会事业共同发展。建立社会组织专项发展基金，为壮大社会组织、更好地发挥作用创造条件，建议各级建立社会组织专项发展基金、每年安排福彩公益金资助社会组织参与社会服务。四要发挥社会组织在协商民主中的作用。加大从社会组织优秀管理人才中选举产生人大代表、政协委员的力度，畅通社会组织“发出声音”、参政议政的渠道；探索建立社会组织利益表达参与重大公共决策机制，不断提高社会组织对公共行政的参与度。五要加强社会组织人才队伍建设。将社会组织人才纳入行业人才培养统一规划，做好从业人员社会保障、薪酬保障、职称评定等工作，建立定期培训、持证上岗等制度，促进从业人员职业化、专业化，不断提高社会组织人才队伍整体素质。六要营造良好舆论环境。利用报纸、电视、网络等媒介，大力宣传社会组织在优化公共服务、化解社会矛盾、维护社会稳定中的重要作用，深入宣传社会组织先进典型，提高全社会对社会组织的知晓度、认同度和参与度，凝聚社会组织发展的“正能量”。

3. 完善社会组织综合监管体系。按照“统一登记、各司其职、协调配合、分级负责、依法监管”的要求，凝聚社会组织监管合力，促进社会组织健康发展。一要强化政府监管。着力推动形成社会组织监管齐抓共管格局，建议出台我省社会组织联合监管地方性法规，明确登记管理机关、行业管理部门、业务主管单位以及组织、财政、税务等相关部门职责，切实履行各自对社会组织的监管责任。通过有关部门监管职能的有效衔接，真正形成各司其职、协调配合、合力推进的良好工作格局。民政部门要继续做好登记审查、年度检查、评估等工作。二要强化社会监督。完善社会组织信息披露、社会监督举报受理机制，定期在门户网站等媒体公布社会组织年检、评估情况等信息，拓宽社会监督渠道。三要强化法律监督。明晰社会组织独立自主的法人地位，社会组织违法违规时应依法独立承担责任，防止社会组织一有情况就找登记管理和业务主管部门的倾向。四要创新监管方式。建立社会组织抽查制度，对社会组织是否按章程开展活动等情况进行随机检查，及时发现问题并整改。建立社会组织信用体系，建立社会组织“黑名单”制度，将社会组织违法违规行为及其处理情况依法纳入社会组织诚信征信系统，作为社会组织等级评估、政府购买服务、税务减免等方面的依据。五要建立预警监管机制。民政部门和业务主管（指导）单位要加强与公安等部门的协调沟通，及时掌握非法社会组织和社会组织违法违规行为的信息，建立健全重大问题及时互通制度，完善社会组织监管预警网络，加强对社会组织重大活动及涉外活动的监督管理，防患于未然。

4. 加强社会组织自身建设。一要完善社会组织治理结构。按照现代社会组织体制要求，在社会组织内部形成民主决策、科学管理、自我约束、规范发展的运行机制，明确章程在社会组织活动中的基本准则地位，引导社会组织在章程规定的范围内依法开展活动。二要强化自治功能。推动完善社会组织民主机制，健全会员（代表）大会、理事会、监事会制度，推进民主选举、民主决策、民主管理和民主监督，有效发挥权力机构、执行机构和监督机构的职能作用。三要开展自律与诚信建设。推动社会组织完善规范运作、诚信执业、公平竞争、信息公开、奖励惩戒、自律保障等机制，健全社会组织法定代表人离任审计、负责人管理、责任追究和资金管理等制度，指导社会组织完善财务风险管理、社会捐赠、服务承诺等管理制度，提高社会组织诚信度和公信力。四要提高社会组织发展能力。推进社会组织从业人员职业化、专业化和年轻化，依法保障其薪酬、社保、福利和发展条件，进一步推动社会组织在经济社会发展中发挥作用。

5. 强化社会组织工作保障机制。一要完善法规体系。民政部正在修订《社会团体登记管理条例》、《基金会管理条例》、《民办非企业单位登记管理暂行条例》，待三部法规修订后，结合我省实际制定出台配套措施，提高社会组织管理和服务的法制化水平。结合我省社会组织工作实际，加大社会组织政策创制力度，当前要着力推动出台《福建省行业协会发展促进办法》。二要强化管理力量。根据体制改革和职能调整的需要，推动建立相对独立、统一协调、力量匹配的社会组织登记管理机关。建议各级适当增加社会组织登记管理工作人员。提高登记管理队伍的素质能力，改进服务工作，提升管理效能。三要强化党的建设。完善社会组织党组织设置方式，提高社会组织中党的组织和工作覆盖。充分发挥社会组织党组织的政治引领作用和党员的先锋模范作用。

# 社会组织第三方评估机制研究

江西省民间组织管理局

党的十六届六中全会以来的一系列重要文件和国家“十二五”规划“社会组织专章”均强调要切实加强社会组织建设，以进一步发挥社会组织在促进经济发展、维护社会稳定、完善公共服务、发展社会公益、扩大社会参与、反映民众诉求、创新社会管理、增进国际交流等方面的重要作用。据民政部统计，截至2014年第1季度，全国依法登记的社会组织总数已达55.26万个，其中社会团体29.2万个、民办非企业单位25.7万个、基金会3631个。[①] 这些社会组织在完善公共服务、满足公众需求，弥补社会治理过程中“政府失灵”或“市场失效”的同时，由于体制、机制等因素的制约，它们自身也普遍存在着组织制度不健全、内部管理不规范、组织运作不透明、社会公信度亟须提高等问题。为促进社会组织的健康有序发展，除了必须尽快完善社会组织监管制度、推进社会组织能力建设之外，积极构建社会组织第三方评估机制也显得格外迫切与重要。

## 一、社会组织第三方评估机制的概念界定

“第三方评估”的概念源自于西方国家，最初主要与政府绩效管理和问责等相联系，通常是指由政府以外的社会组织，即专业的评估机构或研究机构充当第三方，对政府及其行政行为进行监督和测评，以督促政府信息公开、规范政府行为、提升政府运作的绩效。虽然社会组织与政府部门有明显的不同，但二者在宗旨目标界定、组织机构设置、运作职能安排、服务成效测评等方面还是存在一定的相似性，因此政府绩效管理的第三方评估理念和方法也逐渐被引入社会组织领域。在国外的实践中，所谓的“第三方”（The Third Party）主要是指除了第一方（被评估对象）和第二方（服务对象）之外的那一方。由于第三方同第一方、第二方之间既不存在行政隶属关系，也没有直接的利益关联，同时还有第一方和第二方所不

① 民政部：《2014年1季度全国社会服务统计》，http：//files2. mca. gov. cn/cws/201404/20140430113831856. htm

具备的专业性，因此较之于其他评估方式而言，第三方评估可以有效提高评估过程和评估结果的客观性、公正性，进而可以确保第三方评估结果的权威性。

而目前在我国，由于社会组织发展不够成熟与完善，所以委托专业性机构充当评估"第三方"的模式并没有得到广泛应用，但在具体的实践中，相关部门也创新出具有地方特色的第三方评估模式，对"第三方"也赋予了诸多迥异于西方的理解。例如，有学者认为，第一方评估是指政府内部评估，第二方评估是指来自普通公众的外部评估，不同于前两者的都属于第三方，它们一般是独立的专业性机构。① 还有学者立足于政府绩效评估的实践将"第三方评估"的概念解释为：第一方评估是指政府部门组织的自我评估；第二方评估是指政府系统内，上级对下级做出的评估，这都属于内部评估；而第三方评估则指由独立于政府及其部门之外的第三方组织实施的评估，也称外部评估，通常包括独立的第三方评估和委托的第三方评估。② 另外，也有学者认为，只要区别于政策制定者和政策执行者的一方，就属于第三方。从这个意义上讲，第三方既包括受政府委托的研究机构、专业评估组织，也包括舆论界、社会组织和公众，特别是利益相关者等。③ 尽管目前学界关于"第三方评估"的概念界定尚未达成一致，但他们均不同程度地强调了"第三方评估"的独立性、专业性和权威性。

综合学界观点，并结合本研究实际，本课题将"社会组织第三方评估机制"的概念界定为：由政府和被评估社会组织之外的专业性评估机构，通过一定的程序和途径，从基础条件、内部治理、工作绩效、诚信建设、社会评价等方面对社会组织进行客观、公正的测评，并得出权威性评估结果与意见的过程。

## 二、建构社会组织第三方评估机制的意义

长期以来，由于社会组织的独立性、志愿性、公益性等特点，使人们容易忽视对其进行有效监督和合理控制。而国外在社会组织的政府评估

---

① 倪星、余凯：《试论中国政府绩效评估制度的创新》，《政治学研究》，2004 年第 3 期。

② 栾静：《第三方评价：以公众满意度为核心衡量目标——与兰州大学中国地方政府绩效评价中心主任包国宪谈政府绩效评价》，《四川日报》，2008 年 3 月 10 日。

③ 程样国、李志：《独立的第三方进行政策评估的特征、动因及其对策》，《行政论坛》，2006 年第 2 期。

（官方评估）、合作评估（半官方评估）之外，还引入第三方评估机制（非官方评估），取得了非常好的社会效益，不仅转变了政府直接管理社会组织的方式，还提高了政府的管理效率。与此同时，社会组织通过第三方评估机制也增强了其社会公信力，激发了组织活力，提升了运营能力，扩大了社会影响。因此，借鉴国外的经验，建立健全社会组织的第三方评估机制，将对我国社会组织的规范管理和健康发展起一个良好的助推作用。具体而言，建构社会组织第三方评估机制具有以下四方面的意义：

（一）有效弥补政府对社会组织监管的不足

过去的十几年中，我国对社会组织进行监管的主要做法是：首先，社会组织自身依据有关法律法规、国家政策和自己的章程，对过去一年的工作进行自我评估与总结。其次，业务主管单位根据他们所掌握的情况，对社会组织进行初审，提出整改意见。最后，再由登记管理机关综合各方面情况，对社会组织进行全面评估，并作出年检合格或不合格的结论。合格的通过年检，不合格的则要限期整改。[①] 然而大量的实践表明，这种行政监管的评估模式根本不足以有效监督社会组织的发展，反而造成了我国当前社会组织管理过程中“重登记、轻管理”、监管缺位、失位或监管乏力等现象。而第三方评估借助其专业化的方式可以实现对社会组织的有效监管，并实现传统评估方法所不可能达到的目标与效果。

（二）进一步推进政府职能转型和管理效率提升

第三方评估机制的引入将逐步改变政府在社会组织管理中的角色与功能，使政府从以往“管也不是、不管也不是”的两难境地中解脱出来，使其从一个“管理者”转变为“裁判员”，这样不仅减轻了政府的行政负担，使政府能够脱身于具体而烦琐的社会组织管理事务，而专注于社会组织的宏观管理和政策引导，还可以提高政府的社会声誉与威望。第三方评估机构机制的引入，不仅可以推进社会组织的政府监管模式向社会监管模式的转型，还有利于“社会组织制约社会组织”局面的形成，进而协助政府完成“小政府、大社会”的职能转型，提升政府的管理效率。

（三）激发社会组织活力并增强其公信力

社会组织第三方评估不仅是一种监管手段，更是一种激励机制，第三方评估机构可以借助其具有说服力的权威性报告，客观、公正地向社会公

① 孙伟林：《做好评估体系建设推进民间组织管理工作》，载赵泳主编：《民间组织评估的探索》，中国社会出版社2006年版。

众披露社会组织的内部管理、活动能力、资金使用、运作绩效等实际状况，而此报告直接关系到社会组织的声誉和知名度，以及组织的未来发展。从这个意义上讲，第三方评估机制可以激发社会组织的进取精神和竞争意识，使社会组织焕发生命的活力，并更加注重自身的公信力建设。

（四）引导公众参与社会建设并提升其公民意识

由于第三方评估机构的工作同时受到政府、社会、社会组织自身的监督，其过程、结果一般要遵循公开、透明的原则，这可以增强公众对社会组织的关注，使其深入了解社会组织的运作，提高公民意识，使得更多的公民热心于慈善、志愿事业。由于有了第三方评估机构对社会组织的整体情况介绍给公众，也提高了社会组织的社会地位。可以说，人们信赖第三方评估机构，参阅其报告的同时，也是一个公民教育的过程。[①]

## 三、国内外社会组织第三方评估机制的运作实践与经验

作为社会组织监管的重要手段，评估在不同的国家和地区有不同的运作模式。有的主要是由政府部门进行评估，也有的依托独立的第三方机构开展评估，还有的采取介于前两者之间的合作评估模式。尽管这三种评估模式各有利弊，但多国的实践经验表明，由政府评估模式、合作评估模式逐渐转向第三方评估模式是总体的发展趋势。

（一）国外的实践与经验

在国外，社会组织的评估职能有相当比例是由独立于政府机构的第三方机构承担。这些第三方评估机构本身也是社会组织，它通过收集评估对象的资料，按公众一致认可的评估标准，对评估对象的表现进行评估，并将评估资料及评估结果用最简单、最直接的方法公布于众。以美国为例，较有影响的第三方评估机构有成立于1912年的“更好事务局委员会”（Council of Better Business Bureaus，CBBB）所属的公益咨询服务部（Philanthropic Advisory Service，PAS）、成立于1918年的“全国慈善信息局”（National Charities Information Bureaus，NCIB）和成立于1912年的“福音教会财务责任委员会”（Evangelical Council for Financial Accountability，ECFA）。2001年，NCIB与CBBB进行了合并，合并后的评估机构名为“BBB明智的捐赠联盟”（BBBwise giving alliance）。全国慈善信息局定期要求劝

① 王春英：《浅议我国NGO管理中的第三方评估机制》，《学会》，2009年第6期。

募组织将所提供的信息按标准先进行自我评估，然后提供给该局，再由局里组织专家进行评审，遇到可疑问题便着手进行调查，评审结果定期上网公布。尽管这些第三方评估机构并没有法律赋予的权力，社会组织也完全可以拒绝参评，但如果不参与评估就会引发公众猜疑，因为公众相信第三方评估机构的权威性。在美国，社会各界，包括捐赠者、传媒与拨款机构等都非常重视“全国慈善信息局”，这是因为该评估机构能够为捐赠者提供公允、有用、容易明白的信息，以帮助他们作出明智的捐赠决定。①

德国是一个慈善事业十分发达的国家，德国人也乐于捐献善款。据不完全统计，德国企业、团体和个人每年捐款总额高达30亿—50亿欧元。鉴于捐款数额巨大且个人捐款占多数，德国有两家机构负责监督公开募捐的社会福利组织和慈善组织对善款的使用情况。这两家机构分别是德国社会福利问题中央研究所（DZI）和德国天主教联盟（DEA）。尽管这两家机构对开展募捐活动的社会组织的监督并不具有法律强制性，而是建立在自身“公信力”的基础上——它们向通过其审查的社会组织颁发“捐助徽章”，由此认证这些组织具备募捐资质。由于公众认可这两家机构的权威性，所以获得其“捐助徽章”的组织比未获认证的组织更受公众信赖，自然也更容易得到捐款。这种无形的压力促使开展募捐活动的社会组织甘心接受上述两家机构的审查。由于“捐助徽章”的授权使用期仅为一年，若想保留“捐助徽章”，开展募捐活动的社会组织就必须每年提出申请，并每年接受一次审查。

德国社会福利问题中央研究所（DZI）正是通过颁发“捐助徽章”的形式，定期审查有关组织对善款的使用是否符合节约和有据可查的原则。在具体操作中，DZI采取抓大放小的原则，主要关注年度募捐额超过25万欧元的组织，规定这些组织必须聘请公共会计师查账，然后将审计报告和账目一并呈送该研究所进行审查。DZI审查相当严格，若在审查中发现违规问题，DZI会毫不手软地收回相关组织对其“捐助徽章”的使用权。2008年2月，DZI在审查中就发现，联合国儿童基金会德国委员会自2005年起一直向募捐广告商支付回扣，并在接受年度审查时隐瞒这一情况。此外，该研究所还认定联合国儿童基金会德国委员会对善款的使用违背了“经济、节约”的原则，因此收回了该委员会自1995年一直持有的“捐助徽章”，并在“收回声明”中敦促该办事处“大力改善管理、领导和监督

① 倪国爱、程昔武：《非营利组织信息披露机制的理论框架研究》，《会计之友》，2009年第4期（中）。

机制”，该委员会的主席和经营主管都因此而引咎辞职。事后，DZI代理主席莱因哈德也承认，失去“捐助徽章”是个重大打击，并承诺“全力改革工作和体制”。[①] 以DZI为代表的制度化、常态化第三方评估有效地促进了德国社会组织的规范化运作。

（二）国内的实践与经验

尽管较之于西方而言，我国的社会组织第三方评估机制发展远未成熟，但在具体实践中，全国各地已经探索出各具特色的社会组织第三方评估模式。有学者将目前我国社会组织第三方评估机构归结为三种类型：科研院所第三方、专业公司第三方、社会组织第三方。[②]

1. 科研院所第三方。即指高校、研究所等科研机构接受委托方委托，对社会组织及社会服务项目进行评估。科研院所是最早产生也是最为主要的第三方评估主体。例如：1997年，中国青少年发展基金会首次正式委托中国科技促进发展研究中心对“希望工程”进行评估；1998年，中国社科院政策研究所对天津鹤童老人院、罗山市民会馆进行了评估；2002年和2007年，清华大学NGO研究所受中国人口福利基金会委托分别对“幸福工程”项目、“农村独生子女特困家庭扶助项目”进行评估。

2. 专业公司第三方。即指由专门的、商业化运作的评估机构作为“第三方”来评估社会组织工作。例如：2008年，零点调查集团公司受中国宋庆龄基金会委托对“西部园丁项目”进行评估，评估采用柯克帕特里克四级别培训评估方法，对“西部园丁项目”的优势、试验效果、社会影响力进行判定和评价；2009年，深圳市政府委托第三方机构——深圳市鼎诚技术经济评价中心负责对行业组织进行评估。该机构以基础条件、内部治理、工作绩效、社会评价四个项目为一级指标对行业协会进行评估。

3. 社会组织第三方。主要是指由专门从事评估工作的社会组织作为“第三方”对社会组织及社会服务项目进行评估。近些年，在“长三角”和“珠三角”等地区，由于社会工作服务机构的快速发展，以及由此产生的评估需求，导致“社会组织”第三方评估机构已经呈现增多趋势。例如：2010年在深圳市注册的现代公益组织研究与评估中心、2011年在东莞市注册的现代社会组织评估中心、2011年在上海注册的新力社会公益项目

---

① 王勍：《国外善款咋监管：美国监管与自律并重，德国独立机构严查》，http：//news. xinhuanet. com/world/2008－05/30/content_ 8276201. htm

② 潘旦、向德彩：《社会组织第三方评估机制建设研究》，《华东理工大学学报（社会科学版）》，2013年第1期。

评估事务所和上海科嘉社会工作评估事务所等均是独立于政府的第三方评估机构。目前这类评估主体主要接受政府的委托，对政府部门资助的社会工作服务机构、公益创投项目进行专业评估。

就运作实效而言，以上三种类型的第三方评估各有利弊。其中，“科研院所第三方”以高等院校、研究机构等依托，专业理论和科研基础厚实，但评估方式大多传统，且易出现“重理论、轻实务；重宏观、轻微观”等倾向；“专业公司第三方”评估往往以会计师事务所等审计公司为主，主要关心社会组织投入和产出的经济效益，较少关注项目的社会效益及其影响，因而不能体现社会组织评估的真正意义，另外其评估成本相对也较高；而“社会组织第三方”实务经验丰富，专业建设能力强，但由于此类评估组织一般成立时间短，另外其参与评估是受政府部门委托，与政府部门之间也存在“雇佣”与“受雇”的利益关系，甚至有些评估组织同其他社会组织相类似，对政府部门也存在着较强的资源依赖关系（如场地、资金、项目等），因此在评估过程中难免会依据政府委托部门的需求和偏好来制定评估指标，其专业评估的客观性和科学性难以得到有效保证。

总体而言，目前我国社会组织第三方评估已初具雏形，对改变传统的政府“自上而下式”评估和社会组织“自下而上”自我评估模式具有重要的意义，并能够对中国的社会治理体制改革产生积极的推动作用，但由于第三方评估在中国发展的时间还比较短，受地区发展差异、传统体制惯性以及第三方自身问题等因素的制约，社会组织第三方评估机制也有待进一步健全与完善。

## 四、我国社会组织第三方评估机制的建构

“机制（mechanism）”一词最早源于希腊文，原指机器的构造和动作原理。在现代汉语中，“机制”一般常被解释为“机器的构造或工作原理”、“有机体的构造、功能及相互关系”、“某些自然现象的物理、化学规律”和“一个工作系统的部分或者组织之间相互作用的过程和方式”，并形成“企业经营机制”、“市场调节机制”、“经济运行机制”、“社会控制机制”等概念。总体而言，社会科学领域对“机制”一词的使用主要强调一个主体各个组成部分的设置以及各个组成部分相互之间的关系。在本课题中，“社会组织第三方评估机制”的运作主要包括评估主体的甄选、评估对象的分类、评估内容的确定、评估指标的设置、评估程序的规范、评估结果的应用等环节（具体见图4－1）。

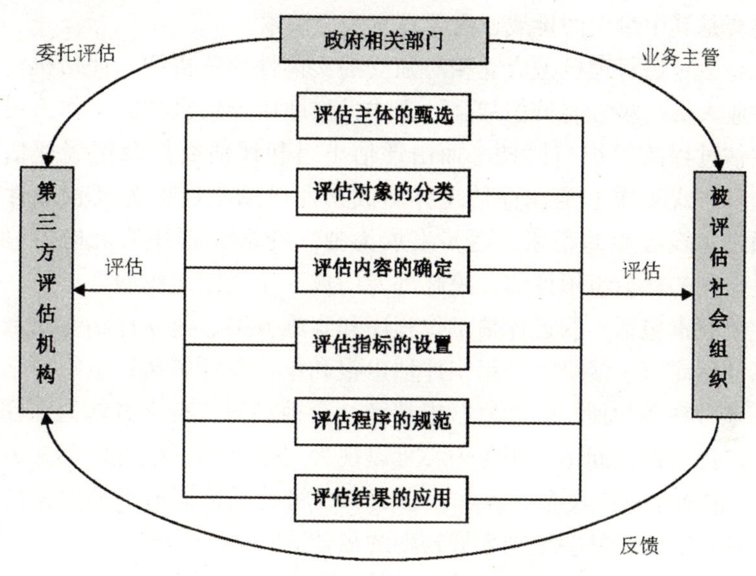


图 4－1　社会组织第三方评估机制运作模式

（一）评估主体的甄选

社会组织第三方评估机构既要具有相对于政府和被评估对象的独立性，又要具有较高水平的专业素质，因此建构第三方评估机制首先就必须大力培育与扶持以评估为业务目标的社会组织；其次，要建立第三方评估机构的甄选机制，明确第三方评估机构必须具有的资质与条件；最后，通过政府项目购买、公开招投标等方式，努力构建第三方评估机构的项目竞争机制，以甄选出合格的第三方评估机构，并逐步提高第三方评估机构的独立性、专业性和权威性。

1. 第三方评估机构的孵化培育

从理论上讲，第三方评估机构具有独立性和专业性，是理想的社会组织评估主体。但是在我国目前的现实条件下，社会组织评估理论与实践才刚刚起步，新成立的第三方评估机构本身也需要较长一段时间才能发展壮大，并逐步形成自身的公信力和权威性。因此，综合考虑我国社会组织发展的状况和其他部门评估的经验，第三方评估机构的培育可以有三种不同的路径：

一是由登记管理机关直接参与，组建由多方参与的评估委员会。登记管理机关全程参与协调评估过程，保持与评估委员会的密切联系和沟通。这种方式结合了政府的权威性和专家的专业性，多方参与保证评估的公平性，有助于评估信息获取与共享。但如何维系一个稳定的、多方参与的评估委员会是其中最大的挑战，需要在实践中摸索。

二是由登记管理机关成立相对独立的实体性评估机构。评估机构采取评估专业人员与多方委员相结合的方式，也即由评估机构的工作人员直接负责评估过程的组织与协调，而由评估小组和评估委员会把握评估的质量。这种方式实质上是在评估主体形成初期借助政府作为其权威性的担保，通过实践经验的积累，逐步发展为独立的第三方评估机构。① 例如：为推进全国的社会组织评估，民政部专门成立了民间组织服务中心，该中心的主要职责包括：制订评估工作程序和实施方案、建立评估专家数据库和聘请评估专家、接受社会组织评估申报和审核参评资格；组织评估小组进行实地考察和初评、受理复核申请和社会检举等。有学者认为，作为事业单位的民政部民间组织服务中心可以视为“自上而下成立的第三方评估机构”，它具有一定政府资源和社会资源，将公平价值追求和效率价值追求融合在一起，是社会组织发展初期的最合适的评估主体。②

三是孵化或扶持非官方、独立的社会组织评估机构。政府相关部门应通过项目购买、公益创投等方式，积极培育有发展潜质的社会组织评估机构，并通过各种优惠政策激励其快速发展。例如：2010 年 1 月，在深圳市民政局的邀请下，上海华东理工大学社会与公共管理学院院长徐永祥教授发起成立了一家从事公益组织研究与评估的民办非企业单位——深圳市现代公益组织研究与评估中心，该中心的业务范围包括：受有关部门委托对深圳全市社会公益组织（社会工作服务机构）及公益项目进行第三方评估；社会工作为主的公益服务发展及课题研究；开展社会公益组织能力建设；参与社会服务专业标准研究及制定；协助社会公益服务发展政策研究及国际交流；进行社会工作及公益服务专业培训课程开发等。目前该中心的服务范围已经从深圳扩展到广州、东莞、佛山等其他“珠三角”地区。从国际经验来看，评估主体的多元化是未来的发展方向，尤其是非官方的评估机构应占据重要的地位。因此，当前我国还应该给予多方面政策支持，积极培育非官方、独立的社会组织评估机构。

无论是哪一种培育路径，第三方评估机构在运转初期都应由政府以“有偿评估”的方式给予财政支持，评估机构的队伍建设也应逐步实现职

---

① 邓国胜，等：《民间组织评估体系：理论、方法与指标体系》，北京大学出版社 2007 年版。

② 徐家良、廖鸿：《社会组织蓝皮书：中国社会组织评估发展报告（2013）》，社会科学文献出版社 2013 年版。

业化、专业化和层级化。在第三方评估团队中，除了接受过专业训练的评估人员外，还应包括社会组织登记管理机关代表、业务主管单位代表、社会组织负责人、社会组织评估研究者、财务专家、人力资源专家等。

2. 第三方评估机构的资质认定

为确保社会组织评估的专业性、公正性和客观性，第三方评估机构必须依照有关法律法规登记注册，具有独立承担民事责任的能力，具备承担社会组织评估任务所必需的设施设备、人员和专业技术等条件。具体包括：

（1）设施条件。即具有提供评估服务所必需的设施和条件，拥有合法稳定的收入来源，能够独立自主地开展社会组织评估工作，不易受外界其他主体的干预和影响。

（2）组织管理。这要求评估机构具备健全的内部治理结构、完善的财务管理制度和民主监督制度，并自成立以来无任何违法违规记录，社会信誉良好。

（3）人力资源。即拥有一支数量充足、结构合理、素质优良的评估团队，该团队核心成员在国内或本地区内具有较大的影响力，在行业内享有较高的公信度和声誉。

（4）技术保障。这要求评估机构能够根据被评估对象的实际，制定科学合理的评估指标体系，灵活选择技术方法，对被评估社会组织的场地设施、机构管理、财务状况、运作绩效等进行测评，并在此基础上形成科学、系统的评估报告，且能对被评社会组织目前所存在的主要问题提出客观中肯、富有建设性的对策和意见，以达到进一步完善被评估对象的组织管理、推进其能力建设、完成其组织使命的目的。

近些年，为进一步推进社会组织承接政府转移职能和购买服务，广东、浙江、福建等地还先后启动了“社会组织资质鉴定和动态管理制度”，规定凡符合资质条件且自愿承接政府职能转移和购买服务的社会组织，应在每年规定的时间内向登记地民政部门上报申请材料，由民政主管部门对社会组织的申报材料进行审核，并将符合资质条件的社会组织录入目录。各级政府部门在选择承接政府职能转移和购买服务的社会组织时，应从民政部门公布的具备资质的社会组织目录中优先选取。未列入具备承接政府职能转移和购买服务资质目录的社会组织，该年度不能承接政府职能转移和购买服务。广东等地社会组织资质鉴定和动态管理的实践为第三方评估机构的资质认定提供了有益的借鉴。

3. 第三方评估机构的项目竞标

“政府向社会组织购买服务”是指政府将原来由自己直接举办的、为社会发展和人民生活提供服务的事项，通过购买服务等方式交由社会组织来承接，是一种“政府委托、社会承接、合同管理、评估兑现”的新型公共服务提供方式。依据承接公共服务的主体相对于政府而言是否具有独立性和政府购买公共服务的购买程序是否具有竞争性两个标准，政府向社会组织购买公共服务的方式可分为四种：独立关系竞争性购买、依赖关系竞争性购买、独立关系非竞争性购买和依赖关系非竞争性购买。[①] 其中，独立关系竞争性购买方式是指购买者与承接者在相互独立，不存在资源、人事等方面依赖关系的前提下，购买者以公开招标的竞争方式选择最适合的服务提供者。从这个意义上讲，为确保社会组织第三方评估的客观性和公正性，政府向第三方评估机构购买服务也应采取独立关系竞争性购买方式。例如：2010 年 11 月出台的《杭州市社会组织评估实施办法》第三条中就明确规定，社会组织第三方评估机构的遴选应“通过公开、公平、公正招标的办法进行，每年招标一次，中标者承担全市社会组织的评估工作。所需经费由社会组织管理工作专项经费列支（不得向社会组织收取任何费用）”。

在具体操作上，政府在委托相关部门开展招投标的过程中，可将社会组织评估项目和其他政府购买的服务项目一起，以公开招标方式，向社会发布，与此同时应明确规定参与评估项目竞标的机构应具备一定的资质与条件，并鼓励应标评估机构之间的公开、公平、公正竞争。

（二）评估对象的分类

截至 2014 年第 1 季度，全国依法登记的 55.26 万个社会组织中，社会团体占 52.84%，民办非企业单位占 46.50%，基金会仅占 0.66%。尽管社会团体、民办非企业单位和基金会均是不同于政府、企业的非营利性组织，但它们在组织特点、性质和运作方式也存在较大的差别。按照国家的相关法规，社会团体是指中国公民自愿组成，为实现会员共同愿望，按照其章程开展活动的非营利性社会组织；民办非企业单位则指企业事业单位、社会团体和其他社会力量以及公民个人利用非国有资产举办的，从事非营利性社会服务活动的社会组织；而基金会是指利用自然人、法人或者其他组织捐赠的财产，以从事公益事业为目的而成立的非营利性法人。其中，社会团体是指由公民自愿组成的会员制的组织，其组织结构具有松散性、活动具有不定期性；而民办非企业单位是为社会提供社会科学研究成

---

① 王名、乐园：《中国民间组织参与公共服务购买的模式分析》，《中共浙江省委党校学报》，2008 年第 4 期。

果的社会组织，其活动特点是连续的、经常的，其组织结构具有实体性；一般情况下，社会团体和民办非企业不具备公开募捐资格，只有基金会才具有募捐资格。按照资金募集的途径，基金会又可以划分为公募基金会与非公募基金会两大类。

正基于目前我国社会团体、民办非企业单位和基金会存在诸多的区别，因此民政部于2010年12月27日颁布的《社会组织评估管理办法》第四条就明确规定，社会组织评估工作应当坚持“分类评定”原则，即按照社会组织的不同类型进行分类评估。其中，社会团体、基金会实行综合评估，而民办非企业单位则实行规范化建设评估。

（三）评估内容的确定

根据民政部《社会组织评估管理办法》的规定，社会团体、基金会的综合评估内容包括基础条件、内部治理、工作绩效和社会评价，民办非企业单位的规范化建设评估则包括基础条件、内部治理、业务活动和诚信建设、社会评价。总体而言，社会组织第三方评估的内容应涵盖以下五大方面：

1. 基础条件

基础条件关注一个社会组织是否符合相关法律法规所要求的基本条件，主要包括是否具备登记管理所要求的法定代表人资格；组织评估时原始基金/开办资金/活动资金是否达到最低要求；组织名称登记名称及其使用是否合乎规范；组织是否有必要的固定或独立办公或活动处所；组织是否按规定进行变更、备案，进行税务登记，开设独立账户，取得组织机构代码、管理印章等；组织是否制定了活动章程；组织有关人员如会员、理事、董事、工作人员等是否符合法定要求；组织法人代表或者负责人是否符合相关规定，并根据组织章程产生；组织是否参加并通过了年检等。

2. 内部治理

内部治理关注社会组织机构和管理制度等是否建立、健全，组织机构运作以及制度执行等情况。主要包括组织发展规划及落实状况，组织的权力机构，诸如会员/会员代表大会、理事会/董事会/常务理事会是否健全，是否切实履行职能，组织内设立的执行机构是否健全，是否履行了其职能，组织自身的监督机构是否健全，是否能真正履行职责；组织的分支机构/代表机构登记、运作情况是否符合法规和章程，是否进行了有序管理；组织内部是否成立了党组织，职能发挥如何；组织成立以来会员、志愿者、经济等发展情况如何；组织管理，例如人力资源管理、财务管理、档案管理、会费管理、档案证章票据管理等各方面的管理制度是否健全，实际履行情况、运行情况、落实情况等如何。

3. 工作绩效

工作绩效评估主要针对社会团体和基金会。其关注社会团体和基金会开展业务活动所取得的结果，特别是其组织基于非营利原则、依照其章程开展活动的情况。主要包括组织是否在章程规定的业务范围和活动领域内开展活动；组织自主外发、独立运作具体项目，以及项目计划、管理、经费使用情况等；组织资金如何筹集、使用管理，是否尊重捐赠人意愿等；组织是否基于非营利原则，依照国家法律法规运作；组织履行其章程规定的职能情况如何，向社会提供服务的数量和质量如何；组织活动运行的有关信息，运行年度报告、财务收支管理、重大事项报告、接受社会捐赠等情况公开如何；组织对外宣传情况如何。

4. 社会评价

社会评价关注社会组织运行管理的社会评价，包括政府部门、服务对象、出资人、受助人等各方利益相关主体对其整体的评价。主要包括社会组织的业务主管单位与登记管理机关的评价如何；税务、财务、审计、劳动、安全、卫生、工商、保险等部门的评价如何；组织会员、受益人、捐赠人/出资人/举办者的评价如何；与组织在同一领域、行业活动的同行同业组织的评价如何；各种大众传播媒体，例如报纸、电视、电台等对组织的评价如何。①

5. 业务活动和诚信建设

业务活动和诚信建设评估主要针对民办非企业单位。其关注民办非企业单位自身业务发展规划和年度项目计划的制订，以及对项目执行的管理、监督状况；项目完成情况及其对社会的影响；年度支出占收入的比例，以及业务增长、资产增加状况；人员队伍、工作人员职业道德建设状况；接受政府委托项目和购买服务，开展和落实承诺服务，在重大突发事件中发挥作用状况；参与法律法规制定、向相关部门建言献策、服务社会和国际合作状况；公益活动计划制订、公益活动支出状况；信息披露制度及其执行情况，包括单位基本信息、收费项目和标准、年度工作报告和重大活动事项、财务状况等方面的公开情况；网站建设、主办刊物、制作宣传材料或接受媒体报道状况等。

（四）评估指标的设置

指标体系是社会组织评估系统的核心构成要素，评估指标的设置是否

---

① 国家民间组织管理局：《中国民间组织评估》，中国社会出版社 2007 年版。

科学合理，将直接影响评估的公正性、客观性和权威性。自2007年以来，民政部先后制定了八类全国性社会组织评估指标，主要包括基金会评估指标、行业协会商会评估指标、民办非企业单位规范化建设评估指标、学术类社团评估指标、公益类社团评估指标、联合类社团评估指标、职业类社团评估指标、非内地居民担任法定代表人的基金会评估指标。这些评估指标既有现实性和可操作性，也具有一定的前瞻性；既考虑到社会组织的共性，也考虑了不同类别社会组织之间的差异。依据民政部所拟定的社会组织评估标准，全国各省、自治区、直辖市民政部门立足于各地实际，纷纷制定了具有地方特色的社会组织评估指标体系，从而为社会组织第三方评估奠定了坚实的基础，社会组织第三方评估指标的设置也应以民政部所拟定的八类全国性社会组织评估指标体系为蓝本。

1. 基金会评估指标

基金会评估指标体系由4项一级指标、15项二级指标、52项三级指标、121项四级指标构成，指标总分为1000分。其中，“基础条件”一级指标占90分，具体包括4个二级指标：法人资格（36分）、章程（14分）、登记和备案（15分）、遵纪守法（25分）；“内部治理”一级指标占370分，又分为4个二级指标，即组织机构（104分）、人力资源管理（43分）、财务资产管理（199分）、档案和证章管理（24分）；“工作绩效”一级指标占440分，其所包括的二级指标为：社会捐赠、募集和政府购买服务（70分）、公益活动规模和效益（160分）、项目开发与运作（110分）、信息公开与宣传（100分）；“社会评价”一级指标占100分，其包括3个二级指标：内部评价（20分）、公众评价（30分）、管理部门评价（50分）。具体指标体系构成详见表4－1。





**表4－1　基金会评估指标体系**

| 一级指标 | 二级指标 | 三级指标 | 四级指标 |
|---|---|---|---|
| 基础条件（90分） | 法人资格（36分） | 原始基金（16分） | 年末净资产 |
| | | 法定代表人（5分） | 法定代表人产生程序 |
| | | | 法定代表人年龄 |
| | | 办公条件（10分） | 名称牌匾 |
| | | | 办公用房 |
| | | | 办公设备 |
| | | 专职工作人员（5分） | 秘书长专兼职情况 |
| | | | 专职工作人员数 |

续表

| 一级指标 | 二级指标 | 三级指标 | 四级指标 |
|---|---|---|---|
| 基础条件（90 分） | 章程（14 分） | 宗旨和业务范围（4 分） | 章程内容 |
| | | | 宗旨和业务范围体现公益特点 |
| | | 符合程序（6 分） | 章程制定（修改）程序 |
| | | | 会议纪要及理事签名 |
| | | 章程核准（4 分） | 章程经登记管理机关核准情况 |
| | 登记和备案（15 分） | 变更登记（5 分） | 名称、业务范围、住所、法定代表人、类型、原始基金数额、业务主管单位变更登记情况 |
| | | 备案（4 分） | 组织机构代码证 |
| | | | 税务登记证书 |
| | | | 印章式样 |
| | | | 银行开户证明 |
| | | 分支机构、代表机构登记（6 分） | 分支机构、代表机构登记 |
| | | | 分支机构、代表机构变更登记 |
| | | | 分支机构、代表机构注销登记 |
| | 遵纪守法（25 分） | 年度检查（14 分） | 参检时间 |
| | | | 年检结论 |
| | | 遵守国家法律法规和政策（5 分） | 受政府部门行政处罚情况 |
| | | 重大事项报告（6 分） | 重大事项报告制度 |
| | | | 重大事项报告、备案情况 |
| | | | 应当报批的重大活动执行报批手续情况 |
| 内部治理（370 分） | 组织机构（104 分） | 理事会（54 分） | 按期换届 |
| | | | 召开理事会次数 |
| | | | 理事会会议记录、会议纪要和理事签名 |
| | | | 民主决策 |
| | | | 理事产生、罢免情况 |
| | | | 理事会人数 |
| | | | 受薪理事、有近亲属关系理事数 |
| | | | 负责人年龄届次 |
| | | | 负责人中国家工作人员兼任情况 |
| | | 监事或监事会（20 分） | 监事任职情况 |
| | | | 监事受薪情况 |
| | | | 监事出席理事会议情况 |
| | | | 监事履职情况 |
| | | 分支机构、代表机构（12 分） | 分支机构、代表机构管理办法 |
| | | | 分支机构、代表机构年度工作计划、工作总结 |
| | | | 分支机构、代表机构开展活动情况 |
| | | 办事机构（10分） | 办事机构设置及备案情况 |
| | | | 办事机构工作职责 |
| | | | 办事机构职责履行情况 |
| | | 党组织（8 分） | 党组织建立情况 |
| | | | 党组织开展活动情况 |
| | 人力资源管理（43分） | 工作人员配置和培训（10分） | 工作人员配置 |

续表

| 一级指标 | 二级指标 | 三级指标 | 四级指标 |
|---|---|---|---|
| 内部治理(370 分) | 人力资源管理(43分) | 工作人员配置和培训(10分) | 工作人员参加培训情况 |
| | | 工作人员奖惩、聘用、薪酬制度和社会保险落实情况(28 分) | 工作人员考核奖惩制度及落实情况 |
| | | | 工作人员聘用管理制度、专职工作人员劳动合同签订情况 |
| | | | 工作人员薪酬管理制度及落实情况 |
| | | | 社会保险和住房公积金 |
| | | 志愿者队伍及其管理(5 分) | 志愿者配置 |
| | | | 志愿者招募及管理制度 |
| | 财务资产管理(199 分) | 会计人员和会计机构(15 分) | 会计人员配备和继续教育 |
| | | | 会计人员岗位职责和会计机构负责人 |
| | | 会计核算(25 分) | 执行《民间非营利组织会计制度》 |
| | | | 会计电算化 |
| | | | 会计档案管理 |
| | | 财务管理(86 分) | 经费来源和资金使用 |
| | | | 财务管理制度建立及执行 |
| | | | 财务支出审批程序 |
| | | | 银行账户 |
| | | | 外汇收支 |
| | | | 净资产规模 |
| | | | 投资管理 |
| | | | 固定资产及存货管理 |
| | | | 分支机构财务管理 |
| | | 关联方关系(20 分) | 关联方交易 |
| | | | 关联方资金占用 |
| | | 财务公开与监督(40 分) | 财务报告 |
| | | | 理事、监事及捐赠人监督 |
| | | | 财务审计 |
| | | 税务和票据管理(13 分) | 纳税管理 |
| | | | 捐赠票据管理 |
| | 档案和证章管理(24 分) | 档案管理(9 分) | 档案管理制度 |
| | | | 档案保管 |
| | | 证书管理(6 分) | 证书保管 |
| | | 印章管理(9 分) | 印章管理制度 |
| | | | 印章保管 |
| 工作绩效(440 分) | 社会捐赠、募集和政府购买服务(70 分) | 年度捐赠收入(50 分) | 接收资金和物资总额 |
| | | 年人均接受捐赠金额(10 分) | 年人均接收捐赠金额 |
| | | 政府购买服务(10 分) | 政府购买服务金额和项目配套资金金额 |
| | 公益活动规模和效益(160 分) | 公益支出水平(120 分) | 公益事业支出金额 |
| | | | 公益支出比例 |
| | | 公益支出增长水平(20 分) | 公益事业支出增长额 |
| | | | 公益事业支出增长率 |

续表

| 一级指标 | 二级指标 | 三级指标 | 四级指标 |
| --- | --- | --- | --- |
| 工作绩效(440 分) | 公益活动规模和效益(160 分) | 工作人员工资福利和行政办公支出比例(20 分) | 工资福利和行政办公支出占当年总支出的比例 |
| | 项目开发与运作(110 分) | 组织价值理念(15 分) | 项目体现的组织价值理念 |
| | | 项目运作规范性(50 分) | 项目论证、计划及报批情况 |
| | | | 项目管理、监督及反馈情况 |
| | | | 项目总结和评估情况 |
| | | | 项目公益性 |
| | | | 项目选择公平性 |
| | | 项目创新性和可持续性(30 分) | 项目影响力 |
| | | | 创新性 |
| | | | 可持续性 |
| | | 项目社会效益(15 分) | 社会效益 |
| | | | 负面影响 |
| | 信息公开与宣传(100 分) | 信息公开管理(25 分) | 信息公开制度 |
| | | | 信息公开负责人 |
| | | | 信息公开档案 |
| | | 公开接受、使用社会捐赠情况(30 分) | 接收捐款数额 |
| | | | 资金使用情况 |
| | | | 发布年度工作报告 |
| | | 公开公益资助项目种类、申请、评审程序以及评估结果(15 分) | 公益资助项目种类以及申请、评审程序 |
| | | | 选定受助对象 |
| | | | 项目评估结果 |
| | | 社会宣传(30 分) | 网站 |
| | | | 刊物和宣传资料 |
| | | | 媒体报道 |
| 社会评价(100 分) | 内部评价(20 分) | 理事评价(10 分) | 对基金会重大事项民主决策、秘书长工作、筹资能力等方面的评价 |
| | | 监事评价(10 分) | 对基金会民主决策、领导班子履行职责、财务管理、资金使用等方面的评价 |
| | 公众评价(30 分) | 捐赠人评价(20 分) | 对基金会公益性、项目效果满意度、社会影响力等方面的评价 |
| | | 受助人评价(5 分) | 对基金会总体印象、公正公开选定受助人、履行协议等方面的评价 |
| | | 志愿者评价(5 分) | 对基金会公益性、项目创新性、项目可操作性、社会效果、志愿者管理等方面的评价 |
| | 管理部门评价(50 分) | 登记管理机关评价(20 分) | 对基金会规范化建设、财务管理、信息公开、社会公信力等方面的评价 |
| | | 业务主管单位评价(20 分) | 对基金会规范化建设、领导班子建设、项目设计和执行能力等方面的评价 |
| | | 其他相关管理部门评价(10 分) | 政府部门的表彰和奖励 |

2. 行业协会商会评估指标

行业协会商会评估指标体系由 4 项一级指标、17 项二级指标、42 项三级指标、108 项四级指标构成，指标总分 1000 分。其中，“基础条件”一级指标占 100 分，它包括 4 个二级指标：法人资格（35 分）、章程（15 分）、登记和备案（20 分）和年度检查（30 分）；“内部治理”一级指标占 390 分，包括 6 个二级指标：发展规划（25 分）、组织机构（105 分）、人力资源（65 分）、领导班子建设（35 分）、财务资产（130 分）、档案和证章管理（30 分）；“工作绩效”一级指标占 400 分，其下设 5 个二级指标：提供服务（175 分）、反映诉求（50 分）、规范行为（85 分）、行业影响力（65 分）和社会宣传（25 分）；“社会评价”一级指标占 110 分，其包括 2 个二级指标，即内部评价（60 分）和外部评价（50 分）。具体指标体系构成详见表 4－2。

**表 4－2　行业协会商会评估指标体系**

| 一级指标 | 二级指标 | 三级指标 | 四级指标 |
|---|---|---|---|
| 基础条件（100 分） | 法人资格（35 分） | 法定代表人（10 分） | 法定代表人产生程序 |
| | | 活动资金（10 分） | 年末净资产 |
| | | | 银行账户 |
| | | 名称（5 分） | 名称牌匾 |
| | | 办公条件（10 分） | 办公用房 |
| | | | 办公设备 |
| | 章程（15 分） | 制定程序（5 分） | 章程制定或修改程序 |
| | | 章程核准（10 分） | 章程经登记管理机关核准情况 |
| | 登记和备案（20 分） | 变更登记（10 分） | 名称、业务范围、住所、注册资金、法定代表人、业务主管单位等变更情况 |
| | | 备案（10 分） | 负责人、办事机构、印章、银行账户、会费标准等办理备案情况 |
| | 年度检查（30 分） | 年检时间和结论（30 分） | 参检时间 |
| | | | 年检结论 |
| 内部治理（390 分） | 发展规划（25 分） | 规划、计划及重大活动方案（25 分） | 发展规划和落实情况 |
| | | | 年度工作计划和总结 |

续表

| 一级指标 | 二级指标 | 三级指标 | 四级指标 |
|---|---|---|---|
| 内部治理(390 分) | 发展规划(25 分) | 规划、计划及重大活动方案(25 分) | 重大业务活动方案 |
| | 组织机构(105 分) | 会员(代表)大会(10 分) | 会员(代表)大会召开情况 |
| | | 理事会、常务理事会(30 分) | 换届和召开次数 |
| | | | 理事、常务理事产生和罢免程序 |
| | | | 履行职责 |
| | | 民主程序(15 分) | 民主议事制度 |
| | | | 选举形式 |
| | | | 表决形式 |
| | | 办事机构(20 分) | 设置、运转情况 |
| | | | 管理制度、工作职责 |
| | | | 工作人员配置 |
| | | 分支机构、代表机构(20 分) | 分支机构、代表机构登记事项 |
| | | | 分支机构、代表机构开展工作情况 |
| | | | 分支机构、代表机构管理办法及落实情况 |
| | | | 分支机构、代表机构开展活动、发展会员情况 |
| | | 党组织(10 分) | 党组织建立和活动情况 |
| | 人力资源(65 分) | 人才队伍建设(30 分) | 工作人员数 |
| | | | 工作人员年龄结构 |
| | | | 工作人员学历 |
| | | | 工作人员职称 |
| | | | 人员培训 |
| | | 人事制度(35 分) | 聘用制度 |
| | | | 奖惩制度 |
| | | | 薪酬制度 |
| | | | 劳动合同 |
| | | | 社会保险和住房公积金 |
| | 领导班子建设(35 分) | 负责人(20 分) | 选举产生程序和履行职责情况 |
| | | | 现职公务员兼任情况 |
| | | | 负责人年龄 |
| | | | 负责人学历和行业影响力 |
| | | 秘书长(15 分) | 秘书长专兼职，公开聘任或选举产生 |
| | | | 秘书长年度绩效考核 |
| | 财务资产(130 分) | 会计人员和会计机构(12 分) | 会计人员配备和继续教育 |
| | | | 会计人员岗位职责和会计机构负责人 |
| | | 会计核算(20 分) | 执行《民间非营利组织会计制度》情况 |
| | | | 会计电算化和会计档案管理 |
| | | 财务管理(48 分) | 经费来源和资金使用 |
| | | | 财务管理制度建立及执行 |
| | | | 财务支出审批程序 |
| | | | 资产管理 |
| | | | 投资管理 |
| | | | 分支机构财务管理 |

续表

<table>
<tr><th>一级指标</th><th>二级指标</th><th>三级指标</th><th>四级指标</th></tr>
<tr><td rowspan="13">内部治理<br>(390 分)</td><td rowspan="6">财务资产<br>(130 分)</td><td rowspan="2">会费管理(20 分)</td><td>会费标准制定和管理</td></tr>
<tr><td>会费专用收据</td></tr>
<tr><td rowspan="2">税务及票据管理<br>(10分)</td><td>纳税管理</td></tr>
<tr><td>收据和发票的使用管理</td></tr>
<tr><td rowspan="2">财务公开和监督<br>(20分)</td><td>财务报告</td></tr>
<tr><td>财务审计</td></tr>
<tr><td rowspan="7">档案和证章<br>管理<br>(30 分)</td><td rowspan="2">档案管理(10 分)</td><td>档案管理规定</td></tr>
<tr><td>档案保管情况</td></tr>
<tr><td rowspan="3">证书管理(10 分)</td><td>证书使用管理规定</td></tr>
<tr><td>证书保管情况</td></tr>
<tr><td>登记证书正本</td></tr>
<tr><td rowspan="2">印章管理(10 分)</td><td>印章管理规定</td></tr>
<tr><td>印章使用情况</td></tr>
<tr><td rowspan="25">工作绩效<br>(400 分)</td><td rowspan="13">提供服务<br>(175 分)</td><td rowspan="5">服务行业、服务会员<br>(60 分)</td><td>开展行业调查、统计，发布行业信息</td></tr>
<tr><td>行业性专业活动</td></tr>
<tr><td>组织行业培训</td></tr>
<tr><td>提供技术、经济、管理、法律、政策咨询</td></tr>
<tr><td>提供行业资质认证、新技术、新产品鉴定及推广、事故认定等</td></tr>
<tr><td rowspan="5">服务政府(75 分)</td><td>参与制定相关法律法规</td></tr>
<tr><td>参与制定相关政策</td></tr>
<tr><td>参与制定行业标准、行业发展规划、行业准入条件、行业技术规范等</td></tr>
<tr><td>接受政府委托项目和购买服务</td></tr>
<tr><td>协助政府推进行业劳资和谐，促进生产安全，加强劳动保护</td></tr>
<tr><td rowspan="3">服务社会(40 分)</td><td>公益活动</td></tr>
<tr><td>节能减排、低碳生产</td></tr>
<tr><td>公共服务</td></tr>
<tr><td rowspan="4">反映诉求<br>(50 分)</td><td rowspan="4">维护权益(50 分)</td><td>代表本行业参与行业性集体谈判</td></tr>
<tr><td>向政府部门反映涉及会员和行业利益的事项</td></tr>
<tr><td>代表本行业企业进行反倾销、反补贴和保障措施的应诉、申诉等相关工作</td></tr>
<tr><td>提出有关行业发展建设性意见</td></tr>
<tr><td rowspan="8">规范行为<br>(85 分)</td><td rowspan="8">行业自律(85 分)</td><td>行规行约</td></tr>
<tr><td>争议处理规则</td></tr>
<tr><td>职业道德准则</td></tr>
<tr><td>行业质量检查制度</td></tr>
<tr><td>行业自律制度</td></tr>
<tr><td>公开检查和处罚信息</td></tr>
<tr><td>配合有关部门打击假冒伪劣，维护消费者权益和行业整体利益</td></tr>
<tr><td>开展行业内评比达标表彰活动</td></tr>
</table>

续表

| 一级指标 | 二级指标 | 三级指标 | 四级指标 |
|---|---|---|---|
| 工作绩效（400分） | 行业影响力（65分） | 行业覆盖率(30分) | 会员数量、产值占行业的比例 |
| | | | 会员涵盖的所有制企业 |
| | | | 会费收缴率 |
| | | 国际影响力(35分) | 参加国际组织并担任职务 |
| | | | 参与国际标准和规则制定 |
| | | | 国际合作项目 |
| | 社会宣传（25分） | 宣传平台和媒体报道（25分） | 网站 |
| | | | 报刊 |
| | | | 媒体报道 |
| 社会评价（110分） | 内部评价（60分） | 会员评价(40分) | 对召开会员大会、民主办会、信息公开、维护行业利益、接受会员监督、会费管理等内容的评价 |
| | | 理事评价(20分) | 对领导班子、规范化管理、财务公开、创新能力的评价 |
| | 外部评价（50分） | 登记管理机关(20分) | 对规范化建设、遵纪守法、行业影响力的评价 |
| | | 业务主管单位(20分) | 对规范化建设、行业自律、领导班子建设等内容的评价 |
| | | 政府有关部门(10分) | 政府部门、代管协会表彰奖励的情况 |

3. 民办非企业单位规范化建设评估指标

民办非企业单位规范化建设评估指标体系由4项一级指标、17项二级指标、48项三级指标、111项四级指标构成，指标总分为1000分。其中，“基础条件”一级指标占120分，它包括4个二级指标：法人资格（45分）、章程（20分）、变更和备案（25分）和年度检查（30分）；“内部治理”一级指标占360分，该指标又包括5个二级指标：组织机构（100分）、人力资源（70分）、领导班子（40分）、财务资产（115分）、档案和证章管理（35分）；“业务活动与诚信建设”一级指标占420分，共包括6个二级指标：业务活动（125分）、专业队伍建设（30分）、提供服务（140分）、信息公开（80分）、国际交流（20分）和社会宣传（25分）；“社会评价”一级指标占100分，共包括2个二级指标：内部评价（30分）和外部评价（70分）。具体指标体系构成详见表4－3。

表 4－3　民办非企业单位规范化建设评估指标体系

| 一级指标 | 二级指标 | 三级指标 | 四级指标 |
|---|---|---|---|
| 基础条件（120 分） | 法人资格（45 分） | 法定代表人（10 分） | 法定代表人产生程序 |
| | | 活动资金（15 分） | 年末净资产 |
| | | | 银行账户 |
| | | 名称（5 分） | 名称牌匾 |
| | | 办公条件（15 分） | 办公用房 |
| | | | 办公设备 |
| | | | 场所规模 |
| | 章程（20 分） | 制定程序（10 分） | 理事会表决 |
| | | 章程核准（10 分） | 核准（备案） |
| | 变更和备案（25 分） | 变更（15 分） | 名称、业务范围、住所、注册资金、法定代表人、业务主管单位等变更登记情况 |
| | | 备案（10 分） | 负责人 |
| | | | 内设机构 |
| | | | 印章 |
| | | | 银行账户 |
| | 年度检查（30 分） | 年度检查（30 分） | 参检时间 |
| | | | 年检结论 |
| 内部治理（360 分） | 组织机构（100 分） | 员工（代表）大会（10 分） | 员工（代表）大会制度 |
| | | | 员工（代表）大会 |
| | | 理事会（40 分） | 理事产生、罢免情况 |
| | | | 理事会人数 |
| | | | 理事会换届 |
| | | | 理事会召开次数 |
| | | | 职工代表担任理事情况 |
| | | | 与本单位无利益关系人士担任理事情况 |
| | | 监督机构（20 分） | 监事或监事会 |
| | | | 履行职责，发挥作用 |
| | | 办事机构（10 分） | 设置、运转情况 |
| | | | 管理制度、工作职责 |
| | | 党组织（20 分） | 建立党组织 |
| | | | 党组织活动 |
| | 人力资源（70 分） | 管理制度（20 分） | 聘用制度 |
| | | | 薪酬制度 |
| | | | 奖惩制度 |
| | | | 年金制度 |
| | | 定岗聘员（10 分） | 工作人员配备 |
| | | | 专职工作人员数 |
| | | 工资福利（20 分） | 劳动合同 |
| | | | 社会保险和住房公积金 |

续表

| 一级指标 | 二级指标 | 三级指标 | 四级指标 |
|---|---|---|---|
| 内部治理（360分） | 人力资源（70分） | 人员培训（10分） | 培训制度 |
| | | | 培训情况 |
| | | 工作人员学历职称（10分） | 工作人员学历 |
| | | | 工作人员职称 |
| | 领导班子（40分） | 负责人（40分） | 选举产生程序和履行职责情况 |
| | | | 行政负责人专兼职情况和产生方式 |
| | | | 年度绩效考核 |
| | | | 行政负责人学历和行业内影响力 |
| | 财务资产（115分） | 财务人员（10分） | 专职会计人员 |
| | | | 会计机构负责人 |
| | | 《民间非营利组织会计制度》（40分） | 执行《民间非营利组织会计制度》情况 |
| | | | 会计基础 |
| | | | 会计核算 |
| | | | 会计电算化 |
| | | 财务管理（35分） | 经费来源和资金使用 |
| | | | 内部财务管理制度和执行情况 |
| | | | 财务支出审批程序 |
| | | | 资产管理 |
| | | | 专项基金和费用 |
| | | 税务和票据管理（10分） | 税务登记 |
| | | | 票据使用和管理 |
| | | 财务监督（20分） | 财务审计 |
| | | | 年度财务报告和监督 |
| | 档案和证章管理（35分） | 档案管理（10分） | 档案管理制度 |
| | | | 档案保管 |
| | | 证书管理（15分） | 证书管理规定 |
| | | | 证书保管 |
| | | | 登记证书正本 |
| | | 印章管理（10分） | 印章管理制度 |
| | | | 印章保管 |
| 业务活动与诚信建设（420分） | 业务活动（125分） | 业务计划（20分） | 业务发展规划 |
| | | | 年度业务项目计划 |
| | | 业务监督（20分） | 项目检查 |
| | | | 项目总结 |
| | | 业务效果（30分） | 年度业务项目计划完成情况 |
| | | | 超额完成计划 |
| | | | 社会影响力 |
| | | 业务效益（55分） | 年度收支比例 |
| | | | 年度收入增长率 |
| | | | 资产增加情况 |
| | 专业队伍建设（30分） | 工作人员职业道德建设（15分） | 职业道德准则 |
| | | | 职业道德准则落实情况 |
| | | 人员增加情况（15分） | 技术人才变化情况 |

续表

| 一级指标 | 二级指标 | 三级指标 | 四级指标 |
| --- | --- | --- | --- |
| 业务活动与诚信建设(420分) | 专业队伍建设(30分) | 人员增加情况(15分) | 工作人员变化情况 |
| | 提供服务(140分) | 承诺服务(30分) | 承诺服务制度 |
| | | | 承诺服务效果 |
| | | 服务政府(50分) | 参与制定相关法律法规 |
| | | | 向政府提出政策建议 |
| | | | 接受政府委托项目和购买服务 |
| | | 服务社会(60分) | 履行社会责任，服务社会公众 |
| | | | 在重大突发事件中发挥作用情况 |
| | | | 公益活动计划制订 |
| | | | 公益活动支出情况 |
| | | | 公益活动开展情况 |
| | | | 社会效益 |
| | 信息公开(80分) | 信息披露制度(30分) | 信息披露情况 |
| | | 公开内容(50分) | 单位基本信息 |
| | | | 收费项目和标准 |
| | | | 重大活动事项 |
| | | | 财务状况 |
| | | | 年度工作报告 |
| | 国际交流(20分) | 国际活动(20分) | 国际合作 |
| | | | 国际影响 |
| | 社会宣传(25分) | 媒体形式(15分) | 网站 |
| | | | 报刊 |
| | | 媒体宣传(10分) | 新闻媒体宣传 |
| 社会评价(100分) | 内部评价(30分) | 理事评价(15分) | 对单位财务管理、创新能力、领导班子履行职责、重大事项民主决策和提供服务能力的评价 |
| | | 监事评价(15分) | 对单位非营利性、财务管理、领导班子履行职责、重大事项民主决策、能力建设和规范化管理的评价 |
| | 外部评价(70分) | 登记管理机关(20分) | 对单位非营利性、财务管理、信息公开、服务政府、服务社会、规范化建设、自律与诚信建设的评价 |
| | | 业务主管单位(20分) | 对单位领导班子、财务管理、信息公开、服务政府、服务社会、规范化建设、自律与诚信建设的评价 |
| | | 服务对象(20分) | 对单位服务态度、服务质量、信息公开、社会影响力和诚信度的评价 |
| | | 政府有关部门(10分) | 政府有关部门的表彰和奖励 |

4. 学术类社团评估指标

学术类社团评估指标体系由4项一级指标、18项二级指标、49项三级指标、108 项四级指标构成，指标总分为 1000 分。其中，“基础条件”一级指标占 80 分，共包括 4 个二级指标：法人资格（30 分）、章程（15 分）、登记备案（20 分）和年度检查（15 分）；“内部治理”一级指标占 370 分，其包括 6 个二级指标：发展规划（20 分）、组织机构（90 分）、人力资源（70 分）、领导班子（45 分）、财务资产（115 分）、档案和证章管理（30 分）；“工作绩效”一级指标占 450 分，包括 6 个二级指标：学术活动（160 分）、建议咨询（60 分）、科普公益（60 分）、人才建设（70 分）、国际交流与合作（50 分）、特色工作（50 分）；“社会评价”一级指标占 100 分，包括 2 个二级指标：内部评价（40 分）和外部评价（60 分）。具体指标构成体系详见表 4－4。

**表 4－4　学术类社团评估指标体系**

| 一级指标 | 二级指标 | 三级指标 | 四级指标 |
| --- | --- | --- | --- |
| 基础条件（80 分） | 法人资格（30 分） | 法定代表人（5 分） | 产生程序 |
| | | 活动资金（10 分） | 年末净资产 |
| | | | 银行账户 |
| | | 名称（5 分） | 名称牌匾 |
| | | 办公条件（10 分） | 办公用房 |
| | | | 办公设备 |
| | 章程（15 分） | 制定程序（5 分） | 章程制定或修改程序 |
| | | 章程核准（10 分） | 章程经登记管理机关核准情况 |
| | 登记备案（20 分） | 变更登记（10 分） | 名称、业务范围、住所、注册资金、法定代表人、业务主管单位等变更登记情况 |
| | | 备案（10 分） | 负责人、办事机构、印章、银行账户、会费标准等办理备案情况 |
| | 年度检查（15 分） | 年检时间和结论（15 分） | 参检时间 |
| | | | 年检结论 |
| 内部治理（370 分） | 发展规划（20 分） | 规划、计划和总结（20 分） | 发展规划及落实情况 |
| | | | 年度工作计划和总结 |
| | 组织机构（90 分） | 会员（代表）大会（15 分） | 会员代表产生制度 |
| | | | 会员（代表）大会召开情况 |

续表

| 一级指标 | 二级指标 | 三级指标 | 四级指标 |
| --- | --- | --- | --- |
| 内部治理（370分） | 组织机构（90分） | 会员(代表)大会(15分) | 重大事项表决情况 |
| | | 理事会、常务理事会（30分） | 换届和召开次数 |
| | | | 理事、常务理事情况 |
| | | | 民主决策 |
| | | | 履行职责 |
| | | 办事机构（10分） | 管理制度、工作职责 |
| | | | 办事机构运行和工作人员配置 |
| | | 分支机构、代表机构（20分） | 登记事项 |
| | | | 管理制度 |
| | | | 开展工作和发展会员情况 |
| | | 党组织(15分) | 党组织建立及活动情况 |
| | 人力资源（70分） | 人事管理（45分） | 聘用情况 |
| | | | 薪酬情况 |
| | | | 奖惩、任用情况 |
| | | | 人员培训 |
| | | | 劳动合同 |
| | | | 社会保险和住房公积金 |
| | | 工作人员（25分） | 工作人员数量 |
| | | | 工作人员年龄结构 |
| | | | 工作人员学历、职称 |
| | 领导班子（45分） | 负责人（45分） | 年龄、届次 |
| | | | 考核情况 |
| | | | 履职情况 |
| | | | 负责人影响力 |
| | | | 党政领导干部兼任情况 |
| | | | 秘书长产生方式 |
| | | | 秘书长专兼职情况 |
| | 财务资产（115分） | 会计人员（8分） | 会计人员配备 |
| | | | 会计人员岗位职责和会计机构负责人 |
| | | 会计核算（22分） | 执行《民间非营利组织会计制度》情况 |
| | | | 会计电算化管理 |
| | | | 会计档案管理 |
| | | 财务管理（44分） | 经费来源和资金使用 |
| | | | 财务管理制度建立及执行 |
| | | | 支出审批 |
| | | | 资产管理 |
| | | | 投资管理 |
| | | | 分支机构财务管理 |
| | | | 业务活动支出比例 |
| | | 会费管理 （15分） | 会费标准 |
| | | | 会费收据 |
| | | 税务及票据管理（10分） | 税务登记和纳税申报 |
| | | | 票据使用和管理 |

续表

| 一级指标 | 二级指标 | 三级指标 | 四级指标 |
|---|---|---|---|
| 内部治理（370分） | 财务资产（115分） | 财务报告和监督（16分） | 财务报告 |
| | | | 财务审计 |
| | 档案和证章管理（30分） | 档案管理(14分) | 档案管理规定 |
| | | | 档案保管情况 |
| | | 证书管理(10分) | 证书管理规定 |
| | | | 证书保管情况 |
| | | | 登记证书正本 |
| | | 印章管理（6分） | 印章管理规定 |
| | | | 印章使用情况 |
| 工作绩效（450分） | 学术活动（160分） | 学术会议（60分） | 主办国内学术会议次数 |
| | | | 出席学术会议人员情况 |
| | | | 学术会议交流论文情况 |
| | | | 主办国内学术会议的影响力 |
| | | 学术书刊（50分） | 专业期刊 |
| | | | 内部资料 |
| | | | 专业书籍 |
| | | 学术研究（40分） | 学术规划 |
| | | | 承担课题 |
| | | | 组织课题 |
| | | 宣传报道（10分） | 网络平台 |
| | 建议咨询（60分） | 政策建议（20分） | 参与制定法律法规或发展规划 |
| | | | 向政府提出政策建议 |
| | | 咨询评估（40分） | 专业咨询服务 |
| | | | 标准制定 |
| | | | 技能鉴定和职称评定 |
| | | | 学术成果评估 |
| | 科普公益（60分） | 科普活动（50分） | 科普活动次数 |
| | | | 科普活动方式 |
| | | | 科普活动影响力 |
| | | 公益活动（10分） | 慈善、救助、环保等公益活动 |
| | 人才建设（70分） | 人才培养（40分） | 继续教育及培训 |
| | | | 青年人才培养 |
| | | | 专业人才表彰与举荐 |
| | | 会员管理（15分） | 会员数据库 |
| | | | 会费收缴率 |
| | | 学术自律（15分） | 学术自律制度及实施 |
| | 国际交流与合作（50分） | 国际交流（20分） | 国际和港澳台学术会议次数和影响力 |
| | | | 学术考察 |
| | | 国际合作（10分） | 国际合作项目 |
| | | 国际影响力（20分） | 参加国际组织 |
| | | | 国际化程度 |
| | 特色工作（50分） | 创新与贡献（50分） | 创新性强、业绩突出的工作 |

续表

| 一级指标 | 二级指标 | 三级指标 | 四级指标 |
|---|---|---|---|
| 社会评价（100分） | 内部评价（40分） | 会员评价（15分） | 对重大事项民主决策、信息公开、能力建设、创新能力、规范化管理、会费管理使用情况、人才培养工作和推动学术发展的评价 |
| | | 理事评价（15分） | 对能力建设、队伍建设、创新能力、领导班子建设、重大事项民主决策和推动学术发展的评价 |
| | | 工作人员评价（10分） | 对领导班子建设、薪酬待遇、规范化管理、发挥作用的评价 |
| | 外部评价（60分） | 登记管理机关（20分） | 对规范化建设、遵纪守法、促进学术自律、社会影响力和推动学术发展的评价 |
| | | 业务主管单位（20分） | 对领导班子、规范性、诚信度、凝聚力、发挥作用的评价 |
| | | 有关部门（10分） | 获得表彰奖励情况 |
| | | 新闻媒体（10分） | 媒体报道 |

5. 公益类社团评估指标

公益类社团评估指标体系由4项一级指标、18项二级指标、48项三级指标、111项四级指标构成，指标总分为1000分。其中，“基础条件”一级指标占80分，共包括4个二级指标：法人资格（30分）、章程（15分）、登记备案（20分）和年度检查（15分）；“内部治理”一级指标占370分，其包括6个二级指标：发展规划（20分）、组织机构（90分）、人力资源（70分）、领导班子（45分）、财务资产（115分）、档案和证章管理（30分）；“工作绩效”一级指标占450分，包括6个二级指标：公益支出（130分）、公益项目（90分）、公益服务（80分）、公益推广（40分）、信息公开（60分）、特色工作（50分）；“社会评价”一级指标占100分，包括2个二级指标：内部评价（20分）和外部评价（80分）。具体指标构成体系详见表4-5。

**表4-5 公益类社团评估指标体系**

| 一级指标 | 二级指标 | 三级指标 | 四级指标 |
|---|---|---|---|
| 基础条件（80分） | 法人资格（30分） | 法定代表人（5分） | 产生程序 |
| | | 活动资金（10分） | 年末净资产 |

续表

| 一级指标 | 二级指标 | 三级指标 | 四级指标 |
|---|---|---|---|
| 基础条件（80分） | 法人资格（30分） | 活动资金（10分） | 银行账户 |
| | | 名称（5分） | 名称牌匾 |
| | | 办公条件（10分） | 办公用房 |
| | | | 办公设备 |
| | 章程（15分） | 制定程序（5分） | 章程制定或修改程序 |
| | | 章程核准（10分） | 章程经登记管理机关核准情况 |
| | 登记备案（20分） | 变更登记(10分) | 名称、业务范围、住所、注册资金、法定代表人、业务主管单位等变更登记情况 |
| | | 备案(10分) | 负责人、办事机构、印章、银行账户、会费标准等办理备案情况 |
| | 年度检查（15分） | 年检时间和结论（15分） | 参检时间 |
| | | | 年检结论 |
| 内部治理（370分） | 发展规划（20分） | 规划、计划和总结（20分） | 发展规划及落实情况 |
| | | | 年度工作计划和总结 |
| | 组织机构（90分） | 会员（代表）大会（15分） | 会员代表产生制度 |
| | | | 会员（代表）大会召开情况 |
| | | | 重大事项表决情况 |
| | | 理事会、常务理事会(30分) | 换届和召开次数 |
| | | | 理事、常务理事情况 |
| | | | 民主决策 |
| | | | 履行职责 |
| | | 办事机构（10分） | 管理制度、工作职责 |
| | | | 办事机构运行和工作人员配置 |
| | | 分支机构、代表机构（20分） | 登记事项 |
| | | | 管理制度 |
| | | | 开展工作和发展会员情况 |
| | | 党组织(15分) | 党组织建立及活动情况 |
| | 人力资源（70分） | 人事管理（45分） | 聘用情况 |
| | | | 薪酬情况 |
| | | | 奖惩、任用情况 |
| | | | 人员培训 |
| | | | 劳动合同 |
| | | | 社会保险和住房公积金 |
| | | 工作人员（25分） | 工作人员数量 |
| | | | 工作人员年龄结构 |
| | | | 工作人员学历、职称 |
| | 领导班子（45分） | 负责人（45分） | 年龄、届次 |
| | | | 考核情况 |
| | | | 履职情况 |
| | | | 负责人影响力 |
| | | | 党政领导干部兼任情况 |
| | | | 秘书长产生方式 |
| | | | 秘书长专兼职情况 |
| | 财务资产（115分） | 会计人员（8分） | 会计人员配备 |
| | | | 会计人员岗位职责和会计机构负责人 |
| | | 会计核算（22分） | 执行《民间非营利组织会计制度》情况 |
| | | | 会计电算化管理 |

续表

| 一级指标 | 二级指标 | 三级指标 | 四级指标 |
| --- | --- | --- | --- |
| 内部治理（370分） | 财务资产（115分） | 会计核算（22分） | 会计档案管理 |
| | | 财务管理（49分） | 经费来源和资金使用 |
| | | | 财务管理制度建立及执行 |
| | | | 支出审批 |
| | | | 资产管理 |
| | | | 投资管理 |
| | | | 分支机构财务管理 |
| | | | 公益项目财务管理 |
| | | 会费管理（10分） | 会费标准制定和收取管理 |
| | | | 会费收据 |
| | | 税务及票据管理（10分） | 税务登记和纳税申报 |
| | | | 票据使用和管理 |
| | | 财务报告和监督（16分） | 财务报告 |
| | | | 财务审计 |
| | 档案和证章管理（30分） | 档案管理(14分) | 档案管理规定 |
| | | | 档案保管情况 |
| | | 证书管理(10分) | 证书管理规定 |
| | | | 证书保管情况 |
| | | | 登记证书正本 |
| | | 印章管理（6分） | 印章管理规定 |
| | | | 印章使用情况 |
| 工作绩效（450分） | 公益支出（130分） | 支出规模（20分） | 公益活动支出总量 |
| | | 支出比例（80分） | 占年度总支出的比例 |
| | | | 占年度总收入的比例 |
| | | 增长水平（30分） | 公益活动支出增长额 |
| | | | 公益活动支出增长率 |
| | 公益项目（90分） | 项目管理（40分） | 项目管理制度 |
| | | | 项目管理合同化 |
| | | | 论证、计划 |
| | | | 监督、反馈 |
| | | | 总结、评估 |
| | | 项目绩效（50分） | 适当性 |
| | | | 持续性 |
| | | | 项目效果 |
| | | | 影响力 |
| | 公益服务（80分） | 促进参与、开展培训(30分) | 动员各界力量 |
| | | | 开展专业培训 |
| | | 建议咨询（30分） | 建言献策 |
| | | | 维护权益 |
| | | | 对接咨询 |
| | | 国际交流与合作（20分） | 国际合作 |
| | | | 引进成果 |
| | | | 国际影响 |
| | 公益推广（40分） | 公益理念（20分） | 理论研究 |
| | | | 宣传普及 |
| | | 社会宣传（20分） | 网站 |

续表

| 一级指标 | 二级指标 | 三级指标 | 四级指标 |
| --- | --- | --- | --- |
| 工作绩效（450 分） | 公益推广（40 分） | 社会宣传（20 分） | 刊物和宣传资料 |
| | 信息公开（60 分） | 财务信息公开（35分） | 信息公开制度 |
| | | | 接收捐赠 |
| | | | 捐赠使用 |
| | | | 年度工作报告 |
| | | | 接受查询 |
| | | 项目信息公开（25分） | 项目基本情况 |
| | | | 项目选择 |
| | | | 评估结果 |
| | 特色工作（50 分） | 创新与贡献（50 分） | 创新性强、业绩突出的工作 |
| 社会评价（100 分） | 内部评价（20 分） | 会员评价（10 分） | 对召开会员大会、民主办会、信息公开、维护行业利益、接受会员监督、会费管理等内容的评价 |
| | | 理事评价（10 分） | 对领导班子、规范化管理、财务公开、创新能力的评价 |
| | 外部评价（80 分） | 捐赠人评价（10 分） | 对社团公益性、项目效果满意度、社会影响力等方面的评价 |
| | | 受助人评价（10 分） | 对社团总体印象、 公正公开选定受助人、履行协议等方面的评价 |
| | | 新闻媒体（10 分） | 媒体报道 |
| | | 登记管理机关（20分） | 对社团规范化建设、财务管理、信息公开、社会公信力等方面的评价 |
| | | 业务主管单位（20分） | 对社团规范化建设、领导班子建设、项目设计和执行能力等方面的评价 |
| | | 有关部门（10 分） | 获得表彰奖励情况 |

6. 职业类社团评估指标

职业类社团评估指标体系由 4 项一级指标、17 项二级指标、45 项三级指标、111 项四级指标组成，指标总分为 1000 分。其中，“基础条件”一级指标占 80 分，共包括 4 个二级指标：法人资格（30 分）、章程（15 分）、登记备案（20 分）和年度检查（15 分）；“内部治理”一级指标占 370 分，其包括 6 个二级指标：发展规划（20 分）、组织机构（90 分）、人力资源（70 分）、领导班子（45 分）、财务资产（115 分）、档案和证章管理（30 分）；“工作绩效”一级指标占 450 分，包括 5 个二级指标：业务活动（145 分）、自律协调（95 分）、队伍建设（90 分）、宣传推广（70 分）、特色工作（50 分）；“社会评价”一级指标占 100 分，包括 2 个二级指标：内部评价（40 分）和外部评价（60 分）。具体指标构成体系详见表 4－6。

**表 4 – 6　职业类社团评估指标体系**

| 一级指标 | 二级指标 | 三级指标 | 四级指标 |
|---|---|---|---|
| 基础条件（80 分） | 法人资格（30 分） | 法定代表人（5 分） | 产生程序 |
| | | 活动资金（10 分） | 年末净资产 |
| | | | 银行账户 |
| | | 名称（5 分） | 名称牌匾 |
| | | 办公条件 （10 分） | 办公用房 |
| | | | 办公设备 |
| | 章程（15 分） | 制定程序（5 分） | 章程制定或修改程序 |
| | | 章程核准（10 分） | 章程经登记管理机关核准情况 |
| | 登记备案（20 分） | 变更登记（10 分） | 名称、业务范围、住所、注册资金、法定代表人、业务主管单位等变更登记情况 |
| | | 备案（10 分） | 负责人、办事机构、印章、银行账户、会费标准等办理备案情况 |
| | 年度检查（15 分） | 年检时间和结论（15分） | 参检时间 |
| | | | 年检结论 |
| 内部治理（370 分） | 发展规划（20 分） | 规划、计划和总结（20 分） | 发展规划和落实情况 |
| | | | 年度工作计划和总结 |
| | 组织机构（90 分） | 会员(代表)大会（15 分） | 会员代表产生制度 |
| | | | 会员（代表）大会召开情况 |
| | | | 重大事项表决情况 |
| | | 理事会、常务理事会（30 分） | 换届和召开次数 |
| | | | 理事、常务理事情况 |
| | | | 民主决策 |
| | | | 履行职责 |
| | | 办事机构（10 分） | 管理制度、工作职责 |
| | | | 办事机构运行和工作人员配置 |
| | | 分支机构、代表机构（20 分） | 登记事项 |
| | | | 管理制度 |
| | | | 开展工作和发展会员情况 |
| | | 党组织（15 分） | 党组织建立和活动情况 |
| | 人力资源（70 分） | 人事管理（45 分） | 聘用情况 |
| | | | 薪酬情况 |
| | | | 奖惩、任用情况 |
| | | | 人员培训 |
| | | | 劳动合同 |

续表

| 一级指标 | 二级指标 | 三级指标 | 四级指标 |
|---|---|---|---|
| 内部治理（370分） | 人力资源（70分） | 人事管理（45分） | 社会保险和住房公积金 |
| | | 工作人员（25分） | 工作人员数量 |
| | | | 工作人员年龄结构 |
| | | | 工作人员学历、职称 |
| | 领导班子（45分） | 负责人（45分） | 年龄、届次 |
| | | | 考核情况 |
| | | | 履职情况 |
| | | | 负责人影响力 |
| | | | 党政领导干部兼任情况 |
| | | | 秘书长产生方式 |
| | | | 秘书长专兼职情况 |
| | 财务资产（115分） | 会计人员（8分） | 会计人员配备 |
| | | | 会计人员岗位职责和会计机构负责人 |
| | | 会计核算（22分） | 执行《民间非营利组织会计制度》情况 |
| | | | 会计电算化管理 |
| | | | 会计档案管理 |
| | | 财务管理（39分） | 经费来源和资金使用 |
| | | | 财务管理制度建立及执行 |
| | | | 支出审批 |
| | | | 资产管理 |
| | | | 投资管理 |
| | | | 分支机构财务管理 |
| | | 会费管理（20分） | 会费标准 |
| | | | 会费收据 |
| | | 税务及票据管理（10分） | 税务登记和纳税申报 |
| | | | 票据使用和管理 |
| | | 财务报告和监督（16分） | 财务报告 |
| | | | 财务审计 |
| | 档案和证章管理（30分） | 档案管理（14分） | 档案管理规定 |
| | | | 档案保管情况 |
| | | 证书管理（10分） | 证书管理规定 |
| | | | 证书保管情况 |
| | | | 登记证书正本 |
| | | 印章管理（6分） | 印章管理规定 |
| | | | 印章使用情况 |
| 工作绩效（450分） | 业务活动（145分） | 专业活动（75分） | 交流活动计划 |
| | | | 交流活动情况 |
| | | | 交流活动影响力 |
| | | | 行业调研 |
| | | | 专业咨询 |
| | | | 课题研究 |
| | | | 购买服务、委托项目 |
| | | 建言献策（35分） | 参与制定法律法规 |

续表

| 一级指标 | 二级指标 | 三级指标 | 四级指标 |
|---|---|---|---|
| 工作绩效（450分） | 业务活动（145分） | 建言献策（35分） | 提出政策建议 |
| | | | 参与执业标准或行业发展规划制定 |
| | | 国际交流（35分） | 参加国际组织 |
| | | | 参与国际会议 |
| | | | 国际合作项目 |
| | 自律协调（95分） | 行业自律（55分） | 职业道德准则 |
| | | | 执业准则 |
| | | | 公开执业信息 |
| | | | 执业监督检查 |
| | | | 惩戒、处理 |
| | | 调解维权（40分） | 反映会员、行业诉求 |
| | | | 调解纠纷、维护会员权益 |
| | | | 维护公平竞争 |
| | 队伍建设（90分） | 会员管理（25分） | 会员管理制度 |
| | | | 会员管理信息化 |
| | | | 会费收缴率 |
| | | 考核、认证（35分） | 考核、认证制度 |
| | | | 考核、认证组织工作 |
| | | | 考核、认证信息化 |
| | | 人才培养（30分） | 人才培养规划 |
| | | | 培训及继续教育 |
| | | | 表彰、举荐 |
| | 宣传推广（70分） | 社会责任（35分） | 倡导会员服务社会 |
| | | | 政策宣贯、知识普及 |
| | | | 公益活动 |
| | | 媒体宣传（35分） | 专业期刊、内部资料 |
| | | | 专业书籍 |
| | | | 网站和网络交流 |
| | 特色工作（50分） | 创新与贡献（50分） | 创新性强、业绩突出的工作 |
| 社会评价（100分） | 内部评价（40分） | 会员评价（15分） | 对召开会员(代表)大会、民主办会、信息公开、维护行业利益、接受会员监督、会费管理等内容的评价 |
| | | 理事评价（15分） | 对领导班子、规范化管理、财务公开、创新能力的评价 |
| | | 工作人员评价（10分） | 对领导班子建设、薪酬待遇、规范化建设、发挥作用的评价 |
| | 外部评价（60分） | 登记管理机关（20分） | 对规范化建设、遵纪守法、行业影响力的评价 |
| | | 业务主管单位（20分） | 对规范化建设、行业自律、领导班子建设等内容的评价 |
| | | 有关部门（10分） | 获得表彰奖励情况 |
| | | 新闻媒体（10分） | 媒体报道 |

7. 联合类社团评估指标

联合类社团评估指标体系由 4 项一级指标、17 项二级指标、46 项三级指标、106 项四级指标构成，指标总分为 1000 分。其中，“基础条件”一级指标占 80 分，共包括 4 个二级指标：法人资格（30 分）、章程（15 分）、登记备案（20 分）和年度检查（15 分）；“内部治理”一级指标占 370 分，其包括 6 个二级指标：发展规划（20 分）、组织机构（90 分）、人力资源（70 分）、领导班子（45 分）、财务资产（115 分）、档案和证章管理（30 分）；“工作绩效”一级指标占 450 分，包括 5 个二级指标：交流活动（95 分）、咨询研究（70 分）、会员工作（140 分）、宣传推广（95 分）、特色工作（50 分）；“社会评价”一级指标占 100 分，包括 2 个二级指标：内部评价（40 分）和外部评价（60 分）。具体指标构成体系详见表 4－7。

**表 4－7　联合类社团评估指标体系**

| 一级指标 | 二级指标 | 三级指标 | 四级指标 |
|---|---|---|---|
| 基础条件（80 分） | 法人资格（30 分） | 法定代表人（5 分） | 产生程序 |
| | | 活动资金（10 分） | 年末净资产 |
| | | | 银行账户 |
| | | 名称（5 分） | 名称牌匾 |
| | | 办公条件（10 分） | 办公用房 |
| | | | 办公设备 |
| | 章程（15 分） | 制定程序（5 分） | 章程制定或修改程序 |
| | | 章程核准（10 分） | 章程经登记管理机关核准情况 |
| | 登记备案（20 分） | 变更登记(10 分) | 名称、业务范围、住所、注册资金、法定代表人、业务主管单位等变更登记情况 |
| | | 备案(10 分) | 负责人、办事机构、印章、银行账户、会费标准等办理备案情况 |
| | 年度检查（15 分） | 年检时间和结论（15 分） | 参检时间 |
| | | | 年检结论 |
| 内部治理（370 分） | 发展规划（20 分） | 规划、计划和总结（20 分） | 发展规划及落实情况 |

续表

| 一级指标 | 二级指标 | 三级指标 | 四级指标 |
| --- | --- | --- | --- |
| 内部治理（370分） | 发展规划（20分） | 规划、计划和总结（20分） | 年度工作计划和总结 |
| | 组织机构（90分） | 会员（代表）大会（15分） | 会员代表产生制度 |
| | | | 会员（代表）大会召开情况 |
| | | | 重大事项表决情况 |
| | | 理事会、常务理事会（30分） | 换届和召开次数 |
| | | | 理事、常务理事情况 |
| | | | 民主决策 |
| | | | 履行职责 |
| | | 办事机构（10分） | 管理制度、工作职责 |
| | | | 办事机构运行和工作人员配置 |
| | | 分支机构、代表机构（20分） | 登记事项 |
| | | | 管理制度 |
| | | | 开展工作和发展会员情况 |
| | | 党组织（15分） | 党组织建立及活动情况 |
| | 人力资源（70分） | 人事管理（45分） | 聘用情况 |
| | | | 薪酬情况 |
| | | | 奖惩、任用情况 |
| | | | 人员培训 |
| | | | 劳动合同 |
| | | | 社会保险和住房公积金 |
| | | 工作人员（25分） | 工作人员数量 |
| | | | 工作人员年龄结构 |
| | | | 工作人员学历、职称 |
| | 领导班子（45分） | 负责人（45分） | 年龄、届次 |
| | | | 考核情况 |
| | | | 履职情况 |
| | | | 负责人影响力 |
| | | | 党政领导干部兼任情况 |
| | | | 秘书长产生方式 |
| | | | 秘书长专兼职情况 |
| | 财务资产（115分） | 会计人员（8分） | 会计人员配备 |
| | | | 会计人员岗位职责和会计机构负责人 |
| | | 会计核算（22分） | 执行《民间非营利组织会计制度》情况 |
| | | | 会计电算化管理 |
| | | | 会计档案管理 |
| | | 财务管理（39分） | 经费来源和资金使用 |
| | | | 财务管理制度建立及执行 |
| | | | 支出审批 |
| | | | 资产管理 |
| | | | 投资管理 |
| | | | 分支机构财务管理 |
| | | 会费管理 （20分） | 会费标准 |
| | | | 会费收据 |

续表

| 一级指标 | 二级指标 | 三级指标 | 四级指标 |
| --- | --- | --- | --- |
| 内部治理（370分） | 财务资产（115分） | 税务及票据管理（10分） | 税务登记和纳税申报 |
| | | | 票据使用和管理 |
| | | 财务报告和监督（16分） | 财务报告 |
| | | | 财务审计 |
| | 档案和证章管理（30分） | 档案管理（14分） | 档案管理规定 |
| | | | 档案保管情况 |
| | | 证书管理（10分） | 证书管理规定 |
| | | | 证书保管情况 |
| | | | 登记证书正本 |
| | | 印章管理（6分） | 印章管理规定 |
| | | | 印章使用情况 |
| 工作绩效（450分） | 交流活动（95分） | 业务交流（60分） | 交流活动计划 |
| | | | 举办考察、研讨、联谊等交流活动 |
| | | | 交流活动次数 |
| | | | 交流活动影响力 |
| | | 国际交流（35分） | 国际会议 |
| | | | 国际合作项目 |
| | | | 考察、交流 |
| | 咨询研究（70分） | 理论研究（35分） | 开展调查研究 |
| | | | 参与课题研究 |
| | | | 研究成果 |
| | | 建议咨询（35分） | 建言献策 |
| | | | 咨询服务 |
| | | | 接受购买服务、委托项目 |
| | 会员工作（140分） | 维护权益（25分） | 反映会员诉求 |
| | | | 维护会员合法权益 |
| | | 人才培养（35分） | 人才培养规划 |
| | | | 培训活动 |
| | | | 表彰奖励 |
| | | 互助合作（45分） | 互助合作平台 |
| | | | 互助效果 |
| | | | 合作成果 |
| | | 会员管理规范化（35分） | 会员管理制度 |
| | | | 会员数据库 |
| | | | 会费收缴率 |
| | 宣传推广（95分） | 社会责任（40分） | 倡导会员履行社会责任 |
| | | | 开展公益活动 |
| | | | 公开接受和使用捐赠信息 |
| | | 期刊书籍（30分） | 期刊资料 |
| | | | 业务书籍 |
| | | 信息平台（25分） | 交流平台 |

续表

| 一级指标 | 二级指标 | 三级指标 | 四级指标 |
|---|---|---|---|
| 工作绩效（450分） | 宣传推广（95分） | 信息平台（25分） | 互动交流 |
| | 特色工作（50分） | 创新与贡献（50分） | 创新性强、业绩突出的工作 |
| 社会评价（100分） | 内部评价（40分） | 会员评价（15分） | 对重大事项民主决策、信息公开、能力建设、创新能力、规范化管理、会费管理使用情况、人才培养工作的评价 |
| | | 理事评价（15分） | 对能力建设、队伍建设、创新能力、领导班子建设、重大事项民主决策的评价 |
| | | 工作人员评价（10分） | 对领导班子建设、薪酬待遇、规范化管理、发挥作用的评价 |
| | 外部评价（60分） | 登记管理机关（20分） | 对规范化建设、遵纪守法、社会影响力的评价 |
| | | 业务主管单位（20分） | 对领导班子、规范性、诚信度、凝聚力、发挥作用的评价 |
| | | 有关部门（10分） | 获得表彰奖励情况 |
| | | 新闻媒体（10分） | 媒体报道 |

8. 非内地居民担任法定代表人的基金会评估指标

非内地居民担任法定代表人的基金会评估指标体系由4项一级指标、15项二级指标、51项三级指标、117项四级指标构成，指标总分为1000分。其中，“基础条件”一级指标占90分，共包括4个二级指标：法人资格（39分）、章程（14分）、登记和备案（12分）、遵纪守法（25分）；“内部治理”一级指标占370分，其包括4个二级指标：组织机构（101分）、人力资源管理（46分）、财务资产管理（199分）、档案和证章管理（24分）；“工作绩效”一级指标占440分，包括4个二级指标：社会捐赠和政府购买服务（70分）、公益活动规模和效益（190分）、项目开发与运作（100分）、信息公开与宣传（80分）；“社会评价”一级指标占100分，包括3个二级指标：内部评价（10分）、公众评价（30分）、管理部门评价（60分）。具体指标构成体系详见表4-8。

**表 4－8　非内地居民担任法定代表人的基金会评估指标体系**

| 一级指标 | 二级指标 | 三级指标 | 四级指标 |
|---|---|---|---|
| 基础条件(90 分) | 法人资格(39 分) | 原始基金(16 分) | 年末净资产 |
| | | 法定代表人(5 分) | 法定代表人产生程序 |
| | | | 法定代表人年龄 |
| | | 办公条件(10 分) | 名称牌匾 |
| | | | 办公用房 |
| | | | 办公设备 |
| | | 专职工作人员(8 分) | 秘书长专兼职情况 |
| | | | 专职工作人员数 |
| | 章程(14 分) | 宗旨和业务范围(4 分) | 章程内容 |
| | | | 宗旨和业务范围体现公益特点 |
| | | 符合程序(6 分) | 章程制定(修改)程序 |
| | | | 会议纪要及理事签名 |
| | | 章程核准(4 分) | 章程经登记管理机关核准情况 |
| | 登记和备案(12 分) | 变更登记(5 分) | 变更登记情况 |
| | | 备案(4 分) | 组织机构代码证 |
| | | | 税务登记证书 |
| | | | 印章式样 |
| | | | 银行开户证明 |
| | | 分支机构、代表机构登记(3 分) | 分支机构、代表机构登记事项 |
| | | | 分支机构、代表机构注销登记 |
| | 遵纪守法(25 分) | 年度检查(14 分) | 参检时间 |
| | | | 年检结论 |
| | | 遵守国家法律法规和政策(5 分) | 受政府部门行政处罚情况 |
| | | 重大事项报告(6 分) | 重大事项报告制度 |
| | | | 重大事项报告、备案情况 |
| | | | 应当报批的重大活动执行报批手续情况 |
| 内部治理(370 分) | 组织机构(101 分) | 理事会(66 分) | 理事会人数 |
| | | | 受薪理事、有近亲属关系理事 |
| | | | 理事产生、罢免情况 |
| | | | 内地居民担任理事数 |
| | | | 召开理事会次数 |
| | | | 理事会召集方式 |
| | | | 民主决策 |
| | | | 理事会会议记录、会议纪要和参会理事签名 |
| | | | 负责人兼任情况 |
| | | | 负责人年龄情况 |
| | | | 负责人内地居留情况 |
| | | 监事或监事会(20 分) | 监事任职情况 |
| | | | 监事受薪情况 |
| | | | 监事出席理事会议情况 |

续表

| 一级指标 | 二级指标 | 三级指标 | 四级指标 |
| --- | --- | --- | --- |
| 内部治理（370分） | 组织机构（101分） | 监事或监事会（20分） | 监事履职情况 |
| | | 分支机构、代表机构（5分） | 分支机构、代表机构管理办法、年度计划总结和活动情况 |
| | | 办事机构（10分） | 办事机构设置及备案 |
| | | | 办事机构职责 |
| | | | 办事机构职责的落实情况 |
| | 人力资源管理（46分） | 工作人员配置、培训和考核（15分） | 工作人员配置情况 |
| | | | 工作人员参加培训情况 |
| | | | 工作人员考核奖惩制度及落实情况 |
| | | 工作人员聘用薪酬制度和社会保险情况（24分） | 聘用管理制度及落实情况 |
| | | | 薪酬管理制度及落实情况 |
| | | | 社会保险和公积金 |
| | | 志愿者队伍建设（7分） | 志愿者招募及管理制度 |
| | | | 志愿者配置 |
| | 财务资产管理（199分） | 会计人员和会计机构（15分） | 会计人员配备和继续教育 |
| | | | 会计人员岗位职责和会计机构负责人 |
| | | 会计核算（25分） | 执行《民间非营利组织会计制度》情况 |
| | | | 会计电算化 |
| | | | 会计档案管理 |
| | | 财务管理（86分） | 经费来源和资金使用 |
| | | | 财务管理制度建立及执行 |
| | | | 财务支出审批程序 |
| | | | 银行账户 |
| | | | 外汇收支 |
| | | | 净资产规模 |
| | | | 投资管理 |
| | | | 固定资产及存货管理 |
| | | 关联方关系（20分） | 关联方交易 |
| | | | 关联方资金占用 |
| | | 财务公开与监督（40分） | 财务报告 |
| | | | 理事、监事及捐赠人监督 |
| | | | 财务审计 |
| | | 税务和票据管理（13分） | 纳税管理 |
| | | | 捐赠票据管理 |
| | 档案和证章管理（24分） | 档案管理（9分） | 档案管理制度 |
| | | | 档案管理情况 |
| | | 证书管理（5分） | 证书管理制度 |
| | | | 证书管理情况 |
| | | 印章管理（10分） | 印章管理制度 |
| | | | 印章管理情况 |
| 工作绩效（440分） | 社会捐赠和政府购买服务（70分） | 年度捐赠收入（50分） | 按科学方法折算分值 |
| | | 来自主要捐赠人的收入（15分） | 按科学方法折算分值 |

续表

| 一级指标 | 二级指标 | 三级指标 | 四级指标 |
|---|---|---|---|
| 工作绩效（440 分） | 社会捐赠和政府购买服务（70 分） | 年度接受政府购买服务（5 分） | 按科学方法折算分值 |
| | 公益活动规模和效益（190 分） | 公益支出水平（130 分） | 公益事业支出金额 |
| | | | 公益支出比例 |
| | | 公益增长水平（30 分） | 公益事业支出增长额 |
| | | | 公益事业支出增长率 |
| | | 工作人员工资福利和行政办公支出比例（30 分） | 工作人员工资福利和行政办公支出占当年总支出的比例 |
| | 项目开发与运作（100 分） | 项目符合规定（10 分） | 项目符合章程规定的业务范围 |
| | | 项目运作（45 分） | 项目论证、计划及报批 |
| | | | 项目管理、监督及反馈 |
| | | | 项目总结和评估 |
| | | 项目评价（15 分） | 社会效益 |
| | | | 负面影响 |
| | | 项目创新性和可持续性（30 分） | 项目影响力 |
| | | | 适应性 |
| | | | 创新性 |
| | | | 可持续性 |
| | 信息公开与宣传（80 分） | 信息公布管理（15 分） | 信息公开制度 |
| | | | 信息公开负责人 |
| | | | 信息公开档案 |
| | | 公布接受、使用社会捐赠情况（25 分） | 接收捐款数额 |
| | | | 资金使用情况 |
| | | | 年度工作报告摘要 |
| | | 公布公益资助项目种类、申请、评审程序、受助对象及评估结果（20 分） | 公益资助项目种类和申请、评审程序 |
| | | | 受助对象 |
| | | | 项目评估结果 |
| | | 宣传情况（20 分） | 网站及更新 |
| | | | 刊物和宣传资料 |
| | | | 媒体宣传报道 |
| 社会评价（100 分） | 内部评价（10 分） | 理事评价（5 分） | 对基金会重大事项民主决策、秘书长工作、筹资能力等方面的评价 |
| | | 监事评价（5 分） | 对基金会民主决策、领导班子履行职责、财务管理、资金使用等方面的评价 |
| | 公众评价（30 分） | 捐赠人评价（20 分） | 对基金会公益性、项目效果满意度、社会影响力等方面的评价 |
| | | 受助人评价（5 分） | 对基金会总体印象、 公正公开选定受助人、履行协议等方面的评价 |
| | | 志愿者评价（5 分） | 对基金会公益性、项目创新性、项目可操作性、社会效果、志愿者管理等方面的评价 |
| | 管理部门评价（60 分） | 登记管理机关评价（25分） | 对基金会规范化建设、财务管理、信息公开、社会公信力等方面的评价 |

续表

| 一级指标 | 二级指标 | 三级指标 | 四级指标 |
| --- | --- | --- | --- |
| 社会评价（100分） | 管理部门评价（60分） | 登记管理机关评价（25分） | 对基金会规范化建设、财务管理、信息公开、社会公信力等方面的评价 |
| | | 业务主管单位评价（25分） | 对基金会规范化建设、领导班子建设、项目设计和执行能力等方面的评价 |
| | | 其他相关管理部门评价（10分） | 政府部门的表彰和奖励 |

（五）评估程序的规范

科学的操作程序对确保社会组织第三方评估的公正性、客观性和权威性具有十分重要的意义。因此，在社会组织第三方评估中必须设计科学合理的操作程序，通过严密的程序设计，并要求评估人员按照操作程序进行规范操作，以尽量降低和减少评估过程中的随意性，防止人为因素对评估的过多影响。第三方评估可以参照以下程序进行：

1. 标准修订。社会组织评估第三方机构依据民政部及当地相关法规和政策，负责评估标准的起草和修订工作，并召集专家学者、相关政府部门和社会组织负责人座谈，解释和学习评估指标及其要求，并广泛征求各方意见，进一步修订和完善评估指标，然后报政府主管部门审定。

2. 下发通知。政府主管部门正式下发评估通知，确定参评社会组织名单，部署评估工作具体安排，并做好必要的宣传与动员，要求参评社会组织认真做好准备，接受第三方机构的评估。

3. 自我评估。参评社会组织应依据相关评估文件及要求，认真组织自我评估，准备相关材料，撰写自评报告，深入分析与诊断组织自身存在的问题和优缺点，并提出未来改进的计划与策略。

4. 实地评估。作为评估的最核心环节，实地评估是指第三方评估机构组织专家对社会组织进行现场测评。在实地评估过程中，评估专家可以综合运用现场观察、听取报告、调阅文献、问卷调查、深度访谈等方法，[①]依据组织自我评估报告和现场评估所收集的信息，对照评估标准和指标，

① 在全国性社会组织评估过程中，各地还总结出一些可具推广性的实地评估法。例如：实地评估的“听、看、查、问、议”法。其中，“听”就是集中听取参评单位负责人全面介绍情况；“看”就是看办公条件、看队伍建设、看基础工作；“查”就是查档案、查资料、查原始凭证；“问”就是向参评单位的负责人、理事和工作人员提出问题，了解情况；“议”就是议论、讨论、评议。转引自廖鸿：《全国性社会组织评估工作情况通报》，http：//www.cpma.org.cn/Article_ Show.asp？ArticleID = 3945，2013年1月18日。

逐一对各项社会组织评估指标进行打分,[①] 然后综合汇总，并得出组织评估的初步结果。在此基础上，评估专家还可以与参评单位交换意见，提出建议，帮助参评单位厘清发展思路，查找存在的问题，明确发展方向。

5. 评估反馈。实地评估结束以后，第三方评估机构应将评估专家出具的初步评估结果反馈给被评估社会组织。如果被评估社会组织对评估结果有异议，可以提出申诉。与此同时，第三方评估机构还要通过媒体或互联网公示评估的初步结果，在公示期内，接受公众的质疑和检举。接受申诉和公众检举后，第三方评估机构应再次组织专家对评估的初步结果进行复议，并得到最终的评估结果。

6. 公开结果。即第三方评估机构将参评社会组织的最终评估结果公开在大众媒体上，并接受公众和媒体的监督。[②] 除了能够让公众及时掌握社会组织的相关信息之外，社会组织的评估结果对政府部门进一步修订和完善相关政策也具有重要的参考价值。

（六）评估结果的应用

社会组织评估的宗旨是通过评估来改进社会组织的管理和运行，从而推动评估工作的规范化、科学化、制度化和专业化，并在评估的基础上逐步建立起社会组织运行的激励机制、竞争机制、监督机制、问责机制和退出机制，进而提高社会组织整体素质，促进社会组织健康发展。但国内外的实践表明，只有重视对社会组织评估结果的应用，才能真正起到“以评促建、以评促改、以评促管、评建结合、重在建设”的效果。例如：民政部于2010年所颁发的《社会组织评估管理办法》就明确规定，“获得评估等级的社会组织在开展对外活动和宣传时，可以将评估等级证书作为信誉证明出示”；“获得3A以上等级的社会组织，可以优先接受政府职能转移，可以优先获得政府购买服务，可以优先获得政府奖励”；“获得3A以上评估等级的基金会、慈善组织等公益性社会团体可以按照规定申请公益性捐赠税前扣除资格”；“获得4A以上评估等级的社会组织在年度检查时，可以简化年度检查程序”。2008年12月31日，财政部、国家税务总局、民政部联合下发的《关于公益性捐赠税前扣除有关问题的通知》，明确把基

---

① 例如：2013年度深圳市社会工作服务机构的第三方评估中，评估主体可分为六类，具体包括评估中心、会计师事务所、市社会工作者协会、机构员工、机构督导或顾问、服务对象（抽样）。各评估主体不仅职责不同，各自所占分值权重也有差异，分别为45%、26%、10%、8%、6%和5%。

② 国家民间组织管理局：《中国民间组织评估》，中国社会出版社2007年版。

金会、公益性社会团体的评估等级作为实现税前扣除的条件之一。另外，在国资委、工信部、中国科协等部门的文件中，也可以看到类似的相关规定。一些省、自治区、直辖市也对获得3A及以上等级的社会组织给予年度检查、公益性捐赠税前扣除资格认定、评优评先等方面较为优惠的政策措施。部分省、自治区、直辖市还采用以奖代补的方式对被评为3A及以上等级的社会组织给予奖励。

总之，对社会组织评估结果的奖励可以采用多种形式，在实际操作中，各地可以结合自己的实际情况选择最具有操作性的做法。例如，对于在评估中取得优异成绩的社会组织，可以颁发奖牌以示表彰，可以给其创办人和主要管理人员颁发奖金来进行表彰，还可以在承担政府服务、政府扶助资金方面给予优先安排等。

## 五、总结与建议

社会组织第三方评估机制的建设，对于进一步推动政府职能转变、激发社会组织活力、促进社会公共事业发展具有非常重要的意义，但要真正实现我国社会组织第三方评估机制的有效运转，还需要在政府支持、制度完善、信息披露、专业建设等方面做好相关的工作。

第一，加大第三方评估的政府支持。由于中国后发外生、政府主导的现代化模式，以及长期以来积淀下来的社会对政府强依赖的传统，都使得完全“草根”性质的第三方评估机构很难在社会层面上自发生成与壮大，而必须是在政府的主导和支持下才可能得以孕育与顺利发展。因此，在当前中国“强政府”与“弱社会”并存的现实条件下，借助于政府的主导作用和资源优势来培育第三方评估机构，并促进其发展壮大可能是一种符合现实国情的路径。

第二，完善第三方评估的制度保障。目前我国社会组织第三方评估发展的最大障碍在于缺乏有效的制度保障，从而导致第三方评估难以得到相关部门的高度重视和实质支持，其作用也无法充分体现出来。因此，政府部门首先应从政策法规上明确第三方评估的地位，详细规定第三方评估的权利和义务，从而使第三方评估真正成为社会组织评估体系不可缺失的组成部分；其次，要在具体程序上设置第三方参与的“入口”，为第三方机构参与社会组织评估提供更为宽广的空间；最后，完善第三方评估的基本程序和评价体系，规范第三方评估的程序，[①] 进而推进第三方评估的客观性、公正性和权威性。

第三，建立健全社会组织信息披露制度。信息披露制度的基本目的在于解决社会组织与政府部门、会员、受益人、捐赠人/出资人/举办者之间的信息不对称问题，以实现对社会组织的监督制约和相关者利益的维护。西方国家的实践经验表明，建立健全社会组织信息披露制度，不仅可以强化社会组织的自律，提高社会组织的公信力，还可以确保独立第三方在节约成本的前提下能够获得真实、详尽的信息，从而做出更加客观、科学的评估。因此，我国政府应借鉴国外的经验，逐步建立和规范社会组织信息披露制度，披露的范围可以包括社会组织的登记证书、税务登记证书、收费许可证（正本）、社会组织章程（或章程摘要）、服务项目、收费标准等组织基本信息，以及接受、使用捐赠、资助的详细情况、组织行政管理费用、活动经费等组织财务信息。与此同时，政府监管部门应健全社会组织信息统计制度，建设社会组织信息统计平台，及时发布相关统计数据，定期发布社会组织事业报告。

第四，提高第三方评估的专业化水平。社会组织评估是一个专业性强、技术性含量高的工作，高效的评估往往也是第三方根据评估对象以及自身的实际情况，灵活选择评估的技术方法实现的。因此，提高第三方评估的专业化水平可以从以下三方面入手：[②] 一是高校和科研院所应充分利用自身优势，大力培养评估专业人才，以满足当前社会发展的需要；二是国家可以出台相关政策引导高校、科研院所、专业评估机构加强对第三方评估的研究和实践，努力提高社会组织第三方评估技术与方法研究的水平；三是通过竞争机制，利用市场力量培育优秀的评估机构和评估人才，并努力推进社会组织第三方评估人才的职业化和专业化。

---

① 潘旦、向德彩：《社会组织第三方评估机制建设研究》，《华东理工大学学报（社会科学版）》，2013 年第 1 期。

② 段红梅：《我国政府绩效第三方评估的研究》，《河南师范大学学报（哲学社会科学版）》，2009 年第 6 期。

# 社会组织评估研究

## ——以2013年省管社会组织评估试点为例

山东省民间组织管理局

2011年"国民经济和社会发展第十二个五年规划纲要"提出，要建立社会组织评估制度。2010年12月27日，民政部出台《社会组织评估管理办法》（民政部令第39号），并对社会组织评估工作提出了明确要求。2013年，我省部署在全省开展评估工作。省民政厅对省管社会组织进行了评估试点。为了进一步改进和完善评估工作，我们对评估工作认真调研，总结经验做法，分析存在的问题，并提出了对策建议。

### 一、基本情况

2013年6月，省民政厅严格按照民政部《社会组织评估管理办法》的有关规定制订工作方案，正式启动省管社会组织评估试点工作。2014年4月，完成首批社会组织评估。有10家社会组织获得5A评估等级，31家获得4A级，36家获得3A级。评估试点工作顺利完成，取得明显成效。基本做法是：

一是制定评估指标体系。按照分类评估的原则，在民政部制定的四级评估指标基础上，制定公布了7类社会组织的具体评估指标，其中社会团体和基金会实行综合评估，评估指标内容包括基础条件、内部治理、工作绩效以及社会评价四个方面。民办非企业单位实行规范化建设评估，评估指标内容包括基础条件、内部治理、业务活动、自律诚信建设情况以及社会评价五个方面。

二是组建评估委员会和评估复核委员会。成立由15名委员组成的评估委员会和7名委员组成的复核委员会，委员来自省民间组织管理局、省管社会组织业务主管单位、省管社会组织、会计师事务所、律师事务所。评估委员会主要负责组织实施评估工作、作出评估等级结论。复核委员会负责社会组织评估的复核和对举报的裁定工作。

三是选定第三方评估机构。通过竞争性谈判的方式，确定第三方评估机构，委托其承担评估办公室的日常工作。为明确其权利义务，省民管局与其签订了《社会组织评估咨询服务合同》。

四是确定参评社会组织。2013 年 7 月 31 日，下发《关于开展省管社会组织评估试点工作的通知》（鲁民函〔2013〕182 号），对评估试点进行部署。评估通知下发后，共有 165 家省管社会组织申请参评，经审核，有 108 家社会组织具备参评资格。

五是社会组织自评和专家组实地考察。2013 年 8 月至 2014 年 1 月，评估办公室组织专家对报送了自评材料的 83 家社会组织进行了实地考察，并提出了初步评估意见。其中，评估社会团体 72 家（行业协会 39 家，学术类社团 24 家，联合类社团 6 家，公益类社团 3 家），评估民办非企业单位 11 家。

六是评估委员会审核。初评结果形成后，省管社会组织评估委员会召开会议，对参评单位的评估等级进行了认真审核，经过充分酝酿和讨论，确定了参评单位的评估等级。

七是公示和复核。将评估委员会确定的第一批省管社会组织评估结果在山东社会组织网进行公示。其中，有 3 家社会组织对评估结果提出复核申请，复核委员会组织专家及时进行了复核。

八是发布公告和授牌。对获得 3A 以上评估等级的 77 家社会组织进行了公告，并授予了牌匾和证书。

## 二、作用和成效

社会组织评估是社会组织管理服务方式的创新，也是引导社会组织加强自身建设和作用发挥的重大举措。具体体现在以下几个方面：

一是加强民间组织的自身建设，促进社会组织科学发展。社会组织评估指标涵盖了社会组织的基础建设、内部治理、财务管理、业务活动、工作绩效、社会评价、社会效益等各个方面，内容全面，标准详细，不仅是考量社会组织等级的评价标准，而且可以作为社会组织加强自身规范化管理、提升业务活动能力和保证社会组织持续健康发展的标准和方向，为社会组织的规范化建设树立了标杆，有效地促进了社会组织的科学发展。

二是改进政府监管方式，提高管理的科学化水平。首先，弥补了社会组织监管力量的不足。随着社会组织数量的迅速增加，社会组织监管任务与管理人员数量不相适应的问题日益突出。评估可以更广泛地利用社会力量对社会组织进行检查监督，能够有效地弥补政府监管力量的不足。其次，丰富了管理手段。改变了主要通过登记、年检、执法监察对社会组织进行监督管理的局面，深入到社会组织内部对社会组织的各个方面等进行综合评价。

三是增加社会组织透明度，提升社会组织的公信力。大部分社会组织从事公益慈善事业，社会公信力对社会组织是极大的挑战。只有保持极高的透明度和规范性，社会组织才可能赢得社会的信任。评估有利于社会组织加强自身建设，提高规范化程度，增强社会组织在财务管理、业务活动、工作绩效、社会效益等方面的透明度，提高社会组织的公信力。

2013 年省管社会组织评估工作开展以来，产生的社会效果和社会影响日益凸显，主要表现在以下四个方面：

一是社会组织对评估工作的重视程度逐步提高。许多社会组织提高了对评估工作的认识，将评估工作作为年度的一项重点工作，研究部署、认真准备，从被动评估逐步转变为主动评估。从准备工作看，参评社会组织报送的资料较为翔实，实地考察材料准备得也比较齐全规范，参评社会组织的领导也非常重视实地考察工作。参评社会组织对评估结果的荣誉感也在逐渐增强，他们视评估等级为一项重要荣誉，通过等级彰显社会组织的实力与公信力。

二是评估指标被社会组织广泛应用。对于评估中发现的问题和提出的建议，很多社会组织会及时研究部署，形成整改意见，落实到各个相关部门。许多参加过评估的社会组织将社会组织评估指标与实际工作考评相结合，作为一项长期的自身建设和管理的标准与要求，贯穿于日常的工作中。

三是评估专家队伍得到锻炼。来自业务主管单位、高等院校、科研机构、会计师事务所、律师事务所的评估专家，经过一年的时间，业务水平得到提高，对社会组织和评估工作有了全面认识，对评估指标和标准的掌握更加准确。通过参加评估，有些已经成为社会组织方面的专家，成为社会组织建设发展中不可缺少的力量。

四是为社会组织构建交流桥梁。评估开阔了社会组织眼界，增强了社会组织彼此之间的联系，为各类社会组织架起了一座相互交流、走访、沟通与合作的桥梁。通过互惠互利，互通有无，提升了社会组织自我管理、自我完善、自我发展的能力，使社会组织的整体水平有了提高。

## 三、存在的问题

2013 年省管社会组织评估工作总体取得了良好的成效，但也发现了一些亟须解决和改进的突出的问题，主要集中在以下几个方面：

1. 评估指标的适用性有待加强。目前，评估指标由民政部制定颁布，细化到四级。各地在民政部公布的四级指标基础上细化至五级指标。从评估实践来看，民政部制定的四级指标本身存在以下问题：有的评估指标操作性较差，缺乏科学性；有的评估指标裁量幅度过大，影响评估结果的精确性；部分评估指标对社会组织要求过高，对全国性社会组织具有考察意义，但基层社会组织往往很难达到。同时，由各地自行对五级评估指标作出细化，导致各地掌握的具体评估标准和方法不统一。

2. 部分评估专家工作质量出现问题。专家之间打分标准不一致，有的专家组审查材料不严格，甚至出现违反评估工作纪律的情况。由于评估指标赋予专家较大的自由裁量空间，客观上导致专家赋分存在一定的主观性和个人倾向性，分数的横向可比性差。部分专家不能准确把握评估指标的精神，严格遵循评估赋分的要求，审查材料流于形式，滥用专家地位，工作质量出现问题。

3. 部分社会组织存在弄虚作假的情况。评估中发现，有的参评社会组织为取得更高的评估等级，在准备评估材料过程中仓促拼凑材料，甚至提交虚假材料。虚假材料多见于规划计划、内部制度、会议纪要、会议通知等材料。

4. 缺少理想的能够提供评估服务的第三方评估机构。我省的社会组织评估工作目前还处在起步阶段，省内能够承担评估服务的第三方机构很少。经过一年的实践，首次省管社会组织评估的第三方评估机构的服务质量存在一定问题。缺少高质量的第三方评估机构将成为评估工作日后发展的一大瓶颈。

## 四、进一步加强和改进社会组织评估工作的政策建议

社会组织评估是各级民政部门为依法实施社会组织监督管理职责，促进社会组织健康发展，依照规范的方法和程序，由评估机构根据评估标准，对社会组织进行客观、全面的评估，并作出评估等级结论。做好评估工作，应当继续坚持分级管理、分类评定、客观公正的原则，实行政府指导、社会参与、独立运作的工作机制。为进一步加强和改进我省社会组织评估工作，在深入调研的基础上，现提出以下政策建议：

1. 细化分类评估指标，提高评估指标的科学性。一是细化分类。在去年的7类社会组织评估指标的基础上，进一步细化分类，设置10类社会组织评估指标，即在社会团体指标中增设体育类社会团体，并将民办非企业单位指标分设为民办教育机构、民办科研机构、民办公共服务机构三类，

增强评估指标的针对性和可操作性。二是根据社会组织建设和管理的工作重点和政策变化对四级指标进行微调。根据社会组织发展要求和有关政策的变化，增加相应指标或合理调整部分指标的分数权重，体现政策导向性。例如，社会团体分支（代表）机构取消登记后，应对相关指标进行相应调整。再如，为加强社会组织诚信建设，增设“受有关部门约谈、训诫、通报、整改情况”等指标。三是在民政部制定的四级指标体系的基础上，进一步细化完善我省的五级指标体系。五级指标是评估赋分的关键，应对那些分值较高但描述简单的指标进行细化，给出更明确的评判标准，尽可能减少赋分的主观性和随意性。

2. 创新评估机制，委托第三方机构作为评估机构。根据评估工作职责分工，由评估委员会负责社会组织评估工作，评估委员会可以下设办公室或者委托社会机构（以下简称评估办公室），负责评估委员会的日常工作。目前，评估办公室的设置方式大致有三种：一是由民政部门直接牵头，设在民政部门内部；二是由民政部门下设的社会组织服务中心或牵头成立的社会组织促进会等机构承担评估办公室工作，民政部和大部分省份均采取此种模式；三是委托第三方社会机构承担评估办公室工作。委托独立的第三方社会机构承担评估办公室职能，可以更好地体现评估工作的独立性、公平性，有利于提高工作效率和专业性，代表了社会组织评估工作日后的发展趋势，是民政部所提倡的。在去年的评估工作中，我省这一做法得到了国家民间组织管理局的充分肯定。作为一项改革创新，建议继续试点委托第三方评估机构承担评估办公室职能的模式。为了挑选出更加专业、高效、自律的第三方机构，建议应在社会组织中进行公开遴选。

3. 开发使用社会组织评估管理系统，提高评估工作的智能化水平。在新的五级评估指标体系基础上，委托有关开发单位开发设计我省社会组织评估管理系统，提高评估的规范化和智能化水平。利用系统对评估数据进行综合数据分析，更好地掌握我省社会组织的发展动向。

4. 建立社会组织评估专家库。为提高专家质量，增强评估的权威性，建议按照《社会组织评估管理办法》的有关规定，从有关政府部门、研究机构、社会组织、会计师事务所、律师事务所等机构中，遴选权威专业人员，组建我省社会组织专家库。对遴选出的专家开展业务培训，提高专家的评估工作质量。对评估专家实行动态管理，对于不能很好地履行职责的专家，应及时淘汰。

5. 完善评估工作机制，进一步严格评估纪律。为加强评估工作的规范性、科学性，提高评估工作质量，建议加强对评估办公室的管理，建立健全定期报告制度和不定期检查制度，随时发现问题、解决问题；完善专家库制度，根据评估工作进度，现场考察前，由登记管理机关从专家库中随机抽取评估专家，组成专家组，确保评估的公正性。

6. 加强对评估结果的运用，推动社会组织更好地参与社会服务。一是对评估等级较高的社会组织给予一定物质奖励；二是注重将评估结果运用于日常管理，例如对于获得 3A 以上评估等级的社会组织，直接获得承接政府职能转移和购买服务资质，对 3A 以上评估等级的社会组织简化年检程序。这些措施都将极大地提高社会组织参评的积极性，促进社会组织更好地参与社会服务。

# 关于湖北省乡镇“七站八所”改制后运行情况的调研报告

湖北省民间组织管理局

2003—2004年，湖北省积极探索“以钱养事”新机制，在京山县和咸安区相继进行了最为艰难的撤销“七站八所”并买断人员身份的改革，都基本实现了平稳过渡。2005年，湖北省全面推行乡镇综合配套改革，对乡镇机关进行大幅度的撤并，仅设“三办一所”即党政办公室、经济发展办公室、社会事务办公室和财政所，原有的“七站八所”乡镇直属单位基本转制为独立的市场主体——民办非企业单位。10年来，这些改制单位运行情况如何，最近，华中师范大学与湖北省民间组织管理局组成联合调研组对孝感市、天门市、潜江市进行了调研，在认真分析问卷调查、基层干部群众和各方面意见和建议基础上，就乡镇“七站八所”转制后改革成效、运行现状问题进行了认真研究，提出了一些建设性建议，现就有关情况报告如下。

## 一、乡镇“七站八所”改制的基本做法和主要成效

### （一）基本做法

20世纪80年代，国家为适应农村发展需要而构建的整套提供农村基本公共服务的机构和体制。乡镇职能部门逐步建立起来，主要有农业、林业、水利、畜牧水产、财政、民政、新农合、计生、劳动以及垂直管理的国土、工商、税务、公安派出所、人民法庭等，俗称“七站八所”。每个乡镇通常在20个以上，有的高达30个。然而，自20世纪90年代末以来，这些机构面临的问题日益突出，如人浮于事，人员技能老化，不能适应农业科技化需要；供养资金不足，人员无法保证；站所设备单一，无法进行更新和改进；站所承担大量额外性任务职能不清、责任不明；站所内部的考核、奖励和职能发展体系日益消解等一系列问题。

乡镇“七站八所”改制、建立“以钱养事”新机制，说到底就是“花钱买服务，养事不养人”，具体措施包含以下五个方面：第一，整体转

制。除中小学校、卫生院、财政所等外，乡镇事业单位在各地民政局或工商部门办理法人登记，申领营业执照，具备独立法人资格，以民办非企业单位的身份自主运作；第二，精减人员。依照“两退一转”方式全面买断原站所人员，经买断的人员在获取由政府提供的定量补偿金后全员加入社保，政府代缴一部分社保费用，而未经买断的人员将不具有新岗位的竞聘资格；第三，竞争上岗。买断后人员根据各地各站所服务岗位设置及其岗位要求竞争上岗，政府通过考核排名等形式选拔出优秀的服务工作人员，而排名在后的则无法获取相应以钱养事岗位；第四，订立合同。当前采取的是以县主管局为鉴证方、乡镇政府为甲方、服务人员为乙方的范本，而具体合同文本由各县局依据实际情况制定，合同具体规定了服务人员承担职责、工资待遇等内容；第五，绩效考核。严格考核服务人员的实际工作，通过上级部门的检查与乡镇领导、农民群众或村干部的评价两种考核形式评估服务人员的工作质量与效果，并以此作为绩效评定依据。

（二）主要成效

从调查的情况看，乡镇“七站八所”改制改革，在精减乡镇政府机关工作人员、推动基层政府职能转变、探索农村公共服务新机制和推进农村基层服务体系建立等方面取得了一定成效。主要表现在：

1. 精减了政府机关工作人员，优化了农村公共服务队伍

一是实现了行政人员的精减，降低了政府供养人员的成本，使公共服务财政的支出效益得到了提高，是乡镇“七站八所”改制最直观的成果。如，某县级市改革前原农技站、农机站与水产站三类站所共有全额拨款事业编制人数 330 人，其中农技站 251 人，农机站 51 人，水产站 28 人；改革后“三站”合一为农业技术服务中心，各乡镇共设岗位数 139 人，其中，种植岗位 90 个，农机岗位 25 个，水产岗位 24 个，与改革前相比精减了 191 人，精减比例达到 58%。调查中有一个乡镇从 8 个转制站所 75 名员工中分流出 38 人，精减比例超过 50%。

二是“以钱养事”机制的探索解决了“食之者众，生之者寡”的体制性弊端，避免了再走“收费养人、养人收费”的老路子。改革方案中，各地对乡镇站所人员实行买断，同时由政府为买断人员交齐买断前的保险金，并补偿一定的买断费用。

三是所有买断人员参加县业务主管局组织的资格考核，竞聘事先确定的以钱养事服务岗位，岗位设置一般根据乡镇农业人口数量或土地面积确定。竞聘上岗的人员与乡镇政府或县局签订以钱养事服务合同，同时解决在岗人员的养老保险问题。通过先下岗后聘用再上岗的方式，有效实现了

农村公共服务队伍的精减、优化。

2. 推动了基层政府职能转变，初步形成了“管办分离”的农村公共服务体系

“以钱养事”改革侧重点在于乡镇“七站八所”转制以及乡镇非营利性服务组织的建立。一是通过站所机构性质的转变，明确了乡镇政府和民办非企业单位在农村公共服务中的任务分工和不同地位，使农村公共服务供给模式由政府包办转变为以社会组织为主体的市场化运作，重构了农村公共服务体系。二是农村公共服务领域的行政监管工作由乡镇政府及县级职能部门负责，公益性服务项目则交由相关社会组织负责，改变了长期以来存在的“政事不分、管办一体”弊病。三是通过“以钱养事”，在相当程度上提升了我省社会治理的多元化水平，为改进社会治理方式、激发社会活力奠定了坚实的基础。

3. 创新了乡镇公共服务提供方式，提高了农村公共服务质量

“以钱养事”改革将市场竞争机制以及理性选择理念引入到农村的公共服务系统中，拓宽了农村公共服务的供给渠道，创新了乡镇公共服务体系。一方面，农村的公益性事务不再由政府一手包办，政府仅以出资方或发起人的身份参与农村公共服务，行使管理和监督的职能。政府通过与各个非营利性服务组织签订协议开展公共服务项目合作，同时借助合同标准规范服务过程、保障服务质量。

另一方面，公益性服务组织中工作人员改变了以前依赖财政供养而产生的消极、惰性心理，工作积极性与主动性大幅增强，工作作风和服务态度已受到了群众肯定，公共服务的质量与效率得到了显著提升。某县级市畜牧兽医局一位负责人深有感触地说，该市乡镇畜牧兽医服务中心自改革成立后服务质量明显提高、动物检疫工作尤其是产地检疫进一步规范，畜牧业生产保持良好发展势头、专业户数量扩大、规模化程度增加、畜禽品种不断优化、群众养殖积极性不断提高。

## 二、改制单位在运行过程中存在的困难和问题

对乡镇“七站八所”进行转制的主要目的是，通过建立农村公益事业以钱养事新机制，积极推动农村公益事业的发展和农业生产，解决乡镇政府工作机构臃肿、效率低下和服务方式单一的窘境，为乡镇松绑，为陷入困境的农村公益事业找出一条全新的出路。但在实际改制和运行过程中存在一些困难和问题。主要表现在：

（一）农村公共服务管理体制尚需进一步完善

当前农村的社会环境和群众的观念都发生了翻天覆地的变化，改制单位的运行实践也出现了许多新的情况、新的问题。一是乡镇“七站八所”单位性质改革了，但改制运行至今，后续相关配套政策措施出台较少，改制单位的运作方式不明晰，缺乏为农村提供公共服务的有效途径。二是相关职能部门的职责界定，不清晰、不明确，未能形成农村公共服务多元化运行机制。三是对乡镇改制单位引导。激发活力不够，未能形成一个良性市场化运作机制，以致农村公共服务的质量和效率低下。这些都需要加强农村公共服务的顶层设计，进一步完善农村公共服务管理体制。

（二）改制单位农村公共服务的市场主体地位尚未确立

乡镇“七站八所”改制的初衷是理顺政府与民办非企业单位在农村公共服务市场中的关系，确立民办非企业单位在农村公益性服务市场中的主体地位，借以构建起适应市场经济需要的农村公共服务体系，但目前在这方面还存在一些问题。一是在农村公共服务市场中，政府作为唯一的“买方”，仍显强势。有些乡镇政府在对民办非企业单位履行监管职能时，依旧将其视作政府的下属机构，并直接给其分配行政执法任务。这就导致了各个民办非企业单位名义上具备了独立法人资格，但许多方面仍然归于地方政府的管理，类似于“换了一块牌子的站所”。二是部分民办非企业单位一直难以接受自身身份以及单位性质的转变，“等、靠、要”思想普遍存在，自我造血能力明显不足。三是部分“民非”工作人员对于自身的身份认识模糊，认为自己从事的工作就是政府的工作，不应该被转为“社会人”；而既然已经转为“社会人”了，却又为何不做“社会人”的工作、不享受社会工作者的待遇。对于所在机构性质认识的模糊致使许多民办非企业单位在农村公共服务市场竞争缺乏足够的独立性和自主性，难以成为合格的市场主体，以至于自身发展受到阻碍。

（三）农村公共服务市场缺乏充分有效竞争

当前农村公共服务市场开放度仍然不高，难以形成有效的竞争场面。具体原因如下：一是农村公益服务供给主体相对缺乏。在乡镇层级，每个行业一般只有一个服务主体，多数地方将服务项目委托给本地站所转制成立的服务中心。即使尝试公开招标，由于缺乏有效的竞争主体，许多服务项目竞标的结果几乎没有悬念。二是农村公共服务市场的地域性限制。农村公共服务往往具有一定的地域性，这就要求提供技术性公共服务的机构必须对当地的地理位置、气候、土壤状况等各方面的区域性特征有很清楚的掌握，才能有效地提供与当地水土相符的服务项目。受此影响，外来服务主体一般很难打破地域界限参与到当地的农村公共服务市场竞争中。

（四）农村公共服务能力不适应现实需要

当前农村公共服务资金投入数量上的不足和机制上的不完善，严重制约了农村公共服务能力的提升。调研发现，不少民办非企业单位反映自身组织发展条件受限，缺乏必要的物质资金。有的开展服务的硬件设施欠缺，技术更新严重滞后，以致服务工作难以开展。例如，某县级市的畜牧兽医服务中心没有乡镇兽医化验室，缺少化验仪器设备，缺少冷藏运输车辆，其他的诸如免疫检测所需器械、诊断试剂等消耗品也无充足经费安排。有些地方服务项目的专项经费不按规定拨付。根据鄂发〔2005〕13号规定："县级财政对农村社会公益性服务资金（包括县级以上财政安排的专项服务资金），由乡镇政府或县级业务主管部门提出使用意见，由财政部门采取国库直接支付的办法直达用款单位。"但在调查时发现，许多民办非企业单位的"以钱养事"经费都要经过乡镇政府或县市职能部门下发，经费实时到账存在困难。

（五）改制相关配套措施不完善和落实不到位

当前的改革配套政策措施尚不够完善，一些规章制度仍然参照着改革初期的政策文件，未能紧随改革和社会发展做出相应的调整、完善。主要表现在两个方面：

一方面，农村公共服务队伍建设依然滞后，不能适应农村公共服务市场的现实需要。一是农村公共服务队伍人员素质参差不齐。某县级市农技推广服务中心中有市编制部门设置的岗位，一些乡镇干部借机安排人员进入中心工作，但此类人员大多未掌握农业专业技能，服务素质低下。二是一些民办非企业单位内部管理制度落实难。调研发现，"以钱养事"改革之初制定了较为系统的用人制度，但在实际的运作过程中却未能严格落实。部分单位未启用绩效考核机制，出现干多干少一个样、工作相互推诿的情况。三是有些单位因工作繁重而忽视了服务人员的专业技术培训，人员服务水平仍停留在改革前的水平。

另一方面，农村公共服务人员工资保障不足。如某县级市镇民办非企业单位成立之初每人缴纳8000元上岗保证金，每月工资466元，后经各方不断协调，最近几年工资调整到农口人员人均1250元/月、非农口人员人均1000元/月，2014年市综改办要求人均工资上涨250元，即使如此，该镇民办非企业单位人员的工资仍低于该市社会平均工资水平。另外，改革之初的文件中规定民办非企业单位人员的工资应当年均递增，当时普遍采取的做法是人均每年递增 20 至 30 元左右。这一标准一直沿用至今，无法跟上现今的物价涨幅。

## 三、进一步完善乡镇事业单位改革的思考和建议

乡镇“七站八所”改制后，虽然在实际运行中出现了这样那样的问题，但其坚持“政府主导、市场取向、社会化运作、调动社会力量参与农村社会服务”的总体思路与党的十八届三中全会提出的“使市场在资源配置中起决定性作用”、“切实转变政府职能，深化行政体制改革”、“改进社会治理方式，激发社会组织活力”等全面深化改革精神无疑是一致的。当前乡镇改制单位运转过程出现了一些困境，根本上来说是一些地方改革不到位、政策不落实、运作不规范导致的。

针对以上问题，2014 年湖北十二届人大二次会议提出“推行政府购买服务，事务性管理服务原则上都要引入竞争机制，通过合同、委托等方式向社会购买”。这是省委、省政府在新形势下为深化社会领域改革、推动政府职能转变、激发社会组织活力、提高公共服务水平作出的重大决策部署。为将上述政策落实到位，切实发挥政府、市场和社会在农村公共服务领域的作用，我们提出以下建议：

### （一）优化顶层设计，进一步理顺管理体制

乡镇综合配套改革效果的兑现需要优化制度设计，保障政策落实，规范农村公共服务市场化过程，理顺农村社会服务领域管理体制。为此，建议出台省级层面统一的规范性文件，优化顶层设计，一是进一步强化改制单位的市场主体地位，明确政府购买服务的资金来源，引入公平竞争机制，提高民办非企业单位的服务能力；二是探索建立起县级政府主管、民政部门考核、乡镇政府监督、职能机构指导的民办非企业单位管理体制。县级政府负责民办非企业单位财权与事权的监管，民政部门负责民办非企业单位登记年审，乡镇政府负责各服务项目的申报、验收及反馈，相关领域职能部门负责服务工作的业务指导。明确民政部门在对各类民办非企业单位监管中的权力义务，细化民政部门对各类民办非企业单位的审核程序。三是与时俱进，根据实际情况和深化改革的需要，对传统意义上的七站八所进行进一步疏理，对乡镇民政办、劳动保障所、乡镇福利院需要强化政府职能的，重新明确事业单位的改革方向；其他的乡镇改制单位，则需强化其民办非企业单位属性，严格按民办非企业单位管理，对于没有中央和国务院明确规定，地方职能部门不能以方便自身开展基层工作为由随

意回收。同时，各地可以依照各地实际情况需要因地制宜地开展农村公共服务市场化的创新实践，但不能超出政府主导、市场取向、社会参与的原则界限。

（二）强化改制单位的市场主体地位，创新管理方式

乡镇综合配套改革目的是实现农村公共服务市场化。这就需要充分发挥市场在资源配置中的决定性作用，强化改制单位的市场主体地位，构建开放有序的农村公共服务市场运转机制和政府、市场、社会分工明确、各司其职的农村公共服务体系。具体来说，一是要切实尊重并真正落实改制单位的市场主体地位。乡镇政府和县级业务主管部门要牢固树立服务型政府的理念，切实尊重改制单位的市场主体地位，做到有作为、不越位，坚决摒弃将改制单位视为自身下级机构的传统思维。明确乡镇政府主要在落实服务资金、保障服务人员的合法权益、为改制单位提供必要的物质条件，组织协调服务工作等方面发挥作用。明确县级业务主管部门主要在指导服务活动、负责服务人员资格审查、组织开展对服务人员的业务培训和职称评审、参与确定公益性服务项目、参与服务合同的签订、参与服务质量的考核验收等方面履行职能。二是细化服务清单，为固化改制单位的公益服务项目奠定基础。各地要按照有关法律法规和政策规定，要从本地经济社会发展的需要和农民生产生活的需要出发，因地制宜地确定农村公益性服务项目。乡镇政府和县级业务主管部门负责确定服务项目的具体内容，明确服务工作的质量和数量指标，并向社会公示。服务项目根据当地经济社会发展需要和财力情况适时动态调整，逐步增加、扩展。对突发性、不可预见性的公益性服务项目，由县乡政府临时安排。行政管理工作由乡镇干部承担，不得作为公益性服务“以钱养事”的内容。三是明确划分乡镇行政管理与乡镇公共农村服务公益事业的界限。改革以后，乡镇作为民办非企业单位的改制单位不属于乡镇政府的直属机构，应由乡镇政府承担的乡镇行政管理工作，不能强行要求改制单位无偿实施。从某种程序上说，改制单位也不具有从事行政管理的主体资格。如果乡镇政府需要将某些事务性工作交由改制单位承担，则应重新纳入政府购买社会组织公益服务的范畴。只有建立了这种机制，才可以为精简乡镇政府职能提供新的渠道，又可拓展改制单位的服务内容，为改制单位提供更广阔的发展空间。四是创新管理方式。探索成立由县级政府主管的农村公共服务统筹管理中心，由其代表相关职能部门统一履行农村公共服务项目规划、工作协调、信息发布和质量监管职能。

（三）强化竞争机制，激发改制单位发展服务活力

农村公共服务成本的降低、服务质量的提升和服务机制的良性运转都有赖于市场竞争机制的有效发挥。为此需要做到以下几点：第一，壮大农村公益服务供给主体。这就需要在清理、规范农村现有各类社会组织和中介组织的同时，大力培育新的农村社会组织和中介组织，尤其是提供城乡社区服务的社会组织，形成农村社会组织多元化发展格局。同时将农村公共服务主体从乡镇改制单位扩大到所有社会力量，所有具备承担农村公益性服务资格和能力的公益性服务组织、事业单位、企业和个人都可以成为服务主体，丰富构建完善竞争机制的社会土壤。第二，打破地域隔阂。目前，乡镇农村公共服务的提供主体主要是本地的乡镇改制单位，外地的农村公共服务主体难以进入，在事实上形成了一定程度上的地域垄断，竞争缺乏甚至没有竞争。应打破地域界限，突破乡镇行政区划的束缚，在地理位置相近或服务需求相仿的若干乡镇间营造信息对称、开放有序的农村公共服务供给市场，适时引入跨区域的外部服务主体，这样既有利于打破地域垄断，又有利于扩大农村公共服务的经营规模，培育服务品牌。第三，在人员流动上引入竞争机制。目前，多数乡镇改制单位的人员，有的是当初乡镇综合配套改革时通过竞聘上岗的，有的是原乡镇事业单位人员直接转换过来的。经过近10年的发展，其中一部分已经退休，大部分也临近退休，人员轮替已成必然。在改制单位更新人员时，要适度引入竞争机制，农村公益性服务人员一律采取公开招聘、竞争上岗、合同管理的方式选拔聘用。聘用一部分具有较高学历、相关专业技能的年轻人员，为改制单位补充新鲜血液，注入新的活力。

（四）加大财政投入和政府购买服务力度，提升参与社会治理的能力

农村社会公共服务的基础夯实和能力提升需要政府加大财政投入和购买服务的力度。第一，要强化财政保障水平。乡镇综合配套改革的关键就是要转变农村公共服务提供方式，变“以钱养人”为“以钱养事”，而并非剥离政府在加强农村公共服务方面的职责，也非弱化财政在农村公共服务方面的保障水平。既然如此，就要发挥政府在农村公共服务投入中的主导作用，保证财政在农村公共服务投入增幅明显高于财政经常性收入增幅，同时建立起稳定增长的长效机制。要将乡镇民办非企业单位履行公益性服务职能所需经费严格按政策标准测算后，纳入市级财政预算。第二，要加大政府购买服务力度。财政预算的农村公共服务资金，应以政府购买社会服务的方式，改变政府直接将资金拨往改制单位。在实际工作中，应将政府

列支的农村公共服务资金，细化为“以钱养事”项目，通过公开招投标，引入竞争机制，形成优胜劣汰的竞争格局，促进改制单位提升竞争能力。要加强对“以钱养事”经费使用情况的跟踪核算及审计，确保相关资金严格按照政策文件规定的标准使用，也促进改制单位通过改进服务质量来提升竞争能力。第三，针对乡镇事业单位“以钱养事”改革着重从服务对象的多少、服务任务的轻重来确定“以钱养事”经费，而没有考虑实现“以钱养事”的技术设备购置、维修、更新、升级换代的实际，各级财政应增加农村公共服务设备购置专项财政预算，专项用于改制单位购买公共服务的设施设备，提升改制单位的服务能力，使其能够更好地参与农村社会治理。

（五）进一步完善配套措施，形成支持发展合力

乡镇事业单位改制是一项牵一发而动全身的工作，涉及乡镇工作的各个层面，影响到改制对象的切身利益，必须整合相关政策措施，才能形成支持改制单位发展的合力，才能营造全社会关心支持改制工作的氛围。一是要将改制人员纳入各级各类培训范围。县级业务主管部门对从事农村公共服务人员的培训一年不少于5天。县级民政部门要适时组织改制单位负责人参加培训，学习民办非企业单位管理政策，介绍发展趋势，引导其做大做强。乡镇民办非企业单位要根据自身实际和工作需要为单位内部服务人员进行定期或不定期的业务培训。鼓励从业人员提升专业学历或考取专业资格证书，提升队伍业务素质。二是要在社会保险、医疗、职称评定、人事档案管理等方面，出台相关政策，将改制单位人员与企业事业单位人员平等对待，享受相关的政策待遇。对在农村公益性服务中作出突出贡献的服务人员，地方政府要给予适当的奖励；对自愿到乡镇从事公益性服务达到规定年限的大学毕业生，在招考国家公务员和事业单位职员时给予政策倾斜，并在同等条件下优先录用。三是加大宣传力度。要通过广播、电视、报刊、网络以及上门宣传等形式，深化农民群众对“以钱养事”机制的了解，使其意识到农村公共服务体系建设与自身利益的关系，提高其向农村公共服务组织提出服务需求的主动性和积极性，逐步认可并主动接受由社会非营利性服务组织供给的公共服务。政府部门要注意收集农民群众对已有服务的意见与建议，并将农民群众对服务人员的评价作为考核公益性服务合同履行情况的主要依据。政府部门要深入基层，了解农民群众公共服务需求，及时申报设立服务项目，开展服务工作，最大限度保障农民群众利益。

**联合调研组：**

**组　长**　陈荣卓　华中师范大学

成　员　祁中山　华中师范大学
　　　　吴斌祥　湖北省民间组织管理局
　　　　王斐道　湖北省民间组织管理局
　　　　涂才江　湖北省民间组织管理局

# 打好“社会组织牌”，筑牢“社区顶梁柱”

湖南省民间组织管理局

近年来，湖南省各级民政部门坚持以社区服务型党组织建设为引领，推动社区基层政权建设，创新社区治理方式，提高社会治理水平，涌现出了一大批善于创新、成效显著的国家级示范单位，有10个县（市、区）被命名为“全国村务公开民主管理示范单位”；9个城区、10个街道、30个社区被命名为“全国和谐社区建设示范单位”，4个县（市）被命名为“全国农村社区建设实验全覆盖示范单位”，2个区被确认为“全国社区治理和服务创新实验区”。

当前，随着社会主义市场经济体制的建立和政府行政管理体制改革的深入，“小政府，大社会”的政府职能回归，社区社会组织在深化居民自治、承接政府能力、促进社会和谐中的主体地位日益凸显。党的十八大和十八届三中全会站在推进国家治理体系和治理能力现代化的高度，把“激发社会组织活力”作为全面深化改革、创新社会治理体制的一项重要任务，作出了战略性的决策部署。湖南根据中央要求，按照“打好‘社会组织牌’，筑牢‘社区顶梁柱’”的总体思路，在创新社区治理、发展社会组织方面迈出了新步伐。

## 一、在思想上放心，真正把社会组织作为社区建设的骨干去认识

活跃于19世纪上半叶的法国社会学家、思想家托克维尔在考察美国、法国的社会后，得出了一个举世著名的论断：为了使一个社会保持活力，避免出现大的动荡，“必须使社会的活动不由政府包办”。现代政治学也认为，一个成熟的社会，是政府、企业和社会组织三种力量实现基本均衡的社会，其中社会组织是联结各个社会单元的重要纽带，是社会成员自我组织的基本方面，在经济、社会和生态建设中发挥着不可替代的重要作用，已经成为党和政府推动社会变革、加快社会进步的得力助手。社区社会组织具有民间性、志愿性和群众性，在深化社区治理和服务创新中发挥着十分重要的骨干作用。

近年来，湖南省紧紧抓住党和国家推进社会治理创新带来的新机遇，不断消除对社会组织冷漠、怀疑、戒备等错误认识，把培育发展社会组织工作列入党委、政府工作的重要议事日程，解放思想，放心发展，做了许多富有建设性的探索和实践，形成了一批具有地方特色的社会组织品牌，有力地推进了社区治理和服务创新。

比如，长沙市雨花区在“全国社区治理和服务创新实验区”创建活动中，以“十百千”工程为载体，“十”即明确社区社会组织重点发展十大类别，建立专业性的社区社会组织 20 个；“百”即扩大社区社会组织规模，提高社区社会组织的开放性程度，建立百人以上的社区社会组织 100 个；“千”即明确社区社会组织发展总量，建立 1000 个广泛参与的社区社会组织。目前，全区有社会组织 653 家，社区服务类社会组织 396 家，占 60.6%；还分别在阳光锦城和东塘、砂子塘、左家塘等地建立区、街道社会组织孵化暨公益项目实践基地，推动了社区服务类社会组织犹如雨后春笋似的茁壮成长。

又比如，长沙市开福区望麓园街道荷花池社区把社会组织作为社区治理的“王牌”，很有成效。该社区总人口 9251 人，流动人口占了近三成，是一个典型的流动人口多、单位多、经营门店多、出租屋多的老城区社区。公共设施老化、停车位不足、流动摊贩集中……这些老旧开放式社区共同面临的管理难题在荷花池社区表现得尤为突出。社区有限的工作人员在面对这些千头万绪的民生问题时，这种“少数人管多数人”的模式在实际工作中困难很大。对此，荷花池社区遵循“社会协同、公众参与”的思路，成立了“畅通管家”、“花枝俏”、“平安哨团”、“众事能调”、城管理事协会等 10 个社区社会组织，引导社区居民参与城市管理、群防群治、爱绿护绿、维护交通秩序等社区公共事务，让“少数人管多数人”变成了“多数人管少数人”，让那些制约城市管理的难题逐一得到破解。

## 二、在管理上放手，真正把社会组织作为社区治理的主体去培育

社区社会组织是居民自愿组建的履行自我教育、自我管理、自我服务的各类非营利性组织，具有草根性、民本性、自发性的特点。这种独特性决定我们对其管理必须灵活，要松手鼓劲。2014 年 2 月，湖南省委、省政府根据中央要求，下发了《关于加强和创新社会组织建设与管理的意见》，明确城乡社区服务类社会组织实行直接登记管理制度，城乡社区服务类社会组织可比照现行规定和要求适当降低登记门槛，城乡社区服务类社会组

织既可以申请登记，也可以备案。我们立足社区实际需求，分类指导，重点培育、优先发展以下五类社区社会组织：

公益服务类社会组织。培育和发展能满足社区居民生活需求、诚实守信、服务周到的公益类社会组织，开展面向社区居民的便民利民服务及公益性服务。

社会事务类社会组织。培育和发展能承接政府社会事务的社会组织，通过政府购买服务的形式，承接政府部门和街道办事处可以不直接承担的社会服务性和事务性工作。

文化体育类社会组织。培育和发展能满足社区居民文化和精神需求的社会组织，大力宣传社会主义精神文明，丰富社区居民的精神文化生活，倡导科学文明健康的生活方式。

慈善救济类社会组织。培育和发展社区互助社、慈善会、雷锋超市等社会组织，广泛开展慈善捐助、送温暖等社区互助活动，增强社区自我救助功能，拓宽基层社会救助渠道。

社区维权类社会组织。积极引导社区群众强化自我教育、自我管理的意识，培育和发展为老年人、残疾人、青少年提供法律服务的社会组织，拓宽群众维护合法权益渠道，搭建沟通桥梁，营造和谐稳定的社区环境。

通过近几年的培育发展，特别是自 2013 年中央和省福彩公益金对社区社会组织有了一定的项目支持后，我省社区社会组织有了较快发展。截至 2014 年 6 月，全省共登记社区社会组织 1814 家，备案社区社会组织 2917 家，这些社区社会组织活跃在社区居家养老、慈善捐助、代理服务、环境治理、再就业培训、文体活动、困难帮扶等各个方面，已经成为整合社区资源、推进社区建设、完善居民自治、服务居民群众的一支重要力量。

比如，长沙市开福区王家垅社区根据社情特点和群众需求，通过多年探索与实践，社区居委会找到了“草根协会”自治这个有力抓手，即改变以往单一的行政管理手段，按照“民主决策、民主管理、民主监督”的居民自治原则和“一切为了群众，一切依靠群众”的工作思路，积极发展了一批公益类、服务类、慈善类、维权类社会组织，建立完善了社区牵头组织、部门对口培育、居民广泛参与的培育发展机制，基本形成了发展有序、覆盖广泛、布局合理的社区社会组织框架体系。如针对麻将扰民问题成立了麻将协会，针对宠物豢养问题成立了宠物协会，针对乱搭灵棚问题成立了红白理事会，针对家庭矛盾问题成立了老妈妈协会，针对残疾人这个特殊群体成立了残疾人协会，针对环境损坏问题成立了护绿协会，针对社区安全问题成立了平安志愿者协会，此外还成立了计生协会、社区物业管理协会、老年文体协会、关心下一代协会等，居民参与社区管理服务的积极性日益高涨，“草根自治”的成效日益显现，有效地服务了居民，促进了和谐。

## 三、在政策上放权，真正把社会组织作为社区服务的平台去扶持

目前，湖南省社区社会组织整体还处于初级发展阶段，迫切需要党委、政府的正确引导和大力扶持，在政策层面形成有利于社会组织改革创新的制度优势。为此，我们2014年先后推动出台了省委、省政府《关于加强和创新社会组织建设与管理的意见》、省人民政府《关于推进政府购买服务工作的实施意见》、省委组织部、省社会组织党工委《关于进一步加强社会组织党建工作的意见》等一系列政策文件，对社区社会组织这个重要“家庭成员”格外上心、格外呵护，“高看一眼、厚爱一层”，重点培育、优先发展。主要是注重“三子”：



搭台子。社区社会组织大多是“草根性”的，普遍存在缺场地、缺资金、缺管理、缺人才等问题。为此，我们积极争取和盘活各类服务资源，建立社区社会组织孵化基地，织好社区社会组织发展壮大的“摇篮”。采取专题讲座、论坛沙龙、技能竞赛、专业培训、“一对一”帮扶等多种方法，重点帮扶初创型和雏形社区社会组织，为他们提供场地设备、规范化建设、能力提升培训、参与社区建设、备案协助以及资金补贴等关键性支持。株洲市2013年由政府提供场地和资金引进成立了大同社工服务中心，试点开展老人服务、青少年服务、家庭服务、志愿者服务等；2014年中心进一步发展壮大，已经为辖区内7个社区4万多居民提供社工服务。

建班子。充分发现和挖掘社区内的各类人才，根据他们的优势特长，动员他们带头成立各类社区社会组织。加强社区社会组织骨干力量的培养，推荐政治素质好、工作能力强、热心社区建设和公益事业、在居民中具有较大影响力的社区居民，担任社区社会组织的法定代表人，增强社区社会组织对人才的吸引力。加强业务指导和培训，为社区社会组织带头人提供必要的专业知识，提高带头人的组织服务能力。积极开展社区社会组织培育发展优秀带头人评选活动，通过树立典型，提升优秀社区社会组织的示范带头作用。长沙市天心区城南路街道办事处就建立了天心阁、席草田两个社会组织孵化基地，积极发动社区“达人”领办或创办社会组织，一年多来共引进“行动者”、“福康”等专业培训机构2个，孵化“可儿工作室”、“七彩社工”等专业组织2个，扶持互助服务“援力社”、残障俱

乐部“馨康家园”、外来人口“第二亲情家园”等社区组织34个，这些社会组织围绕扶贫济困、权益维护、设施建设、文明创建等内容，开展主题活动371次，化解社区矛盾64条，募集资金20余万元，有力地促进了社区建设。

架梯子。建立政府购买服务机制，各级各有关部门拓展与社区社会组织的合作领域与项目，将有关公共服务和社会事务项目委托给有条件的社区社会组织承担，通过奖励、补贴或委托管理等方式，向社区社会组织购买服务，破解社区社会组织运转的资金瓶颈。加强物力支持。充分利用社区文化宫、图书室、活动中心等阵地资源，为社区社会组织提供活动场地和基本服务。积极整合社会各方力量，鼓励和支持辖区内企事业单位利用闲置资源和专业优势，扶持发展公益性社区社会组织。湖南省包括社区社会组织在内的大批社会组织得到了各级财政和福彩公益金的项目支持。中央财政2014年安排社会组织项目资金2亿元，湖南省有13个社会组织争取资金430万元，项目数和资金总量分别比2013年增加225%和122%；湖南省还选择保障性住房后续管理、机关后勤服务、养老服务、环境监测、新建公路养护、法律援助、社区矫正7个项目开展政府购买服务试点；省本级福彩公益金2013—2014年安排社会组织项目资金1000万元，有力地促进了城乡社区服务用房和活动场所标准化建设、社区带头人队伍建设、社区基础保障、社区社会组织建设等重点工作。

# 加强广西社会组织管理改革创新的调查与思考

广西壮族自治区民间组织管理局

近年来，广西坚持培育发展和监督管理并重的方针，深入贯彻党的群众路线，坚持问计于民、问政于民，加大社会组织管理制度改革创新力度，全区社会组织总体呈现健康有序发展态势。截至2014年底，我区各级民政部门依法登记的社会组织达20437个，社会组织总量突破2万大关，比上年增长17%以上，其中社会团体12439个，民办非企业单位7949个，基金会49个。社会组织在加强自身建设的同时，积极参与社会服务，在助学、助医、助残、助困等公益慈善领域发挥了积极作用，已成为社会治理的重要主体。但由于法律、政策、体制、文化和经济等因素影响，目前广西社会组织发展仍面临一些问题。

一是管理体制不健全，社会组织发展障碍不少。我国现行的《社会团体登记管理条例》已有16年没有修订，政策不配套，法规严重滞后。比如，1998年国务院颁布的《社会团体登记管理条例》规定：成立社会团体需有30个以上单位会员或50个以上个人会员，地方性的社会团体要有3万元以上活动资金；必须有相关政府部门或经政府授权的组织作为业务主管单位才能登记等等。社会组织登记门槛过高，极大地阻碍了社会组织发展。

二是资金渠道不畅通，社会组织作用发挥有限。社会组织资金来源途径单一，政府资助很少，社会捐赠有限，许多社会组织只能依靠征收会费来维持机构的正常运转，很难从事相应的社会服务工作。加上社会组织从业人员待遇普遍不高，社保、医疗、职称等方面的政策保障不完善，只能成为退休官员或兼职人员留守的园地，很难吸收高层、专职人才。

三是自身管理不完善，社会组织公信力较弱。部分社会组织依附主管部门成立，隐形利用业务主管部门的公共权力面向企业、社会收费，解决部门富余人员再就业，弥补正常工作经费不足，解决部门福利待遇。不少社会组织没有建立健全的法人治理结构，内部管理制度不完善，私自分配募集资金现象也时有发生，社会组织的行政化倾向弱化了自身的公益性、行业性、影响力和号召力，破坏了自身的社会声誉和社会公信力。

四是执法力度不到位，社会组织监管受限。广西各级社会组织登记管理机构、人员等问题还没有得到很好的解决，全区111个县（市、区）民政局负责社会组织管理的工作人员，平均只有0.3人，东兰、巴马、凤山、西林、那坡等老少边山穷县，至今没有专门的社会组织管理机构和专职管理人员，造成对社会组织工作调查研究不够，对社会组织分类指导服务不够，对社会组织监督管理不到位，影响了社会组织的正常发展。

党的十八大明确提出要“加快建立政社分开、权责明确、依法自治的现代社会组织体制”，十八届三中全会对创新社会治理方式、激发社会组织活力作了专章部署，十八届四中全会强调要“加强社会组织立法”。这充分显示了国家高度重视社会组织发展及其在社会治理中的作用发挥，社会组织将迎来一个大发展大繁荣的新机遇。从广西社会组织目前发展现状来看，与时代发展要求还有较大差距。因此，我们建议：

（一）加快社会组织法规政策修订。如前所述，国务院出台的我国现行《社会团体登记管理条例》已有16年没有修订，政策不配套，法规严重滞后，应加大条例修订步伐，尽快完善相关配套文件，更好地规范和促进社会组织健康有序发展。

（二）优化社会组织发展环境。一是加快政府职能转变。政府部门要逐步将决策咨询、标准制定、行业统计、行业规范、资格认证等职能以及社区事务性、公益性、社会性工作，转移或委托给有相应资质的社会组织承担。政府分离或新增的社会治理和公共服务事项，要优先考虑发挥社会组织的积极作用，符合条件的由政府向其购买服务。二是推进政府购买服务。建立以项目为导向的政府购买社会组织服务制度，制定购买社会组织服务管理办法和年度购买服务目录，将购买社会组织服务经费纳入财政预算。建立竞争择优和绩效评价机制，促进社会组织平等参与社会治理和公共服务。三是加大资金扶持力度。建立公共财政对社会组织扶持机制，各级财政每年安排一定资金，专项用于社会组织参与社会服务的补助，主要支持社会组织承接社会服务试点、社会工作服务示范、社会组织人员培训、社会服务项目实施管理、社会组织服务平台、评级评优激励等项目。鼓励金融机构为符合条件的社会组织提供信贷支持，拓宽社会组织筹资渠道。

（三）激发社会组织活力。一是加强社会组织党建工作。逐步理顺社会组织党建管理体制，探索建立结合业务抓党建的工作机制，完善党组织设置方式，采取单建、联建、挂靠组建、区域或行业统建等形式，做到“应建尽建、应派尽派”，提高社会组织党组织覆盖率。二是深入推进政社分开。广西2007年就开展政社脱钩工作。目前要按照中央的部署和要求，深入开展政社脱钩工作“回头看”，深入清查整治行业协会商会与行政机关脱钩情况，加快建立政社分开、权责明确、依法自治的现代社会组织体制，真正实现行业协会商会自愿发起、自选会长、自筹经费、自聘人员、自主会务和无行政级别、无行政事业编制、无行政业务主管部门、无现职国家机关工作人员兼职；做到独立公正、行为规范、运作有序、代表性强、公信力高，适应社会主义市场经济发展要求、符合国际惯例，并充分发挥职能作用。三是建立健全评估机制。完善社会组织分类评估指标体系和方法程序，扩大社会组织评估面，社会组织一届任期内应当参加一次评估（含复评）。建立社会组织绩效评估激励机制，将社会组织评估结果作为其承接政府职能转移、参与政府购买服务项目、享受政策优惠、评选先进示范社会组织等相挂钩的资质条件。四是建立有序退出机制。建立优胜劣汰的退出机制，大力推动社会组织重组和优化改造，该注销的注销，该合并的合并，该撤销的撤销，实行有序退出。

（四）加强社会组织能力建设。一是完善法人治理结构。制定出台行业协会法人治理、社会团体选举工作、章程示范文本等规章制度，引导社会组织建立和完善以章程为核心的换届选举、决策议事、人事管理、财务管理、机构管理等内部管理办法，探索公开竞选，推行差额选举，扩大直选范围。健全会员（代表）大会、理事会、监事会等制度，完善内部组织架构。二是强化诚信自律建设。建立社会组织诚实守信、公平竞争、规范运作、信息公开、服务承诺等自律制度和失信惩戒制度。开展社会组织诚信自律创建活动，推进社会组织信用体系建设。三是提高信息化水平。加快推进全区联网的社会组织登记管理信息系统建设，建立健全社会组织信息数据库，实行基金会信息公开制度，在新闻媒体公告涉及公众利益的社会组织事务；其他重要事务，在登记管理部门指定的网站公开，接受社会监督。

（五）加强社会组织管理机构建设。重视解决社会组织登记管理部门的人员编制、工作经费、执法监管力量等实际问题，加强人力、物力和财力支持，配备与工作任务相适应的专职工作人员和执法设备。着力加强基层社会组织管理能力建设，建立定期培训机制，提高工作人员的服务能力。

# 海南省社会组织现状与培育发展对策

海南省民间组织管理局

## 一、海南省社会组织建设管理的现状

十八届三中全会通过的《中共中央关于全面深化改革若干重大问题的决定》提出，要正确处理政府和社会关系，加快实施政社分开，推进社会组织明确权责、依法自治、发挥作用，充分激发社会组织活力。海南省委、省政府高度重视各类社会组织在建设海南国际旅游岛进程中的积极作用。今年年初，省民政厅按照省委、省政府关于激发社会组织活力的相关意见精神，制定并下发了《海南省民政厅关于四类社会组织直接登记的通知》，同时会同省农业厅和省工信厅联合制订了《行业协会商会与行政机关脱钩试点方案》，将省农业厅和省工信厅列为脱钩试点单位，逐步推进行业协会商会的去行政化和社会组织承接政府职能的进程。

### （一）海南省社会组织的基本情况

目前，我省共有社会组织4200多家，其中省本级1327家。社会组织已遍布全省各个市县，涉及社会生活的各个领域，形成了门类齐全、层次不同、覆盖广泛的社会组织体系，在政治、经济、文化和社会建设中发挥着越来越重要的作用。

### （二）社会组织发挥的积极作用

社会组织作为政府、企业之外的第三部门，在服务社会、规范行为、反映诉求等方面，逐渐成长为一支不可或缺的建设力量。1. 实行政社分开，推进政府职能转变。为了切实扶持社会组织发展、建立新型政社关系，应当尽快实现政会分开，尤其是经济类的行业协会商会要与党政机关彻底脱钩。行业协会商会要严格依照法律法规和章程独立自主地开展活动，切实解决行政化倾向严重以及过于依赖政府等问题。要形成以“社”管“社”、政社分开、管办分离的分类管理新模式，促进政府职能转变和社会组织的独立健康发展。2. 转移剩余劳动力，搭建增收致富平台。我省不少行业协会从社会上招聘工作人员，一些发展良好的行业协会聘用人员较多。社会组织因地制宜，创办项目，吸收了部分闲散的失业人员。近年来社会组织直接吸收和安排下岗失业等社会剩余劳动力数量一直呈增长态势，其中包括部分残疾人，这为提高劳动者素质，促进社会剩余劳动力转移作出了贡献。与此同时，我省还重点发展了若干支柱经济产业领域的行业协会，目前经济类行业协会已经覆盖全省，成为广大人民群众发展经济的中介和桥梁。3. 丰富精神生活，壮大社会公益事业。海南省各类文体类协会、民办非企业单位发展迅速，如足球、乒乓球、象棋、太极拳、跆拳道、健身等体育协会、健身俱乐部都已相继成立。这类社会组织根据自身的情况，结合各自的特点，积极参与各项社会公益事业。4. 促进社会多元，奠定民主政治基础。我省社会组织还集中组织了一批专家学者、专业技术人员和管理人才，他们充分发挥自身的优势，热情地投身海南省城市建设和社会事业，奉献聪明才智，建功立业，造福社会，促进了区域经济的发展，丰富了群众物质文化生活，已经成为了构建和谐社会、建设经济强省的一支生力军。不少社会组织凭借组织自律来约束组织成员的行为，协助国家维护法律尊严和社会秩序。同时监督政府权力的行使和公共政策的制定，有效地保护了公民的合法权益。这些都对促进社会公平、公正起到了民主监督的作用。

（三）社会组织发展面临的主要问题

从总体来看，海南省社会组织的整体规模偏小、能力偏弱、结构不够合理、发挥作用不够明显，特别是公益慈善类社会组织的发展受到很大的制约，不能发挥其参与社会管理的作用。

1. 发育不全，难以发挥规模优势。我省社会组织的发展与地区经济发展的匹配度较低。在现有社会组织中，实力较强、作用显著的社会组织相对较少，部分社团是挂靠在部门的专业性团体，带有一定的官办色彩，纯民间性的社会团体数量有待进一步提升。就是近年发展较快的民办非企业单位，除个别民办学校以外，规模大、实力强的公益类组织相对较少。由于规模小、活力不足，一部分社会组织不能正常开展活动。个别社会组织没有按照既定的章程开展活动，内部财务、管理等制度不够完善，缺少严格的约束机制和监督机制，诚信自律和服务承诺难以保证。

2. 资金不足，难以进行正常活动。大多数社会团体其资金来源主要是依靠会费收入和政府补贴，但此类资金有限，难以满足日常开展活动的需要，而数量众多的民办非企业单位（其中民办院校占多数）最主要资金来源是学费收入，还有部分社团依靠会员单位每年的赞助。由于社会认知度不高、社会责任感不强，许多社会组织在调动社会资源、筹集社会资金方面的能力非常有限。社会组织作为参与社会建设的一支重要力量没有真正地发挥应有的作用。

3. 人才短缺，难以提供人力保障。外部受资源、经费、政策等因素制约大，内部兼职人员、离退休人员多而专职人员较少，高学历者所占比例较低，高素质人才匮乏，部分社会组织没有专职人员，这导致社会组织的组织性比较松散；有的社团会长、秘书长素质较低，法制观念淡薄；有的社会组织工作人员素质不高，未经过专业训练，具备公共管理知识和宏观协调能力的高素质专业人员十分短缺。

4. 缺乏认同，难以形成发展后劲。一些协会、学会、研究会等社团组织，内部管理不够规范，不能严格按章程开展工作。还有部分社会组织对依法登记的必要性和重要性缺乏足够的认识，未及时到登记管理机关办理办公地址变更、法定代表人变更、名称变更等手续。目前不少社会组织的社会基础、公民认同度相对较低，很难得到社会公众的支持和主动参与。除区域性社会组织本身规模不大、会员数量不多之外，同这些组织主动对外宣传、社会活动不多有关。

## 二、社会组织发展不畅的成因分析

### （一）社会组织缺少发展规划，结构构架不合理

相关部门没有把社会组织纳入经济社会发展的规划中，缺少统筹布局、分类指导，没有引导社会组织有序地发展，特别是政府公共服务管理和社会实际需要的社会组织发展不充分，造成布局、结构不合理。存在着“四多四少”：即互益性组织多，公益性组织少；运作型组织多，支持型组织少；政府推动型多，民间自发型少；教育培训类多，公益服务类少。

### （二）社会组织成立门槛过高，服务机制不健全

目前除行业协会商会类、科技类、公益慈善类、城乡社区服务类四类社会组织可以直接到民政部门登记、不再需要业务主管单位外，对大部分社会组织实行的是业务主管部门和登记管理机关双重管理体制，社会组织的登记成立必须要找一个业务部门，必须有一定的注册资金、办公场所和会员数量等条件。这使得部分社会组织特别是城乡基层社会组织因条件限制无法登记，或游离于正常管理范围之外，如自我服务、自我管理的公益类、服务类、慈善类的“草根组织”发展不足，使现有的基层社会组织无力担当社会管理重任。与此同时，对社会组织的服务机制不健全，缺少一个对社会组织培育、咨询、指导的服务平台，对社会组织分类指导、咨询

培训、培育发展不够，行业协会脱钩后，反而缺少对他们的指导和服务支持。

（三）社会组织扶持政策不落实，缺乏良好的发展环境

社会组织承担了部分政府职能和社会公共服务，但没有享受到应有的权益，很多政策甚至对社会组织存在歧视性，影响了社会组织的发展和作用发挥。目前，由于项目政策不够完善，相关行业的项目很难交给社会组织承担；人员权益保障、人事劳资保险政策不完善，使得有的社会组织工作人员认为在协会工作就像“流民”一样无人管，不仅无法与政府机关事业单位相比，而且无法与企业员工比。同时，资源匮乏也制约了社会组织的发展，有的纯民间社会组织由于没有资源和获取资源的能力，只能苦苦支撑，资源获取问题已经成为制约社会组织发展的一个重要因素。

（四）政府职能转移不到位，社会组织缺乏宽广的发展平台

首先，部分政府部门在对社会组织作用的认识和宣传上、发展环境上有距离，在思想观念上有偏见，有的因自身利益不愿转移职能到社会组织，有些已经转移的职能仍然直接受制于政府部门，自觉或不自觉地把社会组织作为自己的附属机构。加上政府与社会组织的新型合作关系尚未完全形成，政府购买服务的机制尚未全面建立，授权合作或互动合作就显得不够充分，有些部门对社会组织的服务与管理传统思维定式未明显改变，没有形成与社会组织协调互动的工作方式方法。其次，参政议政、反映诉求和与政府部门沟通渠道不畅通，社会组织掌握的行业重要信息无法及时送达有关部门，与一些部门决策不一致的意见不能送达政府有关部门。

（五）社会组织缺少有效的管理，监督落实力度差

在双重管理体制下，业务主管单位重点负责社会组织成立前的审批以及对成立后的日常业务活动的监督指导工作，登记管理机关侧重宏观管理、负责登记以及对社会组织违法行为和非法社会组织的查处。在实际工作中，由于人力、物力等办公条件的限制，一些业务主管单位只重视开办时的审批，不重视日常业务的检查，对社会组织开展业务工作的情况知之甚少，甚至丢掉了监督的职责。登记管理部门由于执法人员有限，开展对社会组织违法行为和非法社会组织的查处工作步履维艰。在实际工作中，业务主管单位和登记管理机关缺乏联络通气，处理社会组织事务协调难度大。

## 三、促进社会组织健康发展的对策与建议

社会组织的发展离不开政府的培育与扶持，在“培育”与“扶持”中

更蕴含了“合作”与“管理”，外部环境的不断优化可促进社会组织健康有序的发展。针对上述存在的问题和薄弱环节，我们认为必须坚持用发展的眼光、前瞻的精神、改革的勇气、务实的作风，以科学发展观为指导，以十八大、十八届三中全会精神为统领，深入研究制订有力的措施，从以下六个方面加大力度来推动我省社会组织健康发展和参与社会管理的作用有效发挥。

（一）加大合作互动，创造宽广舞台，激励社会组织发展，社会组织的生存与发展和政府职能转移密切相关

各级政府和相关部门要利用当前深化行政体制改革的有利时机，加大政策理论研究，积极提出措施建议，建立和完善相关法规政策。一是要转变观念，确立与社会组织的新型关系。要转变“发展理念”，既重视经济增长和 GDP 增加，也重视社会事业、社会管理的发展；要转变认识，通过社会组织发展促进政府改进管理经济社会的方式；通过政府职能转变促进社会组织充分发挥作用，建立一种合作互动的关系。二是要出台政策，推进政府向社会组织转移职能，营造发展环境。明确政府职能转变的领域，划定可以转移给社会组织的职能范围，完善社会组织承接政府职能的管理制度，扩大政府公共决策中的社会组织参与。三是让渡空间，逐步推广、规范向社会组织购买服务。要加大力度，推动政府部门在需求大、多样性的公共服务领域，以公开招标、合同管理等方式，向社会组织购买服务。要研究制定和完善“政府购买公共服务的实施意见”和相关规定。在制度上，建议将政府购买服务纳入公共财政体系，在具体工作上，建立和引入购买服务的竞争机制和评估机制。四是在促进社会组织参政议政上要有突破。社会组织是党和政府联系企业和人民群众的桥梁和纽带，是社会各行业的代表，了解民情民意的重要渠道，是社会管理的重要部门。因此，要畅通沟通渠道，建立沟通协商机制。建立人大、政协会议社会组织列席制度，建立重大行业决策征询社会组织意见的制度，建立社会组织人才培养和使用制度，鼓励社会组织中的优秀人才积极参政议政，人大、政协部分委员在社会组织中产生。

（二）加大政策扶持，增强内在动力

资助社会组织发展为增强社会组织参与社会管理的能力，一是提供资金支持。缺乏资金是社会组织发展中普遍存在的难题，建议各级政府推动建立公共财政对社会组织的资助和奖励机制，为社会组织提供启动资金、活动经费补助、工作经费补助等专项扶持资金。重点扶持一批行业协会和具有示范导向作用的公益服务性社会组织，将社会组织发展专项资金列入

财政预算。设立社会组织奖励资金，奖励先进社会组织。明确对公益性民间组织、社区服务组织、慈善互助组织等的补贴标准和实施办法，提高可操作性和实效性。同时，鼓励社会组织拓宽筹资渠道，增加公益积累。二是制定落实税收优惠政策。为鼓励支持社会组织发展，财政、税务等部门要研究出台社会组织税收优惠办法。增加优惠税种，保证政策落实，让社会组织真正享受到非营利组织的税收优惠。保障社会组织享有会费收取、政府委托培训等项目的税收减免待遇；对行政事业性收费，根据情况减收、缓收或免收；对育养服务、教育劳务、医疗服务、技术服务、农业服务等公益服务免征营业税和免征相关税收。民办非企业单位实际就是民办事业单位，要使民非单位享受与同类事业单位相同的平等政策待遇。通过税收优惠规范其服务活动，助推其快速发展。同时，要加强政策研究，认真解决社会组织发展中捐赠所得税收优惠政策、票据发放管理等问题，出台相关措施，实行动态监管。三是研究出台社会组织专职工作人员权益保障政策。要明确社团、民非工作人员的保险性质和享受的福利待遇。制定适合社工特点的人员流动、入户、工资福利、职称评定、档案管理、社工招聘等具体措施，促进社会组织人才队伍的职业化、专业化建设。研究出台资源共享等其他各项优惠政策等等。

（三）加强科学规划，优化布局结构

引导社会组织有序发展，要将社会组织的发展纳入国民经济和社会发展规划，研究制订社会组织发展规划和全面的发展目标，使社会组织在数量、种类、布局等方面更加符合市场经济和社会的实际需要，重点培育一批适应政府职能转变后能承担起行业规范、协调、管理、监督职能的社会组织，逐步形成门类齐全、布局合理、覆盖广泛、发展有序的社会组织体系，实现社会组织总量、规模、结构、布局与海南省经济建设、政治建设、文化建设、社会建设保持同步，相互适应。当前要根据需要，调整结构布局，分类指导，有的放矢，重点培育和扶持四类直接登记的社会组织。规范发展行业协会商会，为地方经济提供动力；大力发展民办非企业单位，鼓励社会力量在教、科、文、卫、体、劳动培训、社会福利、法律援助等领域兴办民办非企业单位，以满足社会需求；鼓励发展慈善类公益社会组织，以化解矛盾，促进和谐，完善社保体系；引导发展社区民间组织，努力建设和谐文明社区；倡导发展职业类社会团体，以提高职业能力和服务水平。要优化结构，规范现有组织，对职能相同的整合归并一批，对能力弱、建非所用的注销一批，清理机关的“挂名”组织。继续加大行业协会的改革，坚决实行行政机关与行业协会的“四脱钩”。要在推进社会组织民间化上有新的突破。

（四）加大登记办法改革力度，培育和推动社会组织发展

由于社团、民非两个登记管理条例还是20世纪90年代出台的，准入门槛较高。现有准入办法已难适应当前城乡社区服务组织、农村经济服务组织发展的需要。一是对城乡基层社会组织要降低门槛条件，实行备案制度。要重视社区民间组织、农村专业合作组织发展，这是构建和谐社会的重要力量，也是我们的重要任务。要研究培育发展的政策和办法，探索试行降低门槛的登记制度和简化程序的备案制度，实行“双轨管理”的办法，完善示范章程、备案文件、备案证书、活动准则等，统一纳入培育、发展、监督、管理的范围。在登记制度上，就是要降低门槛，简化手续，实行“简、免、宽”，放宽资金、会员数量、办公场所、专职人员条件等。二是积极探索放宽社会组织的准入政策和登记办法。按照“非禁即入、不适则调”的准入原则，只要群众喜欢、有需求、守法，只要法律法规允许，对政府职能转移、对社会有益的社会组织，就应该支持，允许各种正能量进入。宽进严管，鼓励和帮助一些新的社会组织进入市场，允许行业协会适度竞争，适度探索一业多会。三是要研究扶持规范基层民间组织的管理办法。既扶持发展，又要防止出现有害组织。在政策上要有规定、在管理上要有规范和加强。

（五）大力改善服务管理，搭建服务平台，孵化和保障社会组织的发展

相当一部分社团、民办非企业单位在起步阶段，会遇到各种各样的困难，不仅在办公场所、经费等方面捉襟见肘，而且政策、法律、办会的方向不够明确，都需要服务指导。改革开放以来，为了扶持高新技术适应企业的发展，我国建立了许多企业孵化器，起到了重要作用。可借鉴这一模式或者学习上海的经验，利用政府现有的资产，打造社会组织孵化基地。建立专业培训、技术孵化、投资融资、管理咨询等公共服务体系，为社会组织提供综合性培育和服务场所。孵化基地优先满足需要重点发展、重点扶持的社会组织进驻，为其创造宽松的发展环境，在办公用房、场地设施、吸引筹措资金、资源开发、小额补贴、人员培训、能力建设、政策咨询、注册协助、专业市场、信息传播交流和公益活动等方面提供扶持和帮助，缓解社会组织参与社会管理和公共服务中遇到的困难，扶助初创的公益组织健康成长。基地或“中心”的建设既为社会组织提供专业化服务，增强其竞争能力，又为公益资助人提供对公益组织筛选、评估、监督的专业服务平台，还可以成为社会组织开展丰富多彩公益活动的重要场所。筹

建孵化基地或中心，要制订方案和扶持办法，要探索“政府支持、民间力量兴办、专业团队管理、政府和公众监督、民间公益组织受益”的模式。在场地使用上，政府现阶段要利用现有资产，拿出部分房产资源尝试无偿或低偿提供给社会组织，建议适时财政拨款（或集资）资助兴建社会组织发展大楼，向全省社会组织提供低租办公场所，有能力再自行购买办公场所。各地要积极探索不同形式、不同层次的孵化基地和“中心”建设。此外各级登记管理机关要积极探索，大力改善服务管理，提高服务水平和服务质量，改进服务手段和设施，积极推进信息化服务，规范监管，积极开展和建立培训交流、联系沟通、评估、考核奖励等制度，提高社会组织服务社会的能力和自治的能力，切实推进社会组织健康、有序的发展，为构建和谐社会做出新的、更大的努力。

（六）树立品牌，培养人才，增强社会组织的发展后劲

在各种媒体上广泛宣传社会组织在发展本省公益事业、提供行业服务、满足居民需求、创建文明城市等方面不可或缺的作用。还要让社会组织充分认识到公共关系管理面临的问题及应采取的对策，树立品牌意识。处理好与媒体、服务对象、本组织会员以及政府的关系。可以灵活地运用多种沟通形式和各种渠道传递信息，组织必要的公共活动，努力与公众进行有效的沟通，树立勇于承担社会责任的形象，建立良好的沟通关系，提高公众知晓度。同时建立一支职业化、专业化的社会组织人才队伍也十分重要。要建立健全社会组织管理人才的培养机制，确保社会组织做大、做强，实现健康、持续的发展。在社会组织培育过程中，努力培育社会组织的服务品牌。为提高社会组织的专业性，应重视对社会组织专职人员定期进行业务和技能的培训，并鼓励社会各方面专业人士的参与。应该利用其公共管理的职能，通过一系列的手段来开展对社会组织从业人员职业道德素质的培养。加强对社会组织从业人员的职业资格或能力方面的培训和认证，建立经常性的培训制度，丰富培训内容，创新培训形式，提高培训质量。探索建立合理有效的激励约束机制，着力解决社会组织专职工作人员在劳动人事关系、社会保障制度等方面存在的问题，增强其职业感和归属感。社会组织的建设和管理已经进入了一个关键的时期，只有坚持改革创新，才能不断地解决前进中遇到的新情况、新问题。在新起点展望未来，社会组织改革发展创新，任重而道远，需要在科学发展观的指导下，找准发展方位，创造新的业绩，社会组织建设与管理将向更高水平、更高标准、更高要求的目标迈进。

# 加强社会组织党建工作的对策和建议

重庆市民间组织管理局

## 一、理顺关系，建立齐抓共管党建工作机制

一是理顺党组织隶属关系。按照“分级负责、属地管理、条块结合、分类指导”的原则，建立形成“党委统一领导、组织部门统揽、非公工委抓总、登记管理机关协同、业务主管（业务指导）单位负责”的党建工作机制。明确党建工作责任主体，避免多头管理或失于管理。对法律法规明确规定有前置行政许可审批的社会组织，如民办学校、民办医疗机构等，其党建工作由其审批机关负责；对政治法律类、宗教类等仍实行双重管理的社会组织，如社科类社会团体和民办非企业单位等社会组织，其党建工作由业务主管单位负责；对行业准入条件比较严格、规模较大、数量较多、管理比较规范的社会组织，如律师行业、注册会计师行业、注册税务师行业等，其党建工作由同级业务主管单位依托各行业党委进行管理；在民政部门直接登记的、无业务主管单位的社会组织，如行业协会商会类、科技类、公益慈善类社会组织，其党建工作由登记管理机关协调，同级行业主管部门（业务指导单位）负责；对规模较小、分布广泛，与街道、社区及乡镇、村关系紧密的城乡基层社会组织，如社区公共服务机构、民办幼儿园、个体诊所、农村专业经济组织等，党建工作实行属地管理。在社会组织党建工作中，还应充分发挥各人民团体（工商联、社科联、科协等）和行业协会、民间组织联合会等枢纽型社会组织的行业引领和自律服务的作用，形成齐抓共管的协作机制。二是健全工作机构。鉴于新成立的非公工委，编制有限，担负起社会组织和非公企业党建的全部工作有一定难度，建议在各级登记管理机关、归口行业主管部门（业务指导单位）和枢纽型社会组织成立相应的社会组织党委，落实专门工作机构和专职工作人员，并给予必要的经费保障，具体负责社会组织党建工作，切实抓好落实，确保社会组织党建工作两个“全覆盖”。

## 二、明确目标，促进党建工作有较大提升

两年内，初步建立起我市社会组织党建工作机制，具备条件的社会组织都成立党组织。全市性社会组织党组织覆盖率达到35%，在现有基础上实现翻一番，活动正常率达到80%；五年内，我市社会组织党建工作难点得到基本解决，全市性社会组织党组织覆盖率在现有基础上实现翻两番，达到70%，活动正常率达到95%以上，形成我市社会组织党建工作特色，并产生有一定影响的社会组织党建工作经验。

## 三、分类指导，不断提高党组织覆盖率

坚持"应建必建、应派必派"的原则，加大社会组织党组织组建力度，做到"成熟一个、组建一个，组建一个、巩固一个，巩固一个、带动一批"。一是符合条件单独建。凡是专职工作人员中有 3 名以上正式党员的社会组织，单独建立党组织。新登记成立的社会组织具备建立党组织条件的，指导督促其同步成立党组织。二是集中党员联合建。党员不足 3 人的，本着"业务相近、地域相邻"的原则，就近与其他社会组织建立联合党支部，或者按"行业管理或属地管理"的原则挂靠组建，扩大党组织的覆盖面。三是下派党员指导建。对暂无党员或不具备建立党组织条件的社会组织，按照"谁主管、谁负责"的原则，业务主管单位党组织通过选派专兼职党建工作指导员开展党的工作，做好培养入党积极分子和发展党员工作，确保党的工作覆盖到所有依法登记的社会组织，努力消除党建"空白点"。四是发展党员及早建。社会组织党员组织关系理顺后，仍不具备建立党组织条件的，可先行建立工会、共青团等群众组织，帮助做好培养入党积极分子和发展党员，注重从社会组织负责人中的企业家和高学历、高职称专职工作人员中发展党员，优化党员结构，为组建党组织创造有利条件。五是"双报双推"督促建。对社会力量新申请成立社会组织时，要摸清其从业人员中党员的基本情况。对已成立的社会组织，登记管理机关履行年度检查职能时，要求其报告上年度党建和党组织活动情况。对于管理规范，活动正常的社会组织，将要把党建工作情况作为评估等级的主要指标，进行考察。达到社会组织登记申报时推动建立党组织，年检年报时推动党组织发挥作用的目的。

## 四、准确定位，有效发挥党组织作用

社会组织党组织应准确把握功能定位，把党建工作的着力点放在支持

和推动社会组织发展、促进社会和谐上，做到党建工作与业务工作有机结合，实现以作为求地位、以服务求发展。一是注重参与科学决策。通过建立党组织参与理（董）事会联席会、党员议事会等方式，充分发挥社会组织党组织在参与决策、思想引领等方面的作用，促进社会组织公益性职能的展现，提高社会公信力。二是注重发挥示范作用。通过开展“党员先锋岗”、“亮身份、亮职责、亮业绩”等主题实践活动，在社会组织党员中开展设岗定责和公开服务承诺活动，激励党员争当岗位能手、争创文明标兵，广泛参与政府政策咨询和社会公益等活动，充分发挥在创建诚信党建品牌活动中的模范示范作用，树立社会组织回馈社会、为民服务的良好形象。三是注重发挥社会组织优势。注重发挥社会组织中党员和各类人才的专业优势，引导他们在应对重大自然灾害、化解社会矛盾、维护社会稳定等方面发挥作用。注重吸纳社会组织优秀党员担任党代表、人大代表和政协委员，引导他们为我市经济社会发展建言献策。

## 五、加强教育管理，切实提高党员队伍整体素质

一是加强学习教育。针对社会组织相对宽松、组织成员自由度比较大的特点，采取集中与分散相结合的形式开展学习教育。成立党员兴趣小组，充分利用QQ群、微信、论坛以及视频等手段，搭建党组织、党员和职工群众之间的学习交流平台，灵活有效开展社会组织党组织生活。二是强化动态管理。建立社会组织党员台账，做好流动党员管理工作，在社会组织中工作半年以上的流动党员，应及时转接组织关系；不能接转组织关系的，包括从事临时性、季节性工作的党员，应持《流动党员活动证》参加其就业单位的党组织活动。三是做好党员发展。注重从社会组织负责人中的企业家和高学历、高职称专职工作人员中发展党员，通过组织推荐、引导用人单位定向招聘党员员工等途径，把应届大学毕业生、退伍军人和下岗职工中的党员充实到社会组织中来，优化党员队伍结构。

## 六、夯实基础，强化党建工作保障

针对社会组织因普遍缺乏党务工作人员、活动经费和场地党建活动难以开展的现实，要强化专职党务工作者队伍建设和活动经费保障。一是选齐配强党组织负责人。采取组织推荐、双向选择的方式，将党性强、业务精、威信高、热爱党务工作的社会组织骨干党员选拔到党组织负责人岗位上来。对于社会组织内部暂时没有党组织书记合适人选的，可以采取上级党组织推荐或选派的方式，从机关事业单位退休（职）干部、离任基层党

组织书记和社会上有影响的知名人士中挑选一批党性观念强、党务工作经验丰富的同志充实到社会组织中担任党组织书记。二是建立党组织培训机制。做好以党组织书记为主体的社会组织党务工作者的培训工作，通过专题培训、参观交流等多种形式，加强对社会组织党务工作者的党务知识、管理能力等方面的培训，努力建设一支党性强、素质高、业务精的社会组织党务工作者队伍。三是落实活动经费保障。将社会组织党建工作经费纳入财政预算，保障社会组织党建工作正常开展。对于党员人数少、党组织工作刚刚起步的社会组织，可以考虑党费全部返还和从党建经费中划拨一定比例，作为社会组织活动经费，为社会组织正常开展党组织活动提供必要的经费保障。制定社会组织党务工作人员补贴制度，对社会组织专职党务工作者给予一定待遇。四是抓好活动场所建设。按照规范化建设的要求，落实好党组织和党员活动场所。调研中，我们发现可采用渝北区的做法，社会组织新成立的党组织，采取“五送”（送挂牌、送党旗、送制度、送专栏、送簿册）等措施，扶持其建立起比较规范化的载体，使之为正常活动打下基础。五是强化制度保障。建立身份确认制度，社会组织负责人、专职工作人员，若是党员的，在社会组织工作期间，其组织关系原则上应转入社会组织；健全评估制度，将社会组织党建情况作为重要内容纳入社会组织等级评估的指标体系；建立奖惩制度。每年开展社会组织党建工作评先评优活动，对社会组织党建优秀人才可以在干部中选拔、任用时给予照顾，以调动和激发社会组织党建工作者的积极性，促进社会组织党建工作的开展。

# 社会组织的税收优惠政策研究

四川省民间组织管理局

为推动我国公益事业的健康发展，国家有关部门出台了一系列的公益性税收优惠政策，但由于我国公益事业的重要参与力量——社会组织，起步较晚，相关规章制度不够健全，导致政策的制定、推行遭遇瓶颈。本文通过对社会组织的税收优惠政策的介绍与分析，结合税收优惠政策实施中所遇到的问题，提出相应的政策建议。旨在为发挥社会组织税收优惠政策的效能作用、加强社会组织建设、推动公益事业健康发展建言献策。

## 一、目前我国社会组织的税收政策

针对社会组织的税收优惠政策主要包括两个方面，一是激励社会组织发展的税收减免政策，主要通过减免对社会组织财产增值部分的课税鼓励其发展壮大，从而增大社会组织的财产规模；二是鼓励公益捐赠的税前扣除政策，主要通过对捐赠人（企业和个人）的税收优惠激励捐赠行为，从而增加社会组织的财产来源。这两类政策的作用都在于税收调控，目的都是通过增加社会组织的财产加大对公益事业的支持力度。经过多年努力，我国目前已经形成包含这两个方面的针对社会组织的税收优惠政策的基本框架。

### （一）直接针对社会组织的优惠政策

目前中国并没有对社会组织设立专门的税收法律制度，与各种社会组织相关的税收政策规定，散见于各税种的税法规定之中。无论社会组织是否从事经营性活动，都会面临征税问题。根据《财政部、国家税务总局关于社会组织免税资格认定管理有关问题的通知》（财税〔2009〕123 号）规定，经省级（含省级）以上登记管理机关批准设立或登记的社会组织，可向其所在地省级税务主管机关提出申请。我国目前对社会组织的税收优惠政策主要有如下几类（见表 1）：

表1　我国与社会组织相关的主要税收优惠

| 主要项目 | 税收优惠 |
| --- | --- |
| 所得税 | 中国《事业单位、社会团体、民办非企业单位企业所得税征收管理办法》以及其他相关税法规定，在社会组织的收入总额中，一部分收入项目可以享受免税政策。包括财政拨款、社会团体取得的各级政府资助、社会各界的捐赠收入等九个项目 |
| 营业税 | 营业税税法规定，有关社会组织的营业税免税项目根据其特点和行为而定。如，托儿所、幼儿园、养老院、残疾人福利机构提供的养育服务、婚姻介绍等服务；非营利性科研机构从事技术开发、技术转让业务和与之相关的技术咨询、技术服务所得的收入等 |
| 增值税 | 我国税法规定，直接用于科学研究、科学实验和教学进口的仪器、设备，免征增值税。进口上述规定产品的社会组织可以享受该税收优惠政策 |
| 关税 | 我国税法规定，外国政府、国际组织无偿赠送的物资可以免进口关税 |
| 房产税 | 国家机关、人民团体、军队自用的房产、由国家财政部门拨付事业经费的单位自用的房产、宗教寺庙、公园、名胜古迹自用的房产免交房产税 |

资料来源：根据中华人民共和国有关税法整理。

“营改增”后社会组织的税收变化：社会组织只要其经营范围涉及试点内的业务，则其在试点开始后所发生的此类业务取得的收入都应当由缴纳营业税改为缴纳增值税。而其他在试点以外的业务收入，如果原来就缴纳营业税，试点后仍需要继续缴纳营业税。换言之，“营改增”并非是针对“机构”而实施的政策，而是针对“业务”实施的政策。一个机构如有多种业务，“营改增”之前只需缴纳营业税，但在“营改增”后可能同时要缴纳增值税和营业税。

（二）向社会组织捐赠的税收优惠政策

1. 企业。2007 年 3 月 16 日第十届全国人民代表大会第五次会议审议通过的《中华人民共和国企业所得税法》及《财政部、国家税务总局、民政部关于公益性捐赠税前扣除有关问题的通知》（财税〔2008〕160 号）规定，企业发生的公益性捐赠支出，在年度利润总额 12% 以内的部分，准予在计算应纳税所得额时扣除。

2. 个人。根据《中华人民共和国个人所得税法》及其实施条例的相关规定，个人用于公益、救济性捐赠，在年度应纳税所得额 30% 范围内准予扣除。另外在相关税收政策中还突破了上述扣除比例，通过列举的方式将纳税人（包括企业及个人）向中华慈善总会等25家社会组织的捐赠扣除标准提高到全额扣除。

（三）对社会组织的征税管理

《中华人民共和国税收征管法》并没有要求社会组织进行普遍登记，只是在其实施细则第十二条第二款规定，从事生产、经营的纳税人应当自领取营业执照之日起30日内，办理税务登记：而此规定以外的纳税人，除国家和个人外，应当自纳税义务发生之日起30日内，持有关证件向所在地的主管税务机关申报办理税务登记。此外，税务机关可以对各类社会组织的所有涉税事项进行税务检查。可以检查其账簿、记账凭证、报表和有关资料、商品、货物和其他财产，以及有关的单据、凭证、有关资料等。

## 二、现行的税收优惠政策存在的问题

我国为支持社会组织发展制定和实施了一些税收优惠政策，尤其是对公益捐赠行为和社会组织自身给予了特定的政策优惠，在一定程度上鼓励并壮大了社会组织的力量。但不可否认的是，随着经济和社会的进步，公众对公共服务的需求日渐增多，社会组织已进入了快速发展的时期，种种情况表明，我国现行的社会组织税收优惠政策已经无法适应形势发展的需要。总的来说，其中的问题大致可以归结为以下几方面：

（一）尚未形成支持社会组织发展的税收优惠政策体系

我国支持社会组织的税收优惠政策集中在公益捐赠以及社会组织两个层面，这符合国际上绝大多数国家的政策惯例。但是，由于我国的社会组织在新中国成立之后发展较慢，真正兴起也仅有不到30年的时间，在制度层面上至今也没有构建一整套合理、可行的中国社会组织发展的制度框架，从而在经济激励方面，也欠缺一个支持社会组织发展的税收优惠政策体系。这一不足主要体现在：

一是目前对于社会组织的财税政策只是散见于财政与税收政策之中，财税政策支持未形成一定规模，不仅对社会组织整体的支持缺乏力度，已有的财税政策安排也难以形成比较理想的效果。

二是未明确营利性组织与社会组织之间的界定，既缺乏对其是否获得免税资格或享受何种税收优惠待遇的法律认定标准，也没有区分公益性社会组织与非公益性社会组织及其不同税收待遇，还缺乏相关商业活动与无关商业活动划分标准，因此税式支出政策常被滥用。

三是对社会组织税收监管能力薄弱，相关规定缺乏监管部门的权责划分，操作性不强。纳税登记和征收管理制度缺失，现行《中华人民共和国税收征管法》关于登记、票据、检查等规定均不适用于社会组织。

（二）对公益捐赠的有效激励不足

将我国公益捐赠的税前扣除范围、扣除比例以及税收优惠方式等多种要素综合衡量，可以发现我国目前对公益捐赠的实际激励力度并不大。

一是对公益捐赠的所得税税前扣除的比例较低。我国对于企业的公益捐赠，在2008年1月1日新的《中华人民共和国企业所得税法》施行后，存在全额扣除与按年度利润总额12%抵扣两档标准。综合比较，其抵扣比例明显低于国际标准。另外，也不允许向境外社会组织的捐赠进行抵扣。捐赠抵扣手续烦琐，缺乏统一的捐赠票据管理。同时，对于个人的公益捐赠，在缴纳个人所得税时，只允许扣除30%的应纳税所得额。而西方国家的这一比例一般都在50%以上，这方面我国与其他国家相比，存在较大差距。

二是对于企业公益捐赠的税前扣除额超出部分，没有相应的结转规定，也不允许超过限额部分递延抵扣，这相当于对企业捐赠的额度做了一个无形的限定，既影响了企业公益捐赠的热情，又无益于社会公益资源的集中。

三是缺乏对实物捐赠进行抵扣的优惠政策。西方国家对公益捐赠的各类形式都持积极的态度，除现金捐赠以外，股票、债券、不动产以及衣物捐赠都可享受一定的税收优惠政策。而在我国，实物捐赠仅在特殊时期（如非典、汶川地震）享受过阶段性的税收减免，并没有专门针对实物捐赠制定明确的税收优惠政策，在一定程度上削弱了企业和个人参与公益捐赠的积极性。

四是对现行的税收优惠政策的宣传力度不够，政策效果没有充分发挥。据一些权威媒体的调查发现，有过一半的调查对象对公益捐赠的相关减免税政策不甚了解，有少部分调查对象虽然知道有税收优惠政策，但并不清楚具体的政策情况。由此可知，社会公众对公益捐赠的税收优惠政策的知晓度很低，对政策缺乏了解，也就意味着相关政策的实施并未达到预期的效果。

（三）个别税收优惠政策在执行过程中易造成社会组织的歧视性征税待遇

我国现行的社会组织税制还保留着较强的计划经济特征，按经济成分和官办民办标准制定不同的税收优惠政策。社会组织所得税是否免税的划分依据是视其收入是否纳入财政预算管理和财政预算外资金专户管理而定，具有浓厚民间色彩的社会组织不易获得免税待遇。仅就四川而言，税收优惠政策执行困难，目前只有少数拥有官方背景的社会组织获得了免税资格和对其捐赠可以进行税前抵扣的资格。相同性质的纳税主体却享受不同的税式支出政策，有悖税收公平原则。这体现在：

一是财政支持对象向具有官办背景的社会组织倾斜，对民间的公益性社会组织扶持不到位，不利于组织之间的公平竞争。无论是否具有官方背景，同类的社会组织在公益事业中发挥的作用并无实质差别，而现实中的财政支出过于偏向官办社会组织，政策有失公允，并不利于培育和壮大民间公益组织的实力。

二是公益捐赠税前扣除资格的认定不利于社会组织的公平竞争。除一般性的税收优惠政策外，国家还出台了《财政部、国家税务总局、民政部关于公益性捐赠税前扣除有关问题的通知》（财税〔2008〕160 号）和《关于公益性捐赠税前扣除有关问题的补充通知》（财税〔2010〕45 号），对通过审核的公益性社会组织给予公益捐赠税前扣除资格。从这几年公布的名单来看，大多数是慈善会和基金会享有了这一政策优惠，其他类型的公益性社会组织以及一些活跃在基层的组织少有受益，这必将造成公益募捐能力的分化。

三是政府购买社会组织服务以非竞争方式为主，易引发不公平。在非竞争方式下，对承接者的选择不是以社会公开招投标的方式进行的。政府一般会倾向于选择声誉良好的社会组织，这一情况下并不会对公共服务的供给效率造成损失；但另一方面，政府与承接者之间是上下级关系，此时这种“依赖”关系将产生诸多弊端，亦会对其他社会组织带来不公平。

## 三、促进社会组织发展的税收优惠政策建议

与政府的行政手段、经济激励、法律制度相比，社会组织积聚社会公益资源的能力是相当有限的，最终会妨碍到民众享受到应有的社会福利。税收优惠政策可以对社会组织发展和公益捐赠产生调节机制。其作用相当于一个可以“控制社会公益资源流向社会组织的‘阀门’”，通过直接或间接的方式，对捐赠者的捐赠行为予以肯定和鼓励，对公益领域的各类社会组织给予认可和支持，从而达到引导社会公益资源流动的目的。

### （一）建立健全社会组织的适用税法体系

建议在《中华人民共和国税收基本法》中增加关于社会组织的税法条款对其资格确认标准和基本税收待遇作出明确具体的规定。建议将社会组织界定为以公共服务为宗旨，不以营利为目的，不分配利润，具有自主性

的组织，同时根据其活动范围划分为不同类型。根据服务宗旨不同，将其划分为公益性社会组织和互益性社会组织，并确定不同的税收优惠待遇。同时根据其活动范围严格区分社会组织的相关和无关商业活动及其收入，对其收支进行严格监督。此外，还应协调统一各税种相应税法条文中关于社会组织的税收政策，提高立法层次。

（二）优化针对社会组织的税收优惠政策

一是调整直接针对社会组织的税收优惠政策。第一，企业所得税的优惠政策。建议只要是通过税务机关免税资格认定的社会组织，接受捐赠、资助、会费、投资所得及其相关商业活动所得均免征所得税，但对其无关商业活动所取得的收入则要区别对待。根据国外经验，可选择采纳的政策有以下三种：其一，对无关商业活动所得一律征收所得税：其二，如果无关商业活动所得最终用于社会组织的目标活动，则予以免税；其三，如果无关商业活动收入占其年收入低于某一比例，则予以免税。而互益性社会组织的无关商业活动收入则一律征税。第二，流转税类的优惠政策。对公益性社会组织销售商品、提供劳务征收的增值税和营业税均实行零税率，对互益性社会组织的相关收入征税。第三，其他税种的优惠政策。对现有税种的相关优惠政策进行梳理，在综合考虑社会组织税收负担和税务机关征管成本的前提下，按各税种自身的特点分别制定减免税的优惠政策。（具体见表2）

**表2　针对社会组织的税收优惠**

| 组织、类别 / 科目 | 互益性社会组织 | | 公益性社会组织 | |
|---|---|---|---|---|
| | 与自身目标有关 | 与自身目标无关 | 与自身公益目标有关或非竞争性的募资活动 | 与自身公益目标无关的商业性活动 |
| 捐款<br>资助<br>会员缴费 | √ | √ | √ | √ |
| 经营所得 | × | × | \ | \ |
| 投资利得 | × | × | √ | √ |
| 营业税<br>增值税 | × | × | √ | √ |
| 关税<br>进口销项税 | × | × | √ | × |

续表

| 组织、类别<br>科目 | 互益性社会组织 | | 公益性社会组织 | |
|---|---|---|---|---|
| | 与自身目标有关 | 与自身目标无关 | 与自身公益目标有关或非竞争性的募资活动 | 与自身公益目标无关的商业性活动 |
| 房产税<br>车船使用税<br>城镇土地使用税<br>契税 | 1/2 | × | √ | × |
| 印花税<br>耕地占用税 | × | × | × | × |

注释："√"表示可以免税，"×"表示不允许免税，"\"表示有限制条件的免税，"1/2"表示税收减半。

二是优化向社会组织捐赠的税收优惠政策。第一，建立直接捐赠抵扣制度。建议将现有的"特许捐赠抵扣制"改变为向拥有免税资格认定的公益性社会组织捐赠准予税前扣除，而向互益性组织捐赠则不允许扣除。第二，统一、调整、提高捐赠扣除比例。规范、统一现有抵扣标准；提高公益性捐赠的扣除标准。第三，允许实物捐赠抵扣。允许纳税人向社会组织提供的实物捐赠在税前抵扣，但其所捐赠的实物价值应按照市场公允价值或税务机关认定的价值进行确认。第四，允许捐赠递延抵扣，允许纳税人将当年超过所得税抵扣限额部分的公益性捐赠递延至下一纳税年度（也可适当延长期限）进行抵扣。第五，允许向境外社会组织的捐赠在税前抵扣。（具体见表3）

**表3　针对捐赠企业和个人的税收优惠**

| 捐赠主体<br>受赠主体 | 企业 | 个人 |
|---|---|---|
| 公益性社会组织 | 10%内免税<br>可递延5年 | 50%内免税<br>可递延3年 |
| 互益性社会组织 | × | × |

注释："×"表示不允许免税。

（三）完善社会组织税收征管制度

建议修订《中华人民共和国税收征管法》及其《实施细则》，补充对社会组织的征管办法，建立普遍税务登记和免税申请制度。社会组织必须进行税务登记，在登记同时填写免税申请表并提交相应法律、财务证明材料。实行免税资格认定制，税务机关按相关规定严格审核后，颁发与其组织类型相符的免税认定证明，而财务会计制度不健全的则应进入一定时间的辅导期，在此基础上实施分类申报和检查管理制度。按不同税收优惠待遇和收入规模分别划分为公益性和互益性、大型和中小型社会组织。所有社会组织按年度根据其类型填写相应纳税申报表。同时日常的税务管理也按上述标准实施分类管理。加强票据账簿管理，特别是统一规范社会组织接受捐赠所出示的票据，捐赠人一律凭票抵扣。另外要建立年度公告与信息披露制度。要求其将财务状况、免税资格证明等资料向社会公布，接受公众监督。对违反上述征管规定的社会组织采取相应的处罚措施，如取消其免税待遇等。

# 关于福彩公益金支持社会组织建设发展的调研与思考

陕西省民间组织管理局

十八届三中全会后，全国各省市积极落实深化行政体制改革和创新社会管理的要求，探索向社会组织购买服务的新途径，其中，部分省市财政、民政部门在优化社会组织发展环境，利用福彩公益金向社会组织购买服务工作中，迈出坚实步伐，取得积极成果，值得我们学习借鉴。经过调查，我省在利用福彩公益金支持社会组织发展方面，与部分省市有较大差距，如何做到与国家政策同步，需要进行思考和研究。

## 一、国家政策是福彩公益金支持社会组织发展的前提

十八届三中全会《关于全面深化改革若干重大问题的决定》指出，“推广政府购买服务，凡属事务性管理服务，原则上都要引入竞争机制，通过合同、委托等方式向社会购买”。国务院办公厅《关于政府向社会力量购买服务的指导意见》明确指出，“购买服务的承接主体包括依法在民政部门登记成立的或经国务院批准免予登记的社会组织。”

财政部今年初召开的“全国政府购买服务工作会议”，明确：“社会组织是政府购买服务的重要承接主体，推进政府购买服务，完善政府购买服务制度，社会组织不可或缺。在推进政府购买服务过程中，要坚持政府购买服务和培育扶持并重，把提升社会组织公共服务能力作为开展购买服务的基础性工作，通过加大对其培育扶持和财政支持力度、优化发展环境、严格监督管理等，引导社会组织健康有序发展。”

民政部李立国部长强调指出：“下一步政府购买社会服务力度要加大，各级民政部门首先要从彩票公益金做起，加大福彩公益金购买社会组织服务力度。各地各级民政部门都要探索使用彩票公益金，购买贴近民生的社会组织服务，特别是资助一些公益性的社会服务项目，使福彩公益金发挥种子资金的效应，形成公益金开拓购买新项目、财政预算资金承接成熟项目的衔接机制，探索拓宽政府向社会购买服务的投入方式，促进公益性社

会组织的快速发展。”

## 二、各地政府积极利用福彩公益金支持社会组织发展

### （一）部分省市政府向社会组织购买服务情况

据民政部统计，2013 年，全国 21 个省市政府购买社会组织服务资金已达 11.29 亿元。其中，政府以财政专项资金列支购买社会组织服务的有北京、重庆、湖北、山东和甘肃 5 个省市；其余 15 个省市，均是以福彩公益金支持社会组织参与社会公共服务，支持社会组织发展。2014 年不完全统计，全国 19 个省市购买社会组织服务及公益创投项目资金已达 26.96 亿元。

**2013 年部分省市政府购买社会组织服务资金一览表**

| 序号 | 省市名称 | 资金（万元） | 备注 |
|---|---|---|---|
| 1 | 民政部 | 20000 | 专项资金支持社会组织 |
| 2 | 广东 | 44525 | 省级财政支持；珠海设专项资金 2000 多万购买社会组织服务；广州、佛山、中山、东莞等地福彩公益金资助 |
| 3 | 湖北 | 14800 | 省、市区财政购买社工服务 |
| 4 | 浙江 | 11150 | 省市区三级支持公益类社会组织项目 |
| 5 | 北京 | 9250 | 专项资金购买社会组织服务，县区配套 |
| 6 | 上海 | 6219.4 | 各区县福彩公益金 5000 万配套；区专项资金列支 2000 万 |
| 7 | 福建 | 6205.4 | 福彩公益金 + 各级财政支持 |
| 8 | 江苏 | 5950 | 省级福利彩票 1000 万；南京、苏州、南通、扬州、昆山等地专项资金 + 福彩公益金 |
| 9 | 天津 | 4500 | 福彩公益金支出；各区财政配套 |
| 10 | 云南 | 2966.75 | 19 个政府购买社会组织服务项目，资金 2366.75 万元。省级福彩公益金 600 万元 |
| 11 | 宁波 | 1927.5 | 福彩公益金用于购买服务和社会组织规范化建设 |

续表

| 序号 | 省市名称 | 资金（万元） | 备注 |
|---|---|---|---|
| 12 | 四川 | 1600 | 福彩公益金购买社会组织服务项目（遂宁市2013年17项约2.1亿元政府购买社会组织服务资金项目陆续进入招标阶段） |
| 13 | 吉林 | 745 | 福彩公益金支持社会组织 |
| 14 | 江西 | 618 | 福彩公益金支持 |
| 15 | 山东 | 600 | 专项资金支持社会组织发展与参与社会服务 |
| 16 | 安徽 | 500 | 省级福彩公益金购买社会服务 |
| 17 | 湖南 | 440 | 投入福彩公益金：省级200万，市级240万 |
| 18 | 河南 | 300 | 其他资金购买社会组织服务 |
| 19 | 贵州 | 250 | 省市级福彩公益金支持 |
| 20 | 甘肃 | 176.5 | 其他资金购买社会组织服务 |
| 21 | 重庆 | 15 | 专项资金委托区团委购买服务（2014年专项资金190万购买服务） |
|  | 合计 | 132538.55 | 包括中央财政2亿元 |

（二）部分省市福彩公益金支持社会组织发展情况

2010年，浙江省民政厅率先启用500万福彩公益金资助社会组织公益项目，支持社会组织发展。2011年，安徽省民政厅制定了《安徽省福彩公益金资助基层社会组织项目实施暂行办法》，重点扶持基层社会组织项目，随后，广东、上海、天津、江苏、福建、浙江、山东等沿海发达省市很快跟进，北京、吉林等北部省市和云南、广西、四川、湖南、江西、贵州等中西部省市也相继跟进，投入大量资金鼓励支持社会组织发展。2013年全国16个省市福彩公益金支持社会组织发展累计资金达7.79亿元。

**2013年部分省市福彩公益金支持社会组织发展资金一览表**

| 序号 | 省市名称 | 资金（万元） | 备注 |
|---|---|---|---|
| 1 | 广东 | 42520 | 购买服务、项目支持、培育发展 |
| 2 | 上海 | 16800 | 购买服务、项目支持、培育发展 |

续表

| 序号 | 省市名称 | 资金（万元） | 备注 |
|---|---|---|---|
| 3 | 福建 | 6205.4 | 购买服务、项目支持、培育发展 |
| 4 | 江苏 | 2500 | 购买服务、项目支持、培育发展 |
| 5 | 天津 | 2000 | 购买服务、项目支持、培育发展 |
| 6 | 四川 | 1600 | 购买服务、项目支持、培育发展 |
| 7 | 浙江 | 1000 | 购买服务、项目支持、培育发展 |
| 8 | 北京 | 1000 | 购买服务、项目支持、培育发展 |
| 9 | 吉林 | 745 | 项目支持、培育发展 |
| 10 | 安徽 | 700 | 2011年，省民政厅制定了《安徽省福彩公益金资助基层社会组织项目实施暂行办法》，重点培育扶持基层社会组织发展 |
| 11 | 江西 | 618 | 项目支持、培育发展 |
| 12 | 云南 | 600 | 项目支持、培育发展 |
| 13 | 山东 | 600 | 购买服务、培育发展 |
| 14 | 湖南 | 440 | 购买服务，项目支持 |
| 15 | 广西 | 300 | 购买社工类社会组织服务 |
| 16 | 贵州 | 250 | 项目支持、培育发展 |
|  | 共计 | 77878.4 |  |

## 三、我省福彩公益金支持社会组织发展的现状

截至2014年9月底，全省各级民政部门依法登记备案的社会组织达22651个，其中登记的社会团体12325个、民办非企业单位10236个、基金会90个；备案的城乡基层社会组织2886个。

多年以来，我省社会组织不断发展壮大，登记的数量目前在全国排名第13位，但就社会组织发展的整体水平和参与社会管理能力，提供社会公共服务发挥的作用而言，我省社会组织存在明显差距。表现在，一是社会组织自身能力素质参差不齐，参与社会管理能力有待全面提高；二是各地社会组织发展不平衡，建设能力有待全面提升；三是政府对社会组织发展支持力度不够，投入资金严重不足，与外省相比差距很大。从2013年度全

国购买社会组织服务情况可以看出，相比北上广等发达省市，我省差距明显，即使与社会经济发展水平相近的安徽、江西、四川、云南等省份相比，在使用福彩公益金培育扶持社会组织发展方面，我省也已落后。

2013年和2014年，各省福彩公益金用于培育扶持社会组织发展的资金超过政府购买社会组织总支出数的50%。截至目前，我省尚未安排用福彩公益金培育扶持社会组织发展资金。2012—2014年，全省57家社会组织分三批参与中央财政项目，共获得省财政787.5万元资金配套的支持。此外，再无利用福彩公益金用于支持和鼓励社会组织的建设发展。同时，我省对公益慈善组织税收优惠政策滞后，每年全省只有不到10家公益组织获得捐赠免税资格。很多公益类社会组织有很好的社会公共服务项目，由于缺乏资金支持，项目搁浅。我省目前的扶持政策，已远远不能满足社会组织蓬勃发展的需求。

## 四、我省利用福彩公益金支持社会组织发展的建议

目前全国大部分省市福彩公益金支持社会组织建设发展，不仅仅用于购买社会组织服务，更多用于提升社会组织能力建设和优化社会组织发展环境。主要是民政部门利用福彩公益金，一是用于提升社会组织专业化水平，通过对社会组织专业人才培训，提升承接服务能力；二是用于奖励激励机制，资金扶持，重点培育，优先发展一批突出的、有积极作用的社会组织，推进政府职能转移；三是用于建立社会组织孵化基地或社会组织培育中心，搭建社会组织综合服务平台，指引社会组织健康有序发展。

借鉴外省利用福彩公益金支持社会组织建设发展的经验，结合我省实际，同时考虑追赶差距的需要，建议从省级福彩公益金中每年拿1000万元用于支持我省社会组织的发展。

### （一）设立培育扶持专项资金（500万/年）

1. 重点鼓励发展一批影响大、作用突出的省级社会组织。重点培育一批诚信度和公信力好，发挥作用突出，社会影响力大的行业协会商会，公益慈善类、科技专业类、学术类等省级社会组织，树立品牌，鼓励做大做强，争取3—5年内培育出一批在本行业领域的骨干社会组织，推进政府职能转移。以奖励激励机制，优先从已获得省级评估3A级以上社会组织中选择，每年重点培育30个。

2. 重点培育扶持一批农村专业经济协会和城市社区服务社会组织。重点扶持一批基层社会组织，针对促进当地区域经济发展、促进农民增收的农村专业经济协会或者促进社区和谐建设、有效提供社会公共服务的城乡

社区服务类社会组织，鼓励支持发展。每年重点培育扶持150家左右，优先考虑获得省级创新示范区申报的社会组织。

（二）支持社会组织孵化基地建设（250万/年）

孵化基地建设主要是指各级民政部门或委托第三方，利用自有办公场地，或租用其他场所，用于社会组织孵化、培育、服务等产生的基础设施建设、场地租金、设备购置和运营补贴等。

1. 支持市区级民政部门已建和在建的社会组织孵化基地、培育发展中心建设，采取以奖代补的方式给予一次性奖励。按场地面积大小、入驻社会组织个数给予5万—10万元的奖励。每年拟资助20个，计划150万元。力争3年，各地市80%以上县区建立社会组织孵化基地。省厅将制订具体方案，支持社会组织孵化基地建设项目。

2. 支持省级社会组织孵化基地建设。以购买服务方式承接省民管局委托的事务性服务工作，建立全省社会组织信息化服务平台。计划每年服务经费50万元。

3. 依托第三方设立2—3个省级社会组织管理工作培训基地。

每年针对社会组织负责人，登记管理工作负责人及社会组织人才队伍进行专业培训指导，提升社会组织能力建设和服务水平。计划每年购买服务资金50万元，培训1000人次以上。

（三）探索公益创投（250万/年）

公益创投是一种新型的公益创新投入形式，是目前民政部和全国大部分省市推崇的一种购买社会组织服务的表现形式。计划每年设立公益创投项目50个，单个资助项目获得的资助金额最高限额为15万元，鼓励受助社会组织出资配套使用。资助资金原则上按7：3的比例分两次拨付，全年250万。

## 五、完善的监管机制是项目资金安全高效运转的保障

为确保福彩公益金支持社会组织发展顺利进行，省民管局将尽快拟定《陕西省福利彩票公益金扶持社会组织发展专项资金管理试行办法》，完善购买服务相关制度，规范扶持社会组织发展专项资金的使用管理。同时要全面建立健全监管工作机制。一是建立透明操作机制。建立以分管厅领导为组长，规财、福利、监察及民管等部门为成员的福彩公益金资助社会组织项目领导小组，负责项目的征集、评选、审批及监督执行。福彩公益金资助社会组织项目征集信息通过省社会组织信息网发布，做到信息公开透

明。二是建立健全检查评估机制。建立发改、财政、地税、审计、人事等部门和有关专家组成的项目监察督导机制，对资金使用和运转情况进行检查评估。三是建立以项目申报、组织采购、项目评审、合同签订、项目监管、审计监督等为主要内容的规范化购买流程，将资金纳入预算管理，并严格资金的管理与使用。及时引入第三方开展对专项资金使用情况的绩效评价。四是建立健全责任追究机制，对社会组织违规使用资金行为，及时予以处罚。

# 关于陕西社会组织服务管理机构建设发展的思考

陕西省民间组织管理局

为更好地贯彻落实党的十八届三中全会关于深化社会组织体制改革精神，落实省政府办公厅《关于政府向社会力量购买服务的实施意见》（陕政办发〔2014〕107号）精神，推进我省政府向社会组织购买公共服务，全面提升我省社会组织管理服务水平，针对我省社会组织管理服务机构发展滞后，管理服务力量薄弱，无法适应新形势下改革发展任务的需要的现实情况，近期，我局对全国各省社会组织服务机构建立运行情况进行了调研，并对社会组织管理机构建设发展进行了研究与思考：

## 一、陕西省社会组织管理工作现状

截至2014年6月底，全省各级民政部门依法登记备案的社会组织24465个，其中登记的社会团体12478个、民办非企业单位8438个、基金会84个；备案的城乡基层社会组织3470个。其中，省本级登记的社会组织共1765家。随着行业协会商会类、科技类、公益慈善类、城乡社区服务类社会组织实行在各级民政部门直接登记的深入，我省社会团体和民办非企业单位的登记数量将明显增加。目前全省直接登记的社会组织已达267家，仅省本级登记的社会组织数量较上一年度增长了54.9%。

省厅民间组织管理局现有工作人员10人（含2名长期借调人员），年接待服务对象2万多人次，每人每天现场接待、电话咨询业务都处于饱和状态。面对社会组织形势的迅速发展，现有的工作人员只能疲于应付业务咨询、日常登记、年度检查等常规性工作，社会组织的培育、执法、信息化建设等工作几乎处于空白状态。深入调查研究，指导地市工作，完善社会组织改革发展顶层设计等更是力不从心。日益繁重而艰巨的工作任务与当前薄弱的社会组织管理力量之间的矛盾严重制约着社会组织管理的改革创新，也严重制约着社会组织健康发展。鉴于目前机构改革，社会组织服务机构性质为事业单位不太现实，我们建议以民办非企业单位的性质建立，承接民间组织管理局的大量事务性工作既灵活又实用。

## 二、民政部及兄弟省份社会组织服务机构建制情况

目前，全国34个省级行政区中，30个省（自治区、直辖市）都相继建立了社会组织服务机构（详见附表），分三类情况：第一类是既成立社会组织发展促进会，同时设立社会组织服务中心。依托促进会搭建社会组织服务大平台，中心具体承接登记管理机关移交的事务性工作，这是目前社会组织服务机构建制最完善的一种。如民政部、广东、湖南、湖北、山西、四川、浙江、云南等；第二类是以社会组织促进会（总会、联合会）等社会团体形式辅助、协助登记管理机关完成相关事务性工作。如，北京、新疆、海南、安徽、宁夏、江苏、福建、广西、江西、吉林、贵州、黑龙江、河南、河北等；第三类是设立社会组织发展服务中心或评估服务中心，以设立民办非企业单位组织形式具体承接事务性工作。如，天津、上海、山东等。

据了解，民政部和辽宁、山西、青海、四川、浙江等省设立的服务中心为事业单位，其他省为民办非企业单位。经费保障方面，民政部民间组织服务中心、天津、辽宁、山西、青海、四川、浙江等为财政全额拨款。其他省市则通过财政拨款＋自筹或社会组织自筹的方式解决。全国范围内，目前只有我省和重庆未建立社会组织服务机构，但重庆社会组织登记数量是我省同期登记数的50%。而与登记数量和管理服务水平相近的四川、安徽、青海等省相比，我省在服务机构建制、人员、专项经费支持等方面，差距较大。

## 三、民政部及外省社会组织服务机构作用发挥情况

1. 承担登记管理机关事务性工作

民政部、辽宁、四川、青海省等借助服务平台承担了大量的社会组织登记管理事务性和服务性工作，既方便服务对象，又提高了工作效率。

民政部民间组织服务中心成立于2010年，为参照公务员管理的民政部直属事业单位（正厅级），主任由国家民管局局长兼任，专职副主任1名（副厅级），专职工作人员29人（据王建军局长日前介绍，中编办已同意将编制扩充至100人以上）。内设：办公室、登记服务处、管理服务处、培训宣传处、人才服务处5个处室。工作职能：承接经民政部注册登记的社会组织和涉外社会组织年检、评估、培训等服务性工作。

内蒙古社会组织服务中心充分发挥职能作用，提供周到、规范、高效

的服务，协助民间组织管理局做好社会组织受理前期审查、开展等级评估、信息宣传、组织培训、调查研究、档案管理等服务工作，提高近50%的工作效率。

2. 开展有关社会组织的理论研究

青海省社会组织服务中心通过深入调研形成了《关于青海省社会科学界社会组织发展情况的调查》，为社会科学界社会组织建设发展提供了政策指导意见，得到政府支持认可；同时青海省社会组织评估中心作为第三方，承接了青海省 983 家社会组织评估审定工作，占应评估数的 82%，（我省目前的评估率仅为 6%）有力推进了青海省社会组织评估工作的顺利开展，有效推进了青海省政府职能转移工作。

3. 依托社会组织服务机构建立社会组织信息化平台

浙江、广东、内蒙古等省依托中心或促进会，建立了社会组织法人数据库及网站、微博、微信等信息服务平台，有效实现政策宣传、经验交流、信息公开和服务指导的目的。浙江省社会组织促进会与中国基金会中心网共同研究开发了浙江省基金会信息公开服务平台，及时公开、发布所有基金会工作信息、财务状况和项目完成情况，自觉接受业务主管单位和社会公众的监督，有效提升了基金会管理信息透明度。

## 四、陕西省建立省级社会组织服务管理机构的意见

建议设立陕西省社会组织发展服务中心（加挂省社会组织孵化基地牌子），机构性质为民办非企业单位。

组织构架

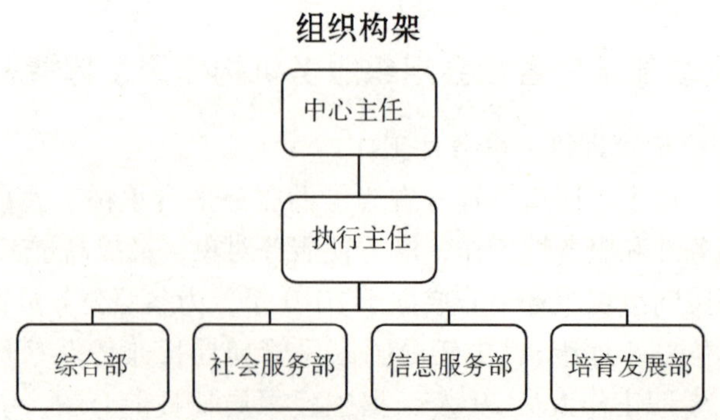


主任（法定代表人）1 人：统筹规划、安排全面工作；

执行主任 1 人：具体负责组织协调全面工作，提出建设性发展意见，协调各部门落实和执行中心工作任务。

综合部 1 人：负责中心综合对外协调，中心内务、财务及机构行政运

转工作，制度起草执行，协助其他部门完成日常工作；

信息服务部 1 人：负责省民间组织管理局和社会组织的信息发布、省级社会组织档案管理及档案的信息化建设、影响力评估、舆情发布、编辑，网络维护及网上办公；

社会服务部 1 人：负责社会组织开展全方位的服务、政策咨询及建议、策划，协助社会组织管理人员做好服务性工作；

培训发展部 1 人：社会组织能力建设及登记管理机关人员培训、政府购买服务相关项目评估、社会组织孵化、评估等工作。

以上除主任一职由省厅、省民间组织管理局局长兼任外，其他 5 名工作人员，建议均为公开招聘。

职能定位：

陕西省社会组织发展服务中心接受省民政厅、省民间组织管理局的领导，长期开展以下工作：

1. 承接省级社会组织登记、年检的咨询的服务性工作；

2. 承接我省社会组织信息化建设和服务，构建我省社会组织信息化平台。

3. 承接政府购买社会组织服务项目第三方评估、孵化及社会组织培训的能力建设。

4. 开展我省社会组织发展基本状况、社会组织改革发展政策落实情况评估、社会组织人才建设现状调查及社会组织统计分析体系建设等。

陕西省社会组织发展服务中心将建立完善的财务制度，接受厅机关的审计和监督，在承接政府购买服务及为社会组织开展服务中不断壮大，引领我省社会组织健康有序发展。

# 陕西省行业协会商会发展情况汇报

陕西省民间组织管理局

行业协会商会是我国社会主义市场经济体系中不可缺少的重要组成部分，是加强和改善行业管理与市场治理的重要支撑。随着经济社会发育程度的推进、经济全球化程度的提高和政府职能的转变。行业协会作为介于政府与企业之间的自律性民间组织，能够做企业需要，但单靠单个企业做不到的事；能做市场需要，却又没人牵头去做的事；能做政府需要，但又无精力去做的事，服务经济发展的优势不可或缺、不可替代。

## 一、基本状况

近年来，在省委省政府的正确领导下，我省高度重视行业协会商会的改革与发展工作，在推进创新转变职能，加大培育扶持力度，规范监督管理体制的同时，注重营造有利于行业协会商会发展的政策环境，注重发挥行业协会商会在经济、政治、文化、社会等领域的积极作用，推动行业协会商会规范、有序、健康发展，使其日益成为推动我省经济和社会发展不可或缺的重要力量。截至 2013 年底，全省共有行业协会商会 1600 多家，(其中省本级 267 家)，涉及金融、物流、文化、商贸旅游、建筑和房地产业、汽车销售、保险、农产品经营、餐饮家庭服务等多个领域和行业，初步形成了门类齐全、覆盖广泛、发展有序、作用明显的行业协会商会体系。从行业协会商会分布看，关中数量较多，规模较大、门类较全，陕南、陕北则数量较少、规模较小、覆盖面窄。

行业协会商会作用发挥方面，一是积极承接政府转移职能，发挥桥梁纽带作用。行业协会商会作为政府、企业、市场之间的桥梁和纽带，可以将政府的政策、信息、制度等信息传递给其会员和服务对象，也可以将他们的需求、愿望向政府反映、实现信息互通，相互促进，共同进步。目前，我省约 30% 的行业协会接受政府委托，承接了行业规划、行业调研、行业统计、承办会展、技术培训等职能。二是积极发挥行业自律作用，促进市场经济规范发展。在企业自身能力难以达到、政府又不便过多干预的一些领域，我省行业协会通过开展行业自律，在杜绝恶性竞争、维护企业合法权益、规范市场秩序方面，发挥了重要作用。目前我省多数行业协会商会都能较好地履行政府赋予的部分微观和行业协调管理的职能，积极维护企业权益，建立从业规范，促进公平竞争，解决贸易纠纷，促进了生产发展和技术进步，为政府机构改革和职能转变创造了有利条件。三是多种方式服务会员，促进行业共同发展。为会员服务是协会商会的立会之本。许多行业协会商会通过创办会刊、建立行业网站或专业站点，定期发送市场信息和行业动态，为会员企业提供电子商务平台；通过创建技术中心、构建产业园区载体、举办发展论坛等形式，丰富服务内容，提高服务质量。还有的行业协会商会通过自办展会，走出去参展、外出考察、招商引资、加强与区域外同类行业商会合作等方式，积极帮助企业拓展市场。同时，根据会员需求，组织会员培训、举办专题讲座，把产业政策、市场信息、行业的新技术、新工艺、新经验传授给会员，促进会员企业更新观念，拓展视野，推动技术进步。

## 二、改革发展情况

根据党的十八届三中全会《关于全面深化改革若干重大问题的决定》精神及国务院办公厅《关于加快推进行业协会商会改革和发展的若干意见》，我省行业协会商会改革发展的总体要求是：坚持以科学发展观为统领，更新观念，统一认识，通过健全体制机制和完善政策，营造有利于行业协会商会发展的环境；坚持以改革为动力，优化行业协会的结构和布局，提高行业协会素质，增强服务能力；坚持以创新为核心，积极探索发挥行业协会商会作用的新路子；坚持以依法监管为手段，加快行业协会立法步伐，健全规章制度，实现依法设立、民主管理、行为规范、自律发展。为此，我们主要做了以下几方面工作：

1. 强化政策创制促进行业协会商会的培育发展

2009 年我省出台了《关于加快推进行业协会商会改革和发展的实施意见》（陕政办发〔2009〕12 号），从加快推进行业协会商会改革和发展的重要意义、如何规范和落实行业协会职能、如何大力推进行业协会管理体制改革方面提出了具体要求。2011 年，为加强异地商会的规范管理，促进异地商会健康发展，充分发挥商会组织在推动省际经济文化交流和社会发展中的积极作用，我省出台了《陕西省异地商会登记管理暂行办法》（陕民办发〔2011〕119 号），明确对异地商会实行“归口登记，双重负责，分级管理”。2013 年 7 月，出台了《关于开展行业协会商会自律与诚信创建活动的通知》（陕民办发〔2013〕93 号），在全省范围内开展行业协会商会自律与诚信创建活动。8 月，出台了《关于加强和创新社会组织建设与管理的意见》（陕民办发〔2013〕24 号），明确对成立行业协会商会类等四类社会组织实行在民政部门直接登记并允许县（市、区）级以上民政部门可受理登记异地商会。

2. 开展行业协会行业自律与诚信创建活动促进自律

为切实加强行业协会自身建设，提高行业协会规范化运作水平，建立健全行业协会行业自律与诚信工作体系，构建现代社会组织体制，充分发挥行业协会在推进市场监管体系建设、完善社会主义市场经济体制和建设西部强省中的积极作用，2013 年 7—12 月，我们在全省范围内开展了行业协会行业自律与诚信创建活动，从健全自律规约、推动信息公开、开展诚信服务、加强规范化建设几个方面积极树立诚信服务品牌，拓展诚信服务内容，创新诚信服务方式，不断提升诚信服务能力。同时也规范了会员单位的行业行为，减少了同行业之间的无序竞争和行业垄断，减少了社会矛盾，促进了和谐建设。通过创建活动，涌现出像陕西省建筑行业协会、陕西省保险行业协会、陕西省浙江商会、西安市建筑业协会、铜川市企业暨企业家联合会等在健全自律公约、诚信服务、作用发挥等方面比较突出的一批口碑较好的行业协会商会。

3. 限期实现行业协会商会类社会组织与行政机关真正脱钩

为解决行业协会商会行政化倾向问题，保证政社分开、管办分离的原则得到落实，今年元月份省委组织部、省监察厅和省民政厅联合下发了《关于清理规范党政机关领导干部兼任社会团体领导职务的通知》（陕民发〔2014〕2 号），对在 425 家社会团体兼任领导职务的 1206 名在职副处级以上领导干部进行清理。结合今年的年检工作，目前，我省已有西安、宝鸡、铜川、延安、安康等市已基本完成党政领导干部在社团兼任领导职务的清理规范工作，省本级已有 886 名领导干部退出社团领导职务。

4. 不断加强党建工作，促使行业协会商会作用发挥

加强党建工作，是促进行业协会商会创新发展的重大举措，是解决行业协会商会党建工作薄弱环节的现实需要，也是提高党的执政能力的必然要求。依照中组部、民政部《关于在社会团体中建立党组织有关问题的通知》（组通字〔1998〕6 号）精神，我省从 1998 年就开始在行业协会商会中建立党组织。特别是科学发展观的学习教育实践活动和创先争优活动，我们一方面围绕贯彻党的方针政策，履行社会服务职能，维护员工合法权益，促进行业协会商会健康发展等方面，探索社会组织党组织发挥作用的途径和方法，建立健全行业协会商会发挥作用的体制机制；另一方面从行

业协会商会登记源头抓起，把党建工作纳入社会组织成立登记及日常管理工作中，提出了学习实践活动的三项任务，即加强党的建设，加强自身建设，发挥积极作用。经过多年的不懈努力，我们在行业协会商会中的党建设工作不断得到加强，形成了地方党委统一领导，业务主管单位具体负责，民政部门负责指导的党组织建设格局。

## 三、存在的问题

虽然我省在行业协会商会的培育发展、规范管理方面做了大量工作，取得了一定的成绩，但我们依然清醒看到，我省行业协会商会的改革与发展仍处于初级阶段，协会工作要上新台阶、打造新局面，仍面临着不少困难和挑战。一是对行业协会在经济社会发展中的重要性认识不足。一些部门习惯于把行业协会商会看作省政府部门的附属品，帮助政府管理行业的帮手，片面强调协会的“协助”、“助手”作用，不愿发挥协会的“代表”、“维权”功能。同时对行业协会还或多或少地存在“不重视、不信任、不放权”现象。二是行业协会商会布局不尽合理。从地区分布上看，全省12个地市中，西安、渭南、宝鸡、铜川较多，榆林、安康、延安等地较少。从行业分布上看，传统产业的协会较多，而新兴产业、高新技术产业等领域的行业协会较少，部分市存在行业协会种类不全，甚至有的行业至今仍未有行业协会成立。三是行业协会商会作用发挥不到位。部分行业协会商会由于没有活动资金或组织机构不健全等原因，导致在行业规划、行业自律、争端协调、行业标准制定、行业政策拟定等较高层面上的服务尚未全面展开。同时，国家部分鼓励发展政策落实不到位，很多领域的行业协会商会发展空间有局限，致使协会商会作用发挥受限制。四是自主办会意识不强，会员参与热情不高。我省的行业协会大多数是在政府部门的牵头下成立的，自发成立的较少，造成协会开展活动过多地依赖于政府部门，未能真正形成适应市场经济要求的自主办会、民主办会的运行机制，丧失了应有的主动性、灵活性、市场性，导致自我发展和自我管理能力不足。同时，资金、人才匮乏，造成协会服务意识、创新意识、创新思维不够；受此影响，行业协会不能最大限度地满足会员的需求，不能有效地保护会员的利益，这样就必然失去会员的信任，造成会员对参与协会活动的兴趣不大。五是登记管理机关力量薄弱。目前，全省各级登记管理机关编制仅有42人（行政29人，事业13人），汉中、杨凌至今没有专门机构，延安、榆林、安康为事业单位，全省106个县区绝大多数无专职人员和机构。这种状况与社会组织改革发展和强化社会管理的要求差距甚大。登记管理人员难以抽出力量和时间，对社会组织实施有效管理监督和查处违法违纪行为。

## 四、工作设想

1. 优化行业协会商会发展格局。继续贯彻落实党的十八届三中全会精神，加快推进行业协会的改革和发展，根据市场需要和行业企业发展趋势设立、登记行业协会商会，实现行业协会商会与经济社会发展相互协调、互相促进，鼓励支持优势产业、战略性产业、外向型产业成立行业协会商会，淘汰业务萎缩、运转失灵、服务缺位、长期不发挥作用的行业协会商会。积极引导扶持，努力培育一批功能显著、行为规范、服务有效、在区域影响大的新型行业协会商会，逐步形成门类齐全、层次不同、覆盖广泛、作用明显的行业协会商会格局，实现行业协会商会的布局结构优化，促进我省行业协会健康可持续发展。

2. 完善行业协会商会政策环境。紧密结合陕西实际，在充分听取相关行业协会商会的意见下，抓紧制订出台我省行业协会发展扶持政策和政府购买服务体系等具体实施方案，按照政府向社会力量购买服务的有关政策要求，对符合政府购买服务条件、作用发挥明显、社会贡献突出的行业协会商会优先购买。完善行业协会商会的税收优惠、人才建设等各项配套政策，形成有效的法规政策支持。

3. 加强行业协会商会能力建设。加强对行业协会商会的行为规范，促进其转型发展，提升服务能力和社会公信力。加强以会长为核心的协会商会领导班子建设，改进方法，创新载体，在章程的基础上，建立和完善会员发展、会费收缴、财务管理、会议决策等一系列制度规章。指导行业协会商会遵循市场经济价值规律、供求规律、竞争规律等市场化原则运作，壮大经济实力。搭建行业协会商会相互之间的交流平台，通过研讨、论坛等形式让行业协会商会多交流，互相之间取长补短。通过登记管理机关的有效引导和有效帮助，让行业协会商会联合起来，形成“交互作用”，产生更大的影响和更好的效果。

4. 加快政府职能转变。加快推进行业协会商会去行政化进程，指导行业协会商会按照现代化组织要求，建立权责明确、自我发展、有效制衡的法人治理结构，形成自我管理、自我发展、自我协调、自我约束的运行机制。加快政府职能转变，把等级评定、资质认定、工作评估、技术培训、标准研制等具体事务，转移给相关社会组织去做，实现行政职能和社会力量作用的有效结合和良性互动。

# 完善社会组织扶持引导政策研究

## ——社会组织项目建设及发展

陕西省民间组织管理局

## 一、陕西省社会组织和社会组织项目建设的基本状况

近年来，随着经济社会持续快速发展，我省社会组织数量快速增长、结构不断优化。截至2014年9月底，我省社会组织已达22651家，其中社团12325家，民办非企业单位10236家，基金会90家。省本级登记1764家，其中社团850家，民办非企业单位824家，基金会90家。每万人拥有社会组织5.6个，社会组织的社会影响力、公众参与度不断提升，在服务经济发展、维护社会稳定、推进社区建设、公益扶危济困等方面发挥了积极作用。

2012年至今，我省共争取社会组织项目57个，获得立项资金1735万元。仅前两年36个项目的执行，带动省级财政配套资金341万元，社会配套资金320万元，直接受益对象32079人。我省在项目的执行过程中，虽然也存在一些问题和困难，但也收获了很多的经验。不管是项目申请，还是项目执行的过程或是项目结项的评估，在项目管理周期中，每一个步骤都需要深入探索和研讨更优更精的方法。

## 二、陕西省近几年社会组织项目建设的主要做法

中央财政支持社会组织参与社会服务项目，是中央财政对社会组织进行重大专项支持的实际行动，更是一项政策性很强的系统工程。在国家民管局的大力支持下，在省厅的大力推动下，在社会组织的积极努力下，培养锻炼了一批社会服务人员队伍，积累了一些项目管理经验，而且也为探索建立救助困难群体服务体系作出了有效的尝试。

（一）严格初审，跟踪指导监督，确保项目质量

1. 在项目申请方面。

一是成立项目领导小组。成立了由主管厅长任组长，民管局、福利

处、规财处、监察室等负责同志为成员，相关专家和专业团队全程参与的项目工作领导小组，负责项目指导、协调和推进工作。领导小组下设办公室，承担动员培训、组织实施、业务指导、考核评估等日常管理工作。

二是项目信息的公开分享。项目办及时在陕西社会组织信息网上发布中央财政支持社会组织参与社会服务项目实施方案和要求，并组织召开全省社会组织培训会对项目进行专题辅导和政策解读。

三是项目申请书的收集与初审。①在规定时间里，收集各单位申请书，进行初级筛选指导，并与有项目管理经验的相关专家和专业团队合作对项目进行初步审核。②初审过程，我们既考虑省级有重点、有亮点的示范项目，同时还要考虑对落后地市的催生和推动，项目点的布局，项目领域的分配、项目受益人的多元化等因素。

四是对初审通过的项目提供修改意见和建议。①经过初步审核，我们对比较优秀有执行力的社会组织提交的项目重点了解。如延安慈善医院，中华慈善奖，150 万自有资金配套。②对有创新想法和做法的社会组织提交的项目提出修改意见和建议，使项目更具有操作性和可持续性。如陕西益邦人才服务中心，残疾人就业培训项目，有创新性；莲湖区月亮孩子之家，关禄，白发病患者，项目已经连续三年，项目办、专家共同设计让项目更有可持续性。③对具有一定影响力，但缺乏项目申报经验的社会组织提交的项目重点指导。如铜川尚善居家养老服务中心，在当地影响力大，家喻户晓，但是第一次申报项目，缺乏经验，我们请专家给予指导。

2. 项目执行阶段，也是项目实施阶段，是确保项目效果和质量的关键所在。我们通过领导包联的形式，多次到 21 家立项单位督促指导，并针对项目管理和财务管理举办了多次培训班。

首先及时召开了项目启动会议。每年项目审批下达后，为确保当年项目的顺利实施，项目办及时召开项目启动会议，安排部署，严格要求，并在会上与每家项目单位法人签订项目责任书。其次举办了多期项目管理与财务管理培训班。在项目执行过程中，针对项目单位负责人、项目管理人员、财务管理人员进行专项培训，2013 年，我们曾邀请国家民管局李勇、刘振国、于萌等领导以及王名、黄浩明、李进、高小贤等国内知名专家从项目设计、管理方面进行多期主题培训，效果非常好。最后在项目实施过程中，建立了项目包联工作机制。项目领导小组成员分别包联 1—5 个项目，参与各项目单位重点活动，了解项目进度及执行情况，实施跟踪指导监督。及时组织专业人员通过网络、电话、走访等形式，进行定期不定期明察暗访，对倾向性问题，及时研究和落实整改措施。

3. 在项目的评估阶段。一是项目结束后，项目办通知并督促各项目执行单位自行开展项目评估，撰写项目报告，总结项目活动和财务情况，规范项目档案等。二是评估提升。依托国家财政部、国家民管局委托的第三方评估机构的评估验收工作，做好项目总结、整改、提升工作。2013 年，我省的两个项目通过了严格的专业评估，获得了充分肯定。

（二）统筹协调，落实项目配套资金

中央财政支持社会组织参与社会服务项目，对我省来说，是个新事物，项目配套资金没有纳入财政预算，各方认识不统一，协调难度很大。

2012 年，我厅向省财政厅提出申请在福彩公益金中列支项目配套资金，申请、相关文件写了十几份，财政厅跑了几十趟，但终究还是没能争取到项目配套资金。后来，我们也一直在反思，这项工作为什么没能推进……首先是财政厅的相关领导对社会组织的认识还停留在协会、社团，认为社会组织就是在职或者退休的领导担任会长的官办协会，平时也没有什么活动，对那些草根的公益组织的了解更是少之又少。

于是在 2013 年，通过省民政厅领导的协调，项目办跟踪落实，我们多次邀请财政厅相关领导到项目执行单位实地走访、考察、调研，让他们直观地感受到这些公益组织在做什么，通过多次的实地考察，让他们对社会组织有了新的认识，最终推动了省财政厅、省民政厅联合出台文件，明确了对省级项目单位给予 1∶1 资金配套、对市县（区）项目单位给予 1∶0.5 资金配套的政策。这个政策的落实，让想做事但是没能力配套的机构，有了信心、胆量和条件申报中央财政项目。

（三）重视宣传，提升项目执行单位的公信力

我们通过多种形式的项目宣传工作，使社会和政府能进一步地了解社会组织关注的困难群体、实施的项目和从事的服务活动，从而扩大了项目的影响力，提升了项目单位的公信力。

1. 要求项目单位公开项目活动和进展情况，通过网站、微博、微信、简报等形式传播项目内容。

2. 针对重点项目和示范机构进行重点宣传，我们在各级各界会议和活动上进行推广，帮忙嫁接信息和整合资源，使相关部门能了解社会组织关注的困难群体、实施的项目和从事的服务活动。

3. 每年项目结束后，组织媒体对优秀项目单位进行专访，编辑制作我省中央财政支持社会组织参与社会服务项目工作集成光碟，在更大范围进行宣传和推荐。

4. 通过系列宣传方式，使得项目单位对外形象、项目执行情况获得社会的了解和认同，为进一步扩大服务能力、提升公信力奠定了基础。

（四）项目实施效果及影响

三年来，通过项目的实施，我们也收获了不少经验和启示。社会组织参与社会服务，是职能的归位，当前已成为趋势和潮流，特别是在创新社会治理体制的环境下，具有更多的现实意义。

作为民管干部，从传统的登记、年检和执法工作中解脱出来，通过组织运作实体项目，深入了解社会组织生存发展环境，既积累了项目经验，又强化了服务意识，更明确了改革方向。各地市民政局领导转变以往观念，开始学习新方法，准备协调福彩资金用于开展公益创投的实践。中央财政项目成为各级政府部门开始探索如何购买社会服务，如何支持社会组织，如何推动服务社会化进程的助推器。

对于社会组织，虽然项目数量有限，资金量不大，但导向非常明确，管理十分严格，项目申报、筛选、审批的过程，实际上就是对社会组织经营活动进行规范和认可的过程，每一个项目都在一定的区域和领域形成带动效应，推动了良性竞争。中央财政的支持，让更多的社会组织看到政府的支持力度，同时也感觉到了政府购买的曙光和希望，开始有信心投入公益服务领域开展专业的服务。

对于政府和社会，项目的实施，为各级政府购买社会服务提供了示范和借鉴，推动了相关政策措施的出台实施，必然带来“政府花小钱、社会大服务、民生多福祉”的社会治理新格局。越来越多的社会组织涌现，大量的各类困难群体获得了不同层次类型的服务机会。优秀的项目和服务给社会群众的影响力和正能量让社会大众更容易了解和接受困难群体并参与社会志愿服务。

与此同时，我省项目建设工作，也还存在基层配套资金不到位、一些社会组织财务管理不规范、个别项目效果不理想的问题，还需要我们花大气力研究解决，防微杜渐。

## 三、加强社会组织项目建设的建议

一是提高认识，搞好顶层设计。根据党的十八大和十八届三中、四中全会精神以及党中央、国务院和省委、省政府关于加强和创新社会治理的有关精神，结合我省实际，制定出台关于进一步加强和创新社会组织建设的意见，明确加强和创新社会组织项目建设的总体要求、主要目标、管理体制、扶持政策、组织领导、任务分工等内容。强化组织领导，进一步推动社会组织健康有序发展，更好地发挥社会组织在社会治理中提供服务、反映诉求、规范行为的作用。

二是推进政府购买社会组织服务工作。认真落实中央购买社会组织服务的指导意见和暂行办法，积极推动政府部门向社会组织开放更多公共资源和发展空间，将社会组织可以办、能办好的公益性、服务性事项，通过规范的项目发布、申报、评审程序，有偿委托给社会组织完成。建议从承担公共服务职能的部门做起，选择如扶老助残、居家养老、特殊人群管理、中介性社会服务等类事项，形成具体的委托项目，明确委托部门、申报资格、项目要求、成果评审和购买经费支付办法，汇编成政府购买服务项目的目录。在项目实施的过程中，可由委托部门负责指导、培训、监督，帮助承接项目的社会组织把握项目要求，提高服务质量。通过政府购买服务项目的持续实施，促进社会组织参与社会管理和公共服务，并在提供服务过程中实现自身能力的提升。

三是建立社会组织监督机制。健全社会组织评估机制和诚信制度，根据社会组织所提供的服务质量、绩效水平、社会反响等项目开展考核评估工作，并将评估等级作为社会组织承接政府服务的优先条件。逐步建立社会组织的信息披露制度，在公共媒体或相关网页上定期公布社会组织名单、业务范围、收费项目、财务审计、年检等信息，形成有效的社会监管和舆论监督。

四是加强专业人才队伍建设。加强现有工作人员培训，加大专业社工队伍培养力度，制定相关政策，确保专职工作人员的待遇和社会保障，吸引更多优秀的人才从事社会工作，提高社会工作专业化水平。

五是完善支持社会组织参与社会服务措施。扶持省市县（区）社会组织创业园建设，通过为初创期的社会组织提供资金、技术等支持，优先扶持发展一批社会福利类、公益慈善类、社区类等社会组织；推进政府购买社会组织服务步伐，建立购买社会组织服务制度，为社会组织提供良好的自主发展条件；设立社会组织发展专项资金，细化扶持政策，由民政部门实施管理和指导，财政等部门实施监督，对符合条件的社会组织给予相关扶持。

# 深化社会组织改革、激发社会组织活力

甘肃省民间组织管理局

## 一、甘肃省推进社会组织改革发展的初步成效

近年来，我省坚持宽进严管、非禁即入的原则，不断加强社会组织培育和管理，极大地促进了社会组织发展。截至2013年底，全省社会组织达到14610家（其中社会团体11259家，民办非企业单位3308家，基金会43家）。按层级分：省属社会组织916家，市级3793家，县级9901家。按行业分：教育类占12%，社会类占14%，卫生类占6%，科技类占5%，文化类占8%，体育类占3%，商务类4%，生态环境类占10%，其他类占38%。

### （一）社会组织登记改革有序推进

大力推进直接登记，除政治类、宗教类及涉外社会组织外，其他各类社会组织按照分级负责的原则进行直接登记；2013年省级新成立社会组织中直接登记率达到40%。下放审批权限，将非公募基金会和异地商会的审批权限先后下放到市州一级。压缩工作时限，将社会组织登记注册时限从60个工作日缩短为35个工作日，将备案时限从20天缩短为7天。

### （二）社会组织执法监察成效明显

省政府办公厅出台了《甘肃省加强社会组织执法监察工作意见》，推动建立健全了由省政府分管领导担任总召集人，省政府分管秘书长和省民政厅厅长担任副召集人，相关15个省直部门为成员单位的社会组织执法监察联席会议制度。市县两级也相继出台了有关政策文件，建立了社会组织执法监察长效机制，其中部分市县还建立了多部门联合执法机制，执法监察工作有序开展。2012、2013年，全省共处理社会组织行政执法案件1349件，其中撤销登记1114件（省级228件）、警告208件、取缔非法社会组织27件，有效推进了社会组织规范化建设。

### （三）社会组织评估工作有效落实

省级层面不断修订完善社会组织评估指标体系，并坚持将评估等级作

为社会组织承接政府转移职能和政府向社会组织购买服务的重要依据。积极协调争取省财政每年列支省属社会组织评估经费100万元，专项用于省属社会组织评估工作。截至2013年底，省级累计评估省属社会组织444家，占省属社会组织总数的48.5%；市县两级评估1006家，占市县社会组织总数的7.4%。通过以评促建，进一步推进了社会组织建设，有效激发了社会组织参与评估、参与社会经济建设的热情。

（四）社会组织党建体制逐步理顺

去年以来，全省积极推动依托各级民政部门设立社会组织党工委，截至目前，全省13个市州、63个县（市、区）先后设立了社会组织党工委，初步形成了“各级党委领导、组织部门抓总、社会组织党工委具体负责”的社会组织党建工作格局。坚持“以党务促政务、以政务带党务”的思路，积极推动在社会组织中设立党组织，目前全省社会组织党建率达到了54%，居于全国前列；采取集中培训、工作帮带等办法，不断加强社会组织党组织负责人队伍建设，促进了社会组织党组织作用的有效发挥。

## 二、当前社会组织建设存在的突出问题

（一）体制机制尚不顺畅

主要表现在两个方面：一是党政领导体制还不顺畅。目前，省、市、县三级政府均没有建立有效的管理领导机制，主要依靠各级民政部门衔接协调有关工作，有时存在民政牵不起头、协调不到位、工作落不到实处等问题。二是党建管理体制需进一步理顺。目前省级层面和1个市（张掖）、23个县（市、区）尚未设立社会组织党工委，渠道不够顺畅，工作难以有效衔接，特别在社会组织改革发展进程中出现的一些新情况、新矛盾和新问题，难以从党组织的角度及时掌握和有效解决。

（二）政策建设严重滞后

顶层设计不明晰、政策体系不健全，是导致社会组织改革发展推进难度大、成效不明显的主要原因。主要表现在以下三个方面：一是社会组织改革发展缺乏总体规划。目前，国家层面尚未出台关于加强和创新社会组织建设与管理的综合性文件，社会组织改革发展的目标不够明晰，量化性的指标很难定准，部门合力也难以有效凝聚起来，如何创新社会组织管理、深化社会组织改革只好“摸石头过河”，且基本处于民政“独角戏”状态，推进速度和效果都不是很好。二是社会组织依法自治缺“法”。国家《社会团体登记管理条例》、《民办非企业单位登记管理暂行条例》和

《基金会登记管理条例》已修订多年，但迟迟没有出台。我省和其他兄弟省份一样，社会组织依法自治缺乏政策依据，旧法规和新形势不相适应。三是政府和社会组织权责不明晰。对于如何充分厘清政府和社会组织的权责、推进社会组织有序承接和履行政府转移职能，缺乏一套完善的、规范的法规制度，社会组织承接和履行政府转移职能没有平台，没有渠道，更没有动力；目前，社会组织在社会救助等公益性活动方面的作为基本处于自发、自愿和无偿的状态，其制度性、长期性作用得不到有效发挥。

（三）培育管理能力较弱

主要表现在：一是职能比较分散。培育管理社会组织，职能涉及财政、税务、组织和民政等多个部门。各级民间组织管理机构作为登记管理机关，自身规格较低，职能单一，工作中往往得不到相关部门的重视与配合，推进难度较大。二是登记力量薄弱。目前，省、市、县三级登记管理机关工作力量都比较薄弱，就省厅来说，民间组织管理局仅 11 人，远远不能满足工作需要；市县两级矛盾更为突出，多数县区没有专职工作人员，业务开展仅限于登记和年检，日常监管、行政执法、扶持引导等工作难以落实。三是工作经费不足。目前，绝大部分市县仅仅把社会组织管理工作经费纳入同级民政工作经费中列支，没有单独列支，工作经费难以得到保障，社会组织培育管理难以有效推进。

## 三、对全面推进社会组织改革发展的几点意见

随着经济社会发展和行政体制改革的不断深入，社会组织在经济社会建设中的作用越来越重要，需全面深化社会组织改革，不断激发社会组织活力，积极为全面建设小康社会作贡献。就我省来说，至少要在以下五个方面下功夫。

（一）理顺体制机制，为社会组织改革提供组织保证

主要做好三个方面的工作：一是健全组织领导机制。报请省委、省政府尽快成立由省委分管领导任组长，省政府分管领导和省委分管秘书长、省政府分管秘书长任副组长，社会组织管理公共职能部门、前置审批部门、涉党涉群主管部门主要领导为成员的社会组织建设领导小组，建立健全联席会议制度，定期召开联席会议，协调解决社会组织改革发展中的突出矛盾和重大问题。市县应参照省上的做法成立相应组织，健全相应制度，适时组织开展相关工作。二是健全党建管理体制。积极推动省级层面依托民政部门成立社会组织党工委，协调目前尚未成立社会组织党工委的

市县加快成立，并落实人员、设施和工作经费，为各级社会组织党工委开展工作提供必要条件。指导各地继续在社会组织中成立党组织，不断提高社会组织党建率；同时，进一步加强社会组织党建负责人队伍和社会组织党员骨干队伍建设，为其发挥作用提供能力支撑。三是强化登记机关建设。县级以上民政部门要切实落实登记管理机构人员、工作经费和相关设施，为各级开展社会组织登记管理工作提供必要条件。

（二）完善政策体系，全面导航社会组织改革发展

推进社会组织改革发展，需出台一系列含金量高、操作性强的政策文件。目前，急需出台三个方面的政策：一是报请以省委、省政府名义出台《关于加强和创新社会组织建设与管理的意见》。目前，国家层面虽然尚未出台相应的意见，但我省在深入调研论证、全面梳理研究、广泛征求意见的基础上，代省委、省政府起草了意见并上报省综治委，需进一步加大衔接协调力度，力争该意见早日出台。出台该意见的任务是：明确全省社会组织建设的“指导思想、基本原则和总体目标”、“改革创新登记管理体制，推进政府职能转变”、“加大培育扶持政策，优化社会组织发展环境”、“加强监督管理，促进社会组织健康发展”和“完善保障措施，落实工作责任”5个方面23项具体内容，切实为社会组织改革发展搭建有效的政策平台。二是报请以省政府或相关部门名义出台专项配套政策。省委、省政府《关于加强和创新社会组织建设与管理的意见》出台后，应及时细化改革内容，配套相关措施，主要就政府购买服务、财税支持、职能转移、民主决策、政社分开、队伍建设等问题进行明确和规范，切实解决政社职能不清、权责不明、政策支持不到位等问题。三是及时出台贯彻国家“三个条例”的政策性文件。进一步加强实践探索和调研论证，广泛积累经验做法，待国家正在修订的《社会团体登记管理条例》、《民办非企业单位登记管理暂行条例》和《基金会登记管理条例》出台后，由省民政厅牵头出台贯彻“三个条例”的政策性文件，并指导市县出台相应的“实施细则”，全面完善社会组织登记管理的政策体系，切实为社会组织登记管理机关依法登记、依法管理和社会组织依法自治提供基本遵循和依据。

（三）强化民政职能，加快推进民政职能内社会组织改革

推进社会组织改革发展是一个系统工程、合力工程，同时也是一项长期任务。就民政部门来说，要坚持“两手抓”的工作思路。一方面，要着眼长远发展统筹谋划好社会组织建设，重点是完善政策系统、凝聚部门合力；另一方面，要立足现行体制机制，依据现有文件精神，积极主动作

为，加快推进民政职能范围内深化社会组织改革发展的各项工作。下一步，要重点做好四项工作：一是推进市县直接登记。在继续抓好省属社会组织直接登记的同时，指导市县两级进一步加大直接登记力度，按照宽进严管、非禁即入的原则，重点培育和优先发展行业协会商会类、科技类、公益慈善类、城乡社区服务类社会组织，及时总结经验，适时表彰先进，不断激发社会组织的发展活力。二是降低准入门槛。除政策法规明确有注册资金量要求的社会组织外，指导基层适当降低县级学术类、公益类社会组织的准入门槛，原则上注册资金底线由过去的3万元降低到1000元、社团会员人数底线降低到20人；县级非公募基金会注册资金底线由200万元降到100万元，积极鼓励和支持社会组织向基层发展。三是进一步下放审批权限。将非公募基金会和异地商会的审批权限由目前的市州一级下放到县区一级；社会组织分支机构由其自主设立，取消审批，进一步为发展基层社会组织点亮审批“绿灯”。四是积极推动承接职能和购买服务。近期，省民政厅将根据国家有关精神研究出台专项文件，推动社会组织熟悉政策，根据自身职责设计服务项目包，主动与行业主管部门衔接，积极争取承接政府职能、接受购买服务。

（四）明确部门责任，着力强化社会组织改革合力

深化社会组织改革发展，仅靠社会组织登记管理机关是远远不够的，需要各有关部门大力支持、密切配合，携手给力、同步推进。当前，需进一步建立健全“统一登记、各司其职、协调配合、分级负责、依法监管”的社会组织登记管理体制，切实为加强和改进社会组织特别是直接登记社会组织的管理服务工作。一是社会组织登记管理机关要全面负责社会组织发展和管理的统筹协调、政策制定和宏观指导，依法履行登记备案、年度检查、日常监管、执法查处等职能，指导社会组织信息公开和社会评估。二是社会组织行业主管部门要制定社会组织在本行业的活动指南和管理服务规则，履行行业管理和监督职责，通过转移职能、项目委托、资金扶持、购买服务、发布信息等方式引导社会组织持续健康发展，积极发挥作用。三是各职能部门特别是财政、税务、人社、公安、金融、审计等职能部门，应依照法律法规和有关政策规定，负责社会组织与其相关专项事务的管理服务工作。

（五）加强内部治理，不断推进社会组织规范化建设

引导各类社会组织加强自身建设，建立健全以章程为核心的独立自主、权责明确、运转协调、有效制衡的法人治理结构。完善会员（会员代

表）大会、理事会、监事会制度，实行决策、执行、监督分立。严格落实会长（理事长）兼任法定代表人制度，提高秘书长专业化、职业化水平。合理确定理事会、常务理事会规模和负责人数量比例，逐步推行差额提名和无记名投票表决的选举方式，形成民主选举、民主决策、民主管理、民主监督、规范有序的运作机制，不断提高社会组织自主、自治和自我发展的能力。

# 全区社会组织党员管理工作调研报告

宁夏回族自治区社会组织工委



为了全面了解掌握我区社会组织党员管理工作情况，谋划部署今后工作思路，2014年5月上旬，自治区社会组织工委会同自治区党委组织部对全区社会组织党员管理工作进行了深入调研，10月上旬，我们又对2014年社会组织发展党员和党员管理工作情况开展了一次专题调研，现就有关情况报告如下。

## 一、基本情况

截至2014年6月，全区在民政部门登记注册的社会组织达4296家，其中：社会团体1559家，民办非企业单位1170家，基金会50家，农村专业经济组织1517家。全区社会组织中工作人员总数为22613人（含专职工作人员7135人），工作人员中的党员数为9921人（含专职工作人员党员4021名）。建立党组织1998个，覆盖社会组织2770家，党组织覆盖率为63.6%。

## 二、主要做法

1. 健全体制机制，增强管理实效。一方面，进一步理顺管理体制。对于律师、注册会计师、资产评估师、税务师、商务、经济、社科、科技等社会组织和党员数量较多的专业协会，在业务主管单位成立相应的行业党委（党组、总支），实行专职管理模式；对于社会组织和党员数量较少的社会组织，实行业务主管单位委托机关党委（总支、支部）代管模式；对于规模较小、活动范围较窄的社会组织，实行属地管理模式，即由其主要活动地的街道党委、农村党支部管理。另一方面，进一步健全管理制度。按照自治区社会组织工委《关于加强全区社会组织党员管理教育工作的意见》要求，建立健全了“三会一课”、“六个一”党员学习教育、党员教育培训登记、党员学习日和教育周、党员活动日、党员联系服务群众等制度，切实加强党员的日常管理工作，突出抓好社会组织中党员的政治思想、道德行为、法律法规知识和业务技能等内容的教育，使党员时刻不忘党的先进性，着力提高自身素质，充分发挥先锋模范作用。

2. 扩大组织覆盖，夯实工作基础。各级党组织和业务主管单位以“消除空白点，扩大覆盖面、增强有效性”为目标，结合社会组织行业特点，改进工作方法，创新组建形式，通过应建必建、群团组建、年检促建、干部帮建、以奖助建、观摩评建六项措施，采取单独组建、联合组建、挂靠组建、地域相近联建、产业相通联建、同村共建、派员组建七种方式，成熟一个组建一个，建立一个巩固一个，巩固一个带动一批。对社会组织常设机构专职人员中正式党员 3 名以上的，且组织关系转入社会组织并能有效开展党的工作的，单独建立党支部。对行业相近、地域相邻、特点相似、但正式党员不足 3 人的，组建联合党支部。对退休党员和流动党员较多的，探索推广“复合式”组建方式。对不具备建立党组织条件的社会组织，挂靠业务主管单位党组织开展活动，或由业务主管单位、社会组织工委下派党建工作指导员，先行建立工会、共青团、妇联组织等方式，为组建党组织积极创造条件，基本实现了党的工作全覆盖，为发展党员和党员管理工作创造了必要的条件，增强了有效性。

3. 丰富活动内容，发挥积极作用。各级社会组织党组织结合工作实践，以“双创双争四满意”为载体，深入开展以“服务企业、促进发展；服务农村、促进增收；服务社区、促进和谐；服务民生、促进保障”为主要内容的“四服务四促进”主题实践活动，在凝聚人心、推动发展、服务社会、促进和谐等方面积极开展工作，党组织和党员的作用逐步显现，广大党员主动亮明党员身份，深入开展“党员先锋岗”、“党员责任区”、“党员承诺制”等活动，在争取项目、联系业务、服务会员、奉献爱心、遵纪守法、创先争优等方面发挥了先锋模范引领示范作用，有力推动了社会组织的健康发展，促进了社会和谐稳定。针对大部分社会组织党员人数少、活动阵地少、活动经费不足、党员流动性强等客观困难，我们充分调动街道、社区等体制内的党建力量，创新推出“党组织联建、组织生活联过、支部活动联搞、党员教育联抓”的“开放式”党建模式，面向社会组织开放组织生活、党员教育、活动阵地等资源，以“共建”方式提升社会组织党员管理教育水平，增强了组织的吸引力和凝聚力。一些市县还通过实施创建远程教育站点、党员服务站、建立党员培养链等方式，实行定期走访谈心、结对帮扶、信息沟通等制度，探索建立党员教育服务新机制新载体，增强党员对党组织的认同感和归属感。

4. 坚持多措并举，做好发展党员工作。认真学习宣传和贯彻落实《中国共产党发展党员工作细则》，按照自治区党委组织部的要求，严格控制总量，着力优化结构，重视在社会组织领导层中发展党员。根据社会组织人员量大、频繁流动的实际，加大在流动人员中发展党员力度，建立骨干流动人员档案，把那些经营管理人员、技术能手、岗位标兵、工作骨干以及进城创业经商的成功人士作为重点发展对象。改进发展党员工作，探索建立“一方为主、接续培养、两地考察、相互衔接”的流动人员入党机制。加强思想上入党教育，重视提高质量，分别举办了2014年全区性社会组织入党积极分子培训班和党组织书记培训班，邀请自治区党校、北方民族大学马克思主义学院、自治区党史研究室的专家教授就《中国共产党发展党员工作细则》、新党章、党史等内容进行了专题讲授，为130名入党积极分子每人发了一本党章，为110名党组织书记每人发了一本《中国共产党发展党员工作细则》，观摩了石嘴山市社会组织党群服务中心、石嘴山市温州企业家协会党支部和国务院直属五七干校博物馆，进一步端正了入党积极分子的入党动机，提高了党组织书记的政治思想素质。在党员发展上注重严肃性，各级党组织严把党员入口关，运用党员推荐、监督管理、民主测评等方式，严把入党积极分子的审核关口，确保党员发展对象的准确性。积极协调自治区党委组织部，为组织关系尚不在自治区社会组织工委的党组织增加了若干名额，及时将思想态度端正、政治觉悟高、工作业绩好、积极渴望入党的社会组织骨干人员吸收到党组织中来。

## 三、存在的主要问题

1. 党建工作基础薄弱。全区社会组织基层党组织和党员管理体制正在逐步理顺，一些党员的组织关系正在转移之中，部分社会组织业务主管单位和少数上级党组织指导力度不够等原因，社会组织党建工作还处于相对薄弱状态，党组织自身缺乏活力，在一些社会组织中的影响力还不够强，少数党员因长期缺乏严格教育和管理，党员意识淡化，不能充分发挥先锋模范作用。对流动党员的管理教育还缺乏行之有效的办法。一些社会组织严重存在着“重业务、轻党建”的现象，担心开展党组织活动占用时间、人力、物力，影响社会组织正常业务工作。同时，党组织隶属关系复杂多样，导致全区社会组织基层党员信息统计工作混乱，部分社会组织党员未统计在内。

2. 党员培养发展和管理教育工作机制不健全。一是缺乏专职人员。全区各级社会组织工委成立以来，从事工委日常工作人员均为兼职工作人员，没有增设专职工作人员和内设机构，工作力量不足，制约了工作的成效。二是隶属关系不明确。多数党组织与社会组织基层党组织仅有形式上的隶属管理关系，缺乏内在的协调互动机制，一些社会组织党组织实际上处于放任自流状态，得不到支持、帮助、指导和监督。同一个社会组织党组织受多个上级党组织管理，主次不明、责任不清。多数党员组织关系和从业单位存在“两分离”现象，一些已退休的老党员长期在社会组织担任领导职务和党组织负责人，不愿意转移党组织关系；一些从事社会组织专职工作人员的党员在转移党组织关系问题上还存在体制不顺等问题。三是党务工作者业务能力欠缺。多数社会组织的党支部书记及委员都是兼职，大多数未做过党务工作，缺乏开展党建工作的基本知识和基本技能，组织支部活动往往力不从心，适合社会组织特点，既能做业务、又能做党务的“复合型”党组织负责人很少，在相当程度上制约着社会组织党建工作的创新和发展，致使对党员的管理教育工作不够系统全面，出现时紧时松现象；对培养发展党员工作缺乏科学性和系统性，党员管理教育工作，还没有形成科学有效的管理办法和长效机制。

3. 部分党组织和党员发挥作用不够明显。有的市县党委和行业主管部门党组织往往把注意力和重点放在建立党的组织、扩大组织覆盖面上，帮助、指导社会组织党组织加强自身建设和开展活动的力度不够。许多社会组织党务工作者的主动性也不够强，很少组织活动。加之各级社会组织工委及业务主管单位缺乏专职工作人员，精力有限，指导工作不够及时有效，多数社会组织无固定办公场所和党员活动阵地、无经费保障，活动也很难有效、正常开展，致使一些社会组织党组织凝聚力不够，感召力不强，党组织和党员的作用发挥不够明显。

## 四、几点建议

1. 进一步理顺社会组织党组织和党员管理体制机制。理顺各级社会组织工委、党委和各全区性社会组织业务主管单位所属社会组织党组织、党员的隶属关系，明确社会组织党建工作的责任主体，形成各级党委领导、组织部门抓总、社会组织工委牵头、业务主管单位具体负责的社会组织党建管理体制。加强社会组织党建工作信息化建设，做好社会组织党建信息报送、通报等工作。

2. 认真抓好社会组织党的基层组织建设。广泛开展社会组织党建工作示范点创建活动，不断加强党组织规范化建设，提高社会组织基层党组织的整体工作水平。推广社会组织开放式党建的做法，增强社会组织党组织的生机和活力。创新和加强基层党组织的制度建设。加强对基层党组织负责人和党务工作者的培训，提高社会组织党组织负责人抓党建工作的能力。积极探索发挥社会组织党组织和党员作用的有效途径，不断增强基层党组织的创造力、吸引力和战斗力。要按照社会组织“精细化、一体化、复合式、开放式、服务式、三位一体式”两化四式的发展模式，形成全区社会组织党建促自建、自建推发展的良好局面。

3. 切实加强党员管理教育工作。创新学习方式，加强对党员的理论武装和思想教育工作，激励广大党员、会员干好本职工作、创造一流业绩的精神动力，不断提高党员的理论素养和党性修养。深入开展创先争优活动，充分发挥社会组织党组织和党员的作用。加强对党员的动态管理，尤其是对分散党员、流动党员的管理，理顺社会组织专职工作人员中党员的隶属关系。加强对党员党费的收缴管理。积极稳妥地做好发展党员工作，注重在没有党员和未建立党组织的社会组织中发展党员。积极探索党员教育管理的有效形式，研究出台《关于加强全区社会组织党员管理教育意见》。

4. 解决党组织活动经费和党建工作人员编制。从加强社会组织党的建设的高度出发，统筹考虑、多渠道解决社会组织党组织和党员活动经费不足的问题。要采取提高党组织上缴党费的返还比例、社会组织划拨经费、上级党组织经费补助、社会赞助等办法，建立各级财政社会组织党建经费保障机制，解决社会组织党建经费不足的问题。随着社会组织的不断发展壮大和加强社会组织党建工作面临的新形势、新任务，从构建社会组织“发展、监管、党建”三位一体工作格局的要求看，急需建立健全加强我区社会组织党建工作体制机制的长效机制，在各级社会组织工委和全区性社会组织业务主管单位社会组织党委（总支）增加相应专职工作人员和相应的领导职数。自治区社会组织工委健全内设机构，内设办公室、组织部、宣传部、纪工委，核定相应行政编制数额。各市、县（区）社会组织工委健全内设机构，增加相应的人员编制。在社会组织数量较多和党员数量较多的全区性社会组织业务主管单位成立社会组织党委或党总支的，要增加相应的专职工作人员和领导职数，明确各级职责和责任，做到逐级指导，分层监督。

**执笔人：** 尤建清　尤晓刚

# 关于进一步激发社会组织活力的调研报告

青岛市民间组织管理局

为全面落实党的十八大和十八届三中、四中全会关于社会组织改革发展的决策部署，促进社会组织健康有序发展，进一步激发社会组织活力，会同市政府研究室开展了专题调研，提出了相应建议。

## 一、青岛市社会组织发展现状及面临的矛盾问题

近年来，我市通过创立社会组织孵化基地、实施公益项目资助等措施，为社会组织创造了良好发展环境。特别是2013年以来，在改革社会组织登记管理制度上进行了一些有益探索。对行业协会商会类、科技类、公益慈善类、城乡社区服务类四类社会组织直接登记；下放登记管理权限，简化审批程序；实施“一业多会”；推动社会组织与行政机关脱钩，这些创新举措不仅促进了社会组织健康发展，也为全国社会组织改革发展积累了经验。截至2013年底，我市社会组织发展到11669家，年均增幅保持在10%左右，初步形成了遍布城乡、门类齐全、层次不同、覆盖广泛的社会组织体系。

我市社会组织虽然取得了快速发展，但发展活力依然不足，结构相对单一，服务能力不强，与实现社会治理体系现代化的需求相比还存在一定差距。主要表现在：

一是总量规模较小。从数量看，我市每万人拥有社会组织7个，与国内外先进城市和地区相比仍有不小差距。如北京每万人拥有社会组织11个，发达国家平均每万人超过50个。从资产看，除了一些民办学历学校、养老院，其他社会组织资产普遍较小。据统计，市级民办非企业单位净资产3万元以下的约占26%，社会团体净资产3万元以下的将近一半。从规模看，全市登记社会组织2013年服务收入占GDP比重的1.1%，与发达国家10%的平均水平相差近10倍。

二是种类结构单一。我市11669家社会组织，社会团体1630家占14%，民办非企业单位4203家占36%，备案制社区社会组织5836家占50%。社会团体中，经济类、科学研究类约占一半，社会事业类社团较

少，慈善类社团仅占3.6%。民办非企业单位的九大分类中，教育类约占44.2%，群众需求比较迫切的养老服务、残疾人康复、心理疏导等单位相对不足。社区社会组织更是90%集中在秧歌队等文化娱乐组织，无法满足群众多元化的物质和精神生活需求。

三是运作状况不佳。一方面，自我发展能力不足。社会组织的资金来源主要是会员会费、政府资助等，部分社会组织依赖政府购买服务，一旦购买服务项目结束，社会组织往往难以为继。据了解，现有社会组织三分之一正常运转，三分之一勉强维持，三分之一处于休眠状态。另一方面，管理运行不规范。有的组织不健全，缺乏理事会、监事会等；有的章程不规范，财务管理混乱；有的动机目的不纯，片面追求利润，个别甚至“坑蒙拐骗”，对社会组织公信力造成极为恶劣的影响。

出现上述问题既有社会组织自身方面的原因，同时也反映出政府在职能转变、空间释放以及社会组织管理体制机制等方面存在的不足。

（一）登记门槛较高

2013年以来，虽然对行业协会商会类等四类社会组织实行直接登记，并简化了审批手续，但登记注册环节仍存在一些亟待解决的问题。一是部分社会组织仍须前置审批。调研中了解到，实行直接登记的四类社会组织仅涵盖社会组织总数的60%，很多社会组织因找不到合适的“婆家”，无法办理登记。如青岛海之情施乐会等十余家爱心组织自2011年就申请登记，因找不到业务主管部门长期没有合法身份。二是分类界定模糊。现有政策对社会组织分类缺乏清晰界定，导致民政部门对直接登记的社会组织判定缺乏统一标准，极易引发争议，市民管局近期接到此类问题投诉就达十几起。三是注册资金额度较高。目前社会组织法人登记注册资金最低3万元，这对基层成长起来的“草根”社会组织而言，负担仍然较重。

（二）监督管理不到位

一是日常管理缺位。社会组织重登记轻管理问题十分突出，特别是实行直接登记制度以来，原业务主管部门以取消前置审批为由放松日常监管，而民政部门受专业知识和人力物力资源限制，很难对相关行业组织实施有效监管。二是年检流于形式。年检是社会组织日常管理的主要手段，但实践中却成了走过场。如年检要对社会组织进行审计，审计报告则由社会组织自己出资让审计机构出具，这就不可避免出现弄虚作假行为。三是缺乏处罚和退出机制。现行政策对社会组织的违法违规行为缺乏具体界定，处罚标准也不明确，尤其是违法违规社会组织如何退出缺少操作性办法，导致社会组织只进不出。

（三）政府购买服务支持不足

我市政府购买服务尚处于起步阶段，购买服务领域相对狭窄，主要原因：一是投入稳定性不强。除个别区市将购买服务和扶持社会组织资金列入财政预算外，政府购买服务的资金大多是预算外资金，随意性、临时性较强。二是政府释放空间不足。我市虽然制定了行政权力清单和政务服务清单，但还未编制政府职能转移目录，个别部门对应由社会组织承担的职能舍不得放手，或者选择一些“不好做、不愿做”的事项转移出去。三是购买服务政策缺乏操作性。市政府近期虽然出台了购买服务的政策文件，但规定比较笼统，缺乏操作性强的配套政策。四是未建立第三方评估机制。由于缺乏专业化的评估体系和考核机制，对社会组织提供服务质量好坏无法进行准确评价，一定程度上制约了政府购买服务的发展。

（四）专业人才匮乏

调研中，社会组织普遍反映人才不足已成为制约发展的突出问题。一是人员老化。我市社会组织从业人员老化趋势明显，尤其是行业协会中退休人员占了很大比例。二是知识结构落后。据统计，我市社会组织从业人员中专及以下学历者约占80%，再加上日常培训不到位，社会组织提供服务能力和专业化水平不高。三是专职人员不足。我市社会组织提供服务主要依靠兼职人员和志愿者，专职人员相对较少。据统计，全市638个市级社会团体共有工作人员2946人，其中专职工作人员921人，仅占31.2%。四是薪酬待遇低。据调查，我市社会组织从业者月工资收入3000元以下的约占61.6%，其中无固定收入的占18.4%，社会保险投缴比例也远低于公办单位，很难吸引和留住优秀人才。

## 二、外地经验

近年来，广东、上海、深圳等省市积极改革创新，大胆探索实践，在支持社会组织发展上取得了许多宝贵经验。

在认识定位上。广东2008年以来多次提出“方向论”，即该由社会组织做的事情要交给社会，即使现在办得不好也要培养它、帮助它、交给它，这是方向。省里与21个地市市委书记、市长签订协议，每个地市确定一个社会创新观察项目。鼓励有条件的市、县政协设立新社会组织界别。上海建立社会组织联席会议制度，定期研究推进社会建设相关工作，书记、市长每年对社会组织调研3—5次。深圳市委、市政府从2008年开始连续三年把社会组织发展作为重大调研课题，在调研基础上出台政策文件。2012 年换届中给社会组织分配党代表名额 4 人、人大代表名额 5 人、政协委员名额 10 人。

在转移职能上。广东省在部门“三定”方案中明确职能转移事项，对承接职能的社会组织设立三年指导期。规定凡社会组织能够提供的服务原则上不新设事业单位，不新增事业编制。省政府累计转移职能 130 余项，事业单位向社会组织转移职能 100 多项。深圳在 2009 年大部制改革中，梳理分解了 284 项可转移政府职能，有 87 项转移给社会组织或事业单位。上海建立“政社合作”专业化社会服务新模式，引入社会组织托管运营政府兴建的社区服务中心、市民中心等设施。

在登记注册上。广东省自 2013 年 7 月 1 日起，除特别规定、特殊领域外，社会组织的业务主管单位均改为业务指导单位，社会组织可直接向民政部门申请成立，这是全国首次取消“双重管理”的地方改革。深圳 2008 年对工商经济类、社会福利类和公益慈善类三类社会组织实行直接登记，2011 年又将直接登记范围扩大到社会服务类、文娱类、科技类、体育类和生态环境类，对社会组织登记事前评估，将登记备案由区级民政机关下放到街道办事处。

在日常管理上。上海建立了社会组织电子政务平台，所有社会组织和主管单位，均可通过电子签章完成网上申报和并联审批，基础信息全部在网上开放。每年抽查 10% 的社会组织，对其财务管理、规章制度等进行监督检查。深圳探索以评估为手段的政府监管方式，在基础条件、内部治理、工作绩效、社会评估四大方面设定评估指标，委托第三方评估机构评审。建立评估与奖励相结合的激励机制，把评估结果作为政府购买服务、公共财政扶持、专项经费资助等方面的参考依据。

在孵化培育上。上海 2008 年推行社会组织年金制度，支持有条件的社会组织缴纳补充养老保险。广州安排 500 万元福彩公益金，培育 50 个公益性社会组织、资助 50 个公益项目，对市级行业协会实施财政专项补助制度。成都投入 2000 万元专项基金，以项目方式扶持 102 个社会组织。

在购买服务上。广东省由省编办、省发改委牵头编制政府转移职能目录，省财政厅牵头编制政府向社会组织购买服务目录，省民政厅牵头编制社会组织承接服务目录，并引入第三方评估机构，建立起“四位一体”工作机制，2011 年用于购买服务资金达 1.25 亿元。上海探索政府购买服务项目招投标和创投机制，通过公平竞争让最好的公益项目获得资助，让最专业的社会组织承接实施，浦东、闵行、静安等区每年购买服务资金都在

1 亿元左右。

## 三、对策建议

针对社会组织发展中的矛盾问题，要学习借鉴先进省市经验，通过改革创新，不断激发社会组织发展活力，提升社会组织服务经济社会发展的能力。

（一）加快政府职能转变，完善购买服务机制，向社会组织释放空间、让渡资源。一是建立预算保障机制。将政府购买社会组织服务的经费纳入年度财政预算，形成制度化，增强稳定性和持续性。二是建立制度化工作流程。借鉴广东省经验，加快编制政府职能转移目录、向社会组织购买服务的项目目录、具备承接资质条件的社会组织目录，形成科学规范、操作性强的政府购买服务流程。三是完善评估体系。借鉴深圳做法，从社会组织的内部管理、工作绩效、基础条件、社会评估等方面设定评估指标体系，委托第三方机构进行评估，把评估结果作为政府购买服务、公共财政扶持、专项经费资助等方面的重要依据。

（二）改革登记审批机制，简化审批手续，降低社会组织准入门槛。一是取消前置审批。进一步扩大直接登记范围，除政治法律类、宗教类等上级规定必须前置审批的以外，其他社会组织均可由民政部门直接登记。二是下放审批权限。可将部分社会组织的审批登记权限下放到区市民政部门，非法人的社区社会组织可下放到镇、街道备案管理。三是降低登记门槛。降低社会组织登记注册时单位会员、个人会员的数量下限；针对社会组织反映的注册资金数额大的问题，建议借鉴南方城市经验，实行认缴制试点。

（三）改革监督管理机制，强化社会监督，提升社会组织规范化运作水平。一是创新监管方式。借鉴上海、成都经验，探索实施社会组织年度报告公示制度，每年抽取一定比例的社会组织，对其财务管理、规章制度等进行监督检查，增强监管实效。二是建立信息发布平台。建议由市民政局牵头，会同财政、人社、公安、工商、税务等部门建立全市社会组织信息平台，公开登记审批、日常监管、服务项目、税务稽查、违法处罚等信息。建立社会组织及其从业人员的诚信数据库，实行“黑名单”制度。三是探索枢纽管理模式。鼓励同类型、同行业、同领域、同地域的社会组织联合成立枢纽型社会组织，通过契约关系，发挥其团结联系社会组织的桥梁纽带作用。四是建立有序退出机制。对社会组织出现完成宗旨、自行解散、合并分立等情形的，进行财产清算后办理注销手续。对运作不正常、机构不健全、超过一年未开展活动、符合注销条件但未办理注销的，或者两年未年检和年检不合格的，给予撤销登记。

（四）建立孵化培育机制，强化人才支撑，增强社会组织发展活力。一是建立孵化培育机制。通过建立“政府支持、民间运作、专业管理、社会监督”的新型孵化培育机制，推动单一行政培育模式向社会共同培育模式转变，营造良好的公益生态圈和发展产业链。二是完善公益创投机制。借鉴深圳等市经验，进一步发挥福彩公益金的导向和种子功能，采取创投、资助、奖励等多种方式，鼓励社会组织开发具有社会价值的公益创意项目。三是加大人才培育力度。一方面，完善我市社会工作职业准入、职业能力认证、从业人员登记注册等制度，提升社会组织人员职业化、专业化水平；另一方面，鼓励有条件的社会组织建立年金制度，借鉴上海做法建立社会组织补充养老保险制度，增强对各类人才的吸引力。

# 促进社会力量参与社会管理的实践与思考

厦门市民政局

近年来，随着经济社会的全面发展，我市社会组织发展步伐也持续加快，组织规模不断扩大，对创新社会治理、繁荣城乡经济、扩大社会就业、平衡教育资源、改善人民生活、优化经济结构等，发挥着独特而重要的作用。但随着改革的深入，社会组织发展的瓶颈凸显，如何打通社会组织发展的瓶颈，充分调动社会力量服务社会，激发社会组织活力，成为摆在我们面前一个亟待研究探索而又紧迫的课题。

## 一、社会组织参与社会管理现状

（一）厦门市社会组织发展现状

厦门作为改革开放的先行者，近年来社会组织建设取得了长足的进步。截至2014年底，全市已登记备案社会组织3053个，比上一年增长23%。其中社会团体1142个（市级645个，区级497个），民办非企业单位1046个（市级270个，区级776个），备案社区社会组织833个，台湾社团在厦代表机构22个，基金会10个，分布在教育、卫生、劳动、体育、文化、科技等领域，社会组织从业者队伍也日益壮大。与此同时，新时期出现的大量新问题对传统管理模式提出了新的挑战。加强和改进管理方式方法，不断注入新的内容，大力促进社会组织参与社会管理迫在眉睫。

（二）促进社会力量参与社会管理的实践

一是始终坚持广纳民意共商发展。社会组织与基层联系密切，在掌握群众需求上具有信息优势。厦门市紧扣社会组织生存和发展实际，规模比较大的社会组织，均成立负责思想政治工作和文化建设的党组织，实现与行政机关长期良好的沟通联系机制，能有效地将民意民声反馈给政府部门，形成良好互动。

二是始终坚持开拓创新推动发展。厦门市站在创新社会治理体制的战略高度上，牢牢把握高效便民的原则，通过登记管理体制创新和社会组织建设创新示范区创建，实行社会组织直接登记，放宽登记限制，为社会组织营造了良好的生存和发展空间，优化了厦门社会组织发展环境。

三是始终坚持强化责任服务发展。以开展活动为渠道，在全市范围内开展行业协会行业自律与诚信创建活动、民办非企业单位塑造品牌与服务社会活动，不但强化了社会组织的责任意识，深化了其在经济领域内的规范指导作用，同时在实质上促进行业实现自律管理，降低整个社会的经济活动协调成本，提高社会总产出，为和谐社会建设提供强大的经济基础。

四是始终坚持能力建设促进发展。社会管理最有效的办法就是由社会来管理社会，市级登记管理机关坚持每年为社会组织免费指导培训、解疑释惑，不断促进社会组织工作者的职业素质和专业能力的提升，推进社会组织健康有序发展，助力社会组织全面成长为有能力承担政府职能的力量，实现“小政府，大社会”的社会治理模式。

## 二、新时期社会组织建设管理工作面临的新情况、新问题

近年来，厦门市社会组织虽然有了很大的发展，但仍面临不少现实的困难和问题，还不适应新形势下我市经济社会发展的需求。

### （一）管理混乱，作用发挥受限

有的社会组织缺乏以章程为核心的法人治理结构和治理机制，存在组织机构不健全、内部制度不完善等问题；有的社会组织重大决策基本上都是由少数领导人来决定，存在民主管理不到位、财务管理不透明等问题；少数社会组织活动不规范，有的甚至违规违纪。社会组织因自身建设不足，未能充分发挥应有作用。

### （二）结构失衡，布局尚不合理

从社会团体的类别看，互益性的行业协会、商会偏多，公益性、慈善性、服务性的偏少；服务于工商企业的偏多，服务于农业农村、社会服务等方面的偏少。从民办非企业单位的类别看，全市民办非企业单位共有1046个，教育类的民办非企业单位就占了681个，占总数的65%，其他公益性较强的社会福利组织只占不到10%。

### （三）自治缺失，社会公信程度偏低

一些社会组织负责人由政府机关的退休官员担任，形成与政府部门的千丝万缕的联系，对政府的依赖性较强，自治程度较低，直接导致了社会公众对社会组织存在认识上的偏差，造成社会组织缺乏群众基础，缺少必要的社会信任和支持。

### （四）力量薄弱，管理体制滞后

与深圳特区相比，其民间组织管理局为局级，有28个人员编制，内设

4个处，而厦门市民间组织管理局只有6个工作人员，各区只有1名兼职工作人员，且不具备执法资格，工作人员力量薄弱，在行政许可、行政执法等处置具体事务上，客观上存在不合法。

## 三、强化创新意识，探索社会组织建设管理工作新途径

促进社会力量参与社会管理是创新社会治理体制中一个重要的课题。为充分发挥社会组织优势，激发社会组织活力，接下来，将进一步结合厦门实际，以深化社会组织登记管理体制改革为契机，加强社会组织能力建设，力求在方式方法和内在内容上实现“双创新”。

### （一）以培育扶持为重点，增强社会组织参与社会管理的内部力量

重点培育和优先发展经济类、科技类社会组织，加快行业协会、商会改革发展步伐，优化行业协会布局，强化行业自律，同时，加大对公益性社会团体的扶持力度，支持和引导开展“安老扶弱、助残养孤、扶危济困、救助赈灾”等服务项目；有重点地推进民办非企业单位有序发展，做好教育科技、文化体育、医疗卫生、福利事业、生态环保、服务社区的民办非企业单位的规划、培育和发展，形成“民办社会事业和公办社会事业相互促进、共同发展”的格局。

### （二）以体制改革为抓手，优化社会组织参与社会管理的外部机制

树立“小政府，大社会”管理理念，建立健全购买服务机制、政府资助及奖励机制，为社会组织承担政府职能转移创造条件，将一些事务性、服务性、公益性等职能转移或委托给社会组织，扩大社会组织的发展空间，拓展社会组织参与社会管理和社会服务合法渠道，充分让社会组织在建言献策、平衡各种利益关系、解决社会矛盾、协调经济发展中发挥作用，增强生存和发展的经济实力。

### （三）以树立典型为导向，发挥先进社会组织的示范作用

继续开展社会组织等级评估，探索第三方评估工作机制，建立“政府指导、社会参与、独立运作”的社会组织评估体系和社会监督机制，评选出一批水平较高、影响力较广的社会组织。同时，通过组织开展评选先进社会组织、诚信示范单位等活动，树立培植各类社会组织的先进单位和任务，进行典型示范、榜样带动，形成一股激励奋发向上的好风气。

### （四）以队伍建设为依托，保持社会组织参与社会管理内动力

一方面，通过法律法规的制定和政策的宣传指导，在社会组织中树立民主与平等、权力与责任、理性与尚法、宽容与妥协的自律自治精神。另

一方面，按照社会组织的自身规律，重点围绕民主选举制度、民主议事制度、民主监督制度，通过参与式监管，指导社会组织制定并执行自律自治的规则和制度，指导社会组织法人建立以章程为核心的法人治理机制，在监管过程中不断提升社会组织的自律自治能力，保持社会组织参与社会管理的内在动力。

·第五编·

# 购买服务专题工作

# 天津市购买服务专题工作

天津市滨海新区开展了2014年社会组织公益创投工作。经过动员部署、项目征集、初审评审、会商审定、签字拨款等严格程序，第一笔款项150万元已全部拨付。目前工作进展如下：

全面部署、广泛发动。滨海新区民政局、财政局联合下发《关于开展滨海新区2014年社会组织公益创投活动的通知》（津滨民发〔2014〕29号），并于7月31日召开动员培训会议，聘请市社团局等相关领导专家对创投工作进行培训，区民政局领导出席会议对创投活动进行全面安排动员，各功能区、街镇按照区民政局、财政局部署，层层部署、广泛发动，确保创投活动高起步、开好头。

精心调研、积极申报。广大社会组织积极参加创投活动，认真学习创投文件，借鉴创投项目设计经验，结合本单位和区域实际，精心调研、撰写创投项目申报书和实施方案，截至8月31日，共收到申报项目84个，覆盖公益创投的社会救助服务等全部10个方面和领域。

严格初审、科学评审。滨海新区民政局制定出台《滨海新区2014年社会组织公益创投项目评审办法》、《滨海新区2014年社会组织公益创投项目财务管理指引（试行）》（津滨民发〔2014〕30号）。拟订详细周密评审方案，由承办单位从相关部门领导、专业人员和社会组织代表、审计财务管理人员中筛选组成7人评审委员会和4个专家组，聘请20名专业评审专家，对申报项目集中进行评审。在初审中，有18个项目因创投主体资质不符、创投范围超出规定等原因被淘汰。9月26日，在培训的基础上，4个专家组按照需求广泛性、定位公益性、策划科学性、方法创新性、实施实效性、机构专业性6个方面30个指标，对剩余66个项目进行严格评审打分。

集体研究、审定立项。在评审专家打分基础上，由评审委员会按照"类别统筹和从高分到低分相结合"原则，集体研究提出立项项目和金额的建议，经主办单位会商审定，最终确定了32个立项项目，其中社会救助服务3个、社会福利服务2个、居家养老服务6个、优抚安置服务1个、残疾人服务2个、社会组织服务7个、社区事务服务5个、专业社工服务

1 个、公益慈善服务 1 个、社会志愿服务 4 个，为提升滨海新区社会服务功能，展示社会服务作用，保障和改善民生、推动新区经济社会又好又快发展注入强大活力。

细化调整、签字拨款。2014 年 10 月 17 日召开了社会组织公益创投项目立项会议，会上邀请尤尼泰会计师事务所财务专家对立项单位财务注意事项进行了指导，并要求资金调整的项目严格按照《滨海新区 2014 年社会组织公益创投项目财务管理指引（试行）》（津滨民发〔2014〕30 号）进行修改。在修改调整确认无误后，经局领导签字同意，通知立项单位携带纸质项目申报书（法定代表人签字盖章）连同项目实施方案（法定代表人签字盖章）各一式三份、社会组织登记证书复印件一份、银行开户文件复印件一份和配套资金承诺书（法定代表人签字盖章）一式三份，签订合同并拨付专款。目前第一阶段款项已全部拨付，共计 150 万元。

# 政府引导　项目带动<br>推进政府购买服务大发展

## ——吉林省长春市宽城区政府购买服务做法

近年来，吉林省长春市宽城区政府不断深化“政府引导、项目带动”的核心理念，积极探索政府购买服务新途径，以项目为带动，将政府购买服务实践于满足公众需求、协助政府管理、促进社会和谐多个领域，使政府购买服务成为了社会组织参与公共服务、社会治理的一种新方式、新常态。

### 一、规范先行、健全体系

为保证政府向社会组织购买服务有据可依，吉林省长春市宽城区根据国家相关政策先后制定了《宽城区政府购买社会组织服务实施管理办法》、《长春市宽城区承接政府购买服务社会组织资质管理办法》、《长春市宽城区政府购买社会组织服务项目评估办法》、《宽城区政府购买社会组织服务评估指标体系》等制度法规，为购买服务提供了政策遵循。在此基础上，宽城区政府围绕政府做不了、做不好、不便做，而又和居民生活息息相关的服务事项，由各行政部门提出购买服务项目需求，民政部门建立了政府购买服务目录，经立项审查，仅2014年就设立了涵盖基本公共服务、社会事务服务、便民利民服务等4大类9小项的39个服务项目。为确保购买服务项目的有效实施，对立项的民政部、财政部公益项目，区财政按1：1匹配，仅2014年宽城区财政列支200万元，用于购买服务项目启动。

### 二、项目带动、示范引领

近年来，宽城区政府充分运用社会组织社会资源好、工作方法专业的优势，按照“项目设立、预算申请、立项审查、公布信息、项目申报、资质认定、竞标评审、中标公告、签订合同、项目管理、评估验收”的程序，为广大群众提供优质服务。几年来，宽城区先后实施了“一老一小一难”服务、“梦想N次方”、家庭服务网络中心建设、农民工子女关怀、社区法律援助、社会组织服务中心运行等项目；2014 年，民政部“大爱之行——全国贫困人群社工服务及能力建设项目”落地宽城，宽城区推出了“乐活老人社区成长计划”和“自闭症儿童家庭自助互助网络计划”，并由宽城区政府匹配25 万元保证了项目顺利实施。通过系列项目的牵引，宽城区政府积极推广各个项目的有益经验，广泛宣传专业服务、高层次服务的示范作用，探索出了一条“项目可复制、服务可持续、成果可共享”的购买服务新路子。

## 三、培育力量、孵化组织

为确保购买服务的专业化和可持续化，宽城区以超前思维和社会治理的理念，着力抓好社会组织培育、孵化工作。2013 年，宽城建成了社会组织服务中心，总面积 350 平方米，设立了“组织孵化、交流展示、洽谈互动、后台服务、办公接待”五个分区，可为社会组织提供“孵化、登记、监管、评估、交流、提升”六大功能。同时依托吉林大学、长春工业大学、吉林建筑大学等高校，联合举办了“长春社工论坛”、东北三省“公益组织能力建设”交流等活动，活动中邀请专家教授多次开展高端培训、把脉指导，大力培养本地社会组织人才，鼓励和支持社区工作者考取专业社工资格，动员和组织社区工作者和专业社工创办、领办社会组织，帮助社会组织依托社会、企业、社区开展公共服务，扩大了政府购买空间。

# 聚焦重点　政策引领<br>形成社会组织发展新常态

## ——上海市嘉定区扶持社会组织发展经验

激发社会组织活力，增强服务社会功能，是完善社会治理体系，构建和谐社会战略目标的一项重要任务。十八大以来，嘉定区社会组织发展迅猛，服务功能不断增强，作用发挥日益突出，发展环境不断改善，逐步成为促进地方经济社会发展和社会治理的一支重要力量。为使嘉定区社会组织进入良性发展轨道，更好地促进嘉定社会组织健康有序发展，嘉定区民政局对全区社会组织进行了专题调研，分析其存在的困难瓶颈和主要问题，针对性制定对策，强化政策引领作用，围绕人才与资金两个核心问题打造长远良性生态，着力加强社会组织人才队伍建设，建立社会组织发展专项资金，全力推进嘉定区社会组织的健康有序发展。

### 一、谋定后动、聚焦重点

在嘉定社会组织发展前期的调研和决策过程中，嘉定区民政局清楚意识到，社会组织建设与发展是一项系统工程，必须先谋而后动，搞好整体的统筹谋划，做好预先设计。针对嘉定地区社会组织的发展、改革问题与任务，围绕和聚焦社会组织培育和孵化的困境与瓶颈，直面其普遍面临着缺乏办公场地、经费筹措困难、人才支撑不足、服务能力不足等诸多现实问题，完成了《嘉定区社会组织发展现状及对策研究》、《嘉定区政府购买社会组织服务的实践与思考》等调研报告，制定嘉定区社会组织改革路线图和进程表，谋定后动，完善细化整体的保障措施，详细列出了阶段性进程和重点突破措施。

以建设嘉定区社会组织公益实践园为重点突破口，将场地以无偿的方式提供给社会组织，培育并引入了多家公益类社会组织，为它们解决了办公场地问题。实践园以“政府资金支持、社会力量参与、专业团队管理、社会组织受益”的运营模式，为入驻的社会组织提供了良好办公环境，更为公益组织走进社区搭建了平台，将各类资源合理配比，形成合力，提升了社会组织的凝聚力和影响力。实践园开园后，即有 17 家社会组织入驻。其中 10 家入驻组织承接了 12 个创投项目，涉及金额 102. 8 万元。政府免除了入驻社会组织的房租、水、电、通信、物业等费用，仅此一项，政府就提供了近 180 万元的隐形运作费用补贴；除此之外，政府以购买服务的形式，投入约 168 万元，委托嘉定区社会组织服务中心负责实践园的日常运作和管理，开展孵化培育、公益展示、项目运作、规范评估、互动交流、代办服务、政策发布、信息枢纽、供需对接等服务。

## 二、政策引领、分类施行

2013—2014 年，嘉定区先后出台了 3 项扶持政策促进社会组织发展，通过政策先行、建章立制，实现扶持措施的制度化、程序化。

2013 年，嘉定区出台的《嘉定区促进社会组织发展财政资金扶持办法（试行）》（嘉民〔2013〕70 号），按照突出重点、分类实施、定额资助的原则，初步建立了与嘉定区域社会组织发展相适应的财政扶持政策框架，通过项目扶持和政府资助的方式，对特定社会组织在登记开办、人才吸纳、代办服务、购买服务以及项目运作等方面给予财政资金的补贴、扶持和保障，促进了嘉定区社会组织健康发展。2013 年至今，共有 74 家社会组织获得政府资助，金额为 398 万元；32 家社会组织 64 个创投项目获得扶持，金额为 847 万元。

2014 年 12 月 13 日，嘉定区制定出台了《嘉定区政府购买社会组织服务实施办法（试行）》（嘉府发〔2014〕59 号），绘就了政府购买服务“路线图”和“规范表”，就政府购买服务的界限、程序、购买主体等建章立制，就政府购买服务的重点领域、购买主体、承接主体、购买方式、项目监管、领导机构等做了明确详细规定，使政府购买服务“谁来买、向谁买、买什么、怎么买”得到了明白的界定，进一步规范和推进政府向社会组织购买服务工作，推进政府转移职能和购买服务的预算化、法治化与规范化。

同年 12 月 28 日，又出台了《嘉定区加快公益慈善类、城乡社区服务类社会组织培育发展的实施意见》（嘉府发〔2014〕64 号）。对本区公益慈善类、城乡社区服务类社会组织给予五大优惠政策，包括优先享受政府资助、优先获得项目扶持、优先入驻孵化基地、适当降低准入门槛、适当提高人才待遇等。采用区镇统筹方式建立社会组织发展专项资金，重点用于支持公益慈善类、城乡社区服务类社会组织的能力建设和公益项目实施。

## 三、以人为本、立足项目

人才和资金，是实现社会组织良性互动、长远发展的两大基础，为此，嘉定区将通过建立社会组织人才扶持机制和推进政府购买服务来解决这两大核心问题，为社会组织营造良好的外部发展环境。

为了使社会组织能更好地吸引人才、留住人才，嘉定将加大社会组织人才培养、引进和使用力度，为社会组织的快速发展提供强有力的人才支撑，近期嘉定区将率先出台上海首个社会组织人才扶持办法——《上海市嘉定区社会组织人才扶持办法》，将社会组织人才纳入本区人才范围，享受相关政策待遇，主要包括《嘉定区优秀人才住房优惠实施意见》、《关于继续促进嘉定区大学毕业生创业、就业的实施意见》和区关于大力引进高层次创新创业和急需紧缺人才等政策。此外，对聘用高层次或优秀人才的社会组织可享受相应的租房补贴，聘用全日制本科及以上毕业生或专业社会工作者的社会组织可享受相应的人员经费补贴。

同时，积极为社会组织拓宽筹资渠道，使社会组织在解决“温饱”的基础上，也能不断地发展壮大。对社会组织经济上的扶持，除了单纯的资金资助外，更多的是加快政府职能转移，将政府不该管、管不了、也管不好的事情，通过项目化的形式交给社会组织来承接。2009 年至今福彩公益金资助的社区公益服务招投标项目达 136 个，涉及金额 3184 万元，财政资金扶持的社区民生服务创投项目达 64 个，涉及金额 847 万元，此外残保金、慈善基金、老年基金、双拥基金等社会募集资金的纷纷加入，使购买社会组织服务的渠道更加多元和丰富。而随着政府购买社会组织服务工作的全面推进，嘉定区将要建立社会组织发展资金，按照常住人口数进行区镇统筹，纳入各级财政预算，预计 2016 年统筹资金将达到 3200 多万，主要用于街镇向社会组织购买服务，用以服务村居广大社区居民，由此将有一大批公益慈善类、城乡社区服务类的社会组织会因项目而成立、因项目而成长、因项目而成熟。

# 搭平台　建机制　求实效 推动政府购买社会组织服务工作规范科学发展

## ——上海市杨浦区政府购买社会组织服务的实践探索

近年来，上海及各区县颁布了诸多扶持社会组织发展方面的政策措施，特别是以政府购买社会组织服务的力度不断加大。上海市杨浦区经过几年的运作实践，基本建立了政府立项、公开发布、统一竞标、合同管理、评估兑现的运作机制，充分发挥了社会组织等社会建设多元主体的作用，在推动形成有杨浦特色的政府和社会组织多主体协作的社会治理新模式中发挥了积极作用。

**一是在问题中思考。**近年来，为了适应城区转型和公共服务的需要，杨浦区不断加大对社会组织的培育发展力度，全区社会组织发展呈现整体提升的良好态势，社会组织数量和政府购买服务数量都逐年增加。然而，随着购买规模的不断增长和服务领域的不断拓展，也逐渐产生了一些问题和困惑。比如：各部门、各街（镇）在购买社会组织服务中往往存在“各自为政”的现象，在一定程度上导致资源的碎片化。为了从资源整合、科学管理的角度解决这一问题，杨浦区着手探索如何在区级层面上对购买社会组织服务的服务事项、涉及资金进行统筹规划和整体安排，以便更加合理、科学地分配财政资金和公共资源。当时思考的主要问题集中在：是否可以搭建一个平台，使政府梳理出来的购买服务项目资源和有能力承接项目的社会组织资源，可以公开透明地进行对接？如何实时掌握正在实施的服务项目的运行情况和动态趋势，如何客观评价社会组织开展服务的成效和质量，是否可以建立一套科学规范的监管流程和评估体系，从源头上保证服务项目的良性运作？面对这些问题，杨浦区认为研究出台更加明细、更加具体、更能有效指导操作实践的政策文件，建立一套制度化、规范化的政府购买社会组织公共服务机制，显得尤为重要和迫切。

**二是在思考中探索。**确定思路和方向后，杨浦区民政局于2011年9月，会同区社建办、区财政局赴上海兄弟区县以及北京、深圳等地学习考察政府购买社会组织公共服务模式，着手开展政府购买社会组织服务平台机制建设工作。经过近一年的努力，政府购买社会组织公共服务机制初显成效。第一，出台政策。于2012年7月，以杨浦区委、区政府名义下发了《杨浦区政府购买社会组织公共服务实施办法（试行）》，明确规定了政府向社会组织购买服务的领域、购买方式、购买类型、操作程序、资金安排及承接服务项目的社会组织应具备的资质，使区级层面的政府购买社会组织服务工作“有据可依、有章可循”。第二，建立机制。成立了由区政府分管副区长担任联席会议召集人，区发改委、区社建办、区机关事务管理局（区政府采购中心）、区财政局、区民政局（区社团局）、区审计局和区监察局作为联席会议成员单位的杨浦区政府购买社会组织公共服务联席会议。区民政局承担联席会议办公室职能，各成员单位按照职责分工，共同配合做好政府购买社会组织服务各项工作。得益于这一机制，使区级层面的政府购买社会组织服务工作得到了各成员单位的大力支持，尤其是财政部门在工作经费方面给予了有力保障，每年给区民政局100余万元，用于项目评审、资金审计、绩效评估、网站维护等，确保了政府购买社会组织服务工作有序顺利开展。第三，开通网站。为搭建政府与社会组织间公开透明的项目信息对接平台，杨浦区配套开通了上海首个区级政府购买社会组织服务网站，全区各委办局和街道镇需要委托社会组织承接的事项，统一交由这个平台操作，在方便社会组织了解掌握项目信息的同时，也使政府购买服务的程序和机制更加合理、公开、透明。

**三是在探索中实践。**2012年底，杨浦区启动了第一批区政府购买社会组织服务项目申报工作。针对政府购买社会组织服务中存在的问题，在平台运作过程中重点关注项目设立、立项审查、竞标评审三大关键环节，以确保政府购买服务项目的严谨性、专业性和导向性。项目设立方面，每年第三季度末，向有关部门和各街道镇下发通知，要求各业务主管单位和街道镇在梳理上年度购买服务项目的基础上，结合实际业务需要，集中拟定下年度政府购买社会组织服务项目的范围及内容，明确初步预算，规划服务总量，报区联席会议办公室，以便对下年度政府购买社会组织服务的总量和资金进行预判。立项审查方面，为确保购买项目的合理性和实效性，区联席会议办公室将组织区社会组织发展咨询团专家、区联席会议成员单位代表组成专家评审小组，对申报项目开展可行性立项审查。根据立项审查结果，核对财政预算，并梳理汇编全区下年度政府购买服务项目目录，通过网站平台统一向社会发布，接受社会组织项目投标。竞标评审方面，为保证竞标评审工作公平、公正，制定了政府购买社会组织公共服务项目评标细则，建立了区政府购买社会组织公共服务项目评审专家库，在竞标评审前通过抽签方式选定专家名单，并由区监察局派员对抽选工作进行全程监督。对标的金额在 10 万—50 万元（含 50 万元）的项目，由相关领域专家和项目购买方组成评审小组，对投标社会组织和服务项目进行资质认定和竞标评审；对标的金额在 10 万元以下（含 10 万元）的项目则由购买方通过竞争性谈判或评审的方式，自行选取合适的社会组织承接。

**四是在实践中完善。**通过各部门和各街道镇的共同努力，杨浦区政府购买社会组织公共服务平台各项工作稳步推进，但在实践中，也发现还存在资金使用管理难、服务项目对接不畅等情况。对此，杨浦区从 2013 年起，在服务项目的评估监管方面加大工作力度，在有效保证服务项目质量和成效的同时，推动社会组织在项目运作中提升服务能力。一方面，建立日常绩效评估机制。2013 年 9 月，区民政局制定下发了《杨浦区政府购买社会组织公共服务项目绩效评估办法（试行）》，对服务项目的评估原则、内容、方法、程序、分值和结果应用等做出明确规定，并将评估结果与次年的招投标挂钩。绩效评估以服务对象满意程度、项目资金运作规范情况、公共资源投入产出效益等为重点考量要素，由第三方评估机构在项目期中、期末两个时段开展，对评估结果为“优秀”的项目，提供该项目的社会组织在同等条件下将获得次年承接政府同类购买服务项目的优先权。另一方面，实行项目资金审计制度。从 2014 年 4 月起，委托第三方专业会计师事务所，对全区 2013 年度标的金额在 10 万—50 万元的项目进行财政资金专项审计，通过审查服务提供方资金运作和使用情况，进一步规范和加强政府购买社会组织服务项目的资金管理，有效提高财政资金的使用效益。据初步统计，仅 2014 年度政府购买社会组织服务项目就近 200 个，预算资金达 3400 多万元。2014 年，杨浦区还相继开展了政府购买社会组织公共服务定价机制研究，推动制定政府购买社会组织公共服务指导性目录等措施，努力把政府购买服务工作做得更精、更细。

# 江苏省民政厅推进政府购买服务工作情况

根据《国务院办公厅关于政府向社会力量购买服务的指导意见》、《省政府办公厅关于推进政府购买公共服务工作的指导意见》等文件精神，2014 年，省民政厅积极推进政府向社会组织购买服务制度建设，大力加强政府向社会力量购买服务的探索实践，主要开展了以下几项工作：

## 一、加强政策研究，推动完善政府向社会组织购买服务制度

为贯彻落实国务院办公厅和省政府办公厅有关文件精神，建立健全政府向社会组织购买服务制度机制，2014 年初，省民政厅会同省财政厅联合下发了《关于推进政府向社会组织购买公共服务的实施意见》，在省本级社会组织中进行了调查摸底，梳理了一批社会组织能够承接的服务事项，并在此基础上初步形成了《政府向社会组织购买公共服务指导性目录》。8 月，省财政厅、省民政厅又联合制订了《省级政府向社会组织购买服务工作方案》，明确了相关职能部门的职责分工和重点推进措施。同时，在充分调研的基础上，研究草拟了《政府向社会组织购买服务实施办法》、《社会组织承接政府职能转移和购买服务资质管理办法》、《政府向社会组织购买服务资金管理办法》、《政府向社会组织购买服务绩效评价办法》等政策制度，积极推动完善政府向社会组织购买服务制度体系。各地民政部门积极推进政府向社会组织购买服务工作，13 个设区市均制定出台了政府向社会组织购买服务的相关文件。

## 二、培育承接主体，着力提升社会组织承接政府购买服务能力

截至 2014 年底，全省各级民政部门共登记社会组织 71543 个，其中社会团体 32697 个，民办非企业单位 38369 个，基金会 477 个，社会组织总量居全国第一位。在省民政厅注册登记的全省性社会组织共 1693 个，业务主管部门遍布 80 多家省级机关，业务范围涉及经济社会发展各个领域。作为社会组织登记管理机关，省民政厅大力推进社会组织改革发展工作，采

取一系列措施优化社会组织培育发展环境，加强社会组织规范化建设，着力提升社会组织承接政府职能转移和购买服务的能力和水平。

一是深化制度改革。根据党中央、国务院关于推进社会组织登记管理制度改革的精神，省民政厅制定出台了《江苏省四类社会组织直接登记管理暂行办法》，采取直接登记、一业多会、下放权限、降低门槛、简化程序等改革创新措施，切实解决社会组织登记门槛高、注册登记难的问题。登记管理制度的改革，有效促进了行业协会商会类、科技类、公益慈善类和城乡社区服务类等重点领域社会组织的快速发展，推动了政府购买服务的承接主体不断发展壮大。

二是加强孵化培育。省民政厅鼓励各地采用多种方式建立社会组织培育扶持（孵化）基地，对社会组织予以资金、项目、人才、场所等多元化扶持。到2014年底，全省已建各级社会组织培育扶持（孵化）基地323个，其中市级20个，县级97个，街道、社区级206个，覆盖100%的设区市和82%的县（市、区），已培育各类社会组织7302个。各地还依托孵化基地加强社会组织能力建设，为社会组织提供专业化指导，有效提升了社会组织（尤其是基层社会组织）争取政府公益采购或购买服务项目的能力。

三是开展公益创投（公益采购）。2012年以来，省民政厅每年安排福彩公益金，在全省范围内开展社会组织公益创投活动，一方面培育社会组织公益服务项目，另一方面为社会组织参与市场化竞争积累经验，提升社会组织承接各职能部门购买服务项目的能力。2012—2014年，共投入福彩公益金2500万元，对339个养老、助残、助困、青少年服务等公益服务项目给予了资金扶持。2014年首次采用政府采购的形式，投入1000万元福彩公益金，120个社会组织通过公开竞标得到资金扶持。目前，公益创投活动已在全省范围广泛深入推进，实现了培育社会组织、打造公益品牌、提供社会服务、惠及基层群众等多重效果，得到了社会组织的强烈支持和社会公众的广泛认可。2014年全省民政系统通过公益创投、公益采购等方式向社会组织购买服务资金约1.65亿元。

四是强化规范治理。省民政厅以年度检查、等级评估、执法监察为抓手，推动社会组织完善法人治理结构，提高自我管理、自我发展能力。通过严格年度检查制度，指导社会组织健全组织机构，规范内部治理；通过建立科学的等级评估指标体系，引导社会组织主动承接政府职能转移和购买服务事项；结合登记、年检、评估过程中发现的问题，规范开展行政执法工作，对长期不活动的社会组织实行有序退出，实现优胜劣汰。

五是开展业务培训。从 2012 年开始，省民政厅每年组织 3—4 期培训班，面向全省性社会团体、民办非企业单位和基金会负责人开展培训。2014 年，还专门设置了项目管理、能力建设、政府购买服务等专题课程，切实强化了社会组织参与公共服务、协同社会治理的意识，帮助社会组织提升了承接政府职能转移和购买服务的能力。

## 三、立足民政业务，率先开展民政部门向社会力量购买服务实践

全省各级民政部门带头开展政府向社会力量购买服务的实践，重点将养老服务、社区服务、社会福利、社会工作等职能范围的公共服务项目以及相关事务性工作，通过政府采购的形式委托给包括社会组织在内的各类社会力量承担。

一是购买养老服务。主要包括为民间养老机构提供资金补贴、建设城乡社区居家养老服务中心、政府出资购买并向困难老年人发放服务券等。2014 年，省级财政用于购买养老服务的资金达 6. 2 亿元，全省共有城镇民办养老机构 834 所、床位数 116280 张，分别占全省城镇养老机构及床位数的 76. 8%、67%。南京、无锡、常州、苏州、南通、镇江均已建立养老服务补贴制度，南京市鼓楼区、无锡市惠山区、南通市崇川区、盐城市盐都区等地购买养老服务制度已规范化运行。

二是购买儿童救助服务。2010 年，省民政厅、人社厅、卫生厅和慈善组织联手搭建慈善救助平台，财政、慈善募集款、福彩公益金按5：3：2 比例投入，省级基金每年安排不少于 4000 万元，市、县参照省级出资比例筹集专项资金，由各级慈善组织具体负责实施，对全省患重大疾病、18 周岁以下的孤儿和纳入医保统筹的低保家庭、低保边缘家庭中的儿童进行救助。该政策实施至 2014 年 12 月，共有 9172 名贫困家庭儿童得到救助，救助金额 6817. 9 万元。

三是购买社区服务。省民政厅指导全省各地民政部门通过社区服务外包、资金补助、项目扶持等方式，发挥基层社会组织在社区管理和服务中的积极作用。南京市连续两年举办“社区暨社会公益服务项目洽谈会”，引用经济招商方式购买社会组织服务，为社区、社会公益服务需求和社会组织之间搭建互动平台，2014 年共有 429 个项目达成合作意向，涉及资金近 4000 万元，新增就业岗位 1000 多个。南京市秦淮区蓝旗社区将社区一站式公共服务全部外包给社会组织，政府由“养人”转为“买项目”，充分调动了社会组织参与社区建设的积极性。

四是购买社工服务。省民政厅推动建立社区、社会组织、社会工作人才“三社联动”机制，指导基层民政部门大力购买社会工作服务。无锡市崇安区自2010年起，先后投入500万元，连续四年实施“七彩工程”，向25家专业社工机构购买服务项目137个，重点为贫困对象、残障人士、高龄老人、外来流动人员、戒毒康复人员、社区矫正对象等特殊群体51000多人次提供专业社工服务，化解各类矛盾250多起。

五是购买退役士兵教育培训服务。2013年，省民政厅实施政府采购退役士兵教育培训公共服务项目，通过竞争择优的方式，将全省8个地区的2013年至2014年冬季退役士兵教育培训工作委托给25家职业类院校承担。该项目成为教育培训类服务省级政府采购第一个重点推进项目，也是整合优质培训资源，提高财政资金使用效益、探索公共服务市场化和多元化的一次有益尝试。

# 安徽省专题工作经验做法总结报告

2014 年是全面深化改革的开局之年，我们紧紧围绕中央和省委、省政府关于加快转变政府职能，深化行政管理体制改革的部署要求，进一步支持和规范社会组织承接政府购买服务，持续加大财政扶持力度，为其发挥好在公共服务供给中的独特功能作用提供坚实保障。

据不完全统计，2014 年全省各级共向社会组织转移职能 792 项；各级政府累计向社会组织购买服务近千项，金额约 10 亿元；全年各级财政共安排 3400 余万元资助近 400 个社会组织，各级福彩公益金共安排 3800 余万元资助了 520 个社会组织。具体经验和做法如下：

**一是夯实基础，进一步增强社会组织服务社会的能力。**目前我省共有各类社会组织 24220 家，在服务经济发展、提供公共服务、整合社会资源、促进社会和谐中发挥着不可替代的作用。但同时我们也清醒地看到，与时代发展赋予的责任相比，我省社会组织还存在着专业素质不够高，独立运作能力较弱，整合社会资源能力不强等影响其承接政府购买服务质量的问题。为此，我们高度重视把提升社会组织公共服务能力作为开展政府购买服务的基础性工作。一方面，通过推进和规范四类社会组织直接登记工作、加大简政放权力度、创新基层社会组织发展模式、开展社会团体依法规范管理集中推进行动等一系列举措，牵住深化社会组织管理体制改革这个“牛鼻子”，激发社会组织自身活力。另一方面，我们还通过健全社会组织管理领导小组工作机制、加强社会组织年检和评估、规范法人治理结构、完善内部管理制度、开展社会组织党组织集中组建活动等措施，增强登记管理机关的服务能力，扶持和促进社会组织健康发展。

**二是重视创制，进一步完善做好有关工作的制度体系。**2014 年，我省先后出台了《关于政府向社会力量购买服务的实施意见》（皖政办〔2013〕46 号）、《安徽省政府向社会力量购买服务指导目录》（财综〔2014〕100 号）、《安徽省政府向社会力量购买服务流程规范（暂行）》（财综〔2014〕235 号）、《关于进一步深化行政审批制度改革的意见》（皖政〔2014〕37 号）、《关于开展政府购买养老等服务的通知》（民规财字〔2014〕112 号）、《安徽省财政厅 安徽省民政厅关于转发财政部 民政部关于支持和规范社会组织承接政府购买服务的通知》（财综〔2014〕2333 号）等一系列政策性文件，形成了支持和规范社会组织承接政府购买服务的政策体系。同时，我们不断加大公共财政和福彩公益金支持社会组织发展工作的制度性管理，使其步入常态化制度化的轨道。2012 年，省民政厅、省财政厅等 12 部门联合印发的《安徽省“十二五”社会组织建设发展规划》（民管字〔2012〕156 号）明确要求，“通过福利彩票公益金购买公益项目”，“完善福彩公益金资助社会组织开展公益服务”，“发挥福利彩票公益金的种子基金作用，完善福利彩票公益金与财政资金的对接机制”。2013 年，中共安徽省委办公厅、安徽省人民政府办公厅印发的《关于加强和创新社会组织建设与管理的意见》（皖办发〔2013〕9 号），明确规定“完善福彩公益金资助社会组织开展公益服务等扶持政策，各地每年可从福彩公益金中安排资金资助基层社会组织开展公益服务活动”。2011 年以来，省民政厅先后印发了《安徽省福彩公益金资助基层社会组织项目实施暂行办法》（民管字〔2011〕56 号）和《省级福彩公益金资助基层社会组织项目执行规则》（民管字〔2012〕158 号）等文件。此外，我们进一步落实社会组织财税优惠政策，会同财税部门做好公益性捐赠税前扣除资格认定，积极推进非营利组织免税资格认定工作。

**三是优化环境，进一步营造利于社会组织参与的良好氛围。**在支持社会组织承接政府职能转移，加大公共财政扶持力度工作中，我们始终按照有关规定，协同财政等有关部门科学合理设定相应条件，严把准入关口，严格依照程序做好相关工作，营造一个公开、公平、公正的环境氛围，充分调动广大社会组织参与的积极主动性。在注重“面”的同时，我们更注重工作的针对性，对于服务能力强、条件设施硬、群众口碑好和直接服务社会极困难群体的基层社会组织给予重点扶持，增强政府公共资金的使用效率，营造出全社会的理解和支持社会组织发展的良好氛围。同时，我们通过《安徽社会组织》杂志、“安徽省社会组织信息网”等媒体平台，及时发布相关政策信息，介绍先进典型，形成广大社会组织你追我赶的良好氛围。

# 开展“政社互动”加快推进政府购买社会组织服务

江西省吉安市民政局

随着吉安市社会经济的快速发展，为妥善处理和解决新型社会矛盾问题，吉安市盘活有限资金，探索政府转移职能、购买服务项目和社会组织的衔接互动模式，在全市大力开展“政社互动”工作。

**一是加大政策扶持力度**。吉州区作为吉安市的经济文化中心城区，人口集中、密度大，基层社会矛盾层出不穷。为此，吉安市在“三社联动”初步取得成果后，选择吉州区为试点单位，邀请学者、专家和领导多次座谈研讨，为基层社会治理“开方拿药”。指导出台了《吉州区关于开展“政社互动”的工作意见》（吉区发〔2014〕13号）、《关于印发吉州区社会组织购买公共服务项目绩效评估实施办法（试行）的通知》（吉区府办字〔2014〕65号），明确工作时间节点、各职能部门的职责和奖惩追究制度。8月份，及时向全市转发这两个纲领性文件，初步形成全市开展“政社互动”的工作局面。

**二是创新工作机制**。在运用好社区平台、社会组织载体、专业（本土）社工和志愿者骨干的“三社联动”机制上，全市夯实了基层社会治理基础，有效地运用“1+8+X”服务模式，形成社区、社会组织、社工之间资源共享、优势互补、相互促进的社会组织发展空间。2014年，吉安市首先在吉州区试行政府购买服务的形式扶持社会组织运营，引导社会组织健康规范发展，强化社会组织的自律与诚信。吉州区财政专门安排5万元工作经费，向吉州区社会工作协会购买服务，由社会组织承接涉军信访维稳工作，主动上门化解涉军信访矛盾，取到了很好的效果，一改往年的涉军人员越级访、反复上访现象，牵扯政府大量的工作精力，实现当年涉军维稳“零上访”。

**三是凝聚新型力量**。近年来，吉安市鼓励开展社会组织与大专院校、社会组织与社会组织之间合作，不断引进各类专业人才，保证了社会组织能将政府转移出来的职能接得了，接得好。为做好“政社互动”工作，吉州区率先建立了社会组织培育发展中心，以中心为基地，积极引入社会工作专业人才和“枢纽型”社会组织，开展了培育发展、人才培训、社会组织评估等工作，培育壮大扶贫济困、信访调解、医疗卫生、环境物业、文体科教、社区矫正等15个行业性社会组织。中心内的吉安信息化养老服务中心依托吉安市福利中心的优良养老条件，创设“12349”呼叫平台成为联系群众的中枢，全年24小时开通，业务已辐射至青原区、吉安县和吉水县，成为政府与社会组织良性互动的窗口。

**四是项目引领促发展。**依照小项目大作为、小服务大民生、小平台大发展的总体目标，吉安市采用分类指导、先易后难的方法探索了政府购买服务项目，逐步将一些适合社会组织承办的业务职能转交给社会组织，改变以往政府大包大揽既当“裁判员”，又当“运动员”的形式。在先后承接了以中央财政支持“流浪乞讨人员回归温馨家园”示范项目、省福彩公益金支持的“阳光笑脸爱之屋”试点项目等多个部、省级的公益项目基础上，探索建立一条规范化、制度化的政府与社会组织沟通渠道。今年，将项目实施作为开展“政社互动”工作的切入点，为下一步承接政府转移职能购买服务起到了很好的带动示范作用。吉安市按照“权随责走、费随事转”原则，明确下发了购买服务目录，由社会组织承接文化活动、居家养老、法律援助等18项服务职能。吉州区在下半年，各部门单位、街道分别与社会组织协商签订购买服务项目合同，项目正有序开展之中。

目前，“政社互动”工作初显成效，推动了各级政府职能转变，有效优化了社会服务格局，发展壮大了一批诸如吉州区慈善志愿者协会有能力、诚信自律的社会组织，为群众提供了养老、济困等社会服务需要。下一步，吉安市将着力推进全市“政社互动”工作，每个县（市、区）选择3－5个民生服务项目进行重点推动，营造政府与群众和谐共处的良好氛围。

# 山东省有关政府向社会组织购买服务及财政支持社会组织发展的情况

山东省社会组织管理局

## 一、省政府办公厅出台《政府向社会力量购买服务办法》，公布《政府向社会力量购买服务指导目录》

2013年11月12日，山东省人民政府办公厅颁布了《政府向社会力量购买服务办法》（鲁政办发〔2013〕35号）。办法规定，各级政府可以从当地实际出发，向社会力量购买包括涉及民生的劳动就业、社会救助、社会福利、基本养老、优抚安置、服务三农、法律援助、慈善救济等服务在内的8大类57款316项服务。承接政府购买服务的主体，包括在民政部门登记或经国务院批准免予登记的社会组织，以及依法在工商管理或行业主管部门登记成立的企业、机构等。

为加快推进政府向社会力量购买服务工作，规范我省社会组织承接政府职能转移和购买服务资质确认，省民政厅近期将出台《关于确定社会组织承接政府职能转移和购买服务资质的指导意见》，对确定社会组织承接政府职能转移和购买服务资质作出更加详细的规定。

## 二、省民政厅出台《关于确定具备承接政府职能转移和购买服务条件的社会组织指导意见》，公布2014年度承接政府职能转移和购买服务省管社会组织名录

认真贯彻落实我省《政府向社会力量购买服务办法》的有关规定，制定出台《关于确定具备承接政府职能转移和购买服务条件的社会组织指导意见》（鲁民〔2014〕6号），明确承接政府转移职能和购买服务的社会组织应具备的7项必备条件和3项优先条件、确定具备条件社会组织名录的程序与方式。2014年7月，按照“谁登记、谁确认”的原则，根据社会组织申报，省民政厅发布《关于2014年度承接政府职能转移和购买服务省管社会组织名录的公告》，确定具备条件的省管社会组织166家，为承接

政府职能转移和购买社会组织服务提供依据。潍坊、威海等地也公布了具备承接政府购买服务资质的社会组织名录。

## 三、全省财政资金、福彩资金支持社会组织发展情况

2014 年，省财政从省级福利彩票公益金中安排 3000 万元专项资金用于支持社会组织发展和购买社会组织公益慈善服务的补助资金。其中 2000 万元用于孵化基地、创业园、服务中心等社会组织服务平台建设，1000 万元用于购买社会组织开展公益慈善服务项目。省财政厅、省民政厅联合印发《2014 年省级财政支持社会组织发展和购买社会组织公益慈善服务示范项目实施方案》，探索采用政府采购方式确定项目承接主体。



此外，全省各地加大力度，积极推动政府向社会组织购买服务。济南市连续 2 年组织实施“济南市支持社会组织参与社会服务项目”，累计投入 250 万元，支持 50 个项目，并下发《关于开展首届社会组织公益创投活动的通知》，拟投入 150 万元培育扶持社会组织发展。青岛市利用福彩公益金 300 万元开展公益创投活动。淄博市安排财政资金 100 万用于淄博市首届社会组织公益创投活动。烟台市市级财政安排预算内资金 170 万元支持社会组织发展和参与社会服务项目，福彩公益金资助 200 万元用于社会组织开展公益服务示范项目。威海市投入 210 余万元用于购买社会组织服务和开展公益创投，受益社会组织 41 个。日照市安排 30 万元福利彩票公益金资助社会组织开展 10 个公益服务项目，日照市民政局列支 50 万元资助社会组织开展 15 个公益服务项目。

# 力推政府购买服务
# 提升社会组织服务活力

——河南省郑州市政府购买社会组服务事迹材料

十八届三中全会明确提出：“适合由社会组织提供的公共服务和解决的事项，交由社会组织承担。”为了贯彻落实十八届三中全会精神和《国务院办公厅关于政府向社会力量购买服务的指导意见》（国办发〔2013〕96号）、《财政部关于做好政府购买服务工作有关问题的通知》（财综〔2013〕111号）、河南省民政厅、河南省财政厅联合印发了《关于政府购买社会工作服务实施办法》等精神，我们通过考察调研、出台政策、拨付资金等，推动郑州市政府向社会组织购买服务工作的落实。

## 一、郑州市政府购买社会组织服务的基本情况

截至2014年12月底，我市登记的社会组织4371家，主要分布在郑州市70多个行业，2014年度社会组织净资产总额达25.68亿元，实现服务收入16.35亿元，比2002年增长110%，从业人员总数达60余万人。政府购买社会组织服务于2011年起开始实行，截止到2014年12月用于购买市属社会组织服务的资金为1100万元，承接购买服务的社会组织已达207家，主要涉及贴近民生的社区卫生服务、孤残儿童照料、社会就业服务、心理疏导等行业。通过政府购买服务的项目和资金的落实，有效调动了社会组织提供方便、快捷、优质、高效服务的积极性，极大地激发了社会组织的服务活力，惠及群众10万余人次，深受群众的欢迎和拥护。

## 二、推动政府购买社会组织服务工作的主要做法

### （一）座谈调研，明确购买服务方向

随着群众对公共服务的需求日益提高和国务院办公厅关于政府向社会力量购买服务的指导意见的出台，政府购买公共服务，创新公共服务供给方式势在必行。为推动我市政府购买服务工作，我们在走访各行业社会组

织的基础上，于2013年7月25日起连续组织召开4期60余家贴近民生的社会组织负责人座谈会，就郑州市社会组织承接政府购买服务的需求、能力和存在的问题进行了深入研讨，研讨了怎么购买？购买什么？程序怎么操作等一套的程序，明确各职能的分工、操作流程、具体要求等。通过调研座谈，我们梳理了政府历来重视对有关贴近民生、服务老弱、促进就业、和谐稳定等社会组织的扶持，为我们推动政府购买社会组织服务奠定了坚实的基础。

（二）出台政策，形成购买服务机制

在调研的基础上，我们优先选取了贴近基层一线的社区社会组织作为突破口，出台了《中共郑州市委郑州市人民政府关于坚持依靠群众推进社区管理创新的意见》（郑发〔2012〕16号），明确提出："通过政府购买奖补等政策，大力支持群团组织、社会组织参与社区管理和服务，通过政府购买服务、项目资助、公益创投、社会化运作等方式，对社区社会组织开展的公益性服务和社会力量兴办的微利服务给予政策和资金扶持，每年拿出500万元在全市重点扶持100家具有示范导向作用的公益性社区社会组织，平均每个社会组织市财政提供扶持资金5万元。"购买社区社会组织服务已经形成制度，这为我市政府购买社会组织服务提供了政策支持。

（三）优选行业，筛选购买服务项目

政府购买社会组织服务是一项新的工程，在短时间内全面铺开有一定难度。为推动此项工作的开展，近两年市财政从福利彩票公益金列支200万元，我们优先选取郑州市洗涤业协会等部分典型示范强、社会急需、贴近民生的社会组织，通过他们申报项目、专家论证、现场考察、资金拨付、检查验收等程序进行购买服务，极大地激发了社会组织开展便民、惠民的服务活力，深受社会的欢迎。

（四）组织培训，加强社会组织能力建设

由于受传统体制的影响，我市社会组织发展仍然比较滞后，从承接政府购买服务的能力上看，部分社会组织还存在着缺乏专业人才、管理人才和管理经验，缺乏开拓性、灵活性和创新精神，难以承接较为复杂、涉及面广的社会事务、公益服务和一些专业性的服务。为解决社会组织能力弱的问题，2014年度我们组织40余期200余人参加的社会组织负责人培训、8期1000余人的财务人员培训。还邀请国家民间组织管理局、省民间组织管理局和郑州大学专家教授，组织3期400余人参加的政府购买服务培训，对社会组织的内部治理、能力要求及购买程序等进行了讲解。通过培训，增强了社会组织提高自身发展的紧迫感，调动了社会组织参与政府购买服务的热情，也促使社会组织不断完善自身能力建设和内部治理机制，提升了社会组织的综合服务能力。

（五）跟踪监管，保证购买服务质量

为保证服务质量，郑州市成立由财政、审计和民政等部门组成的跟踪监管小组，定期检查资金支出情况、器材购置情况、服务数量质量等情况。同时，调查走访群众，了解社会组织提供服务质量，提高对社会组织的有效监管，确保政府购买资金利用的最大化。

## 三、下一步努力方向

政府购买社会组织服务在我市虽然已经推开，也积累了一定的经验。但是离上级要求还有很大差距，在购买的项目上还比较少，投入的资金也比较有限，社会组织的能力建设还有待进一步提高，下一步我们将在以下几个方面努力：

（一）健全政府购买服务制度

制度的建立和完善，是政府依法行政的前提。要以《国务院办公厅关于政府向社会力量购买服务的指导意见》为依据，结合郑州实际，建立政府购买社会组织服务的长效机制。

（二）建立社会组织专家库

为保证对社会组织公正、公平、公开的考核评估，探索建立社会组织专家库，对社会组织接受政府职能转移、获得政府购买服务、获得政府奖励、社会组织评估及参与公益性项目创投等进行统一、规范、专业的评审和评估。

（三）确定承接政府购买服务目录

政府购买社会组织服务，是政府提供公共服务的一项服务性职能，没有一个明确的政府购买服务目录，社会组织申报项目、公益创投就没有目标。我们将协调相关部门，制定出政府购买服务的目录，便于社会组织参与申请、申报和招投标。

（四）明确各职能部门工作职责

为规范政府购买行为，应逐步完善政府购买服务的各项机制，明确编制、财政、行业主管、民政部门等单位的职责。规范政府购买服务，形成各部门联动配合购买社会组织服务工作机制。

当前，我国已进入以政府职能转移为重点的改革攻坚阶段，转变政府职能、政府购买服务、多元化社会主体参与公共服务，已经成为建设服务型政府的主要方式。我们将在市委市政府的领导下，不断探索社会组织提供公共服务方式方法，为建设文明、和谐郑州做出新的努力。

# 深化管理体制改革　激发社会组织活力

湖北省宜昌市夷陵区民政局

近年来，夷陵区按照深化民政事业改革、建设创新务实现代民政的要求，深化社会组织管理体制改革，发挥社会组织在基层社会治理中的重要作用。2014 年 2 月获得了湖北省首个“全国社会组织建设创新示范区”称号。我们的主要做法是：

## 一、加强顶层设计

一是区委区政府出台了《关于加强全区现代社会组织建设的实施意见》，明确了社会组织发展与管理的目标、路径和政策保障措施，将“三社联动”作为全区社会治理创新的重要举措，明确提出了建立和完善社会组织依法参政议政机制，逐步增加社会组织代表在党代表、人大代表、政协委员中的比例，并探索在政协中设立社会组织界别，保障社会组织参政议政权力，优化发展环境。二是成立了由区长任组长、副书记和分管副区长任副组长的社会组织建设工作领导小组，统筹协调，形成工作合力，解决社会组织建设工作的突出问题。三是成立了夷陵区社会组织党委，加强社会组织中党组织建设，引导诚信自律和反腐倡廉，增强社会责任。四是成立了夷陵区社会组织管理局，配备 3 名工作人员，每年预算安排 2 万元工作经费，完善了社会组织监督管理工作保障机制。

## 二、改革管理体制

2014 年，省厅开展了直接登记、取消社团分支代表机构登记、探索一业多会、下放市州县级非公募基金会登记权限等一系列管理体制改革措施，我区认真落实，并不断加大改革力度。一是取消社团筹备登记，重新制定审批流程图。将所有事项审批环节压缩至 3 个以内，审批时限控制在 5 天以内，实行一次性告知，推出人性化服务。截至 2014 年 12 月，全区共登记社会组织 335 家，其中新成立 30 家，直接登记 5 家。二是根据区委区政府“用发展市场主体的力度来发展社会组织”的要求，适度降低社会组织开办资金要求，降低准入门槛，加大对公益类、城乡社区服务类社会组织的支持培育力度。三是适应网格化管理要求，创新基层社会组织形态，将网格理事会作为基层社会服务类社会组织在民政部门备案纳入全区社会治理创新范畴，截至2014年12月，全区已经完成441个“网格理事会”的组建工作并进行了备案。四是稳步推进政社分开，按时完成规范退（离）休领导干部在社团兼职的行为工作，督促指导区矿业协会、区房地产协会等行业协会完成了与行政机关财务、人事等方面的脱钩。

## 三、注重培育发展

一是积极探索政府购买服务，印发了《夷陵区政府向社会组织购买服务项目目录》和《夷陵区社会组织具备承接政府职能转移和购买服务资质目录》，开展网格员、社工、养老、职业培训、乡镇转制单位、公益性岗位6项服务的购买。二是建立夷陵区社会组织发展基金，区级财政预算20万元作为启动资金，培育引导社会组织开展公益服务、完善法人治理结构和加强自身能力建设。三是创设孵化基地，拟将区民政局办公楼一楼共280平方米门面作为孵化基地场所，将聘请上海恩派公益组织发展中心指导建设夷陵区社会组织孵化基地，作为2015年上海对口支援项目进行了申报。四是加大社区社会组织培育发展力度，将社区社会组织备案权限下放到乡镇，引导成立村（社区）老年协会、用水协会、产业协会、红白理事会、艺术团等社区服务类社会组织，引导基层群众强化自我服务、自我管理能力。截至2014年12月，全区共备案社区社会组织1264家，城乡社区服务类社会组织呈现蓬勃发展的喜人局面。

# 广东省专题工作

## 一、加大扶持力度

一是降低准入门槛。允许一业多会、公益慈善类社会团体名称使用字号、适度放开校友会登记。省本级将非公募基金会和异地商会登记管理权限下延至县（市）以上民政部门；广州市取消社会团体和民办非企业单位的注册资金限制；深圳市试点全国首批社区基金会，珠海市将社会组织登记管理职权委托下放至各功能区，佛山市下放到全市所有镇和街道；汕头、韶关、江门、清远等市适度降低社会团体、民办非企业单位、城乡基层社会组织的注册资金和会员数量要求；深圳、惠州、阳江、揭阳、云浮等市分别对社区社会组织、城乡基层社会组织、村级公益理事会、自然村乡贤理事会实行登记备案双轨制。二是简化审批程序。取消行业协会筹备环节；省本级、江门等市取消社会团体分支、代表机构的审批；广州、珠海、汕头、佛山、韶关、河源、江门、茂名等市压缩社会组织登记行政审批时限；广州市取消社会团体验资报告，替代为银行存款证明。三是建立孵化基地。广州、深圳、珠海、佛山、东莞、江门、揭阳等市建立了社会组织孵化基地，集培育发展、党建示范、社工服务“三位一体”；东莞市民政局在2014年全国社会组织服务机构建设推进会上介绍了东莞市社会组织孵化基地的建设经验。汕头市14个区（县）、街道（镇）社会组织孵化基地投入使用，市社会组织孵化基地正在抓紧施工；佛山市部分街道（镇）的社会组织培育基地（中心）开始运作；韶关市完成社会组织孵化基地规划设计布局方案；惠州市启动了社会组织培育基地招投标工作；江门市分类建立了青少年类、妇女儿童类、职工服务类社会组织孵化基地等12个。

## 二、政府向社会组织购买服务情况

全省所有地市普遍出台了具备承接政府职能转移和购买服务资质的社会组织目录及关于政府向社会力量购买服务的实施意见。自2012年，省政府印发了三批《行政审批制度改革事项目录》，取消、下放、转移行政审批事项425项；省财政厅出台《省级政府向社会组织购买服务目录》，共有五大类262项事项；省民政厅印发三批《具备承接政府职能转移和购买服务资质的全省性社会组织目录》，列入目录的社会组织716个。三个目录较好地解决了政府转移哪些职能、购买哪些服务、哪些社会组织可以承接的问题。深圳、珠海、惠州、江门、云浮5个市在市级层面出台了推进政府职能转移和向社会组织购买公共服务的相关文件。目前，全省社会组织累计承接政府购买服务项目1530余项，累计资金12.3亿元。大部分地市为政府向社会组织购买服务提供了不同形式的支持，中山逐步将行业管理与协调、社会微观事务服务与管理、技术和市场服务等职能转移给具有资质条件的社会组织，目前有包括建设局、交通局等十几个单位涉及企业资质认定、等级评定、行业培训、考核等近30项事项通过转移、授权和委托的方式向具有资质的社会组织转移，政府向社会组织购买服务金额达9000多万元；惠州出台《2014年度政府向社会组织购买服务项目实施计划》，计划向社会组织购买服务项目35个，安排资金预算2700万元；珠海制定《珠海市社会组织承接政府职能转移购买服务操作指引》，并完成“珠海市政府购买社会组织服务项目信息公示平台”的建设，要求自2015年起，全市各预算单位均应在购买社会组织项目前15天，通过社会组织信息公示平台向全社会公示拟购买社会组织服务项目的相关信息。

## 三、扶持社会组织发展情况

设立专项资金方面，广州、佛山、惠州、东莞、中山、江门、阳江、肇庆、潮州、云浮、佛山市顺德区11个地区建立起培育发展专项资金，各地累计扶持社会组织发展专项资金约5.3亿元；其中，广州积极推动设立市区两级社会组织发展专项资金，番禺区、南沙区已设立区级扶持社会组织发展专项资金，分别投入200万和300万元扶持社会组织发展。此外，广州还开展首届社会组织公益创投，投入1500万资助社会组织开展社会公益服务，撬动社会慈善资金1100万元；汕头从福彩公益金中安排150万元资金用于支持三级社会组织孵化基地建设。佛山每年设立640万市财政资金对实施公益服务类、经济服务类、科学研究类、文化体育类项目的社会组织实行财政资金补助；中山借鉴风险投资理念，在专项资金（至今已有89个社会组织的公益性项目获600万元专项资金扶持）扶持基础上，以小额定向资助方式引入社会投资，累计撬动民间投入1500多万元，支持社会组织发展公益项目110多个；江门以“千万资金、亿元资产”开展首届“养老·助残”公益创投活动，接收社会资本及社会捐赠共1870万元，有

35 个项目由 22 家社工机构等社会组织中标并进驻运营；肇庆投入 100 万元对首届社会组织“砚都公益”项目进行了扶持；云浮市县两级财政、民政部门将基层社会组织专项经费纳入预算，每年安排 200.2 万元用于资助全市 70 个基层社会组织，对 89 名专职工作人员的工资、津贴、补贴给予专项扶持，促进了农村经济社会的发展；佛山市顺德区每年安排 300 万元资金用于扶持社会组织发展。建立孵化基地方面，广州、深圳、珠海、佛山、梅州、东莞、江门、肇庆、揭阳 9 个市建立了社会组织孵化基地，集培育发展、党建示范、社工服务“三位一体”；东莞市民政局在 2014 年全国社会组织服务机构建设推进会上介绍了东莞市社会组织孵化基地的建设经验。广州已建成社会组织培育基地 30 个；汕头 14 个区（县）、街道（镇）社会组织孵化基地投入使用，市社会组织孵化基地正在抓紧施工；佛山部分街道（镇）的社会组织培育基地（中心）开始运作；韶关完成社会组织孵化基地规划设计布局方案；惠州仲恺高新区社会组织服务基地投入运作，市孵化基地正在施工，博罗孵化中心正在招募入驻；江门分类建立了青少年类、妇女儿童类、职工服务类社会组织孵化基地等 12 个。

# 2014 年广西财政支持社会组织工作情况

2014 年，广西获得中央财政支持社会组织参与社会服务项目 16 个，资金总量 510 万元。项目实施中，我区加强组织领导，科学精心筹划，顺利完成了项目工作，达到了预期效果。

## 一、领导重视、精心组织

自治区民政厅领导高度重视中央财政支持社会组织参与社会服务项目，作出专门批示，强调要坚持把开展这项工作作为加强民政简政放权、实施政府购买服务的实际举措，作为激发社会组织活力、引导社会组织积极参与社会治理的重要途径，并在全区民政系统会议上再次作了安排部署，指出一定要按上级要求高标准抓好项目工作落实。为确保项目工作扎实推进，成立了以分管厅领导为组长、相关处室局有关同志参加的项目初审领导小组，在自治区民间组织管理局设立项目办公室，具体承办项目工作日常事务。积极与自治区财政厅沟通协调，争取到自治区财政配套资金 150 万元，为项目开展提供了更充足的资金保障。按照民政部通知要求，结合我区实际，及时制定下发《关于实施 2014 年中央财政支持社会组织示范发展项目分工的通知》，明确项目申报资格条件、相关要求和具体安排，保证了项目工作有序推进。

## 二、广泛宣传、公开透明

采取多种渠道，加强宣传发动，在广西社会组织信息网发布项目实施方案，利用信息网和短信群发等方式广泛宣传中央财政支持社会组织参与社会服务项目有关内容，引导社会各界深入了解中央财政安排资金支持社会组织发展情况，充分认识社会组织积极参与社会公共服务项目的重要性，提高认知度、认同度和参与度。坚持公开透明的原则，全面公开项目申报条件、数量、资金和申报情况、初审结果等信息，尤其是民政部对项目申报审核批复下来后，及时公布中央财政支持 510 万元和广西配套金额 150 万元详细分配方案，主动接受社会监督。同时，注重与新闻单位联系沟通，引导各类媒介正确宣传项目开展情况，积极传播社会组织正能量，增进了社会公众的理解和支持。

## 三、加强培训、规范运作

为确保项目规范有序开展，去年5月8日，我区举办了各设区市民间组织管理科科长、获得2014年中央财政支持项目社会组织负责人和财务管理人员参加的项目培训班，认真学习财政部、民政部《中央财政支持社会组织参与社会服务项目资金使用管理办法》、国家民管局《2014年中央财政支持社会组织参与社会服务项目执行办法》、《2014年中央财政支持社会组织参与社会服务项目审计工作方案》和广西《中央财政支持社会组织参与社会服务项目资金使用管理办法》等6个文件精神，邀请北京亚太会计师事务所于亚男所长围绕项目财务管理和审计工作指引作专题辅导，安排玉林市桂南医院等3个社会组织传授项目实施先进经验，还就项目实施中存在的疑难问题组织讨论交流和现场解答。通过采取专家授课、答疑解惑、经验介绍的方式，培训学员全面掌握了项目实施要求和方法程序，确保了项目规范进行。

## 四、加强指导、确保效果

为确保项目指导不断线、项目实施不留隐患，我区成立了包括各项目执行单位所在市民政局领导在内的4个项目督察指导推进组，每个项目组负责3—4个项目，形成上下联动的督导监管机制。指导项目执行单位建立项目专项档案，把项目内容、实施进度、资金使用等情况详细建档。项目实施中，项目推进组采取定期和不定期方式全程跟踪指导，做到至少周有一问、月有一看、季有一查，重要时段随时查看，及时发现解决项目进程中的困难问题，圆满完成了16个项目工作。

# 海南省专题工作

2014年，我省共有12家社会组织获得中央财政支持开展社会服务示范项目（12项），立项资金共407万元。

2014年，我省从省福利彩票公益金中安排300万元用于向我省社会组织购买服务。其中150万元用于购买社区居家养老服务；100万元用于购买助学服务；50万元用于购买医疗救助服务。主要做法和经验为：

## 一、确定服务对象

服务对象是具有海南常住户口，居住在试点地区社区60周岁以上享受低保的特困独居老人、子女残疾或重病无力承担赡养义务的特殊家庭特困老人、空巢家庭老人提供无偿服务。居家养老服务对象的确定由街道办事处负责。街道办事处和试点社区按照公开、公正、公平的原则，建立健全需要服务老年人的申请、评估、审核、审批等工作规程。凡符合居家养老对象，并对居家养老服务有迫切需求的老年人，可向社区居委会提出申请，社区居委会根据条件进行评估，并向社会公示，居民无意见后，报街道办事处审核、确认，并报市民政局批准和备案。

## 二、服务时间

服务时间按小时计算。每月为每名老人提供服务20个小时。

## 三、服务标准

服务标准是每小时按12元计算。

## 四、服务方式和服务内容

服务方式是上门为居家老年人提供服务。服务内容包括：1. 生活照料：为老年人提供定时探望、保洁、洗衣、做饭、陪护、购物等服务；2. 医疗卫生：为老年人提供疾病防治、家庭病床、陪诊就医、购药送药等服务；3. 健康保健：为老年人建立健康档案、定期体检、心理咨询、健康教育等服务；4. 文化娱乐：为老年人提供活动教育场所和体育健身设施，开展文艺、体育、棋牌、健身等服务；5. 精神慰藉：为老年人提供亲情慰藉、聊天谈心，协助交友、节假日或纪念日关怀、日常心理疏导等服务。适时拓展延伸饮食配餐和家庭护理服务，形成菜单式服务项目，便于老年人选择。

## 五、职责确定

1. 政府是社区居家养老服务的宏观指导和管理部门；市、县（区）民政部门负责居家养老服务工作组织领导、综合协调、督导检查和经费管理工作；市、县（区）老龄办负责社区居家养老服务试点工作组织实施；

2. 街道、社区居委会是社区居家养老服务工作的具体组织者，负责整合社区老年服务资源，完善社区服务设施，沟通供需双方的信息，管理居家养老服务的服务评估、监督等工作；

3. 居家养老服务机构是居家养老的实施主体，接受政府委托，负责提供直接的具体服务，做好服务人员的选聘、派遣、管理、培训、职业道德教育等，为老年人提供各种优质服务。

## 六、服务管理

社区居家养老服务机构管理主要依托社区街道办，由社区街道办负责管理居家养老服务机构的日常工作。居家养老服务人员和居家养老服务对象如实填写《居家养老服务人员登记表》和《居家养老服务老人申请表》，如发现一方有不实行为，取消服务人员和服务对象的资格。服务人员与服务对象产生矛盾、纠纷，由市、县（区）老龄办、街道办进行协调，协调不成的，按合同和有关法规协调司法机关处理。

# 重庆市加大投入积极支持社会组织发展

2014 年，重庆市高度重视社会组织的培育、发展和管理，注重行业协会及基层服务类社会团体的发展，充分发挥政府职能作用，加大财政扶持投入力度，创新资金投入方式，大力支持社会组织发展，取得较好成效。

一是健全完善制度，夯实工作基础。根据市委、市政府工作部署，我市印发了《2014 年市本级政府向社会组织购买服务目录（第一批）》，将六大类共 216 项服务事项纳入了政府购买社会组织服务第一批目录。为加强对项目的监督管理，促进规范运营，制定出台了《重庆市支持社会组织参与社会服务项目管理办法》、《政府向社会力量购买服务项目政府采购工作流程》等指导性文件，明确了政府向社会组织购买服务的各项内容，对培育发展社会组织专项资金的使用原则、申请条件等方面作出更加细化的规定，为我市社会组织发展提供了良好的平台。

二是加大资金投入，工作成效显著。2014 年，重庆市首次从市级福彩公益金中安排 200 万元专项用于支持社会组织参与社会服务，主要用于培育发展社会组织、资助社会组织开展公益活动、购买社会组织服务等政策的落实。经过自愿申报、层层遴选、专家评审、公示等程序，20 个社会组织服务项目获市级立项，特别是将社区事务、养老助残、社会救助、社会福利、慈善救济、社工服务等社会事务服务事项纳入购买服务范围，每个项目获得 10 万元不等的资金资助。据统计，全市 20 个项目直接服务总人数近 6179 万人，带动地方财政和社会投入配套资金 159 万元。江津区以项目为引领，出台并启动了“江津区返乡农民工创业扶助发展规划”，帮助贫困农民工养殖蜜蜂 10000 桶，并在项目实施村镇开设了“项目技术服务站”；黔江区在承接失地农民就业服务示范项目时，将介绍落实参加培训农民就业创业作为检验培训效果的重要指标，帮助参加培训农民实现就业创业。重庆市儿童救助基金会，以项目实施为契机，积极链接慈善资源，先后邀请大坪医院、市烟草专卖局、长城证券等企业参与项目执行，带动他们以技术、物质、资金等形式参与捐助。

三是强化项目管理，加大督察力度。为强化资金管理，严格操作程序，确保专项资金发挥最大效益，加大对项目资金安排和使用情况的监督检查，专门抽调人员组建督察组对项目进行定期、不定期的检查，对检查中发现的问题要求社会组织限期整改。同时，定期召开项目工作推进会，让项目实施单位和监管单位分别作交流发言，同时，通报项目督察中发现的问题。此外，与会计师事务所签订《项目审计约定书》，要求其严格按照约定书内容进行审计，加强对培育发展社会组织专项资金的监督检查，防止出现违法违规行为。

# 深圳市专题工作

## 一、《深圳经济特区行业协会条例》出台实施

深圳作为改革开放的“窗口”、“试验田”，多年来不仅是经济改革领域的排头兵，在社会建设和创新社会治理方面也取得了瞩目的成就，行业协会的体制机制改革是其中最具代表性和开创意义的内容。

截至2014年底，全市共登记社会组织8241家，其中行业协会565家，占全市社会组织的6.9%，行业协会涵盖了一、二、三产业和我市经济建设、社会建设的各个领域，在服务政府、服务会员、服务经济、服务社会和促进产业升级、制定行业标准、规范市场秩序、开展对外交流合作等方面发挥了重要作用，是我市社会组织中力量最强、最具活力和创造力的部分。

由于行业协会管理的上位法仍为国务院1998年出台的《社会团体登记管理条例》，我市有关行业协会登记、管理的创新可能面临于法无据的状况。为行业协会健康有序发展，通过经济特区的立法权，对现行法规中不符合管理实际的制度内容进行变通，将我市培育、发展行业协会的创新制度和行之有效的管理措施通过立法形式固定下来。

《深圳经济特区行业协会条例》于2013年12月25日经市五届人大常委会第二十六次会议审议通过，于2014年4月1日起施行。

条例共设为八章七十五条，分别规定了行业协会登记管理的总则，行业协会的设立、变更和注销登记，会员及内部治理，行业协会职能，培育与发展、监督管理以及法律责任等。条例对多个重大制度进行了大胆创新，力求把条例打造成为社会领域登记制度改革的范本，为国家社会组织的改革起到示范和引领作用。主要制度创新包括如下几点：

1. 扩大了调整范围

在范围上，把跨行业的行业协会、其他经济组织以及个体工商户一并纳入调整。

2. 突破“一业一会”

通过“一业多会”，有效发挥市场在资源配置中的决定性作用，降低

资源配置的政府成本，优化国家治理经济的手段，并在一定程度上促进行政体制改革的深化。目前，在服装、食品、电子等领域都已突破一业一会。

3. 大大简化行业协会登记程序

进一步简化登记程序，大幅度减少审批时限，从原有的90个工作日减少到仅需25个工作日，减少幅度超过三分之二。

4. 突出依法自治，民主管理

专门就行业协会内部治理进行了规定，要求会长、副会长、理事、监事实行差额选举，推动法人治理结构的完善，提升行业协会治理、发展和服务能力，更好地参与社会管理和公共服务。自条例实施以来，已有55家行业协会实行差额选举。

5. 促进行业协会发展

条例明确了政府向行业协会购买服务的种类、性质和内容，有步骤地推动政府职能转变。截至2014年底，已公布2批共335家具备承接政府职能转移和购买服务资质的社会组织。

6. 建立行业协会新的监管制度

对年检制度进行了重大改革，取消年度检查，实行年度报告制度，建立行业协会活动异常名录制度这一新的信用监管模式。2014年有95%的行业协会提交了年度报告，有17家行业协会被列入活动异常名录。

《深圳经济特区行业协会条例》获得了国家民管局的高度赞赏，被誉为近五年来全国最好的版本。2014年6月，广东省委书记胡春华同志来深专题调研行业协会发展，对深圳行业协会规范发展给予充分肯定。

## 二、出台《深圳市社会组织抽查监督办法》

党的十八届四中全会提出“推进依法行政理念，创新社会组织监管手段，提升社会组织发展质量”。近年来，随着我市社会组织登记管理体制的改革及培育扶持社会组织相关政策的出台和实施，社会组织的数量和规模实现较大幅度跃升。截至2014年底，我市社会组织登记数量已经达到8241家，在参与社会治理、提供公共服务、促进社会和谐等方面发挥了重要作用。但是，目前我市社会组织总体上仍处于发展的初级阶段，社会组织能力偏弱、公信力有待提高、违章经营、违规办事和违法活动时有发生。而目前对社会组织监督管理的手段主要是由登记管理机关实施的年检（年度报告）、评估和专项检查等，这些监管措施已不能完全适应我市社会组织监督管理的实际需要，也无法准确掌握我市社会组织的真实状况。

为此，我局于2014年10月8日正式颁布实施了《深圳市社会组织抽查监督办法》，在全国率先建立不预告通知、主动上门检查的日常抽检监督制度。抽检内容主要检查社会组织遵章守法、内部治理以及依法依规根据章程开展活动等情况。

为贯彻落实该办法，从2014年11月中旬至12月31日，我局对市级社会组织开展了为期40天的抽查工作，共随机抽查社会团体、基金会、民办非企业等社会组织41家，其中社会团体22家、民办非企业15家、基金会4家，并对本次抽查结果进行了公示。该项举措被媒体誉为深圳社会组织迎来史上最严监管。

本次抽查工作采取随机抽查原则，每次随机抽取抽查名单后，在不提前告知抽查对象的情况下，前往社会组织注册地址进行检查。抽检全过程向社会公开，并邀请市人大代表、政协委员、党代表及社会知名人士参与，同时联系媒体进行动态跟踪报道。

抽查工作重点检查有以下情形的社会组织，包括：承接政府职能转移和接受政府购买服务的；被新闻媒体曝光的；其他部门移交有违法违纪行为的；被投诉、举报的；未提交年度报告或未按时参加年检的；年度报告抽查不合格或年检不合格的。

我局通过推进社会组织抽查工作，取得了“三个转变”和“三个认同”的工作成效，获得社会的普遍好评。

“三个转变”包括：一是实现工作理念从“重登记轻管理”转变为“轻登记重管理”；二是工作方式从“事后被动式处理”转变为“全程动态式检查”；三是工作模式从“运动化整治”转变为“常态化监管”，让社会组织不敢违法、不能违法、不想违法，促进社会组织依法健康发展。

“三个认同”包括：一是社会组织认同，被抽查到的社会组织普遍认为抽检本质上是一种指导工作，将有利于他们加强自治管理，促进工作的规范、健康、有序发展，对于抽检存在的问题，他们表示将按照要求做好整改工作。二是社会认同，新闻媒体全程报道了抽检的有关情况，引起了强烈的社会反响，起到引领“标杆”震慑“后进”的作用；三是专家认同，参与抽检工作的人大代表、党代表和政协委员纷纷表示实施抽检工作是推进依法行政理念，转变工作方式，创新社会组织监管手段的一项重要举措。

# 厦门市政府购买服务2014年工作总结和2015年工作计划

国办96号文下发后，我市各级财政部门积极发挥牵头作用，建立健全工作机制，研究制定政策制度，积极开展试点工作，大力推进我市政府购买服务改革。现将政府购买服务2014年工作进展情况和2015年工作计划报告如下：

## 一、2014年政府购买服务工作进展情况

### （一）建立健全政府购买服务工作机制

1. 市委市政府高度重视政府购买服务工作。我市市委、市政府高度重视该项工作，市委书记王蒙徽等主要领导相继作出批示。《厦门市2014年深化重点领域改革方案》、《〈美丽厦门战略规划〉三年行动计划方案》等文件将推进政府购买服务作为工作重点，提出了明确的工作计划和要求。

2. 建立联席会议制度和信息报送机制。全市各级财政部门牵头建立政府购买服务工作联席会议制度，成员单位包括市财政、编办、民政、工商、监察、审计等部门。同时，借鉴财政部经验，我局积极建立政府购买服务信息报送机制，加强市、区两级工作交流，确保政府购买服务工作不走偏、可持续。

3. 加强局内部各处室之间的协同配合。市财政局多次主持召开办公会议，将政府购买服务工作列入2014年财政工作要点进行督办。同时，成立政府购买服务工作小组，负责政府购买服务相关工作的具体推进和落实，做到统一领导与分工协作相结合。

### （二）做好政府购买服务制度建设

1. 研究制定政府购买服务实施意见。我局牵头起草《关于推进政府购买服务工作的实施意见》，并进行多次修改和完善。经市政府同意，《关于推进政府购买服务工作的实施意见》（厦府办〔2014〕67号）已正式出台。同时，各区积极组织学习相关政策文件，普遍出台或转发实施意见，取得良好成效。

2. 出台政府购买服务指导目录。我局根据财政部相关文件精神，借鉴各省市先进经验，按照“先易后难、积极稳妥”的原则，出台《市级政府购买服务指导目录》（厦财综〔2014〕31 号），作为各单位编制 2015 年政府购买服务预算的依据。同时，各区均已根据工作实际，出台区级政府购买服务指导目录。

3. 开展政府购买服务立法研究。国务院法制办公室政府法制研究中心委托我市开展政府购买公共服务立法研究，我局积极开展调研，根据工作实际在结题评审会上提出意见和建议。此次调研深入分析现状，研究立法的必要性与可行性，对我市政府购买服务工作的开展具有重要意义。

（三）开展政府购买服务实践工作

1. 推进政府购买服务试点工作。全市共推进试点项目 68 个，财政安排资金17597万元。其中，市本级重点选取教育、文化、社工服务、市政市容、技术服务、劳动就业服务等领域中 13 个已纳入部门预算的服务类事项实施试点工作，财政共安排资金10931万元；各区、管委会共推进试点项目 55 个，财政共安排资金6666万元，涉及社工服务、教育、市政市容、劳动就业服务、后勤服务等领域。

2. 严格做好预算管理。建立健全政府购买服务预算管理机制，对 2015 年政府购买服务预算编报工作提出要求，并将政府购买服务作为重要考核指标，对各市直单位和区级财政部门推进政府购买服务改革工作的相关情况进行考核，确保政府购买服务成为一项“惠而不费”的工程。

3. 公布具备承接政府职能转移和购买服务资质的社会组织名录。为推动政府向社会组织转移职能，支持和促进社会组织广泛深入地参与社会治理、提供公共服务，加快建立健全政府购买社会组织服务制度。市民政局印发了《厦门市民政局关于编制具备承接政府职能转移和购买服务资质的社会组织目录的通知》，开展社会组织承接政府职能转移和购买服务资质申报工作。经审核和公示，确定第一批具备承接政府职能转移和购买服务资质的市级社会组织共 62 个。已将目录名单印发公开，作为选择承接政府职能转移和购买服务主体的重要依据。

（四）加强对外交流联系

1. 组织政府购买服务业务交流培训。先后举办政府购买服务预算编制培训、财政综合业务培训会议和“政府购买服务的政策与实践”专题讲座，解读政府购买服务的基本知识和政策措施，听取参会人员的意见和建议，确保相关部门的工作人员了解、熟悉政府购买服务有关背景知识、政策措施及预算编制操作规范。

2. 学习其他地区优秀经验。为进一步提高我市政府购买服务工作水平，学习和借鉴其他地区优秀经验，前往广州、深圳学习考察政府购买服务先进经验，并草拟考察报告报送市主要领导，在对比厦门与两市的具体情况基础上提出意见和建议，市委书记王蒙徽在考察报告上作出重要批示。

3. 充分做好宣传工作。及时汇总全市政府购买服务工作的进展情况，大力推广各单位在政府购买服务工作中的先进经验和做法。新华社、中央人民广播电台、《中国财经报》、《经济参考报》、《福建日报》、《厦门日报》、《厦门晚报》等多家中央及地方媒体，陆续报道我市政府购买服务改革事宜，并被各大主流网络媒体广泛转载，展示了我市政府购买服务工作成效。

但是，我市政府购买服务工作处于摸索阶段，还面临着许多问题和困难，例如：部分政府购买的服务没有相关的定价标准，造成购买服务项目定价难以量化，编制预算时缺乏一个行之有效的标准。

## 二、2015 年政府购买服务工作计划

2015 年，我市将按照“立足实际、突出重点、先易后难、积极稳妥”的原则，继续开展政府购买服务改革工作。一是根据《政府购买服务管理办法（暂行）》（财综〔2014〕96 号）的规定，进一步完善我市政府购买服务管理制度；二是在市直部门中全面推广政府购买服务，并选取重点项目跟踪实施情况；三是按照“财政供养人员只减不增”和“以事定费”的原则，运用政府购买服务的理念，倒逼事业单位加快改革；四是加大对社会组织承接政府购买服务的支持力度，进一步建立健全社会组织承接政府购买服务信用记录管理机制；五是探索建立由购买主体、服务对象及专业机构组成的综合性评价机制，重点选取 2014 年试点项目开展第三方评价工作。

# ·附 录·

# 一、2014 年中国社会组织发展统计数据

## 社会组织总表

| 地　区 | 单位数 | 年末职工人数 | | 受教育程度情况 | | 职业资格水平情况 | |
|---|---|---|---|---|---|---|---|
| | | | 女性 | 大学专科 | 大学本科及以上 | 助理社会工作师 | 社会工作师 |
| 全国合计 | 606,048 | 6,822,623 | 2,003,785 | 1,304,048 | 887,693 | 16,651 | 9,324 |
| 部本级 | 2,252 | 33,101 | 14,510 | 368 | 23,872 | 749 | 1,471 |
| 北京市 | 9,083 | 104,147 | 37,214 | 22,174 | 36,845 | 1,086 | 888 |
| 天津市 | 4,729 | 38,270 | 15,926 | 10,850 | 17,917 | 119 | 71 |
| 河北省 | 17,642 | 260,419 | 71,292 | 46,143 | 33,187 | 1,252 | 619 |
| 山西省 | 12,330 | 148,571 | 42,896 | 36,427 | 19,196 | 46 | 70 |
| 内蒙古自治区 | 11,790 | 87,880 | 26,901 | 24,263 | 9,918 | 12 | 7 |
| 辽宁省 | 20,137 | 204,806 | 62,657 | 38,676 | 32,876 | 362 | 91 |
| 吉林省 | 10,521 | 55,888 | 11,843 | 11,034 | 3,744 | 556 | 223 |
| 黑龙江省 | 12,479 | 138,980 | 50,623 | 18,749 | 7,760 | 107 | 135 |
| 上海市 | 12,365 | 157,443 | 33,570 | 58,955 | 18,957 | 511 | 273 |
| 江苏省 | 71,571 | 533,822 | 146,460 | 117,621 | 79,030 | 2,115 | 554 |
| 浙江省 | 39,844 | 356,994 | 107,451 | 89,500 | 51,753 | 345 | 279 |
| 安徽省 | 22,549 | 231,774 | 60,682 | 53,932 | 33,808 | 1,632 | 310 |
| 福建省 | 21,357 | 259,139 | 55,110 | 28,253 | 22,914 | 562 | 257 |
| 江西省 | 14,236 | 179,910 | 53,139 | 24,479 | 8,843 | 551 | 147 |
| 山东省 | 41,165 | 342,065 | 80,613 | 96,969 | 67,676 | 551 | 284 |
| 河南省 | 27,572 | 221,127 | 71,200 | 46,154 | 29,940 | 285 | 88 |
| 湖北省 | 26,560 | 355,090 | 100,503 | 74,020 | 27,299 | 253 | 203 |
| 湖南省 | 24,011 | 241,550 | 80,367 | 60,624 | 38,274 | 313 | 128 |
| 广东省 | 47,680 | 574,091 | 244,758 | 136,335 | 96,772 | 2,076 | 2,412 |
| 广西壮族自治区 | 20,321 | 321,481 | 69,324 | 42,705 | 29,034 | 631 | 120 |
| 海南省 | 4,847 | 45,476 | 17,317 | 7,436 | 3,659 | 4 | 3 |
| 重庆市 | 14,387 | 146,041 | 63,672 | 33,160 | 35,384 | 688 | 220 |
| 四川省 | 37,800 | 514,534 | 146,467 | 82,904 | 58,972 | 955 | 255 |
| 贵州省 | 9,424 | 173,845 | 43,795 | 26,939 | 37,485 | 105 | 17 |
| 云南省 | 19,207 | 448,907 | 161,589 | 40,273 | 23,443 | 476 | 89 |
| 西藏自治区 | 600 | 12,452 | 4,398 | 656 | 469 | 0 | 0 |
| 陕西省 | 18,050 | 252,343 | 52,503 | 30,241 | 13,141 | 85 | 24 |
| 甘肃省 | 14,400 | 169,563 | 32,146 | 15,700 | 7,035 | 87 | 40 |
| 青海省 | 3,362 | 16,880 | 3,982 | 2,100 | 603 | 39 | 9 |
| 宁夏回族自治区 | 4,324 | 60,510 | 11,989 | 6,659 | 4,382 | 4 | 3 |
| 新疆维吾尔自治区 | 9,453 | 135,524 | 28,888 | 19,749 | 13,505 | 94 | 34 |

单位:人

| 年龄结构情况 | | | | 建立党组织的社会组织 | 社会组织中中共党员人数 | 志愿服务 | |
|---|---|---|---|---|---|---|---|
| 35 岁及以下 | 36 岁至 45 岁 | 46 岁至 55 岁 | 56 岁及以上 | | | 志愿者服务人次数 | 志愿服务时间 |
| 2,274,867 | 2,483,570 | 1,390,303 | 673,883 | 82,995 | 864,630 | 459,162 | 1,275,281.0 |
| 10,074 | 11,516 | 6,620 | 4,891 | 1,143 | 19,446 | 0 | 0.0 |
| 28,394 | 35,147 | 24,741 | 15,865 | 1,215 | 25,516 | 15 | 0.0 |
| 9,172 | 11,492 | 10,325 | 7,281 | 2,795 | 13,474 | 700 | 1,400.0 |
| 98,236 | 98,881 | 46,127 | 17,175 | 4,781 | 41,133 | 5,812 | 23,095.0 |
| 53,424 | 49,064 | 30,102 | 15,981 | 1,032 | 15,161 | 1,678 | 1,975.0 |
| 29,975 | 30,561 | 18,773 | 8,571 | 1,649 | 11,077 | 1,347 | 3,730.0 |
| 52,908 | 72,965 | 42,915 | 36,018 | 1,401 | 18,229 | 5,674 | 12,352.0 |
| 17,968 | 26,584 | 8,812 | 2,524 | 299 | 4,350 | 20 | 30.0 |
| 59,046 | 43,183 | 27,976 | 8,775 | 789 | 4,958 | 10,500 | 27,800.0 |
| 47,055 | 54,163 | 36,243 | 19,982 | 4,141 | 35,366 | 2,994 | 23,682.0 |
| 154,181 | 193,782 | 129,617 | 56,242 | 4,307 | 73,333 | 70,466 | 166,323.0 |
| 118,583 | 130,809 | 63,268 | 44,334 | 5,367 | 51,876 | 48,708 | 98,257.0 |
| 72,982 | 82,478 | 55,602 | 20,712 | 2,810 | 33,605 | 34,965 | 73,674.0 |
| 62,199 | 75,955 | 68,465 | 52,520 | 2,205 | 21,263 | 0 | 0.0 |
| 61,253 | 75,495 | 32,531 | 10,631 | 2,015 | 21,637 | 10 | 50.0 |
| 119,736 | 137,017 | 64,158 | 21,154 | 12,586 | 86,471 | 100,444 | 266,581.0 |
| 98,480 | 79,924 | 30,152 | 12,571 | 3,696 | 29,847 | 52 | 33.0 |
| 118,447 | 112,048 | 107,278 | 17,317 | 3,718 | 37,346 | 2,929 | 6,174.0 |
| 96,675 | 85,586 | 41,666 | 17,623 | 3,077 | 40,621 | 109,038 | 366,370.0 |
| 276,741 | 173,054 | 91,046 | 33,250 | 1,513 | 21,409 | 36,705 | 98,032.0 |
| 85,835 | 125,665 | 75,358 | 34,623 | 985 | 42,994 | 0 | 0.0 |
| 18,023 | 21,062 | 4,785 | 1,606 | 260 | 6,505 | 0 | 0.0 |
| 59,103 | 44,185 | 25,833 | 16,920 | 867 | 19,391 | 22,535 | 86,176.0 |
| 195,966 | 178,584 | 77,049 | 62,935 | 5,603 | 65,903 | 2 | 14.0 |
| 48,433 | 78,680 | 33,550 | 13,182 | 2,963 | 21,078 | 2,611 | 12,900.0 |
| 126,837 | 146,009 | 91,318 | 84,743 | 2,259 | 27,471 | 205 | 636.0 |
| 4,503 | 5,351 | 1,997 | 601 | 153 | 1,714 | 0 | 0.0 |
| 70,113 | 84,310 | 78,558 | 19,362 | 1,393 | 17,856 | 1,233 | 4,449.0 |
| 34,699 | 88,330 | 38,072 | 8,462 | 4,208 | 24,701 | 50 | 40.0 |
| 4,774 | 6,464 | 4,395 | 1,247 | 1,089 | 4,023 | 141 | 468.0 |
| 6,707 | 42,434 | 8,023 | 3,346 | 1,127 | 7,535 | 77 | 200.0 |
| 34,345 | 82,792 | 14,948 | 3,439 | 1,549 | 19,341 | 251 | 840.0 |

续表 1

| 地　区 | 行政执法 | 行政处罚数 | 并处没收违法经营额/违法所得 | 并处罚款 |
|---|---|---|---|---|
| 全国合计 | 4,246 | 4,200 | 1 | 0 |
| 部本级 | 12 | 12 | 0 | 0 |
| 北京市 | 110 | 109 | 0 | 0 |
| 天津市 | 0 | 0 | 0 | 0 |
| 河北省 | 408 | 408 | 0 | 0 |
| 山西省 | 83 | 83 | 0 | 0 |
| 内蒙古自治区 | 0 | 0 | 0 | 0 |
| 辽宁省 | 9 | 8 | 0 | 0 |
| 吉林省 | 0 | 0 | 0 | 0 |
| 黑龙江省 | 1 | 1 | 1 | 0 |
| 上海市 | 25 | 20 | 0 | 0 |
| 江苏省 | 437 | 433 | 0 | 0 |
| 浙江省 | 14 | 14 | 0 | 0 |
| 安徽省 | 61 | 61 | 0 | 0 |
| 福建省 | 4 | 4 | 0 | 0 |
| 江西省 | 0 | 0 | 0 | 0 |
| 山东省 | 2,377 | 2,345 | 0 | 0 |
| 河南省 | 7 | 7 | 0 | 0 |
| 湖北省 | 32 | 32 | 0 | 0 |
| 湖南省 | 4 | 4 | 0 | 0 |
| 广东省 | 245 | 242 | 0 | 0 |
| 广西壮族自治区 | 0 | 0 | 0 | 0 |
| 海南省 | 0 | 0 | 0 | 0 |
| 重庆市 | 121 | 121 | 0 | 0 |
| 四川省 | 169 | 169 | 0 | 0 |
| 贵州省 | 12 | 12 | 0 | 0 |
| 云南省 | 0 | 0 | 0 | 0 |
| 西藏自治区 | 0 | 0 | 0 | 0 |
| 陕西省 | 0 | 0 | 0 | 0 |
| 甘肃省 | 0 | 0 | 0 | 0 |
| 青海省 | 0 | 0 | 0 | 0 |
| 宁夏回族自治区 | 3 | 3 | 0 | 0 |
| 新疆维吾尔自治区 | 112 | 112 | 0 | 0 |

单位:万元

| (1) 警告 | (2) 限期(责令)停止活动 | (3) 撤销登记 | 取缔非法社会组织 | |
|---|---|---|---|---|
| | | | | 并处没收非法财产 |
| 811 | 255 | 3,134 | 46 | 0 |
| 6 | 4 | 2 | 0 | 0 |
| 7 | 0 | 102 | 1 | 0 |
| 0 | 0 | 0 | 0 | 0 |
| 0 | 0 | 408 | 0 | 0 |
| 3 | 1 | 79 | 0 | 0 |
| 0 | 0 | 0 | 0 | 0 |
| 1 | 1 | 6 | 1 | 0 |
| 0 | 0 | 0 | 0 | 0 |
| 0 | 1 | 0 | 0 | 0 |
| 0 | 0 | 20 | 5 | 0 |
| 30 | 21 | 382 | 4 | 0 |
| 14 | 0 | 0 | 0 | 0 |
| 2 | 0 | 59 | 0 | 0 |
| 0 | 0 | 4 | 0 | 0 |
| 0 | 0 | 0 | 0 | 0 |
| 663 | 105 | 1,577 | 32 | 0 |
| 0 | 0 | 7 | 0 | 0 |
| 3 | 12 | 17 | 0 | 0 |
| 0 | 0 | 4 | 0 | 0 |
| 38 | 93 | 111 | 3 | 0 |
| 0 | 0 | 0 | 0 | 0 |
| 0 | 0 | 0 | 0 | 0 |
| 44 | 7 | 70 | 0 | 0 |
| 0 | 0 | 169 | 0 | 0 |
| 0 | 0 | 12 | 0 | 0 |
| 0 | 0 | 0 | 0 | 0 |
| 0 | 0 | 0 | 0 | 0 |
| 0 | 0 | 0 | 0 | 0 |
| 0 | 0 | 0 | 0 | 0 |
| 0 | 0 | 0 | 0 | 0 |
| 0 | 3 | 0 | 0 | 0 |
| 0 | 7 | 105 | 0 | 0 |

续表 2

| 地　区 | 增加值合计 | 执行行政事业单位会计制度 | | | | |
|---|---|---|---|---|---|---|
| | | 固定资产原价 | 上年结转和结余 | 本年收入合计 | 本年支出合计 | 收支结余 |
| 全国合计 | 6,385,969.8 | 259,575.3 | 21,959.1 | 378,379.6 | 89,551.3 | 1,492.5 |
| 部本级 | 157,691.8 | 0.0 | 0.0 | 0.0 | 0.0 | 0.0 |
| 北京市 | 210,282.4 | 0.0 | 0.0 | 0.0 | 0.0 | 0.0 |
| 天津市 | 42,228.7 | 0.0 | 0.0 | 0.0 | 0.0 | 0.0 |
| 河北省 | 235,418.1 | 3,111.1 | 15.0 | 537.3 | 275.1 | 0.0 |
| 山西省 | 109,389.7 | 3,754.2 | 66.7 | 1,570.5 | 1,358.8 | 1.3 |
| 内蒙古自治区 | 41,081.7 | 5,550.6 | 4.4 | 3,523.6 | 4,314.4 | 2.2 |
| 辽宁省 | 189,355.5 | 793.1 | 270.7 | 4,167.0 | 4,046.2 | 0.0 |
| 吉林省 | 13,394.7 | 394.0 | 15.0 | 1,029.1 | 752.1 | 0.0 |
| 黑龙江省 | 90,320.2 | 845.5 | 4.0 | 262,437.3 | 418.4 | 0.0 |
| 上海市 | 465,833.8 | 0.0 | 0.0 | 0.0 | 0.0 | 0.0 |
| 江苏省 | 746,656.6 | 156,843.9 | 18,541.4 | 57,485.5 | 46,641.8 | 60.0 |
| 浙江省 | 334,875.5 | 10.0 | 0.0 | 0.0 | 0.0 | 0.0 |
| 安徽省 | 187,342.0 | 204.5 | 0.0 | 602.1 | 578.1 | 0.0 |
| 福建省 | 108,755.7 | 5,573.0 | 0.0 | 2,321.3 | 2,140.0 | 44.0 |
| 江西省 | 206,042.9 | 9,360.2 | 0.0 | 1,760.0 | 1,674.7 | 538.0 |
| 山东省 | 593,032.6 | 0.0 | 0.0 | 0.0 | 0.0 | 0.0 |
| 河南省 | 92,177.0 | 3,716.3 | 186.5 | 2,095.6 | 1,494.1 | 0.0 |
| 湖北省 | 189,924.9 | 1,198.0 | 0.0 | 3,645.5 | 3,640.5 | 0.0 |
| 湖南省 | 143,476.9 | 8,456.5 | 1,495.4 | 7,277.0 | 7,463.5 | 834.3 |
| 广东省 | 1,228,551.2 | 7,625.5 | 235.4 | 7,254.4 | 876.5 | 0.0 |
| 广西壮族自治区 | 58,812.7 | 2,067.2 | 17.0 | 974.9 | 851.9 | 0.0 |
| 海南省 | 46,945.5 | 501.0 | 0.0 | 524.0 | 524.0 | 0.0 |
| 重庆市 | 135,189.8 | 3,233.6 | 9.0 | 5,767.7 | 5,767.7 | 0.0 |
| 四川省 | 249,436.7 | 10,617.1 | 0.0 | 1,887.4 | 947.0 | 0.0 |
| 贵州省 | 54,071.6 | 2,600.2 | 32.0 | 1,444.9 | 1,160.6 | 2.7 |
| 云南省 | 173,881.2 | 7,006.7 | 451.5 | 1,665.2 | 1,116.1 | 0.0 |
| 西藏自治区 | 1,523.1 | 3,080.7 | 12.0 | 8.2 | 9.2 | 0.0 |
| 陕西省 | 162,062.9 | 569.3 | 7.2 | 768.9 | 590.6 | 0.0 |
| 甘肃省 | 39,928.7 | 12,628.2 | 161.8 | 3,259.6 | 1,959.2 | 10.0 |
| 青海省 | 6,997.0 | 198.0 | 0.0 | 28.0 | 3.0 | 0.0 |
| 宁夏回族自治区 | 21,208.4 | 5,264.8 | 0.0 | 4,636.0 | 0.0 | 0.0 |
| 新疆维吾尔自治区 | 50,080.0 | 4,372.1 | 434.1 | 1,708.6 | 947.8 | 0.0 |

单位:万元

| 行政事业单位增加值 | 执行民间非营利组织单位会计制度 | | | | |
|---|---|---|---|---|---|
| | 固定资产原价 | 上年结余 | 本年收入合计 | 本年费用合计 | 民间非营利组织单位增加值 |
| 82,604.7 | 15,346,719.3 | 7,923,623.1 | 20,059,288.4 | 19,070,964.1 | 6,303,365.1 |
| 0.0 | 760,245.7 | 0.0 | 4,300,338.0 | 3,583,248.7 | 157,691.8 |
| 0.0 | 673,642.1 | 938,559.3 | 1,292,623.9 | 1,000,789.5 | 210,282.4 |
| 0.0 | 96,199.6 | 20,909.7 | 190,319.9 | 170,345.1 | 42,228.7 |
| 436.2 | 1,020,414.1 | 446,752.5 | 346,613.1 | 379,087.1 | 234,981.9 |
| 1,210.1 | 232,635.0 | 12,418.9 | 170,608.0 | 162,008.2 | 108,179.6 |
| 3,188.6 | 72,329.2 | 238.4 | 67,709.8 | 70,495.6 | 37,893.1 |
| 4,271.0 | 404,943.6 | 382,020.9 | 336,953.0 | 488,666.6 | 185,084.5 |
| 337.2 | 11,061.8 | 375.3 | 14,866.6 | 22,402.4 | 13,057.5 |
| 640.6 | 125,625.4 | 755.6 | 25,244.3 | 184,557.8 | 89,679.6 |
| 0.0 | 295,334.2 | 2,138,298.5 | 2,529,958.4 | 2,057,786.8 | 465,833.8 |
| 47,255.4 | 1,738,514.4 | 1,635,656.1 | 2,562,226.8 | 2,034,691.9 | 699,401.2 |
| 0.4 | 1,294,418.1 | 588,019.6 | 1,115,571.7 | 1,044,170.3 | 334,875.1 |
| 225.9 | 684,340.7 | 9,309.0 | 396,349.8 | 383,173.2 | 187,116.1 |
| 955.9 | 244,166.3 | 127,091.0 | 172,089.8 | 199,007.5 | 107,799.8 |
| 1,598.1 | 250,605.3 | 5,958.6 | 228,575.4 | 900,652.6 | 204,444.8 |
| 0.0 | 653,346.7 | 72.0 | 845,096.9 | 846,158.7 | 593,032.6 |
| 575.5 | 357,713.8 | 38,779.2 | 210,351.4 | 151,007.3 | 91,601.5 |
| 3,017.4 | 490,504.3 | 17,554.5 | 429,280.1 | 408,768.9 | 186,907.5 |
| 5,921.7 | 387,598.8 | 66,844.6 | 303,531.3 | 309,999.1 | 137,555.2 |
| 1,292.7 | 2,511,529.0 | 219,169.2 | 2,466,117.1 | 2,012,515.3 | 1,227,258.5 |
| 437.3 | 153,247.8 | 72,353.5 | 91,002.3 | 87,235.5 | 58,375.4 |
| 40.0 | 150,097.0 | 211.2 | 60,498.6 | 57,880.8 | 46,905.5 |
| 4,747.1 | 574,355.0 | 189,700.7 | 640,586.6 | 574,035.0 | 130,442.7 |
| 1,303.6 | 739,249.5 | 649,008.8 | 679,759.3 | 812,373.0 | 248,133.1 |
| 1,027.5 | 193,305.5 | 12,196.2 | 99,413.2 | 81,876.2 | 53,044.1 |
| 672.2 | 444,157.6 | 228,559.6 | 242,091.5 | 301,598.9 | 173,209.0 |
| 115.2 | 5,530.8 | 13,056.5 | 3,076.8 | 2,688.6 | 1,407.9 |
| 22.8 | 520,659.8 | 5,443.7 | 56,582.9 | 220,503.9 | 162,040.1 |
| 2,243.5 | 93,542.9 | 2,888.6 | 46,872.8 | 55,117.8 | 37,685.2 |
| 7.9 | 24,235.2 | 601.2 | 27,558.5 | 21,986.5 | 6,989.1 |
| 210.6 | 50,789.2 | 22,952.0 | 37,538.0 | 374,928.0 | 20,997.8 |
| 850.0 | 92,380.9 | 77,868.2 | 69,882.6 | 71,207.3 | 49,230.0 |

社会

| 地　区 | 单位数 | 年末职工人数 | 女性 | 受教育程度情况 | | 职业资格 |
|---|---|---|---|---|---|---|
| | | | | 大学专科 | 大学本科及以上 | 助理社会工作师 |
| 全国合计 | 309,736 | 3,736,265 | 815,873 | 520,520 | 362,026 | 7,360 |
| 部本级 | 1,941 | 29,608 | 12,940 | 0 | 23,646 | 749 |
| 北京市 | 3,730 | 37,242 | 10,882 | 7,167 | 19,644 | 295 |
| 天津市 | 2,215 | 11,483 | 4,024 | 1,535 | 7,287 | 10 |
| 河北省 | 9,810 | 131,274 | 18,113 | 14,702 | 11,606 | 1,035 |
| 山西省 | 6,855 | 80,241 | 17,131 | 17,698 | 10,517 | 23 |
| 内蒙古自治区 | 7,044 | 55,876 | 14,224 | 15,710 | 6,239 | 4 |
| 辽宁省 | 8,966 | 107,695 | 17,504 | 14,642 | 12,672 | 27 |
| 吉林省 | 5,671 | 34,920 | 4,264 | 4,634 | 1,540 | 379 |
| 黑龙江省 | 5,471 | 96,425 | 37,014 | 8,030 | 4,043 | 57 |
| 上海市 | 3,909 | 31,355 | 5,383 | 13,307 | 3,949 | 276 |
| 江苏省 | 32,706 | 216,457 | 53,350 | 54,752 | 22,071 | 765 |
| 浙江省 | 19,430 | 132,073 | 31,271 | 36,803 | 18,410 | 123 |
| 安徽省 | 11,977 | 103,447 | 14,910 | 16,477 | 9,020 | 1,256 |
| 福建省 | 13,892 | 187,430 | 26,293 | 16,479 | 8,035 | 185 |
| 江西省 | 8,030 | 94,098 | 18,719 | 13,982 | 4,430 | 25 |
| 山东省 | 17,738 | 139,121 | 26,659 | 35,333 | 27,739 | 172 |
| 河南省 | 11,183 | 74,266 | 17,924 | 10,453 | 5,646 | 105 |
| 湖北省 | 11,878 | 220,021 | 48,239 | 27,669 | 8,754 | 18 |
| 湖南省 | 12,194 | 123,396 | 31,401 | 23,655 | 15,714 | 95 |
| 广东省 | 22,132 | 184,832 | 49,820 | 34,955 | 22,860 | 194 |
| 广西壮族自治区 | 12,311 | 241,198 | 34,433 | 24,121 | 18,316 | 454 |
| 海南省 | 2,334 | 21,475 | 5,486 | 3,658 | 669 | 0 |
| 重庆市 | 7,049 | 46,082 | 8,571 | 7,274 | 6,806 | 259 |
| 四川省 | 20,030 | 319,728 | 69,043 | 33,732 | 32,833 | 565 |
| 贵州省 | 5,624 | 131,701 | 25,676 | 15,545 | 29,490 | 9 |
| 云南省 | 12,987 | 386,579 | 130,751 | 29,214 | 12,785 | 96 |
| 西藏自治区 | 570 | 12,224 | 4,311 | 600 | 408 | 0 |
| 陕西省 | 9,907 | 168,539 | 25,546 | 12,977 | 4,176 | 31 |
| 甘肃省 | 10,742 | 146,582 | 25,440 | 9,341 | 4,120 | 63 |
| 青海省 | 2,209 | 11,725 | 2,412 | 1,265 | 345 | 19 |
| 宁夏回族自治区 | 3,129 | 53,168 | 7,993 | 3,977 | 1,662 | 2 |
| 新疆维吾尔自治区 | 6,072 | 106,004 | 16,146 | 10,833 | 6,594 | 69 |

## 团体

单位:人

| 水平情况 | 年龄结构情况 | | | | 志愿服务 | |
|---|---|---|---|---|---|---|
| 社会工作师 | 35 岁及以下 | 36 岁至 45 岁 | 46 岁至 55 岁 | 56 岁及以上 | 志愿者服务人次数 | 志愿服务时间 |
| 3,537 | 933,883 | 1,403,517 | 908,719 | 490,146 | 199,462 | 516,493.0 |
| 1,471 | 8,882 | 10,363 | 5,922 | 4,441 | 0 | 0.0 |
| 98 | 5,818 | 9,758 | 11,668 | 9,998 | 0 | 0.0 |
| 6 | 2,695 | 3,524 | 2,682 | 2,582 | 500 | 1,000.0 |
| 300 | 47,948 | 49,682 | 23,904 | 9,740 | 1,319 | 5,022.0 |
| 19 | 17,807 | 29,416 | 20,929 | 12,089 | 1,604 | 1,906.0 |
| 3 | 16,010 | 20,107 | 13,256 | 6,503 | 712 | 2,484.0 |
| 17 | 17,824 | 36,123 | 23,545 | 30,203 | 266 | 568.0 |
| 86 | 11,374 | 16,076 | 6,307 | 1,163 | 0 | 0.0 |
| 62 | 45,962 | 26,971 | 18,017 | 5,475 | 5,000 | 5,000.0 |
| 134 | 7,079 | 9,535 | 7,976 | 6,765 | 516 | 3,858.0 |
| 156 | 44,723 | 77,281 | 60,003 | 34,450 | 38,957 | 99,978.0 |
| 154 | 30,447 | 53,055 | 35,385 | 13,186 | 40,818 | 82,099.0 |
| 174 | 23,132 | 40,424 | 27,019 | 12,872 | 8,810 | 18,428.0 |
| 28 | 29,605 | 54,316 | 55,616 | 47,893 | 0 | 0.0 |
| 25 | 26,443 | 37,204 | 22,726 | 7,725 | 10 | 50.0 |
| 92 | 41,855 | 53,496 | 30,619 | 13,151 | 40,257 | 108,798.0 |
| 24 | 27,078 | 29,198 | 12,354 | 5,636 | 0 | 0.0 |
| 31 | 66,254 | 61,416 | 82,974 | 9,377 | 578 | 1,236.0 |
| 55 | 37,596 | 44,485 | 28,227 | 13,088 | 51,026 | 152,641.0 |
| 217 | 39,778 | 68,474 | 53,719 | 22,861 | 0 | 0.0 |
| 66 | 49,246 | 95,858 | 63,316 | 32,778 | 0 | 0.0 |
| 0 | 8,240 | 9,747 | 2,688 | 800 | 0 | 0.0 |
| 99 | 9,292 | 14,436 | 12,142 | 10,212 | 7,615 | 28,743.0 |
| 117 | 102,362 | 106,687 | 54,986 | 55,693 | 2 | 14.0 |
| 2 | 27,174 | 66,161 | 27,410 | 10,956 | 589 | 1,939.0 |
| 48 | 96,038 | 123,126 | 84,537 | 82,878 | 143 | 435.0 |
| 0 | 4,427 | 5,265 | 1,947 | 585 | 0 | 0.0 |
| 13 | 35,023 | 53,059 | 66,375 | 14,082 | 561 | 1,874.0 |
| 15 | 27,182 | 81,082 | 31,136 | 7,182 | 40 | 0.0 |
| 3 | 2,878 | 3,991 | 3,797 | 1,059 | 52 | 150.0 |
| 0 | 4,122 | 39,330 | 7,145 | 2,571 | 77 | 200.0 |
| 22 | 19,589 | 73,871 | 10,392 | 2,152 | 10 | 70.0 |

**续表 1**

| 地区 | 社会组织负责人 | | | | 按活动区域分 |
|---|---|---|---|---|---|
| | | 女性 | 中央级社团 | 省级社团 | 地级社团 |
| 全国合计 | 638,943 | 107,343 | 1,941 | 27,973 | 76,211 |
| 部本级 | 25,334 | 0 | 1,941 | 0 | 0 |
| 北京市 | 25,636 | 4,862 | 0 | 1,488 | 0 |
| 天津市 | 5,816 | 465 | 0 | 955 | 0 |
| 河北省 | 15,001 | 1,883 | 0 | 818 | 2,691 |
| 山西省 | 8,699 | 823 | 0 | 926 | 2,161 |
| 内蒙古自治区 | 11,706 | 2,661 | 0 | 727 | 2,260 |
| 辽宁省 | 12,718 | 1,993 | 0 | 802 | 3,727 |
| 吉林省 | 6,501 | 702 | 0 | 763 | 1,889 |
| 黑龙江省 | 9,208 | 1,210 | 0 | 999 | 2,214 |
| 上海市 | 12,795 | 4,155 | 0 | 1,189 | 0 |
| 江苏省 | 50,740 | 7,259 | 0 | 995 | 5,807 |
| 浙江省 | 43,134 | 7,787 | 0 | 1,076 | 4,571 |
| 安徽省 | 16,978 | 1,791 | 0 | 989 | 3,570 |
| 福建省 | 18,061 | 2,971 | 0 | 1,005 | 3,113 |
| 江西省 | 11,980 | 2,118 | 0 | 779 | 2,399 |
| 山东省 | 55,172 | 11,114 | 0 | 868 | 5,536 |
| 河南省 | 15,942 | 3,193 | 0 | 1,098 | 4,008 |
| 湖北省 | 27,810 | 4,884 | 0 | 956 | 3,348 |
| 湖南省 | 28,542 | 5,002 | 0 | 877 | 3,846 |
| 广东省 | 51,220 | 16,834 | 0 | 1,570 | 7,833 |
| 广西壮族自治区 | 18,759 | 2,290 | 0 | 824 | 2,451 |
| 海南省 | 3,714 | 611 | 0 | 818 | 371 |
| 重庆市 | 22,769 | 3,680 | 0 | 985 | 0 |
| 四川省 | 36,637 | 5,932 | 0 | 1,187 | 4,208 |
| 贵州省 | 36,584 | 4,894 | 0 | 722 | 1,232 |
| 云南省 | 17,836 | 2,313 | 0 | 884 | 2,663 |
| 西藏自治区 | 867 | 57 | 0 | 216 | 139 |
| 陕西省 | 17,157 | 2,553 | 0 | 858 | 1,916 |
| 甘肃省 | 13,897 | 1,614 | 0 | 608 | 1,625 |
| 青海省 | 2,280 | 191 | 0 | 537 | 448 |
| 宁夏回族自治区 | 3,634 | 88 | 0 | 645 | 541 |
| 新疆维吾尔自治区 | 11,816 | 1,413 | 0 | 809 | 1,644 |

单位:人、个

| 县级社团 | 建立党组织的社会组织 | 社会组织职工中中共党员人数 | 其中:当年新增单位数 | 其中:当年年检单位数 | 行业性社团 |
|---|---|---|---|---|---|
| 203,611 | 52,188 | 526,172 | 31,477 | 94,565 | 40,028 |
| 0 | 1,017 | 17,355 | 32 | 1,782 | 401 |
| 2,242 | 709 | 18,392 | 256 | 1,229 | 149 |
| 1,260 | 1,451 | 7,765 | 99 | 345 | 248 |
| 6,301 | 3,145 | 25,455 | 705 | 2,760 | 1,607 |
| 3,768 | 504 | 9,326 | 444 | 3,286 | 906 |
| 4,057 | 1,067 | 6,987 | 822 | 2,543 | 1,804 |
| 4,437 | 897 | 11,024 | 288 | 1,638 | 2,302 |
| 3,019 | 252 | 2,918 | 1,262 | 222 | 279 |
| 2,258 | 558 | 3,472 | 284 | 179 | 438 |
| 2,720 | 1,289 | 11,973 | 164 | 2,530 | 120 |
| 25,904 | 2,644 | 36,784 | 6,635 | 10,001 | 3,445 |
| 13,783 | 3,144 | 24,887 | 1,736 | 8,594 | 1,643 |
| 7,418 | 1,939 | 16,705 | 1,081 | 4,752 | 1,497 |
| 9,774 | 1,637 | 18,260 | 1,128 | 2,473 | 2,386 |
| 4,852 | 1,411 | 8,068 | 337 | 1,015 | 442 |
| 11,334 | 7,400 | 45,613 | 1,586 | 13,319 | 6,716 |
| 6,077 | 2,631 | 13,716 | 749 | 1,230 | 975 |
| 7,574 | 1,439 | 16,444 | 1,111 | 7,473 | 1,169 |
| 7,471 | 2,510 | 25,839 | 1,008 | 3,479 | 1,980 |
| 12,729 | 876 | 10,801 | 3,200 | 4,562 | 1,700 |
| 9,036 | 830 | 38,183 | 1,565 | 1,308 | 592 |
| 1,145 | 82 | 5,226 | 175 | 598 | 293 |
| 6,064 | 455 | 7,718 | 549 | 4,043 | 1,010 |
| 14,635 | 3,901 | 48,754 | 1,732 | 4,905 | 2,486 |
| 3,670 | 2,031 | 14,107 | 664 | 1,912 | 892 |
| 9,440 | 1,160 | 22,302 | 1,467 | 1,834 | 982 |
| 215 | 135 | 1,621 | 14 | 169 | 79 |
| 7,133 | 944 | 12,068 | 664 | 3,078 | 884 |
| 8,509 | 3,354 | 20,099 | 858 | 373 | 598 |
| 1,224 | 660 | 2,543 | 135 | 928 | 500 |
| 1,943 | 900 | 6,114 | 404 | 670 | 166 |
| 3,619 | 1,216 | 15,653 | 323 | 1,335 | 1,339 |

续表 2

| 地区 | 社会组织 | | | | | |
|---|---|---|---|---|---|---|
| | 科技与研究 | 生态环境 | 教育 | 卫生 | 社会服务 | 文化 |
| 全国合计 | 16,923 | 6,964 | 11,412 | 10,060 | 44,630 | 30,101 |
| 部本级 | 58 | 4 | 36 | 19 | 20 | 45 |
| 北京市 | 324 | 68 | 154 | 158 | 460 | 346 |
| 天津市 | 39 | 19 | 54 | 46 | 196 | 106 |
| 河北省 | 568 | 155 | 265 | 473 | 1,397 | 961 |
| 山西省 | 448 | 118 | 340 | 188 | 1,074 | 907 |
| 内蒙古自治区 | 475 | 129 | 318 | 165 | 910 | 638 |
| 辽宁省 | 282 | 148 | 1,041 | 412 | 1,105 | 715 |
| 吉林省 | 183 | 71 | 248 | 173 | 1,406 | 522 |
| 黑龙江省 | 270 | 88 | 216 | 250 | 1,061 | 705 |
| 上海市 | 653 | 50 | 163 | 193 | 531 | 312 |
| 江苏省 | 1,421 | 530 | 920 | 913 | 7,310 | 3,436 |
| 浙江省 | 1,289 | 498 | 845 | 586 | 2,052 | 1,853 |
| 安徽省 | 677 | 242 | 331 | 389 | 1,964 | 1,223 |
| 福建省 | 513 | 386 | 659 | 404 | 2,198 | 1,641 |
| 江西省 | 265 | 210 | 384 | 444 | 1,204 | 779 |
| 山东省 | 1,345 | 349 | 541 | 515 | 2,439 | 1,940 |
| 河南省 | 843 | 345 | 506 | 387 | 1,314 | 1,317 |
| 湖北省 | 862 | 236 | 279 | 409 | 1,548 | 1,176 |
| 湖南省 | 794 | 402 | 530 | 458 | 1,638 | 1,158 |
| 广东省 | 1,233 | 299 | 780 | 541 | 3,618 | 2,411 |
| 广西壮族自治区 | 567 | 124 | 243 | 227 | 1,853 | 673 |
| 海南省 | 278 | 19 | 74 | 51 | 129 | 294 |
| 重庆市 | 483 | 99 | 263 | 174 | 624 | 583 |
| 四川省 | 758 | 637 | 826 | 837 | 3,042 | 1,784 |
| 贵州省 | 229 | 101 | 150 | 146 | 704 | 586 |
| 云南省 | 403 | 217 | 299 | 469 | 1,406 | 1,273 |
| 西藏自治区 | 29 | 22 | 21 | 26 | 119 | 44 |
| 陕西省 | 530 | 134 | 201 | 218 | 953 | 1,209 |
| 甘肃省 | 260 | 900 | 178 | 256 | 1,151 | 801 |
| 青海省 | 139 | 130 | 82 | 207 | 223 | 159 |
| 宁夏回族自治区 | 182 | 87 | 302 | 102 | 247 | 160 |
| 新疆维吾尔自治区 | 523 | 147 | 163 | 224 | 734 | 344 |

单位:人、个

按行业分类

| 体育 | 法律 | 工商业服务 | 宗教 | 农业及农村发展 | 职业及从业组织 | 国际及涉外组织 | 其他 |
|---|---|---|---|---|---|---|---|
| 20,848 | 3,270 | 34,099 | 4,898 | 60,202 | 19,867 | 516 | 45,946 |
| 17 | 4 | 1,533 | 4 | 9 | 2 | 27 | 163 |
| 240 | 56 | 520 | 43 | 601 | 164 | 0 | 596 |
| 63 | 20 | 83 | 15 | 144 | 81 | 7 | 1,342 |
| 589 | 115 | 1,088 | 191 | 1,785 | 657 | 17 | 1,549 |
| 619 | 91 | 710 | 94 | 733 | 430 | 8 | 1,095 |
| 403 | 41 | 790 | 71 | 1,496 | 268 | 8 | 1,332 |
| 538 | 113 | 721 | 138 | 1,326 | 727 | 23 | 1,677 |
| 297 | 105 | 233 | 64 | 674 | 226 | 10 | 1,459 |
| 402 | 75 | 446 | 80 | 836 | 543 | 11 | 488 |
| 361 | 39 | 737 | 70 | 64 | 248 | 14 | 474 |
| 4,360 | 316 | 3,113 | 389 | 3,590 | 1,663 | 4 | 4,741 |
| 1,589 | 203 | 3,387 | 364 | 1,551 | 2,020 | 97 | 3,096 |
| 847 | 144 | 1,136 | 183 | 2,775 | 918 | 14 | 1,134 |
| 847 | 150 | 1,349 | 353 | 2,009 | 1,072 | 53 | 2,258 |
| 623 | 120 | 741 | 158 | 1,289 | 597 | 13 | 1,203 |
| 1,020 | 168 | 2,003 | 225 | 4,614 | 1,335 | 35 | 1,209 |
| 690 | 164 | 1,421 | 288 | 1,880 | 703 | 13 | 1,312 |
| 766 | 145 | 1,505 | 185 | 1,942 | 647 | 15 | 2,163 |
| 626 | 163 | 1,348 | 236 | 2,000 | 1,196 | 41 | 1,604 |
| 1,655 | 120 | 3,518 | 249 | 1,573 | 1,075 | 31 | 5,029 |
| 381 | 49 | 730 | 98 | 4,847 | 528 | 15 | 1,976 |
| 163 | 3 | 366 | 12 | 466 | 140 | 5 | 334 |
| 382 | 42 | 830 | 93 | 2,341 | 419 | 3 | 713 |
| 1,238 | 220 | 1,380 | 354 | 4,511 | 1,487 | 0 | 2,956 |
| 344 | 54 | 689 | 115 | 1,195 | 541 | 1 | 769 |
| 633 | 221 | 1,103 | 301 | 3,789 | 662 | 22 | 2,189 |
| 11 | 9 | 32 | 9 | 121 | 8 | 0 | 119 |
| 380 | 54 | 885 | 180 | 4,050 | 430 | 10 | 673 |
| 225 | 63 | 434 | 163 | 4,635 | 692 | 5 | 979 |
| 208 | 62 | 122 | 37 | 441 | 36 | 0 | 363 |
| 60 | 50 | 152 | 36 | 1,223 | 95 | 0 | 433 |
| 271 | 91 | 994 | 100 | 1,692 | 257 | 14 | 518 |

续表 3

| 地　区 | 行政执法 | 行政处罚数 | 并处没收违法经营额/违法所得 | 并处罚款 |
| --- | --- | --- | --- | --- |
| 全国合计 | 2,312 | 2,308 | 1 | 0 |
| 部本级 | 12 | 12 | 0 | 0 |
| 北京市 | 55 | 54 | 0 | 0 |
| 天津市 | 0 | 0 | 0 | 0 |
| 河北省 | 81 | 81 | 0 | 0 |
| 山西省 | 39 | 39 | 0 | 0 |
| 内蒙古自治区 | 0 | 0 | 0 | 0 |
| 辽宁省 | 9 | 8 | 0 | 0 |
| 吉林省 | 0 | 0 | 0 | 0 |
| 黑龙江省 | 1 | 1 | 1 | 0 |
| 上海市 | 0 | 0 | 0 | 0 |
| 江苏省 | 398 | 398 | 0 | 0 |
| 浙江省 | 6 | 6 | 0 | 0 |
| 安徽省 | 58 | 58 | 0 | 0 |
| 福建省 | 2 | 2 | 0 | 0 |
| 江西省 | 0 | 0 | 0 | 0 |
| 山东省 | 1,258 | 1,258 | 0 | 0 |
| 河南省 | 6 | 6 | 0 | 0 |
| 湖北省 | 26 | 26 | 0 | 0 |
| 湖南省 | 4 | 4 | 0 | 0 |
| 广东省 | 136 | 134 | 0 | 0 |
| 广西壮族自治区 | 0 | 0 | 0 | 0 |
| 海南省 | 0 | 0 | 0 | 0 |
| 重庆市 | 40 | 40 | 0 | 0 |
| 四川省 | 63 | 63 | 0 | 0 |
| 贵州省 | 12 | 12 | 0 | 0 |
| 云南省 | 0 | 0 | 0 | 0 |
| 西藏自治区 | 0 | 0 | 0 | 0 |
| 陕西省 | 0 | 0 | 0 | 0 |
| 甘肃省 | 0 | 0 | 0 | 0 |
| 青海省 | 0 | 0 | 0 | 0 |
| 宁夏回族自治区 | 3 | 3 | 0 | 0 |
| 新疆维吾尔自治区 | 103 | 103 | 0 | 0 |

单位:人、个

| (1) 警告 | (2) 限期(责令)停止活动 | (3) 撤销登记 | 取缔非法社会组织 | 并处没收非法财产 |
|---|---|---|---|---|
| 361 | 156 | 1,791 | 4 | 0 |
| 6 | 4 | 2 | 0 | 0 |
| 7 | 0 | 47 | 1 | 0 |
| 0 | 0 | 0 | 0 | 0 |
| 0 | 0 | 81 | 0 | 0 |
| 3 | 1 | 35 | 0 | 0 |
| 0 | 0 | 0 | 0 | 0 |
| 1 | 1 | 6 | 1 | 0 |
| 0 | 0 | 0 | 0 | 0 |
| 0 | 1 | 0 | 0 | 0 |
| 0 | 0 | 0 | 0 | 0 |
| 14 | 8 | 376 | 0 | 0 |
| 6 | 0 | 0 | 0 | 0 |
| 2 | 0 | 56 | 0 | 0 |
| 0 | 0 | 2 | 0 | 0 |
| 0 | 0 | 0 | 0 | 0 |
| 293 | 63 | 902 | 0 | 0 |
| 0 | 0 | 6 | 0 | 0 |
| 3 | 7 | 16 | 0 | 0 |
| 0 | 0 | 4 | 0 | 0 |
| 18 | 56 | 60 | 2 | 0 |
| 0 | 0 | 0 | 0 | 0 |
| 0 | 0 | 0 | 0 | 0 |
| 8 | 5 | 27 | 0 | 0 |
| 0 | 0 | 63 | 0 | 0 |
| 0 | 0 | 12 | 0 | 0 |
| 0 | 0 | 0 | 0 | 0 |
| 0 | 0 | 0 | 0 | 0 |
| 0 | 0 | 0 | 0 | 0 |
| 0 | 0 | 0 | 0 | 0 |
| 0 | 0 | 0 | 0 | 0 |
| 0 | 3 | 0 | 0 | 0 |
| 0 | 7 | 96 | 0 | 0 |

续表 4

| 地　区 | 增加值合计 | 执行行政事业 | | | |
|---|---|---|---|---|---|
| | | 固定资产原价 | 上年结转和结余 | 本年收入合计 | 本年支出合计 |
| 全国合计 | 1,793,300.7 | 259,575.3 | 378,379.6 | 21,959.1 | 89,551.3 |
| 部本级 | 144,700.6 | 0.0 | 0.0 | 0.0 | 0.0 |
| 北京市 | 43,489.8 | 0.0 | 0.0 | 0.0 | 0.0 |
| 天津市 | 9,374.5 | 0.0 | 0.0 | 0.0 | 0.0 |
| 河北省 | 21,781.5 | 3,111.1 | 537.3 | 15.0 | 275.1 |
| 山西省 | 38,114.7 | 3,754.2 | 1,570.5 | 66.7 | 1,358.8 |
| 内蒙古自治区 | 13,151.6 | 5,550.6 | 3,523.6 | 4.4 | 4,314.4 |
| 辽宁省 | 43,023.8 | 793.1 | 4,167.0 | 270.7 | 4,046.2 |
| 吉林省 | 5,881.6 | 394.0 | 1,029.1 | 15.0 | 752.1 |
| 黑龙江省 | 25,037.2 | 845.5 | 262,437.3 | 4.0 | 418.4 |
| 上海市 | 41,267.8 | 0.0 | 0.0 | 0.0 | 0.0 |
| 江苏省 | 165,726.2 | 156,843.9 | 57,485.5 | 18,541.4 | 46,641.8 |
| 浙江省 | 102,406.1 | 10.0 | 0.0 | 0.0 | 0.0 |
| 安徽省 | 50,624.5 | 204.5 | 602.1 | 0.0 | 578.1 |
| 福建省 | 29,478.1 | 5,573.0 | 2,321.3 | 0.0 | 2,140.0 |
| 江西省 | 52,920.8 | 9,360.2 | 1,760.0 | 0.0 | 1,674.7 |
| 山东省 | 159,483.0 | 0.0 | 0.0 | 0.0 | 0.0 |
| 河南省 | 15,666.1 | 3,716.3 | 2,095.6 | 186.5 | 1,494.1 |
| 湖北省 | 49,902.9 | 1,198.0 | 3,645.5 | 0.0 | 3,640.5 |
| 湖南省 | 36,655.6 | 8,456.5 | 7,277.0 | 1,495.4 | 7,463.5 |
| 广东省 | 458,023.0 | 7,625.5 | 7,254.4 | 235.4 | 876.5 |
| 广西壮族自治区 | 19,060.2 | 2,067.2 | 974.9 | 17.0 | 851.9 |
| 海南省 | 10,391.7 | 501.0 | 524.0 | 0.0 | 524.0 |
| 重庆市 | 29,801.2 | 3,233.6 | 5,767.7 | 9.0 | 5,767.7 |
| 四川省 | 55,348.2 | 10,617.1 | 1,887.4 | 0.0 | 947.0 |
| 贵州省 | 17,317.1 | 2,600.2 | 1,444.9 | 32.0 | 1,160.6 |
| 云南省 | 32,181.5 | 7,006.7 | 1,665.2 | 451.5 | 1,116.1 |
| 西藏自治区 | 476.8 | 3,080.7 | 8.2 | 12.0 | 9.2 |
| 陕西省 | 84,081.7 | 569.3 | 768.9 | 7.2 | 590.6 |
| 甘肃省 | 22,121.1 | 12,628.2 | 3,259.6 | 161.8 | 1,959.2 |
| 青海省 | 3,664.6 | 198.0 | 28.0 | 0.0 | 3.0 |
| 宁夏回族自治区 | 4,236.9 | 5,264.8 | 4,636.0 | 0.0 | 0.0 |
| 新疆维吾尔自治区 | 7,910.0 | 4,372.1 | 1,708.6 | 434.1 | 947.8 |

单位:万元

| 单位会计制度 | | 执行民间非营利组织单位会计制度 | | | | |
|---|---|---|---|---|---|---|
| 收支结余 | 行政事业单位增加值 | 固定资产原价 | 上年结余 | 本年收入合计 | 本年费用合计 | 社会组织单位增加值 |
| 1,492.5 | 82,604.7 | 3,117,213.4 | 2,824,873.5 | 4,916,826.3 | 5,333,017.6 | 1,710,696.0 |
| 0.0 | 0.0 | 660,106.0 | 0.0 | 1,569,386.3 | 1,234,633.5 | 144,700.6 |
| 0.0 | 0.0 | 215,901.2 | 477,654.3 | 401,949.4 | 270,756.9 | 43,489.8 |
| 0.0 | 0.0 | 24,633.7 | 571.1 | 53,665.8 | 82,137.9 | 9,374.5 |
| 0.0 | 436.2 | 58,488.7 | 383,387.6 | 69,706.9 | 53,694.3 | 21,345.3 |
| 1.3 | 1,210.1 | 73,800.6 | 5,611.8 | 58,388.2 | 56,483.5 | 36,904.6 |
| 2.2 | 3,188.6 | 19,358.4 | 80.0 | 22,932.7 | 22,568.4 | 9,963.0 |
| 0.0 | 4,271.0 | 288,434.4 | 257,518.2 | 51,450.7 | 89,373.9 | 38,752.8 |
| 0.0 | 337.2 | 5,319.4 | 15.0 | 6,131.7 | 10,981.1 | 5,544.4 |
| 0.0 | 640.6 | 18,560.1 | 160.1 | 6,464.2 | 38,448.0 | 24,396.6 |
| 0.0 | 0.0 | 22,509.2 | 557,996.7 | 403,398.0 | 343,688.1 | 41,267.8 |
| 60.0 | 47,255.4 | 484,041.1 | 9,692.7 | 382,056.3 | 385,461.5 | 118,470.8 |
| 0.0 | 0.4 | 122,424.3 | 80,339.5 | 261,058.7 | 251,432.3 | 102,405.7 |
| 0.0 | 225.9 | 124,948.0 | 3,076.9 | 95,298.2 | 80,521.2 | 50,398.6 |
| 44.0 | 955.9 | 25,987.7 | 104,879.7 | 72,624.6 | 77,508.2 | 28,522.2 |
| 538.0 | 1,598.1 | 70,414.1 | 1,195.1 | 31,997.8 | 685,057.6 | 51,322.7 |
| 0.0 | 0.0 | 122,231.2 | 3.0 | 233,881.7 | 235,083.3 | 159,483.0 |
| 0.0 | 575.5 | 39,250.0 | 4,932.6 | 33,126.1 | 29,589.9 | 15,090.6 |
| 0.0 | 3,017.4 | 62,328.0 | 16,160.7 | 147,108.6 | 130,114.6 | 46,885.5 |
| 834.3 | 5,921.7 | 53,211.5 | 393.6 | 72,639.8 | 65,751.9 | 30,733.9 |
| 0.0 | 1,292.7 | 133,161.5 | 80,786.2 | 531,095.4 | 649,915.6 | 456,730.3 |
| 0.0 | 437.3 | 35,920.9 | 71,677.0 | 17,747.2 | 24,205.9 | 18,622.9 |
| 0.0 | 40.0 | 44,358.5 | 100.6 | 14,126.1 | 14,950.0 | 10,351.7 |
| 0.0 | 4,747.1 | 49,151.8 | 12,490.7 | 112,598.2 | 120,074.7 | 25,054.1 |
| 0.0 | 1,303.6 | 99,988.7 | 635,816.8 | 100,908.8 | 120,987.1 | 54,044.6 |
| 2.7 | 1,027.5 | 86,801.3 | 9,542.9 | 48,907.5 | 30,116.8 | 16,289.6 |
| 0.0 | 672.2 | 58,673.0 | 31,759.7 | 35,828.0 | 56,249.4 | 31,509.3 |
| 0.0 | 115.2 | 4,294.8 | 265.2 | 306.0 | 463.0 | 361.6 |
| 0.0 | 22.8 | 46,139.1 | 2,316.2 | 14,681.0 | 107,718.6 | 84,058.9 |
| 10.0 | 2,243.5 | 31,192.1 | 47.0 | 25,266.7 | 29,575.6 | 19,877.6 |
| 0.0 | 7.9 | 10,207.2 | 390.0 | 23,593.2 | 16,179.3 | 3,656.7 |
| 0.0 | 210.6 | 10,481.2 | 0.0 | 7,998.4 | 7,608.1 | 4,026.3 |
| 0.0 | 850.0 | 14,895.7 | 76,012.6 | 10,504.1 | 11,687.4 | 7,060.0 |

基 金

| 单位名称 | 单位数 | 年末职工人数 | | 受教育程度情况 | | 职业资格 |
|---|---|---|---|---|---|---|
| | | | 女性 | 大学专科 | 大学本科及以上 | 助理社会工作师 |
| 全国合计 | 4,117 | 20,394 | 5,420 | 4,210 | 4,930 | 90 |
| 部本级 | 227 | 1,992 | 728 | 0 | 0 | 0 |
| 北京市 | 318 | 2,304 | 1,088 | 340 | 1,155 | 0 |
| 天津市 | 64 | 111 | 0 | 0 | 0 | 0 |
| 河北省 | 49 | 271 | 103 | 85 | 164 | 1 |
| 山西省 | 59 | 143 | 59 | 98 | 45 | 0 |
| 内蒙古自治区 | 91 | 373 | 125 | 306 | 56 | 0 |
| 辽宁省 | 69 | 536 | 142 | 245 | 126 | 25 |
| 吉林省 | 79 | 103 | 23 | 0 | 0 | 0 |
| 黑龙江省 | 76 | 132 | 0 | 0 | 0 | 0 |
| 上海市 | 199 | 1,095 | 192 | 728 | 233 | 0 |
| 江苏省 | 483 | 1,664 | 434 | 54 | 73 | 3 |
| 浙江省 | 381 | 1,013 | 374 | 415 | 494 | 2 |
| 安徽省 | 80 | 202 | 27 | 26 | 41 | 0 |
| 福建省 | 179 | 1,079 | 151 | 8 | 50 | 12 |
| 江西省 | 50 | 233 | 51 | 134 | 74 | 0 |
| 山东省 | 92 | 322 | 81 | 170 | 116 | 7 |
| 河南省 | 104 | 382 | 44 | 228 | 152 | 0 |
| 湖北省 | 95 | 847 | 155 | 296 | 370 | 0 |
| 湖南省 | 189 | 1,047 | 118 | 252 | 604 | 0 |
| 广东省 | 558 | 3,090 | 899 | 154 | 286 | 0 |
| 广西壮族自治区 | 49 | 378 | 143 | 64 | 19 | 1 |
| 海南省 | 56 | 280 | 84 | 84 | 112 | 0 |
| 重庆市 | 54 | 401 | 134 | 140 | 227 | 10 |
| 四川省 | 128 | 900 | 0 | 0 | 0 | 0 |
| 贵州省 | 40 | 203 | 5 | 94 | 34 | 17 |
| 云南省 | 75 | 209 | 75 | 58 | 135 | 12 |
| 西藏自治区 | 13 | 71 | 22 | 19 | 24 | 0 |
| 陕西省 | 88 | 480 | 21 | 16 | 33 | 0 |
| 甘肃省 | 53 | 9 | 1 | 5 | 0 | 0 |
| 青海省 | 27 | 45 | 10 | 12 | 8 | 0 |
| 宁夏回族自治区 | 55 | 275 | 125 | 90 | 184 | 0 |
| 新疆维吾尔自治区 | 37 | 204 | 6 | 89 | 115 | 0 |

会

单位:人

| 水平情况 | 年龄结构情况 | | | | 志愿服务 | |
|---|---|---|---|---|---|---|
| 社会工作师 | 35岁及以下 | 36岁至45岁 | 46岁至55岁 | 56岁及以上 | 志愿者服务人次数 | 志愿服务时间 |
| 76 | 5,771 | 5,958 | 5,261 | 3,404 | 1,268 | 4,720.0 |
| 0 | 598 | 697 | 398 | 299 | 0 | 0.0 |
| 10 | 708 | 538 | 507 | 551 | 0 | 0.0 |
| 0 | 0 | 0 | 0 | 111 | 0 | 0.0 |
| 4 | 98 | 73 | 53 | 47 | 0 | 0.0 |
| 2 | 23 | 20 | 31 | 69 | 53 | 0.0 |
| 0 | 135 | 92 | 59 | 87 | 0 | 0.0 |
| 6 | 135 | 102 | 238 | 61 | 0 | 0.0 |
| 0 | 89 | 14 | 0 | 0 | 0 | 0.0 |
| 5 | 0 | 0 | 132 | 0 | 0 | 0.0 |
| 30 | 381 | 344 | 201 | 169 | 0 | 0.0 |
| 4 | 587 | 342 | 537 | 198 | 0 | 0.0 |
| 2 | 407 | 390 | 156 | 60 | 0 | 0.0 |
| 0 | 15 | 39 | 62 | 86 | 0 | 0.0 |
| 0 | 146 | 264 | 341 | 328 | 0 | 0.0 |
| 0 | 48 | 169 | 16 | 0 | 0 | 0.0 |
| 2 | 162 | 145 | 10 | 5 | 1,000 | 3,000.0 |
| 0 | 29 | 16 | 151 | 186 | 0 | 0.0 |
| 0 | 190 | 314 | 245 | 98 | 0 | 0.0 |
| 0 | 213 | 260 | 322 | 252 | 0 | 0.0 |
| 0 | 990 | 771 | 852 | 477 | 0 | 0.0 |
| 1 | 70 | 130 | 149 | 29 | 0 | 0.0 |
| 0 | 84 | 112 | 56 | 28 | 0 | 0.0 |
| 7 | 91 | 191 | 45 | 74 | 215 | 1,720.0 |
| 0 | 200 | 364 | 336 | 0 | 0 | 0.0 |
| 0 | 61 | 62 | 72 | 8 | 0 | 0.0 |
| 3 | 43 | 67 | 55 | 44 | 0 | 0.0 |
| 0 | 23 | 28 | 14 | 6 | 0 | 0.0 |
| 0 | 106 | 134 | 130 | 110 | 0 | 0.0 |
| 0 | 3 | 6 | 0 | 0 | 0 | 0.0 |
| 0 | 15 | 24 | 6 | 0 | 0 | 0.0 |
| 0 | 69 | 141 | 44 | 21 | 0 | 0.0 |
| 0 | 52 | 109 | 43 | 0 | 0 | 0.0 |

续表 1

| 单位名称 | 社会组织负责人数 | | 按性质分 | |
|---|---|---|---|---|
| | | 女性 | 公募基金会 | 非公募基金会 |
| 全国合计 | 8,952 | 1,687 | 1,470 | 2,610 |
| 部本级 | 1,564 | 7 | 93 | 97 |
| 北京市 | 700 | 190 | 41 | 277 |
| 天津市 | 64 | 25 | 20 | 44 |
| 河北省 | 72 | 25 | 9 | 40 |
| 山西省 | 59 | 3 | 24 | 35 |
| 内蒙古自治区 | 96 | 24 | 91 | 0 |
| 辽宁省 | 69 | 0 | 69 | 0 |
| 吉林省 | 61 | 12 | 24 | 55 |
| 黑龙江省 | 47 | 17 | 37 | 39 |
| 上海市 | 667 | 192 | 56 | 143 |
| 江苏省 | 531 | 111 | 161 | 322 |
| 浙江省 | 429 | 74 | 138 | 243 |
| 安徽省 | 89 | 0 | 23 | 57 |
| 福建省 | 184 | 22 | 36 | 143 |
| 江西省 | 124 | 22 | 18 | 32 |
| 山东省 | 79 | 15 | 38 | 54 |
| 河南省 | 206 | 52 | 39 | 65 |
| 湖北省 | 680 | 128 | 22 | 73 |
| 湖南省 | 913 | 122 | 111 | 78 |
| 广东省 | 1,278 | 514 | 114 | 444 |
| 广西壮族自治区 | 71 | 14 | 20 | 29 |
| 海南省 | 56 | 17 | 17 | 39 |
| 重庆市 | 190 | 24 | 28 | 26 |
| 四川省 | 128 | 5 | 52 | 76 |
| 贵州省 | 63 | 13 | 30 | 10 |
| 云南省 | 69 | 0 | 41 | 34 |
| 西藏自治区 | 23 | 8 | 8 | 5 |
| 陕西省 | 312 | 34 | 30 | 58 |
| 甘肃省 | 2 | 0 | 22 | 31 |
| 青海省 | 22 | 5 | 13 | 14 |
| 宁夏回族自治区 | 55 | 11 | 25 | 30 |
| 新疆维吾尔自治区 | 49 | 1 | 20 | 17 |

单位:人、个

| | | 建立党组织的社会组织 | 社会组织职工中中共党员人数 | 当年登记单位数 | 当年年检单位数 |
|---|---|---|---|---|---|
| 涉外基金会 | 境外基金代表机构 | | | | |
| 9 | 28 | 615 | 7,336 | 522 | 782 |
| 9 | 28 | 90 | 1,725 | 11 | 0 |
| 0 | 0 | 21 | 908 | 37 | 0 |
| 0 | 0 | 64 | 200 | 9 | 0 |
| 0 | 0 | 43 | 150 | 0 | 0 |
| 0 | 0 | 1 | 16 | 4 | 51 |
| 0 | 0 | 10 | 60 | 1 | 0 |
| 0 | 0 | 0 | 0 | 0 | 0 |
| 0 | 0 | 7 | 21 | 13 | 0 |
| 0 | 0 | 0 | 0 | 10 | 0 |
| 0 | 0 | 24 | 551 | 49 | 148 |
| 0 | 0 | 4 | 1,060 | 42 | 3 |
| 0 | 0 | 21 | 421 | 54 | 292 |
| 0 | 0 | 35 | 132 | 9 | 8 |
| 0 | 0 | 146 | 476 | 18 | 2 |
| 0 | 0 | 4 | 15 | 6 | 0 |
| 0 | 0 | 32 | 149 | 6 | 85 |
| 0 | 0 | 2 | 228 | 6 | 0 |
| 0 | 0 | 7 | 214 | 18 | 76 |
| 0 | 0 | 45 | 500 | 19 | 0 |
| 0 | 0 | 0 | 63 | 123 | 6 |
| 0 | 0 | 24 | 79 | 9 | 1 |
| 0 | 0 | 0 | 123 | 5 | 0 |
| 0 | 0 | 1 | 8 | 6 | 46 |
| 0 | 0 | 0 | 0 | 19 | 0 |
| 0 | 0 | 2 | 6 | 8 | 0 |
| 0 | 0 | 0 | 1 | 11 | 0 |
| 0 | 0 | 7 | 36 | 2 | 11 |
| 0 | 0 | 20 | 68 | 6 | 0 |
| 0 | 0 | 0 | 0 | 13 | 0 |
| 0 | 0 | 0 | 0 | 0 | 0 |
| 0 | 0 | 0 | 2 | 4 | 50 |
| 0 | 0 | 5 | 124 | 4 | 3 |

续表 2

| 单位名称 | 社会组织 | | | | | |
|---|---|---|---|---|---|---|
| | 科技与研究 | 生态环境 | 教育 | 卫生 | 社会服务 | 文化 |
| 全国合计 | 89 | 57 | 1,183 | 147 | 1,323 | 243 |
| 部本级 | 1 | 0 | 2 | 0 | 8 | 1 |
| 北京市 | 21 | 10 | 59 | 20 | 139 | 48 |
| 天津市 | 3 | 0 | 24 | 3 | 21 | 8 |
| 河北省 | 1 | 0 | 7 | 1 | 1 | 0 |
| 山西省 | 0 | 0 | 23 | 0 | 27 | 9 |
| 内蒙古自治区 | 0 | 2 | 25 | 46 | 1 | 3 |
| 辽宁省 | 0 | 0 | 0 | 0 | 0 | 0 |
| 吉林省 | 0 | 2 | 20 | 1 | 46 | 1 |
| 黑龙江省 | 2 | 5 | 17 | 4 | 38 | 2 |
| 上海市 | 10 | 6 | 54 | 16 | 74 | 19 |
| 江苏省 | 3 | 3 | 142 | 6 | 158 | 15 |
| 浙江省 | 7 | 0 | 156 | 5 | 123 | 16 |
| 安徽省 | 3 | 3 | 23 | 1 | 25 | 5 |
| 福建省 | 0 | 3 | 92 | 6 | 63 | 5 |
| 江西省 | 2 | 1 | 20 | 1 | 20 | 1 |
| 山东省 | 4 | 2 | 30 | 3 | 14 | 7 |
| 河南省 | 0 | 0 | 16 | 0 | 0 | 6 |
| 湖北省 | 0 | 3 | 44 | 1 | 26 | 6 |
| 湖南省 | 2 | 0 | 124 | 0 | 9 | 10 |
| 广东省 | 17 | 5 | 127 | 18 | 326 | 42 |
| 广西壮族自治区 | 0 | 0 | 12 | 2 | 29 | 0 |
| 海南省 | 1 | 2 | 20 | 2 | 8 | 7 |
| 重庆市 | 2 | 0 | 18 | 2 | 24 | 3 |
| 四川省 | 4 | 0 | 50 | 2 | 14 | 4 |
| 贵州省 | 0 | 0 | 5 | 0 | 30 | 0 |
| 云南省 | 0 | 6 | 20 | 4 | 28 | 5 |
| 西藏自治区 | 0 | 1 | 4 | 1 | 1 | 4 |
| 陕西省 | 1 | 0 | 19 | 2 | 4 | 13 |
| 甘肃省 | 4 | 3 | 15 | 0 | 24 | 3 |
| 青海省 | 0 | 0 | 3 | 0 | 0 | 0 |
| 宁夏回族自治区 | 1 | 0 | 10 | 0 | 39 | 0 |
| 新疆维吾尔自治区 | 0 | 0 | 2 | 0 | 3 | 0 |

单位：人、个

按行业分类

| 体育 | 法律 | 工商业服务 | 宗教 | 农业及农村发展 | 职业及从业组织 | 国际及涉外组织 | 其他 |
|---|---|---|---|---|---|---|---|
| 34 | 36 | 227 | 25 | 46 | 18 | 3 | 686 |
| 0 | 0 | 209 | 0 | 0 | 0 | 2 | 4 |
| 5 | 3 | 0 | 0 | 2 | 0 | 0 | 11 |
| 2 | 0 | 0 | 0 | 0 | 0 | 0 | 3 |
| 0 | 0 | 0 | 3 | 0 | 0 | 0 | 36 |
| 0 | 0 | 0 | 0 | 0 | 0 | 0 | 0 |
| 0 | 0 | 0 | 0 | 0 | 0 | 0 | 14 |
| 0 | 0 | 0 | 0 | 0 | 0 | 0 | 69 |
| 0 | 8 | 1 | 0 | 0 | 0 | 0 | 0 |
| 2 | 1 | 1 | 1 | 1 | 1 | 0 | 1 |
| 3 | 0 | 8 | 1 | 1 | 2 | 0 | 5 |
| 3 | 3 | 2 | 3 | 22 | 4 | 0 | 119 |
| 4 | 1 | 0 | 2 | 9 | 0 | 0 | 58 |
| 1 | 1 | 1 | 0 | 0 | 7 | 0 | 10 |
| 0 | 0 | 3 | 1 | 0 | 0 | 0 | 6 |
| 1 | 2 | 0 | 2 | 0 | 0 | 0 | 0 |
| 1 | 1 | 0 | 0 | 1 | 0 | 0 | 29 |
| 2 | 0 | 0 | 0 | 0 | 0 | 0 | 80 |
| 2 | 4 | 0 | 1 | 2 | 0 | 0 | 6 |
| 2 | 1 | 0 | 4 | 1 | 2 | 0 | 34 |
| 4 | 0 | 0 | 0 | 1 | 0 | 0 | 18 |
| 0 | 0 | 0 | 0 | 1 | 0 | 0 | 5 |
| 0 | 4 | 1 | 4 | 2 | 0 | 0 | 5 |
| 0 | 1 | 1 | 2 | 0 | 0 | 0 | 1 |
| 1 | 2 | 0 | 0 | 1 | 1 | 0 | 49 |
| 1 | 0 | 0 | 0 | 0 | 0 | 0 | 4 |
| 0 | 1 | 0 | 0 | 0 | 0 | 1 | 10 |
| 0 | 2 | 0 | 0 | 0 | 0 | 0 | 0 |
| 0 | 1 | 0 | 1 | 1 | 0 | 0 | 46 |
| 0 | 0 | 0 | 0 | 1 | 1 | 0 | 2 |
| 0 | 0 | 0 | 0 | 0 | 0 | 0 | 24 |
| 0 | 0 | 0 | 0 | 0 | 0 | 0 | 5 |
| 0 | 0 | 0 | 0 | 0 | 0 | 0 | 32 |

续表 3

| 地　区 | 行政执法 | 行政处罚数 | 并处没收违法经营额/违法所得 | 并处罚款 |
|---|---|---|---|---|
| 全国合计 | 14 | 13 | 0 | 0 |
| 部本级 | 0 | 0 | 0 | 0 |
| 北京市 | 1 | 1 | 0 | 0 |
| 天津市 | 0 | 0 | 0 | 0 |
| 河北省 | 0 | 0 | 0 | 0 |
| 山西省 | 0 | 0 | 0 | 0 |
| 内蒙古自治区 | 0 | 0 | 0 | 0 |
| 辽宁省 | 0 | 0 | 0 | 0 |
| 吉林省 | 0 | 0 | 0 | 0 |
| 黑龙江省 | 0 | 0 | 0 | 0 |
| 上海市 | 0 | 0 | 0 | 0 |
| 江苏省 | 0 | 0 | 0 | 0 |
| 浙江省 | 8 | 8 | 0 | 0 |
| 安徽省 | 0 | 0 | 0 | 0 |
| 福建省 | 0 | 0 | 0 | 0 |
| 江西省 | 0 | 0 | 0 | 0 |
| 山东省 | 0 | 0 | 0 | 0 |
| 河南省 | 0 | 0 | 0 | 0 |
| 湖北省 | 0 | 0 | 0 | 0 |
| 湖南省 | 0 | 0 | 0 | 0 |
| 广东省 | 4 | 3 | 0 | 0 |
| 广西壮族自治区 | 0 | 0 | 0 | 0 |
| 海南省 | 0 | 0 | 0 | 0 |
| 重庆市 | 1 | 1 | 0 | 0 |
| 四川省 | 0 | 0 | 0 | 0 |
| 贵州省 | 0 | 0 | 0 | 0 |
| 云南省 | 0 | 0 | 0 | 0 |
| 西藏自治区 | 0 | 0 | 0 | 0 |
| 陕西省 | 0 | 0 | 0 | 0 |
| 甘肃省 | 0 | 0 | 0 | 0 |
| 青海省 | 0 | 0 | 0 | 0 |
| 宁夏回族自治区 | 0 | 0 | 0 | 0 |
| 新疆维吾尔自治区 | 0 | 0 | 0 | 0 |

单位：人、个

| （1）警告 | （2）限期（责令）停止活动 | （3）撤销登记 | 取缔非法社会组织 | 并处没收非法财产 |
|---|---|---|---|---|
| 8 | 2 | 3 | 1 | 0 |
| 0 | 0 | 0 | 0 | 0 |
| 0 | 0 | 1 | 0 | 0 |
| 0 | 0 | 0 | 0 | 0 |
| 0 | 0 | 0 | 0 | 0 |
| 0 | 0 | 0 | 0 | 0 |
| 0 | 0 | 0 | 0 | 0 |
| 0 | 0 | 0 | 0 | 0 |
| 0 | 0 | 0 | 0 | 0 |
| 0 | 0 | 0 | 0 | 0 |
| 0 | 0 | 0 | 0 | 0 |
| 0 | 0 | 0 | 0 | 0 |
| 8 | 0 | 0 | 0 | 0 |
| 0 | 0 | 0 | 0 | 0 |
| 0 | 0 | 0 | 0 | 0 |
| 0 | 0 | 0 | 0 | 0 |
| 0 | 0 | 0 | 0 | 0 |
| 0 | 0 | 0 | 0 | 0 |
| 0 | 0 | 0 | 0 | 0 |
| 0 | 0 | 0 | 0 | 0 |
| 0 | 2 | 1 | 1 | 0 |
| 0 | 0 | 0 | 0 | 0 |
| 0 | 0 | 0 | 0 | 0 |
| 0 | 0 | 1 | 0 | 0 |
| 0 | 0 | 0 | 0 | 0 |
| 0 | 0 | 0 | 0 | 0 |
| 0 | 0 | 0 | 0 | 0 |
| 0 | 0 | 0 | 0 | 0 |
| 0 | 0 | 0 | 0 | 0 |
| 0 | 0 | 0 | 0 | 0 |
| 0 | 0 | 0 | 0 | 0 |
| 0 | 0 | 0 | 0 | 0 |
| 0 | 0 | 0 | 0 | 0 |

**续表 4**

| 地 区 | 增加值合计 | 执行民间非营利组织单位会计制度 | | | | |
|---|---|---|---|---|---|---|
| | | 固定资产原价 | 上年结余 | 本年收入合计 | 本年费用合计 | 社会组织单位增加值 |
| 全国合计 | 114,455.6 | 245,010.7 | 2,749,297.4 | 4,604,338.2 | 3,000,409.1 | 114,455.6 |
| 部本级 | 0.0 | 72,053.3 | 0.0 | 2,633,316.3 | 2,249,936.6 | 0.0 |
| 北京市 | 30,457.1 | 8,976.1 | 241,958.8 | 177,433.7 | 35,878.6 | 30,457.1 |
| 天津市 | 426.3 | 3,000.0 | 10,000.0 | 1,750.0 | 950.0 | 426.3 |
| 河北省 | 339.0 | 1,427.9 | 14,836.5 | 14,654.3 | 708.6 | 339.0 |
| 山西省 | 406.0 | 1,300.0 | 0.0 | 10,773.0 | 9,973.0 | 406.0 |
| 内蒙古自治区 | 5,390.1 | 381.0 | 0.0 | 10,521.0 | 8,018.0 | 5,390.1 |
| 辽宁省 | 802.4 | 1,110.0 | 0.0 | 30,053.9 | 36,973.5 | 802.4 |
| 吉林省 | 62.0 | 328.7 | 0.0 | 0.0 | 1,007.9 | 62.0 |
| 黑龙江省 | 322.5 | 225.0 | 0.0 | 210.0 | 473.0 | 322.5 |
| 上海市 | 4,100.7 | 0.0 | 933,698.2 | 353,497.7 | 180,428.6 | 4,100.7 |
| 江苏省 | 26,291.0 | 802.9 | 1,449,865.0 | 640,881.8 | 40,775.6 | 26,291.0 |
| 浙江省 | 585.9 | 8,064.1 | 70,357.0 | 117,335.2 | 90,608.5 | 585.9 |
| 安徽省 | 207.7 | 1,462.0 | 0.0 | 1,574.0 | 449.3 | 207.7 |
| 福建省 | 21,831.2 | 27,891.0 | 500.0 | 30,751.0 | 27,762.5 | 21,831.2 |
| 江西省 | 8,024.8 | 715.0 | 0.0 | 10,988.0 | 8,930.4 | 8,024.8 |
| 山东省 | 416.0 | 792.7 | 0.0 | 3,017.3 | 2,701.5 | 416.0 |
| 河南省 | 69.3 | 126.0 | 35.0 | 132.0 | 150.0 | 69.3 |
| 湖北省 | 5,856.6 | 1,178.7 | 0.0 | 53,034.9 | 29,587.7 | 5,856.6 |
| 湖南省 | 1.0 | 0.0 | 0.0 | 5.0 | 5.0 | 1.0 |
| 广东省 | 3,434.8 | 18,735.6 | 10.0 | 424,253.8 | 198,043.8 | 3,434.8 |
| 广西壮族自治区 | 70.5 | 381.2 | 4.9 | 52.0 | 72.5 | 70.5 |
| 海南省 | 560.0 | 0.0 | 0.0 | 2,800.0 | 560.0 | 560.0 |
| 重庆市 | 401.5 | 66,011.2 | 44.8 | 53,887.8 | 43,275.6 | 401.5 |
| 四川省 | 0.0 | 0.0 | 0.0 | 0.0 | 0.0 | 0.0 |
| 贵州省 | 200.7 | 361.2 | 0.0 | 0.0 | 365.9 | 200.7 |
| 云南省 | 1,113.9 | 40.0 | 24.8 | 15,925.0 | 13,284.1 | 1,113.9 |
| 西藏自治区 | 778.3 | 733.5 | 12,301.4 | 2,237.5 | 1,823.7 | 778.3 |
| 陕西省 | 48.5 | 1,310.0 | 0.0 | 1,237.0 | 928.0 | 48.5 |
| 甘肃省 | 0.0 | 0.0 | 0.0 | 0.0 | 0.0 | 0.0 |
| 青海省 | 13.3 | 4,250.0 | 0.0 | 1,152.0 | 865.0 | 13.3 |
| 宁夏回族自治区 | 814.5 | 13,313.6 | 15,661.0 | 12,824.0 | 13,882.2 | 814.5 |
| 新疆维吾尔自治区 | 1,430.0 | 10,040.0 | 0.0 | 40.0 | 1,990.0 | 1,430.0 |

## 民办非企业单位

| 地区 | 单位数 | 年末职工人数 | | 受教育程度情况 | | 职业资格 |
|---|---|---|---|---|---|---|
| | | | 女性 | 大学专科 | 大学本科及以上 | 助理社会工作师 |
| 全国合计 | 292,195 | 3,065,964 | 1,182,492 | 779,318 | 520,737 | 9,201 |
| 部本级 | 84 | 1,501 | 842 | 368 | 226 | 0 |
| 北京市 | 5,035 | 64,601 | 25,244 | 14,667 | 16,046 | 791 |
| 天津市 | 2,450 | 26,676 | 11,902 | 9,315 | 10,630 | 109 |
| 河北省 | 7,783 | 128,874 | 53,076 | 31,356 | 21,417 | 216 |
| 山西省 | 5,416 | 68,187 | 25,706 | 18,631 | 8,634 | 23 |
| 内蒙古自治区 | 4,655 | 31,631 | 12,552 | 8,247 | 3,623 | 8 |
| 辽宁省 | 11,102 | 96,575 | 45,011 | 23,789 | 20,078 | 310 |
| 吉林省 | 4,771 | 20,865 | 7,556 | 6,400 | 2,204 | 177 |
| 黑龙江省 | 6,932 | 42,423 | 13,609 | 10,719 | 3,717 | 50 |
| 上海市 | 8,257 | 124,993 | 27,995 | 44,920 | 14,775 | 235 |
| 江苏省 | 38,382 | 315,701 | 92,676 | 62,815 | 56,886 | 1,347 |
| 浙江省 | 20,033 | 223,908 | 75,806 | 52,282 | 32,849 | 220 |
| 安徽省 | 10,492 | 128,125 | 45,745 | 37,429 | 24,747 | 376 |
| 福建省 | 7,286 | 70,630 | 28,666 | 11,766 | 14,829 | 365 |
| 江西省 | 6,156 | 85,579 | 34,369 | 10,363 | 4,339 | 526 |
| 山东省 | 23,335 | 202,622 | 53,873 | 61,466 | 39,821 | 372 |
| 河南省 | 16,285 | 146,479 | 53,232 | 35,473 | 24,142 | 180 |
| 湖北省 | 14,587 | 134,222 | 52,109 | 46,055 | 18,175 | 235 |
| 湖南省 | 11,628 | 117,107 | 48,848 | 36,717 | 21,956 | 218 |
| 广东省 | 24,990 | 386,169 | 194,039 | 101,226 | 73,626 | 1,882 |
| 广西壮族自治区 | 7,961 | 79,905 | 34,748 | 18,520 | 10,699 | 176 |
| 海南省 | 2,457 | 23,721 | 11,747 | 3,694 | 2,878 | 4 |
| 重庆市 | 7,284 | 99,558 | 54,967 | 25,746 | 28,351 | 419 |
| 四川省 | 17,642 | 193,906 | 77,424 | 49,172 | 26,139 | 390 |
| 贵州省 | 3,760 | 41,941 | 18,114 | 11,300 | 7,961 | 79 |
| 云南省 | 6,145 | 62,119 | 30,763 | 11,001 | 10,523 | 368 |
| 西藏自治区 | 17 | 157 | 65 | 37 | 37 | 0 |
| 陕西省 | 8,055 | 83,324 | 26,936 | 17,248 | 8,932 | 54 |
| 甘肃省 | 3,605 | 22,972 | 6,705 | 6,354 | 2,915 | 24 |
| 青海省 | 1,126 | 5,110 | 1,560 | 823 | 250 | 20 |
| 宁夏回族自治区 | 1,140 | 7,067 | 3,871 | 2,592 | 2,536 | 2 |
| 新疆维吾尔自治区 | 3,344 | 29,316 | 12,736 | 8,827 | 6,796 | 25 |

单位:人

| 水平情况 | 年龄结构情况 | | | | 志愿服务 | |
| --- | --- | --- | --- | --- | --- | --- |
| 社会工作师 | 35 岁及以下 | 36 岁至 45 岁 | 46 岁至 55 岁 | 56 岁及以上 | 志愿者服务人次数 | 志愿服务时间 |
| 5,711 | 1,335,213 | 1,074,095 | 476,323 | 180,333 | 258,432 | 754,068.0 |
| 0 | 594 | 456 | 300 | 151 | 0 | 0.0 |
| | | | | | | |
| 780 | 21,868 | 24,851 | 12,566 | 5,316 | 15 | 0.0 |
| 65 | 6,477 | 7,968 | 7,643 | 4,588 | 200 | 400.0 |
| 315 | 50,190 | 49,126 | 22,170 | 7,388 | 4,493 | 18,073.0 |
| 49 | 35,594 | 19,628 | 9,142 | 3,823 | 21 | 69.0 |
| 4 | 13,830 | 10,362 | 5,458 | 1,981 | 635 | 1,246.0 |
| | | | | | | |
| 68 | 34,949 | 36,740 | 19,132 | 5,754 | 5,408 | 11,784.0 |
| 137 | 6,505 | 10,494 | 2,505 | 1,361 | 20 | 30.0 |
| 68 | 13,084 | 16,212 | 9,827 | 3,300 | 5,500 | 22,800.0 |
| | | | | | | |
| 109 | 39,595 | 44,284 | 28,066 | 13,048 | 2,478 | 19,824.0 |
| 394 | 108,871 | 116,159 | 69,077 | 21,594 | 31,509 | 66,345.0 |
| 123 | 87,729 | 77,364 | 27,727 | 31,088 | 7,890 | 16,158.0 |
| 136 | 49,835 | 42,015 | 28,521 | 7,754 | 26,155 | 55,246.0 |
| 229 | 32,448 | 21,375 | 12,508 | 4,299 | 0 | 0.0 |
| 122 | 34,762 | 38,122 | 9,789 | 2,906 | 0 | 0.0 |
| 190 | 77,719 | 83,376 | 33,529 | 7,998 | 59,187 | 154,783.0 |
| | | | | | | |
| 64 | 71,373 | 50,710 | 17,647 | 6,749 | 52 | 33.0 |
| 172 | 52,003 | 50,318 | 24,059 | 7,842 | 2,351 | 4,938.0 |
| 73 | 58,866 | 40,841 | 13,117 | 4,283 | 58,012 | 213,729.0 |
| 2,195 | 235,973 | 103,809 | 36,475 | 9,912 | 36,705 | 98,032.0 |
| 53 | 36,519 | 29,677 | 11,893 | 1,816 | 0 | 0.0 |
| 3 | 9,699 | 11,203 | 2,041 | 778 | 0 | 0.0 |
| | | | | | | |
| 114 | 49,720 | 29,558 | 13,646 | 6,634 | 14,705 | 55,713.0 |
| 138 | 93,404 | 71,533 | 21,727 | 7,242 | 0 | 0.0 |
| 15 | 21,198 | 12,457 | 6,068 | 2,218 | 2,022 | 10,961.0 |
| 38 | 30,756 | 22,816 | 6,726 | 1,821 | 62 | 201.0 |
| 0 | 53 | 58 | 36 | 10 | 0 | 0.0 |
| | | | | | | |
| 11 | 34,984 | 31,117 | 12,053 | 5,170 | 672 | 2,575.0 |
| 25 | 7,514 | 7,242 | 6,936 | 1,280 | 10 | 40.0 |
| 6 | 1,881 | 2,449 | 592 | 188 | 89 | 318.0 |
| 3 | 2,516 | 2,963 | 834 | 754 | 0 | 0.0 |
| 12 | 14,704 | 8,812 | 4,513 | 1,287 | 241 | 770.0 |

续表 1

| 地区 | 民间组织负责人数 | | 按性质分 | |
|---|---|---|---|---|
| | | 女性 | 法人 | 合伙 |
| 全国合计 | 412,609 | 139,488 | 228,366 | 7,033 |
| 部本级 | 206 | 0 | 82 | 1 |
| 北京市 | 13,168 | 6,342 | 4,150 | 13 |
| 天津市 | 3,232 | 1,348 | 2,370 | 10 |
| 河北省 | 9,981 | 3,034 | 4,802 | 367 |
| 山西省 | 6,553 | 1,610 | 4,931 | 136 |
| 内蒙古自治区 | 6,042 | 1,753 | 2,953 | 181 |
| 辽宁省 | 11,912 | 4,127 | 8,440 | 175 |
| 吉林省 | 5,741 | 1,672 | 2,762 | 45 |
| 黑龙江省 | 7,854 | 2,905 | 3,743 | 189 |
| 上海市 | 20,341 | 8,947 | 7,675 | 37 |
| 江苏省 | 44,732 | 11,535 | 33,607 | 818 |
| 浙江省 | 26,035 | 9,315 | 16,400 | 451 |
| 安徽省 | 13,374 | 4,040 | 7,425 | 545 |
| 福建省 | 8,431 | 2,880 | 6,007 | 348 |
| 江西省 | 10,446 | 3,361 | 3,978 | 244 |
| 山东省 | 53,375 | 15,722 | 17,813 | 443 |
| 河南省 | 20,882 | 7,087 | 11,800 | 457 |
| 湖北省 | 18,703 | 5,634 | 12,002 | 387 |
| 湖南省 | 18,673 | 6,162 | 7,625 | 371 |
| 广东省 | 29,816 | 11,275 | 22,637 | 103 |
| 广西壮族自治区 | 8,418 | 3,269 | 5,339 | 205 |
| 海南省 | 2,523 | 1,218 | 2,244 | 6 |
| 重庆市 | 16,246 | 7,361 | 6,387 | 108 |
| 四川省 | 24,169 | 8,670 | 13,724 | 504 |
| 贵州省 | 4,669 | 1,423 | 1,993 | 245 |
| 云南省 | 6,446 | 2,197 | 4,212 | 196 |
| 西藏自治区 | 12 | 3 | 14 | 2 |
| 陕西省 | 10,285 | 3,493 | 5,522 | 215 |
| 甘肃省 | 4,531 | 1,165 | 2,615 | 118 |
| 青海省 | 1,100 | 251 | 1,045 | 24 |
| 宁夏回族自治区 | 1,250 | 232 | 917 | 39 |
| 新疆维吾尔自治区 | 3,463 | 1,457 | 3,152 | 50 |

单位:人、个

| 个体 | 建立党组织的社会组织 | 社会组织职工中中共党员人数 | 当年登记单位数 | 当年年检单位数 |
|---|---|---|---|---|
| 56,796 | 30,192 | 331,122 | 42,056 | 94,589 |
| 1 | 36 | 366 | 18 | 53 |
| 872 | 485 | 6,216 | 431 | 2,498 |
| 70 | 1,280 | 5,509 | 179 | 462 |
| 2,614 | 1,593 | 15,528 | 1,162 | 2,035 |
| 349 | 527 | 5,819 | 754 | 1,772 |
| 1,521 | 572 | 4,030 | 842 | 1,550 |
| 2,487 | 504 | 7,205 | 726 | 1,890 |
| 1,964 | 40 | 1,411 | 900 | 369 |
| 3,000 | 231 | 1,486 | 467 | 910 |
| 545 | 2,828 | 22,842 | 744 | 4,833 |
| 3,957 | 1,659 | 35,489 | 9,093 | 9,897 |
| 3,182 | 2,202 | 26,568 | 2,781 | 7,495 |
| 2,522 | 836 | 16,768 | 1,740 | 3,808 |
| 931 | 422 | 2,527 | 629 | 1,708 |
| 1,934 | 600 | 13,554 | 419 | 341 |
| 5,079 | 5,154 | 40,709 | 3,600 | 16,544 |
| 4,028 | 1,063 | 15,903 | 3,194 | 2,657 |
| 2,198 | 2,272 | 20,688 | 1,057 | 8,422 |
| 3,632 | 522 | 14,282 | 1,641 | 5,460 |
| 2,250 | 637 | 10,545 | 3,578 | 4,623 |
| 2,417 | 131 | 4,732 | 1,677 | 1,074 |
| 207 | 178 | 1,156 | 318 | 443 |
| 789 | 411 | 11,665 | 950 | 4,211 |
| 3,414 | 1,702 | 17,149 | 2,049 | 6,184 |
| 1,522 | 930 | 6,965 | 594 | 1,182 |
| 1,737 | 1,099 | 5,168 | 885 | 719 |
| 1 | 11 | 57 | 0 | 16 |
| 2,318 | 429 | 5,720 | 678 | 2,005 |
| 872 | 854 | 4,602 | 493 | 153 |
| 57 | 429 | 1,480 | 50 | 100 |
| 184 | 227 | 1,419 | 156 | 143 |
| 142 | 328 | 3,564 | 251 | 1,032 |

续表 2

| 地区 | 社会组织 | | | | | |
|---|---|---|---|---|---|---|
| | 科技与研究 | 生态环境 | 教育 | 卫生 | 社会服务 | 文化 |
| 全国合计 | 15,110 | 398 | 163,681 | 23,404 | 42,244 | 14,148 |
| 部本级 | 21 | 0 | 6 | 3 | 16 | 17 |
| 北京市 | 314 | 8 | 3,007 | 339 | 707 | 233 |
| 天津市 | 41 | 3 | 1,001 | 173 | 377 | 105 |
| 河北省 | 548 | 0 | 4,214 | 1,457 | 719 | 253 |
| 山西省 | 508 | 7 | 3,305 | 324 | 515 | 283 |
| 内蒙古自治区 | 336 | 4 | 2,981 | 238 | 559 | 166 |
| 辽宁省 | 331 | 8 | 6,279 | 1,720 | 1,521 | 273 |
| 吉林省 | 185 | 0 | 3,118 | 225 | 900 | 102 |
| 黑龙江省 | 592 | 3 | 4,518 | 179 | 1,016 | 138 |
| 上海市 | 364 | 18 | 3,221 | 153 | 2,623 | 450 |
| 江苏省 | 848 | 48 | 8,599 | 2,543 | 17,609 | 2,246 |
| 浙江省 | 1,284 | 20 | 11,921 | 813 | 1,993 | 1,132 |
| 安徽省 | 490 | 9 | 5,897 | 1,691 | 1,340 | 337 |
| 福建省 | 422 | 9 | 5,215 | 365 | 254 | 394 |
| 江西省 | 243 | 2 | 4,517 | 501 | 368 | 194 |
| 山东省 | 3,331 | 11 | 9,684 | 2,725 | 2,356 | 2,018 |
| 河南省 | 921 | 77 | 9,614 | 2,551 | 1,058 | 725 |
| 湖北省 | 678 | 96 | 6,527 | 1,104 | 1,442 | 1,149 |
| 湖南省 | 309 | 16 | 9,186 | 711 | 354 | 494 |
| 广东省 | 947 | 19 | 17,208 | 616 | 2,393 | 1,213 |
| 广西壮族自治区 | 196 | 4 | 6,751 | 189 | 299 | 153 |
| 海南省 | 158 | 1 | 1,596 | 302 | 103 | 140 |
| 重庆市 | 129 | 0 | 5,219 | 90 | 1,062 | 97 |
| 四川省 | 457 | 9 | 12,440 | 1,752 | 843 | 509 |
| 贵州省 | 177 | 2 | 2,594 | 369 | 275 | 77 |
| 云南省 | 175 | 4 | 4,710 | 392 | 243 | 178 |
| 西藏自治区 | 2 | 0 | 8 | 0 | 0 | 2 |
| 陕西省 | 507 | 6 | 5,022 | 1,044 | 522 | 464 |
| 甘肃省 | 364 | 6 | 1,876 | 416 | 211 | 302 |
| 青海省 | 49 | 0 | 719 | 64 | 52 | 99 |
| 宁夏回族自治区 | 54 | 8 | 613 | 46 | 135 | 82 |
| 新疆维吾尔自治区 | 129 | 0 | 2,115 | 309 | 379 | 123 |

单位:人、个

按行业分类

| 体育 | 法律 | 工商业服务 | 宗教 | 农业及农村发展 | 职业及从业组织 | 国际及涉外组织 | 其他 |
|---|---|---|---|---|---|---|---|
| 11,901 | 490 | 3,120 | 82 | 1,415 | 890 | 4 | 15,308 |
| 1 | 1 | 12 | 0 | 0 | 0 | 0 | 7 |
| 319 | 22 | 14 | 0 | 6 | 5 | 0 | 61 |
| 249 | 2 | 17 | 0 | 1 | 388 | 0 | 93 |
| 289 | 6 | 51 | 1 | 38 | 5 | 0 | 202 |
| 225 | 17 | 64 | 1 | 11 | 14 | 0 | 142 |
| 141 | 5 | 28 | 3 | 13 | 8 | 0 | 173 |
| 394 | 9 | 62 | 18 | 11 | 14 | 0 | 462 |
| 167 | 3 | 11 | 1 | 6 | 1 | 0 | 52 |
| 318 | 6 | 15 | 2 | 2 | 6 | 0 | 137 |
| 524 | 31 | 219 | 0 | 49 | 33 | 4 | 568 |
| 1,901 | 37 | 630 | 16 | 206 | 71 | 0 | 3,628 |
| 935 | 17 | 225 | 0 | 39 | 16 | 0 | 1,638 |
| 329 | 1 | 89 | 7 | 92 | 8 | 0 | 202 |
| 370 | 2 | 80 | 3 | 5 | 12 | 0 | 155 |
| 189 | 3 | 14 | 0 | 15 | 2 | 0 | 108 |
| 1,458 | 144 | 388 | 5 | 52 | 49 | 0 | 1,114 |
| 821 | 12 | 75 | 3 | 3 | 8 | 0 | 417 |
| 298 | 68 | 211 | 5 | 642 | 108 | 0 | 2,259 |
| 187 | 3 | 106 | 4 | 34 | 5 | 0 | 219 |
| 792 | 11 | 210 | 4 | 8 | 36 | 0 | 1,533 |
| 256 | 1 | 18 | 0 | 1 | 2 | 0 | 91 |
| 62 | 0 | 24 | 0 | 1 | 22 | 0 | 48 |
| 302 | 2 | 54 | 0 | 55 | 14 | 0 | 260 |
| 363 | 34 | 322 | 3 | 57 | 12 | 0 | 841 |
| 129 | 4 | 22 | 0 | 11 | 5 | 0 | 95 |
| 268 | 4 | 27 | 3 | 5 | 6 | 0 | 130 |
| 0 | 1 | 2 | 0 | 0 | 0 | 0 | 2 |
| 189 | 30 | 52 | 0 | 11 | 3 | 0 | 205 |
| 110 | 11 | 40 | 3 | 39 | 27 | 0 | 200 |
| 28 | 2 | 1 | 0 | 0 | 1 | 0 | 111 |
| 88 | 0 | 30 | 0 | 2 | 9 | 0 | 73 |
| 199 | 1 | 7 | 0 | 0 | 0 | 0 | 82 |

续表 3

| 地　区 | 行政执法 | 行政处罚数 | 并处没收违法经营额/违法所得 | 并处罚款 |
|---|---|---|---|---|
| 全国合计 | 1,920 | 1,879 | 0 | 0 |
| 部本级 | 0 | 0 | 0 | 0 |
| 北京市 | 54 | 54 | 0 | 0 |
| 天津市 | 0 | 0 | 0 | 0 |
| 河北省 | 327 | 327 | 0 | 0 |
| 山西省 | 44 | 44 | 0 | 0 |
| 内蒙古自治区 | 0 | 0 | 0 | 0 |
| 辽宁省 | 0 | 0 | 0 | 0 |
| 吉林省 | 0 | 0 | 0 | 0 |
| 黑龙江省 | 0 | 0 | 0 | 0 |
| 上海市 | 25 | 20 | 0 | 0 |
| 江苏省 | 39 | 35 | 0 | 0 |
| 浙江省 | 0 | 0 | 0 | 0 |
| 安徽省 | 3 | 3 | 0 | 0 |
| 福建省 | 2 | 2 | 0 | 0 |
| 江西省 | 0 | 0 | 0 | 0 |
| 山东省 | 1,119 | 1,087 | 0 | 0 |
| 河南省 | 1 | 1 | 0 | 0 |
| 湖北省 | 6 | 6 | 0 | 0 |
| 湖南省 | 0 | 0 | 0 | 0 |
| 广东省 | 105 | 105 | 0 | 0 |
| 广西壮族自治区 | 0 | 0 | 0 | 0 |
| 海南省 | 0 | 0 | 0 | 0 |
| 重庆市 | 80 | 80 | 0 | 0 |
| 四川省 | 106 | 106 | 0 | 0 |
| 贵州省 | 0 | 0 | 0 | 0 |
| 云南省 | 0 | 0 | 0 | 0 |
| 西藏自治区 | 0 | 0 | 0 | 0 |
| 陕西省 | 0 | 0 | 0 | 0 |
| 甘肃省 | 0 | 0 | 0 | 0 |
| 青海省 | 0 | 0 | 0 | 0 |
| 宁夏回族自治区 | 0 | 0 | 0 | 0 |
| 新疆维吾尔自治区 | 9 | 9 | 0 | 0 |

单位:人、个

| (1) 警告 | (2) 限期(责令)停止活动 | (3) 撤销登记 | 取缔非法社会组织 | 并处没收非法财产 |
|---|---|---|---|---|
| 442 | 97 | 1,340 | 41 | 0 |
| 0 | 0 | 0 | 0 | 0 |
| 0 | 0 | 54 | 0 | 0 |
| 0 | 0 | 0 | 0 | 0 |
| 0 | 0 | 327 | 0 | 0 |
| 0 | 0 | 44 | 0 | 0 |
| 0 | 0 | 0 | 0 | 0 |
| 0 | 0 | 0 | 0 | 0 |
| 0 | 0 | 0 | 0 | 0 |
| 0 | 0 | 0 | 0 | 0 |
| 0 | 0 | 20 | 5 | 0 |
| 16 | 13 | 6 | 4 | 0 |
| 0 | 0 | 0 | 0 | 0 |
| 0 | 0 | 3 | 0 | 0 |
| 0 | 0 | 2 | 0 | 0 |
| 0 | 0 | 0 | 0 | 0 |
| 370 | 42 | 675 | 32 | 0 |
| 0 | 0 | 1 | 0 | 0 |
| 0 | 5 | 1 | 0 | 0 |
| 0 | 0 | 0 | 0 | 0 |
| 20 | 35 | 50 | 0 | 0 |
| 0 | 0 | 0 | 0 | 0 |
| 0 | 0 | 0 | 0 | 0 |
| 36 | 2 | 42 | 0 | 0 |
| 0 | 0 | 106 | 0 | 0 |
| 0 | 0 | 0 | 0 | 0 |
| 0 | 0 | 0 | 0 | 0 |
| 0 | 0 | 0 | 0 | 0 |
| 0 | 0 | 0 | 0 | 0 |
| 0 | 0 | 0 | 0 | 0 |
| 0 | 0 | 0 | 0 | 0 |
| 0 | 0 | 0 | 0 | 0 |
| 0 | 0 | 9 | 0 | 0 |

续表 4

| 地　区 | 增加值合计 | 执行民间非营利组织单位会计制度 | | | | |
|---|---|---|---|---|---|---|
| | | 固定资产原价 | 上年结余 | 本年收入合计 | 本年费用合计 | 民间非营利组织单位增加值 |
| 全国合计 | 4,478,213.5 | 11,984,495.2 | 2,349,452.2 | 10,538,123.9 | 10,737,537.4 | 4,478,213.5 |
| 部本级 | 12,991.2 | 28,086.4 | 0.0 | 97,635.4 | 98,678.6 | 12,991.2 |
| 北京市 | 136,335.5 | 448,764.8 | 218,946.2 | 713,240.8 | 694,154.0 | 136,335.5 |
| 天津市 | 32,427.9 | 68,565.9 | 10,338.6 | 134,904.1 | 87,257.2 | 32,427.9 |
| 河北省 | 213,297.6 | 960,497.5 | 48,528.4 | 262,251.9 | 324,684.2 | 213,297.6 |
| 山西省 | 70,869.0 | 157,534.4 | 6,807.1 | 101,446.8 | 95,551.7 | 70,869.0 |
| 内蒙古自治区 | 22,540.0 | 52,589.8 | 158.4 | 34,256.1 | 39,909.2 | 22,540.0 |
| 辽宁省 | 145,529.3 | 115,399.2 | 124,502.7 | 255,448.4 | 362,319.2 | 145,529.3 |
| 吉林省 | 7,451.1 | 5,413.7 | 360.3 | 8,734.9 | 10,413.4 | 7,451.1 |
| 黑龙江省 | 64,960.5 | 106,840.3 | 595.5 | 18,570.1 | 145,636.8 | 64,960.5 |
| 上海市 | 420,465.3 | 272,825.0 | 646,603.6 | 1,773,062.7 | 1,533,670.1 | 420,465.3 |
| 江苏省 | 554,639.4 | 1,253,670.4 | 176,098.4 | 1,539,288.7 | 1,608,454.8 | 554,639.4 |
| 浙江省 | 231,883.5 | 1,163,929.7 | 437,323.1 | 737,177.8 | 702,129.5 | 231,883.5 |
| 安徽省 | 136,509.8 | 557,930.7 | 6,232.1 | 299,477.6 | 302,202.7 | 136,509.8 |
| 福建省 | 57,446.4 | 190,287.6 | 21,711.3 | 68,714.2 | 93,736.8 | 57,446.4 |
| 江西省 | 145,097.3 | 179,476.2 | 4,763.5 | 185,589.6 | 206,664.6 | 145,097.3 |
| 山东省 | 433,133.6 | 530,322.8 | 69.0 | 608,197.9 | 608,373.9 | 433,133.6 |
| 河南省 | 76,441.6 | 318,337.8 | 33,811.6 | 177,093.3 | 121,267.4 | 76,441.6 |
| 湖北省 | 134,165.4 | 426,997.6 | 1,393.8 | 229,136.6 | 249,066.6 | 134,165.4 |
| 湖南省 | 106,820.3 | 334,387.3 | 66,451.0 | 230,886.5 | 244,242.2 | 106,820.3 |
| 广东省 | 767,093.4 | 2,359,631.9 | 138,373.0 | 1,510,767.9 | 1,164,555.9 | 767,093.4 |
| 广西壮族自治区 | 39,682.0 | 116,945.7 | 671.6 | 73,203.1 | 62,957.1 | 39,682.0 |
| 海南省 | 35,993.8 | 105,738.5 | 110.6 | 43,572.5 | 42,370.8 | 35,993.8 |
| 重庆市 | 104,987.1 | 459,192.0 | 177,165.2 | 474,100.6 | 410,684.7 | 104,987.1 |
| 四川省 | 194,088.5 | 639,260.8 | 13,192.0 | 578,850.5 | 691,385.9 | 194,088.5 |
| 贵州省 | 36,553.8 | 106,143.0 | 2,653.3 | 50,505.7 | 51,393.5 | 36,553.8 |
| 云南省 | 140,585.8 | 385,444.6 | 196,775.1 | 190,338.5 | 232,065.4 | 140,585.8 |
| 西藏自治区 | 268.0 | 502.5 | 489.9 | 533.3 | 401.9 | 268.0 |
| 陕西省 | 77,932.7 | 473,210.7 | 3,127.5 | 40,664.9 | 111,857.3 | 77,932.7 |
| 甘肃省 | 17,807.6 | 62,350.8 | 2,841.6 | 21,606.1 | 25,542.2 | 17,807.6 |
| 青海省 | 3,319.1 | 9,778.0 | 211.2 | 2,813.3 | 4,942.2 | 3,319.1 |
| 宁夏回族自治区 | 16,157.0 | 26,994.4 | 7,291.0 | 16,715.6 | 353,437.7 | 16,157.0 |
| 新疆维吾尔自治区 | 40,740.0 | 67,445.2 | 1,855.6 | 59,338.5 | 57,529.9 | 40,740.0 |

## 二、社会组织历年统计资料

单位:个

| 年份 | 社会组织合计 | 社会团体 | 基金会 | 民办非企业单位 |
|---|---|---|---|---|
| 1978 年 | | | | |
| 1979 年 | | | | |
| 1980 年 | | | | |
| 1981 年 | | | | |
| 1982 年 | | | | |
| 1983 年 | | | | |
| 1984 年 | | | | |
| 1985 年 | | | | |
| 1986 年 | | | | |
| 1987 年 | | | | |
| 1988 年 | 4,446 | 4,446 | | |
| 1989 年 | 4,544 | 4,544 | | |
| 1990 年 | 10,855 | 10,855 | | |
| 1991 年 | 82,814 | 82,814 | | |
| 1992 年 | 154,502 | 154,502 | | |
| 1993 年 | 167,506 | 167,506 | | |
| 1994 年 | 174,060 | 174,060 | | |
| 1995 年 | 180,583 | 180,583 | | |
| 1996 年 | 184,821 | 184,821 | | |
| 1997 年 | 181,318 | 181,318 | | |
| 1998 年 | 165,600 | 165,600 | | |
| 1999 年 | 136,764 | 136,764 | | 5,901 |
| 2000 年 | 130,668 | 130,668 | | 22,654 |
| 2001 年 | 128,805 | 128,805 | | 82,134 |
| 2002 年 | 133,297 | 133,297 | | 111,212 |
| 2003 年 | 142,121 | 141,167 | 954 | 124,491 |
| 2004 年 | 154,251 | 153,359 | 892 | 135,181 |
| 2005 年 | 172,125 | 171,150 | 975 | 147,637 |
| 2006 年 | 354,393 | 191,946 | 1,144 | 161,303 |
| 2007 年 | 386,916 | 211,661 | 1,340 | 173,915 |
| 2008 年 | 413,660 | 229,681 | 1,597 | 182,382 |
| 2009 年 | 431,069 | 238,747 | 1,843 | 190,479 |
| 2010 年 | 445,631 | 245,256 | 2,200 | 198,175 |
| 2011 年 | 461,971 | 254,969 | 2,614 | 204,388 |
| 2012 年 | 499,268 | 271,131 | 3,029 | 225,108 |
| 2013 年 | 547,245 | 289,026 | 3,549 | 254,670 |
| 2014 年 | 606,048 | 309,736 | 4,117 | 292,195 |

注:2001 年以前的基金会含在社会团体内。

## 三、2014年社会组织十件大事

2014年，乘着中央全面深化改革的东风，社会组织领域改革发展迎来了的新的机遇。为更好地盘点年度社会组织发展情况，民政部民间组织管理局、清华大学NGO研究所、国家行政学院社会与文化教研部、中国社会报、《中国社会组织》杂志、中国社会组织促进会6家单位，广泛征求了社会组织、广大社会公众以及全国各级社会组织登记管理机关意见，通过网上公开征集等方式，评选出了2014年社会组织十件大事。

**一、党的十八届四中全会首次提出加强社会组织立法**

党的十八届四中全会通过了《中共中央关于全面推进依法治国若干重大问题的决定》，全文8次提及“社会组织”，在11个部分20余处对社会组织改革发展和作用发挥作出新部署、提出新要求。《决定》强调社会组织必须以宪法作为根本活动准则，明确提出积极发挥社会组织在立法协商、普法和守法、推进法治社会建设等方面的作用，并首次明确提出了“加强社会组织立法”，对加强社会组织法治化建设，更好发挥社会组织作用具有里程碑意义。

**二、国务院出台指导意见规范慈善组织发展**

12月18日，国务院下发《关于促进慈善事业健康发展的指导意见》，对促进慈善事业健康发展作出了系统安排，这是我国慈善领域第一个以国务院名义出台的规范性、纲领性文件。《意见》明确了慈善组织的重要地位，指出慈善组织发挥着筹集和分配慈善资源、提供慈善服务的重要作用，是现代慈善业的运作主体。强调要坚持培育和规范并重，对慈善组织自我管理、开展募捐活动、使用捐赠款物、信息公开等提出了一系列明确的要求，为慈善组织发展壮大、规范透明运行提供了有力保证。

**三、社会组织参与环保公益诉讼制度基本建立**

4月，十二届全国人大常委会第八次会议审议通过的新修订《环境保护法》，首次以法律形式确立社会组织在环境公益诉讼中的主体资格和认定标准。同时，环境民事公益诉讼司法解释及最高法、民政部、环保部联合下发的《关于贯彻实施环境民事公益诉讼制度的通知》，对社会组织参与环保公益诉讼作出了可操作性规定，为支持社会组织参与环境保护提供了更为全面的法律保障。9月，泰州市环保联合会就6家企业非法倾倒案提起公益诉讼，泰州市中院一审判决6家企业赔偿1.6亿，这是迄今为止全国环保公益诉讼中民事赔偿额最高的案件，引发社会广泛关注。

**四、全国政协首次就社会组织工作召开双周协商座谈会**

7月24日，全国政协在京召开双周协商座谈会，全国政协主席俞正声主持会议并讲话。广大政协委员和专家学者在深入调研的基础上，围绕更好发挥社会组织在社会治理中的作用，积极建言献策，提出了很多真知灼见。会议强调社会组织广泛代表着各阶层和团体的权益，是进行社会协商的重要载体，也是推动实现社会治理的有益力量，建议通过加强立法、完善相关培育扶持政策进一步发挥社会组织在社会治理中的作用。

**五、中央对退（离）休领导干部在社会团体兼职作出新规定**

经中央批准，6月25日，中央组织部下发《关于规范退（离）休领导干部在社会团体兼职问题的通知》（中组发〔2014〕11号），对退（离）休领导干部兼任社会团体职务的数量、届数、年龄、审批程序以及兼任社会团体职务的退（离）休领导干部的职责、领取薪酬等情况作了严格规定。各地相继开展专项清理工作，取得积极成果。此举迈出了社会组织去行政化的重要一步。

**六、国家密集出台发展服务业政策社会组织成为新亮点**

今年以来，中央为适应经济社会发展新形势，相继出台了促进科技服务业、体育产业、旅游业、现代保险服务业、生产性服务业等产业发展，建设社会信用体系、促进市场公平竞争、做好高校毕业生就业创业工作、动员社会力量参与扶贫开发，推进司法和社会体制改革等多项政策举措，其中发挥社会组织作用均被放在了突出位置。社会组织在助推经济社会发展中独特优势已形成广泛共识，成为“稳增长、促改革、调结构、惠民生、防风险”的重要保障。

**七、加强事中事后监管各项政策相继出台**

2014年，中央有关部门按照简政放权，加强事中事后监管的要求，在实行直接登记，取消和下放一批登记审批事项后，围绕强化社会团体分支（代表）机构和高校教育基金会财务管理、推进行业协会商会诚信自律建设、规范社会组织承接政府购买服务、规范社会团体会费管理、促进助残社会组织发展等工作陆续出台了一批政策文件，社会组织改革发展各项任务有序落实，政策体系逐步完善。

**八、中央有关部门依法履职惩治社会组织腐败**

今年以来，按照中央关于建立健全覆盖全社会的惩治和预防腐败体系总体部署，针对少部分社会组织出现的利用行政手段牟利，收取高额赞助费，垄断经营等违法违规行为，有关部门各司其职，曝光了一批影响较大的事件、通报了一批问题突出的单位、查处了一批重大典型案件，下发加强社会组织反腐倡廉工作的意见，着力构建社会组织反腐倡廉长效机制，规范了社会组织行为，净化了社会组织改革发展环境。

**九、全国社会组织法人库项目获批立项**

6月14日，国务院颁布《社会信用体系建设规划纲要（2014—2020年）》，提出依托法人单位信息资源库，加快完善社会组织登记管理信息。10月29日，发展改革委正式批复了国家法人单位信息资源库项目（一期），中央向全国社会组织法人库直接投资，重点建设部省两级社会组织数据中心和登记管理业务系统，实现信息及时汇总、动态更新，推动各级登记管理机关规范化、精细化管理，以大数据分析等方式为社会组织管理创新提供有力支撑。

**十、中组部民政部举办首届地方党政领导社会组织工作研究班**

5月25日至30日，受中组部委托，民政部在云南省昆明市举办首届全国地方党政领导干部社会组织工作专题研究班。研究班围绕推进国家治理体系和治理能力现代化、深化社会组织改革发展等内容，对来自全国25个省（市、区）的地市级领导干部进行了培训。于此同时，中央党校、国家行政学院也举办了多期针对中高级领导干部的社会组织工作培训班。上述举措提高了党政领导干部对社会组织的性质、地位和作用的认识，对推进社会组织管理制度改革起到了积极的促进作用。

**图书在版编目（CIP）数据**

中国社会组织年鉴．2015／《中国社会组织年鉴》编委会编．—北京：中国社会出版社，2015.6

ISBN 978－7－5087－5081－1

Ⅰ．①中…　Ⅱ．①中…　Ⅲ．①社会团体—中国—2015—年鉴　Ⅳ．①C232－54

中国版本图书馆 CIP 数据核字（2015）第 134252 号

---

**书　　名**：中国社会组织年鉴 2015

**编　　者**：《中国社会组织年鉴》编委会

---

**出 版 人**：浦善新

**终 审 人**：李　浩

**责任编辑**：朱永玲　陈贵红　　**责任校对**：朱文静

---

**出版发行**：中国社会出版社　邮政编码：100032

**通联方法**：北京市西城区二龙路甲 33 号

**电　　话**：编辑室：（010）58124828

邮购部：（010）58124845

销售部：（010）58124828

传　真：（010）58124870

**网　　址**：www. shcbs. com. cn

**经　　销**：各地新华书店

中国社会出版社天猫旗舰店

---

**印刷装订**：中国电影出版社印刷厂

**开　　本**：170mm×240mm　1/16

**印　　张**：56

**字　　数**：880 千字

**版　　次**：2015 年 8 月第 1 版

**印　　次**：2015 年 8 月第 1 次印刷

**定　　价**：158. 00 元

中国社会出版社微信公众号